Weyland

Strafsache Vatikan

Uli Weyland

STRAFSACHE VATIKAN

Jesus klagt an

Mitarbeit: Claudia Borowy

bettendorf

1. Auflage Juni 1994
2. Auflage September 1994

© 1994 by bettendorf'sche verlagsanstalt GmbH
Essen - München - Bartenstein - Venlo - Santa Fe
Alle Rechte vorbehalten
Schutzumschlag: Zero Grafik und Design GmbH, München
Umschlagfoto: Bavaria Bildagentur, Gauting
Druck und Bindung: Wiener Verlag, Himberg
Printed in Austria
ISBN 3-88498-060-2

Ich widme dieses Buch allen,
die durch die katholische Kirche
ihre Menschenwürde,
ihr Seelenheil
oder ihr Leben verloren haben.

Inhalt

8

9

I. Prolog

Cappella Sistina. 30 Jahre ist es her, wenn mich mein Gedächtnis nicht trügt, daß ich als junger Student der Kunstgeschichte das erste und bisher einzige Mal hier war und all diese Pracht, die herrlichen Proportionen in mich aufsog. Der so unverwechselbar süßlich-schwere, harzige Geruch des Gestühls, der Altäre und Mauern vermischt sich mit dem Duft ausgeblasener Kerzen und frischer Farben. Die Farben sind strahlender, ja, kräftiger geworden mit der Restaurierung, aber die Patina vergangener Zeiten haben sie nicht mehr.

Da bin ich also wieder und starre wie benommen an die Decke. Und mit mir recken noch Hunderte die Köpfe in ehrfürchtiger Bewunderung. Die Zeit steht still in diesem Raum, zumindest das hat sich nicht geändert. Michelangelo mußte vier Jahre so verbringen, mit zurückgelehntem Kopf. Die Mühsal habe ihm einen Kropf wachsen lassen, hat er einmal ganz nüchtern bemerkt. Auf einem Gerüst liegend hat er sein Werk später vollendet.

Noch eine Stunde bis zur Schließung. Sämtliche Touristen der Stadt scheinen sich hier verabredet zu haben. Der Gestank von durchnäßten Regenparkas und schweißnassen Turnschuhen liegt schwer in der Luft, die Enge ist unerträglich. Aber ich mußte einfach hierher. Es war die letzte Chance vor unserer Abreise. „Wenn du dir das noch antun magst", hatte Stefanie mit einem mitleidigen Blick auf ihre Armbanduhr gesagt und war mit Claudia in unsere Bar an der Piazza Risorgimento gegangen, wo beide auf mich warten wollen.

Dabei hätte ich gern mit ihnen hier unter der „Schöpfung" und dem „Sündenfall" gestanden und mich über ihre bissigen Kommentare gefreut. Das Weib sei die Einfallspforte des Teufels, hat Tertullian, einer der großen Theologen des ausgehenden zweiten Jahrhunderts, behauptet, und damit war die Diffamierung der Frau in seiner „heiligen Kirche" eingeläutet. Er hat die Genesis offensichtlich genauso flüchtig gelesen und falsch ausgelegt wie Michelangelo. Im ersten Kapitel steht geschrieben, daß Gott die Menschen als Mann und Weib schuf, gleichzeitig, ihm zum Ebenbild.

Im zweiten Kapitel ist dieser Schöpfungsvorgang völlig anders beschrieben, hier baut Gott aus der Rippe des Mannes (zum zweiten Mal also) ein Weib, und so hat der Maler es für seine Auftraggeber, Julius II., Klemens VII. und die katholische Kirche, in Farbe erschaffen. Wenig verführerisch wirkt sie, beinahe kalt ist ihr Blick, und indem Michelangelo die Schlange zur Hälfte als junge Frau darstellt, ist das Bild endgültig zementiert: Eva, die Verführerin, das Böse, die Sünde – obwohl Paulus doch sagt, daß mit Adam die Sünde gekommen sei, wobei er und Altes Testament im Gegensatz zur Kirche aber nicht Sex meinten, sondern „Entfernung von Gott".

Bevor ich weiter darüber ins Grübeln komme, werde ich von den immer noch hereinströmenden Menschen nach vorn geschoben, auf die große Altarwand zu, das 16 Meter breite und 18 Meter hohe „Jüngste Gericht". Nackt oder nicht nackt, das war hier die Frage. Bei Adam und Eva im Paradies war die Nacktheit gerade noch geduldet. Jesus, Bartholomäus, Paulus und anderen hingegen mußte Daniele da Volterra, des Meisters Schüler, die auffallendsten Blößen nachträglich übermalen. Ein nackter Christus, nackte Heilige, Auferstandene, Verdammte, Nacktheit überhaupt war und ist in dieser Kirche das Tabu und sorgte bei der Enthüllung unter Paul III. im Jahr 1541 für einen Riesenskandal. Aus gutem Grund, denke ich: Hätten sie Jesus so nackt gezeigt, wie er gekreuzigt wurde und in den Himmel auffuhr, so hätte ihn jeder als das erkennen können, was er war. Welches Entsetzen würde „gläubige Christen" bei der Feststellung packen, daß sie einen beschnittenen Juden als Gott verehren.

Einen Rächer hat Michelangelo aus diesem Jesus gemacht, vor dem sich die Umstehenden fürchten und erschreckt zu ihm aufschauen. Und Maria duckt sich fast verschämt, den

Blick nach unten gesenkt, an den muskulösen Körper ihres Sohnes, als ob sie Halt sucht. Das ist der „Dies irae", der Tag des Zorns und des Schreckens.

Die Gruppe rechts von Jesus, so hat es die Kunstgeschichte gedeutet, stellt die Apostel und Märtyrer dar. Ich erkenne Petrus, der seinem Meister einen überdimensionalen Schlüssel hinstreckt. Links hinter Petrus – ich schließe die Augen zu schmalen Schlitzen, um die Details besser zu erkennen – fällt mir ein Mann mit buschigem Haar auf, der sich mit einer Hand grübelnd durch den langen Bart fährt. Könnte das Johannes der Täufer sein? Vorn auf einer Wolke sitzend, mit einer Menschenhaut in der Hand, kann ich Bartholomäus identifizieren. Einen grauenhaften Tod muß er erlitten haben, bei lebendigem Leib gehäutet.

Aber wo sind die anderen Apostel? Ja, dort ist Johannes, der schöne Jüngling über Bartholomäus. Ferner eine jugendliche und eine bärtige Gestalt in der Höhe als Matthäus und Jakobus. Gerade glaube ich, sie in dem Durcheinander von Leibern und Köpfen entdeckt zu haben, als ich von hinten einen Stoß bekomme, verbunden mit einem entnervten „I'm sorry" – und das Bild wird verschwommen. Matthäus und Jakobus sind verschwunden.

Bevor ich die linke Gruppe betrachte, setze ich mich, um dem Drängen und Schieben in den Gängen zu entgehen, in die zweite Bankreihe und rutsche bis zur Mitte durch. Erneut versuche ich mich zu konzentrieren und erkenne in der Mitte Adam mit seinem am Rücken herabfallenden Fell. Die Männer hinter ihm sollen Noah, Abraham und Isaak sein, die Vorfahren Jesu. Die zwei Frauengestalten über Adam sind Rahel und Lea. Darüber dann die fünf Richter.

Die Gruppen ganz links und rechts außen, so habe ich nachgelesen, bevor ich mich wieder in die wirbelnden Fleischmassen versenke, sollen das heidnische bzw. das jüdische Altertum darstellen. Am äußersten rechten Rand sehe ich Moses, glatzköpfig und mit einem mächtigen Bart. Weiter unten sind mit dem Schächer und Maria Magdalena die ersten Bekehrten zu sehen.

Ihnen gegenüber auf der linken Seite die Schar der Sibyllen und der heiligen Jungfrauen. Auch hier fällt mir auf, wie unförmig diese Figuren im Gegensatz zu den sehr differenzierten Männerkörpern gemalt sind. Das mächtige Weib im Vordergrund zum Beispiel, mit Brüsten, die wie aufgesetzt wirken, keine harmonische Linie ergeben. Man spürt, daß du wohl nie die Liebe einer Frau empfangen hast, Michelangelo Buonarotti, denke ich mir.

Wieder schweift mein Blick nach rechts, wo ich unter dem Schächer und Magdalena Sebastian mit den Pfeilen, Katharina mit dem Rad, Blasius mit der Hechel und Simon mit der Säge zu erkennen glaube. Die Märtyrer. Auch sie gehören, wie alle anderen in dieser oberen Hälfte des Bildes, offensichtlich zu den Auserwählten.

Wie aber, frage ich mich, sind diese Scharen von Auserwählten in die himmlische Region gekommen? Wer hat sie auserwählt und warum, da das Gericht über Gute und Böse doch eben erst beginnt? Sollten sie sich etwa alle aus der Auferstehungsgruppe ganz links unten mühsam hinaufgehangelt haben? Wohl kaum. Und überhaupt: Wieso habe ich über eine solche Personenkonstellation beim Jüngsten Gericht im Neuen Testament nie auch nur ein Wort gelesen? „Amen, ich sage euch: In der Wiedererschaffung, wenn der Sohn des Menschen sich auf seinen Thron der Herrlichkeit setzt, werdet auch ihr selbst, die ihr mir nachgefolgt seid, auf zwölf Thronen sitzen und die zwölf Stämme Israels richten", so spricht Jesus im Matthäus-Evangelium.

Michelangelo hat aber nur sieben Jünger gemalt. Johannes der Täufer, Paulus, Lukas, Markus oder Laurentius zählten nicht zur ausgewählten Schar, schon gar nicht Elisabeth, Anna und Martha.

Lukas schreibt: „Damit ihr an meinem Tisch in meinem Königreich eßt und trinkt, um die zwölf Stämme Israels zu richten." Nichts von einem Welt-Gericht, auch nichts von Verdammnis.

Noch einmal betrachte ich das Bild. Gott hat das Richteramt seinem Sohn übertragen, so steht es bei Johannes. Auf einem großen weißen Stuhl soll der Richter sitzen, auch daran erinnere ich mich.

Michelangelo hat sich in der Darstellung dieses Jüngsten Gerichts sowohl von der gesamten künstlerischen Entwicklung als auch von der Schrift entfernt und Jesus gleichsam interpretiert: Er sitzt nicht und richtet, dieser Jesus steht und klagt an. Mächtig und zürnend, den rechten Arm dorthin erhoben, wo dieses schier unendliche Durcheinander von Menschenleibern sich schlängelt, drängelt, stößt. Laut ist es, ein Schreien, Wimmern, Zetern, Stöhnen, Männer- und Frauenstimmen, Posaunenchöre. Plötzlich – träume ich? – eine schnelle, heftige Armbewegung von Jesus, und in der Ferne das seidenfeine Geläut einer Glocke. Dann kehrt wieder Stille ein. Geradezu majestätische Ruhe strahlt dieser Jesus jetzt aus. Alle hektische Bewegung erstirbt, die Erregung legt sich. Wie in Zeitlupe entwirren sich die Menschenknäuel, und vorn bildet sich eine Gruppe von zwölf Personen. Die Jünger, plötzlich sind sie alle beisammen, etwa so, wie ich sie von Leonardos „Abendmahl" her in Erinnerung habe: Auch Andreas, Philippus, Judas Ischariot und die anderen, die ich vorher in der Masse nicht wahrnehmen konnte, die mir irgendwie vor den Augen verschwammen.

Links über Jesus' Kopf lösen sich fünf Gestalten aus dem Pulk. Es sind die Richter aus dem Alten Testament: Gideon, den Kopf mit einer Art Helm bedeckt, Samuel und Simson, seine Söhne, schließlich Judith und Melchisedek. Engel tragen Tische und Stühle herbei. Auf ein Zeichen von Jesus schleppen die zerlumpten und geschundenen Gestalten der Verdammten plötzlich Bücher, Folianten sowie Stapel von Akten, Heften und Ordner heran, die sie auf den Tischen abladen und am Boden auftürmen. Die Richter nehmen hinter einer aus mehreren Tischen zusammengestellten Tafel Platz. Jesus setzt sich schräg rechts von ihnen an einen Tisch, neben ihm ein mir unbekannter Jüngling, der verschiedene Akten sortiert. Jesus gegenüber breitet ein alter Mann, dessen faltiges Gesicht von langen schlohweißen Haaren und einem dichten Bart umrahmt ist, Papier und Stifte vor sich aus. Hinter Jesus haben sich in einigem Abstand die Apostel, zu denen sich auch Maria, Paulus, Markus, Lukas, seine Brüder und einige Begleiter gesellt haben, auf Stühlen niedergelassen.

Langsam beginne ich zu begreifen: Hier wird ein Tribunal vorbereitet, ein Prozeß. Etwa das seit 2000 Jahren erwartete Gericht? Aber Jesus ist nicht Richter, sondern Ankläger. Wen klagt er an, dieser Jesus? Meine Gedanken überschlagen sich. Augen und Ohren sind ganz wach für jedes Detail, und ganz intensiv rieche und schmecke ich nun Weihrauch. Alles um mich herum wird ganz weit, und ich habe das Gefühl, völlig allein zu sein. Ganz klar und deutlich kann ich das Geschehen verfolgen, als ob ich unter ihnen säße. Aber sie bemerken mich nicht. Ich bin der einzige und offensichtlich unsichtbare Beobachter in diesem Raum, der sich auf solch gespenstische Art in einen Gerichtssaal verwandelt hat.

Ich bin vollkommen erstarrt, unfähig, mich zu bewegen. Mit knappen Worten und indem er dreimal mit der Hand auf die vor ihm liegende Bibel schlägt, eröffnet der Vorsitzende Richter die Verhandlung: „Es wird heute verhandelt die ‚Strafsache Vatikan‘, es klagt an: Jesus von Nazareth. Der Ankläger hat das Wort."

Ruhig, fast gelassen, erhebt sich der Angesprochene von seinem Stuhl, und die tiefe, warme Stimme, mit der er zu sprechen beginnt, erfüllt den ganzen Saal. Ich könnte es beschwören, obwohl Jesus verboten hat, zu schwören, aber der Jesus, den ich hier sehe, fängt genau in diesem Moment an zu sprechen, und ich höre ihm gebannt zu.

II. Anklage

Hohes Gericht, knapp 2000 Jahre nach ihrer Entstehung klage *ich* in diesem Prozeß die katholische Kirche als eine verbrecherische Organisation an, die in *meinem* Namen, dem Namen Jesu, unzählige Greueltaten verübt hat, ohne bisher dafür zur Rechenschaft gezogen worden zu sein. Auf der Anklagebank wird die Kirche durch ihre höchsten Mitglieder, die sogenannten Päpste, repräsentiert.

Ich werde im Prozeßverlauf im einzelnen beweisen, daß sich die Angeklagten als Führer einer rechtsbeugenden Organisation zahlreicher Vergehen und Verbrechen schuldig gemacht haben, die *ich* in der Anklageschrift nach folgenden Punkten behandeln werde:

1. Amtsanmaßung
2. Amtsmißbrauch
   2.1. Nepotismus
   2.2. Simonie
3. Beleidigung/Verunglimpfung
4. Bestechung
5. Betrug/arglistige Täuschung
6. Diebstahl
7. Ehebruch
8. Einmischung in innere Angelegenheiten
9. Erpressung
10. Falschaussage
11. Fälschung
12. Freiheitsberaubung
13. Gefährliche Körperverletzung
14. Inzest/Blutschande
15. Justizmord

16. Landfriedensbruch
17. Meineid
18. Mißbrauch von Abhängigen
19. Mord
20. Nötigung
21. Sachbeschädigung/Vandalismus
22. Schändung
    22.1. Störung der Totenruhe
23. Sexueller Mißbrauch
    23.1. Unzucht
    23.2. Vergewaltigung
    23.3. Förderung der Prostitution
24. Störung des öffentlichen Friedens
25. Tierquälerei
26. Unterlassene Hilfeleistung
27. Unterstützung von
    27.1. kriminellen Vereinigungen
    27.2. Kriegsverbrechern, Verschwörung und Vorbereitung von Angriffskriegen
    27.3. organisiertem Verbrechen
    27.4. terroristischen Vereinigungen, Inquisition
28. Verbrechen, Verstoß gegen, Verletzung der
    28.1. freien Entfaltung der Persönlichkeit
    28.2. Freiheit der Meinungsäußerung
    28.3. Freiheit der Wissenschaften
    28.4 Gewohnheitsrechte
    28.5. Grundrechte
    28.6. Intimsphäre/Privatsphäre
    28.7. Menschenrechte
    28.8. Naturrecht
    28.9. Völkerrecht
    28.10. wider die guten Sitten
    28.11. Zehn Heilige Gebote/Gebote des Neuen Testaments
29. Verbrecherische Bereicherung/Hehlerei
30. Verbreitung gefährlichen Schrifttums
31. Vernichtung der natürlichen Lebensgrundlagen

32. Völkermord
33. Volksverhetzung/Religionsbeschimpfung

Um diesen Mammutprozeß – immerhin haben bis zum heutigen Tag offiziell 266 Männer auf dem von der Kirche installierten ‚Stuhl Petri‘ gethront – in eine für alle Anwesenden erträgliche Form zu bringen, möchte *ich* vorschlagen, zunächst nur die etwa 50 Hauptangeklagten und dann in einem zweiten und dritten Prozeßteil die weniger schwer belasteten Mittäter zu behandeln. Unter diese Kategorie fallen auch diejenigen, die nur einen Tag, eine Woche, einen Monat oder ein Jahr im Amt waren, also im Sinne der Anklage weniger Un-Heil anrichten konnten.

Die Anklage ist bereit, einige wenige, die als sogenannte Kirchenfürsten fungierten, von der Anklage auszunehmen. Es handelt sich um jene Männer, die sich in der Geschichte der Kirche vergleichsweise geringfügiger Vergehen schuldig gemacht haben. Sie können hier ohne besondere Erwähnung übergangen werden, weil *ich* nach unserem Rechtsverständnis und dem Inhalt *meiner* Lehre voraussetze, daß sie ihr angemaßtes Amt weitestgehend im Einklang mit geltenden Gesetzen ausübten.

Über die Angeklagten wird bei diesem Prozeß in Abwesenheit verhandelt, da sie bis auf einen bereits verstorben sind. Der noch amtierende Angeklagte Karol Wojtyla wird hier vor Gericht erscheinen, er ist als Zeuge in eigener Sache geladen.

Damit sich der Prozeß nicht unnötig in die Länge zieht, ist die Beweisführung der Anklage im wesentlichen auf zeitgenössische Dokumente, Berichte und Urkunden abgestellt. *Ich* behalte mir jedoch vor, nach Bedarf und zur Stützung der Beweisführung Zeuginnen und Zeugen aufzurufen.

Bevor *ich* einleitend einige allgemeine Bemerkungen zur Eröffnung dieses Verfahrens mache, muß *ich* noch kurz die Rechtsgrundlagen dieses Prozesses erläutern. Die Kirche beruft sich heute wie vor 2000 Jahren auf ‚Jesus Christus‘. *Meine* Person wird dadurch zu einer Figur, deren Lehre für alle Zeiten Gültigkeit hat. Aus dieser Tatsache leite ich *mein* Recht ab, die Anklage nach ebenso zeitlosen Maßstäben zu erheben. Da wir bei vielen Angeklagten heute nicht Rechte anwenden können, die zur Tatzeit nicht kodifiziert waren, ruht die Anklage auf keinem zeitspezifischen Gesetzeskodex, sondern auf einem dem Rechtsverständnis aller kultivierten Völker zu allen Zeiten gemeinsamen <u>Naturrecht</u>, d. h. also im wesentlichen auf Verpflichtungen gegenüber den <u>Menschenrechten</u> und anderen allgemeingültigen Regeln und Gesetzen, an die sich unsere heutige demokratische Rechtsordnung angelehnt hat.

Die Idee des Naturrechts, das über jedes weltliche Recht erhaben und unabhängig davon ist, wurzelt in Griechenland. Es vereinigt die Philosophie des <u>Sokrates</u>, des <u>Aristoteles</u> und der Stoiker und hat bereits vor der Zeitenwende Anerkennung gefunden. Es wurde als ‚Welt-, Natur- und Sittengesetz‘ aufgefaßt, das für alle Menschen unwandelbar gleich sei. Namhafte Lehrer der von *mir* angeklagten Kirche wie <u>Augustinus</u> oder <u>Thomas von Aquin</u> formulierten daraus sogar eine ‚Lex aeterna‘, ein ewiges Gesetz Gottes, das die Verbindlichkeit aller irdischen Gesetze sichert und mit dem jedem Menschen das Recht auf Leib, Leben, Eigentum, Arbeit und Freiheit zuerkannt wird.“

Die Erinnerung an den großen Prozeß dieses Jahrhunderts schießt mir plötzlich durch den Kopf – das Nürnberger Gerichtsverfahren. Welche Schwierigkeiten hatte man damals bei der Klärung der Frage, auf welcher Rechtsgrundlage die Nazi-Verbrecher angeklagt werden sollten. Mit der Berufung auf ein Naturrecht hätte man sich viel Zeit und Mühe sparen können. Ich kann mich nicht erinnern, daß dieser Begriff dort jemals gefallen oder angewendet worden ist. Ohne dieses Naturrecht wären die <u>Menschenrechtskonvention von 1789</u> und die amerikanische <u>Menschenrechtserklärung</u> nicht denkbar. Was für ein grandioser Gedanke, so alt und so unbekannt. Mein Gott, wie phantastisch, das alles hier miterleben zu können. Indessen höre ich wieder Jesus:

„Ihr Richter, auf dieses Naturrecht geht auch die Forderung zurück, daß jedem Angeklagten bis zum endgültigen Beweis seiner Schuld ein Verteidiger zusteht. Obwohl eine Verteidigung, wie ihr alle wißt, im ‚Jüngsten Gericht' nicht vorgesehen ist, werden Anwälte der Angeklagten nach *meinen* Plädoyers ausreichend Gelegenheit haben, vor dem Gericht für ihre Klientel einzutreten.

Richter, mit diesem Zugeständnis möchte *ich mich* bewußt von den verbrecherischen Methoden dieser Kirche abgrenzen, die seit zwei Jahrtausenden über Menschen gerichtet hat, nicht nur ohne einen Auftrag, sondern auch ohne gerechte Verfahren. In den von dieser Organisation gegen Menschen aller Hautfarben, jeden Alters und jeden Geschlechts angestrengten Prozessen wurden oft weder die Angeklagten noch die Verteidiger gehört. *Ich* will hier nur an die Justizmorde an Jeanne d'Arc, Giordano Bruno, Jan Hus, Jacque de Molay und Girolamo Savonarola erinnern. Ebenso an die ungezählten Millionen gefolterter, geschlachteter, verbrannter Häretiker und Hexen, an die Verteufelung, Verfolgung und Vernichtung von sogenannten Ungläubigen: Albigensern, Friesen, Goten, Hugenotten, Indianern, Juden, Katharern, Sarazenen, Slawen, Stedingern, Türken, Vandalen.

Im übrigen verweise *ich* auf die Berge kirchen-apologetischer Schriften, die die Kirche zur Rechtfertigung ihrer Taten in Umlauf gebracht hat und mit denen ihrem Recht auf Verteidigung ohnehin über die Maßen Genüge getan wurde und wird.

Wiewohl *ich* in meinen Plädoyers gegen die einzelnen Angeklagten sicherlich noch einmal darauf zu sprechen komme, möchte *ich* einige Tatbestände aufzeigen, die die Eröffnung dieses Verfahrens rechtfertigen. *Ich* klage hier nicht nur in eigener Sache an, sondern auch als Anwalt all der namenlosen Opfer, die die skrupellose Machtpolitik der Kirche gefordert hat. *Ich* klage die Organisation an, die *mein* Leben und *meine* Botschaft verfälscht hat, damit ihre Botschaft daraus wurde. Die in *meinem* Namen alle möglichen Schandtaten vom Betrug bis hin zum Völkermord begangen hat, die damit den Namen Jesus von Nazareth beleidigt und aus *mir* eine unglaubwürdige Kunstfigur gemacht sowie *mich meiner* Menschlichkeit beraubt hat. Und dies alles, obwohl in den 47 Büchern des Alten und den 27 Schriften des Neuen Testaments der Begriff ‚katholische Kirche' nicht ein einziges Mal vorkommt.

Von den Römern wurde *ich* ans Kreuz geschlagen, von den Evangelisten ein zweites Mal, von der Kirche und sogenannten gläubigen Christen werde *ich* jedoch seit zweimal tausend Jahren Millionen Male und tagtäglich wieder ans Kreuz geschlagen.

Viele werden frei nach Matthäus 7,22 an diesem Tag zu *mir* sagen: ‚Herr, Herr, haben wir nicht in deinem Namen Dämonen ausgetrieben und in deinem Namen viele Machttaten vollbracht?' Und doch will *ich* ihnen dann bekennen. *Ich* habe euch nie gekannt! Weicht von *mir*, ihr Täter der Gesetzlosigkeit! Ihr seid die falschen Propheten, die in Schafskleidern kommen, inwendig aber seid ihr raubgierige Wölfe.

Von Juden über Juden für Juden wurde das Alte Testament vor drei Jahrtausenden geschrieben. Und den Juden, seinem Volk, den zwölf Stämmen Israels, kündigte Jesus das Letzte Gericht an. In Verfälschung der Schrift hat die Kirche diese Botschaft gestohlen und für ihre Zwecke mißbraucht. Darum bin *ich* hier und werde auf sie anwenden, was den Juden galt: ‚Richtet nicht, so werdet auch ihr nicht gerichtet, verdammt nicht, so werdet auch ihr nicht verdammt.' In seiner ‚Apokalypse' hat der von der Organisation so überaus geliebte Johannes die Schreckensvision Kirche vorausgeahnt. Als Inkarnation der vier apokalyptischen Reiter zieht sich die Spur der Kirche durch die Weltgeschichte: Hunger, Pest, Krieg und Tod.''

Mit einem lauten Knall fährt die Hand des Obersten Richters auf den Tisch nieder. In strengem Ton ermahnt er den Ankläger, sich auf die Fakten zu beschränken und solcherlei persönliche Kommentare für das Schlußplädoyer vorzubehalten. Unbeirrt spricht Jesus weiter:

„Wie die Hohenpriester und Schriftgelehrten in Lukas 20,2 *mich* fragten, werde *ich* die Angeklagten fragen: ‚Mit welcher Befugnis habt ihr diese Dinge getan? Oder wer hat euch diese Befugnis gegeben?' *Ich* jedenfalls nicht, denn weder habe *ich* diese Organisation Kirche gewollt oder gar gegründet, noch habe *ich* die Lehre verkündet, die sie *mir* in den Mund legt.

Ich habe das Reich Gottes, die Kirche hat die Hölle gepredigt. Der Gott, mit dem diese Organisation droht, ist der des Alten Testaments und nicht der *meiner* ‚Frohen Botschaft'. Statt Liebe und Barmherzigkeit versenkt sie Furcht in die Herzen der Menschen, vergewaltigt Seelen und Vernunft.

Die Kirche sei die Wahrheit, weil die Schrift die Wahrheit sei, so wird verkündet. Amen, *ich* aber sage, die Schrift ist von Menschen geschrieben, die Namen angenommen haben, die ihnen nicht zustehen. Und damit *ich* der bin, den sie haben wollten, haben sie auch das Alte Testament verfälscht, auf daß die Schrift erfüllet werde.

Ich war und bin ein Mensch mit allen seinen Widersprüchen. Die Prophezeiung vom kommenden Gottesreich war ein Irrtum, und aus *meinem* Irrtum hat die Kirche Kapital geschlagen und darauf ihre Organisation gebaut. *Ich* habe *mich* geirrt, wie jeder Mensch irren kann, während die Kirche und ihre Ersten Bischöfe sich Unfehlbarkeit anmaßten und noch heute anmaßen.

Dafür und für all die anderen Verbrechen, die in *meinem* Namen, im Namen *meiner* Mutter Maria und im Namen Gottes von dieser Kirche verübt worden sind, werden sich die Angeklagten hier verantworten müssen. *Ich* vergebe ihnen nicht, denn sie wußten, was sie taten! In den Psalmen der Alten Schrift steht geschrieben: ‚Alles Üble, das die Bösen tun, wird verzeichnet, und sie wissen es nicht.' Und Amen, *ich* sage euch, es gibt nichts Verborgenes, das nicht offenbar werden wird, und nichts Verhülltes, das nicht enthüllt werden wird."

III. Angeklagte

1. Klemens I.

Aus dem Hause Titus Flavius Klemens

Wie betäubt bin ich von dem eben Gehörten und diesem phantastischen Szenario. Erst jetzt wird mir bewußt, daß dieser Jesus, dessen Muttersprache doch Aramäisch war, meine Sprache spricht. Ich höre ihn und verstehe jedes Wort. Auch sind dies nicht das einfache Vokabular und die kurzen Sätze des Wanderpredigers der Zeitenwende, sondern das sprachlich ausgefeilte und juristisch fundierte Plädoyer eines Menschen unseres Jahrhunderts.

Jetzt hat er sich von seinem Mitarbeiter eine Akte geben lassen und ruft den ersten Fall auf: „Da über die ersten Jahrzehnte in der Geschichte dieser Organisation so gut wie nichts aktenkundig ist, wir unsere Beweisführung aber soweit als möglich auf historisch gesicherten Quellen aufbauen wollen, übergehe *ich* diese Zeit und beginne mit der Anklage gegen Klemens I. aus dem Hause Titus Flavius Klemens.

Die Unterlagen über den Angeklagten geben viele Fragen auf. Einige seien hier kurz angeführt. Bis zur Veröffentlichung des sogenannten Ersten Klemensbriefes, der auf das Jahr 95 datiert wird, war nur höchst Widersprüchliches über sein Leben zu erfahren. Ob er identisch ist mit dem Gefährten Klemens, den Paulus in seinem ‚Brief an die Philipper‘ nennt, konnte nicht mit Sicherheit festgestellt werden. Angeblich soll er mit einer Frau namens Flavia Donitella verheiratet gewesen sein.

Über seine Amtszeit herrscht ebenso Ungewißheit. Sie wird einmal auf 88 bis 97 datiert, an anderen Stellen von 90 bis 101 oder von 92 bis zum Jahr 102. Das Gericht wird ebenso überrascht sein, wie *ich* es war, aber daran werden wir uns alle im Lauf dieses Prozesses noch gewöhnen: Jahr und Monat sind in der Geschichtsschreibung umstritten. Das hindert die Kirche aber nicht, den Todestag des Angeklagten auf den 23. November festzulegen."

Als Beweisstück legt Jesus nun einen Brief des Angeklagten vor, aus dem er im folgenden immer wieder zitiert: „Mit diesem Brief macht sich der Verfasser im Sinne der Anklage des <u>Betrugs</u>, der <u>Falschaussage</u> und der <u>Fälschung</u> schuldig, wie *ich* dem Gericht beweisen werde. Absender des Briefes, so formuliert es der Angeklagte, ist ‚die Kirche Gottes, die zu Rom in der Fremde lebt'. Adressiert ist das Schreiben an ‚die Kirche Gottes, die zu Korinth in der Fremde lebt. Die Berufenen, die nach dem Willen Gottes durch unseren Herrn Jesus Christus geheiligt worden sind.' Ihnen schreibt der Angeklagte: ‚Gnade sei Euch und Friede in reicher Fülle, die der Allmächtige Gott Euch durch Jesus Christus gewähren möge.'

„Der Angeklagte", so Jesus nach einer kurzen Pause, „spricht von der Kirche Gottes in Rom. Weder Gott noch *ich* haben eine Kirche in Rom gegründet. Der Tempel der Juden steht in Jerusalem, und Gott war der Gott Israels und Jesus ein Jude, ihm war der Begriff Kirche fremd. Wenn an wenigen Stellen des Neuen Testamentes fälschlicherweise von der Kirche die Rede ist, so beruht dies auf Übersetzungsfehlern oder späteren Einschüben. Jesus sprach vom Reich Gottes. Den Begriff Kirche hätten *meine* Jünger nicht verstanden, da sie im Tempel beteten oder predigten. Die Kirche – das war die Versammlung der Gemeinde (Ekklesia) und nicht etwa das ‚Haus des Herrn' (Kyriacum)."

Ohne das zustimmende Kopfnicken der Jünger zu bemerken, liest der Ankläger weiter aus dem Brief: „„Wegen plötzlich einander Schlag auf Schlag folgender Leiden und Drangsale, die Uns selbst schwer trafen, glaubten Wir, Brüder, ein wenig zuwarten zu dürfen, ehe Wir Unsere Aufmerksamkeit den bei Euch so lebhaft verhandelten Dingen zuwandten: Wir meinen, Geliebte, Euren Streit, diesen für Auserwählte Gottes so unpassenden Streit, diesen fremdartigen, ruchlosen, unseligen Streit, den ein paar Verwegene und allzu hitzige Leute bei Euch bis zur Weißglut angefacht haben, bis zu solchem Unverstand, daß Euer guter Ruf, Euer hochgerühmter und bei allen Menschen beliebter Name dadurch in hohem Grade beschimpft wurde.'

Dazu habe *ich* folgendes zu bemerken: Aus der Schilderung über Schläge und Drangsale geht hervor, daß es Streitigkeiten, die *ich meinen* Jüngern wiederholt verboten habe, in der Geschichte der Kirche von Beginn an gab. Streitigkeiten aber nicht nur in Rom, sondern überall und vor allem um die Position der leitenden Priester. Die Christenverfolgungen, denen der Angeklagte möglicherweise selbst zum Opfer fiel, sprechen der Behauptung hohn, die sogenannten Christen hätten bei allen Menschen einen beliebten Namen gehabt. Das Gegenteil ist richtig, wie die Geschichte lehrt. Sie waren verfolgt und gehaßt wegen ihres Hochmuts und ihrer anmaßenden Mission.

‚Das Evangelium', schreibt der Angeklagte weiter, ‚ist Uns von den Aposteln verkündet worden, so wie sie es einst von Unserem Herrn, Jesus Christus, empfangen haben. Jesus Christus aber ist unmittelbar von Gott gesandt, so daß beides, die Sendung Christi und die der Apostel durch ihn, demnach in aller Ordnung geschehen ist, um den Willen Gottes auszuführen. So empfingen sie alle ihre Aufträge, so wurden sie durch die Auferstehung Unseres Herrn Jesus Christus in ihrer Gewißheit bestätigt, so sahen sie sich gefestigt im Glauben an das Wort Gottes bestärkt und so zogen sie dann hinaus, vom Heiligen Geist ganz erfüllt und predigten, daß das Reich Gottes nahe sei. Dies war nichts Neues. So sagt schon die Schrift, Jesaja 60,17: ‚Deine Bischöfe will ich dir geben in Frieden und deine Diakonen in Gerechtigkeit.'

Die hier aufgestellten Behauptungen, Ihr Richter, sind falsch, denn Markus und Lukas zählten nicht zu *meiner* Jüngerschar, und sie waren ebensowenig die Verfasser der Evangelien wie Matthäus und Johannes. Da diese Kirchenorganisation dies aber bis zum heutigen Tag behauptet, habe *ich* sie geladen und rufe sie hier als Zeugen auf." Die Genannten treten hervor und stellen sich links vom Richtertisch auf. „Ihr habt gehört, was der Angeklagte von euch behauptet." Jesus nimmt das Neue Testament vom Richtertisch und schlägt ein Evange-

lium auf: „*Ich* frage dich, Markus, hast du das geschrieben?"
Schnell und bestimmt setzt Markus an: „Ich schwöre, daß ..."
Barsch wird er von Jesus unterbrochen: „Du sollst nicht
schwören. Deine Antwort sei ja oder nein." Markus anwortet
mit einem klaren „Nein", und nachdem auch die drei anderen
dasselbe bezeugt haben, werden sie vom Ankläger wieder auf
ihre Plätze zurückgeschickt.

Jesus resümiert: „Das ‚Evangelium' dieser Organisation ist
nicht von *meinen* Aposteln aufgeschrieben und verkündet
worden. Vielmehr haben Schreiber, deren Namen und Beruf
ich nicht kenne, sich als *meine* Begleiter ausgegeben. Die Texte sind zweifelsfrei erst zwischen 70 und 95, wenn nicht noch
später geschrieben. Dies ist von zahllosen international anerkannten Bibelforschern belegt." Indem er sich den Richtern
zuwendet, fügt der Ankläger hinzu: „Von den Jüngern Jesu ist
nicht bekannt, daß sie lesen und schreiben konnten, geschweige denn der griechischen Sprache mächtig waren, in der die
sogenannten Evangelien abgefaßt wurden.

Aber halten wir uns dennoch an diese Schriften, soweit sie
mir glaubwürdig erscheinen. Sehr oft finden sich dort Zeugnisse von der Prophezeiung, daß das Reich Gottes nahe sei."
Jesus nimmt noch einmal die Bibel: „*Ich* darf dazu einige *meiner* Worte wiedergeben, wie sie in den Evangelien stehen:
‚Denn ihr wißt nicht, wann der Herr kommt, wachet.' (Markus
13,35) ‚Dieses Geschlecht wird nicht vergehen, bis daß alles
geschehen wird.' (Markus 13,30) ‚Ihr werdet nicht fertig werden mit den Stätten Israel.' (Matthäus 10,23) ‚*Ich* werde vom
Weinstock nicht mehr trinken bis zum Tage, da *ich* es mit
euch trinken werde im Reich *meines* Vaters.' (Matthäus 26,29,
Markus 14,25, Lukas 22,18).

Auch das Zitat aus dem Alten Testament, Jesaja 60,17, das
der Angeklagte verwendet, ist falsch. Wörtlich heißt es dort:
‚Ich will zu deiner Obrigkeit den Frieden machen und zu deinen Vögten die Gerechtigkeit'. Und selbst, wenn man dieses
als eine Kirchenposition auslegen sollte, so war Jesaja ein Prophet des Volkes Israel und lebte um das Jahr 700 vor der Zeitenwende."

Wie berauscht folge ich der scharfzüngigen Argumentation des Anklägers. Kurz muß ich an Claudia und Stefanie denken und weiß nicht, ob ich sie bedauern soll oder mich, daß ich so allein Zeuge dieses Auftritts bin.

„ ,Auch unsere Apostel'", so höre ich den Ankläger – und er ist nur noch wenige Meter von mir entfernt, sieht mich aber eigenartigerweise nicht – weiter aus dem Brief zitieren, „ ,sahen voraus, unser Herr Jesus Christus hatte sie darauf aufmerksam gemacht, daß um die Bischofswürde vielfach Streit entstehen könnte. Ihr habt die Heiligen Schriften genau durchforscht, die echten, die wirklichen, die wirklich vom heiligen Geist eingegeben worden sind. Ihr wißt, dort steht nichts Unrechtes. Nichts Verkehrtes kann in ihnen geschrieben worden sein'."

Jesus hatte die letzten beiden Sätze mit besonderer Betonung vorgelesen, um jetzt anzufügen: „An einer anderen Stelle dieses Briefes steht: ,Stellen wir uns die guten Apostel vor Augen. Den Petrus, der wegen ungerechter Eifersucht nicht eine oder zwei, sondern viele Fährlichkeiten ertrug und so nach Ablegung seiner Zeugenschaft zu dem ihm gebührenden Orte der Herrlichkeit wanderte. Wegen Eifersucht und Streitsucht zeigte Paulus den Lohn geduldigen Ausharrens: In Banden war er sieben Mal, er wurde in die Verbannung geschickt, er wurde gesteinigt, als Herold trat er im Osten und im Westen auf, und deswegen hat er herrlichen Ruhm für seinen Glauben geerntet. In der ganzen Welt hat er Gerechtigkeit gelehrt, bis zum äußersten Westen ist er vorgedrungen, und vor den Machthabern hat er sein Zeugnis abgelegt. So ward er denn aus der Welt genommen und wanderte an den heiligen Ort, das größte Vorbild von Geduld.'

Hohes Gericht, hier möchte ich zwei Fragen stellen. Erstens: Wie hätte ich, da ich – wenn auch irrigerweise – von einem nahen Weltende ausging, auf die Idee kommen können, eine Kirche zu gründen, geschweige denn Bischöfe einzusetzen? In der Apostelgeschichte wird von einem Streit gesprochen, in dem es um die Rangordnung unter den Jüngern geht. An einer anderen Stelle verweist Paulus den Petrus auf seine

Aufgabe, nämlich in Jerusalem – und nicht bei den Heiden – die Gemeinde zusammen mit Johannes und Jakobus zu führen. Die Leitung dieser Gemeinde aber, auch dieses ist mit dem Neuen Testament zu belegen, wird Jakobus, dem Bruder des Herrn, übertragen.

Wie, frage *ich* zweitens, kann der Angeklagte behaupten, die Gemeinde in Korinth habe die sogenannten 'Heiligen Schriften' genau durchforscht, die ‚echten, die wirklichen, die vom Heiligen Geist eingegeben worden sind‘? Bereits zu Lebzeiten des Angeklagten, also um 100, gab es nach den Ermittlungen von Kirchenhistorikern Hunderte, wenn nicht Tausende von Änderungen und Fälschungen in diesen ‚Heiligen Schriften‘. Schon das Handeln des Paulus steht in völligem Widerspruch zu dem, was *ich meinen* Jüngern aufgetragen habe. Die Heidenmission, die Paulus für sich beansprucht, steht nicht nur im Widerspruch, sie verstößt gegen *meine* Gebote. Jesus fühlte sich ‚gesandt zu den verlorenen Schafen des Hauses Israel‘ (Matthäus 15,24). ‚Den Weg zu den Heiden schlagt nicht ein‘, sagt Jesus in Matthäus 10,5. ‚Ihr bleibet in der Stadt‘, schreibt Lukas (24,49). Alle Gebote galten wie die Zehn Gebote des Alten Testaments für das Volk Israel.“

Fast glaube ich, auf dem Gesicht des Anklägers so etwas wie Genugtuung festzustellen, als er für einen kurzen Moment innehält. Immer kontrollierter wird seine Gestik, und mit souveräner Selbstbeherrschung entwickelt er seine Strategie. Dieser Saal ist ganz allein seine Bühne, dieses Gericht sein Auftritt, denke ich. Darauf hat er 2000 Jahre gewartet.

„*Ich* gebe zu“, fährt Jesus fort, indem er den Brief wieder in seine Akte zurücklegt, „daß es für das Gericht und auch für *mich* schwer einsehbar ist, warum von Rom aus Mahnungen nach Korinth ergehen konnten, dessen Gemeinde sehr wahrscheinlich durch Paulus bereits um 50 gegründet worden ist. Der ganze Duktus läßt aber darauf schließen, daß der Angeklagte mit diesem Brief und seinen Behauptungen, Zeuge des Martyriums von Paulus zu sein, den Gedanken hegte, die Vormachtstellung der römischen Gemeinde ein erstes Mal in der Geschichte zu fixieren.

Noch etwas anderes scheint *mir* wichtig: Dieses als ‚Klemensbrief‘ in die Geschichte eingegangene Dokument enthält das erste und wahrscheinlich einzige schriftliche Zeugnis vom Aufenthalt des Petrus in Rom. Wobei der Verfasser offenläßt, auf welche Art und Weise Petrus zu Tode kam. Paulus aber ist nach diesem Zeugnis gesteinigt worden, was der Geschichtsschreibung völlig widerspricht.

Die vier Evangelien sind, wie schon erwähnt, etwa in den Jahren 70 bis 95 entstanden. Weder in den sogenannten synoptischen Evangelien des Markus, Matthäus und Lukas noch bei Johannes findet sich auch nur ein Bericht, in dem der Aufenthalt des Petrus in Rom erwähnt wird. Auch die Apostelgeschichte schweigt dazu.

In seinen Briefen an die Gemeinden, diesen in Rom geschriebenen Briefen, nennt Paulus seine Gefährten, oft mehrfach, als da sind Aristarchus, Markus, Ephras, Lukas der Arzt, den er als den Geliebten bezeichnet, Demas, Eubolus und Claudia – nie aber erwähnt er den Namen Petrus. “

Jesus gönnt sich eine kurze Pause, in der er sich aus einem Ordner ein weiteres Papier nimmt: „Richter, noch ein anderes folgenschweres Gerücht setzt dieser Angeklagte in die Welt: In seinem zweiten Brief beschäftigt er sich mit dem unsinnigen und unseligen Begriff der Jungfräulichkeit und behauptet doch allen Ernstes, *ich* hätte gesagt: ‚Der Bruder, der eine Schwester sieht, soll nichts Weibliches über sie denken und sie über ihn nichts Männliches.‘ *Ich* klage ihn deshalb der Fälschung und Beleidigung an. Dieser Mann war der vollkommen absurden Meinung, daß es keinen Tod mehr gebe, wenn die Werke des Weibes endeten. Hätte er recht, wären die Gesetze der Natur außer Kraft gesetzt. Hätten die ‚Gläubigen‘ ihm gehorcht, wären die Kirche und ihre Anhänger mit ihm ausgestorben, und der Menschheit wäre viel Un-Heil erspart geblieben.

Richter, *ich* komme nun zur Anklage wegen Amtsanmaßung. Dazu muß *ich* etwas weiter ausholen, werde dann aber bei den anderen Angeklagten nur noch von Fall zu Fall darauf eingehen, weil sie sich alle dieses Punktes schuldig gemacht haben. Der Komplex ist im Zusammenhang mit dem Wirken des Ignatius von Antiochien zu sehen, der für die Kirche eine sehr wichtige Rolle gespielt hat. Auch bei diesem Mann, der für einige Kirchenlehrer der erste Nachfolger Petri gewesen sein soll, ist nicht klar, wann er gestorben ist. Genannt werden die Jahre 107, 115 und 138. Es ist auch nicht mit Sicherheit zu bestimmen, welche seiner Briefe von ihm und welche wann in welcher Form verändert worden sind. Als gesichert gilt, daß er zum ersten Mal den Ausdruck ‚katholisch' einführte, indem er den aus dem griechischen kommenden Ausdruck ‚katolon' (über den ganzen Erdkreis) in einem Brief verwendete.

Aus diesem Brief, den *ich* als Beweisstück Nummer zwei zu den Akten gebe, möchte *ich* die entscheidende Stelle vorlesen. Dort heißt es: ‚Wo der Bischof erscheint, dort soll die Gemeinde sein, wie da, wo Jesus Christus ist, die katholische Kirche ist.'

Obwohl für Ignatius von Antiochien dieser ‚Christus' nicht wahrer Mensch, sondern ein Scheinleib war, behauptet er, die Bischöfe hätten durch Christus von Gott die Vollmacht bekommen. Es erscheint *mir* wichtig, diesen Vollmachtverweis anzubringen, denn er steht im direkten Zusammenhang mit dem Anklagepunkt. Die Frage, ob Klemens und Ignatius einander begegnet sind, kann *ich* nicht beantworten. Aber sicher kannte der Angeklagte die Schreiben des Ignatius."

Auf den Einspruch des Vorsitzenden Richters, daß dem Angeklagten aufgrund des vorgelegten Dokuments nicht nachgewiesen werden könne, daß er die nämliche irrige und falsche Vollmachtsbehauptung durch Christus für sich in Anspruch genommen habe, entgegnet Jesus: „Es erscheint *mir* jedoch als gesichert, daß er sich als der Bischof von Rom, als Haupt der Kirche ansah. Und diese Position in unmittelbarer Nachfolge des Apostel Petrus auffaßte.

Die Bibelstelle, auf die sich Klemens und alle anderen Angeklagten berufen, ist im Matthäusevangelium (16,18f.) zu finden. *Ich* soll gesagt haben: ‚Du bist Petrus, und auf diesen Felsen will *ich* bauen *meine* Gemeinde, und die Pforten der

Hölle sollen sie nicht überwältigen. Und *ich* will dir des Himmelreichs Schlüssel geben, alles was du auf Erden binden wirst, soll auch im Himmel gebunden sein, und alles, was du auf Erden lösen wirst, soll auch im Himmel los sein'.

Ich kann dem Hohen Gericht versichern, daß *ich meinen* Jüngern *meine* baldige Rückkehr prophezeite, wie es in Matthäus 26, Markus 14 oder Lukas 22 geschrieben steht. Warum hätte *ich* also einen ‚Nachfolger' bestimmen sollen? Zudem möchte *ich* alle Anwesenden daran erinnern: Zu Petrus, den *ich* auserwählt haben soll, sage *ich* vier Verse später: ‚Hebe dich Satan, von *mir*, du bist *mir* ärgerlich, denn du meinst nicht was göttlich, sondern was menschlich ist'."

Selbst wenn ich wollte, ich kann mich der Argumentation des Anklägers nicht mehr entziehen. Er spricht aus, was jedem, der die Bibel einigermaßen aufmerksam gelesen hat, an Ungereimtheiten geradezu in die Augen springen muß. Der Widerspruch zwischen der Berufung zur Nachfolge und dem Fluch übertrifft alles. Obwohl ich das, was sich hier vor meinen Augen abspielt, immer noch nicht richtig einschätzen kann, wird mir klar, daß dieser Prozeß schon jetzt an einen Punkt gekommen ist, der für die Existenzberechtigung der katholischen Kirche von höchster Bedeutung ist. Aber Jesus hat noch nicht zu Ende gesprochen:

„Wie *ich* bereits dargelegt habe, sind die sogenannten Evangelien zu Lebzeiten des Beschuldigten entstanden, und die Anklage muß davon ausgehen, daß er sie wohl kannte, wenn auch nicht im Wortlaut. Zweifelsfrei ist das Markusevangelium das älteste, obwohl es noch heute im Neuen Testament an zweiter Stelle steht. Die Erhebung des Petrus findet sich aber erstaunlicherweise nur bei Matthäus. Im Markusevangelium (8,33) finden wir zwar den Tadel, den der Ankläger gegen Petrus ausspricht, nicht aber den Auftrag. Es ist dies um so erstaunlicher, als Markus ein Mitarbeiter und Begleiter des Petrus gewesen sein soll, wie die Kirche bis heute behauptet. Wäre das Wort gefallen, warum hätte er es verschweigen sollen?"

Ist es skandalös oder einfach nur einfältig, frage ich mich

beim Zuhören, daß sich diese Kirche auf so eine höchst fragwürdige wie zugleich unglaubwürdige Stelle beruft? Ihre gesamte Existenz auf einem Satz aufbaut, der offensichtlich so
nicht gesagt worden sein kann? Und der nicht nur dem Petrus-
Schüler Markus, sondern auch allen anderen Evangelisten
fremd war oder ihnen im nachhinein durch Fälscher untergeschoben worden ist?

Während ich darüber nachdenke, höre ich Jesus fortfahren:

„Der Angeklagte beruft sich in seinem Brief an die Gemeinde in Korinth auf die ‚Wirklichkeit, Echtheit, Wahrheit
und Richtigkeit der Schrift' und führt sein Amt wiederum auf
diese Schrift zurück. Petrus aber wurde von *mir* weder ein Bischofsamt noch das Bischofsamt in Rom verliehen.Und da
wir, *meine* Begleiter und *ich*, wie belegt, von einem nahen
Ende der Welt ausgingen, konnten wir schwerlich die Begründung einer Kirche im Auge haben, geschweige denn eine Missionierung außerhalb der Grenzen Israels.

Mit Hilfe einer Fälschung also, mit Falschaussagen und Betrug, so lautet die Anklage, hat sich der Beschuldigte das Amt
des Bischofs von Rom angemaßt. Noch verworfener und
schändlicher ist die Berufung auf *mich*. Zu keinem Zeitpunkt
meines Lebens habe *ich* daran gedacht, ein ‚Papsttum' zu stif-
ten. Der Rechtsanspruch besteht nicht, steht im Widerspruch
zu *meiner* Lehre und ist durch die Schriften des Neuen Testaments nicht beweisbar."

Mich schaudert, denn was dieser Jesus hier macht, ist unge-
heuerlich und doch so naheliegend. Daß er nur mit Hilfe der
Bibel, auf die sich der erste Angeklagte und seine Kirche berufen, sowohl die Amtsanmaßung des Klemens sowie dessen
Betrug und seine Fälschungen offenlegt. Ich weiß nicht, soll
ich staunen oder mich freuen, wie dieser Ankläger gewaltig an
den Fundamenten dieser Kirche rüttelt. Natürlich, wenn Petrus
nicht in Rom war, und der Apostel als Gewähr für „Reinheit
und Wahrheit der Schrift" und des Glaubens figuriert, dann
kann Klemens I. weder zweiter, dritter oder vierter Nachfolger
des Petrus gewesen sein, dann gibt es keinen apostolischen
Auftrag. Unterdessen spricht Jesus weiter:

„Richter und Beisitzer, *ich* möchte diesen Fall mit einigen Anmerkungen abschließen. Wichtig für jeden römischen Bischof und die Kirche war die Frage der Sukzession, das heißt den Nachweis zu erbringen, den apostolischen Auftrag von seinem Vorgänger, sprich von einem Nachfolger Petri, erhalten zu haben. Da *ich* aber, wie wohl glaubhaft nachgewiesen wurde, die Worte, die *mir* Matthäus zuschreibt, nicht gesagt haben kann und Petrus wiederum mit großer Wahrscheinlichkeit nicht in Rom war, gibt es diese Sukzession nicht.

Der Primatsanspruch scheint, wie die Akten zeigen, nach der Amtszeit Klemens' in Vergessenheit geraten zu sein. Er war den Kirchenvätern der folgenden Jahrzehnte nicht bekannt. Wir werden ihn erst bei dem zweiten Angeklagten, Calixtus I., wieder formuliert finden.

Mit dem Tod des Bischofs von Antiochien hat Klemens sicher nichts zu tun. Es erscheint *mir* doch wesentlich festzuhalten, daß sich mit diesem Ignatius der Masochismus in der Kirche zunehmender Beliebtheit erfreut. Der letzte Brief, den er geschrieben hat, wenn er denn echt ist, enthält die Bitte, seinen Märtyrertod nicht zu verhindern. Als ‚Gottes Weizenkorn' wollte er sich von den Zähnen der ‚wilden Tiere zermahlen' lassen, um dann als ‚reines Brot Christi' gefunden zu werden. Tatsächlich hat Ignatius durch Löwen den Tod gefunden. Die Vorstellung, mit einem asketischen Leben und einem blutigen Opfertod *mein* Leiden nachzuahmen und dadurch die Anerkennung der Führer der Organisation in Rom zu gewinnen, hat für eineinhalb Jahrtausende deutliche Spuren hinterlassen. *Ich* werte das als erstes perverses Element, dem leider weitere folgen. Was haben diese Männer aus *meiner* Lehre gemacht, liebe Mutter, Brüder, Jünger?" Mit dieser Frage schließt der Ankläger und übergibt die Akte Klemens' I. dem Gericht.

2. Calixtus I.

Nachdem der Ankläger dem Gericht erklärt hat, daß in den folgenden 100 Jahren nur Männer den „Stuhl" eingenommen haben, die in einem späteren Prozeßteil als Nebenangeklagte vorgeführt werden, setzt er die Verhandlung mit Calixtus I. fort, der von 217 bis 222 im Amt war. Zwar könne man, so Jesus einleitend, davon ausgehen, daß die Listen in den ersten vier Jahrhunderten immer wieder gefälscht und die Numerierungen geändert worden seien. „Doch", sagt er, „ist der Angeklagte, der als 16. in der Chronologie geführt wird, insofern eine interessante Figur, als er einen Kontrahenten hatte. Es gab also in Rom zwei Bischöfe und zwei Gemeinden. Es mußte also zu einer ersten Spaltung gekommen sein.

An Hand von Zeugenaussagen und Aktenunterlagen, die *ich* hier vorlege, beschuldige *ich* auch den zweiten Angeklagten der Amtsanmaßung und des Amtsmißbrauchs. *Ich* wiederhole nochmals: *Ich* habe weder Petrus noch sonst jemandem die Schlüsselgewalt erteilt. Erneut weise *ich* das Gericht darauf hin, daß das Matthäus-Zitat eine Fälschung oder späterer Zusatz ist. Den Vorwurf des Amtsmißbrauchs erhebe *ich* wegen der Anmaßung, Sünden vergeben zu können. Im Evangelium Markus 2,7 machen die Schriftgelehrten geltend, was *ich* auch für *mich* beanspruche, daß niemand Sünden vergeben kann, denn der Vater im Himmel."

Bevor er zur Beweisaufnahme kommt, gibt Jesus dem Gericht einen kurzen Überblick über die Vergangenheit des Angeklagten: „Weil er wohl um das Jahr 180 bei einem Wechselgeschäft Geld veruntreut hat, wurde der Angeklagte von einem weltlichen Gericht des Betrugs für schuldig befunden und dazu verurteilt, in den Bergwerken von Sardinien zu arbeiten. Aus Gründen, die nicht näher ersichtlich sind und die *mir* auch nicht wichtig erscheinen, hat Kaiser Commodus oder dessen Mätresse den Mann freigekauft und ihm eine zehnjährige Rente gewährt. Seinen Vorgänger im Amt, Zephyrin

(199-217), soll er durch schlechte Finanzberatung zugrunde gerichtet haben. Ein Chronist spricht von ‚Gift im Herzen‘ des Angeklagten, von seiner ‚Scheu, die Wahrheit zu sagen, und von seinen Versuchen, immer wieder zu intrigieren‘. *Ich* darf in diesem Zusammenhang ergänzen, daß *ich* das Zinsgeschäft verboten habe.

Aber weiter: Sein Vorgänger Zephyrin war es, der dem Angeklagten um das Jahr 200 die Priesterweihe erteilte. Gleich nach Amtsantritt kam es mit Hippolyt, seinem Gegenpart, wiederholt zu Streitigkeiten über die Bedeutung des sogenannten ‚Heiligen Geistes‘ im Zusammenhang mit Gott. *Ich* will darauf aber hier nicht eingehen, weil *mir* das Ganze absurd erscheint.

Da dem Angeklagten in seiner Gemeinde die Gläubigen davonliefen, entschloß er sich, folgende Regeln zu verkünden: ‚Die Kirche ist immer heilig, ganz gleich, wie sündig ihre Priester sind‘.“

Um dem Gericht die Bedeutung dieses Ausspruchs deutlich zu machen, wiederholt Jesus den Satz noch einmal, indem er die Worte „heilig“ und „sündig“ besonders betont. Er fügt dann hinzu: „Außerdem verkündete der Angeklagte, daß er als ‚Nachfolger Petri‘, für den er sich ausgab, ‚sündigen dürfe, ohne abgesetzt werden zu können, sündigen sogar gegen den Heiligen Geist‘.“

Während ich auf den Gesichtern der Richter und Apostel nur Erstaunen und Entsetzen sehe, bin ich nicht sicher, ob ich mich mehr über die Absurdität dieses Zitats oder über den fast lakonischen Tonfall wundern soll, mit dem es der Ankläger vorgetragen hat.

„Das Ende dieses Bischofs von Rom“, höre ich Jesus sagen, „ist unbekannt, sein Tod ungeklärt und *mir* gleichgültig. *Ich* werde dafür nicht in den ‚Büchern Gottes‘ nachschlagen. Vielleicht wurde er Opfer einer Lynchjustiz, oder er verübte vor dem rebellierendem Volk von Rom Selbstmord. Möglich ist auch, daß er den Rest seines Lebens im Gefängnis verbrachte. Das alles hinderte die Kirche nicht, den 14. Oktober als Gedenktag festzusetzen. Seit 354 gilt Calixtus als ‚Heiliger‘ und

‚Märtyrer‘. Auf diese ‚Auszeichnungen‘ werde *ich* später eingehen müssen.

Ich möchte das Gericht nun mit einem Kritiker bekannt machen, einem Philosophen und Kenner der Schrift, der von der Kirche wie so viele andere als Todfeind verfolgt wurde. Sein Name war Celsus. Er schrieb um das Jahr 178, daß ihm an diesem ‚Christentum‘ die ‚Schwärmerei und der weltverachtende Hochmut‘ störe und daß diese Lehre nur bei einfältigen Leuten Glauben finden könne. Richter, noch einige Äußerungen, die uns von diesem Mann erhalten sind: Arglist, Bosheit, Frevel und plumpen Trug, Fälschung *meiner* Botschaft und staatsgefährdendes Verhalten wirft er der Organisation vor, über die wir hier zu Gericht sitzen.

Hippolyt, der sogenannte Gegenpapst († 235), nannte den Angeklagten einen ‚Räuberhauptmann, Heuchler und Häretiker‘. Von diesem kennen wir auch die Beschuldigung, Calixtus habe Frauen vornehmen Standes, die unverheiratet und in noch jugendlichem Alter heiratssüchtig waren, ihren Rang durch eine gesetzmäßige Ehe aber nicht einbüßen wollten, einen Beischläfer nach ihrer Wahl erlaubt, seien es Sklaven oder Freie.

Hippolyt war es auch, der seinem Gegner vorwarf, sich angemaßt zu haben, Sünden vergeben zu dürfen. Darunter die Kapitalsünden Unzucht, Ehebruch, Hurerei, Mord und Abfall vom Glauben. *Ich* zitiere den Mann noch einmal: ‚Seht, wie weit der Ruchlose in seiner Gottlosigkeit gekommen ist. Er lehrt Ehebruch und Mord zugleich, und auf all das hin gehen diese daran, sich katholische Kirche zu nennen. Und manche laufen ihnen zu in der Meinung, recht zu handeln. Dieses Menschen Lehre verbreitete sich über die ganze Welt‘.

Mit seiner Aufforderung zur Hurerei und zum Ehebruch macht sich der Angeklagte nicht nur des Verstoßes gegen die Zehn Gebote schuldig, die Moses verkündet hat. Er verstößt damit auch gegen Kapitel 5 bis 7 des 1. Korintherbriefs, in dem Paulus solche Handlungen ausdrücklich verboten hat – und er spricht in *meinem* Sinn.

Eine weitere Beurteilung des Angeklagten liegt uns durch

Tertullian vor, in jener Zeit ein berühmter Kirchenschriftsteller: ‚Ja wer bist du denn, daß du verdrehst und veränderst.‘ Er nennt den Titel ‚Pontifex Maximus, Bischof aller Bischöfe, eine unerhörte Neuerung, die man besser in einem Bordell‘ publiziert hätte.“

Damit kommt der Ankläger zum Schluß. Der Richter klärt die Anwesenden darüber auf, daß Unzucht bereits in dieser frühen Zeit in Rom, der „Hure Babylon“, von der Kirche vor allem deshalb geduldet wurde, damit sie sich im Reich der Römer behaupten konnte. Damit fing es an, denke ich mir. Frauen waren zu käuflicher sündiger Ware geworden.

3. Damasus I.

Richter Gideon reicht dem Ankläger die Akte Damasus, dem insgesamt vierzehn Vergehen im Sinne der Anklageschrift vorgeworfen werden. „Zur Person", so Jesus einleitend, „ist hier festgehalten, daß er um 305 in Portugal geboren wurde und 366 sein Amt antrat. Seinen Vorgängern Marcellus I. und Eusebius hatte er vorgeworfen, Zwietracht, Streit und Aufruhr gestiftet sowie Mord begangen zu haben. Die Anklage wirft ihm genau die gleichen Untaten vor und belegt sie durch den Zeitgenossen Ammianus Marcellinus.

Der berichtet, daß es unmittelbar nach der Wahl schwere Kämpfe in der ‚ewigen Stadt' gegeben habe. Damasus war nicht der einzige Bewerber um das Amt gewesen. Ursinus behauptete sich knapp ein Jahr im Gegenamt. Die Anhänger des Ursinus und die des Damasus haben in der ‚Basilica Sicinii' gegeneinander gekämpft, und bereits am ersten Tag gab es 137 Tote.

Damit bestätigt sich etwas, was Kaiser Julian († 363) bereits einige Jahre zuvor festgestellt hatte: ‚Ich habe die Erfahrung gemacht, daß selbst die Raubtiere dem Menschen nicht so feindlich gesinnt sind wie die Christen gegeneinander.' Auch auf ihn, Richter, werden wir bei der Urteilsfindung bauen können, seine Schriften liegen uns vor. Eine Seuche nennt er, ein Kundiger in der Schrift, die Verfälschung *meiner* Lehre. Er weist auf Fälschungen in den Evangelien hin. Schon er weiß, daß Neid und Mißgunst Barmherzigkeit und Liebe verdrängt haben. Ein Heide, bekämpft von der Kirche, der *mich* besser verstanden hat als alle, die behaupten, in der Schrift die Wahrheit über Jesus von Galiläa wiederzugeben und damit wider besseres Wissen falsch Zeugnis ablegen.

Wie Hieronymus, ein Sekretär des Damasus und Kirchenlehrer, berichtet, benötigte der römische Bischof während seiner Amtszeit ständig den Schutz von Ordnungshütern. Obwohl er bereits kurz nach der Übernahme den Grundstein für

40

seine Macht legte, indem er Kaiser Gratian zwang, den Titel ‚Pontifex Maximus' abzulegen und auf ihn zu übertragen. Damit hat sich der Beschuldigte im Sinne der Anklage der Amtsanmaßung und des Amtsmißbrauchs sowie der Nötigung schuldig gemacht.

Der Tatbestand des Amtsmißbrauchs ist außerdem durch den Zeugen Ammianus belegt, der über den Angeklagten und das Rom seiner Zeit zu Protokoll gab: ‚Angesichts der prunkvollen städtischen Verhältnisse leugne ich nicht, daß die danach Lüsternen mit aller Kraft die Erfüllung ihres Wunsches durchzusetzen versuchen müssen. Denn wenn sie Erfolg haben, sind sie aller Sorgen ledig, erhalten Schenkungen von Matronen, fahren in Kutschen, tragen sorgfältig gewählte Kleidung und geben so verschwenderische Bankette, daß ihre Bewirtung die Tafel der Könige übertrifft. Die Männer wären wahrhaftig glücklich, wenn sie den Glanz der Stadt, hinter dem sie ihre Fehler verbergen, unbeachtet ließen, und nach Art einiger Provinzbischöfe lebten, deren Bescheidenheit in Essen, Trinken, Kleidung und im streng zur Erde gerichteten Blick sie der ewigen Gottheit und ihren wahren Dienern als reine und verehrungswürdige Männer empfiehlt.'

Doch nun zu schwerwiegenderen Verbrechen: Im Jahr 368 hat Kaiser Valentinian I. einen Prozeß gegen den römischen Bischof geführt. Die Anklage lautete auf gefährliche Körperverletzung, Mord und Anstiftung zum Bürgerkrieg. Aus ungeklärten Gründen wurde dieser Prozeß niedergeschlagen und der Angeklagte durch einen kaiserlichen Entscheid freigesprochen. Für *mich* aber sind die Anklagen in diesem weltlichen Gericht überzeugend. Wie der Zeuge Ammianus weiter berichtet, wurde Damasus im Volksmund ‚Ohrlöffel der Matronen' genannt, weil er es verstanden habe, wohlhabende Damen zu Spenden zu animieren und davon private Söldner, Ringkämpfer und Fuhrleute zu bezahlen. Deshalb klage *ich* ihn außerdem der verbrecherischen Bereicherung und des Betrugs an.

Für die Beschlüsse des ‚Konzils von Nicäa' im Jahr 325 – dort wurde u.a. unverehelichten Klerikern verboten, eine

Frauensperson im Haushalt zu haben – ist der Angeklagte zwar nicht verantwortlich, aber er hat sich schuldig gemacht, indem er unter Berufung auf dieses Konzil seine Frau und Familie verließ. Da das Heiratsverbot für Priester von großer Bedeutung ist, möchte *ich* hier – mit Erlaubnis des Gerichts – schon einmal näher darauf eingehen.

Da es in der Bibel keinerlei Belege für dieses Gebot bzw. Verbot gibt, kann *ich* nur mutmaßen, daß der Zölibat ein Vorwand ist, um weltlichen Besitz, den ja auch schon Vorgänger dieses Bischofs in überreichem Maß gesammelt hatten, für die Kirche zu bewahren. Von *meinen* Jüngern darauf angesprochen, habe *ich* gesagt, ,wer es fassen kann, der fasse es'. Gemeint war, wer ohne Weib leben möchte, der könne das tun. Es war kein Gebot, es war ein Rat.

Ich muß an dieser Stelle auf die Pastoralbriefe des Paulus hinweisen, aus denen hervorgeht, ein Bischof müsse als Familienvater Vorbild für die Herde sein. Vor allem die Korintherbriefe geben Aufschluß, wie Paulus zu der Frage der Priesterehe steht. Er schreibt dort, daß, um die ,Unzucht zu vermeiden', jeder Mann eine Frau und jede Frau einen Mann haben solle. Er schreibt, der ungläubige Mann sei geheiligt durch das Weib und das ungläubige Weib durch den Mann. *Ich* zitiere aus dem 1. Korintherbrief 7,9: ,So sie sich nicht mögen enthalten, ist es besser, daß sie freien, denn daß sie Brunst leiden'.

An anderer Stelle spricht er von einer ,Vergunst', nicht einem Befehl, wenn er sagt: ,entziehe sich nicht eins dem anderen'. Daß der hier anwesende Petrus und andere Jünger verheiratet waren, geht aus dem Korintherbrief 9,5 hervor. ,Haben wir nicht auch das Recht, eine Frau zum Weibe umherzuführen wie die anderen Apostel, und des Herrn Brüder und Kefas?' Wenn die Kirche behauptet, diese Stelle müsse heißen, ,eine Schwester zum Weibe umherzuführen', so ist das im Sinne der Anklage eine klare Fälschung. Wie so vieles andere, so ist auch dieses ein absurdes Gesetz, denn im Israel *meiner* Zeit war es eine Schande, nicht verheiratet zu sein. Die meisten Menschen waren natürlich verheiratet.

Aus der Tatsache, daß Kaiser Theodosius während der Amtsperiode des Angeklagten mit einem Gebot Tempel schützte, schließe *ich*, daß die Klage des bereits erwähnten Kaisers Julian zu Recht bestand. Die Christen, so hatte dieser gesagt, würden ‚Tempel und Götterbilder schänden, rauben und niederbrennen'. Die Behauptung des Angeklagten, Heiden seien ‚tolle Hunde', wertet die Anklage als Beleidigung und Verunglimpfung, Schändung und Volksverhetzung.

Im Jahre 378 wird in Rom der Mithras-Kult verboten. Es dürfte dem Gericht bekannt sein, daß diese Religion eine gefährliche Konkurrenz darstellte. Das hat die hier angeklagte Organisation allerdings nicht daran gehindert, aus dieser alten persischen Religion einen der höchsten Feiertage zu übernehmen und für ihre Zwecke zu mißbrauchen. Doch darüber an anderer Stelle mehr.

In dieser Zeit gründet der Angeklagte in Rom das ‚Doppelapostolat Petrus und Paulus' und schafft das ‚Primus inter pares'-Gesetz ab. Aus allen Bibelstellen ist ersichtlich, daß *ich* keinen *meiner* Jünger bevorzugt habe. Mit Einsetzung dieses Doppelapostolats macht sich der Angeklagte erneut des Betruges schuldig, denn es gilt als erwiesen, daß Petrus nie in Rom war und dort auch keinen ‚Apostolischen Stuhl' hinterließ. Die Anklage betrachtet diese Tatsache als besonders schändlich, weil hiermit die sogenannten Wallfahrten nach Rom einsetzten und die Kirche ihre ‚Gläubigen' also seit fast 1700 Jahren tagtäglich betrogen hat."

Jesus gönnt sich nach dieser langen Rede eine kurze Erholungspause, die die Richter nutzen, um sich Notizen zu machen. Als Höhepunkt im Prozeß gegen Damasus bezeichnet er dann den Komplex, in dem es um den „Trinitätsglauben" geht, den die Kaiser Gratian I., Theodosius I. und Valentinian II. im Jahre 380 per Dekret zum einzig wahren Glauben erklärt hatten.

„*Ich*, Ihr Richter", sagt Jesus, „kann den Glauben an eine Trinität nur als Unglauben bezeichnen. Wahrscheinlich ist diese Lehre auf eine Fälschung im 1. Johannes-Brief (5,7) zurückzuführen. Im Urtext heißt es dort wörtlich: ‚Drei sind, die da Zeugnis geben: der Geist, das Wasser und das Blut'. Weil sich der Angeklagte – und die Organisation hinter ihm – auf die Fassung ,Drei, die Zeugnis geben im Himmel: der Vater, das Wort und der Heilige Geist, diese drei sind eins" berufen, machen sie sich für die Anklage der Verbreitung einer Fälschung schuldig, deren ganzes Ausmaß wir erst im Verlauf der Geschichte dieser Organisation begreifen werden.

Bei Paulus, der als erster geschrieben hat, findet sich kein Hinweis auf den Begriff ,Trinität'. *Ich* selbst weise strikt zurück, den Auftrag, wie er *mir* im Matthäusevangelium (28,19) in den Mund gelegt wird, erteilt zu haben: ,Darum gehet hin und lehret alle Völker und taufet sie im Namen des Vaters und des Sohnes und des heiligen Geistes'."

Von Jesus dazu aufgefordert, bestätigen die anwesenden zwölf Jünger diese Fälschung. Solche Unterstützung hätte er gar nicht gebraucht, denke ich mir. Denn für jeden, der die Bibeltexte aufmerksam liest, ist ersichtlich, daß schon die ganze Lebensführung Jesu gegen einen solchen Auftrag spricht. Den Pharisäern und Schriftgelehrten wurde im Beisein der Jünger vorgeworfen, im Gottesdienst auf Nebensächlichkeiten und Überflüssiges Gewicht zu legen.

Wie die Apostel erlebten, war Jesus stets gegen alles Ritualisierte und Formale, ebenso bezeugen seine Verstöße gegen das Sabbat-Gebot, daß er nicht alles aus dem Alten Testament wörtlich übernommen hat. Der Sabbat ist für den Menschen da, hat er gesagt, nicht der Mensch für den Sabbat. Ausdrücklich hat er befohlen „den Weg zu den Heiden geht nicht", „bleibt in der Stadt", „kümmert euch um die Schafe des Hauses Israel".

„Hohes Gericht", höre ich den Ankläger plädieren, „es gibt nur eine Stelle im Neuen Testament, die berichtet, daß *ich* selbst auch getauft habe: Johannes behauptet im 3. Kapitel, Vers 22, *ich* hätte das zusammen mit *meinen* Jüngern getan. Im folgenden Kapitel, Vers 2, widerruft er: ,Wiewohl Jesus selber nicht taufte...' Der Zeuge Paulus kann dem Gericht noch einmal bestätigen, was im Korintherbrief (1,14) steht: ,Danket Gott, daß ich niemanden von euch getauft habe'.

Noch deutlicher heißt es drei Verse später: ‚Christus hat mich nicht gesandt zu taufen‘.“

Laut und vernehmlich pflichtet der Angesprochene dem bei, während mir klar wird, daß damit eine weitere tragende Säule, auf der die katholische Kirche ihre Lehre gebaut hat und die sie dann später sogar in Zwangstaufen mit unvorstellbar mörderischen Folgen erweitert hat, demontiert ist.

„Im Jahre 381 wird das ‚Zweite Konzil von Konstantinopel‘ abgehalten. Bevor *ich* darüber berichte, scheint es *mir* wichtig, dem Gericht einige Kirchenväter dieser Zeit vorzustellen. Da gibt es den bereits erwähnten Hieronymus, der zwischen 340 und 420 lebte und seit frühester Zeit ein Mitarbeiter des Angeklagten war. Für ihn sind Juden ‚Gotteslästerer‘ und ‚böse‘. Für ihn sind die Synagogen ‚Orte des Satans‘. Alle Menschen, die nicht katholische Christen sind, sind ‚Teufel‘ und ‚Schlachtvieh für die Hölle‘. ‚Alles, was nicht katholisch ist, muß bekämpft werden‘, lautet seine Devise.

Dann gibt es den Johannes Chrysostomos († 407), nach dem alle ‚Heiden Unzucht treiben‘ und ‚Ehebruch begehen‘. Alle Heiden sind für ihn ‚befleckte Menschen‘. Er behauptet, die Juden hätten Jesus ermordet, also gebe es ‚kein Verzeihen‘. Die Synagogen bezeichnet er als ‚Bordelle‘. Er bringt seine Gesinnung mit der Aussage auf den Punkt, die Juden seien ‚die Pest des Menschengeschlechts. Ihre Kirchen Orte des Unglaubens, der Gottlosigkeit und des Wahnsinns‘.

Schließlich sei auch noch der hauptsächlich in Mailand wirkende Ambrosius († 397) genannt. Ebenfalls als ‚Heiliger‘ verehrt, bezeichnet er alle, die nicht katholisch sind, als ‚Ketzer und Brüder der Juden‘.“

Mit Ekel und Entsetzen reagiere nicht nur ich, der unsichtbare Beobachter, sondern auch das Gericht, und alle Anwesenden sind empört über die tiefe Judenfeindlichkeit, von der die höchsten Vertreter dieser katholischen Kirche geprägt sind. Gleichzeitig, überlege ich, sind diese Zitate Beleg für den größten Widerspruch, den es in dieser Kirche und ihrer Lehre gibt. Die Ersten Bischöfe wollen ihr Amt von Petrus übernommen haben, der ein Jude und mit einer Jüdin verheiratet war.

Die Kirche und alle gläubigen Christen verehren in Jesus einen Mann, der Jude war, der sich nach Israel gesandt fühlte und der nicht von Juden, sondern von Römern gekreuzigt worden ist, was ihre brutalste und zugleich schimpflichste Todesstrafe war.

„Nun zum Konzil von Konstantinopel, wo unter anderem beschlossen wurde, ein sogenanntes ökumenisches Konzil gebe es nur, wenn es vom Nachfolger Petri bestätigt oder angenommen werde. Da es nachgewiesenermaßen einen solchen nicht geben kann, steht für die Anklage fest, daß diese Konzile und ihre Beschlüsse null und nichtig sind. Die Begründer berufen sich auf ein Wort von *mir* in Lukas 21,26, wo *ich* von ‚Dingen‘ spreche, die ‚über die Erde kommen‘. *Ich* wehre *mich* energisch gegen eine solche Interpretation, da damit das Jüngste Gericht oder Endgericht gemeint war. Der Begriff Konzil ist *mir* fremd.

Als Vorbild diente ein Konvent der Apostel in Jerusalem, das von Paulus im Galater-Brief erwähnt wird. Den Bibelunkundigen möchte *ich* auf eine höchst bemerkenswerte Stelle in diesem Brief aufmerksam machen. Denn da spricht Paulus davon, daß ihm das Evangelium anvertraut sei, um es unter den Heiden zu verbreiten. Petrus habe es den Juden zu verkünden, wie *mein* Auftrag lautete. Dies ist ein weiterer deutlicher Verweis darauf, daß Petrus in Jerusalem wirkte.

Die Heidenmission aber ist von *mir* nie erteilt worden. Dies ist die erste Fälschung, die Paulus in *meine* ‚frohe Botschaft‘ hineingebracht hat. Er glaubt, *ich* sei ihm in einer Vision erschienen. Aber wie unglaubwürdig beschreibt er sie. Er sah ein Licht und war daraufhin drei Tage blind. In der Apostelgeschichte (9,7) erstarrten seine Begleiter, hörten ebenfalls eine Stimme, sahen aber nichts. Im Kapitel 22,9 hörten, die bei ihm waren, nichts, sahen aber. Das Gericht beachte diesen Widerspruch beim wichtigsten Erlebnis dieses Mannes.“

Heftig wehrt Jesus Proteste des Angesprochenen ab, verspricht ihm, zu einem späteren Zeitpunkt darüber mit ihm zu disputieren.

„Bei dem Zusammentreffen der zwölf Jünger mit Paulus

ging es vor allem darum, ob Heiden zunächst bestimmte jüdische Gesetzesvorschriften annehmen müßten, bevor sie in die Gemeinschaft aufgenommen werden konnten. In dem gesamten Kapitel (Galater 2) fällt das Wort ‚Taufe' nicht ein einziges Mal. Damit, Ihr Richter, ist dieser Komplex für *mich* abgeschlossen.

Im Jahre 382 rief der Angeklagte zu einer Synode nach Rom. *Ich* zitiere aus seiner Eröffnungsrede: ‚Wenn auch alle über den Erdkreis verstreuten Kirchen ein Brautgemach Christi sind, so hat doch die Heilige Römische Kirche den Vorrang vor den übrigen Kirchen, nicht aufgrund irgendwelcher Synodalbeschlüsse, sondern sie hat den Primat erhalten durch das Wort des Herrn und Erlösers im Evangelium, der sprach ‚Du bist Petrus, und auf diesen Felsen will ich meine Kirche bauen'. Die Römische Kirche ist also der erste Sitz des Apostels Petrus ohne Zweck oder Makel oder irgend etwas dergleichen'. *Ich* beschuldige Damasus deswegen der Amtsanmaßung, der Beleidigung und der Falschaussage.

Kurz nach der Synode von Rom bat Priscillian, der Bischof von Avila in Spanien, den Angeklagten um Hilfe. Priscillian war Anhänger des Manichäismus, einer Lehre, die aus dem Persischen kommt und Mitte des dritten Jahrhunderts entstanden ist. Auch der als heilig verehrte Augustinus von Hippo war einige Zeit Anhänger dieser Lehre, die aber von der Organisation als Irrlehre bezeichnet und streng verfolgt wurde. Der Angeklagte lehnte ein Zusammentreffen mit seinem Amtsbruder aus Spanien ab. Die Folge war, daß dieser drei Jahre später in Trier zusammen mit sechs weiteren Manichäern geköpft wurde. Dies ist nach Aktenlage der erste Justizmord, den Christen an Christen begangen haben. Deshalb ergeht gegen Damasus Anklage wegen unterlassener Hilfeleistung und Beihilfe zum Justizmord.

Im Jahre 383 bekommt der während der Verhandlung schon mehrmals erwähnte Hieronymus von dem Angeklagten den Auftrag, die Bibel neu zu übersetzen. Diese Übersetzung ist als ‚Vulgata' in die Geschichte eingegangen. Vorausgegangen war dieser ‚gereinigten' Fassung eine Übersetzung Mitte des

3. Jahrhunderts v. Chr., die sogenannte ‚Septuaginta'. Diese war notwendig geworden, weil die Juden ihrer alten Sprache nicht mehr mächtig waren und 72 Gelehrte angeblich in 72 Tagen das Alte Testament ins Griechische übersetzten.

In dieser Übersetzung kam es zu den ersten Fehlern, Fälschungen und Veränderungen, durch die Fassung des Hieronymus zu weiteren. Die Anklage konnte nicht zweifelsfrei klären, wie viele Fehler durch Hieronymus entstanden sind, Hunderte, es mögen auch Tausende gewesen sein. Tatsache ist, daß bereits Ende des 4. Jahrhunderts von den Urtexten des Alten und des Neuen Testamentes kaum Originale gelesen und gepredigt wurden, die ‚Heilige Schrift' ein Wald von Widersprüchen war, hervorgerufen durch die höchsten Vertreter dieser Organisation.

Es sei noch abschließend erwähnt, daß im Jahre 384 Priester einen Brief an den Kaiser Theodosius aufsetzten mit dem Vorwurf, der Bischof von Rom betreibe ‚Pomp und Verschwendung', indem er seine Kirchen mit Gold und Marmor ausstatte. *Ich* habe *meinen* Jüngern Armut gepredigt, ihnen aufgetragen, zum Gebet die Stille des Hauses aufzusuchen. Der Brief dient also als weiterer Beweis für die Mißachtung *meiner* Lehre."

Jesus wendet sich an die fünf Richter und gibt die Akte Damasus zurück.

4. Siricius

Ich komme als nächstes zum Angeklagten Siricius, der von 384 bis 399 das Amt in Rom innehatte und den *ich* wie alle anderen Führer dieser Kirche der Amtsanmaßung und im Zusammenhang damit der Gotteslästerung beschuldige. Diese Tatbestände erfüllen sich mit der Anrede ‚Deine Heiligkeit und Deine Seligkeit' für den Bischof von Rom. Den Ehrentitel ‚Papa' oder ‚Papst', den Siricius beanspruchte, setze *ich* einer Gotteslästerung gleich und erinnere an *meine* Aufforderung, niemanden Vater zu nennen denn den Einen im Himmel.

Des weiteren steht der Angeklagte – stellvertretend für seine Bischofskollegen und seine Organisation – wegen der in seiner Amtszeit verbreiteten Behauptungen im Zusammenhang mit *meiner* Geburt vor Gericht, mit denen sich die Anklagepunkte Beleidigung, Beschimpfung und Betrug erfüllen. Dazu darf *ich* folgendes ausführen:

Es gab eine Verlautbarung des Bischofs Bonosus von Sardika, Maria habe nach der Geburt von Jesus Christus noch anderen Kindern das Leben geschenkt. Bei einem Treffen im griechischen Thessaloniki baten die dort Versammelten den Angeklagten um eine Stellungnahme, die dieser zunächst ablehnte. Er verwies darauf, daß sie selber ein Urteil zu fällen hätten. Während der Synode von Capua verurteilte der schon aus der Verhandlung gegen Damasus bekannte Bischof Ambrosius seinen Kollegen Bonosus des Irrglaubens, ohne daß sich dieser der Synode unterworfen hätte.

Der Anklage liegen Zeugnisse über die Diskussionen in Capua vor. Der Kirchenvater Tertullian vertrat die Meinung, die Empfängnis sei ‚übernatürlich', die Geburt ‚natürlich' gewesen. Der Kirchenvater Origenes vertrat die Meinung, Maria sei im Verhältnis zu Josef ‚bräutlich' und auch in der Ehe die ‚Jungfrau Maria' geblieben. Ambrosius wiederum behauptete eine ‚Empfängnis ohne alle Bemischung männlichen Samens' und nannte dafür naturgeschichtliche Beispiele.

49

So gebe es bei Geiern Weibchen, die keine Gemeinschaft mit Männchen haben müßten. Eier würden ohne Vermischung die Geschlechtsfolge aufrechterhalten. Der ebenfalls anwesende Hieronymus machte seine Kollegen darauf aufmerksam, in der Schrift gelesen zu haben, nicht ‚durch das Weib‘, sondern ‚aus dem Weib‘ sei Jesus geboren. Der Mailänder Ambrosius, der den Vorsitz bei dieser Synode führte, behauptete, daß *meine* Mutter sowohl verlobt als auch Jungfrau gewesen sei: ‚Jungfrau, damit sie männlicher Genossenschaft ledig erschiene, verlobt, damit sie nicht durch den Schimpf verletzter Jungfräulichkeit gebrandmarkt‘ würde.

Auch an die These des Basilius sei erinnert, der bereits zuvor behauptet hatte, Maria habe ‚schmerzfrei ohne Verletzung ihrer Jungfernschaft‘ geboren.‘‘

Diese krampfhaft-ideologische Verdrehung von biologischen Tatsachen, mit der hier von seiten der katholischen Kirche operiert wird, empfinde ich nicht nur als zutiefst denunzierend, ich habe auch nie begriffen, wie Millionen von gläubigen Christen dieser Art von Logik unwidersprochen folgen konnten. Nur zu gut kann ich die Erregung verstehen, die Maria in den letzten Minuten gezeigt hat. Mit einiger Mühe kann sie ihr Sohn zurückhalten, indem er ihr etwas zuflüstert, was ich nicht verstehen kann. Während Maria von den umstehenden Jüngern beruhigt wird, wendet sich der Ankläger wieder an das Gericht:

„*Ich* will euch nicht vorenthalten, was der Angeklagte in einem Schreiben an seinen Kollegen Anysius von Thessaloniki kundgab. ‚Mit Recht ist Eure Heiligkeit davor zurückgeschreckt, daß aus dem gleichen jungfräulichen Schoß, aus dem Christus dem Fleisch nach geboren wurde, noch eine andere Geburt hervorgegangen sein soll. Jesus hätte sich nicht die Geburt aus einer Jungfrau gewählt, wenn er sie als so wenig enthaltsam hätte betrachten müssen, daß sie jene Geburtsstätte des Leibes des Herrn, jene Halle des ewigen Königs, durch menschliche Begattung entweihe‘.‘‘

Alle im Gericht Anwesenden reagieren wie ein großer Chor: Zum ersten Mal während dieses Prozesses wird gelacht, herzhaft gelacht. Die Jünger schütteln eher fassungslos als erheitert die Köpfe, während Jesus ergänzt: „Offensichtlich hat der Angeklagte die Schriften des Neuen Testamentes nicht gelesen, denn dort ist an elf Stellen bezeugt, daß Jesus Geschwister gehabt hat.

Hohes Gericht, eine Organisation, die die These vertritt, eine Frau könne Mutter und Jungfrau zugleich sein, macht sich für jeden mit Vernunft begabten Menschen auf immer lächerlich. Deshalb sei *mir* gestattet, daß *ich* an der Verstandeskraft eines Bischofs, der glaubt, ein Kind könne sich seine Mutter aussuchen, starke Zweifel hege. Seine Behauptungen stellen eine Diffamierung des Ehelebens von Maria und Josef dar. Sie zeugen nicht nur von einer extremen Frauenfeindlichkeit, sondern stellen alle Gesetze der Natur auf den Kopf."

Mit dieser Schlußbemerkung, die von den Anwesenden mit beifälligem Kopfnicken quittiert wird, beendet der Ankläger sein Plädoyer gegen Siricius und geht zu seinem Tisch zurück.

heilige Maria.

5. Leo I.

Der Tusculer

Der Vorsitzende Richter gibt folgende Angaben zur Person und 21jährigen Amtszeit des Beklagten zu Protokoll: „Leo I., geboren um 395, 418 als Legat nach Afrika geschickt, danach als Diakon in der Verwaltung der Kirche in Rom."

Jesus beginnt mit der Feststellung, daß der Angeklagte in der Geschichte dieser Kirche als ein „Großer" geführt wird. Ich muß unwillkürlich an die Legenden denken, nach denen er im Jahre 420 den Hunnenkönig Attila und drei Jahre später die Vandalen davon abbringen konnte, seine Stadt völlig zu zerstören. Für die Beurteilung seiner Person dürften diese „Heldentaten" allerdings nebensächlich sein.

Um dem Gericht einen Einblick in das Denken des Angeklagten zu geben, zitiert Jesus zunächst eine Passage aus Leos erster Predigt, gehalten am 29. September 440: „Muß ich auch zittern der Verantwortung wegen, so darf mein Glaube doch getrost sein um der Gnade willen: denn der Herr, der mir die Last des Amtes auflegt, hilft mir auch desselben walten. Der Blick auf meine Schwachheit und auf die Größe des Amtes schreckt mich; dennoch weiche ich nicht, weil ich nicht auf mich, sondern auf den, der in mir wirkt, meine Zuversicht setze!'"

An dieser Stelle macht der Ankläger eine lange Pause, um die folgenden Worte mit noch größerer Betonung vorzulesen: „Alles, was ich in meinem Amt recht mache, das tut Christus.'" Mit der Feststellung, daß es für nichts in dieser Predigt Belege gebe, überreicht Jesus das Dokument als Beweisstück für die Anklagepunkte Amtsanmaßung und Beleidigung sowie Falschaussage einem Gerichtsdiener.

Bevor Jesus in der Anklage fortfährt, bittet er, einige allgemeine Bemerkungen zu den hinterlassenen Schriften machen zu dürfen: „Ein grundsätzlicher Unterschied ist *mir* aufgefallen. Während die Predigten salbungsvoll überquellen von der

Botschaft der ‚Friedfertigkeit, Nachsicht, Liebe‘, ist der Tenor der Briefe anders. Dort wiederum unterscheidet sich der Duktus je nach Empfänger. Autoritär arrogant sind sie Untergebenen gegenüber gehalten, aggressiv und haßerfüllt, wenn der Tusculer von Andersgläubigen schreibt. Voller Sticheleien und Eifersucht die Korrespondenz mit Bischöfen, wobei er immer zeigt, wer für ihn der ‚Eine Petrus‘ ist. Devot dagegen seine Briefe an den Namensvetter auf dem Kaiserstuhl, dem er Einsicht, Unfehlbarkeit und andere göttliche Eigenschaften attestiert, ihn mitunter auch den ‚Arm Christi‘ nennt. "

Mit Erstaunen bemerke ich, wie sich die Mundwinkel des Anklägers, der bisher so sachlich, ja fast emotionslos aufgetreten ist, bei den letzten Worten für einen kaum wahrnehmbaren Moment zu einem ironischen Lächeln verzogen haben. Noch während ich darüber nachdenke, fährt Jesus fort: „Fünf Jahre nach Amtsantritt etwa bescheinigt sich der Tusculer ‚dieselbe Liebe zur Gesamtkirche, wie sie dem Petrus vom Herrn ans Herz gelegt worden ist.‘ Für die Eigenbezeichnungen ‚Arm Christi‘ könnte *ich* ebenfalls eine Reihe von Belegen nennen, die hier in der Akte vorliegen. Sehr oft betont der Angeklagte, ‚Petri Urteil habe auch im Himmel Geltung, er in seinem Amte stehe in der immerwahren Huld ihm ähnlich und vatergleich.‘ Von allen anderen, seinen Priestern und Gläubigern, verlangt der Tusculer unbedingten Gehorsam und Demut. Höllenfeuer muß erwarten, wer ihm nicht Folgsamkeit leistet.

Gekennzeichnet ist bereits diese Periode durch seinen Kampf gegen alle Arten von Abspaltungen, und wie die Akten belegen, ließ es der römische Bischof nicht nur bei Drohungen bewenden. *Ich* lese in einem Brief an den Kaiser: ‚Wenn der Geist Gottes die Eintracht zwischen den christlichen Fürsten stärkt, dann sieht die ganze Welt, wie in doppelter Hinsicht das Vertrauen wächst: denn durch den Fortschritt im Glauben und in der Liebe wird die Macht der Waffen unüberwindlich, so daß Gott durch die Einheit unseres Glaubens gnädig gestimmt, zugleich den Irrtum der falschen Lehre und die Feindseligkeit der Barbaren zunichte machen wird‘. "

Gemeint sind damit, so erinnere ich mich dunkel an meine

Uni-Seminare, die Anhänger des Nestorius, die in Christus eine menschliche und eine göttliche Natur getrennt sehen. Dann die Manichäer, die in Jesus ein Geschöpf des Vaters verehrten. Auch die Monophysiten des Kirchenlehrers Eutyches kommen mir in den Sinn; für die wiederum hat Christus eine gottmenschliche Natur.

„Da sich aus Chroniken dieser Zeit", so höre ich Jesus fortfahren, „bis auf die bereits erwähnten Einfälle der Hunnen und Vandalen keinerlei Beweise für diese Behauptungen finden, Feindseligkeiten vielmehr ganz offensichtlich immer nur vom Angeklagten und seiner Organisation provoziert wurden, erfüllt sich der Straftatbestand der Volksverhetzung und der Anstiftung zu Unfrieden und Krieg. Außerdem verstößt der Angeklagte damit gegen die Zehn Gebote.

Tatsache ist, daß die Botschaft des Neuen Testaments vom Angeklagten selbst geradezu ins Gegenteil verkehrt wird. *Ich* kann bei den vom Tusculer Verfolgten und Bekämpften nichts Verdammenswertes im Sinne eines Irrglaubens finden, denn", Jesus kann eine gewisse Freude über die rhetorische Spitze nicht verbergen, „schon der Glaube des Angeklagten ist nicht Glaube, sondern hat deutliche Züge von Irrglauben. Erneut erfüllt sich also der Straftatbestand der Amtsanmaßung, des Amtsmißbrauchs und der Fälschung, denn weder von *mir* noch von Paulus gibt es Aufforderungen, in dieser Weise gegen Menschen vorzugehen."

Ohne den Blick auf die Zeugentribüne gerichtet zu haben, bekommt Jesus bei diesen letzten Worten lautstarke Unterstützung von dem eben Angesprochenen. Auch andere Jünger fallen zustimmend ein, so daß der Richter mit einem Ordnungsruf eingreifen muß, bevor Jesus, nachdem auch er mit einer Handbewegung zur Ruhe aufgefordert hat, seine Anklage fortsetzt: „Innerkirchlich von Bedeutung sind zwei Synoden, die während der Amtszeit des Angeklagten abgehalten wurden. Im Jahre 449 fand eine in Ephesus statt. Sie wurde von dem Mann auf dem Stuhl Petri als ‚Räubersynode' bezeichnet, weil die dort Beteiligten die Lehre der Monophysiten bestätigten. *Ich* habe bereits den Brief an den Kaiser zitiert, der immer wieder von dem Angeklagten aufgefordert wird, für die Kirche zu kämpfen. Die Parole lautete ‚Christi starke Hand wird helfen, durch Gottes Fügung die Ketzerei zu vernichten‘."

Während er sich von seinem Mitarbeiter ein weiteres Schriftstück aus der Akte geben läßt, setzt Jesus die Argumentation fort: „So ist mit Briefen an Bischöfe, von denen *ich* einen auszugsweise wiedergebe, der Straftatbestand des Mißbrauchs von Abhängigen, der Beleidigung, der Beschimpfung und Nötigung erfüllt, enthält er doch sogar die Aufforderung zur Denunziation.

Von diesen seinen Mitbrüdern im Amt verlangt der Angeklagte ‚die Schlupfwinkel der Gottlosen aufzudecken und in ihnen den selbst, dem sie dienen, das heißt den Teufel, niederzukämpfen. Wenn auch gegen solche Menschen, Geliebteste, der gesamte Erdkreis und allerorts die ganze Kirche die Waffen des Glaubens ergreifen soll, so müßt doch namentlich Ihr Euch bei diesem Werk durch Rührigkeit hervortun.‘

Da es für die Jünger im Neuen Testament keinen Auftrag für eine Missionierung gab, sondern sogar das ausgesprochene Verbot, Israel zu verlassen, liegen auch hier im Sinne der Anklage Betrug und Fälschung vor."

Als ob er geahnt hätte, daß der Richter im selben Augenblick seine Hand zum Einspruch heben würde, kommt ihm der Ankläger zuvor, indem er als Beweis noch einen zweiten Brief anführt, „da *ich* die Erklärung schuldig geblieben bin, daß mit Schmeicheleien wie ‚Geliebteste‘ oder ‚Eure Heiligkeiten‘ andere Amtsangehörige dazu bewogen werden sollten, ihn bei seinen Taten zu unterstützen". Man kann förmlich schmecken, mit welchem Genuß sich der Ankläger die Worte ‚Geliebteste‘ und ‚Eure Heiligkeiten‘ auf der Zunge zergehen läßt, und auch die Richter können sich ein Schmunzeln nicht verkneifen, während Jesus schon aus dem besagten Brief vorliest: „„Wenn Wir also unsere Ermahnungen in Eurer Heiligkeiten Ohr senken, so glaubet, daß er selbst und dessen Stellvertreter spricht. Denn mit seiner Liebe mahnen Wir Euch, und nichts anderes predigen Wir Euch, als er gelehrt hat‘."

Unter allgemeinem Kichern im Saal holt Jesus weiter aus:

55

„Dieses wiederholte Anwenden des Pluralis Majestatis und die Behauptung, er sei der ‚Stellvertreter Petri‘, laste *ich* dem Angeklagten als <u>Beleidigung</u> und Entehrung des historischen Petrus an, denn ...“ Bevor er zu einer Begründung ansetzen kann, wird Jesus von einem Mann unterbrochen, der sich aus der Gruppe der Apostel nach vorn gedrängt hat und sich offensichtlich nicht mehr beherrschen kann: „Ich bin Petrus, und nicht an einer Stelle im Neuen Testament habe ich behauptet, ich hätte einen Primat, und die anderen wären mir unterstellt und müßten mir gehorchen.“ Als er sich mit einem fragenden Blick zu den anderen Jüngern umdreht, erntet er zustimmende Rufe, die Jesus, um in seinem Plädoyer fortzufahren, mit einer kurzen Handbewegung erstickt.

„Für das Jahr 450“, wendet er sich wieder an die Richter, „finde *ich* in den Akten den Vermerk, daß der Angeklagte anfing, in seinen Kirchen christliche Meßopfer einzuführen. Ein erstaunlicher Vorgang, zumal er alttestamentlich ist und von Jesus, wie es die Schrift bezeugt, mißachtet oder abgelehnt wurde, weil der Brauch viel zu deutliche Spuren heidnischen Ursprungs trägt.

Aber weiter: Im Sommer 451 beginnt in Chalcedon am Bosporus die zweite Synode, und *ich* versuche, dem Gericht den Wust von Papieren zu ersparen. Der Angeklagte war hier durch Gesandte vertreten. Dort ging es um die Frage, hatte Jesus eine Natur oder zwei Naturen? War Jesus der Tempel, in dem Gott wohnt? Ein Streit, der vollkommen unsinnig ist und nichts mit dem zu tun hat, was *meine* Lehre war. Deshalb weigere *ich* mich, an dieser Stelle näher darauf einzugehen, zumal es offensichtlich bei der Synode darauf hinausgehen sollte, möglichst ein Verbot auszusprechen, an Jesus als Mensch zu glauben.“

Erst nach einer langen Gedankenpause macht der Ankläger weiter: „Ein erstes Ziel erreichte der römische Bischof, indem die auf der vorangegangenen Synode rehabilitierte Lehre des Eutyches wieder verdammt wurde. Einen weiteren Sieg errang er, nachdem die Beteiligten seine Glaubensformel angenommen hatten, die da lautete:

‚Wir lehren alle einstimmig einen und denselben Sohn, unseren Herrn Jesus Christus, vollständig der Gottheit und vollständig der Menschheit nach in zwei Naturen, unvermischt und unverwandelt, ungetrennt und ungesondert, die beide in einer Person sich vereinigen.'

Aus den Unterlagen entnehme *ich*, daß die Synode daraufhin folgenden Beschluß faßte: ‚Das ist der Glaube der Väter, das ist der Glaube der Apostel, so glauben wir alle, durch Leo hat Petrus gesprochen'."

Laute Unmutsäußerungen von den Jüngern, allen voran Petrus, werden vom Richter mit einem warnenden Wink unterbunden, bevor er wieder dem Ankläger das Wort erteilt. „Mit diesen Äußerungen machen sich die Teilnehmer, vertreten durch den Angeklagten, der Gotteslästerung schuldig. Keine der Behauptungen ist mit der Schrift vereinbar oder daraus ablesbar.

Ich habe während *meines* Wirkens nichts getan, was auf Göttliches schließen läßt. Die Stellen in der Schrift, die das Gegenteil behaupten, sind gefälscht oder verfälscht. Für jeden ist in den Schriften nachlesbar, daß *ich mich* sehr zurückgehalten habe, wenn die Jünger *mich* zum ‚Christus' machen wollten. Markus, der erste und älteste Evangelist, schreibt in Vers 18 des 10. Kapitels, daß Jesus es verabscheute, als ‚guter Meister' angeredet zu werden, weil Gott allein gut sei."

Während der Ankläger einen kurzen Moment verharrt, überfliege ich in Gedanken das Neue Testament, in dem an verschiedenen Stellen geschrieben steht, daß der „Menschensohn" erst kommen wird, womit der Messias gemeint ist. Jesus kann also unmöglich der Messias gewesen sein und wurde/wird von Juden nicht als Messias gesehen. Wie im Alten Testament prophezeit, sollte sein Volk aus dem Joch der Fremdherrschaft befreit werden. „Er wird ein König sein über das Haus Jakob ewiglich, und seines Königreichs wird kein Ende sein." Bei Lukas sagt das der Engel zu Maria, wenn ich mich nicht irre. Der grauenhafte und obszöne öffentliche Tod des Jesus von Nazareth kann also schwerlich der des Messias gewesen sein.

Jesus fährt indessen fort: „*Ich* habe bereits darauf hingewiesen, daß *ich* Petrus unmittelbar nach der vermeintlichen Verleihung der Schlüsselgewalt als Satan verflucht habe. In der Schrift nachlesbar ist auch das Gebet des Jesus, Petrus möge in seinem Glauben nicht wanken. Ein sehr berechtigtes Gebet, wird Jesus doch durch seinen vermeintlichen Nachfolger diverse Male vor Menschen aus dem Volke, nicht etwa später vor Gericht, verleugnet.“

Für einen Moment sucht der Ankläger Blickkontakt mit Petrus, der den letzten Sätzen kopfschüttelnd zugehört hatte, und nimmt den Faden dann wieder auf: „Auf einen solchen Wankenden zu bauen, wäre nicht nur vollkommen unverständlich, es ist, um in der Sprache dieser Kirche zu reden, eine ‚Contradictio in se‘.

Als Marginale, um damit das Konzil in Chalcedon abzuschließen, sei noch festgehalten, daß die beteiligten Geistlichen auf einer Parität der Bischöfe von Byzanz und Rom bestanden. Es ist beinahe überflüssig zu erwähnen, daß der Mann auf dem Stuhl in Rom diesen Beschluß ablehnte.

Es könnte sein, daß *ich* bei der Fülle von Material mitunter unachtsam gewesen bin, aber ein Dokument, das ausdrücklich als ‚Weihnachtspredigt‘ ausgewiesen ist, habe *ich* von anderen Angeklagten bis zu diesem Zeitpunkt nicht entdecken können. Es stammt vom Dezember 451, und *ich* möchte daraus mit Erlaubnis des Gerichts Auszüge wiedergeben. Die Predigt ist aus der Feder des Angeklagten und setzt ein mit: ‚Laßt uns frohlocken, denn heut ist uns der Heiland geboren‘. Im Sinne der Anklage ist dies <u>Betrug</u> und <u>Fälschung</u>, denn diese Behauptung ist falsch.

<u>Mehrere hundert Jahre lang wußte niemand – auch nicht die Kirche, die den Namen Jesu immer im Mund führt – Ort, Jahr, Monat und Tag *meiner* Geburt. Die Organisation hat das Datum den Gläubigen des Mithras-Kults gestohlen, die in der Nacht vom 24. zum 25. Dezember die Geburt ihres Sonnengottes feierten.</u> Dieser Sonnengott ist nicht mit *mir* identisch – *ich* bin ein Mensch und heiße Jesus.“ Unter allgemeiner Heiterkeit im Saal, die der Ankläger mit Genugtuung registriert,

fügt er an: „Wie *meine* Mutter und Brüder wissen, bin *ich* weder am sogenannten ‚Heiligen Abend' noch im ‚Heiligen Jahr' geboren. Der Vorgänger des Angeklagten, Liberius, hat den Feiertag im Jahr 353 eingeführt und läutete damit die verbrecherische Vermarktung und Bereicherung ein, wie sie im Hinblick auf dieses Datum bis heute betrieben wird."

Mit einem kurzen Seitenblick auf Maria erklärt Jesus dem Gericht, daß bei dem Konzil in Ephesus auch über den schon einige Jahrzehnte, wenn nicht Jahrhunderte kursierenden Begriff der ‚Gottesgebärerin' diskutiert worden sei.

„Als historisch gesichert hat der Angeklagte diese sogenannte Gottesgebärerin übernommen, und so heißt es dann an einer anderen Stelle der Weihnachtspredigt: ‚Billigerweise also brachte die Geburt des Heils der jungfräulichen Reinheit keinerlei Schaden, denn das Erscheinen der Wahrheit war ein Schutz der Keuschheit.'

Wie *ich* schon erwähnte, soll dieser Gesamtkomplex noch verhandelt werden. Da aber auch der Angeklagte von einer, *ich* zitiere, ‚königlichen Jungfrau aus dem Stamme Davids' spricht, ist hiermit der Straftatbestand der Falschaussage und der arglistigen Täuschung erfüllt.

Im ersten Kapitel des Matthäusevangeliums beruft sich der *mir* unbekannte Autor auf Jesaja 7,14. Aber sowohl bei Matthäus (1,23) als auch bei Lukas (1,27) findet sich nicht ein Hinweis auf das ‚königliche Geschlecht' oder den ‚Stamm David'. Altes und Neues Testament berichten von einer Jungfrau, die schwanger wird." Mit beruhigenden Worten, die ich nicht verstehen kann, und einer fast zärtlichen Geste verhindert Jesus, daß Maria jetzt das Wort ergreift.

„Offensichtlich waren die Autoren der Evangelien des Aramäischen nicht mächtig (oder ihre Übersetzer haben diesen Fehler in die Schrift gebracht): Jesaja kann sowohl von einer Jungfrau, wahrscheinlicher aber von einer jungen Frau gesprochen haben. Im jüdischen Denken schließen sich Jungfrau und Schwangerschaft aus.

Ganz sicher kann von Maria gesagt werden, daß nirgendwo auch nur der kleinste Hinweis auf ihre Eltern zu finden ist, daß vielmehr die ganze Beschreibung eher auf eine arme Herkunft schließen läßt. Für den dieser Maria ‚vertrauten' Josef, den Zimmermann, haben beide Autoren einen (wenn auch sich widersprechenden) Stammbaum. Matthäus weist 42 Generationen bis Abraham nach, Lukas 74 bis hin zu Adam. Damit sollte offensichtlich dem Leser der Evangelien bewiesen werden, daß Vater und Sohn aus dem Geschlecht Davids sind. Im Galaterbrief (4,4) schreibt Paulus vollkommen bündig, ‚geboren von einer Frau'. Alles andere ist widernatürlich und unsinnig."

Mit weiteren Fällen von Betrug und Fälschung, deren sich der Angeklagte schuldig gemacht hat und die bedeutsame Folgen in der Geschichte der Kirche haben werden, fährt Jesus fort: „Von Origines († 254) hat der Angeklagte unter anderem die These übernommen, der ‚Sündenfall' von Adam und Eva im Paradies sei ein ‚sexuelles Vergehen' gewesen, welches als Erbsünde alle Nachkommen belaste. Offensichtlich hat dieser Kirchenvater genausowenig wie der Angeklagte den Anfang der Genesis gelesen, denn dort heißt es unmißverständlich, daß der Mensch einen Gefährten braucht, um Mensch zu sein. Und der sogenannte Sündenfall wird vollkommen widersinnig ausgelegt, denn es geht dabei darum, die ‚Erkenntnis von Gut und Böse' zu erlangen. ‚Seid fruchtbar und mehret euch', heißt das Gebot Jahwes. Und es kann keine Sünde von Adam und Eva gewesen sein, wenn sie diesem Gebot folgten.

Im Neuen Testament kann man nachlesen, daß die Ehe etwas Heiliges ist, eine göttliche Einrichtung. Alles andere würde dem Plan Gottes widersprechen. Für *mich*, hohes Gericht, nehmen hier ‚Lust' und ‚sündhaftes Tun' als Schöpfung der Kirche ihren verhängnisvollen Anfang. Eine ‚Moral', für die kein biblischer Ursprung nachgewiesen werden kann.

Etwa im Jahr 458 bestimmt der Angeklagte, daß, *ich* zitiere, ‚verheiratete Bischöfe und Priester Frauen wie Schwestern behandeln sollen'. Wie *ich* Dokumenten entnehmen konnte, war dieses Gebot für die Ostkirche ein ‚Verstoß gegen die Menschlichkeit', und wie bereits dargelegt, nicht in Übereinstimmung mit der Schrift zu bringen. Denn die Begleiter Jesu waren, wie wir lesen, Laien aus allen möglichen Volksschichten."

Aus der Gruppe der Apostel erhebt sich zustimmender Beifall, und Petrus ruft erneut ungefragt in den Saal: „Auch ich, der ich als Bischof von Rom ausgegeben werde, war verheiratet! Und auch Jesu Brüder sind verheiratet gewesen!" Lakonisch fügt Jesus hinzu: *„Ich erspare mir Hinweise auf das Neue Testament.* Wenn der Angeklagte also von einer ‚Empfängnis nicht ohne Sünde' predigt, so bezeichne ich dies als absurd und meiner Lehre zuwider.

In diese Zeit fällt auch das Gesetz, in dem die Buße für den Priester abgeschafft wird und nur noch für den Laien bestehen bleibt. *Ich* aber sage, Buße und Beichte können die Kirche und der Angeklagte nicht auf die Schrift zurückführen. Es gibt keinerlei Beleg dafür in den Evangelien. Die Einführung einer öffentlichen Buße und einer privaten Beichte ist deshalb Nötigung und Erpressung im Sinne der Anklage. *Ich* darf das Gericht an dieser Stelle auf einen späteren Zeitpunkt im Prozeß vertrösten, wo *ich* darauf noch ausführlich zu sprechen kommen werde.

Ich komme nun zu dem Anklagekomplex Anstiftung zum Völkermord, Volksverhetzung, Fälschung und Erpressung im Zusammenhang mit der Zwangstaufe. Dazu gebe *ich* ein paar Beispiele aus den Akten. Chronisten berichten, daß sich römische Kaiser nie in Religionsangelegenheiten ihrer Untertanen eingemischt haben, wenn diese nicht regierungsfeindliche Züge annahmen. Sie mußten die jüdischen Synagogen aber schützen, weil Christen und Anhänger des Angeklagten, wie einwandfrei zu belegen ist, diese Gotteshäuser zerstörten, verbrannten oder in ‚christliche' Kirchen umwandelten.

Man kann jedoch davon ausgehen, daß vom römischen Kaiser scharfe und sehr diskriminierende Gesetze erlassen wurden – durch den Einfluß des Angeklagten. So durften Juden nicht missionieren, keine christlichen Sklaven halten, keine Mischehen schließen, keine öffentlichen Ämter bekleiden und keine zum Christentum konvertierte Kinder von ihrer Erbschaft ausschließen."

Wie aus einer fernen, finsteren Welt höre ich plötzlich Adolf Hitlers häßliche und zynische Parolen, die die Nürnberger Rassengesetze von 1935 vorbereiten sollten. Ein Alptraum. Dann dringt wieder Jesus' Stimme an mein Ohr:

„Vom Kirchenlehrer Augustinus hat der Angeklagte die Lehre übernommen, ‚Der Ältere muß dem Jüngeren dienen, das heißt das früher geborene Volk der Juden dem später geborenen Volk der Christen'. Strafmildernd für den Angeklagten ist nicht, daß beide dies von Paulus übernehmen, denn mit diesem ersten und ältesten Verfasser kommen bereits Verfälschungen der Botschaft auf."

Während der Ankläger zu seinem Tisch geht, in seinen Notizen blättert, offensichtlich aber nicht findet, was er sucht, kommen mir die antijüdischen Äußerungen Leos in den Sinn, die der derzeit wohl bedeutendste deutsche Kirchenhistoriker Karlheinz Deschner aus Originalmanuskripten zusammengestellt hat: Wutentbrannte Verfolger, Mörder, Frevler, Gottlose, gottlose Juden, gottlose und ungläubige Juden, verbrecherische Juden, das verblendete und unversöhnliche Volk, voll Frevelhaftigkeit, voll rasender Wut, Bosheit, Verstocktheit, Grausamkeit, verworfen, voller Heuchelei, verworfen mit Recht von beiden Testamenten.

Solche und andere Beschimpfungen schwirren mir durch den Kopf, als Jesus, mit einem Papier aus seinen Unterlagen in der Hand, wieder anhebt: „*Ich* darf dem Gericht einige Sätze aus einer Schrift gegen die Juden vorlesen. Dort heißt es: ‚Man muß jedoch ihren (der Juden) Irrtum zurückweisen, wenn sie glauben, die Bücher des Alten Bundes gehören uns nicht, weil wir nicht den Alten, sondern den Neuen Bund halten'.

Dazu stelle *ich* folgendes fest. Dieser sogenannte ‚Neue Bund' begeht den Irrtum, nicht die Juden. Das Alte Testament ist von Juden über Juden für Juden geschrieben, und die Verfasser der Evangelien erzählen von jüdischer Geschichte und Juden. Ohne das Judentum, seine Schriften und Gebote würde der ‚Neue Bund' nicht existieren. Der von dieser Kirche angebetete Jesus war Jude, beschnitten am achten Tag seines Lebens, wie das zweite Kapitel Lukas bezeugt. Petrus, der Fels, auf dem die Kirche ohne jede Berechtigung ihre Fundamente baut, war Jude. Juden waren die Begleiter des Petrus, und die Mutter des Anklägers war Jüdin.

Nicht zu dem ‚Neuen Bund‘, nicht zu der ‚katholischen Kirche‘ wurde *ich* gesandt, sondern zu den Juden. Israel war das auserwählte Volk Jahwes. Für die Juden hat Moses die Gesetze aufgeschrieben. Und wenn der ‚Neue Bund‘ diese für sich in Anspruch nimmt, so sind auch Verstöße gegen die Gebote ‚du sollst nicht stehlen‘, ‚du sollst nicht falsch Zeugnis reden wider deinen Nächsten‘ zu verzeichnen. Aus der Schrift geht hervor, daß nicht alle Juden den Wanderprediger Jesus haßten. Die Hohenpriester waren es, die Schriftgelehrten. Wenn der Tod dieses Jesus durch Gott vorbestimmt war, dann waren die, die ihn töteten, also die römische Besatzungsmacht, Werkzeuge in den Händen Gottes. Vom ‚Neuen Bund‘ kein Wort in der Schrift. Auch nicht von der ‚katholischen Kirche‘. Die Gemeinde Jesu war das Volk Israel."

Mit diesem Schlußsatz beendet Jesus seine Anklage gegen Leo I. und übergibt die Akte mit dem Hinweis, daß er im Lauf des Prozesses zu dem Thema noch oft zurückkommen werde, den Richtern.

6. Symmachus

Dem vorangegangenen in seiner Doppelzüngigkeit und Zwielichtigkeit sehr ähnlich ist der nächste Angeklagte, Symmachus." Diese Charakterisierung schickt Jesus voran, bevor der Richter die Punkte der Anklage aufzählt: „Neben Amtsmißbrauch, Bestechung und Betrug hat sich Symmachus vor allem wegen Falschaussage und Urkundenfälschung sowie wegen verbrecherischer Bereicherung vor Gericht zu verantworten."

Jesus öffnet die Akte und beginnt mit der Beweisaufnahme: „Aus den Quellen, die *mir* zugänglich waren, geht hervor, daß der Angeklagte im November des Jahres 498 durch Bestechung ins Amt gekommen ist. Höflinge des ostgotischen Königs Theoderich hatten sich auf sein Drängen für ihn eingesetzt.

Bereits im Jahr 499 wurde ein sogenanntes ‚Papstwahldekret' verabschiedet, in dem ein Mehrheitswahlrecht verhindern sollte, was Symmachus nicht verhindern konnte, daß nämlich bis zum Jahre 506 mit Laurentius ein Gegenpapst in Rom regierte. Dieser war von den Anhängern des vorangegangenen Bischofs gewählt worden und hatte vor allem die Unterstützung des Kaisers von Byzanz. Laurentius hat versucht, gegen den Angeklagten einen Prozeß wegen Geldverschwendung, Simonie und Unzucht anzustrengen. Zwischen den rivalisierenden Bischofsbanden ist es deswegen zu blutigen Auseinandersetzungen gekommen. Dieser Prozeß blieb ohne Ergebnis, weil Symmachus im Oktober des Jahres 501 zu einer Gegensynode nach Rom geladen hatte, um sich für die Zukunft gegen alle Anfeindungen und Unterstellungen zu wappnen.

Aus einem Dokument geht für *mich* deutlich hervor, daß das, was auf dieser Synode verabschiedet wurde, rechtlich nirgendwo kodizifiert war. Gleichzeitig entstanden in dieser Zeit mit unbezweifelbarer Kenntnis des Angeklagten die ersten als

‚skrupellos' zu bezeichnenden Urkundenfälschungen mit dem Ziel, ihn in seiner Machtposition zu stärken.

Für das Gericht hier das Wesentlichste: Der den Vorsitz führende Symmachus ließ verkünden: ‚Der päpstliche Stuhl darf von niemandem gerichtet werden. Nicht vom Kaiser, nicht vom Klerus, nicht von Königen und nicht vom Volk wird der höchste Richter gerichtet.' Diese als ‚Constitutum Silvestri' in die Geschichte eingegangenen Fälschungen bezeichnen viele Forscher mit Recht als die ‚Symmachianischen Fälschungen'. Sie dienten der Kirche von diesem Zeitpunkt an als ‚Rechtsgrundlage' und wurden zu Unrecht dem völlig unbedeutenden Silvester I. († 335) untergeschoben. Die ‚Originale' sind mit Datum und Unterschrift von Kaiser Konstantin († 335) versehen.

Richter, achtet auf *meine* Worte: Fast 1000 Jahre lang wurden diese ‚Urkunden' immer wieder gefälscht, geändert, neu bearbeitet und wieder gefälscht und ergänzt, bis sie zum ersten Mal im zwölften und dann im 15. Jahrhundert endgültig enttarnt wurden. Sie gehen auf die Legende zurück, Konstantin habe dem Bischof Silvester aus Dank für die Heilung von einer schweren Krankheit und seine Taufe den Lateranpalast zu Rom geschenkt und ihm zugleich die Macht über Italien und die westlichen Länder verliehen. In unverschämt anmaßender Weise betitelt der Angeklagte seinen Amtssitz als Ort, ‚der allen Palästen auf dem ganzen Erdkreis vorstehe und leuchte'."

Als der Richter Gideon bei den letzten Sätzen des Anklägers die Stirn in Falten legt, ahne ich schon, warum. Wir haben offensichtlich dasselbe Problem: Jeder Historiker hätte ohne große Mühe feststellen können, daß Konstantin und Silvester sich nie begegnet sind und daß Konstantin seine Taufe mit Sicherheit erst auf dem Sterbebett empfing, zwei Jahre nach Silvesters Tod.

Silvester, den also keine Schuld an dieser Fälschung treffen kann, ist an diesem 31. Dezember gestorben; im Kirchenjahr wird an jenem Tag dieses ‚Heiligen' gedacht. Ironie des Schicksals oder bösartiger Euphemismus, daß auch Symmachus von der katholischen Kirche als ein ‚Heiliger' verehrt wird. Wie der Kirchenhistoriker Hans Kühner treffend bemerkt, „zu Recht, sofern man mit zweierlei Maß mißt, dem christlichen, das bei der Fälschung nicht die geringste Rolle gespielt hat, und dem papstpolitischen und kirchenpolitisch-opportunistischen, dessen Rolle bei den Vorgängen um so größer und konkreter war".

Eine feine Umschreibung für den Tatbestand organisierter Kriminalität, denke ich mir, aber derlei Ausdrücke kannte man damals noch nicht. Schon höre ich wieder Jesus vortragen:

„Da die Kirche aufgrund dieser Fälschung, genauer gesagt: dieser Fälschungen, in den darauffolgenden Jahrzehnten und Jahrhunderten *meine* Lehre von Liebe und Machtlosigkeit immer wieder auf den Kopf gestellt hat, macht sich Symmachus des schweren Amtsmißbrauchs und der arglistigen Täuschung sowie des schweren Betrugs schuldig. Mit diesen gefälschten Urkunden wird Macht als höchstes Ziel des Angeklagten und seiner Organisation legitimiert. *Meine* Macht, Ihr Richter, war die Gewaltlosigkeit, ohne Gewalt aber wäre die Institution, über die wir hier zu Gericht sitzen, immer machtlos gewesen."

Milde, aber doch deutlich wird Jesus von Gideon ermahnt, auf persönliche Kommentare bis zum Schluß des Prozesses zu verzichten. Der Ankläger nickt zustimmend, zuckt die Achseln und setzt erneut an:

„In den angeführten Fälschungen wird zudem die Behauptung aufgestellt, die Dokumente seien auf dem ‚Grab Petri‘ niedergelegt worden. Nach dem Stand der Wissenschaft aber kann es dieses Grab in Rom nicht geben. Dazu erspare *ich mir* jede weitere Aussage. Unsere Zeit ist bemessen. Wir müsen uns nicht weiter mit erwiesenen Lügen beschäftigen. Wenn der Angeklagte seinen Vorgänger im Amt dieses Betrugs bezichtigt, macht er sich im Sinne der Anklage auch der Beleidigung und Verunglimpfung von Verstorbenen schuldig.

Wie ihr Richter aus den Akten wißt, erzwingt Symmachus für sich Anreden, die *ich* nicht nur ablehne, sondern *meinen* Jüngern verboten habe. Aus dem Matthäusevangelium (23,6f.) geht hervor, wie sehr *ich* die Eitelkeit der Pharisäer und

Schriftgelehrten verabscheute: ‚Sie behaupten, Ehrensitze in den Synagogen und erste Plätze bei Gastmählern einnehmen zu dürfen und wollen auf den Plätzen vom Volk als Meister angeredet werden'. Was für die Priester der Schrift, gilt auch für diesen und alle anderen Führer dieser Organisation. Durch nichts ist zu beweisen, daß *ich* oder Petrus eine Kirche gestiftet haben und weltlichen Besitz für uns in Anspruch nehmen wollten. Das Gegenteil ist der Fall."

Jesus nimmt ein Blatt aus seinem Ordner, überfliegt es und stellt dann, den Fall abschließend, fest: „Der Angeklagte hat sich vor allem eines doppelten Vergehens schuldig gemacht, und *ich* schließe *mich* ganz dem Urteil der Historiker an, die sich mit den sogenannten Symmachianischen Fälschungen auseinandergesetzt haben und zu dem Schluß gekommen sind, daß hiermit eine ‚unrechtmäßige, jedoch wirksame Rechtsgrundlage geschaffen und ein angenommenes Recht mit falschen Mitteln' festgeschrieben wurde."

7. Gregor I.

Sohn des Gordianus Anicius

Richter Melchisedek beginnt mit dem Hinweis, daß Gregor I. bereits der zweite Bischof gewesen sei, dem die Kirche den Titel „der Große" verliehen habe. Für das Protokoll diktiert er „Sohn des Gordianus" als den weltlichen Namen des Angeklagten. „Er stammt aus dem Geschlecht der Anicier und ist damit wahrscheinlich verwandt mit Felix III. († 492). Gordianus", so liest der Richter aus der Akte, „wurde 540 geboren, war seit 570 Prätor in Rom, dann Privatsekretär und päpstlicher Gesandter für den Missionsbereich im südlichen und östlichen Mittelmeer. Er wird sich vor Gericht für eine lange Reihe schwerer Straftaten verantworten müssen, die ihm die Anklage vorwirft."

Mit der Anmerkung, daß Gordianus der erste Mönch auf dem Römischen Stuhl und nach eigenem Bekunden wider seinen Willen aufgestellt und gewählt worden ist, beginnt Jesus seine Ausführungen. „Als Benediktiner hatte der Angeklagte zuvor die Familiengüter verschenkt oder in Klöster umgewandelt und damit ein Vorbild geschaffen für andere, die der Kirche ihr Hab und Gut überschrieben oder vererbten."

Noch einer, denke ich, der auf diese Art von Großzügigkeit die Hoffnung baute, sein Seelenheil zu vergrößern. Für die katholische Kirche auf jeden Fall ein lukratives Geschäft, konnte sie während seiner Amtszeit doch eine ganze Reihe von Gütern sammeln, so daß die Latifundien, wie ich irgendwo gelesen habe, auf eine Größe von 80 Quadratmeilen anwuchsen. Der Mann hat das sehr schlau eingefädelt. Seine Lämmer gingen ihm auf den Leim.

Ich höre Jesus' weiteren Bericht: „Gleich in den ersten Jahren kommt es zu einem Bündnis mit den Langobarden, nachdem Gordianus ihnen zuvor Schutzgelder zugesichert hatte. Dem Kaiser Mauritius zwingt der Angeklagte die Anerkennung eines Satzes ab, der angeblich auf dem Konzil von Nicäa im Jahr 325 formuliert worden war: ‚Ihr seid Gott gleich, da

Ihr vom wahren Gott eingesetzt wurdet. Es ist nicht recht, wenn wir über Götter zu Gericht sitzen.' Während er selbst dem Bischof von Byzanz die ‚törichte und anmaßende Bezeichnung' vorwirft, weil dieser sich ‚Ökumenischer Patriarch' nannte, ließ der Angeklagte nicht davon ab, die römische Primatsvorstellung zu betonen. Die Anklage wertet dies als Amtsanmaßung, Betrug, Fälschung und Gotteslästerung.

Im Jahre 602 wird Kaiser Mauritius, wie verschiedene Quellen belegen, wahrscheinlich zusammen mit seiner ganzen Familie von einem Emporkömmling namens Phokas ermordet, der sich danach selbst zum Kaiser ernannte. Wiewohl den Angeklagten hier keine direkte Schuld trifft, gibt es doch zahlreiche Belege dafür, daß er sich nicht von der Mordtat distanzierte. Im Gegenteil, er suchte, wo immer es möglich war, Unterstützung bei dem neuen Kaiser und festigte dessen Position durch seine Anerkennung.

Nachdem die Missionierung Afrikas schon vor seinem Amtsantritt betrieben worden war, setzte sich Gordianus für ihre Intensivierung ein. Chroniken berichten von meist blutiger Unterdrückung friedliebender Völker, die für Rom allesamt ‚Ungläubige' waren und zur ‚Heiligen Kirche' geführt werden mußten – ob sie wollten oder nicht.

Der Angeklagte ist mit Sicherheit auch verantwortlich für die Zwangsmissionierung der Angelsachsen, da er den Auftrag dafür erteilte und seine kriegerischen Priester zugleich ermahnte, wenn die Tempel der Heiden gut gebaut seien, diese nicht zu zerstören, sondern zu übernehmen und die Stätten der ‚Teufelsverehrung' in Stätten der ‚Huldigung des wahren Gottes' zu verwandeln.

Auch Gordianus beruft sich auf den Kirchenlehrer Augustinus, um zu rechtfertigen, mit welch großem Eifer er unschuldige Menschen weitab von seinem Machtbereich unter das Kreuz zwang. Jener ‚heilige' Augustinus († 430) hatte in einer seiner vielen Schriften, die *ich* natürlich nicht alle gelesen habe, geäußert: ‚Was ist am Krieg zu tadeln? Ist es die Tatsache, daß darin Menschen getötet werden, die doch alle eines Tages sterben müssen? Das am Kriege zu beanstanden oder zu verabscheuen ist kleinmütig und hat mit Gottesfurcht wenig zu tun.'

Der Angeklagte wird hier nicht nur der <u>Unterstützung von Kriminellen</u> zur Erreichung eigener Ziele verdächtigt, *ich* klage ihn ferner der <u>Vorbereitung von Angriffskriegen</u> und des <u>schweren Landfriedensbruchs</u> in Afrika und bei den Angelsachsen an. Überdies hat er sich des Verstoßes gegen *meine* elementare Botschaft schuldig gemacht. ‚Liebe deinen Nächsten und liebe deine Feinde', nicht Mord an Feinden habe *ich* gelehrt. *Meine* Botschaft der Feindesliebe haben schon meine Jünger und Brüder nicht verstanden. Diese Organisation und ihre Führer haben sich die ganze Welt zum Feind gemacht in ihrem <u>krankhaften Missionswahn</u> und ihrer <u>Hoffart der Alleinseligmachung</u>." Der Einspruch von allen Richtern wird von Jesus mit einem tiefen Seufzer hingenommen.

„*Mir* sind, Richter, keine Quellen bekannt, aus denen hervorgeht, daß von den missionierten Völkern und Ländern irgendwelche Feindseligkeiten gegen die Organisation des Angeklagten ausgingen. Wie schon dem Symmachus werfe *ich* auch diesem Angeklagten vor, sowohl das Alte, vor allen Dingen aber das Neue Testament in seinem Sinne geändert und verfälscht zu haben. Ein Gebot der Taufe ist dort nicht gegeben.

Der Fanatismus, mit dem Gordianus Mission betrieb, läßt für *mein* Empfinden auf einen krankhaften Verfolgungswahn schließen." Jesus bemerkt, wie die Richter miteinander zu diskutieren beginnen, und fügt, bevor ein Einspruch kommt, schnell hinzu: „*Ich* weiß, dies müßte von einem medizinischen Gutachter geklärt werden. *Ich* erhebe in jedem Fall Anklage wegen <u>Amtsmißbrauch</u>, <u>Volksverhetzung</u>, <u>Völkermord</u> und <u>Kriegsverbrechen</u>.

Hört, Richter! Es scheint *mir* wichtig, auch auf die Doppelzüngigkeit des Angeklagten hinzuweisen. Da gibt es die sogenannten ‚Pastoralregeln'. Sie gelten für das angemaßte Hirtenamt, sind voll ‚christlicher' Tugenden wie ‚Reinheit, Gottesgelehrtheit, Demut, Langmut, Ansehen, Mitleid, Güte und Gerechtigkeit'.

Ganz anders liest sich etwa ein Schreiben an die Bischöfe von Arles und Marseille, aus dem *ich* euch zitieren will: ‚Zahlreiche Anhänger der jüdischen Religion verweilen in dieser Provinz (Italien) und reisen immer wieder für verschiedene Geschäfte nach Lyon. Nun ist Uns zur Kenntnis gebracht worden, daß viele Juden, die sich in jener Gegend aufhielten, mehr durch Gewalt als durch Belehrung zum Taufbecken gebracht wurden. Zwar betrachte Ich eine solche Absicht als lobenswert und glaube, daß sie aus Liebe zu Unserem Herrn kommt, doch fürchte Ich, daß diese Absicht, wenn nicht durch biblische Belehrung gestützt, dazu führt, daß das wertvolle Werk gar nicht zustande kommt oder daß die Seelen, die Wir retten wollen, irgendwie – das sei ferne! – zu Schaden kommen. Wenn nämlich jemand nicht durch milde Belehrung, sondern genötigt zum Taufbrunnen kommt und dann wieder in den früheren Unglauben zurückfällt, stirbt er um so ärger, da er sich den Anschein gab, wiedergeboren zu sein. Eure Brüderlichkeit soll also solche Leute durch häufige Belehrung herausfordern, damit sie ihr bisheriges Leben eher wegen der Liebenswürdigkeit des Lehrers zu ändern wünschen. So nämlich kommt Unsere Absicht zur rechten Erfüllung, und der Geist des Bekehrten wendet sich nicht wieder seinem früheren Auswurf zu.'

Nachdem sich der Angeklagte bei seiner Bekehrungswut von Juden auf den zweiten Petrusbrief beruft, so sei *mir* an dieser Stelle erlaubt festzustellen, daß *ich* die Auslegung nicht verstehe. Außerdem ist von Wissenschaftlern längst bewiesen, daß es sich hierbei um eine plumpe Nachahmung des Judasbriefes handelt, er also wie der erste eine Fälschung ist, von der Kirche aber immer noch im Neuen Testament gehalten wird. Richter, die ‚Katholiken' glauben, es sei das ‚Testament' ihres Kirchenstifters!"

Lautes Lachen von Petrus und Paulus unterbricht Jesus, der dann mit großer Ironie in der Stimme sagt: „Es leuchtet *mir* absolut nicht ein, warum der ‚Neue Bund' uns, dem Volk der Juden, die eigene Schrift predigen muß."

Erneut gibt es Zurufe von den Jüngern, denen die Argu-

mente des Anklägers gefallen. Richter Melchisedek bittet um
Ruhe, bevor Jesus fortfährt:

„Zwar gibt es Belege dafür, daß Gordianus in Rom, vielleicht sogar in ganz Italien Juden durch Gesetze schützte.
Aber, Ihr Richter und Anwesenden, vor wem mußte er die Juden in Schutz nehmen? *Ich* sage es euch: Vor der Verfolgung
durch seine eigenen ‚gläubigen Christen‘!“

Der Brief, den Jesus eben vorgetragen hat, ist der klare Beweis, daß Übergriffe auf jüdische Einrichtungen, auf Tempel
und Besitz nur durch die katholische Kirche immer wieder erfolgt sind. Dazu fällt mir ein Satz aus dem Römerbrief (9,15)
ein: „Gott erbarmt sich, wessen er will, und macht verstockt,
wen er will“, heißt es dort. Es kann keinen Auftrag geben, weder an diese Kirche noch an irgendeinen anderen, Menschen
das Wort Gottes aufzuzwingen. Was wäre das für ein Gott, der
so etwas wollte, frage ich mich, während ich wieder die Stimme Jesus’ höre:

„Spanische Zeugnisse aus der Amtsperiode des Angeklagten zeigen das verbrecherische Verhalten des Isidor von Sevilla, eines bedeutenden Lehrers, der in seinem Kampf gegen das
Judentum die Unterstützung aus Rom erhielt.

Ich denke, Hohes Gericht, die Aufträge an die Bischöfe in
Südfrankreich tragen ebenfalls deutliche Züge von Verunglimpfung und Volksverhetzung. Die tatkräftige Hilfe für die
spanischen Glaubensfanatiker rechtfertigt *meine* Klage: mitschuldig an Kriegsverbrechen und am Völkermord. Außerdem
ist dies einVerstoß gegen *meinen* Auftrag, unter den verlorenen Schafen aus dem Hause Israel zu lehren. Verzeiht, wenn
ich mich wiederholen muß, aber es bleibt *mir* keine andere
Wahl!

Ich komme nun zum sogenannten Ablaßbrauch und berufe
mich auf Tagebuchnotizen eines Chronisten: ‚Die Ablässe, die
in der Laterankirche zu gewinnen sind, sind so zahlreich, daß
nur Gott ihre Zahl weiß. An den Tagen, an denen die Häupter
der Apostel Petrus und Paulus im Lateran gezeigt werden, erlangen die Römer 3000 Jahre, die Bewohner der Umgegend
von Rom 6000 Jahre und die übrigen Völker 12000 Jahre Ab-

laß. Als Papst Gregor I. die Laterankirche weihte, bewilligte er so viele Ablässe, als Regentropfen bei einem drei Tage und drei Nächte anhaltenden Regen fallen; wer in frommer Gesinnung die Stufen von St. Peter hinaufsteigt, gewinnt auf jeder Stufe 1000 Jahre Ablaß. In der gleichen Kirche gewinnt man 4000 Jahre Ablaß am Altar, unter dem die Leiber der Apostel ruhen. Und 14 000 Jahre am Hochaltar des Chors. Zugleich kann man dort eine Seele aus dem Fegefeuer befreien. In Maria Maggiore gewinnt man 12 000 Jahre Ablaß an allen Marienfesten. 48 000 Jahre Ablaß gewinnt man in der Kirche St. Sebastian, 60 000 Jahre in Aracoeli, und in der Kirche St. Maria del Popolo steigt der Ablaß sogar auf 555 293 Jahre und 285 Tage.'

Ich beklage dieses verwerfliche Tun als verbrecherischen Mißbrauch des Amts und schweren Betrug in Tateinheit mit arglistiger Täuschung. Es ist deutlich, wie sehr der Angeklagte als Oberhaupt seiner Organisation die Botschaft und die Gebote des Neuen Testaments mißdeutet, wo es heißt: ‚Niemand ist es gegeben, Sünden zu vergeben, denn Gott im Himmel.‘ Da mit dem Ablaßerteilen Geldspenden oder Gelderpressung verbunden sind, kommt noch der Straftatbestand der verbrecherischen Bereicherung und der Erpressung hinzu. Aus *meiner* Frohbotschaft macht diese Kirche eine Drohbotschaft mit Teufelswahn, Höllenangst und der Finsternis des Irrglaubens. Um es ganz deutlich zu sagen: Sie lehrt und lebt vom Un-Glauben.‘‘

Zorniges Schweigen kann ich nach diesem mit Verachtung vorgetragenen Bericht auf den Gesichtern der Richter und Jünger lesen. Es ist wirklich unfaßbar, mit welcher Ignoranz, welchem Despotismus, sich Rom seine eigenen Gesetze geschaffen hat, wo doch jeder einigermaßen bibelkundige Mensch wissen müßte, daß es einen Ablaß weder im Alten noch im Neuen Testament gibt. Auch die sogenannte Kirchweihe ist bekanntermaßen ein Akt, der wie fast alles in dieser Kirche von anderen, als heidnisch beschimpften und verfolgten Religionen übernommen, ja eigentlich gestohlen worden ist, wie Jesus im Lauf des Prozesses schon einmal sehr treffend gesagt hat. Die Weihe von Kultstätten wurde bei den Kelten gepflegt, die ebenfalls als Heiden bekämpft wurden.

„Aus den Unterlagen war nicht genau ersichtlich, wann der Angeklagte seinen Reliquienkult, den *ich* als Reliquienschwindel bezeichne, begonnen hat. Er bestand zunächst darin, besonders reuigen ‚Sündern‘ oder ‚Gläubigen‘ Schlüssel zu verkaufen oder zu schenken, die aus den Ketten des Apostels Petrus gefertigt waren. Damit ist im Sinne der Anklage der Straftatbestand des Betrugs und der verbrecherischen Bereicherung erfüllt.

Ihr Richter, *ich* werde dem Angeklagten nicht gerecht, wenn *ich* nicht auch sein umfangreiches Werk an Briefen, theologischen Abfassungen und moraltheologischen Predigten erwähne.

Da ist zum einen der Kommentar zum Johannesevangelium, das von der Kirche nicht zu den ‚synoptischen‘ gerechnet wird, in dem sehr viele römische, griechische und andere philosophische Strömungen zum Ausdruck kommen. Bei dem jüngsten, *mir* ebenfalls unbekannten Autor sind die deutlichsten antijudäischen Spuren zu finden. Vielleicht hat sich Gordianus deswegen dieser Lektüre ausführlich zugewandt. Dann gibt es seine Auseinandersetzung mit Hiob, wobei dem Angeklagten offensichtlich nicht bewußt ist, daß die ‚Bücher der Weisheit‘ zum Alltag der Juden gehörten, und das seit Hunderten von Jahren. Bei diesem Propheten taucht auch zum ersten Mal die Figur des ‚Satans‘ auf: Keine israelitische Schöpfung, sondern entstanden nach der Babylonischen Gefangenschaft, wie ihr alle hier im Gericht es bezeugen könnt.

Der Satan hat eine außerordentlich wichtige Bedeutung in der Lehre dieser Kirche, natürlich in Verbindung mit der ‚Sünde‘, die aus dem Alten Testament in dieser Form nicht ableitbar ist. Richter, erlaubt *mir*, die Organisation mit einigen Zitaten aus dem Neuen Testament zu belehren: Im Römerbrief heißt es, daß Jesus starb, um die Menschheit von den Sünden zu befreien. In der Offenbarung des Johannes (1,5), daß ‚Jesus Christus uns erlöst hat von unsern Sünden mit seinem Blut‘. Adam war in 1.Mose 2,17 von Jahwe gewarnt worden, vom

Baum der Erkenntnis zu essen. Davon konnte Eva, die für die Kirche die gotteslästerliche Personifizierung der Sünde ist, nichts wissen, weil sie – wie *ich* bereits dargestellt habe – erst in 1.Mose 2,22 aus der Rippe des Mannes erschaffen wird. Jahwe befiehlt Adam und Eva, fruchtbar zu sein und die Erde zu füllen, und im Psalm 127 steht, daß Kinder nicht ‚Sünde, sondern Segen Gottes‘ sind.

Auf Jahrhunderte wurde die Lebensführung des Klerus auch durch das vom Angeklagten verfaßte ‚Liber regulae pastolaris‘ geprägt, in dem er eine Menge von Zitaten aus dem Neuen Testament anführt und an Liebe und Demut gemahnt. Da sind aber auch seine deutlichen Drohungen, Verweise und Verbote, von denen *ich* hier einige wenige wiedergeben möchte. So glaubt Gordianus, daß sich ‚Priester vor Frauen wie vor Feinden zu hüten‘ hätten. Er lehrt, daß der eheliche Verkehr nur mit der Zeugungsabsicht entschuldbar sei. Der Tenor seiner ‚Moral‘ kommt auch schon beim Kommentar zum Buch Hiob deutlich zum Ausdruck: ‚Sex ist Hort der Sünde‘, ‚Geschlechtslust sündhafte Befleckung, Wollust ist sündhaftes Tun‘. Nach jedem Eheverkehr – für Gordianus ‚Verkehren der richtigen, der göttlichen Ordnung‘ – verlangt er das Bußgebet ‚Vergib uns unsere Schuld‘.

Richter, ihr wißt, es gibt keinerlei Belege für das Tun und Wirken des Satans beim ehelichen Verkehr! Im Gegenteil: 1. Johannes 3,8 verkündet, daß der Sohn Gottes die Werke des Teufels zerstören werde. Wörtlich heißt es: ‚Wer aus Gott geboren ist, der tut keine Sünde; denn Gottes Kinder bleiben in ihm und können nicht sündigen; denn sie sind von Gott geboren.‘ Ebenso lehrt es die Genesis.

Da Gordianus sich so intensiv mit dem ‚Buch Hiob‘ auseinandergesetzt hat, sollte er wissen, daß darin eine Botschaft für das Volk Israel, tausend Jahre vor seiner Zeit, ausgesprochen worden ist. Nur aus dem Leben und der Situation des jüdischen Volkes heraus ist sie verständlich – und vom Angeklagten und seiner Organisation völlig verfälscht worden. Sein Antijudaismus widerspricht dem Alten und Neuen Testament. Und wenn er sich bei seiner ‚Ehemoral‘ auf Paulus beruft,

75

täuscht er sich ebenfalls. Dessen Predigt und Gebote sind aus *meinem* Irrtum, in der ‚Endzeit' zu leben, entstanden und zu verstehen.

Die Behauptung des Angeklagten, beim Geschlechtsverkehr übe der ‚Teufel Zauberei wegen der Scheußlichkeit des Geschlechtsakts' aus, spricht nicht nur gegen das Alte und Neue Testament, sondern gegen sämtliche Riten und Lebensgewohnheiten der Juden. Ganz offensichtlich scheint der Angeklagte zu vergessen, daß der Teufel ein Geschöpf Gottes ist und daß Gott ihn als Werkzeug eingesetzt hat. Aber sicher nicht in der Weise, wie der Angeklagte es seinen ‚Gläubigen' drohend predigt.

Und, Ihr Richter, ganz offensichtlich hat Gordianus auch vergessen, wem er selbst sein Erdendasein verdankt. Ist er nicht auch, frage *ich* euch, durch eine Frau geboren? Hat er den Zeugungsakt seiner Eltern, aus dem er hervorgegangen ist, etwa auch verdammt?" Prustendes Lachen im Saal ist die Antwort auf diese, von Jesus provokativ gestellte Frage. Auch die Richter, insbesondere Judith, verlieren für einen Moment ihre sachliche Haltung. Jesus läßt das Gelächter abklingen und spricht dann weiter:

„An einigen wenigen Stellen in den Pastoralbriefen des Paulus ist vom ‚Gesetz Christi' und von der Liebe die Rede. Genau dies aber vermisse *ich* bei Gordianus selbst, vielmehr versteckt sich der Angeklagte hinter heuchlerischen Zitaten. Seine Gebote und Verbote widersprechen dem Leben und Handeln von Petrus und den anderen Jüngern. Wenn Paulus von seinen Anhängern und Schülern im ersten Korintherbrief (7,1) verlangt, daß es ‚für den Mann gut sei, wenn er keine Frau berühre', so ist dies im Zusammenhang mit dem erwarteten Nahen des Himmelreichs zu erklären. Ein Irrtum, für den er nichts konnte, denn es war *meine* falsche Prophezeiung.

Außerdem, ihr Richter, muß *ich* feststellen, daß dem Gordianus der Begriff ‚erkennen' fremd ist. Das bedeutet im Alten Testament nichts anderes als das gottgewollte Zusammensein von Mann und Weib, denn erst so erkennen sich Mann und Weib. Dieser Vorgang ist nichts Sündiges, sondern ein Gebot.

In der Sprache *meines* Volkes gibt es für ‚erkennen‘ und den Verkehr mit einem Weib nur ein Wort.

Schließlich bezieht der Angeklagte auch Stellung zu dem sehr beliebten, für *mich* und *meine* Mutter, also die Betroffenen, völlig unverständlichen, ja krankhaften Thema ‚Jesus, Maria, Jungfrau‘. Hierzu sei *mir* vorab folgender Kommentar gestattet: Wenn Gordianus behauptet, daß seiner Meinung nach Adam die Sünde und damit den Tod vererbt hat, wie kann Jesus dann von Sünden frei geboren sein? Außerdem, Ihr Richter, wurde Adam bekanntlich 930 Jahre alt. Ob dies eine ‚Strafe‘ ist, überlasse *ich* euch, aber als ‚Strafe für seine Sünden‘ kann *ich* das nicht werten. Selbst in der Alten Schrift gibt es nur wenige, die dieses hohe Alter erreichten. Was also die Kirche als ‚Sündenstrafe‘ bezeichnet, ist ohne Sinn, unsinnig!

Obwohl es keinerlei Beweise dafür gibt, daß Maria nicht in ‚Sünde‘ empfangen hat, behaupten Tertullian, Chrysostomos und Origenes das. Und der Angeklagte übernimmt diese absurde These. Warum? Weil Jesus sonst unmöglich ‚groß und heilig‘ hätte werden können. Ist es aber nicht eine große Sünde, Ehebruch zu begehen? War sie nicht die Braut des Josef? Und woher weiß Gordianus, daß Maria ‚in Ungerechtigkeit‘ empfangen, ihre Mutter ‚in Sünde‘ empfangen und ‚mit Erbsünde‘ geboren wurde, weil auch sie in Adam ‚sündigte‘, in dem alle ‚gesündigt‘ haben? Dieses an Zauberei grenzende Wunder bleibt sein Geheimnis. *Ich* verwerfe all das als betrügerisches Machwerk und Irrglauben dieser Organisation.“

Die Sünde, Sündhaftigkeit der Frau. Bei diesen falschen, beleidigenden und schamlosen Behauptungen hält es Judith fast nicht mehr an der Richtertafel. Mit einem väterlich strengen Blick weist Gideon sie auf ihren Platz. Widerwillig fügt sie sich seinen Anordnungen und bekommt unerwartet von Jesus Unterstützung: „Laß sie, Richter, *ich* kann ihre Erregung nur zu gut verstehen. Wir werden ihr bald Gelegenheit geben, hier vor Gericht gegen dieses Lügengebäude Klage zu erheben.“

Der von diesen frühen Kirchenlehrern und fast allen Kirchenführern als „verwerflich“ diffamierte und als „Erbsünde“

gebrandmarkte Geschlechtsakt ist ein Gebot Gottes! Diese
Ignoranz, überlege ich mir, ist doch einfach himmelschreiend.
Das Bibelwort aus der Genesis (1. Mose 2,24) legt der Autor
des Markusevangeliums Jesus fast wörtlich wieder in den
Mund: „Darum wird der Mensch seinen Vater und seine Mutter verlassen und wird seinem Weibe anhangen, und die zwei
werden sein ein Fleisch. So sind sie nun nicht zwei, sondern
ein Fleisch." Es ist der zweifelsfreie Beweis dafür – denn Altes und Neues Testament sind doch nach felsenfester Überzeugung der Kirche „Gottes unfehlbares Wort" – daß Jesus an
Liebe ohne Körperlichkeit nie gedacht hat. Auch Johannes
11,5 und Lukas 7,47 ist seine Frauen-Zuneigung zu entnehmen: „Ihr sind viele Sünden vergeben, denn sie hat viel geliebt." Im Gegensatz zur „heiligen" Kirche spricht Jesus von
der göttlichen Herkunft und Ebenbürtigkeit der beiden Ge-
schlechter (Matthäus 19,4). Er befreit durch seine Lehre die
Menschen vom Zwang der jüdischen Tradition und Geschichte, verleiht der Liebe zwischen Mann und Frau Würde. Und für
die Schizophrenie der katholischen Kirche ein weiterer Beweis: Sie leugnet all das, was im Neuen Testament steht und
baut darauf ihre Menschenwürde vergewaltigende Tyrannei.

Bevor ich weiter ins Grübeln komme, vernehme ich wieder
Jesus' Stimme:

„Im ersten Korintherbrief (7,36) heißt es: ‚Wenn aber jemand meint, er handle unrecht an seiner Jungfrau, wenn sie
erwachsen ist, und es kann nicht anders sein, so tue er, was er
will; er sündigt nicht, sie sollen heiraten.' Da der Angeklagte
aber das Gegenteil behauptet, so liegt Betrug vor. ‚Folglich tut
auch der gut, der seine Jungfräulichkeit in den Ehestand gibt.'
Hier steht auch geschrieben, was Gott unter ‚natürlich' versteht. In Römer 1,27, was unter dem ‚natürlichen Gebrauch
der weiblichen Person' gemeint war. Den Pharisäern sagt Jesus
in Matthäus (19,4f.) ‚Habt ihr nicht gelesen, was Gott mit
Mann und Frau beabsichtigt hat? Deshalb wird ein Mann seinen Vater und seine Mutter verlassen und wird seiner Frau so
nahe verbunden sein, daß die beiden ein Leib sind.'

Was der Angeklagte und seine Kirche daraus gemacht haben, ist ‚Todsünde'. Sie begehen sie, sie haben sie erfunden. Und wenn sie sich dabei auf die Schrift berufen, erfüllt sich der Straftatbestand des Betrugs, der Falschaussage und der Gotteslästerung."

Als Jesus bemerkt, wie Richter Melchisedek mit den Fingern seiner rechten Hand immer wieder unruhig auf die Tischplatte trommelt, reagiert er schnell mit der Bitte, ihm noch einige Minuten Zeit zu geben, dann wolle er sein Plädoyer beenden. Sie wird ihm gewährt, und er spricht:

„Eine weitere wichtige Schrift des Angeklagten heißt ‚Dialogorum libri IV.' und ist dem Mönch Benedikt von Nursia gewidmet. Gordianus glaubt, daß dieser viele Wundertaten vollbracht hat. Da der Mönch ein keusches klösterliches Leben führte, soll er bei seinem Tod von den ‚heiligen Aposteln im Himmel willkommen' geheißen worden sein.

Thema der Schrift sind Geschichten, die in Klöstern bereits zu dieser Zeit in großer Zahl kursierten. Es gibt Gespräche zwischen Petrus und dem Angeklagten, in denen Petrus fragt, ob Päpste Wunder getan hätten – und die werden dann aufgezählt. Tote wachen auf, die ohne Sakramente gestorben sind, und es gibt Heilige, die über Wasser wandeln. Auch werden Frauen erwähnt, vornehmlich Nonnen, die Teufel verschlucken und dergleichen mehr Unglaubliches und Unverständliches tun.

Es bedarf wohl keines besonderen Hinweises, daß diese sogenannte christliche Religion ihre Wunder aus allen möglichen anderen, weit älteren Religionen übernommen hat. Schon der ‚große Lehrer' Origenes hatte einige Jahrhunderte früher festgestellt, daß Heiden durch Wunder nicht zu beeindrucken seien, weder durch Totenauferstehungen noch durch Himmelfahrten.

Schließlich will *ich* nebenbei für das Gericht noch erwähnen, daß der Angeklagte den Gesang eingeführt hat, der uns Juden fremd war, den *ich* nicht wünschte beim Gebet.

Hohes Gericht, insgesamt 35 Wunder zähle *ich* im Neuen Testament, die meisten davon bei Matthäus. Wenn als Wahrheit gepredigt wird, was Wunder waren, warum hätte *ich*, der

Jude Jesus, auf den sich diese Organisation immer wieder beruft, Naturgesetze außer Kraft setzen sollen, wo für *mich* doch Glaube an Wunder kein Glaube war? Johannes 4,48 zitiert *mich* ausnahmsweise richtig. ‚Wenn ihr nicht Zeichen und Wunder seht, so glaubt ihr nicht‘. Deutlich ist der Schrift zu entnehmen, daß Jesus diese Wunder nie vor Ungläubigen getan oder versucht hat, Menschen durch Wunder zu gewinnen. Historisch sind solche Erzählungen nicht belegt. Sie wurden von den vier Evangelisten zum Teil aus dem Alten Testament übernommen, um *mich* als Messias ausweisen zu können, zum Teil sind sie zur Ausschmückung erfunden. Interessant ist auch, daß Paulus, der älteste Schreiber, nie über Wunder berichtet, während Johannes von Wundern Jesu schreibt, die die anderen Evangelisten nicht kennen.

Matthäus (12,38f.) berichtet, daß die Pharisäer und Schriftgelehrten gern ein Zeichen von Jesus sehen wollten. Er aber antwortete und sprach: ‚Die böse ehebrecherische Art sucht ein Zeichen, und es wird ihr kein Zeichen gegeben werden.‘ Doch damit genug. Leider werde *ich* im Verlauf des Prozesses noch einige Male auf Wunder und Legenden zurückkommen müssen.“

Wieder – zum wievielten Mal eigentlich schon? – kann ich innerlich nur den Kopf darüber schütteln, wie diese Kirche, auf Wahrheit pochend, die Schrift verfälscht und Wunder aus Kulturen und Religionen übernimmt, die sie gleichzeitig mit dem Schwert verfolgt. Der ganze Wunderglaube ist heidnisch. Alle Wunder wurden von Göttern wie zum Beispiel Dionysos getan, die von Heiden verehrt und von der katholischen Kirche verleugnet und verfolgt wurden. Gleich zwei Gegner dieser Kirche fallen mir ein. Rousseau hat gesagt: „Schafft die Wunder weg, und die ganze Welt wird Jesus zu Füßen fallen.“ Und auch Goethe hatte recht, als er sagte, daß Wunderglauben kein wahrer Glauben sein könne.

„Schon des öfteren“, spricht Jesus weiter, „mußte die Anklage auf die Behauptung eingehen, Petrus sei in Rom gewesen und dort möglicherweise begraben. Von Paulus nehme *ich* dies als gegeben hin, da ein Teil seiner (nicht gefälschten)

Briefe von Rom aus an Gemeinden in anderen Städten geschickt worden sind. Von einem direkten Auftrag distanziere *ich mich.*

Wenn Menschen aufgefordert werden, an den sogenannten ‚Köpfen‘ der sogenannten Apostel Ablaß zu tun, muß dem eine Leichenschändung vorausgehen. Denn selbst wenn Petrus in Rom zu Tode gekommen wäre, so nicht durch Kopfabschlagen, da er Jude war. Über den Tod des Paulus gibt es kein Zeugnis in der Schrift, aber auch keinen Beweis, daß seine Gebeine in Rom gefunden wurden.

Ich komme nun zum Hauptanklagepunkt der fortgesetzten arglistigen Täuschung in Zusammenhang mit Erpressung und Nötigung sowie der Verletzung der Menschenwürde. Dessen macht sich der Angeklagte mit einer seiner zentralen Aussagen schuldig, nämlich, daß ungetaufte Neugeborene zur Hölle fahren müßten und dort für alle Ewigkeit zu leiden hätten. Diese Gedankenwelt ist nicht aus *meiner* Lehre abzuleiten, Richter. Höllenstrafen sind Ausgeburt krankhaft böser Menschenhirne wider alle Vernunft, also Un-Glauben in Vollendung. Der Angeklagte wandelt auf dem gottlosen Pfad der Finsternis.

Erneut möchte *ich* betonen, daß *ich* nicht getauft habe und schon gar nicht taufte, um Sünden abzuwaschen, denn, so *meine* Lehre, ‚Sünden kann niemand vergeben denn Gott‘. Als *ich* durch Johannes getauft wurde, war *ich* 30 Jahre alt, wie den Schriften zu entnehmen ist. Aus der Apostelgeschichte 2,41 und Matthäus 28,19 geht hervor, daß Taufe nur für die Menschen in Frage kommt, die sich dem Alter nach dazu bereitfinden können.

Auch im ersten Brief des Johannes (3,7) findet sich eine Stelle, die in absolutem Kontrast zu der Lehre des Angeklagten steht. ‚Nur wer Gerechtigkeit übt, ist gerecht‘, wird da von den Kindern Gottes gesagt. Im Matthäusevangelium (18,2) wird die Frage gestellt: ‚Wer ist in Wirklichkeit der Größte im Königreich der Himmel? Und Jesus ruft ein kleines Kind zu sich.‘ Dann spricht er: ‚Wahrlich, *ich* sage euch, wenn ihr nicht umkehrt und wirkliche Kinder werdet, so werdet ihr auf keinen Fall in das Königreich der Himmel eingehen.‘ Jesus möchte mit Kindern beten, und seine Apostel versuchen, ihn daran zu hindern. Darauf spricht er: ‚Lasset die kleinen Kinder zu mir kommen und wehret ihnen nicht.‘ (Matthäus 19,14)"

Gerade mit dieser schrecklichen Lehre – das weiß ich aus den Geschichtsbüchern – hat die katholische Kirche den ‚Großen‘ Gregor wörtlich genommen und lange, sogar unter Androhung von Exkommunikation, darauf bestanden. Nach allem, was ich von diesem Ankläger bisher gehört habe, nehme ich an, daß er auf diesen Punkt spätestens bei Pius XII. noch dezidiert eingehen wird.

Denn noch im Katechismus von 1955 ist „Höllenfahrt" Handicap des „wirklichen Glaubens". Wenn jemand stirbt, ohne gebeichtet zu haben, gerät er zwangsläufig in die Hölle. Zwar kommt der Begriff „Beichte" im Neuen Testament nicht ein einziges Mal vor, aber was schert es die römische Kirche? Sie erfand diese Nötigung, die die Menschenwürde mit Füßen tritt, um Macht auszuüben. Außerdem: Kinder, die auf die Welt kommen, können nicht beichten! Müssen es auch nicht, denn wie sollten sie im Mutterleib „todsündig" geworden sein? Für die Kirche in Rom ist Taufe immer noch „heilsnotwendig". Und „Todsünde" verursacht „ewigen Tod" in der Hölle – das ist im Katechismus von 1993 nachzulesen! Ich höre Jesus weiter zu:

„Hohes Gericht, besser, als *ich* es auszudrücken vermag, hatte es William Lecky in seiner ‚History of European Morals‘ formuliert, wie die vom Angeklagten verkündete Lehre zu bewerten ist. *Ich* zitiere:

’Daß ein kleines Kind, das nur ein paar Minuten nach der Geburt lebt und stirbt, bevor es mit dem Heiligen Wasser besprengt wurde, in einem solchen Sinne dafür verantwortlich ist, daß sein Urahn vor 6000 Jahren eine verbotene Frucht gegessen hat, daß es vollkommen zu Recht auferweckt und in einen Abgrund ewigen Feuers geworfen werden kann, um dieses Verbrechen seines Urvaters zu sühnen, daß ein allgerechter und allerbarmender Schöpfer in voller Ausübung dieser Attribute absichtlich fühlende Wesen ins Dasein ruft, die ER von Ewigkeit her unwiderruflich dazu bestimmt hat, unsägliche, ungemilderte Qual zu leiden, sind Aussagen, die gleichzeitig so extravagant absurd und so unfaßbar grauenhaft sind, daß ihre Annahme einen wohl dazu bringen kann, die Universalität moralischer Einsicht zu bezweifeln. Eine solche Lehre ist in Wirklichkeit schlichte Teufelei, und zwar Teufelei in ihrer extremsten Form.'

Richter, dem habe *ich* nichts mehr hinzuzufügen! Abschließend fordere *ich* euch auf zu prüfen, ob nicht in der gesamten ‚Moral' des Angeklagten ein Verstoß gegen Naturrechte und Menschenrechte vorliegt. Bei einem seiner Vorgänger hat die Kirche in Byzanz dieses konstatiert und aktenkundig gemacht. Bei der Beurteilung der Lehre, die der Angeklagte in seinen Schriften verbreitet, kann *ich* nur mit einem der ersten Kritiker der Kirche, dem Kaiser Julian, sprechen, der sie als ‚fabelsüchtig, kindisch, trügerisch und widersinnig' bezeichnet hat."

Melchisedek verspricht, der Forderung des Anklägers nachzukommen, und läßt einen entsprechenden Hinweis ins Protokoll aufnehmen, bevor er die Verhandlung gegen Gregor I. schließt.

8. Stephan II.

Jesus bittet die Richter um eine einleitende Erklärung, warum Stephan II. in der Liste der Hauptangeklagten geführt wird. Richterin Judith erläutert: „Die Akte dieses Mannes wäre kaum erwähnenswert, da seine Amtszeit nur von 752 bis 757 währte und er sich weder als Theologe noch als Ideologe der Kirche hervorgetan hat. Aber durch ihn sorgte die Konstantinische Schenkung erneut für große Unruhe in Europa.

Da es der byzantinische Kaiser ablehnte, dem Römischen Stuhl, der sich von den Langobarden bedroht fühlte, Schutz zu gewähren, bat der Angeklagte die Franken um Hilfe. Um die Berechtigung seiner Mission am Hof des Königs zu untermauern, präsentierte er dort Dokumente, die, wie schon bei einem der früheren Angeklagten ausführlich besprochen, gefälscht waren. Die Urkunden mit dem Titel ‚Constitutum Constantini Imperatoris‘ sollten einen Rechtens nicht vorhandenen Anspruch auf die von den Langobarden bewohnten und besiedelten Gebiete belegen.“

Noch bevor Judith weiter aus der Akte vorlesen kann, ergreift Jesus das Wort: „Entschuldige, daß *ich* unterbreche, aber damit sind die Anklagepunkte Amtsmißbrauch und Betrug für *mich* erwiesen.“

Auf einen Wink von Gideon liest Judith weiter: „Der Frankenkönig Pippin III. ahnte nicht, wie er benutzt und hintergangen wurde. Er glaubte dem Angeklagten und machte aus der ‚Konstantinischen Schenkung‘ die ‚Pippinische Schenkung‘, also eine Art Rückgabeverpflichtung für das vom Angeklagten begehrte Territorium. Die Langobarden, mit diesen Verträgen konfrontiert, waren aber dazu nicht bereit, und so kam es zu einem ersten Feldzug, der um 754 mit ihrer Kapitulation bei Pavia endete.

Ein gutes Jahr darauf belagerten die Langobarden ihrerseits Rom, und diesmal griff der Angeklagte noch zu einer weit plumperen Fälschung. Das Dokument, die ‚Epistola Sancti Petri', war von Petrus selbst aufgesetzt und unterschrieben. Der Führer der Franken wird darin als ‚Adoptivsohn' des Petrus angesprochen und erhält die unzweideutige Aufforderung, die katholische Kirche vor ihren Feinden in Schutz zu nehmen. Die Franken fielen, offensichtlich des Lesens unkundig, auch darauf herein und konnten ein zweites Mal zu einem blutigen Feldzug überredet werden, der das Ende der Langobarden einleitete. Sie wurden Vasallen der Franken. Eine weitere Folge dieses Krieges: Das Bündnis des Römischen Stuhls mit Byzanz bekam erste Brüche. Aber der Angeklagte und seine Kirche waren am Ziel ihrer Wünsche. Der Grundstein für den späteren ‚Kirchenstaat' war gelegt."

Jetzt greift Jesus wieder ein und erklärt: „Richter und alle Anwesenden! Es ist für *mich* schwer nachvollziehbar, wie ein König auf derlei Fälschungen und Betrügereien hereinfallen konnte, zumal doch ganz offensichtlich Petrus seit etwa 700 Jahren tot war. Ebenso unerfindlich ist *mir*, wie dieser einen Brief aufsetzen und bei Nichtbefolgung seines Auftrages gar mit dem Jüngsten Gericht drohen konnte. Aber wie *ich* noch beweisen werde, hat die Kirche jahrhundertelang mit diesen Papieren Fürsten in ihre Abhängigkeit gebracht und, wenn es die politischen Umstände notwendig machten, je nach Bedarf weitere Fälschungen vorgenommen. Noch für Dante, den großen Poeten Italiens, war Konstantin, der mit diesen Fälschungen nichts zu tun hatte, schuld am ‚Unheil in der Kirche', an der ständig wachsenden Verweltlichung."

Jesus läßt sich von seinem Arbeitstisch ein Dokument bringen, liest kurz darin und fährt in seiner Anklage fort: „Hier habe *ich* das Beweisstück für diese Untat, eine Eintragung im ‚Liber pontificalis', dem sogenannten Papstbuch, und *ich* möchte dem Gericht den Schlußabsatz dieses zweiten Pippinischen ‚Schenkungsaktes' vortragen. Die territoriale Überschreibung wurde von einem seiner Bevollmächtigten nach Rom gebracht. ‚Hier legte er (der königliche Gesandte) die Schlüssel und die von seinem König ausgestellte Schenkungsurkunde beim Grab des Heiligen Petrus nieder und übertrug dessen Stellvertreter, dem Papst, und all seinen Nachfolgern auf dem

Römischen Stuhl für ewige Zeiten den Besitz der nachfolgenden Städte: Ravenna, Ariminum, Pisaurum, Conca, Fanum, Cesina, Senogallia, Äsis, Forumpopuli, Forum Livii mit der Burg Sassubium, Mons Feltri, Acerres, Agiomons, Monts Lucati, Serra, das Castell S. Marini, Bobium, Urbinum, Callis, Luciolis, Eugubium und Comiaclum, außerdem kam auch die Stadt Narnia, die früher von dem Herzog von Spoletum erobert worden war, wieder in den Besitz von Rom.'

Richter, beachtet den letzten Halbsatz. Das bedeutet, daß sich die Kirche fast der Hälfte Italiens bemächtigt hatte und daß sie damit endgültig als militante Organisation zu bezeichnen ist. Ich denke, hinreichend bewiesen zu haben, daß auch die Straftatbestände arglistige Täuschung, Erpressung, Raub in Tateinheit mit verbrecherischer Bereicherung, Anstiftung zu Angriffskriegen, Beihilfe zu Körperverletzung und zum Mord gegeben sind.

Die Franken und Langobarden hatten zuvor friedlich nebeneinander gelebt. Der Angeklagte ist also verantwortlich für den Untergang dieses Volkes. Mit Hilfe von Fälschungen nahm er Städte, Dörfer und Land in Besitz, die ihm nicht gehörten. Für *mich* stellt er das durch und durch böse und aggressive Regime Kirche in persona dar. Mit der Berufung auf *mich* und Petrus macht er sich des Betrugs und der Verunglimpfung schuldig, da alles in unserem Leben in vollkommenem Widerspruch zu dem steht, was der Angeklagte sich hat zuschulden kommen lassen. *Ich* übergebe die Strafsache Stephan II. euch Richtern!"

9. Stephan VII.

Richter Samuel schlägt eine neue Schriftmappe auf, zögert einen Augenblick und sagt dann mit einer Stimme, in der sein ganzer Ekel zum Ausdruck kommt: „Mit diesem Angeklagten, der in vielen Papstlisten fälschlich als der sechste seines Namens figuriert, steht ein Kirchenführer vor Gericht, der aber auch in gar nichts an die Apostel des Neuen Testaments erinnert. Er ist von seinem Vorvorgänger Formosus zum Bischof von Anagni eingesetzt und mit Unterstützung des Herzogs von Spoleto gewählt worden. Wir haben ihn in die Gruppe der Hauptangeklagten aufgenommen, weil in seiner Ära, den Jahren 896 und 897, eine der schrecklichsten Untaten in der Geschichte des ‚Neuen Bundes‘ verübt wurde. Ankläger, übernimm!‘“

Die Stimme von Jesus ist ebenfalls voller Zorn, als er beginnt: „Neun Monate nach Amtsantritt veranstaltete der Angeklagte die sogenannte ‚Leichensynode‘, über die er selbst einen Akt angelegt hat, der vor seiner Vernichtung konfisziert werden konnte und im Besitz der Anklage ist. Daraus lassen sich die schauerlichen Vorgänge rekonstruieren.

Der Angeklagte gab den Auftrag, seinen Vorgänger Formosus auszugraben. Der Leichnam wurde in einen Ornat gekleidet und auf einen Thron gesetzt. Dann begann der ‚Prozeß‘, in dem Stephan den Toten beschuldigte, das Bischofsamt unter Vorspiegelung falscher Tatsachen erschlichen zu haben. Deshalb sei alles, was zwischen 891 und 896 durch den ‚Heiligen Stuhl‘ entschieden worden sei, ungültig. Als Strafe dafür ließ der selbsternannte Richter seinem Opfer die Segensfinger abhacken, ihn wieder entkleiden und anschließend in den Tiber werfen. Soviel aus den Aufzeichnungen des Angeklagten.“

Ein Aufschrei unterbricht den Ankläger. Er trifft mich auf meiner Bank wie ein elektrischer Schlag. Maria ist von ihrem Stuhl gesunken. Zwei Jünger Jesu bemühen sich um sie. Es dauert einige Minuten, bis sie wieder zu sich kommt, und ihr

Gesicht ist von Tränen überströmt. Jesus streicht ihr über den Kopf und sagt dann:

„Richter, wir haben hier einen Menschen vor uns, der dieser Bezeichnung nicht einmal würdig ist. Angesichts dieser Schreckenstat, für die *ich* keinen Vergleich kenne, übergehe *ich* die Punkte Amtsanmaßung und Amtsmißbrauch und beschuldige ihn der Schändung eines Grabes und der Störung der Totenruhe, die für *mich* einem Mord gleichkommen.

Das Volk von Rom, das schon viel Unrecht erlebt hatte von seinen Bischöfen, empörte sich über Stephans Tat so sehr, daß der Angeklagte in den Kerker gesperrt und dort später erdrosselt vorgefunden wurde. Der geschändete Leichnam des Formosus konnte geborgen und wieder begraben werden.

Ob der gewaltsame Tod des Angeklagten ein verdientes Ende war, darüber darf und kann *ich* nicht urteilen. *Ich* bin *mir* sicher, daß dieses Gericht das richtige Strafmaß für ihn finden wird."

10. Sergius III.

Richter Gideon schlägt mit der flachen Hand auf seinen Tisch und bittet um Ruhe, denn über den schreckenerregenden Stephan VII. ist lange empört diskutiert worden. Dann sagt er: „Mit diesem Angeklagten und den elf folgenden ‚Stellvertretern Petri', von denen wir aber nur drei ausgewählt haben, beginnt das von dem römischen Kirchenhistoriker Cesare Baronio (†1607) in seinem zwölfbändigen Werk ‚Annales ecclesiastici a christo nato ad annum 1198' als ‚dunkles Jahrhundert' bezeichnete Kapitel dieser Kirche.

Zwar sind ihm einige Irrtümer unterlaufen, und so wurde er mitunter auch angefeindet, ähnlich wie Liutprand, Bischof von Cremona, der wiederum für diesen Zeitraum wichtige Urkunden und Quellen gesichtet hat. Beide erschienen dem Gericht als unverdächtige Chronisten. Wir halten es für überflüssig, den Lebenslauf dieses Mannes aus dem Adelsgeschlecht Tusculum wiederzugeben, und beschränken uns auf die wichtigsten Ereignisse seiner Amtsperiode. Das Wort hat der Ankläger!"

Jesus hat nur ein Blatt Pergament in der Hand und erklärt: „*Ich* klage an wegen Vorbereitung und Ausführung eines Angriffskrieges und wegen zweifachen Mordes. Mit einer Streitmacht überfiel der Angeklagte im Jahr 904 Rom, ließ seine beiden Vorgänger Leo V. und Christophorus gefangennehmen, einkerkern und umbringen.

Außerdem beschuldige *ich* auch Sergius III. der Grab- und Leichenschändung, da er als Gegner der Formosus-Partei die Untat des Stephan VII. wiederholte. Ein zweites Mal wurde das Grab des Formosus geschändet, eine zweite ‚Leichensynode' mußte der Leichnam über sich ergehen lassen, und sie verlief fast wie die erste. Solltet ihr, Richter, *mir* keinen Glauben schenken ob dieses Frevels, so bin *ich* imstande, Beweise zu liefern." Richter Simson winkt ab. Der Abscheu steht ihm ins Gesicht geschrieben, und Jesus fährt fort: „Unterstützung bei seinem Treiben fand der Angeklagte bei den einflußreichen Gräfinnen Theodora I. und ihren Töchtern Theodora II. und Marozia. Mit letzterer, der Jüngeren, zeugte der Angeklagte einen Sohn, der als Johannes XI. im Jahr 931 selbst römischer Bischof wurde. So weit, Ihr Richter, war diese Organisation heruntergekommen, daß eine stadtbekannte Bischofsmätresse ihren 20jährigen unehelichen Sohn auf den Thron setzen konnte!

Das Dokumentationsmaterial der von euch, Richter Gideon, genannten Historiker ist so erdrückend, daß *ich* gegen Sergius III. auch Anklage erhebe wegen Erregung öffentlichen Ärgernisses, Verstoß gegen die Menschenrechte/-würde und verbrecherischer Bereicherung. Die Punkte Amtsanmaßung und schwerer Amtsmißbrauch ergeben sich von selbst, so daß *ich* darauf nicht weiter eingehen muß. Damit übergebe *ich* die Strafakte Nr. 10 dem Gericht."

11. Johannes X.

Johannes von Tossignano

Die Richter erteilen Jesus auf dessen Wunsch sofort das Wort, und er erklärt: *„Meine* Anklage gegen Johannes von Tossignano lautet: Vorbereitung eines Angriffskrieges im Zusammenhang mit schwerem Amtsmißbrauch, Ehebruch und Erregung öffentlichen Ärgernisses. Der Angeklagte war mit der dem Gericht schon bekannten römischen Senatorin Theodora I. ein Verhältnis eingegangen und dadurch im März 914 zu höchsten Würden gelangt. Im August 915 tritt er zusammen mit dem befreundeten Grafen Theophylakt von Tusculum in kriegerische Auseinandersetzungen gegen die Sarazenen und nimmt selbst teil an diesem Feldzug.

Marozia, die Tochter seiner Mätresse und ebenfalls Senatorin, überredet ihn, den Halbbruder ihres Mannes Hugo von Vienne zum König von Italien zu krönen, der dann von Pavia aus ein Terrorregime aufbaute. Damit ist er im Sinne der Anklage erneut schuldig des Amtsmißbrauchs und der Unterstützung von Kriegsverbrechern. Bevor Johannes auf Befehl dieser Marozia im Mai 928 eingekerkert und ermordet wurde, setzte er ein fünfjähriges Kind als Erzbischof von Reims ein.

Richter, *ich* erspare euch die anderen Vergehen des Johannes von Tossignano, weil *ich* glaube, hinreichende Schuldvorwürfe vorgetragen zu haben."

12. Johannes XII.

Octavian von Tusculum

Richter Gideon übergibt die Strafakte des nächsten Angeklagten seinem Sohn Simson, und der macht eine ungewöhnliche Eröffnung: „Bei Octavian von Tusculum können wir uns heute ganz auf das Anklagematerial eines weltlichen Gerichts vom November/Dezember 963 stützen. Doch zunächst, was sonst noch aktenkundig ist. Im Alter von 18, möglicherweise auch schon mit 16 Jahren kam er auf Befehl seines Vaters, des Mörders von Johannes XI., im Dezember 955 ins Amt. Als sich der Angeklagte einige Zeit später vom italienischen König Berengar II. bedroht fühlte, eilte ihm der deutsche König Otto I. zu Hilfe und ließ sich bei diesem Aufenthalt von dem als zynischer Tyrann und ‚eine der erbärmlichsten und niederträchtigsten Figuren‘ dieser Kirche bezeichneten Jüngling zum ersten Kaiser des ‚Heiligen Römischen Reiches‘ krönen. Aus Dank dafür garantiert Otto seinen Schutz und bestätigt im sogenannten ‚Privilegium Ottonianum‘ alle ‚Schenkungen‘, von denen die Anklage im Verlauf des Prozesses bereits beweisen konnte, daß sie zum Großteil Fälschungen sind.

Um dem Ämterschacher, wie er seit Jahrzehnten von mächtigen Adelsfamilien betrieben worden war, ein Ende zu setzen, bestimmte der deutsche Kaiser, daß eine Papstweihe erst dann vorgenommen werden dürfe, wenn der Gewählte seinen Treueid gegenüber dem Kaiser geleistet habe. Octavian versprach feierlich, er werde niemals von Otto abfallen.

Der Wüstling im Bischofsornat hält nach der Abreise des Kaisers nicht nur am lockeren Lebenswandel früherer Zeiten fest, er verbündet sich auch mit den Gegnern Ottos im gesamten Mittelmeerraum. Im Lauf des folgenden Jahres erhält der hintergangene Kaiser davon Kunde, und es kommt ihm auch zu Ohren, was überall über diesen unwürdigen Amtsträger in Umlauf war."

An dieser Stelle übergibt Simson die weitere Prozeßführung an den Ankläger, und Jesus fährt fort: „*Ich* bezichtige den Angeklagten des Treubruchs und Meineids, den er dem deutschen Kaiser geleistet hat. Außerdem hat er sich des Landfriedensbruchs und der verbrecherischen Bereicherung und des Diebstahls schuldig gemacht, denn, Ihr Richter: Als der Angeklagte von der erneuten Anreise des deutschen Kaisers erfuhr, flüchtete er mit seinen Verschwörern und dem gesamten Kirchenschatz.

Bei der von Otto einberufenen Synode setzte sich zum ersten Mal seit 500 Jahren ein weltlicher Machthaber über den von der Kirche erfundenen und das allgemeine Recht beugenden Anspruch hinweg, der Inhaber des Stuhls dürfe von niemandem gerichtet werden. *Ich* zitiere nun aus dem Vorladungsbescheid an den Geflohenen: ‚Wisset denn, nicht wenige, sondern alle, sowohl Weltliche als Geistliche, haben Euch, Heiligkeit, angeklagt des Mordes, des Meineids, der Tempelschändung, der Blutschande mit Eurer eigenen Verwandten und mit zwei Schwestern. Sie erklären noch anderes, wovor das Ohr sich sträubt, daß Ihr dem Teufel zugetrunken und beim Würfeln Zeus, Venus und andere Dämonen angerufen habt.'

Richter, Beisitzer, soweit dieses kaiserliche Schreiben. In *meinem* Material fand *ich*, was der hohe Herr nicht auszudrücken wagte; die Anschuldigungen sind *mir* von Zeugen bestätigt worden. So soll Octavian die Messe bei seinen Pferden zelebriert, Sodomie betrieben und seine eigene Mutter geschändet, einen Lehrer geblendet, einen anderen kastriert und seinen Geldbeutel durch Verkauf von Kirchengut aufgebessert haben. Womit *ich meine* Anklage erweitere um die Punkte Gefährliche Körperverletzung, Inzest und Vergewaltigung.

Die bei dieser Synode Versammelten haben den Angeklagten Ende des Jahres 963 des Amts enthoben. Ein neuer Erster Bischof wurde eingesetzt. Octavian reagierte, soweit *meine* Unterlagen *mich* richtig informieren, mit Androhung der Exkommunikation für alle Beteiligten, was diese sicher nicht zur Kenntnis genommen haben dürften. In dem Chaos, das nun in Rom folgte, soll der Angeklagte dann auch noch einen Ehebruch begangen haben und daraufhin von dem betrogenen Ehemann so zugerichtet worden sein, daß er eine Woche später starb.

Richter, es scheint *mir* kein Zweifel daran zu bestehen, daß der Angeklagte auch von diesem Gericht in allen Punkten für schuldig befunden wird. Damit bin *ich* fertig und gebe das Wort an euch zurück."

13. Benedikt IX.

Theophylakt Graf von Tusculum

Der Vorsitzende Richter eröffnet die Verhandlung gegen den siebten Papst aus dem Geschlecht der Tusculer und übergibt das Wort an Jesus, der seine Rede mit einer Charakterisierung des Angeklagten durch Petrus Damiani, einen der einflußreichsten Geistlichen des 11. Jahrhunderts, beginnt: „ ‚Dieser Elende schwelgte vom Anfang seines Pontifikats bis zu seinem Lebensende in Unmoral.' " Und unter Berufung auf einen Zeitgenossen bezeichnet Jesus den Grafen Tusculum als einen ‚Dämon aus der Hölle, der sich in der Verkleidung eines Priesters auf den Stuhl Petri' gesetzt habe.

Mit einem scharfen Blick vom Ersten Richter wird der Ankläger ermahnt, den Beschuldigten nicht schon vor der Beweisaufnahme einer Verurteilung auszusetzen. Jesus erwidert darauf, daß er sich bei Theophylakt wie bei kaum einem anderen zuvor auf eine große Zahl von Anschuldigungen stützen könne, die beeidigt seien: „Darunter fallen im Sinne der Anklage die Vorwürfe Mord, Raub, verbrecherische Bereicherung und Hehlerei, wobei hier nur die schwersten Vergehen aufgeführt sind, für die er sich zu verantworten hat."

Zunächst gibt der Ankläger dem Gericht in Stichworten einen kurzen Überblick über den Wirrwarr auf dem Thron bis zum Jahr 1048. „Bei dem Angeklagten wird es bereits schwierig, den Beginn seiner Amtszeit verbindlich festzusetzen. Einem Dokument zufolge steigt er als 14jähriger 1032 mit Hilfe seines Vaters Alberich III. von Tusculum und unterstützt von Kaiser Konrad II. auf den Thron. Nach anderen Quellen wird er von diesen beiden Männern erst 1033 im Alter von zwölf oder 18 Jahren auf den Thron gehoben.

Das Volk, an viel Unheil und Unseligkeit im Lateran-Palast gewöhnt, haßte den Angeklagten von Anfang an und vertrieb diese Marionette von Kaisers Gnaden immer wieder aus Rom. Von seinem Gönner Konrad aber wurde der Adelssproß jedesmal wieder zurückgebracht. Bereits im Alter von vierzehn Jahren habe Theophylakt, so berichtet uns eine zeitgenössische Quelle, alle seine Vorgänger in ‚Ausschweifung und Extravaganz‘ überholt."

„Seine Heiligkeit, ein elf Jahre alter Bengel": Irgendwo, so erinnere ich mich, habe ich diesen ziemlich treffenden Satz über Benedikt IX. einmal gelesen. Dann höre ich wieder Jesus mit seinem Plädoyer:

„Nach dem Tod Konrads nahm Heinrich III. im Jahr 1039 den Kaiserstuhl ein. Er stellte sich mit seinem weltlichen Machtanspruch in deutliche Opposition zur Kirche und deren Macht. Für ihn war nur nach Gesetz und Recht im römischen Bischofsamt, wer vom Volk und Klerus gewählt und vom Kaiser darin bestätigt war.

Im Jahre 1044 wurde der Angeklagte erneut aus Rom vertrieben. Ein Kardinal, Silvester III., wurde Gegenpapst, nachdem er die Tiara gekauft hatte. Auch über ihn gibt es keine verbindlichen Daten. Irgendwann zwischen dem 20. Januar und dem 10. Februar 1045 hat er diesen Posten verwaltet.

Am 10. März 1045 kam Theophylakt zurück an die Macht, mußte aber bereits am 1. Mai wieder abdanken. Dieses Mal verkaufte er die Tiara an seinen Taufpaten Johannes Gratianus, einen Priester, der sich Gregor VI. nannte. Der Wert der Tiara wird in den Urkunden einmal mit ‚tausend Pfund Silber‘, dann auch mit ‚zweitausend Pfund Gold‘ beziffert. Wieder im Besitz des Bestechungsgeldes, das für seine ‚Wahl‘ ausgegeben worden war, konnte der Angeklagte um eine nahe Verwandte freien."

Mir wird ganz schwindlig bei der Vorstellung, wie heil-los und chaotisch sich das Papst-Karussell gedreht hat. Aus den Schilderungen des Anklägers wird mir auch klar, warum in den unzähligen offiziellen und inoffiziellen Papstlisten die unterschiedlichsten Angaben über Reihenfolge und Amtszeit der einzelnen Kandidaten stehen. Wie eine x-beliebige Handelsware wurde der höchste Posten der katholischen Kirche nach Gutdünken skrupellos an den Meistbietenden verschachert.

„Im Winter 1046 kehrt Theophylakt erneut nach Rom zurück", fährt Jesus in der Chronologie der Skandale fort, „um den ‚Stuhl' wieder von seinem Taufpaten zu übernehmen. Dem deutschen König Heinrich III. wurden die Umtriebe allmählich zu groß, und so rief er im Dezember 1046 zu einer Synode, bei der gleich drei Päpste abgesetzt wurden.

Am 24. oder 25.12.1046 ernennt Heinrich den Grafen von Morsleben und Hornburg als Klemens II. zum rechtmäßigen Papst. Um das Leben Klemens' zu schützen, verlangt er dessen Aufenthalt in Deutschland. Über das Ende dieses ‚rechtmäßigen' römischen Bischofs schweigen die Quellen. Sicher ist, daß er auf dem Weg nach Deutschland, vermutlich infolge einer Vergiftung, starb, nachdem er nicht einmal acht Monate im Amt gewesen war.

Auf einer weiteren römischen Synode Anfang des Jahres 1047 sollte die sogenannte Simonie diskutiert und endgültig verurteilt werden. Der Begriff bedeutet, daß ‚kirchliche Würden' und Ämter gegen Geld zu erwerben waren, daß Ordensträger kirchliches Gut und ganze Bistümer an ihre Verwandtschaft verschenkten oder vererbten. Ein Übel, das jahrhundertelang immer wieder auftaucht. Der Grund, diesen verwerflichen Handel zu bekämpfen, Ihr Richter, wird *meiner* Meinung nach wahrscheinlich der gleiche gewesen sein wie bei der Einführung des Zölibats: Die Kirchenfürsten fürchteten um ihre Macht, sahen den Bestand ihres Kirchenstaates bedroht.

Doch zurück zum Angeklagten. Einer anderen Chronik habe *ich* entnommen, daß er am 8. November 1047, kurz nach dem Tod Klemens' II., erneut den Stuhl Petri usurpierte, der auf Veranlassung des Kaisers von Damasus II. besetzt werden sollte. Wie lang dessen Periode als Gegenpapst dauerte und wie sie zu Ende ging, ist umstritten. Einige Historiker sprechen von Abdankung, andere von seiner Vertreibung im Juli 1048. *Ich* persönlich halte letzteres für wahrscheinlicher.

Damasus war ein Bischof aus dem Norditalienischen, wie berichtet von Heinrich III. bestimmt und von dessen Truppen beschützt, nach Rom gebracht worden. Mit Datum vom 9.August 1048 wird nach nicht einmal einem Monat bereits der Tod dieses Mannes in den Listen vermerkt. Als offizielle Todesursache vermutete man eine Fiebererkrankung. Chronisten, denen das hochgeheime Archiv des Vatikans zugänglich war, sprechen davon, daß Damasus von Anhängern des Theophylakt vergiftet worden sei, was *ich*, Hohes Gericht, dem Angeklagten durchaus zutraue, aber nicht beweisen kann. Allerdings werde *ich* im Verlauf des Prozesses anhand von Augenzeugenberichten einige Indizien für diesen Verdacht liefern. Der Angeklagte ist in Rom nie mehr gesehen worden. Sein Todesjahr ist unbekannt. Er starb entweder 1054 oder 1055. Ein gewaltsames Ende wird von Zeitgenossen nicht ausgeschlossen."

Nach diesen biographischen Notizen kommt Jesus zu den Zeugen der Anklage: „Als ersten möchte *ich* den berühmten Historiker Ferdinand Gregorovius nennen, der über Theophylakt sagte, er habe ‚das Leben eines Sultans geführt, und seine Familie habe in Rom gemordet und geplündert'. Desiderius zufolge, dem Abt von Monte Cassino, hat der Angeklagte vor allem deswegen ‚unaussprechliche Schuld auf den Stuhl geladen', weil er diesen meistbietend angeboten und verkauft hat. Einer anonymen Quelle nach sollen Theophylakt und seine Anhänger Pilger auf dem Weg nach Rom ausgeraubt haben und das Geld, das diese für den Ablaß von Sünden mit sich führten, auf solche Weise schon vorher in den eigenen Beutel haben fließen lassen. Hier werden zudem die Vorwürfe der Völlerei, der Unzucht, der Vergewaltigung und des Mordes vorgebracht. Auch von der Unterdrückung der Bürger von Rom und der Anstiftung von Bürgerkriegen ist die Rede. Ihr Richter, dem schließe *ich* mich in allen Punkten an."

In ungewohnt scharfem Ton schließt der Ankläger die Akte des Theophylakt: „Maßloser Zorn erfüllt *mich*, und es scheint *mir* überflüssig, auf die einzelnen Punkte der Anklage einzugehen. *Ich* halte diesen Mann, dessen angemaßten Titel *ich mich* auszusprechen weigere, für schuldig und verfluche ihn wegen seiner Missetaten."

14. Leo IX.

Bruno Graf von Egisheim

Mit der Feststellung, daß es kaum einen Punkt auf der Liste gebe, dessen Bruno von Egisheim nicht angeklagt ist, eröffnet Richter Simson die Sitzung gegen Leo IX. Für das Protokoll verliest er folgende Angaben zur Person: „Auf Anordnung seines Verwandten, König Heinrich III., im November 1048 auf der Reichssynode in Worms zum neuen Papst ernannt. Im Februar 1049 durch den Klerus und das Volk von Rom in seinem Amt bestätigt. Alles weitere hören wir nun vom Ankläger."

Jesus bedankt sich für die Einleitung und knüpft an: „Der Angeklagte, zuvor Bischof von Toul, hat sein Amt mit dem Versprechen angetreten, Ordnung und Ruhe in die Kirche zu bringen. Er versprach eine Reform im Sinne der Benediktiner vom Kloster Cluny.

Als eine seiner ersten Amtshandlungen verbot er die Simonie, später dann die Priesterehe und das Konkubinat. Die beiden letzten Maßnahmen werte ich als klaren Verstoß gegen die Grundrechte und die Intimsphäre der ihm Untergebenen. Da der Angeklagte die Frauen von Priestern und Frauen, die mit Priestern frei zusammenlebten, zu Sklavinnen in seinem Palast und seiner Organisation degradierte, sind im Sinne der Anklage die Straftatbestände Freiheitsberaubung, Mißbrauch von Abhängigen, Beleidigung und Verstoß gegen die freie Entfaltung der Persönlichkeit erfüllt.

Auch Egisheim beruft sich gegenüber dem Kaiser – wie andere Angeklagte vor ihm – auf die gefälschten Urkunden, um den Primat seines Amts und seine Unabhängigkeit gegenüber weltlichen Herrschern zu unterstreichen. Damit hat er sich nach Meinung der Anklage des Betrugs schuldig gemacht.

Von seinem Berater Petrus Damiani, der vor Gericht bereits zitiert worden ist, besitzen wir verschiedene Dokumente, in denen dieser die Priesterehe als ‚schändliche Pest' bezeichnet, die den ‚Zorn Gottes' hervorrufe. Da der Angeklagte die Behauptungen dieses ‚Geistlichen‘ übernommen hat, macht er sich wiederholt des Betrugs und der Gotteslästerung schuldig, denn in der Schrift gibt es keinerlei Belege für diese Aussagen.

Ferner hat sich Bruno von Egisheim hier wegen Verstoßes gegen die Zehn Gebote, der Vorbereitung von Angriffskriegen sowie des schweren Landfriedensbruchs zu verantworten. Er rüstete ein eigenes Heer aus, das unter seiner Führung gegen die in Süditalien siedelnden Normannen zog. Dieser blutige Feldzug endete im Juni 1053 mit der Niederlage des Angeklagten und seiner neunmonatigen Gefangenschaft. Diesen vom Angeklagten provozierten Krieg beklage *ich* nicht nur als schweren Amtsmißbrauch, sondern gleichzeitig als einen Verstoß gegen *meine* zentrale Botschaft ‚Du sollst nicht töten‘ und die Aufforderung, die Feinde zu lieben.

Ich schließe *mich* voller Abscheu dem Urteil des Petrus Damiani an, der die kriegerischen Unternehmungen als einen ‚Schimpf der Kirche‘ empfunden und aufs schärfste getadelt hat. Aus der Tatsache, daß der Angeklagte in dem von ihm als ‚Verteidigungsfeldzug‘ bezeichneten Unternehmen seinen Soldaten die Absolution von ihren Sünden erteilte, erhärtet sich für die Anklage zudem der Straftatbestand des Betrugs und des Mißbrauchs von Abhängigen.

Dieser Bruno ist außerdem verantwortlich für den Bruch mit der Kirche von Byzanz. Da sich Michael Kerularios, das Haupt jener Kirche, den Titel eines ‚Ökumenischen Patriarchen‘ gegeben hatte, wurde er mit dem Bann belegt. In einem rüden Brief an seinen Amtsbruder begründet der Angeklagte diesen Strafakt, der *meiner* Meinung nach ohne jede Rechtsgrundlage ist, wie folgt: ‚Wir aber können diese unerhörte Schmähung des Heiligen vornehmen Apostolischen Stuhles nicht ertragen. Da Wir feststellen müssen, daß der katholische Glaube auf vielfache Weise unterwühlt wird, so erheben Wir Unsere Stimme im Namen der hocherhabenen Heiligen und unteilbaren Dreifaltigkeit und des Apostolischen Stuhles, mit dessen Vertretung Wir betraut sind.‘ Das Schreiben endet mit: ‚Verflucht seien alle, die in denselben irrigen Vorstellungen befangen sind, sie seien verflucht mit allen Ketzern, ja mit dem Teufel und seinen Engeln, falls sie nicht etwa Vernunft annehmen sollten. Amen, amen, amen!'"

Im Saal herrscht jetzt fassungslose Stille. Nur die Feder des Protokollschreibers kratzt über das Papier. Jeder der Anwesenden ist entsetzt über die Dreistigkeit solcher Behauptungen. Jesus läßt diese Stimmung für einige Sekunden wirken, bevor er zusammenfaßt:

„Außer <u>schweren Amtsmißbrauchs</u> hat sich der Angeklagte auch hier erneut des <u>Betrugs</u> schuldig gemacht. Da er seinen Feldzug einen ‚heiligen Krieg‘ nannte, zudem der Gotteslästerung und <u>Fälschung</u>. *Ich* muß wohl nicht wiederholen, daß der ‚Apostolische Stuhl‘ eine <u>Erfindung der Kirche</u> ist. Richter, erlaubt *mir* folgende Schlußbemerkung: Gott, so steht es geschrieben, werde den Menschen nach seinen Taten messen. Der Angeklagte, so hoffe *ich*, wird ernten, was er gesät hat."

Mit dem lakonischen Zusatz, daß auch dieser Mann von seiner Organisation als „Heiliger" verehrt werde, übergibt Jesus die Unterlagen zum Fall Leo IX. einem Gerichtsdiener und kehrt an seinen Platz zurück.

15. Gregor VII.

Hildebrand von Soana

Richter Samuel stellt zu den persönlichen Verhältnissen des Angeklagten fest: „Während noch vieles über die Geschichte dieser Kirche und ihrer Bischöfe im dunkeln liegt, sind die historischen Quellen über Hildebrand von Soana recht ergiebig. Um 1020 in Tuscien geboren, sehr wahrscheinlich verwandt mit der berüchtigten Grafenfamilie von Tusculum. Eigenem Bekunden zufolge in Rom durch einen Onkel wider Willen zum geistlichen Stand gezwungen, folgte Hildebrand als junger Priester einem seiner Vorgänger, nämlich Gregor VI. (†1046), in die Verbannung nach Deutschland. 1048 trat er in das Kloster Cluny ein.

Unter dem späteren römischen Bischof Leo IX. kehrte er nach Italien zurück und war Berater und Gesandter verschiedener ‚Päpste'. Aktenkundig sind auch seine guten Beziehungen zum reichen Haus der Pierleoni, von Juden also, die zur Religion des Angeklagten übergetreten waren. 1059 wurde durch ein Wahldekret auf immer geregelt, daß nur Kardinäle den ‚Papst' wählen dürften, um Streitigkeiten und Gewalt auszuschließen. Der Klerus und das Volk von Rom besaßen nur noch Zustimmungsrecht, und auch die bisher uneingeschränkte Nominierung durch den deutschen König wurde beschnitten."

Nach einer entsprechenden Aufforderung durch den Richter ist Jesus aufgestanden und beginnt seine Anklage, indem er Samuels letzte Worte aufgreift: „Aus Zeugenaussagen geht hervor, daß der Angeklagte bereits vor seiner Wahl am 22. April des Jahres 1073 einer der einflußreichsten Männer seiner Organisation war. Danach, so ist ebenfalls einwandfrei zu belegen, versuchte er, fast alle Bereiche des gesellschaftlichen Lebens unter seine Oberhoheit zu bekommen, die gesamte europäische Staatenwelt unter seine Gebote zu zwingen und Fürsten von Spanien bis Rußland den Lehnseid abzuringen.

Beschuldigungen, daß Kardinäle durch beträchtliche Geldsummen von der befreundeten Gräfin Mathilde von Tuscien, einer der reichsten Frauen Italiens, bestochen wurden, sind für *mich* bislang nicht zweifelsfrei nachzuweisen.

Im Frühjahr 1074 rief der Angeklagte zum ersten Mal zu einem sogenannten ‚Kreuzzug zur Befreiung des Heiligen Landes' auf, womit er und seine Organisation Israel meinten, unser Land, das weder der Kirche noch irgendwelchen europäischen Fürsten gehörte." Jesus bemerkt, wie Richter Gideon seine Hand zum Einspruch heben will, und fügt schnell an: „Richter, haltet ein! *Ich* weiß, daß noch über zwei Jahrzehnte vergehen werden, bevor der erste ‚Kreuzzug' Krieg und Tod über die Welt bringt. *Ich* klage diesen Mann aber an, dieses Unheil gestiftet zu haben. Darüber hinaus beschuldige *ich* ihn der Einmischung in innere Angelegenheiten, der Störung des öffentlichen Friedens und der Vorbereitung von Angriffskriegen in Tateinheit mit Landfriedensbruch.

Als Beweis führe *ich* die Aufstellung eines eigenen Heeres, genannt ‚Militia Sancti Petri' an, was zugleich eine Verunglimpfung *meines* Jüngers Petrus darstellt. Briefen und anderen Äußerungen des Angeklagten konnte *ich* verschiedene Male den Wahlspruch entnehmen: ‚Verflucht, wer sein Schwert freihält von Blut'. Dem Gericht ist diese alttestamentarische Drohung aus Jeremia 48,10 bekannt. *Ich* kann dazu Ferdinand Gregorovius zitieren, der in seiner Chronik der Stadt Rom schreibt, daß ein ‚Papst an der Spitze fanatisierter Myriaden' eine lächerliche Figur abgebe. Ein anderer Historiker, Joseph Arnold Toynbee, sieht diesen verwerflichen Amtsmißbrauch schärfer. Er sagt zu dieser ‚Militarisierung der Kirche': ‚Das Papsttum verfiel somit dem Dämon der Gewaltanwendung, den es ursprünglich selbst hatte austreiben wollen. Damit finden wir auch die Erklärung für die weiteren Wandlungen päpstlicher Tugenden in päpstliche Laster. Die Benutzung des eisernen Schwerts statt der geistigen Waffen liegt dem zugrunde.'

Doch weiter: Auf zwei sogenannten ‚Fastensynoden' im März 1074 und Februar 1075 werden Simonie, Zölibat und Laieninvestitur behandelt. Erneut wird jede Art des

Schacherns mit geistlichen Ämtern, dessen ja auch der Angeklagte selbst verdächtigt wird, verboten. Gleichzeitig bestätigt die Synode das Verbot der Priesterehe. Richter, *ich* vermute, daß dieser Entschluß auf dem Gedankengut des Beraters Damiani basiert, der unter anderem davon überzeugt war, daß die Kirche nicht aus der ‚Knechtschaft der Laien‘ befreit werden könne, ‚wenn nicht die Kleriker zuvor aus der Knechtschaft ihrer Frauen befreit werden‘."

Weder die Richter noch der Ankläger können den Zwischenruf von Petrus verhindern: „Das ist eine ungeheuerliche Verunglimpfung meiner Person, eine Verfälschung unserer Arbeit und eine infame Beleidigung unserer Frauen!" Jesus bestätigt diese Beschwerde und bittet, noch einmal auf das Thema Zölibat eingehen zu dürfen, zumal er im Besitz von Papieren sei, die den Angeklagten belasten. „Hohes Gericht, der nun schon bekannte Kirchenlehrer Damiani soll vor Zeugen in diesem Zusammenhang von einem ‚widernatürlichen Laster‘ gesprochen haben, das ‚wie eine blutdürstige Bestie wüte‘. *Ich* stelle hiermit fest, daß sich sowohl Hildebrand als auch sein Vertrauter einwandfrei von der Schrift entfernen. So ist, wie ihr alle wißt, das ‚Hohelied‘ des Alten Testaments eine Lobeshymne auf die körperliche Liebe, und die von Matthäus und Lukas im Neuen Testament erwähnten Ahnen Jesu hatten sogar mehrere Frauen. Abraham deren zwei und David sogar acht.

Richter, *ich* möchte an dieser Stelle Paulus als Zeugen aufrufen." Gideon bittet den Genannten vorzutreten, und Jesus spricht ihn an: „Paulus, erinnerst du dich, was du in deinem ersten Brief an Timotheus (3,5) geschrieben hast?" Paulus überlegt nur kurz. Ein schelmisches Lächeln huscht über sein Gesicht: „Wer das eigene Haus nicht leiten kann, wie soll der für die Gemeinde Gottes sorgen?" Jesus nickt zufrieden und fragt dann nach: „Ist es richtig, daß damit nichts anderes gemeint war, als daß du deinen Gemeindeführern die Familiengründung nahelegen wolltest?" „So ist es." Nach dieser knappen Antwort wird Paulus vom Richter wieder an seinen Platz geschickt. Unterdessen ergänzt Jesus: „*Mir* liegt auch noch eine Äußerung des Hildebrand vor, daß ‚der Umgang der Geistlichen mit Weibern durch ein ewiges Anathema zu zerreißen sei‘. Damit glaube *ich* den Beweis erbracht zu haben, daß hier ein Verstoß gegen das Liebesgebot vorliegt. Der Angeklagte verfälscht die Schrift, den historischen Jesus und stellt überdies Petrus falsch dar.

Aus *meinen* Akten konnte *ich* entnehmen, daß ein Scholastikus aus Trier zu den ‚Hildebrandischen Befehlen‘ sagte, ‚sie seien allesamt von der Hölle ausgespien‘. Richter, *ich* bitte ausdrücklich zu beachten, daß Untergebene des Angeklagten seine menschenverachtende brutale Herrschaft öffentlich beklagten.

Unter dem Deckmantel der vermeintlichen Sittlichkeit zeigt sich deutlich die Frauenfeindlichkeit und Fleischesfeindschaft dieser Organisation. Die Ehe als ein ‚Verbrechen der Unzucht‘ darzustellen, ist ebenfalls aus der Schrift nicht ableitbar, ganz im Gegenteil: *Ich* verweise zum wiederholten Mal auf das 1. Buch Mose, wo unter anderem steht, daß der Mann fest zu seiner Frau halten und sie ein Fleisch werden würden (2,24). In 3,20 ist ferner nachzulesen, daß Eva, also die Frau, die ‚Mutter aller Lebenden‘ ist. Der Angeklagte macht sich also der Fälschung, der Falschaussage und der Verletzung der Intimsphäre schuldig. Sogar der ohne Weib lebende Paulus hat im ersten Korintherbrief (7,9) gesagt: ‚Wer sich nicht enthalten kann, möge heiraten.‘ "

Es freut mich auf meiner einsamen Zuschauerbank, von Jesus eine so klare Stellungnahme zu hören. Den Richtern ist offensichtlich bekannt, welch schreckliche Folgen diese Verbote jahrhundertelang hatten, insbesondere für die Frauen der rechtmäßig verheirateten Priester. Jesus beschuldigt Hildebrand, an der systematischen Zerstörung von Familien mitverantwortlich zu sein: „Da durch diese Gebote und Verbote unzählige Frauen in seelische und körperliche Not gerieten, sich Scham- und Angstgefühle bei den betroffenen Priestern und deren Frauen mehrten, hat sich der Vatikan, vertreten durch Hildebrand, der Nötigung und des Verstoßes gegen elementare Menschenrechte und Gewohnheitsrechte schuldig gemacht."

105

Richter Samuel fährt nun fort und berichtet von dem im März 1075 veröffentlichten „Dictatus Papae", in dem der Angeklagte in 27 Sätzen versucht hatte, die Privilegien seines Stuhls kirchenrechtlich zu zementieren. Er übergibt dem Ankläger das Wort, um einige dieser Postulate vorzutragen. Deutlich spüre ich Jesus' Verachtung und Zorn, als er beginnt: *„Ich* zitiere jetzt wörtlich, Ihr Richter:

1. Die Römische Kirche ist von dem Herrn allein gegründet.

2. Der römische Bischof allein darf der allgemeine Bischof genannt werden.

3. Nur jener kann Bischöfe absetzen oder wieder in die Gemeinschaft der Kirche aufnehmen.

6. Mit denen, die er in den Bann getan hat, soll man unter anderem nicht im selben Hause weilen.

7. Er allein darf, wenn es die Zeit erfordert, neue Gesetze geben.

8. Er allein darf sich der kaiserlichen Insignien bedienen.

9. Des Papstes Füße allein haben alle Fürsten zu küssen.

10. Sein Name allein darf in den Kirchen genannt werden.

11. Dieser Name ist einzig in der Welt.

12. Ihm ist es erlaubt, Kaiser abzusetzen.

17. Kein Rechtssatz und kein Buch darf ohne seine Ermächtigung als kanonisch gelten.

18. Sein Ausspruch darf von niemandem in Frage gestellt werden; er selbst darf allein die Urteile aller verwerfen.

19. Er selbst darf von niemandem gerichtet werden.

22. Die Römische Kirche hat sich nie geirrt und wird nach dem Zeugnis der Schrift nie in Irrtum verfallen.

23. Der römische Bischof wird, falls seine Wahl kanonisch gültig erfolgte, kraft der Verdienste des heiligen Petrus heilig, wie der heilige Bischof Ennodius von Pavia bezeugt; ihm stimmen viele Kirchenväter zu, wie man aus den Dekreten des heiligen Papstes Symmachus ersehen kann.

26. Wer nicht mit der Römischen Kirche übereinstimmt, kann nicht als rechtgläubig gelten.

27. Er vermag Untertanen von ihrer Treueverpflichtung gegen unbillige Herrscher zu entbinden."

Beim Anhören dieser Texte wird mir deutlich, wie sehr Gregor damit den deutschen Kaiser brüskieren mußte. Äbte und Bischöfe einzusetzen, hielten er und seine Vorgänger für ein Privileg, denn diese Kirchenfürsten besaßen große Teile des Reichsguts. Auf ihnen beruhte die Macht der Könige und Kaiser. Die Ernennungsbefugnis war also eine Existenzfrage. Indem Gregor dieses Recht beschneiden wollte, hatte er den sogenannten Investiturstreit eröffnet, der 50 Jahre dauerte.

Die päpstlichen Regeln haben im Saal Unruhe hervorgerufen, und mit großer Ungeduld wartet Jesus, bis sich diese wieder gelegt hat. Dann sagt er: „*Ich* werde nun auf die *mir* wichtigen Punkte dieses lästerlichen und anmaßenden Schriftstücks eingehen, weil allein damit fast alle Vorwürfe der Anklage zu beweisen sind. Sicher hat sich bislang noch keiner der Angeklagten in einem solchen Maße der Gotteslästerung und der Verfälschung der Schrift schuldig gemacht."

Jesus atmet tief durch und schlägt das „Dictatus Papae" an einer bestimmten Stelle auf: „*Ich* möchte das Gericht insbesondere auf die Punkte 1 und 22 aufmerksam machen, auf die angebliche Gründung der sogenannten Römischen Kirche durch den Herrn allein und die Behauptung, diese Kirche habe sich nie geirrt und werde nach dem Zeugnis der Schrift nie in Irrtum verfallen. Hier handelt es sich um eine Anhäufung von Falschaussagen und Fälschungen, da es dem Angeklagten nachzuweisen unmöglich sein wird, daß in der Alten und Neuen Schrift auch nur ein einziges Mal die ‚Römische Kirche' erwähnt wird.

Außerdem, Hohes Gericht, möchte *ich* im Namen *meines* Jüngers energisch abstreiten, daß der Angeklagte durch die Verdienste des Petrus ‚heilig' ist. Petrus selbst hat so etwas für sich nicht in Anspruch genommen. Heilig, Ihr Richter, waren uns Gott und der Tempel. Menschen steht diese Bezeichnung nicht zu, sie ist gotteslästerlich. Richter, denkt bei eurer Beurteilung dieser 27 Texte an die Schriftstelle in der Apostelgeschichte 4,7: ‚Sag uns, mit welcher Befugnis du das tust.' Bedenkt auch, daß er den von uns der Fälschung angeklagten Symmachus einen ‚Heiligen' nennt!

In anderen Aufzeichnungen des Angeklagten habe *ich* lesen müssen, daß er für sich in Anspruch nimmt, was Paulus im Philipperbrief (2,9) *mir* zuschrieb, nämlich von Gott zu einer übergeordneten Stellung erhöht worden zu sein." Für alle, die dieses Schauspiel verfolgen, völlig unerwartet, wendet sich Jesus in diesem Augenblick an Paulus: „*Ich* frage dich, Paulus, wie kommst du dazu, so etwas zu behaupten? Nie habe *ich* solche Dinge gesagt, wie du sie *mir* in den Mund legst!" Bevor er weiter insistieren kann, wird er von Richter Gideon ermahnt, den Zeugen hier nicht zum Angeklagten zu machen und sein Plädoyer auf den Verhandlungsgegenstand zu konzentrieren. Jesus nimmt die richterliche Rüge zu meinem Erstaunen sehr gelassen hin und fährt fort:

„*Ich* komme zu einem weiteren Verbrechen des Angeklagten. Des öfteren schon sind hier verschiedene gefälschte ‚Schenkungen' besprochen worden. Der Angeklagte nahm diese ins Kirchenrecht auf. Als Teil der sogenannten ‚Pseudoisidorischen Dekretalen', einer Sammlung von 150 Dokumenten geistlichen und weltlichen Inhalts (Papstbriefe, Konzilsbeschlüsse, Rechtsvorschriften), von denen mehr als die Hälfte einwandfrei gefälscht sind, bildeten sie die Grundlage für das um 1140 entstandene ‚Decretum Gratiani', also das ‚kirchliche Recht', benannt nach dem Mönch und Juristen Gratian. Und *ich* behaupte, daß dieses Recht ein Unrecht ist."

Wieder wird Jesus von den Richtern daran erinnert, daß er die Beurteilung ihnen überlassen solle, und so setzt er erneut an:

„*Ich* werfe dem Angeklagten vor, das weltliche Staatengefüge damit in erheblichem Maße in Unordnung gebracht zu haben. Auch im Namen des Petrus bitte *ich* festzuhalten, daß keiner von uns auch nur mit einem Wort über das Ein- oder Absetzen von Bischöfen, Königen oder Kaisern gesprochen hat. Die Behauptung des Angeklagten, er sei der weltlichen Gewalt übergeordnet, ist Amtsanmaßung, Amtsmißbrauch, Falschaussage und Fälschung des Neuen Testaments zugleich. Es scheint *mir* unnötig, euch Richter darauf hinzuweisen, daß auch in der Alten Schrift deutliche Abgrenzungen zwischen weltlicher und geistlicher Macht gemacht werden, daß es nirgendwo eine Basis für das anmaßende Treiben des Angeklagten gibt."

Richter Samuel spricht nun über die Reichssynode vom Januar 1076 in Worms, wo die dort Anwesenden beschließen, den Angeklagten abzusetzen. „Es liegt uns ein Papier aus der Feder des deutschen Königs Heinrich IV. (†1106) vor, von dem der Angeklagte noch im gleichen Monat Kenntnis erhielt. Darin heißt es: ‚Heinrich, nicht aus Anmaßung, sondern durch Gottes heilige Fügung König, an Hildebrand, nicht mehr den Papst, sondern den falschen Mönch. Solchen Gruß hast Du zu Deiner Schmach verdient, der Du keinen Stand in der Kirche verschonst, sondern über jeden Beschimpfung statt Ehre und Fluch statt Segen gebracht hast. Denn um von vielem nur Weniges und das Bedeutendste anzuführen: Die Vorsteher der heiligen Kirche, nämlich die Erzbischöfe, Bischöfe und Priester, die Gesalbten des Herrn, hast Du Dich nicht nur nicht gescheut anzutasten, sondern wie Knechte, die nicht wissen, was ihr Herr tut, hast Du sie mit Füßen getreten. Durch ihre Beschimpfung hast Du Dir Beifall im Munde des Volkes verschafft. Sie alle, meintest Du, wüßten nichts, Du aber wüßtest alles. Diese Wissenschaft aber hast Du nicht zur Erbauung, sondern zur Zerstörung anzuwenden Dich bemüht, so daß wir mit Recht glauben, der heilige Gregor, dessen Namen Du Dir angemaßt hast, habe von Dir prophezeit, als er sagte: Durch Überfluß an Untergebenen wird der Sinn des Vorgesetzten meist zum Hochmut verleitet, so daß er glaubt, mehr als alle anderen zu wissen, wenn er sieht, daß er mehr als alle anderen durchzusetzen vermag.

Und dies alles haben Wir ertragen, weil Wir die Ehre des Apostolischen Stuhls zu wahren suchten. Aber Du hieltest Unsere Demut für Furcht und hast Dich deshalb auch nicht gescheut, gegen die königliche Gewalt selber, die Uns von Gott verliehen ist, Dich zu erheben, und Du hast die Drohung gewagt, daß Du sie Uns nehmen würdest, als wenn Wir von Dir das Reich empfangen hätten, als wenn in Deiner und nicht in Gottes Hand die Königs- oder Kaiserkrone wäre. Denn Unser

Herr Jesus Christus hat Uns zur Königsherrschaft, Dich aber nicht zum Priesteramt berufen. Denn auf folgenden Stufen bist Du emporgestiegen: Durch listigen Betrug hast Du, obwohl dies dem Mönchsgelübde ganz zuwider ist, Geld, durch Geld Gunst, durch Gunst die Gewalt des Schwertes erlangt. Mit dem Schwert aber bist Du dann dem Sitze des Friedens genaht und hast von dem Sitze des Friedens den Frieden vertrieben, indem Du die Untergebenen gegen ihre Vorgesetzten bewaffnet hast, indem Du sie, Unsere von Gott berufenen Bischöfe, Du, der nicht Berufene, zu verachten gelehrt hast, indem Du den Priestern ihr Amt entrissen und es in die Hände der Laien gegeben hast, daß sie jene absetzten oder verdammten, die es selber von der Hand des Herrn durch die Weihe der Bischöfe als Lehrer empfangen hatten.

Mich aber, der Ich, wenn auch unwürdig, unter den Gesalbten des Herrn zur Herrschaft gesalbt bin, hast Du angerührt, während die Überlieferung lehrt, daß sie allein von Gott zu richten sind, und ausdrücklich erklärt, daß sie für kein Verbrechen, außer wenn sie, was ferne von Uns sei, vom Glauben abfielen, abgesetzt werden dürfen.‘ "

Treffender und aggressiver, denke ich mir, hätte auch Jesus nicht gegen Gregor argumentieren können. Diese Anklage von königlichen Gnaden ist kaum noch zu übertreffen. Jesus, aufmerksam und äußerlich völlig ruhig zuhörend, hat sich immer wieder Notizen gemacht und ermahnt jetzt den Gerichtsschreiber, alles Wort für Wort aufzuzeichnen. Indes ist Samuel immer noch nicht am Ende:

„Ich will den Anwesenden nicht den ganzen Text zumuten, möchte aber noch den Schlußabsatz verlesen: ‚Du also, durch den Urteilsspruch aller Unserer Bischöfe und den Unsrigen Verdammter, steige herab, verlaß den angemaßten Apostolischen Stuhl. Ein anderer besteige den Thron des heiligen Petrus, der nicht Gewalt hinter angeblicher Frömmigkeit versteckt, sondern die reine Lehre des heiligen Petrus verkündet. Wir, Heinrich, von Gottes Gnaden König, mit allen Meinen Bischöfen sagen Dir: Steige herab, steige herab, Du durch Jahrhunderte zu Verdammender!‘ "

Jesus springt auf und geht zum Tisch der Richter. Spannung herrscht im Raum, und genau in dem Moment, in dem Jesus ansetzen will, fängt meine Uhr an, diese penetranten Piepstöne von sich zu geben. Es ist so widerwärtig und schockierend. Erst neulich abends während des Brahms-Konzerts, in der Generalpause vor dem Altsolo, da wäre ich am liebsten in den Boden versunken. Verfluchte Technik, wann bekomme ich dich in meine Gewalt? Ich spüre, für Sekunden nur, die irritierten Blicke aller Anwesenden auf mir. Können sie mich also doch sehen? Ist es jetzt aus, mein Lauschposten bei diesem Jahrtausendprozeß entdeckt? Alles mögliche male ich mir aus, doch merkwürdigerweise geschieht nichts. Jesus sagt, und ein wenig schärfer klingt seine Stimme jetzt:

„Hört *mich* an, Richter! *Ich* schließe *mich* den Anschuldigungen des Deutschen an. Er hat recht, denn *ich* bin nicht gesandt worden, um Könige oder Kaiser in Amt und Würden zu setzen. Da der Angeklagte sich immer wieder auf die sogenannte ‚Heilige Schrift‘ beruft, so will *ich* versuchen, ihn mittels dieser Schrift zu widerlegen und zu überführen.

Ich verweise also auf das Neue Testament. In seinem ersten Brief, der für die Kirche ‚heilig‘ ist, befiehlt Petrus gleich zweimal ‚Seid untertan aller menschlichen Ordnung um des Herrn willen, es sei dem König als dem Obersten‘ (2,13) und ‚fürchtet Gott, ehret den König‘ (2,17).“

Jesus läßt sich aus der Akte einen Brief geben und sagt: „Aus der Reaktion des Angeklagten auf diese Amtsenthebung ist zu ersehen, daß er seine im ‚Dictatus Papae‘ zum Ausdruck kommende Hybris noch übertrifft. Vermutlich hat er den Brief, den *ich* euch hier vorlege, schon einige Tage später diktiert. Einen überzeugenderen Beweis für <u>Amtsanmaßung</u> und <u>Amtsmißbrauch</u> habe *ich*, Richter und Beisitzer, bis jetzt nicht präsentieren können. Hört also: ‚Heiliger Petrus, Fürst der Apostel, neige zu Mir, ich bitte Dich, gnädig Dein Ohr und höre Mich, Deinen Knecht, den Du von Kindheit an beschützt und bis auf diesen Tag aus der Hand der Ungerechten gerettet hast, die mich um Deinetwillen haßten und auch jetzt noch hassen. Du bist Mein Zeuge und Meine Herrin, die Mutter

Gottes, und der heilige Paulus, Dein Bruder mit allen Heiligen, daß Deine Heilige Römische Kirche Mich wider Meinen Willen zu ihrer Leitung berufen hat, und daß Ich es nicht für Raub hielt, Deinen Stuhl zu besteigen, daß Ich vielmehr lieber Mein Leben als Pilger in der Fremde beschließen wollte, als um weltlichen Ruhm mit weltlicher List Deinen Platz Mir anmaßen.'"

Unter den Aposteln spielen sich nun tumultartige Szenen ab. Einige sehe und höre ich laut lachen, andere, wie Petrus, heftig protestieren. Mit Erlaubnis des Ersten Richters erteilt ihm Jesus das Wort: „Meister, verzeih mir, dieser Hildebrand muß von Sinnen gewesen sein. Ich bin nicht heilig, ich bin nicht sein Fürst, ich bin nicht sein Zeuge, habe ihm keinen Stuhl hinterlassen. Ich weiß nichts von einer Heiligen und nichts von einer Römischen Kirche, ich bin nicht die Mutter Gottes. Jedes Wort von ihm ist Lüge und Sünde. Er ist ein Eiferer mit Unverstand."

Gideon unterbricht den Rasenden mit einer zornigen Handbewegung und fordert Jesus auf, aus dem Schriftstück weiteres Anklagematerial vorzulegen. Und Jesus zitiert: „„Und deshalb glaube Ich, um Deiner Gnade, nicht um Meiner Werke Willen habe es Dir gefallen und gefalle Dir noch, daß die Christenheit, welche Dir besonders anvertraut ist, Mir gehorche. Besonders ist Mir an Deiner Statt von Gott die Gewalt, zu binden und zu lösen im Himmel und auf Erden, anvertraut und verliehen worden. Auf diese Zuversicht also bauend, zur Ehre und zum Schutz Deiner Kirche, widersage Ich im Namen des allmächtigen Gottes, des Vaters, des Sohnes und des Heiligen Geistes, kraft Deiner Macht und Gewalt, dem König Heinrich, Kaiser Heinrichs Sohn, der gegen Deine Kirche mit unerhörtem Hochmut sich erhoben hat, die Herrschaft über das gesamte Reich der Deutschen und Italiens und löse alle Christen von dem Band des Eides, welche sie ihm geleistet haben oder noch leisten werden, und Ich untersage jedem, ihm fürder als einem König zu dienen.'"

Der Ankläger wendet sich an das Gericht und an die versammelten Jünger und sagt: „*Ich* denke, es erübrigt sich, auf diese Ansammlung von lästerlichen Verleumdungen und Falschbehauptungen näher einzugehen. Ich klage Hildebrand erneut der Gotteslästerung an und der Verunglimpfung *meines* Jüngers. Dieses Schreiben betrachte *ich* als Beweisstück für die Anklage wegen Störung des öffentlichen Friedens sowie Verbreitung gefährlichen Schrifttums, da es dadurch in Deutschland zu großen Unruhen kam und Fürsten und Volk gegen ihren König aufbegehrten.

Ich muß euch nicht erklären, daß der Vatikan die Androhung der Exkommunikation als Zucht- und Erziehungsmittel ebenfalls aus dem Judentum übernommen hat wie so vieles andere. Die Waffe des römischen Bischofs war deshalb so furchtbar, weil die Untertanen damit vom Treueid gegenüber ihrer Obrigkeit entbunden waren. *Ich* klage Hildebrand also auch der unzulässigen Einmischung in innere Angelegenheiten eines fremden Staates an.

Zudem beschuldige *ich* Hildebrand von Soana der Volksverhetzung. Auch er beleidigte gotteslästerlich die Tempel der Juden als ‚Synagogen des Satans'. Bereits aus Chroniken des Jahres 828 geht hervor, daß selbst nach kanonischem Recht Juden nicht zum katholischen Glauben gezwungen werden dürfen. Unter Todesandrohung aber mußten sich deutsche Juden taufen lassen. Gegen den Erzbischof von Mainz, einen dem Angeklagten Untergebenen, ließ König Heinrich Ermittlungen anstellen wegen räuberischer Bereicherung durch jüdischen Besitz. Zu jener Zeit gab es in deutschen Landen zwar ein Zwangstaufverbot, das Rom aber ignoriert hat. Inwieweit der Angeklagte dafür verantwortlich ist, muß noch geprüft werden.

Um wieder Frieden und Ordnung herzustellen, blieb König Heinrich kein anderer Ausweg, als sich mit dem Angeklagten auszusöhnen. So zog er, wie es die Chronisten bestätigen, im Januar des Jahres 1077 nach Italien und harrte drei Wintertage im Büßergewand vor der Burg von Canossa, einem Besitz der Gönnerin des Angeklagten. Aus dieser Zeit liegen *mir* Briefe des Hildebrand an die Gräfin Mathilde von Tuscien vor, überschrieben mit ‚geliebteste Tochter des heiligen Petrus', eine für einen ‚Bischof' recht ungewöhnliche Anrede, und zudem ein Beleg für seine Doppelzüngigkeit, war er doch verantwortlich für die feindselige Einstellung vieler Priester zu Frauen. Den Vorwurf, Hildebrand habe sich mit diesem Weib unzüchtig eingelassen, kann *ich* nicht beweisen, lasse diesen Anklagepunkt also fallen."

Den verächtlichen Unterton, mit dem Jesus dies sagt, haben auch die Richter nicht überhört. Der Vorsitzende läßt ins Protokoll aufnehmen, daß der Verdacht auf Unzucht zumindest noch einmal überprüft werden solle. Zufrieden nimmt Jesus dies zur Kenntnis und fährt fort: „Nach der Lossprechung vom Bann kehrt Heinrich nach Deutschland zurück, wo inzwischen mit Wissen des Angeklagten Rudolf von Rheinfelden als Gegenkönig eingesetzt worden war. Aber schon bald wird König Heinrich Herr der Lage. Im März des Jahres 1080 macht sich der Angeklagte erneut der Nötigung schuldig, indem er einen zweiten Bann gegen den Deutschen ausspricht, weil dieser auf seinem Recht beharrte, Bischöfe einzusetzen."

Jesus unterbricht sein Plädoyer und läßt sich vom Richter ein anderes Schriftstück reichen: „Beim Ostergottesdienst am 13. April 1080 machte sich der Angeklagte wiederholt einer Gotteslästerung schuldig, weil er einen sogenannten ‚Gottesschwur' tat. Der Soana hat verkündet, daß bis zum nächsten ‚Petrusfest' Heinrich IV. tot oder abgesetzt sein werde, falls er nicht in sich gehe. Sollte das nicht eintreffen, dann möge man ihm, dem Bischof von Rom, keinen Glauben mehr schenken.

Hiermit verstößt Hildebrand auch gegen *mein* Schwurverbot. Richter, wir alle wissen, daß diese verwerfliche Prophezeiung, das ‚Gottesgericht', nicht eingetreten ist.

Der deutsche König hat zusammen mit 19 Erzbischöfen und Bischöfen Hildebrand aufgrund des erneuten Bannspruchs und dieses Schwurs ein zweites Mal abgesetzt und Wibert von Ravenna als Klemens III. zum Nachfolger erklärt. Im Herbst desselben Jahres gelingt es dem Angeklagten mit Hilfe seiner Gönnerin Mathilde, Truppen gegen Heinrich zu mobilisieren. Damit begeht Hildebrand im Sinne der Anklage einen weiteren schweren Amtsmißbrauch und Landfriedensbruch. Der Feldzug der Verbündeten endete, so stelle *ich* mit Befriedigung fest, mit einer Niederlage.

Richter, *ich* möchte euch bitten, eine Schenkung zu überprüfen, die von jener Mathilde im Jahre 1079 an den Angeklagten und seine Organisation ergangen ist. Die Gräfin hat ihr gesamtes Erbe nämlich der Kirche vermacht, was heftige Streitigkeiten unter ihren Familienmitgliedern auslöste, die die Rechtmäßigkeit dieses Vorgangs in Zweifel zogen." Während Richter Gideon sich eine entsprechende Notiz macht, kündigt Jesus an, zum Schluß seiner Klage zu kommen: „Obwohl ohne Amt, versucht dieser Mann in den folgenden Jahren weiter, Autorität und Ansehen des deutschen Königs zu untergraben. Im März 1084, so habe *ich* in verschiedenen Annalen gelesen, gelingt es dem deutschen König, Rom zu erobern, und er läßt sich durch den Gegenpapst Klemens III. zum Kaiser krönen. Gleichzeitig wird Hildebrand zum Hochverräter erklärt. Er ist also gezwungen zu fliehen. Von einem Augenzeugen sind seine letzten Worte überliefert: ‚Ich habe die Gerechtigkeit geliebt und die Ungerechtigkeit gehaßt, deshalb sterbe ich in der Verbannung.'"

Einige Sekunden lang sehe ich den Ankläger mit geschlossenen Augen dastehen, und dann sagt er: „Das ganze Leben und Wirken des Hildebrand von Soana steht in vollkommenem Widerspruch zu *meiner* Botschaft der Liebe. Der Angeklagte hat während seiner gesamten Amtszeit in ganz Europa Unfrieden gesät.

Richter, in seinem Brief an die Galater (5,23f.) schreibt Paulus: ‚Die Frucht aber des Geistes ist Liebe, Freude, Friede, Geduld, Freundlichkeit, Güte, Treue, Sanftmut und Keuschheit'. Im 14. Vers dieses Kapitels sagt er: ‚Denn das ganze Gesetz ist in einem Wort erfüllt, nämlich: Du sollst deinen Nächsten lieben wie dich selbst.' Hohes Gericht, *ich* halte den Angeklagten in allen Punkten für schuldig. Auch denke *ich*, daß er das Reich Gottes nicht erben wird, denn dieser Mann hat nur Feindschaft, Hader, Neid, Zorn, Zank, Zwietracht, Rottenhaß und Mord geschürt. Mit einem Satz von Paulus aus ebendiesem Galaterbrief (1,8) möchte *ich* diesen Fall abschließen:

,Verflucht sei der, der ein anderes Evangelium predigt denn das wir euch gepredigt haben. Auch wenn wir selbst es wären oder ein Engel vom Himmel!'

Es wird euch alle hier im Gerichtssaal verwundern, daß ich Paulus und seine Briefe so oft benutze, Textstellen von ihm den Äußerungen und Taten der Kirchen-Führer entgegenhalte. Laßt mich dies kurz erklären: Er war es, der als erster geschrieben hat. Er war es, der als erster meine Botschaft verfälscht hat. Er war es, der von der Missionierung der ,Heiden' kündete, und nur so ist es zur Gründung der von uns angeklagten Organisation gekommen.

Nicht Petrus war in Rom; er, Paulus, war dort, und den Auftrag begründete er mit der von uns schon einige Male diskutierten Vision, die er vor Damaskus gehabt zu haben behauptete.

Ich will versuchen, die Angeklagten mit Hilfe der Heiligen Schrift zu widerlegen und zu überführen, deswegen meine Taktik, möglichst oft eben diesen Paulus heranzuziehen, den sie ebenfalls nach Gutdünken gefälscht haben."

Damaskus am Toten Meer.

16. Urban II.

Odo de Lagery

Immer noch bin ich in Gedanken bei Gregor VII., der von manchen Kirchenhistorikern als der „Retter des Papsttums" glorifiziert wird, obwohl er doch auch für damalige Verhältnisse ein Schwerverbrecher war. Ich frage mich, mit welchem Material haben die Leute gearbeitet? Ist diese Kirche wirklich so mächtig, daß Wissenschaftler ihre Ehre aufs Spiel setzen, nur um den alten Männern im Vatikan gefällig zu sein? Aber dann höre ich durchdringend die Stimme des Richters:

„ ... Prior des Klosters Cluny, Bischof von Ostia, am 12. März 1088 gewählt."

Nun übernimmt Jesus seinen Part und sagt: „Wie *ich* bereits erwähnt habe, herrschte seit dem Jahr 1080 Klemens III. im Lateranpalast. Als Nötigung und Störung des öffentlichen Friedens laste *ich* dem Angeklagten Odo de Lagery an, daß es ihm mit Hilfe der verbündeten Normannen gelang, Klemens und dessen Anhänger durch Anzettelung eines Bürgerkrieges aus dem Amt und der Stadt zu vertreiben.

Gleichzeitig machte er sich der Einmischung in innere Angelegenheiten und Unterstützung eines Angriffskrieges schuldig, indem er einmal Konrad, den Sohn Heinrichs IV., zum Gegenkönig ausrief, zum anderen die kriegerischen Auseinandersetzungen zwischen der Gräfin Mathilde – sie ist dem Gericht bereits hinlänglich bekannt – und dem rechtmäßigen Kaiser weiter anstachelte, ganz zynischer Despot wie sein Vorgänger Hildebrand. Dies alles fällt in die Zeit von 1091 bis 1093.

Im März des Jahres 1095 erhält der Angeklagte die *mir* unverständliche Bitte des byzantinischen Kaisers, ihm vor den Türken zu schützen. Es sei *mir* erlaubt, folgende Hypothese aufzustellen: Für den Angeklagten war dieser sogenannte Hilferuf ein willkommener Anlaß, zu dem lange von ihm geplanten ‚Kreuzzug' aufrufen zu können."

Urplötzlich ist Jesus verstummt. Seine Stimme war während der letzten Sätze sehr barsch geworden. Er sammelt sich und spricht nun, dem Richter ganz nah gegenüberstehend: *„Ich* vermute, ihr versteht nicht, was dieses Wort ‚Kreuzzug‘ bedeutet: *Mein* Kreuz ist damit gemeint, das so wenig wie *mein* Grab nach 1000 Jahren noch vorhanden sein kann. Und diese Organisation fordert dazu auf, die Stätte *meiner* Passion im ‚Heiligen Land‘ aus dem Joch der ‚Ungläubigen‘ zu befreien. Ihr werdet seine ‚Kreuzzugs-Predigt‘ zu hören bekommen, aber zuvor laßt *mich* den Frevel, diese Ansammlung von <u>Betrug</u>, <u>Nötigung</u>, <u>Vorbereitung eines Angriffskrieges</u> und anderen Verbrechen erläutern. Aus dem <u>Brief des Paulus an die Epheser</u>...“ Jesus wird von dem eben Genannten unterbrochen: „Ich habe <u>keinen Brief an die Epheser</u>...“ Jesus läßt ihn gar nicht erst ausreden und entgegnet knapp: *„Ich* weiß, <u>er ist eine Fälschung</u>, wir werden darüber noch zu verhandeln haben, aber laß *mich* weitersprechen. Diesem Brief entnimmt die Kirche ihre Berechtigung. Dort heißt es <u>(6,10f.)</u>: ‚Seid stark in dem Herrn und in der Macht seiner Stärke. Zieht an die Waffenrüstung Gottes, damit ihr bestehen könnt gegen die listigen Anschläge des Teufels.‘

Richter und Beisitzer – so wird von dieser ‚Kirche‘ die Schrift falsch ausgelegt! Aber hört ein Wort aus dem <u>Lukasevangelium (14,27)</u>, das *ich* nie gesagt habe, es dient als weitere Legitimation: ‚Wer nicht sein Kreuz trägt und *mir* nachfolgt, der kann nicht *mein* Jünger sein.‘

Jetzt sind alle Jünger aufgesprungen: „Herr, falsch Zeugnis wird gegen dich gegeben!“ Jesus beruhigt sie und versucht dann selbst, seine Beherrschung wiederzufinden.

„Richter, *mein* Kreuz und ihr Krieg sind nicht gegensätzlicher als Wasser und Feuer, *meine* Liebe wird in ihr Gegenteil gekehrt, aus dem Wort Gottes, <u>dem Schwert des Geistes,</u> ist nun <u>endgültig das Schwert des Todes geworden</u>.“ Zornige Verzweiflung liegt auf seinem Gesicht, dann sagt Jesus: *„Ich* komme nun zum Hauptpunkt *meiner* Klage gegen <u>Odo de Lagery</u>. Während der <u>Synoden von Piacenza</u> und im französischen Clermont-Ferrand hat der Angeklagte Könige, Fürsten, Ritter und gemeines Volk dazu verpflichtet, in seinen Krieg zu ziehen. Zwei Zeugen kann *ich* dem Gericht nennen, die *meine* Anschuldigungen beweisen werden."

Jesus blättert in einem Folianten, dann sagt er: „Hier zunächst der Bericht des Wilhelm von Tyrus, der in seiner Chronik über die Kreuzzüge Odos Predigt festgehalten hat. *Ich* zitiere auszugsweise: ,Ihr wißt, geliebte Brüder, wie der Erlöser der Menschheit, als er uns zum Heile menschliche Gestalt angenommen hatte, das Land der Verheißung und seiner Gegenwart verherrlichte und durch seine vielen Wunder und durch das Erlösungswerk, das er hier vollbrachte, noch besonders denkwürdig machte.

Die Wiege unseres Heils nun, das Vaterland des Herrn, das Mutterland der Religion, hat ein gottloses Volk in seiner Gewalt. Die Hunde sind ins Heiligtum gekommen, und das Allerheiligste ist entweiht. Das Volk, das den wahren Gott verehrt, ist erniedrigt, das auserwählte Volk muß unwürdige Bedrückung leiden.

Bewaffnet euch mit dem Eifer Gottes, liebe Brüder, gürtet eure Schwerter an eure Seite, rüstet euch und seid Söhne des Gewaltigen. Besser ist es, im Kampfe zu sterben, als unser Volk und die Heiligen leiden zu sehen.

Die Diebe, Räuber, Brandstifter und Mörder werden das Reich Gottes nicht besitzen, wir aber erlassen durch die Barmherzigkeit Gottes und gestützt auf die heiligen Apostel Petrus und Paulus allen gläubigen Christen, die gegen die Heiden die Waffen nehmen und sich der Last dieses Pilgerzuges unterziehen, alle die Strafen, welche die Kirche über ihre Sünden verhängt hat.' "

Der Lärm, der nun im Gerichtssaal tobt, ist ohrenbetäubend. Jesus und die Richter müssen energisch drohen, bis der Ankläger fortfahren kann: „Der zweite Chronist hat diese Rede sehr ähnlich übermittelt, sein Name ist Fulcher von Chartres. Ihm ist aufgefallen, daß sich der Angeklagte als ,Sendbote göttlichen Willens' bezeichnet hat. Er habe kundgetan, es sei Christus, der durch ihn befehle, ewiger Ablaß und himmlische ewige Seligkeit seien allen Teilnehmern gewiß."

Jesus legt den Folianten zur Seite und beginnt vehement:

„Richter, Beisitzer, Jünger, Anwesende. *Ich* sehe und höre eure Empörung, aber der Schandtaten ist noch kein Ende. Die Bulle, mit der dieser Lagery auch den letzten, vielleicht noch Zögernden überzeugte, war rund 100 Jahre vordatiert und – *ich* verstehe nicht, warum – für jedermann der Beweis: ‚Gott will es!' Wie ein Lauffeuer verbreitete sich diese Botschaft durch Europa. *Ich* klage Odo des schwersten Amtsmißbrauchs an, der Nötigung und des Mißbrauchs von Abhängigen sowie der Gotteslästerung, der Verunglimpfung *meines* Namens und der Namen von Petrus und Paulus. Ferner des vielfachen Betrugs und der sündigen Anmaßung, Schulden und Sünden vergeben und ewiges Heil versprechen zu können.

Odo hat recht, wenn er vom Mutterland der Religion und dem auserwählten Volk redet. Aber es ist das Land *meines* Volkes. Die Juden sind das auserwählte Volk – nicht der Angeklagte und seine ‚gläubigen' kriegslüsternen Soldaten-Banden. Dieser Krieg, der von 1096 bis 1099 wütete, ist als erster Kreuzzug in die Geschichte eingegangen. 200 Jahre lang wird die Kirche unter Verhöhnung *meines* Kreuzes ihre Blutgier und ihren Religionswahn austoben. Gegen die Verbote zu töten, wohlgemerkt, wie es in 2. Moses 20,13, Römer 13,9 und Matthäus 19,18 immer wieder zu lesen ist. Nach neuesten Forschungen haben mehr als 20 Millionen Menschen dabei ihr Leben verloren, Richter!

Gewaltlosigkeit und Friedfertigkeit werden im 5. Kapitel des Matthäusevangeliums gefordert, vom Anbeginn bis zum Ende. Volksverhetzung und Völkermord laste ich diesem Mann stellvertretend für die von mir verfluchte Organisation an."

Richter Gideon, selbst sehr erregt, bittet Jesus um Mäßigung, erinnert ihn an das Schlußplädoyer, zu dem noch nicht aufgerufen sei. Er möge in seiner Berichterstattung fortfahren.

Weiter geht es mit diesem Horror. 20 Millionen Tote, eine nicht vorstellbare, nicht denkbare Zahl! Mit einem Mal tauchen vor meinen Augen all die Geschundenen, Gestoßenen, Geschlagenen, die gequälten Menschenleiber wieder auf, jammernd, stöhnend, mit flehenden Blicken, die Michelangelos

„Jüngstes Gericht" anfangs noch bevölkerten. Wo waren sie? Wohin waren sie verschwunden? Oder habe ich sie die ganze Zeit einfach nicht wahrgenommen, gebannt durch das, was um Jesus herum geschah? 20 Millionen – die Zahl dröhnt mir im Kopf. 20 Millionen Menschenleben. So jählings, wie sie gekommen sind, verschwinden die Gestalten wieder. War alles etwa nur eine Sinnestäuschung?

Dann höre ich, wie Jesus über den ‚Antijudaismus' spricht, der, durch die Kirche gefördert, überall in Europa wuchs, und daß in diesem ‚heiligen' Land seit Jahrhunderten Juden mit Moslems und Christen zusammenlebten. Daß hinter dem Ganzen offensichtlich der Ausbau der Macht und verbrecherische Bereicherung stünden. Er, Jesus, habe keinerlei Beweise dafür, daß die Bewohner Jerusalems und der anderen Städte Rom oder europäische Fürsten um Hilfe angerufen hätten.

Ich höre, wie der Ankläger den Richter bittet, ihm die Unterlagen zu reichen, die die große Welle von Judenmassakern zu Beginn dieses Krieges belegen. Und Jesus sagt mit wütender Stimme, die Unheil vorausahnen läßt: „Richter, *ich* zitiere aus den Aufzeichnungen des französischen Mönchs Guibert von Nogent, der Gespräche von Kreuzfahrern belauschen konnte: ‚Wir wollen in den fernen Osten gegen die Feinde Gottes ziehen und müssen dafür einen langen Weg durch viele Länder hinter uns bringen. Doch hier, vor unseren Augen, leben die Juden, das allergottesfeindlichste Volk. Unsere Arbeit wäre verfehlt! Sprachen's, nahmen ihre Waffen und drängten die Juden mit Gewalt in eine Kirche. Sie richteten das Schwert gegen alle, ungeachtet des Alters oder des Geschlechts, und nur wer sich taufen ließ, kam lebend davon.' "

Jesus nimmt ein zweites Pergament und liest vor, was der jüdische Bürger Ephraim Bar Jakob in Mainz über die Greueltaten der als Pilger getarnten Kreuzfahrer im Lauf des Jahres 1096 berichtet: ‚Alle waren im Hof des Bischofs, als die Feinde über sie kamen und verbrecherisch Säuglinge und Frauen, Knaben und Greise an einem Tag töteten. Es war ein grausames Volk, das sich nicht um Greise und Kinder kümmerte, sich nicht der Kleinkinder und Säuglinge erbarmte und nicht der Schwangeren, die vor der Niederkunft standen. Sie hatten kein Mitleid, bis alle getötet waren. Die Feinde schleuderten Speere gegen sie, doch sie dachten nicht daran zu fliehen. Auch die Frauen machten sich Mut und schlachteten ihre Söhne, Töchter und dann sich selbst. Und weichherzige Männer überwanden sich und töteten ihre Frauen, Kinder und ihr Gesinde; die zärtlichste Mutter ermordete ihr Lieblingskind. Wer das hört, dem gellen die Ohren! Wer hat solches schon gehört, wer hat solches schon gesehen: tausend Opferungen fanden an einem Tag statt!' "

In der absoluten Stille verliest Jesus nun die Notizen eines christlichen Augenzeugen: „ ,Wo immer die Kreuzfahrer hinkamen, mißhandelten sie Juden. Dieses Judenschlachten fand vor dem Pfingstsonntag statt, und die vielen und großen Berge der Ermordeten waren ein furchtbarer Anblick, wie sie auf Karren aus der Stadt Mainz gebracht wurden.' "

Tief erschüttert reicht Jesus seine Dokumente zurück an den Richter und erklärt: „Die Angaben sind gesichert, soweit *ich* dies beurteilen kann, und wir müssen davon ausgehen, daß bei der Vorbereitung dieses verbrecherischen Unternehmens schon in Europa Zehntausende den mordenden Banden zum Opfer fielen.

Richter, *ich* behaupte, daß dieser Kreuzzug, der bis zum Jahre 1099 wütete, auf den Aufruf des Angeklagten hin erfolgte und seine volle Unterstützung fand. Die von Odo de Lagery mit Ablaß und ewiger Seligkeit Belogenen und Betrogenen waren sich keiner Schuld bewußt, glaubten vielmehr an den Segen der höchsten Kirchen-Instanz und trugen als Symbol *mein* Kreuz mit in ihre Schlacht."

Richter Simson ergreift unvermutet das Wort: „Ankläger, wir müssen dich hier unterbrechen und festhalten, daß du richtig vermutet hast. Der sogenannte Hilfeakt für Byzanz war für einen Teil der Soldatenknechte eine willkommene Gelegenheit, diese schöne Stadt zu plündern und zu verwüsten, bevor sie vom Gott dieser ,Ungläubigen' vernichtend geschlagen wurden. Wir denken, daß hier ein allmächtiger, zürnender Gott waltete."

„Kurz nachzutragen bleibt noch", ergänzt Jesus, „daß sich der Angeklagte während des Kreuzzuges einer weiteren Straftat schuldig machte, indem er die Bulle ‚Monarchia Sicula' erließ und damit die Herrschaft der Normannen auf Sizilien legitimierte. Ein Akt, den *ich* als Rechtsbeugung empfinde."
Der Ankläger nimmt ein anderes Schriftstück zur Hand und berichtet: „Nach fünfwöchiger Belagerung erstürmen die Kreuzfahrerbanden, immer die goldene Petrusfahne als Symbol des ‚Heiligen Krieges' vorweg, die Stadt Jerusalem. Für *mich* ist das eine Beleidigung und Entehrung des historischen Petrus, ein schändlicher Mißbrauch des Wortes ‚heilig' und ein weiterer Verstoß gegen die Zehn Gebote."
Ich merke auf einmal, wie betroffen Jesus ist, aber nachdem er sich gesammelt hat, beginnt er erneut: „Hohes Gericht, es ist schwer vorstellbar, welche Schrecknisse über die Stadt Jerusalem in *meinem* Namen hereingebrochen sind. Als Beweis hier ein anonymer Augenzeuge, der von vielen Historikern zitiert wird: ‚Am Freitag ganz früh unternahmen wir einen allgemeinen Sturm auf die Stadt, ohne ihr schaden zu können; wir waren bestürzt und in großer Furcht. Als dann die Stunde kam, in der unser Herr Jesus Christus'..." Jesus stockt für einen Moment der Atem, er schluckt und liest: „...'in der unser Herr Jesus Christus es zuließ, daß Er für uns den Kreuzestod erlitt, schlugen sich hitzig unsere auf dem Turm aufgestellten Ritter, unter anderem Herzog Gottfried und Graf Eustachius, sein Bruder. In diesem Augenblick erkletterte einer unserer Ritter mit Namen Lietaud die Stadtmauer. Bald nachdem er hinaufgestiegen war, flohen alle Verteidiger von den Mauern durch die Stadt, und die Unsrigen folgten ihnen und trieben sie vor sich her, sie tötend und niedersäbelnd bis zum Tempel Salomos, wo es ein solches Blutbad gab, daß die Unsrigen bis zu den Knöcheln im Blut wateten. Nachdem die Unsrigen die Heiden endlich zu Boden geschlagen hatten, ergriffen sie im Tempel eine große Zahl Männer und Frauen und töteten oder ließen leben, wie es ihnen gut schien.
Bald durcheilten die Kreuzfahrer die ganze Stadt und rafften Gold, Silber, Pferde und Maulesel an sich. Sie plünderten

die Häuser, die mit Reichtümern überfüllt waren. Dann, glücklich und vor Freude weinend, gingen die Unsrigen hin, um das Grab unseres Erlösers zu verehren, und entledigten sich Ihm gegenüber ihrer Dankesschuld.'"

Mir ist schlecht. Mir ist speiübel. Mein Magen verkrampft sich, alle Haare sträuben sich. Ich spüre eine unangenehme Gänsehaut. Hat das einmal ein Ende? Ich sehe, wie Jesus das Papier angewidert weglegt, und höre seine Worte: „Dieses letzte Dokument erhärtet die Anklagepunkte <u>Mißbrauch von Abhängigen</u>, <u>gefährliche Körperverletzung</u>, <u>Schändung von Friedhöfen und Tempeln</u> und <u>Massenmord</u>, um nur die schwerwiegendsten zu nennen. Richter, *mir* bleibt nur noch anzufügen, daß der Angeklagte die Eroberung von Jerusalem nur um zwei Wochen überlebte und am <u>29. Juli des Jahres 1099 starb</u>. In seiner Predigt, die all diese Schrecken ausgelöst hat, drohte er, daß ‚Diebe, Räuber, Brandstifter und Mörder das Reich Gottes nicht besitzen werden'. Er meinte damit das ‚gottlose Volk' der Sarazenen und Seldschuken. Aber dieser Mann ist der wahrlich Gottlose. Auf die von ihm verführten Kreuzritter treffen solche Beschimpfungen zu.

Richter, die Moslems verstanden aus dem Koran unter dem ‚Heiligen Krieg' das Gebot, für Allahs Sache zu kämpfen. Allerdings waren die Kreuzzüge der Christen nicht durch ‚heiliges' Kriegsverhalten der Moslems provoziert. <u>Die Moslems waren gezwungen, sich gegen die sogenannten ‚Christen' zu wehren</u>. Die Schuld, Ihr Richter, trägt in Stellvertretung Odo de Lagery. Fast jedes Verbrechen *meiner* Anklageliste ist von ihm begangen worden. Odo ist dafür verantwortlich, daß der Frieden aus der Welt verschwand.

Für all diese Verbrechen hat die Kirche stets eine Rechtfertigung gefunden, obwohl doch die Begriffe ‚heilig' und ‚Krieg' der größte Widerspruch in sich sind. *Ich* habe ausdrücklich gesagt, daß der Verrat des Judas nicht dadurch zu rechtfertigen sei, daß er ein Mittel zur Erlösung der Menschheit war. Ihr Richter, um mit dem deutschen Moralphilosophen Robert Spaemann zu schließen: ‚Jedes Verbrechen wäre gerechtfertigt, wenn der, der es begeht, dabei einen Zweck verfolgt, der dieses Mittel heiligt. Es gibt jedoch bestimmte Handlungsweisen, die ohne Ansehen der Umstände immer und überall schlecht sind, weil durch sie unmittelbar die Würde der Person negiert wird.' Dieser Angeklagte und seine Organisation aber haben mit Verbrechen Un-Heil und Tod in die Welt gebracht und die Wahrheit gemordet. Deshalb folgt ihnen *mein* Fluch in alle Ewigkeit."

17. Innozenz III.

Lotario di Conti, Graf von Segni

Richterin Judith eröffnet die Verhandlung gegen Lotario di Conti mit einigen Daten zur Biographie: „Der Angeklagte wurde 1161 in Agnani geboren und erhielt seine geistliche Ausbildung in Rom, Paris und Bologna. Im Jahre 1190 wird er Subdiakon und am 8. Januar 1198 in Rom zum Papst erhoben. Ankläger, ich erteile dir das Wort."

Jesus nimmt die Akte zur Hand und sagt unversöhnlich und voller Leidenschaft: „Die Ära des Lotario, Ihr Richter, ist geprägt von Haß, Zwietracht und Feindschaft. Paulus, der nicht von mir Gesandte, fragt im Römerbrief 10,15: ‚Und wer soll die Kühnheit haben, zu den Menschen über Gott zu reden oder gar ihnen etwas von Gott auszurichten, wenn nicht Gott selbst ihn dazu bestimmt, berufen und ausgesandt hat?' Hört, was *ich* über den Angeklagten zusammengetragen habe.

Kaum ein Jahr nach seinem Amtsantritt ist die jahrzehntelange Verwüstung der Lausitz vollbracht. 300 000 elbslawische Wenden fielen dieser Zwangschristianisierung zum Opfer. Gleichzeitig begann im Auftrag des Angeklagten die Missionierung und Unterdrückung Livlands. Dessen Bevölkerung war nicht bereit, sich geistlich oder weltlich der fremden Hansestadt Bremen unterzuordnen. Doch der Domherr Albert von Bremen sichert seiner Stadt und der Kirche nach einem blutigen Feldzug die Macht und gründet den Orden der ‚Schwertbrüder', die sich auch ‚Brüder des Ritterdienstes Christi' nennen. *Ich* klage Conti der Unterstützung eines Angriffskrieges gegen ein friedliches Volk an, des Verstoßes gegen *mein* Liebesgebot und der Verunglimpfung *meines* Namens. Denn, wie aus den Dokumenten hervorgeht, hat er selbst die Regeln für diesen von mir als kriminell eingestuften Orden festgesetzt. Gleichzeitig entreißt der Angeklagte den Deutschen ihre Lehen Ancona, Tuscien und Spoleto, vertreibt den kaiserlichen

Statthalter und schließt mit italienischen Städten einen Bund gegen die Deutschen.

Unter dem Vorwand, den rechtmäßigen Nachfolger für die Prätendentschaft unterstützen zu müssen, fordert der Angeklagte einen Kreuzzug – der vierte inzwischen – gegen Konstantinopel, der im Sommer 1203 und im Frühjahr 1204 mit einer weiteren Eroberung, Plünderung und Zerstörung der Stadt endet: Venezianer und französische Ritter hat der Angeklagte dafür gewinnen können. Klöster, Moscheen, Synagogen, Paläste und Friedhöfe werden geschändet, unermeßliche Kunstschätze und Denkmäler fallen diesem Raubzug zum Opfer.

Laßt einen Augenzeugen berichten. Es ist der Grieche Niketas Choniates: ‚Eine herrliche Stadt wurde zerstört, vernichtet vom Feuer, beraubt von Banden abendländischer Völker.‘ Und der Historiker Steve Runciman, dessen Beurteilung *ich* ebenfalls in der Akte abgelegt habe, ist überzeugt, daß es ‚niemals ein größeres Verbrechen an der Menschheit‘ gegeben habe. Er hat sich, wie ihr wißt, geirrt. Verbrechen auf Verbrechen werden noch folgen."

Jesus hält für einen Augenblick inne. Ich sehe, mit welchem Zorn ihn das alles erfüllt. Dann fährt er fort in seiner Klage: „Richter, Contis Aufgabe wäre es gewesen, sich um das Seelenheil der Menschen zu sorgen. Mißbrauch aber hat der Angeklagte getrieben, Verleumdung und Volksverhetzung.

Während der Besetzung von Konstantinopel kommt es zur Gründung eines ‚Lateinischen Kaiserreichs‘ ohne irgendeine rechtliche Grundlage. Verflucht sei der Name des Angeklagten, denn er wertete den Erfolg dieses kriegerischen Feldzugs als ‚Mysterium und Ratschluß Gottes‘. Damit klage *ich* ihn auch der Anstiftung eines Krieges in Tateinheit mit schwerem Landfriedensbruch und der Gotteslästerung an, außerdem der Duldung von Schändung, Diebstahl, Vandalismus und Massenmord. Für die Anklage gibt es auch bei diesem Mann nur ein einziges Motiv: die Machtgier, die alle Träger dieses hohen Amts vergiftete und zu ihren schändlichen Handlungen verführte. Habe *ich* nicht gesagt: ‚Ein böser Mensch bringt Böses hervor aus seinem Herzen‘?

Mir liegt die umfangreiche Korrespondenz des Lotario vor, und *ich* kann dem Gericht beweisen, daß er sich ohne irgendeine rechtliche Befugnis auch schuldig gemacht hat der <u>Einmischung in innere Angelegenheiten</u> fremder Staaten. Jahrelang hat er Thronstreitigkeiten in Deutschland geschürt und, die politische Lage wohl einschätzend, einmal <u>Friedrich II.</u>, dann wieder dessen Gegenkönig <u>Otto IV.</u> seine Gunst geschenkt.

Mit Berufung auf das Alte und Neue Testament versucht er, nicht nur seine geistliche Gewalt, sondern auch die Herrschaft der geistlichen über die weltliche Macht zu belegen. So zitiert er höchst willkürlich den Brief des Paulus an die Hebräer (7), in dem es heißt: ‚Zweifellos wird aber das Geringere von einem Höheren gesegnet. Das evangelische Priestertum ist würdiger als das levitische‘. Weiter heißt es: ‚Daher rief Gott die Priester Götter, die Könige aber nannte er Fürsten. Den Fürsten ist gegeben die Gewalt auf Erden, den Priestern aber ist die Gewalt auch im Himmel zugeteilt. Jenen nur über die Körper, diesen auch über die Seelen. Um wieviel würdiger daher die Seele ist als der Leib, um so würdiger ist das Priestertum als das Königtum. Die einzelnen Fürsten haben einzelne Länder, die einzelnen Könige einzelne Königreiche. Petrus aber überragt wie an Fülle so auch an Umfang der Herrschaft, weil er Stellvertreter dessen ist, des die Erde und die Fülle des Erdkreises ist und alle, die auf ihr wohnen.‘ Den 24. Psalm zieht er als Beweis heran – dieser Bischof, der die Schrift nicht kennt!“

Petrus und Paulus sehe ich nun zur Richtertafel laufen. Gemeinsam mit Jesus können diese die Wut der beiden besänftigen, und Jesus sagt mit durchdringend-schroffer Stimme: „Hört weiter, was dieser Mann an Schimpflichem von sich gab. *Meinen* Namen mißbraucht er schimpflich, indem er behauptet, der ‚Gottmensch Christus Jesus sei durch seine Herrschaft – indem er fleischliche Gestalt annahm – zugleich aus königlicher wie aus priesterlicher Sippe nach der Ordnung hervorgetreten‘. Auf gleichermaßen schimpfliche Weise legt er das Evangelium des Lukas (22,38) für sich aus: ‚Jene (nämlich Königtum und Priestertum) sind aber zwei Schwerter, von denen der Herr sprach, es sei genug. Sie sind zwei große Lichter an der Feste des Himmels, die abwechselnd den Tag und die Nacht erleuchten, nämlich die päpstliche Autorität und die königliche Macht.'"

Ich sehe, wie einige Jünger vor Zorn die Faust ballen. Lauter wird die Stimme des Anklägers: „Paulus, Ihr Richter, hat vor falschen Propheten gewarnt. Paulus kann von einem evangelischen Priestertum nicht gesprochen haben, weil es das zu seiner Zeit noch nicht gab. Er bezog sich auf das Alte Testament und spielte auf die Auseinandersetzung und Diskussion über Juda und Abraham an. Kein Wort von Priestern oder Königgesalbten. Wörtlich heißt es bei Paulus: ‚Der Geringere wird vom Besseren gesegnet.' Kein Wort von ‚evangelischen' Priestern, weil man weder zu Abrahams noch zu Paulus' Zeiten davon wissen konnte.

Auch dieser Psalm, Richter, ihr wißt es besser als die Bischöfe in Rom, betrifft jüdische Verhältnisse lange vor der Zeit des Angeklagten. Dort steht geschrieben (24,1f.): ‚Die Erde ist des Herrn, und was darinnen ist, der Erdboden und was darauf wohnt.' Hätte der Angeklagte aufmerksam gelesen, so wüßte er, was darauf folgt, nämlich: ‚Wer unschuldige Hände hat und reinen Herzens ist, der nicht Lust hat zu loser Lehre und schwört nicht fälschlich, der wird den Segen vom Herrn empfangen und Gerechtigkeit vom Gott seines Heils. Das ist das Geschlecht, das nach ihm fragt, das da sucht dein Antlitz, Gott Jakobs.'

Richter, Beisitzer, Jünger! Amen, *ich* sage euch: Die Geschichte des jüdischen, auserwählten Volkes erzählen die Verfasser der Alten Schrift, und für die Anklage hat sich Lotario di Conti des Betrugs und der Fälschung schuldig gemacht, wenn er mit dieser seine Macht zu legitimieren versucht.

Auch Lukas ist falsch ausgelegt. Dieser beschreibt die Situation unmittelbar vor *meiner* Gefangennahme. Auf den Hinweis der Jünger, daß zur Verteidigung zwei Schwerter zur Verfügung stünden, antwortet Jesus: ‚Es ist genug.' Für die Anklage liegt hier nicht nur Fälschung, sondern eine anmaßende Beleidigung vor. *Ich* habe nie daran gedacht, mit Schwertern

Macht auszuüben, weder geistliche noch weltliche. *Ich* habe das Schwert stets abgelehnt, weil *ich* Zwist, Hader und Töten abgelehnt habe. Zwei Schwerter als ‚Säulen des Papsttums und des Königtums' zu bezeichnen, das ist frevelhafte Beleidigung in Tateinheit mit der Verbreitung gefährlichen Schrifttums und Irreführung."

Der Ankläger gönnt sich eine kurze Pause, bevor er fortfährt: „Weiter schürt Conti den Kampf nicht nur unter den deutschen Fürsten, er bannt 1209 den König Johann von England, bis dieser ihm vier Jahre später sein eigenes Land als Lehen anbietet und sich verpflichtet, Tribut zu zahlen. *Meine* Anklage lautet: Einmischung in innere Angelegenheiten, verbrecherische Bereicherung und Verbrechen gegen den Frieden. *Ich* kann ebenfalls nachweisen, daß er versucht hat, den König von Frankreich auf den Thron Englands zu heben. Die Witwe König Heinrichs VI. nötigt er, ihm die Vormundschaft über den Sohn Friedrich zu übertragen. Unter Berufung auf falsche Urkunden und ‚Schenkungen' zwingt er dann Otto IV. vor seiner Krönung, der Kirche die von ihr beanspruchten Gebiete in Italien zu überlassen. Als dieser versucht, gegen den römischen Stuhl aufzubegehren, wird er mit dem Bann belegt. Danach setzt der Angeklagte sein Mündel als König Friedrich II. zum Gegenkönig ein.

Ich werde euch Einzelheiten dieses fortgesetzten häßlichen Amtsmißbrauchs ersparen, Richter. Statt dessen komme *ich* zu einem der größten Verbrechen des Lotario di Conti: Aus Chroniken des Jahres 1209 geht hervor, daß der Angeklagte zu einem ‚Kreuzzug' gegen die Albigenser in Südfrankreich aufruft. Seinen Söldnerbanden hat er die frevlerische und einer Todsünde gleichkommende ‚uneingeschränkte Vollmacht' gegeben, diese in gleichem Maße ahnungslosen wie hilflosen Menschen zu ‚zerstören, zu vertilgen und auszureißen wegen ihres verwerflichen Unglaubens'. Des Frevels nicht genug, Richter, hat er eine weitere Todsünde begangen, indem er den Häschern versicherte: ‚Wer einen Albigenser tötet, hat seinen höchsten Platz im Himmel.'"

Zornesausbrüche von überall im Gericht dröhnen an meine

Ohren. Aufruhr herrscht plötzlich in diesem Tribunal. Schließlich können Richter und Ankläger wieder Ruhe herstellen. Von Jesus geht nun eine geradezu furchterregende Kälte aus. Die folgenden Sätze prallen in den Raum:

„*Ich*, Richter, kann nichts Schuldhaftes oder gar ‚verwerflichen Unglauben' an dieser Sekte finden und hoffe auf eure Zustimmung. Sie lehnte die Ordnung, die Dogmen und Sakramente ab. Sie widersetzte sich friedlich der Verweltlichung. Kriegerisches war ihr vollkommen fremd. Die Anhänger der Albigenser lebten in strenger Askese und bezeichneten die Organisation des Angeklagten als ‚Rom, Hure Babylon'. Den Männern, die schon in Konstantinopel unendliches Leid verbreitet hatten, versicherte dieser Conti in betrügerischer Rede: ‚Von der weltlichen Macht behaupten wir, daß sie ohne Todsünde ein blutiges Urteil vollstrecken kann, sofern sie zur Verhängung der Todesstrafe nicht aus Haß, sondern nach Recht und mit Überlegung schreitet.' Hiermit hat sich der Angeklagte mitschuldig gemacht der Aufforderung zum Töten und der Nötigung Abhängiger. 20 Jahre lang war diese Sekte gepreßt durch Verunglimpfung und Verfolgung der Kirche, ihren Helfern und Helfershelfern ausgeliefert. Dabei wurde eine der schönsten französischen Provinzen wirtschaftlich und kulturell vernichtet. Die Aufforderung ‚Schlagt alle tot', Richter, wie oft habe *ich* sie in unseren Quellen wiedergefunden, und Zeugen bestätigen, daß sich die Mörder auf diesen Angeklagten berufen."

Nach einer Atempause, nun ein wenig ruhiger, sagt Jesus: „Der Historiker Franz Seppelt, wie der Angeklagte ‚katholischen Glaubens', hat zu den Schreckensereignissen dieser Jahrzehnte festgestellt, er könne in dem Albigenserkreuzzug, ‚bei dem überspannter, fanatischer Glaubenseifer mit hemmungsloser Eroberungsgier und wilder Mordlust unentwirrbar sich verbunden hatten, nur eines der abstoßendsten und traurigsten Kapitel der Kirchengeschichte' sehen. Laßt *mich* das Kapitel Albigenser abschließen: Wahrscheinlich sind 20 000, vielleicht auch 100 000 Kinder, Frauen und Männer Opfer dieses Wahns geworden, Richter! Bei der systematischen Vernichtung dieser ‚Ketzer' wurden noch keine Listen angelegt, wie es dann später üblich war. Aber darüber erfahrt ihr an anderer Stelle mehr."

Gideon erhebt sich von seinem Stuhl, schaut Jesus schweigend an, dann fragt er: „Bist du am Ende mit deiner Anklage?" „Noch lange nicht", erwidert Jesus und schüttelt den Kopf. „Lotario di Conti leugnet zwar, mit der nun folgenden Tragödie zu tun zu haben. *Ich* aber klage ihn an, durch verleumderische Predigten mitverantwortlich dafür zu sein, daß im Juni des Jahres 1212 Fanatiker in Frankreich und Deutschland 40 000 Kinder in einen Kreuzzug gegen andere ‚Ungläubige' hetzten. Von Marseille aus sollten Schiffe die Mädchen und Knaben ins ‚Heilige Land' bringen. Keines von ihnen kam dort an. Viele starben, noch bevor sie Marseille erreicht hatten, viele ertranken im Meer, und die Überlebenden wurden auf afrikanischen Sklavenmärkten verkauft."

Alle, die im Gerichtssaal anwesend sind, bestürmen nun den Richtertisch. Nachdem ihnen versprochen worden ist, dieses Verbrechen beim Urteil über den Angeklagten strengstens zu ahnden, höre ich wiederum Jesus: „Das ist eine Schandtat solchen Ausmaßes, daß keiner *meiner* Anklagepunkte dafür ausreicht. Fluch über diesen Mann, Fluch über seine Organisation!" Richter Gideon zeigt zwar Verständnis, bittet den Ankläger jedoch, sich zu beruhigen.

Wütend und streng fährt Jesus fort, und seine Stimme läßt mir beinahe das Blut in den Adern gefrieren: „Kriege, Kreuzzüge, Tote – was hat das mit Religion und Glauben zu tun? Nero und Caligula waren recht harmlose Schurken gegen diese weißgewandeten Monstren. Im Vergleich zu den Abertausenden, deren Tod allein dieser Angeklagte verschuldet hat, ist die Zahl derer, die Christenverfolgungen zum Opfer gefallen sind, verschwindend gering." Erneut wird Jesus vom Richter ermahnt, bei der Sache zu bleiben und nicht abzuschweifen. Der Ankläger fährt fort:

„Um 1212 versucht Lotario Conti das seit Jahrhunderten andauernde, friedliche und fruchtbare Zusammenleben von Mauren, Juden und Christen auch in Spanien zu zerschlagen.

Vom Angeklagten unterstützt, setzt dort ein ‚Kreuzzug' ein. Diesmal führen ihn seine Verbündeten gegen den Islam, Alfons VIII. von Kastilien, Peter II. von Aragon und Sandro VII. von Navarra. Für die Anklage bedeutet das: schuldig der Volksverhetzung und des Völkermordes. Das Jahr 1213 ist das der sogenannten ‚Goldenen Bulle'. Als Dank für die Krönung zum Kaiser bestätigt Friedrich II., der Staufer, seinem Vormund alle ‚Schenkungen' und erklärt sie zum Reichsgesetz. Lotario di Conti hat damit eine weitere Sicherung und Stärkung seines ‚Kirchenstaates' erreicht.

Als eine erneute Einmischung in innere Angelegenheiten von Fremdstaaten werte *ich* die Tatsache, daß Conti die im Jahre 1215 geschaffene ‚Magna Charta Libertatum', die die Grundlage für eine freiheitliche Verfassung der englischen Bevölkerung darstellt, für ungültig erklärt.

Im November desselben Jahres eröffnet der Angeklagte das vierte Laterankonzil in Rom. Den versammelten Bischöfen gibt er Anweisungen für einen weiteren ‚Kreuzzug' ins Land *meiner* Väter. Um diesen finanzieren zu können, wird eine allgemeine dreijährige Kreuzzugssteuer festgelegt und den Teilnehmern voller Ablaß und außerdem Schutz für ihre heimatlichen Besitzungen zugesagt. Auch strengere Maßnahmen gegen alle ‚Ungläubigen' in Europa werden auf dieser Synode beschlossen. *Ich* will das Verfahren nicht unnötig in die Länge ziehen und werde aus den Beschlüssen nur kurze Passagen zitieren. So heißt es unter anderem, daß die Güter der ‚Verdammten' konfisziert werden sollen, daß mit dem ‚Schwert des Bannes' gedroht wird. Und wenn ein von der Kirche ersuchter und ermahnter weltlicher Herr versäumt hat, sein Land von der ‚ketzerischen Abscheulichkeit' zu säubern, müsse er von den übrigen Bischöfen der Kirchenprovinz in die ‚Fessel der Exkommunikation' geschlagen werden. Und wenn er binnen Jahresfrist die Genugtuung verweigere, werde er dem römischen Bischof angezeigt, damit dieser dann die Untertanen aus dessen Treue entbinde und sein Land ‚Rechtgläubigen' zur Eroberung aussetze, die es nach ‚Ausrottung der Ketzer ohne Einwand besitzen und in Glaubensreinheit erhalten sollen'.

Damit ist der Angeklagte verantwortlich für die darauf folgenden Kriegsverbrechen, Nötigung, Verunglimpfung sowie Unterstützung organisierten Verbrechens und terroristischer Vereinigungen."

Für Bruchteile von Sekunden sehe und höre ich Wochenschauberichte der Jahre 1933 bis 1945. Einen Teil ihres Vokabulars brauchten der österreichische Katholik Hitler und die Nazis nur von Rom zu übernehmen. Jesus' gewaltige Stimme schlägt mich sofort wieder in Bann: „Richter, Ihr werdet staunen, denn auch über interne Angelegenheiten wurde disputiert. Die Kirchenfürsten verabschieden ein ‚Dogma', mit dem die ‚Transsubstantiation' zum festen Bestandteil der Lehre wird. Ein Mal im Jahr, an Ostern, muß jeder ‚Gläubige' zur Beichte und Kommunion gehen." Aus den verständnislosen Gesichtern aller Anwesenden schließt Jesus, daß niemand ihn verstanden hat. Auch ich höre dieses Wort zum ersten Mal. „*Ich* will versuchen, diesen Unfug zu erklären. Man versteht darunter die ‚Wesensverwandlung von Brot und Wein in Leib und Blut des auferstandenen Christus'. Es ist dies eines der wichtigsten Sakramente, für das es nicht nur keine Grundlage in der Schrift gibt, sondern das die Gesetze der Natur auf den Kopf stellt. Das Ganze beruht auf Fälschung und Betrug.

Ich werde jetzt aus dem 22. Kapitel des Lukasevangeliums die Verse 19 und 20 vorlesen: ‚Und er nahm das Brot, dankte und brach's und gab's ihnen und sprach: Das ist mein Leib, der für euch gegeben wird; das tut zu meinem Gedächtnis. Desgleichen auch den Kelch, nach dem Abendmahl, und sprach: Das ist der Kelch, das neue Testament in meinem Blut, das für euch vergossen wird.'"

Ich sehe, wie Jesus sich an seine Jünger wendet, die seine antirituelle Einstellung ja kannten. Er bittet sie, den Richtern zu bestätigen, daß dieses vermeintliche ‚Abendmahl' so nicht stattgefunden und er sie mit keinem Wort zu einer Wiederholung aufgefordert habe. Paulus' Einwände dagegen werden von Jesus mit dem Argument unterbrochen: „Du stehst hier nicht als Angeklagter, Paulus, aber *ich* werfe dir vor, *meine*

Botschaft verfälscht zu haben. Nur in deinem ersten Brief an die Korinther und bei Lukas steht der Befehl ‚Tut dies zu *meiner* Erinnerung‘, sonst gibt es dafür keinen Beleg im Neuen Testament." Und, sich den Richtern zuwendend, sagt er: „Der Beweis für diese Fälschung ist die *mir* in den Mund gelegte Formulierung ‚neues Testament in *meinem* Blut‘. Glaubt ihr, Richter, Beisitzer, *ich* hätte *meinen* Jüngern einen so abscheulichen Vorgang wider die Natur zugemutet? *Mein* ‚Blut‘ und *mein* ‚Fleisch‘ zu verzehren? Das ist nicht *meine* Lehre, dieser Brauch des ‚Mahls‘ ist von den Juden gestohlen, die als Dank für die Befreiung aus der Knechtschaft der Ägypter ein Passahfest feierten, indem sie ein fehlerloses Lamm schlachteten und dazu ungesäuertes Brot aßen, wie es in 2. Mose 12 beschrieben wird. Im übrigen, laßt *mich* dies noch anfügen, ist den frauenfeindlichen Erfindern der Evangelien ein weiterer grober Fehler unterlaufen: Wie euch *meine* Jünger bezeugen können, war *ich* auf *meinem* Weg immer in Gesellschaft von Frauen. Warum hätte dieses Passahmahl ausgerechnet ohne Frauen gefeiert werden sollen? Für *mein* Volk war bei diesem seit Hunderten von Jahren gebräuchlichen Fest die Abwesenheit von Frauen undenkbar."

Eine Erinnerung an meine Kindheit kommt mir in diesem Augenblick in den Sinn und läßt mich schaudern. Welche Ekelgefühle hatte ich jedesmal, wenn Priester den Kelch mit Meßwein an die „Gläubigen" reichten, die sich vorstellen mußten, Jesu Blut zu trinken. Das ist eine Aufhebung von physikalischen Gesetzen, das ist eine Vergewaltigung der Vernunft, das ist Nötigung, in Gedanken Kannibalismus zu betreiben! Aus Wasser Wein zu machen, wie Johannes das im zweiten Kapitel seines Evangeliums beschreibt, mutet dagegen an wie kindlicher Hokuspokus.

Indessen versucht Paulus noch einmal, Jesus ins Wort zu fallen. Mit einer drohenden Armbewegung wird er daran gehindert: „Hohes Gericht, mehr will *ich* dazu nicht sagen. Aber hört, was weiter auf diesem Konzil geschehen ist. Den ‚Gläubigen‘ wird die jährliche ‚Beichte‘ zur Pflicht gemacht. Menschen werden damit genötigt, den Priestern dieser Organisation ihr Innerstes zu offenbaren, und sie geraten somit in schamlose Abhängigkeit. Seit der Verordnung auf dem erwähnten Konzil wurde sie Bedingung für den Zutritt zur Kirche und ein gefährlicher Machthebel der Organisation, vergleichbar dem betrügerischen ‚Ablaß‘.

Und um der ‚Ketzerei‘ besser auf die Spur zu kommen, erließ Conti weitere 47 Sätze, auf daß die Feuer der Inquisitionsgerichte nicht mehr erlöschen konnten. Jeder ‚Gläubige‘ war gezwungen, bei seiner Beichte ‚Verdächtige‘ anzugeben, und wer dies unterließ, war selbst der ‚Ketzerei‘ verdächtig und damit im Teufelskreis der Inquisitoren, aus dem es praktisch kein Entrinnen gab. Diese von *mir* angeklagte Kirche hatte also eine zweite Hölle erfunden – die auf Erden.

Richter, *ich* frage euch: Wo oder wann habe *ich* so etwas Lästerliches verlangt? Hatte ein Gläubiger dann seinen vermeintlich sündigen Lebenswandel gebeichtet, konnte jeder Priester ihm diese ‚Sünden‘ vergeben. Das stellt für *mich* eine erneute Anmaßung dar und den Verstoß gegen *meine* Lehre, daß Sünden nur Gott allein vergeben kann. Der Begriff Sünde, der bei dieser Beichte eine große Rolle spielt, führt *mein* Leben ad absurdum. Mit *meinem* Tod am Kreuz war der Auftrag erfüllt, die Sünden von der Welt zu nehmen. So steht es in der Schrift. Paulus gibt davon Zeugnis, ebenso Johannes. Da die Kirche behauptet, dort werde die Wahrheit verkündet, obwohl er seit langem als Fälschung enttarnt ist, berufe ich mich ausnahmsweise auf den ersten Petrusbrief (2,24), in dem es heißt: ‚Jesus hat die Sünde hinaufgetragen, auf daß wir der Sünde abgestorben.‘ Hat auch nur einer der Angeklagten je die Schrift gelesen, Richter?

Die ‚Beichte‘ ist für *mich* sündhafter, schändlicher Mißbrauch von Abhängigen und Verführung zur Nötigung sowohl der ‚Priester‘ wie der ‚Gläubigen‘. Die Diener Roms müssen eine Pflicht übernehmen, die sie gar nicht ausüben können, und die ‚Gläubigen‘ geraten in eine zwanghafte Abhängigkeit, die ihre Intimsphäre aufs tiefste verletzt. Genug davon an dieser Stelle. Leider müssen wir darauf noch zurückkommen.“

Jesus begibt sich zu seinem Tisch und nimmt eine andere
Akte. Dann sagt er: „Während dieses Laterankonzils versuchten einige Beteiligte Beweise dafür zu erbringen, daß ihr oberster Bischof gegen die Exzesse der Kreuzfahrer auf den
Kreuzzügen protestiert, insbesondere das rohe Vorgehen gegen die Juden gescholten habe. *Ich* bin im Besitz einer Botschaft des Angeklagten an die Erzbischöfe von Sens und Paris. Darin schreibt er: ‚Während wir ihnen (den Juden) voll Erbarmen unser Vertrauen entgegenbringen, behandeln sie uns
wie ihre Feinde. Wir haben nämlich gehört, daß sich die Juden, denen die Freundlichkeit der Fürsten den Aufenthalt in
ihren Ländern gestattet, so unbotmäßig benehmen, daß sie
sich derartige Beleidigungen gegen den christlichen Glauben
herausnehmen, die nicht nur zu sagen, sondern schon zu denken ein Frevel ist.'
Selbstverständlich kann der Angeklagte für diese Behauptungen keinerlei Beweise erbringen. Das Gegenteil ist richtig:
Juden mußten Verfolgungen im eigenen Lande und in fast allen Gastländern von den sogenannten Christen erdulden. *Ich*
erhebe Anklage wegen Verunglimpfung und Volksverhetzung,
denn auch gegen den ‚verwerflichen Unglauben' der Juden
wird gegeifert.
Dieser Angeklagte wird als einer der bedeutendsten Bischöfe bezeichnet. Ein Historiker würdigt die Regierungszeit Lota-
rios gar mit der Überschrift ‚Die Vollendung'. Doch er war es,
der *meinem* Volk eine noch größere Schmach antat: Zum ersten Mal wird im Abendland von den Juden verlangt, ein
Kennzeichen, einen ‚gelben Fleck auf der Kleidung' zu tragen: ‚Damit in Zukunft die Ausflucht des Irrtums abgeschnitten werde, bestimmen wir, daß Juden und Sarazenen beiderlei
Geschlechts in jeder christlichen Provinz und zu jeder Zeit
sich durch die Art des Gewandes öffentlich von der übrigen
Bevölkerung unterscheiden sollen.' In einigen Ländern
mußten Männer zudem einen Hut tragen, der mit einer Spitze
versehen war, die das Horn des Teufels symbolisieren sollte."
Sofort habe ich ein unvergessenes Bild vor Augen: Die beiden Frauen und die vier Männer, die an der Rampe von Bir-

kenau einem Nazi-Offizier gegenüberstehen, hilflos. Sie tragen den gelben Stern auf ihren Mänteln, und dieser Unmensch wird in Sekunden entscheiden: zur Arbeit noch tauglich, oder: ab in die Gaskammer. Aber schon höre ich wieder die Stimme von Jesus:

„Im Artikel 69 dieses Beschlusses heißt es: ‚Wir verbieten, daß Juden zu öffentlichen Ämtern zugelassen werden, da sie unter dem Vorwand des Amtes den Christen am meisten aufsässig sind. Dem Inhaber eines solchen Amtes soll so lange die Gemeinschaft mit den Christen im Handel und in anderem versagt werden, bis er zum Nutzen der Armen, der Christen, übergeben hat, was er von den Christen gelegentlich seines so übernommenen Amtes erlangt hat. Das Amt selber aber soll er mit Schaden wieder aufgeben.'

Verzeiht die Bemerkung, aber ist das alles nicht vollkommen absurd? ‚Jesus von Nazareth, König der Juden' müßte für die Kirche doch die Verkörperung ihres Feindbildes sein. Statt dessen aber verehrt sie ihn – gegen seinen Willen – als ‚Gott'.

Der Angeklagte, den *ich* schon beschuldigt habe des Völkermordes an den Albigensern, bereitet auf diesem Schreckenskonzil von 1215 auch das blutige Ende einer anderen ‚Sekte' vor. Er ermächtigte einen seiner Untergebenen, den Erzbischof von Narbonne, die Anhänger der Waldenser auszurotten. Zehntausende sind diesem ‚Religionskrieg' des Angeklagten zum Opfer gefallen.

Ich fühle *mich* nicht berufen, über diese Sekte zu urteilen, doch will *ich* versuchen, euch ihre Lehre kundzutun. Die Waldenser sind davon überzeugt, daß es ein Fegefeuer nicht gibt, daß Gebete zugunsten der Verstorbenen nichts nützen, daß die Ablässe lose Künste und um des Geldes Willen erfunden worden sind, daß große Kirchen zu bauen wider Gott ist, daß der Gesang in der Kirche Gott nicht gefällig ist und daß auch die Beichte für den, der eben beichtet, keine Kraft, sondern eine bloße Erfindung ist. Richter, ihr werdet *mir* zustimmen, daß daran nichts Schimpfliches oder Sündiges ist, daß die Waldenser *meiner* Botschaft näher waren als diese Organisation, die auf dem Konzil auch die falsche Behauptung in ihren Dekreten festschrieb: ‚Es gibt nur eine allgemeine Kirche der Gläubigen. Außer ihr wird keiner gerettet, in ihr ist Jesus Christus Priester und Opfer zugleich.' Auch das empfinde *ich* als Beleidigung und Betrug. Diese Kirche hat sich von *meiner* Lehre so weit entfernt, daß *ich* nicht ihr Priester sein will.

Ich, Jesus von Nazareth, klage den Conti dessen an, was er ohne Beweise den Albigensern vorwarf, nämlich ‚geistliche Pestilenz', ‚Irrlehre' und ‚schändlichsten Aberglauben' in der Welt verbreitet zu haben.

Mit den Kreuzzügen blühte außerdem der Reliquienschwindel auf. Eine wahnhafte Sucht verbreitete sich in Europa. Von manchen sogenannten Heiligen gab es mehr Köpfe, als das Ungeheuer Lernäon gehabt hat. Kirchen, die sich des Besitzes bekannter ‚Reliquien' rühmten, maßten sich mit Roms Erlaubnis an, ihren ‚Gläubigen' besonderen Ablaß erteilen zu können. Das ist für *mich* Betrug in Tateinheit mit verbrecherischer Bereicherung, da dies mit Geldspenden verbunden war. Klöster behaupteten, Teile *meiner* Krippe oder Windeln, andere, den essiggetränkten Schwamm oder Splitter vom Kreuz zu besitzen..." Bevor Jesus weitersprechen kann, ruft seine Mutter in den Saal, und ihre Stimme überschlägt sich fast: „In Konstantinopel und in Laon wurde angeblich Milch aus meiner Brust aufbewahrt!" Jesus nickt zustimmend und knüpft an: „Des schieren Wahnsinns nicht genug, Ihr Richter: Der Bischof von Lüttich hat von diesem Angeklagten, hört und staunt, eine Träne aus *meinem* Auge zum Geschenk erhalten."

Die Jünger schütteln sich vor Lachen, und auch die Richter können sich dies nicht mehr verkneifen. Befreiend wirkt es, dieses lang anhaltende Lachen nach all dem Horror und Terror. Mit Aberglauben und Götzendienst „Gläubige" bei der „Stange" zu halten ist zwar grotesk und pervers, aber vergleichsweise harmlos zu dem Verbrechen, „Ungläubige" mit dem Schwert zu bekehren, denke ich. Jesus hat sich nicht von der allgemeinen Erheiterung anstecken lassen und fährt in ernstem Ton fort:

„*Ich* komme zum Schluß, Richter. *Ich* bin im Besitz von Zeugenaussagen, nach denen der Angeklagte behauptet haben soll, jeder müsse ‚dem Papst gehorchen, selbst wenn dieser Böses befehle. Niemand könne über den Papst urteilen.' Auch diese Schmähreden kommen einer Gotteslästerung gleich. Lotario Conti machte sich darüber hinaus erneut der Fälschung, des Betrugs und der Beleidigung schuldig, indem er predigte, Jesus habe Petrus nicht nur die Leitung dieser Kirche, sondern der ganzen Welt verliehen. Dies haben wir von anderen Angeklagten auch schon gehört. *Ich* brauche Petrus nicht als Zeugen aufzurufen, um das Gegenteil zu beweisen.

Auf vielen Bildern schmücken Gold, Edelsteine und Diadem das Gewand und den Kopf des Angeklagten. Damit lästert und verhöhnt er unsere Botschaft, in Armut zu predigen. Der Angeklagte hat die Drohung ausgesprochen: ‚Alle, die unerlaubt oder ungesandt ohne Vollmacht vom Apostolischen Stuhl oder dem rechtgläubigen Bischof des Ortes sich öffentlich oder privat das Predigtamt zu usurpieren vornehmen, sollen in die Fessel der Exkommunikation geschlagen werden.' Petrus hat weder diesem noch irgendeinem anderen einen Apostolischen Stuhl hinterlassen. Hier liegen betrügerische Anmaßung und Falschaussage vor.

Ich, Jesus von Nazareth, frage: Woher hat sich diese Kirche das Recht angemaßt, Menschen vom Himmel auszuschließen, ein Apostolischer Stuhl und Mittler zwischen Gott und den Menschen zu sein? Gottvergessenheit und Lästerung sind in allem, was dieser Angeklagte und seine Organisation lehren. Eine Lästerung des Gottes der Juden, eine Mißachtung der heiligen Gebote der Schrift, eine abgrundtiefe Menschenverachtung. Der Angeklagte hat in seiner Laufbahn praktisch jedes Verbrechen begangen, das im Sinne der Anklage strafwürdig ist. Lotario ist ein Machtmensch und als solcher die geeignete Personifizierung dieses Kirchen-Regimes.

Ich hoffe, Richter, ihr werdet euch dem Urteil des Historikers Ferdinand Gregorovius anschließen, der in seinen ‚Römischen Tagebüchern' schrieb, der Angeklagte habe seine Kirche umgeben mit Tyrannei, der Heilige Stuhl sei durch ihn ‚der Thron der dogmatischen und kirchenrechtlichen Gewalt' geworden."

140

18. Gregor IX.

Ugolino di Conti, Graf von Segni

Diesmal ist es Melchisedek, der das Strafdossier aufschlägt und zur Person verliest: „Ugolino Conti, geboren 1170, 1206 durch die Unterstützung von Innozenz III. zum Kardinalbischof von Ostia und Velletri ernannt, die Kirchengeschäfte führend bereits unter Honorius III. und nach dessen Tod im Alter von 57 Jahren als Gregor IX. ins Amt gewählt. Er ist angeklagt, wie alle anderen, der Amtsanmaßung und des Amtsmißbrauchs an, des weiteren der Einmischung in innere Angelegenheiten, der Erpressung und der Vorbereitung von Angriffskriegen. Die Anklage möge mit der Beweisführung beginnen."

Jesus erhebt sich und erklärt: „Als erstes Indiz bitte *ich* festzuhalten, daß der Angeklagte im September 1227 und März 1228 zwei Bannsprüche gegen den Stauferkaiser Friedrich II. aussprach. Ein Paradoxon, da schon ein Bann allein die schrecklichste nur denkbare Strafe in jener Zeit darstellte, denn daraufhin wurden auf diese Art Verdammte wie Aussätzige gemieden. Besonders verwerflich ist dieser Vorgang, da der Staufer durch Krankheit daran gehindert wurde, sein Gelübde zu erfüllen und einen ‚Kreuzzug' anzuführen. Es war dies bereits der fünfte und für *mich* wiederum ein Angriffskrieg ohne jedwede Berechtigung.

Um diese durch und durch verabscheuungswürdige Eroberung fremden Territoriums finanzieren zu können, hat der Angeklagte überall in Europa Steuern für seine Kriegskasse erpreßt. Hiermit erfüllt sich für *mich* auch zugleich der Straftatbestand der verbrecherischen Bereicherung und des Verstoßes gegen die Zehn Gebote des Alten Testaments.

Unmittelbar nach seiner zweiten Bannung erfüllte der Stauferkaiser dann sein Gelübde und den Auftrag des Angeklagten. Daß dieser ‚Kreuzzug' der unblutigste aller Einfälle ins Land der Moslems und Juden wurde, ist ausschließlich Friedrich II. und seinem diplomatischen Geschick zuzuschrei-

141

ben. In Verhandlungen mit dem ägyptischen Sultan el Kamil wurde den ‚Christen' für zehn Jahre der freie Zugang zu den Städten Bethlehem, Nazareth und Jerusalem zugesichert.

Als Beweismaterial kann *ich* zwei Augenzeugenberichte anführen, aus denen für *mich* hervorgeht, daß sich Ugolino auch der <u>Störung des öffentlichen Friedens</u> und des <u>Mißbrauchs von Abhängigen</u> schuldig gemacht hat. <u>Zum einen hat er Mitglieder des Franziskanerordens dazu aufgestachelt, in Jerusalem Widerstand gegen die Unternehmungen Friedrichs zu schüren und gegen den Kaiser zu hetzen.</u> Seine verbrecherischen Absichten konnten allerdings vereitelt werden."

Durch einen Blick von Jesus aufgefordert, übernimmt Richter Melchisedek und liest weiter aus den Akten vor: „In Abwesenheit des Kaisers rüstet der Angeklagte ein Heer und <u>fällt damit ins Stammland Friedrichs in Apulien ein.</u>" Jesus meldet sich: „Hohes Gericht, *ich* darf hier gleich unterbrechen. Für *mich* ist dies wieder ein Hinweis für den blinden Haß des Angeklagten. Er zettelt einen heimtückischen Krieg an, und *ich* unterstelle ihm vorläufig auch die Beihilfe zum <u>Mord</u> und <u>Landfriedensbruch</u>."

Übergangslos knüpft Melchisedek an: „Friedrich war also gezwungen, schnellstens in seine Heimat zurückzukehren, und im Sommer 1230, so lese ich hier, kam es zum Frieden von San Germano. Der Kaiser zwingt den Bischof von Rom mit einem Friedensvertrag zu einem zehnjährigen Waffenstillstand. Gleichzeitig gelingt ihm damit die Aufhebung des Banns und der Exkommunikation, denn er konnte sich auf den sogenannten Kreuzzugsablaß berufen, mit dem alle kirchlichen Strafen aufgehoben werden."

Jesus übernimmt wieder: „Es wird das Gericht interessieren, wie Friedrich II. selbst den Charakter seines Gegners einstufte. Er, der römische Bischof, habe den Fürsten Grausamkeit, Gewalt, Haß und Zorn vorgeworfen, aber all dieses würde doch in noch viel größerem Maße dem völkerverderbenden, rachgierigen, schwertseligen Jahwe des Alten Testaments zugeschrieben. Und alle diese einen Bischof nicht auszeich-

nenden Charakterzüge würden auf ihn, Ugolino di Conti, zu-
treffen.

Es kann für den Angeklagten nicht strafmildernd berück-
sichtigt werden, daß der 20jährige Verfolgungskrieg gegen die
südfranzösischen Albigenser im April des Jahres 1229 zu
Ende ging. Dieser Friede war vom französischen König und
den wenigen übriggebliebenen Führern der ‚Sekte' ausgehan-
delt worden. *Ich* bitte ganz im Gegenteil festzuhalten, daß der
Angeklagte und alle seine dafür verantwortlichen Vorgänger
durch Duldung dieses Krieges sich auch in den Augen ihres
Kirchenlehrers Bernhard von Clairvaux (†1153) der Verunglimpfung, Verfolgung und Ermordung von Anhängern eines
anderen Glaubens schuldig gemacht haben. In dessen Tagebuch fand *ich* folgende Notiz über die Albigenser: ‚Es gibt
keine christlicheren Predigten als die ihren. Ihre Sitten waren
rein.' Wie das Gericht weiß, war der entscheidende Stein des
Anstoßes, daß diese Menschen den römischen Bischöfen
Machtgier und Verweltlichung vorwarfen.

Doch weiter mit der Beweisaufnahme: Da ist zunächst seine Konstitution ‚Excommunicamus' vom Februar 1231, mit
der er die satanisch-verbrecherische Inquisition kirchenrechtlich weiter ausbaut. Hohes Gericht, liebe Jünger, *ich* kann
euch nicht ersparen, was an Schrecklichem im Gehirn dieses
Mannes vorging. Dieses Machwerk bestimmt nämlich, daß
alle diejenigen, welche sich nach der Verhaftung aus Furcht
vor dem Tode zum sogenannten ‚wahren Glauben', dem der
Kirche nämlich, bekehren, lebenslänglich eingekerkert werden
und auf diese Weise die gebührende Buße vollbringen sollten."

Im Saal ist es regungslos still. Jeder der Anwesenden hat
genug Phantasie, sich auszumalen, was dieses Kirchenpapier
bedeutete. Ich stelle mir vor, mit welch erbarmungsloser Ener-
gie die Folterknechte dieses Mannes, ausgestattet mit einem
solchen Freibrief, gegen ihre wehrlosen Opfer vorgehen konnten. Und sie taten es in Mönchsgewändern, ungestraft! Jesus,
mit fester Stimme:

„*Ich* sehe darin die Straftatbestände Freiheitsberaubung,

Mißbrauch von Abhängigen, Beihilfe zur gefährlichen Körperverletzung und Erpressung erfüllt. Der Angeklagte verstößt damit außerdem gegen die freie Entfaltung der Persönlichkeit und die Menschenrechte.

Und es folgen weitere Dekrete gegen ‚Häretiker' und ‚Irrgläubige'. Der Angeklagte verfügt die Sippenhaftung bei ‚Ketzern' bis in die siebte Generation und macht sich damit im Sinne der Anklage der schweren Nötigung, des schweren Amtsmißbrauchs und des erneuten Verstoßes gegen die Menschenrechte sowie der Beihilfe zur Körperverletzung schuldig. Gleichzeitig verstößt er gegen die Zehn Gebote. Es fällt *mir* schwer, dies auszusprechen, aber *ich* muß es tun, es ist *mein* Amt: Die Inquisitoren begründeten die Hinrichtung auf dem Scheiterhaufen damit, daß auf diesem Wege wenigstens die Seelen der ‚Ketzer' durch das Fürbittegebet gerettet werden könnten.

Hohes Gericht, *ich* klage den Angeklagten und seine Organisation auch der Fälschung und Verunglimpfung des hier anwesenden Paulus an. Sie berufen sich auf den 1. Korintherbrief 5,5 ...'" – In diesem Moment sehe ich, wie Paulus aufspringt und nach vorn drängt, den Ankläger zur Seite schiebt und erklärt, er habe in diesem Brief warnen wollen vor dem Satan, der zum Verderben des Fleisches führe. Ihm sei zu Ohren gekommen, daß ein Gemeindemitglied mit der Ehefrau des Vaters Unzucht getrieben habe. Er, Paulus, habe damit nicht Menschen anderen Glaubens gemeint. Begriffe wie ‚Ketzer' oder ‚Häretiker' habe er weder gekannt noch benutzt, das seien Erfindungen dieser Kirche. In rasender Wut wirft er dem Angeklagten vor, seine Schrift verbrecherisch mißdeutet zu haben.

Auch der Richter ist nun aufgesprungen. Mit Zornesröte im Gesicht verbittet er sich weitere Unterbrechungen. Er droht, jeden, der von nun an unerlaubt das Wort ergreift, aus dem Saal entfernen zu lassen. Diese Ankündigung sorgt erneut für Unruhe unter den Jüngern. Jesus hat Mühe, sie zu besänftigen, und sagt dann:

„Richter, *ich* mache euch auf die empörenden Widersprüche in dieser Lehre aufmerksam. So liegt uns ein Zeugnis des Kirchenvaters Chrysostomos (†407) vor, der das ‚Töten eines Ketzers für ein unsühnbares Verbrechen' hielt. Ein Zeitgenosse des Angeklagten, der ebenfalls als ‚Heiliger' in die Geschichte dieser Organisation eingegangen ist, Thomas von Aquin (†1274), mit dessen erbarmungsloser Logik *ich* das Gericht noch des öfteren konfrontieren werde, dagegen behauptete, wenn ‚ein Glaube in tausend Punkten katholisch, aber nur in einem falsch sei, so sei der ganze Glauben ketzerisch'.

Dieser Mann steht hier leider nicht vor Gericht, aber stellvertretend dafür Ugolino. Thomas war es auch, der die Forderung erhob, die ‚Sünde der Ketzerei sei mehr als alle anderen Sünden der Menschen und mit strengster Härte zu bestrafen'. Mit seinen Ketzerdekreten mache *ich* den Angeklagten mitverantwortlich für alles, was in den folgenden Jahrhunderten an Verbrechen, Schrecken und Grausamkeiten geschehen wird. Dekrete gegen ‚Ungläubige' galten in Deutschland bis ins 17. Jahrhundert, in Italien bis zum Anfang und in Spanien sogar bis zur Mitte des 19. Jahrhunderts.

Es schaudert *mich*, dem Gericht Zahlen nennen zu müssen, aber für den Zeitraum von 1232 bis etwa 1850 rechnen die Forscher mit mehreren Millionen Toten. Wie viele Menschen dabei auch seelisch zerstört worden sind, hat bis heute niemand auch nur zu schätzen gewagt. Mit der Inquisition und den Ketzerverfolgungen hat die Kirche Erpressung und Mord bis in die Familien getragen, da durch die Gebote ihrer Führer Eltern gezwungen wurden, ihre Kinder zu denunzieren, Kinder ihre Eltern, Männer ihre Frauen und Frauen ihre Männer.

Richter, eine Welle der Furcht und des Hasses hat dieser Angeklagte ausgelöst. Armut, Mißgunst, Falschheit und Neid führten überall in Europa zu tagtäglicher Denunziation von unvorstellbarem Ausmaß. *Ich* bitte inständig im Namen der Millionen namenlosen Opfer, bei der Urteilsfindung die strengsten Maßstäbe anzulegen.‘‘

Richter Gideon fordert Jesus nun auf, zum ‚Kreuzzug' gegen die Stedinger Bauern in Norddeutschland im Jahr 1232 Stellung zu nehmen. Jesus, wie geheißen:

„Richter, nicht nur dort, auch in vielen anderen Ländern wurden unter dem Deckmantel der Missionierung Kriege geführt. Es ist hier nicht der Ort, über Friedrich den Staufer zu richten, aber ihn trifft wie seinen Kontrahenten Ugolino die gleiche Schuld an den über Jahrhunderte andauernden Zwangstaufen, mit denen beide den ‚Deutschen Ritterorden‘ beauftragt hatten und dem die Völker Nordosteuropas zum Opfer fielen. ‚Im Namen Jesu‘ lautete auch bei diesen Blut-Rittern das Motto: Taufe oder Tod. *Ich* klage Ugolino also erneut wegen Unterstützung eines Angriffskrieges, Beihilfe zu vielfachem Mord und verbrecherischer Bereicherung durch Eroberung fremden Territoriums an.“

Jesus bittet das Gericht, eine sehr persönliche Bemerkung machen zu dürfen. Gideon gibt dem Protokollschreiber ein Zeichen, der daraufhin seinen Schreibstift weglegt, und Jesus sagt: „Diese Kirche hat eine ‚Religion‘ erschaffen, die von Haß, Gewalt, Grausamkeit, Absurdität und Widernatürlichkeit geprägt ist. Ungesühnt und ungestraft konnten ihre Führer seit 2000 Jahren Un-Taten und Un-Heil verbreiten. Deswegen bin *ich* hier und klage sie an.“

Eine Weile steht Jesus da, tief atmend mit geschlossenen Augen, und wenn ich mich nicht sehr täusche, sehe ich Tränen an seinen Lidern. Dann hat er die Beherrschung wiedergefunden und sagt:

„Doch nun zu den Opfern des Kreuzzuges: Es waren Bauern, die im fruchtbaren Weserland siedelten. Nachdem sie sich geweigert hatten, Steuern an die Bischöfe zu zahlen, klagten diese die Bauern der ‚Ketzerei‘ an, ein in dieser Organisation sehr beliebtes Mittel, da Schuldbeweise meistens überflüssig und Zeugenbestechungen zur Gewohnheit geworden waren. Die böswillige Verleumdung führte zur ‚Kreuzzugsbulle‘ des Angeklagten. Ein Heer von 40 000 Mann, Söldner aus Holland, Brabant und anderen Ländern, fielen in das Gebiet der Stedinger ein. Dieser widerrechtliche Kampf dauerte zwei Jahre und endete mit der Niederlage der Bauern am 27. Mai 1234. In den *mir* zugänglichen Urkunden schwankt die Zahl der Toten zwischen 4000 und 11 000. Ihr Besitz war verwüstet, und was davon übriggeblieben war, wurde unter den Siegern aufgeteilt.

Die Söldner waren vom Angeklagten, ähnlich wie die ‚Kreuzzugsfahrer‘ nach Jerusalem, von jeder Schuld automatisch durch Ablaß befreit, Brand, Mord und Raub waren von Ugolino abgesegnet. Hiermit erfüllt sich für *mich* die Beihilfe zum Völkermord und Beihilfe zur verbrecherischen Bereicherung.“

Ich sehe, wie Jesus an seinen Tisch geht, in den Akten nachschlägt und ein Dokument hervorzieht. Damit tritt er wieder vor die Richter: „Es mag den Anschein haben, daß der Verfasser des Briefes, aus dem *ich* nun vorlesen werde, seiner Sinne nicht mächtig und unzurechnungsfähig gewesen ist, als er dieses schrieb. *Ich* aber behaupte, dieser Mann ist voll verantwortlich für das, was immer er tat. *Ich* zitiere: ‚Wenn der Novize in die Gemeinschaft aufgenommen wird und zum ersten Mal in die Versammlungsräume der Vorgenannten eintritt, erscheint ihm eine Art Frosch, den einige eine Kröte zu nennen gewohnt sind. Indem einige diesen auf das Hinterteil und andere auf das Maul verdammenswerterweise küssen, nehmen sie die Zunge und den Speichel des Tieres in den Mund auf. Dieser Frosch erscheint bisweilen in ungebührlicher Größe und manchmal vom Ausmaß einer Gans oder Ente, sehr oft nimmt er die Größe eines Backofens an. Den weitergehenden Novizen begegnet darauf ein Mann von verwunderlicher Blässe, er hat ganz schwarze Augen und ist so abgezehrt und mager, daß bei geschwundenem Fleisch einzig die übriggebliebene Haut über die Knochen gezogen scheint. Diesen küßt der Novize, und er empfindet ihn kalt wie Eis, und nach dem Kuß schwindet die Erinnerung an den katholischen Glauben vollständig aus seinem Herzen.‘

Richter, hört *mich* an: Der Angeklagte selbst hat dieses geschrieben. Die Dekretale heißt ‚Vox in rama‘. Er erließ sie am 13. Juni 1233 und warnt darin vor dem ‚Teufelsunwesen und satanischen Kulten‘. *Ich* brauche nicht darauf hinzuweisen, welche Folgen diese Verfügung in den kommenden Jahren hatte. In seinem, *ich* kann es nicht anders formulieren, Religionswahn machte sich der Angeklagte damit des Betrugs, der Falschaussage, der Fälschung und der Volksverhetzung schuldig.

In diese Zeit fällt ein weiterer ‚Kreuzzug‘, mit dem *mein* Name geschändet wurde. Auch damit macht er sich im Sinne der Anklage der Unterstützung und Vorbereitung von Angriffskriegen schuldig. Zunächst ging es gegen die Bosnier, die er als ‚Schreckgespenst des Balkan‘ verleumdete. Drei Jahre später rief Ugolino zu einem ‚Kreuzzug‘ gegen den bulgarischen Zaren auf. Auch hier standen alle Soldaten unter seinem persönlichen Schutz, und er hatte ihnen a priori Ablaß erteilt von den Todsünden des Mordes und der Zwangstaufe."

Während ich mir überlege, daß diese Anschuldigungen allein schon ausreichen müßten, den Angeklagten für immer und ewig in die von der Kirche so beschworene Hölle zu verdammen, sucht der Ankläger in seinen Unterlagen. Dann höre ich: „Wie schon seine Vorgänger, benutzte auch Ugolino die bekanntermaßen gefälschte ‚Konstantinische Schenkung‘, um seine Machtansprüche gegen den Stauferkaiser geltend zu machen. *Ich* werde dem Gericht ersparen, alle Denkschriften, die in dieser Zeit entstanden sind, im Detail anzuführen. Zusammenfassend sei gesagt, daß darin die schwersten und ungerechtesten Vorwürfe gegen Friedrich II. erhoben wurden, daß der Angeklagte ihn sogar des Verbrechens der ‚Ketzerei‘ für schuldig befand und ihn erneut mit dem Bannfluch belegte.

Das ‚Verbrechen‘ des deutschen Kaisers bestand darin, ohne Genehmigung von Ugolino seinen Sohn mit einer Fürstin von Sardinien verehelicht und zum König von Sardinien ausgerufen zu haben. Der Angeklagte, so kann *ich* beweisen, reagierte umgehend, indem er versuchte, lombardische Städte zum Widerstand und Krieg gegen den Staufer aufzustacheln. Außerdem macht er sich der Einmischung in innere Angelegenheiten und der Störung des öffentlichen Friedens schuldig, indem er in Deutschland einen Gegenkönig an die Macht zu bringen und in Sizilien Adlige gegen seinen Todfeind aufzustacheln versucht.

Für diese Zeit laste *ich* Ugolino di Conti ein weiteres

schweres Verbrechen an: In seiner These vom ‚Imperium der Seelen' behauptet er, den römischen Bischöfen stehe ‚in der ganzen Welt das Prinzipat über Dinge und Leiber' zu. Das in *meiner* Liste nicht als Straftatbestand aufgeführte Vergehen der Gotteslästerung und die Todsünde der Hoffart sind hiermit *meines* Erachtens erfüllt.

Von zwei weiteren ungeheuerlichen Ereignissen muß *ich* euch noch berichten. So verbietet der Angeklagte an den Universitäten Italiens das Studium der naturwissenschaftlichen Schriften des Aristoteles, ein Verstoß gegen die Freiheit der Wissenschaften und die Menschenrechte. Fast gleichzeitig verbietet er den Besitz des Alten und Neuen Testaments in Laienhand. Noch mehr als bislang konnte die Schrift nun umgedeutet oder gefälscht werden. "

Bibel-Zensur seit dem Jahre 75, jetzt ein Leseverbot unter Gregor – ich frage mich, was fällt dieser Kirche noch alles ein, um ihre „Gläubigen" hinters Licht zu führen? Nazi-Methoden im 13. Jahrhundert. Der Gedankenfreiheit werden Kerker gebaut, Willkür und Terror Roms damit Tür und Tor geöffnet, Anhänger zu Knechten degradiert. Gab es eigentlich jemals Aufstände gegen diese Diktatur der seelenlosen, menschenverachtenden Päpste? Wann endlich werden sich Katholiken dieser Strategie der Erpressung, Unterdrückung und Entmündigung verweigern? Doch schon dringt wieder Jesus' leidenschaftliche Stimme an mein Ohr:

„In einer seiner vielen Denkschriften gegen den deutschen Kaiser macht sich Ugolino der schwersten Form von Nötigung schuldig, indem er die Bevölkerung Italiens fast in einen Bürgerkrieg treibt. Er nennt Friedrich II. den ‚Antichristen', der die ‚Lösegewalt der Kirche' leugne. *Ich* wiederhole *mich*, wenn *ich* an dieser Stelle noch einmal festhalte: *Ich* habe Petrus die Lösegewalt nicht erteilt, und Petrus hat diese nicht weitergegeben! Die schwerste Form von Verunglimpfung erfüllt sich mit dem Pamphlet, in dem er den Leib des Kaisers dem Satan übergeben will. *Mir* liegen darüber hinaus beeidigte Augenzeugenberichte vor, in denen sich der Angeklagte vom Gebot der Armut freispricht, sich nicht daran gebunden fühlt. Es scheint *mir* fast müßig, Ugolino an das Lukas- Evangelium (9,3) zu erinnern, an *mein* Gebot nämlich: ‚Ihr sollt nichts mit euch nehmen auf den Weg, weder Stab noch Taschen, noch Brot, noch Geld, es soll auch einer nicht zwei Röcke haben'.

Aus Aufzeichnungen von Kardinälen weiß *ich*, daß der Angeklagte ohne Zustimmung der Kurie Dispens von Sünden aller Art gegen Geld erteilte. Damit ist der Straftatbestand des Betrugs und der verbrecherischen Bereicherung gegeben. Die Folge waren bürgerkriegsartige Unruhen auch in der Stadt Rom.

Wie viele seiner Vorgänger klage *ich* den Conti-Bischof der Verunglimpfung des jüdischen Volkes an. Im Juni des Jahres 1239 schreibt er an seine französischen Bischöfe: ‚Wir tragen Eurer Obsorge mit diesem Schreiben verbindlich auf, alle Juden in Frankreich, England, Aragonien, Navarra, Kastilien und Portugal durch den weltlichen Arm zu zwingen, ihre Bücher vorzuweisen. Jene, in denen Ihr derartige findet, sollt Ihr verbrennen lassen.'"

Jesus geht zu seinem Tisch, ergreift aus einer Mappe zwei Papiere und tritt erneut vor das Gericht: „Sollte der Charakter dieses Angeklagten noch nicht deutlich geworden sein, so möge noch einmal der vom Haß dieses Mannes verfolgte deutsche Kaiser das Wort haben. *Ich* zitiere ihn: ‚Es mag nicht wundern die allgemeine Kirche und das christliche Volk, wenn Wir eines solchen Richters Spruch nicht fürchten. Nicht aus Verachtung des päpstlichen Amtes oder der apostolischen Würde, der alle Bekenner des rechten Glaubens und Wir ganz besonders vor den übrigen Ergebenheit bezeugen, aber die Verworfenheit der Person klagen Wir an, die sich eines so erhabenen Thrones unwert gezeigt hat.'

In einem Manifest voller böswilliger Beschuldigungen erwidert Ugolino: ‚Und weiter hat er mit lauter Stimme zu behaupten oder besser zu lügen sich unterfangen, daß alle jene Narren seien, die da glaubten, aus einer Jungfrau habe der Gott geboren sein können, der die Natur und alles andere erschuf. Und diese Ketzerei erhärtete Friedrich durch den Irrwahn, daß niemand geboren werden könne, dessen Empfängnis nicht der Umgang von Mann und Frau vorausgegangen sei, und der Mensch dürfe nichts glauben als was durch die Kraft und Vernunft in der Natur sich beweisen lasse.'

Hohes Gericht, *ich* will dazu keinen Kommentar geben. Ein Mann, der die Wissenschaften verbietet, der das Lesen des Testaments verbietet und wider die Natur spricht, zeichnet sich selbst durch das aus, was er dem anderen vorwirft, nämlich durch Dummheit und Wahn. Obwohl *ich* Krieg und Morden zutiefst verabscheue, kann *ich* Friedrichs Reaktion verstehen, der mit seinen Truppen nun zur Entscheidungsschlacht gegen Ugolino und den auf Unrecht begründeten Kirchenstaat rüstete.

Auch die letzte Schandtat des Angeklagten will *ich* dem Gericht nicht vorenthalten. Als sich das Heer Rom näherte und die Bürger der Stadt, ihres Bischofs schon längst überdrüssig, nahe daran waren, dem Feind die Tore zu öffnen, versuchte Ugolino mit Hilfe eines Betrugs und der Leichenschändung, erneut die Bevölkerung für sich zu gewinnen, indem er die vermeintlichen ‚Köpfe' des Paulus und des Petrus in einer Prozession von seinem Palast zum Petersdom tragen ließ.

Wir haben schon nachgewiesen, daß Petrus nie in Rom war, daß der Tod des Paulus und sein Grab nicht mit Sicherheit zu bestimmen waren. Die Wirkung auf die Bevölkerung aber hatte der Angeklagte richtig eingeschätzt. Sie stellte sich schützend vor ihren Bischof. Am 22. August 1241 ist der Angeklagte gestorben. *Ich* denke, Hohes Gericht, mit einem Satz des deutschen Kaisers diese Akte schließen zu dürfen: ‚Und wirklich, er ist tot, durch ihn fehlte Friede der Erde und war der Zwist gewaltig, und viele sanken in Todesgefahr.'"

Wir alle, die dieses Plädoyer gehört haben, sind lange Zeit stumm und vollkommen starr. Fast hilflos und in tiefer Nachdenklichkeit sehe ich die fünf Richter an ihrem Tisch sitzen. Unvermittelt ruft Jesus durch den Saal, und es geht mir durch Mark und Bein: „ ‚Untier der Apokalypse' hat Ugolino di Conti den deutschen Kaiser genannt, *ich* aber nenne ihn selbst das Untier der Apokalypse!"

19. Innozenz IV.

Sinibaldo Fieschi, Graf von Lavagna

Während sich Richter Gideon vorbereitet und die Akten durchsieht, um zur Person und Sache des Angeklagten Sinibaldo Fieschi vorzutragen, bittet der Ankläger um eine kurze Unterbrechung. Jesus erhebt sich und sagt: „Hohes Gericht, *ich* bitte in Anbetracht der Tatsache, daß wir noch eine große Zahl von Angeklagten vor uns haben, nur die wichtigsten historischen Fakten vorzutragen, damit *ich* dann zu *meinen* Anklagepunkten kommen kann."

Nachdem sich Jesus wieder zu seinem Stuhl begeben hat, beginnt der Richter: „Sinibaldo Fieschi studierte Rechtswissenschaft in Bologna, wurde danach Kardinal und im Juni 1243 zum Bischof von Rom gewählt. Für das Jahr 1244 geht aus den Chroniken hervor, daß er in Frankreich und Deutschland den Befehl erließ, die heiligen Bücher der jüdischen Gemeinden zu beschlagnahmen und zu verbrennen."

Jesus meldet sich zu Wort: „Richter, *ich* bitte zu beachten, was diese Anordnung bedeutete. Die Vernichtung dieses Schrifttums kam einer Vernichtung des religiösen Kults gleich. Der Inhalt dieser Schriften, so behauptete Fieschi frevelhaft und falsch, flöße den Lesern Scham und Abscheu ein. Um aber die Wahrhaftigkeit ihrer eigenen Religion beweisen zu können, war Rom auf Talmud und Thora angewiesen. *Ich* mache hier erneut auf die Absurdität aufmerksam: Die Kirche hat *meinem* Volk nicht nur das Alte Testament gestohlen, sondern sie brauchte auch noch unsere wichtigsten anderen Schriften, um es erforschen und interpretieren zu können.

Richter, als ‚gottesmörderisches Volk' hat uns diese Organisation verschrien. Meinen Schwestern und Brüdern warf sie ‚Verteufelung von Hostien', ‚Wundermessen mit blutenden Toten' und anderes mehr vor. Erspart *mir*, alle Verleumdungen aufzuzählen.

Ich halte diesen Angeklagten für mitverantwortlich, den schon gerichtsbekannten Verfolgungswahn gegen das von

Gott auserwählte Volk unterstützt und weiter geschürt zu haben. Zeugenaussagen zufolge sind wahrscheinlich 24 Wagenladungen unseres bedeutendsten kulturellen und religiösen Guts vernichtet worden. *Ich* klage Sinibaldo also des Diebstahls an, der Verunglimpfung und Volksverhetzung."

Als Gideon sieht, daß Jesus keine weiteren Einwendungen macht, fährt er selbst fort: „Im Frühjahr 1244 rief der Vatikan zu einem letzten ‚Kreuzzug' gegen die Katharer auf. Nur wenigen gelang die Flucht, die meisten fanden ein grausames Ende durch die Inquisition, mußten den Feuertod erleiden."

Wie aus weiter Ferne erreicht mich das Wort. Katharer, Katharer, traurigschöne Bücher habe ich gelesen über diese Menschen, faszinierend waren sie wie die Templer. Diese Kirche hat aus Katharern „Ketzer" gemacht. Dabei weiß jeder einigermaßen Gebildete, daß sich dieser Begriff vom griechischen „katharos" ableitet, und das heißt „rein". Die Franzosen der Provence und des Languedoc verehren sie immer noch als die Reinen. Am Fuße der Pyrenäen lag ihre herrliche Burg Montségur. Welche Geheimnisse verbergen sie und die vielen Höhlen in der Umgebung? Der Legende nach sollen die Katharer dort ihren geheimnisvollen Schatz bewacht haben, der nie gefunden werden konnte. Wie bei den Albigensern, die die kirchlichen Mörderbanden ja bereits vertilgt, erschlagen, verbrannt hatten, handelte es sich bei ihnen um Gnostiker. Alles Stoffliche war für sie böse. Jesus war ihr Engel. Ihre Lehre war der Kampf des Guten gegen das Böse. Leibfeindlich und weltfeindlich waren ihre Führer, Jesus war für sie als Lehrer vom Himmel gekommen und nur zum Schein gestorben.

Natürlich, so denke ich mir, muß das ein gewaltiger Dorn im Auge dieser fanatischen Katholiken gewesen sein. Aber wie heißt es doch, „statt den Balken im eigenen Auge zu entfernen, sehen sie den Dorn im Auge des Feindes". Dabei ging von diesen Katharern nichts Feindseliges aus. Ihre Gemeinschaft war eine „evangelisch-arme" Kirche, ihr Gott war ein Gott der Liebe, das Schreckliche in der Welt konnte von ihm nicht kommen. Die „Vollkommenen", die den Kern der Bewe-

gung bildeten, haben kein Fleisch gegessen. Für sie galt das
Eheverbot. Noch strenger als Jesus und seine Jünger haben sie
das Privateigentum abgelehnt.

Ich bin sehr gespannt, wie dieser Jesus reagieren wird.
Während ich noch darüber nachdenke, höre ich schon wieder
seine markante, wohlklingende Stimme: „Hohes Gericht, die
Lehre der Katharer hatte eine große Anziehungskraft sowohl
auf das Volk wie auch auf den Adel. Mit ihrem rigorosen Ar-
mutsideal haben sie die Verweltlichung der Priester, Kardinäle
und Bischöfe bloßgestellt. 30 Jahre lang wurden sie von blut-
dürstigen Dominikaner- und Franziskanerbanden zusammen
mit gutbezahlten französischen Söldnern verfolgt. Fast ein
Jahr wurde ihre Burg belagert, bevor sich die Letzten der
Gruppe im März 1244 ergaben und verbrannt wurden. Was
nicht schon bei den Albigenserverfolgungen in diesem wun-
derbaren Landstrich verwüstet worden war, das vollendeten
jetzt die Soldaten, die im Auftrag des Angeklagten kämpften.
Es erscheint *mir* glaubhaft, daß insgesamt mindestens 20 000
wegen ihres Glaubens getötet worden sind – ein weiterer Völkermord dieser verbrecherischen Organisation."

Ich bemerke, wie der Ankläger stumm vor Zorn und zit-
ternd auf und ab geht. Nach einiger Zeit beruhigt er sich, dann
fährt er fort: „Die Katharer haben kaum Spuren hinterlassen,
aber beeidigten Zeugenaussagen kann *ich* entnehmen, welche
Verleumdungen die Organisation des Angeklagten über sie
verbreitete. Die Anhänger dieser Bewegung seien ‚lichtscheue
Elemente‘, ‚Unreinste‘, sie würden ‚Satan geweihte Gottesdienste feiern und widernatürliche und inzestuöse Unzucht‘
treiben. Für nichts davon hatte man Beweise, denn das genaue
Gegenteil war richtig. Sie mußten nicht zwangsbekehren. Sie
gewannen ihre Anhänger durch Predigt. Es wird berichtet, daß
sie mit den Worten ‚Selig, die um der Gerechtigkeit verfolgt
werden‘ auf den Lippen starben. Ihre Weltflucht, ihre radikale
Verwirklichung, ihr Glaube ist ihnen zum Schicksal geworden.

Ich stimme vollkommen überein mit den Anschuldigungen
der Katharer gegen die Kirche und die sie unterstützenden

weltlichen Fürsten. Teufel regierten für sie die Welt. Papst, König, Bischof, Inquisitor, Geld der Welt waren ,Fäulnis der Seele' für sie. Der Klerus ,Hurenböcke, Fresser'..."

Träume ich, bin ich wach? Das alles klingt wie Musik in meinen Ohren. Mir gehen die Szenen aus Peter Berlings Roman „Die Kinder des Grals" durch den Kopf, in dem das Ende auf Montségur beschrieben wird. Wenn die Katharer dort vom Papst sprechen, gebrauchen sie stets die Bezeichnung „das Tier". Das Tier habe die Lawine aus Blut, Tränen, Haß, Gier und Verblendung losgetreten, Muselmanen für Generationen durch Schrecken der Kreuzzüge gelähmt. Ein, wenn ich mich recht erinnere, „geiferndes Ungeheuer" nennen sie diesen Innozenz. All diese Vorwürfe hatte schon der kluge römische Kaiser Julian gegen die Kirche vorgebracht. Wieder reißt mich die Stimme des Anklägers aus meinen Gedanken:

„Hohes Gericht, mit Recht leugneten die bis auf einen kleinen Rest ausgerotteten Katharer die Vollmacht der Sündenvergebung. *Ich* muß nicht wieder darauf hinweisen, daß diese nur Gott allein besitzt und *ich* sie *meinen* Jüngern nie gegeben habe. Für die Mißhandlung und Ermordung von unschuldigen Männern, Frauen, Kindern, Greisen ist der Angeklagte mitverantwortlich. *Ich* klage ihn an der Beleidigung, des Frevels der Volksverhetzung und Verfolgung, der Kriegsverbrechen und des vielfachen Mordes."

Der Erste Richter übernimmt wieder das Wort: „Im Juni 1244 flieht der Angeklagte aus Italien und läßt sich im Reichsgebiet Lyon nieder, wohin er ein Jahr später ein Konzil einberuft, bei dem sich aber nur wenige der Geladenen einfinden. Augenzeugen berichten, daß es bei diesem Konzil kaum um Glaubensangelegenheiten oder Reformen der Kirche ging. Friedrich II. hatte offensichtlich gehofft, mit dem Angeklagten zu einer Einigung zu kommen und von dem Bann, den dessen Vorgänger ausgesprochen hatte, gelöst zu werden. Er sah sich getäuscht. Ziel des Angeklagten, der den Vorsitz führte, war nicht Aussöhnung, sondern die völlige politische Entmachtung des als Feind betrachteten deutschen Kaisers. Für das Gericht ist es durchaus nachvollziehbar, daß dieser der Aufforderung, vor dem Konzil zu erscheinen, nicht folgt. Er läßt sich von einem Vertrauten gegen die Anschuldigungen verteidigen, er, Friedrich II., habe Kirchenraub, Meineid, Ketzerei und Friedensbruch begangen."

Jesus steht auf und unterbricht: „Richter, *ich* habe Beweise, daß diese Behauptungen ohne jede Grundlage sind." Gideon antwortet: „Bitte laß mich fortfahren. Wir wollen unser Hauptaugenmerk auf die Anklage gegen Sinibaldo, nicht auf die Verteidigung Friedrichs richten. Zunächst wird der deutsche Kaiser auf diesem Konzil für abgesetzt erklärt. Der Angeklagte läßt gar ein knappes Jahr später in Deutschland einen Landgrafen zum Gegenkönig erheben, nachdem er diesem 25 000 Mark Silber als Geschenk für die Annahme der Krone zugesagt hat. Des weiteren ist durch Zeugnisse belegt, daß der Angeklagte den Plan eines Mordanschlags auf Friedrich II. und seinen Sohn Enzio billigte, der aber aufgedeckt werden konnte."

Mit Befriedigung stellt Gideon weiter fest, daß der vom Angeklagten geforderte Kreuzzug gegen den Sultan von Ägypten im April 1250 mit einer Niederlage endete. „Doch weiter zu den politischen Ereignissen, für die die Anklage Sinibaldo Fieschi mitverantwortlich hält. Nach dem Tod Friedrichs weigerte sich der Angeklagte, den rechtmäßigen Nachfolger Konrad IV. anzuerkennen. Englische und französische Zeugen haben ausgesagt, daß sogar die Könige von England und Frankreich vom Papst aufgefordert worden waren, sich an der Verschwörung gegen die Staufer und an Feldzügen in Deutschland, Italien und Sizilien zu beteiligen."

Jesus hebt die Hand: „Richter, wir können die beiden nun folgenden Jahre überspringen. Wichtig ist *mir*, nun auf die Konstitution vom 15. Mai 1252 aufmerksam zu machen. Sie hieß ‚Ad exstirpanda' und hatte unvorstellbar grauenvolle Folgen. Mit diesem Papier ermächtigte der Angeklagte die Inquisitoren, bei ihren Verhören willkürlich die Folter anzuwenden. Damit hatte die Organisation ein härteres Druckmittel, um ihre Macht über ihre ‚Gläubigen' weiter auszubauen. Nachdem sie bereits die Höllenqualen in den grellsten Farben beschworen hatte, wurde nun auch die Folter sanktioniert. Für alles, was in dem nächsten halben Jahrtausend durch diesen Erlaß und die Inquisition an Schrecken und Qualen angerichtet wurde, ist der Angeklagte zumindest mitverantwortlich.

Es gibt neuere Chroniken dieser Kirche, die das schändliche Machwerk mit keinem Wort erwähnen. Deswegen, Richter, werde *ich* euch darüber genau informieren. ‚Ungläubige‘, die auch als ‚Häretiker‘ oder ‚Ketzer‘ verunglimpft wurden, mußten jederzeit mit Verhaftung rechnen. Die kirchlichen Strafen waren schon grausam genug, denn die Beschuldigten durften an gottesdienstlichen Handlungen nicht mehr teilnehmen, keine Hochzeit feiern, sie wurden nicht begraben, Exkommunikation und Bann waren selbstverständlich. Richter, vergebt *mir*, aber *ich* spreche die Wahrheit: Sie mußten sich öffentlich von Priestern geißeln lassen, von weltlichen Gerichten drohte ihnen, lebendig eingemauert zu werden, oder der Tod auf dem Scheiterhaufen. Das Ungeheuerlichste sicher aber war, daß geistliche und weltliche Fanatiker nicht davor zurückschreckten, auch Grab- und Leichenschändung zu begehen, wenn sie über Tote erfahren hatten, daß sie der ‚Ketzerei‘ verdächtigt worden waren."

Entrüstung allenthalben, bei Jüngern, Beisitzern und Richtern. Nach einiger Zeit fährt Jesus fort: „Fast ein halbes Jahrtausend lang wurden vermeintliche ‚Ungläubige‘ und ‚Häretiker‘ verfolgt, gefoltert, gemordet. Mit gekauften oder erpreßten Zeugen, denen Anonymität zugesichert war, versuchten die Scharfrichter, Menschen der Häresie anzuklagen und zu überführen. Zumeist waren es Frauen, die Opfer der sadistischen Folterknechte wurden. Bürgerkriege, Aufstände und Unruhen breiteten sich über ganz Europa aus. Erlaubt *mir*, Richter, einige Schriftstücke zu verlesen, um zu beweisen, wie sich dieser Angeklagte und viele seiner Nachfolger schuldig gemacht haben. Vorwürfe, die nicht zu widerlegen sind."

Jesus macht eine kleine Pause, wendet sich an das Gericht, schaut seine Jünger an und sagt: „Hohes Gericht, was bedeutet diese Konstitution ‚Ad exstirpanda‘ für die Folgezeit? Sie ermächtigte zur willkürlichen Anwendung jeder Art von Folter.

Das Malträtieren der Delinquenten nach festen Regeln sollte sogenanntes ‚Gottesrecht‘ in der Welt wiederherstellen. Gottesrecht, Ihr Richter, wollte der Angeklagte mit der Folter herstellen!

Zunächst hatte die angeklagte Organisation noch Scheu, die Folter selbst anzuwenden, und übertrug sie weltlichen Häschern. Auch von Zerstörungen der Häuser von Ketzern habe *ich* Zeugnis. Planten römische Bischöfe und ihre verbündeten weltlichen Fürsten wieder einmal irgendeinen ‚Kreuzzug‘, so konnten die der ‚Ketzerei‘ Beschuldigten Buße tun und ihr Vermögen zur Finanzierung dieser ‚Kreuzzüge‘ der Kirche vermachen, um damit wenigstens ihr Leben zu retten.

Die ‚Sünde der Ketzerei‘, so schrieb der ‚heilige‘ Lehrer Thomas von Aquin, sei nicht tilgbar. Nur in seltenen Fällen war es dem römischen Bischof als dem ‚Stellvertreter Gottes‘ vorbehalten, den ‚Ketzern‘ zu vergeben. Die Tortur war angewendet worden, wenn Zweifel an der Unschuld der Angeklagten oder der Beweiskraft der Zeugen vorlag. Das Gericht wird *mir* sicher in *meiner* Anklage folgen. Sie lautet auf Erpressung, Landfriedensbruch, gefährliche Körperverletzung, Unterstützung krimineller Vereinigungen, Verstoß gegen die Grundrechte, Menschenrechte und Völkerrecht, Justizmord und Verstoß gegen die Zehn Gebote. *Ich* klage Sinibaldo Fieschi des weiteren an, überall Haß und Bürgerkriege geschürt zu haben, seine Abhängigen in den Klöstern mißbraucht und ihre sündige und krankhafte Lust am Leid, an der Qual und am Tod ihrer Opfer gefördert zu haben. *Ich* schließe *mich* voll der Meinung des deutschen Historikers Joseph Hansen an, der das Phänomen der Inquisition und des Zauberwahns untersucht hat und zu dem Schluß kommt: ‚Die Geißel der Hexenverfolgungen ist von der Theologie der Kirche geflochten worden.‘“

Der Ankläger läßt sich eines der am Boden aufgestapelten Bücher geben und hält es in die Höhe: „Etwa in jener Zeit ist dieses Buch entstanden, das ‚Libro nero‘, das jeden Menschen in Angst und Schrecken versetzte. Es gibt eine Anleitung für die Inquisitoren. *Ich* zitiere daraus: ‚Entweder der oder die An-

geklagte gestehen und werden durch eigenes Geständnis überführt. Wenn sie nicht gestehen, werden sie ebenso gültig durch
Zeugenaussagen überführt. Wenn jemand alles gesteht, dessen
er angeklagt wird, ist er ohne Frage in allem schuldig; wenn er
aber nur einen Teil gesteht, sollte er trotzdem als schuldig in
allem betrachtet werden, denn was er gesteht, zeigt, daß er in
den anderen Anklagepunkten schuldig sein kann. Körperliche
Folter hat sich schon immer als höchst heilsames und wirksa-
mes Mittel erwiesen, um zu geistlicher Reue zu führen. Deshalb ist die Wahl der passendsten Art der Folter dem Richter
der Inquisition überlassen je nach Alter, Geschlecht und Verfassung des Betroffenen. Wenn der oder die Unselige trotz aller angewandten Mittel die Schuld weiter leugnen, haben sie
als Opfer des Teufels zu gelten, und als solche verdienen sie
kein Mitleid von den Dienern Gottes, auch nicht das Erbarmen und die Milde der heiligen Mutter Kirche.'
Daß zu diesen frevelhaften und von *mir* verfluchten
Schandtaten noch der Vorwurf der verbrecherischen Bereicherung hinzukommt, brauche *ich* wohl kaum zu erwähnen, denn
die Besitztümer der Opfer wurden konfisziert, und mit diesem
Geld wurden die Häscher bezahlt. Aber ein großer Anteil floß
immer in die Kassen der Organisation.
Richter, *ich* komme zum Ende und möchte zunächst den
schon mehrmals erwähnten Historiker Ferdinand Gregorovius
(†1891) zitieren, der in seiner ‚Geschichte der Stadt Rom‘
über diesen Angeklagten schreibt: ‚Ein gewissenloser Priester,
listig mit Verträgen spielend, vor nichts zurückschreckend,
was ihm der eigene Vorteil bot, so erfüllte er die Welt mit Empörung und Bürgerkrieg und zog er die Kirche tief in die weltlichen Dinge herab. Jeder Mensch von freiem Urteil kann nur
mit Widerwillen auf den Zustand eines beständigen Feldlagers
oder Diplomatenkabinetts oder eines Geldgeschäftes blicken,
in welchen Innozenz die Kirche versetzte, und er wird Mühe
haben, das Urteil über ihn durch den Charakter seiner Zeit zu
mildern.‘
Den Mann, der vielfach behauptet hat, durch *mich*, Jesus,
zu seiner höchsten geistlichen Macht gekommen zu sein, der

außerdem sagte, daß ‚Heiligkeit ein Leben von Zusammenhängen der ununterbrochenen Tugendhaftigkeit voraussetzt‘, diesen Mann klage *ich* der Todsünde an, weil er sein wollte wie Gott.“

Jesus hält einen Moment lang inne und betrachtet die Gesichter seiner Zuhörer. Zorn, Haß, Qual, Ekel – alles kommt darin zum Ausdruck. Als Richter Gideon über die letzten Lebensjahre des Sinibaldo Fieschi berichten will, winkt Jesus energisch ab.

Ich hoffe, hier noch lange ein unsichtbares Mäuschen zu sein, um das Urteil über diesen Mann mitzuerleben. Allein wegen dieses Erlasses würde ich ihn auf alle Ewigkeit in die Hölle schicken. Leider bin ich hier nicht Richter, und die Hölle spukt zudem ja nur in den kranken Köpfen katholischer Kirchenfürsten und ihrer Diener. Schade eigentlich.

20. Bonifatius VI.

Benedetto Caëtani

In der Verhandlung gegen Benedetto Caëtani hat Richter Simson den Vorsitz übernommen und erklärt zur Person: „Nach einem langen Studium der Rechtswissenschaften dient er Johannes XXI. (†1277) als Notar, 1281 wird er Kardinaldiakon und am 24.12.1294, unterstützt durch Karl II. von Neapel, Bischof von Rom.

Im Februar des Jahres 1296 erscheint die erste Bulle des Angeklagten, genannt ‚Clericis laicos'. Damit nahm Caëtani den alten Streit wieder auf, der die unbedingte Unterordnung der staatlichen Gewalt festsetzte. Der Grund für diese Maßregelung war, daß der französische König Philipp IV. nicht nur sein Volk, sondern auch den Klerus besteuern wollte.

Nach unseren Unterlagen veröffentlichen die beiden Kardinäle Colonna im Mai 1297 ein Manifest mit zahlreichen Beschuldigungen gegen Caëtani, auf die die Anklage zurückkommen wird. Im Jahr 1299 hat er in seinem ‚Liber sextus' die Folter für ‚Ketzer' und ‚Ungläubige' im Kirchenrecht festgeschrieben, wie es Thomas von Aquin verlangt hatte.

Am 22. Februar 1300 verkündet Benedetto das sogenannte ‚Jubeljahr', das von nun an alle 100 Jahre gefeiert werden sollte. 1302 wird mit Wissen des Angeklagten der Dichter Dante Alighieri aus Florenz verbannt und ein Jahr darauf in Abwesenheit zum Tode verurteilt. In diesem Jahr beginnt auch die Auseinandersetzung mit dem französischen König zu eskalieren, und nacheinander erscheinen die gegen ihn verhängten Bullen ‚Ausculta fili' und ‚Unam Sanctam'. Im April 1303 exkommuniziert der Angeklagte Philipp IV. Am 7. September 1303 verüben die verfolgten Colonna-Kardinäle in Anagni ein Attentat auf Benedetto und nehmen ihn gefangen. In den Annalen der Stadt Rom ist der 11. Oktober als Todestag des Angeklagten vermerkt. Soweit zur Person und Sache. Ich übergebe an die Anklage."

Jesus hat in der Zwischenzeit auf seinem Tisch einige Ordner und Dokumente nebeneinander gelegt und kommt in den Vordergrund des Gerichtssaals: „Richter, *ich* klage Benedetto Caëtani des Amtsmißbrauchs an, des Betrugs, Diebstahls und der verbrecherischen Bereicherung, des Nepotismus und der Simonie. Er ist bereits in den Jahren 1276 bis 1281 ein mächtiger Mann in dieser Organisation, hebt seine gesamte Familie in den Herzogstand und verschenkt Ländereien und Burgen an sie. Drei seiner Neffen ernennt er zu Kardinälen.

Es ist für die Anklage aufgrund der Aktenlage erwiesen, daß Caëtani seinen Vorgänger Coelestin V. nicht nur gezwungen hat, schon nach 15 Wochen sein Amt aufzugeben, sondern ihn zudem in Kerkerhaft legen ließ, wo er im Mai des Jahres 1296 starb. Richter, *ich* kann nicht beweisen, daß es ein Neffe des Angeklagten war, der den wehrlosen 80jährigen ermordet hat. Für *mich* aber hat sich Benedetto damit der Freiheitsberaubung und der Beihilfe zur schweren Körperverletzung mit Todesfolge schuldig gemacht.

Von Zeugen ist beeidigt, daß der Angeklagte mit dem jahrhundertealten Brauch, eine weiße Mütze zu tragen, brach und sich eine Krone auf den Kopf setzte. Verbürgt ist auch der Satz, den er unmittelbar nach seiner Amtsübernahme von sich gegeben hat. *Ich* zitiere: ‚Nimm die Tiara und wisse, daß du der Vater der Fürsten und Könige, der Regierer der Welt, auf Erden der Stellvertreter unseres Heilands Jesus Christus bist, dessen Ehre und Ruhm währet in alle Ewigkeit.‘

Der Angeklagte feierte seine Amtsübernahme mit einem prunkvollen Bankett, wo er den schändlichen Satz formulierte: ‚Wir anerkennen das Mosaische Gesetz, aber verdammen das Judentum, denn das Gesetz ist durch Christus erfüllt worden.‘ Damit hat er sich im Sinne der Anklage der Verunglimpfung Andersgläubiger, des Betrugs und der Falschaussage strafbar gemacht.

Richter, dieser Mann ist einer von insgesamt 114 römischen Bischöfen, die Gesetze gegen *mein* Volk erlassen haben, obwohl doch im Römerbrief geschrieben steht, daß Gott sein Volk nicht verstoßen hat, und obwohl der antijudaisch gesinnte Verfasser des Johannesevangeliums (4,22) *meine* Worte wiedergibt: ‚Alles Heil kommt von den Juden.'

Wie unter seinen Vorgängern, so hatten die Brüder und Schwestern *meines* Volkes in Rom auch unter diesem Angeklagten schwer zu leiden. Für *mich* ist er der Beihilfe zum Justizmord schuldig, denn wir wissen aus Protokollen, daß der Rabbiner Elia de Pomis in Italien das erste Opfer der Inquisition wurde. Um seine Gemeinde vor weiteren Verfolgungen durch die Häscher des Caëtani zu schützen, hat er die verleumderischen Beschuldigungen, darunter der Vorwurf des ‚Gottesmordes', auf sich genommen und mußte den Tod auf dem Scheiterhaufen sterben. Ein sinnloser Opfertod, denn der Verfolgungswahn und die Mordlust der Inquisitions-Schergen war mit einem unschuldigen Opfer nicht zu befriedigen.

Bevor *ich* auf die feindseligen Auseinandersetzungen des Angeklagten mit Sizilien und der Familie Colonna komme, möchte *ich* euch zwei Zeugenaussagen vorlesen. Ein Kardinal in der Kurie mit Namen Llanduff hat über Benedetto gesagt, er sei ‚ganz Zunge und Augen, der Rest aber völlig verkommen', und von einem spanischen Diplomaten am Hof in Rom ist uns die Beschreibung überliefert: ‚Dieser Papst will nur drei Dinge, ein langes Leben, ein reiches Leben, eine wohlversorgte Familie um sich.'

Nun kurz zu den Vorgängen in Sizilien. Hier macht sich Caëtani des Amtsmißbrauchs und der versuchten verbrecherischen Bereicherung sowie des Landfriedensbruchs schuldig. Er will die Insel unter die Lehenspflicht zwingen und schürt den Zwist zwischen Friedrich III. von Sizilien und Jakob II. von Aragon bei ihrem Kampf um die Vormachtstellung.

Wie Simson erwähnte, hat der Angeklagte schon als Kardinal Ländereien, Kastelle und Pfründe unter seiner Familie aufgeteilt, was ihm die Feindschaft der beiden Colonna-Kardinäle Jacopo und Pietro eintrug. *Ich* werde dem Gericht nicht alle Beschuldigungen, die die Colonnas gemeinsam mit ihrem Berater, dem Franziskaner Jacopone da Todi, vorgebracht haben, wiederholen. Mit ihrem Manifest wollten die Unterzeichner erreichen, daß die Wahl des Angeklagten überprüft werden sollte. Sie warfen Caëtani die schimpflichsten Sünden der Simonie und des Nepotismus vor und klagten ihn außerdem des Betrugs und des Mordes an. Die Vorwürfe können wir im wesentlichen bestätigen. Beweise für den Mord werden noch geprüft.

Der Angeklagte reagierte auf den Versuch, ihm sein Amt streitig zu machen, so, wie Beobachter am Hof es erwartet hatten. Mit seiner ganzen Macht verfolgte er die Colonnas. Und, Hohes Gericht, hier finden wir ein frühes Beispiel für das Verbrechen der Sippenhaftung: Durch eine Bulle bannte er die gesamte Familie als Kirchenschismatiker und Häretiker. Aus Kirchenmitteln finanzierte Caëtani ein Söldnerheer, das einen Feldzug gegen die Adelsfamilie führte, ihren gesamten Besitz verwüstete und ihre Hauptstädte, darunter Palestrina, zerstörte. Todi, der Berater der Familie, wurde eingekerkert. Dieser greuelvolle Privatkrieg, der sich bis ins Jahr 1298 hinzog, hat mindestens 6000 Tote gefordert. *Meine* Anklagepunkte: Amtsmißbrauch, Einmischung in innere Angelegenheiten, gefährliche Körperverletzung, Freiheitsberaubung, Landfriedensbruch und Vorbereitung eines Angriffskrieges.

Richter, Beisitzer und Jünger, ihr habt von der Verkündung des Jubeljahres am 22. Februar 1300 gehört. Laßt *mich* euch sagen, mit welcher Schuld sich der Angeklagte dabei beladen hat: Es ist vor allem der Verstoß gegen *mein* Gebot der Armut und Bescheidenheit. Wir besitzen eine Reihe von Chronisten- und Pilgerzeugnissen über dieses Ereignis. Der Angeklagte trat vor seine ,Gläubigen' in purpurroten kaiserlichen Gamaschen, vergoldeten Schuhen, Sporen und mit einem Schwert. Außerdem, so wird uns geschildert, war seine Krone geschmückt mit 48 Rubinen, 72 Saphiren, 45 Smaragden und 66 großen Perlen. Im Ornat eines weltlichen Herrschers rief er den Pilgern zu: ,Ego Caesar, ego Imperator!' Deshalb klage *ich* ihn der erneuten Amtsanmaßung, des Amtsmißbrauchs und des Betrugs an.

Des weiteren beschuldige *ich* ihn der räuberischen Erpressung und der Falschaussage, denn zum ersten Mal in der Geschichte seiner Organisation verkündet er einen ,vollkommenen Ablaß der Sünden', die nach der Schrift nur Gott allein vergeben kann. Voraussetzung dafür war, daß die Pilger, die nach Rom kamen, dreizehnmal die Basilika der beiden ‚Apostelfürsten' besuchten. Wir haben keine genauen Zahlen, was bei diesem Ablaßschwindel in die Kassen geflossen ist, aber *ich* beschuldige den Angeklagten damit der <u>verbrecherischen Bereicherung</u> in Tateinheit mit <u>Betrug</u>.

Außerdem gebe *ich* euch Kunde, daß *ich* weder am 22. Februar noch im Jahre Null geboren bin, sondern im Jahre 6 vor der Zeitenwende. Doch weiter: Mit der von unserem Richter erwähnten lebenslangen <u>Verbannung des Dichters Dante</u> erfüllt sich für *mich* der Straftatbestand der <u>Nötigung</u> und des <u>Verstoßes gegen die freie Entfaltung der Persönlichkeit</u> und ein <u>Verstoß gegen die Menschenrechte</u>. Dante, dieser große und weise Poet aus Florenz, schalt den Angeklagten der <u>Raffsucht, Eitelkeit, Maßlosigkeit und Machtgier, bezeichnete ihn als ‚Usurpator des Heiligen', als ‚schwarzes Tier'</u>.

Ein deutlicherer Beweis dafür als das Schriftstück ‚Ausculta fili' vom 5. Dezember 1301, gerichtet an <u>Philipp IV.</u> von Frankreich, ist kaum denkbar. *Ich* lese daraus vor: ‚Höre, teuerster Sohn, die Gebote Deines Vaters und neige Dein Ohr der Unterweisung des Lehrers, der auf Erden die Stelle des alleinigen Herrn und Meisters vertritt, auf daß Du zerknirschten Herzens ehrfurchtsvoll zu Gott zurückkehrst, von dem Du aus Gleichgültigkeit oder durch Ratgeber verdorben Dich entfernt hast, und richte Dich fromm nach unserem Wohlgefallen.

Als getaufter Christ und Mitglied der Gemeinde der Heiligen bist Du in die Arche Noah eingetreten, die katholische Kirche, außerhalb derer kein Heil ist, in der Christi Stellvertreter, der Nachfolger des heiligen Petrus, die Führung innehat, der als Träger des Himmelsschlüssels Richter ist über die Lebendigen und die Toten.

Uns hat Gott gesetzt über Könige und Königreiche, um auszureißen und zu zerstören, aufzubauen und anzupflanzen, die Herde des Herrn zu weiden. Darum, liebster Sohn, rede Dir niemand ein, Du habest keinen über Dir und unterstehst nicht dem Hohenpriester der kirchlichen Priesterschaft. Denn wer so denkt, der irrt, und wer es hartnäckig behauptet, ist des Unglaubens überführt und gehört nicht zur Herde des Hirten.

Wir können nicht schweigen, wenn Du das Antlitz Gottes beleidigst. Bisher haben wir Dich wiederholt gemahnt, Dich zu bessern, aber Erfolg sehen wir nicht, ja es scheint, als ob das Unrecht tun Dir zur Gewohnheit geworden ist. Ob wir nun gleich gegen Dich zu den Waffen greifen dürfen, ziehen wir doch vor, Dich zu warnen, damit Du dem rächenden Richterspruch ausweichst. Bessere Dich, auf daß Du nicht vor Gottes und unseren Richterstuhl als Verdammenswerter tretest.'"

Jesus tritt vor den Richtertisch, nimmt sich die Bibel und schlägt sie auf. „Der Angeklagte hätte den Anfang des 2. Kapitels im Römerbrief lesen sollen, bevor er eine solch beispiellose Gotteslästerung und Anmaßung von sich gibt." Mit der Aufforderung „Überzeugt euch selbst!" reicht er sie dem Richter Simson.

Während dieser liest, begibt sich Jesus zu seinem Tisch, sucht in den Akten und kommt mit einigen anderen Schriftstücken wieder zurück. Zum ersten Mal habe ich das Gefühl, daß Zorn und Verachtung aus seinem Gesicht gewichen sind. Mit einem spöttischen Zug um den Mund sagt er: „Richter, hört, was ein Vertrauter des französischen Königs, Aegidius Romanus ist sein Name, seinem König erklärt hat. ‚Jesus Christus hat keine weltliche Herrschaft verliehen, und der König hat nur von Gott seine Autorität. Nur in geistlichen Dingen hat er eine Oberhoheit anzuerkennen'. *Ich* denke, *ich* brauche dies nicht zu kommentieren, ebensowenig einen Brief des Königs an den Angeklagten, in dem es heißt: ‚Deine höchste Albernheit soll wissen, daß Wir im Weltlichen niemandem unterworfen sind. Wer anders glaubt, den halten Wir für albern und wahnsinnig.'"

An dieser Stelle wird Jesus von den Jüngern unterbrochen. Ich höre Gelächter und Beifallklatschen. Nachdem wieder Ruhe herrscht, fährt Jesus mit seinem Plädoyer fort: „Wider besseres Wissen behauptet Caëtani, es sei ihm nicht bekannt, daß Gott zwei Gewalten verliehen habe. Am 18. November des Jahres 1302 erscheint die Bulle ‚Unam Sanctam'. *Ich* denke, die Anklagepunkte ergeben sich von selbst, wenn *ich* daraus zitiere:

,Eine einzige und heilige Kirche anzunehmen ist uns durch den Glauben geboten. Sie hat einen Körper und ein Haupt. Dieses hat zwei Schwerter, ein geistliches und ein weltliches. Beide Schwerter, das geistliche und das materielle, sind in der Gewalt der Kirche. Das eine soll von der Kirche, das andere für sie gebraucht werden. Das eine von den Priestern und das andere von den Königen und Kriegern, nach der Weisung des Priesters und wenn er es zuläßt. Der geistlichen Macht gebührt es, die irdische zu belehren und sie zu richten, wenn sie nicht gut ist. Wenn also die irdische Macht auf Abwege gerät, so wird sie von der geistlichen gerichtet werden. Die niederen Geistlichen von den höheren, aber die höchste kann nur von Gott und von keinem Menschen gerichtet werden. Wer also dieser von Gott angeordneten Macht widerstrebt, der widerstrebt Gottes Ordnung. Wir erklären: Aus Notwendigkeit des Heils ist alle menschliche Kreatur dem römischen Pontifex unterworfen.' *Ich* erhebe aufgrund dieses Dokuments Anklage wegen <u>Betrugs</u> und gotteslästerlicher <u>Falschaussage</u>.

Richter, wie ihr wißt und wie *meine* Jünger es bestätigen können, habe *ich* ihnen das Herrschen verboten. <u>Bernhard von Clairvaux</u> hatte den 25. Vers des Lukasevangeliums 22 im Kopf, als er den römischen Bischöfen empfahl: ,Die Könige herrschen über ihre Völker, und die Mächtigen lassen sich Wohltäter nennen. Bei euch aber soll es nicht so sein.' Wir werden noch viele Angeklagte an diese Weisung des Bernhard erinnern müssen.

An dieser Stelle muß *ich* noch einmal auf Vers 38 desselben Kapitels zurückkommen, den der Angeklagte zur Begründung seiner ,Zweischwerterlehre' heranzieht. Damit stellt er den Sinn *meiner* Worte geradezu auf den Kopf, mißbraucht sie in schändlichster Weise, denn *ich* habe den Gebrauch beider Schwerter abgelehnt. Ihre Auslegung als ,geistliches' und ,weltliches', wie sie der Angeklagte vornimmt, kann *ich* nur als absurd und von Herrschaftsgelüsten diktiert bezeichnen. Als bei *meiner* Verhaftung kurz darauf *meine* Jünger mit den

Schwertern dreinschlagen wollten, habe *ich* sie entschieden daran zu hindern versucht und Petrus gesagt: ‚Denn wer das Schwert nimmt, der soll durchs Schwert umkommen.' (Matth. 26,52)

Hätte der Angeklagte sich statt mit weltlichen Dingen mit der Schrift beschäftigt, so wüßte er, was Matthäus im 12. Kapitel prophezeit hat: ‚Die Menschen müssen Rechenschaft geben am Jüngsten Gericht. Aus deinen Worten wirst du gerechtfertigt werden, und aus deinen Worten wirst du verdammt werden.'"

Erneut begibt sich Jesus zu seinem Tisch, legt die Papiere zurück und ergreift einen anderen Ordner. Er kündigt an, als nächstes darüber zu berichten, wie die Inquisition während des Pontifikats des Benedetto Caëtani wütete.

„Selbst auf die Gefahr hin, ihr Richter, daß *ich mich* wiederhole, aber *ich* verfluche die Inquisition und alle, die sich je daran beteiligt haben. Dieses Inquisitionsrecht, das der Angeklagte als Kirchenrecht kanonisiert hat, war Un-Recht, denn es beugte Recht. Es war ein schandhaftes Druck- und Schutzmittel. Außerdem diente es dieser Organisation zur verbrecherischen Bereicherung, denn den Opfern wurde oft schon vor ihrer Verurteilung der Besitz genommen. Da kaum einer der Inquisition entkam, der einmal in ihre Hände gefallen war, begannen die Häscher und Mörderbanden schon auf bloßen Verdacht hin mit der Konfiszierung.

Es blieb den Richtern überlassen, den Verhafteten einen Verteidiger zur Verfügung zu stellen, was aber meist nicht geschah. Vollends der Willkür ausgeliefert waren Beschuldigte auch durch ein Dekret des Caëtani, in dem er einen früheren Erlaß bestätigte, daß die sogenannten Zeugen oder Denunzianten durch Geheimhaltung des Namens zu schützen seien.

Jedes Aufbäumen, jeder Widerstand gegen die Inquisition wurde mit Exkommunikation bestraft. Die Inquisitoren selbst wurden streng angewiesen, gegen alle Behörden vorzugehen, die sich widerspenstig zeigten. Zugleich wurden sie ermahnt, daß nur die leibliche Verbrennung die einzige, für die Ketzerei ausreichende Strafe sei. Richter, sogar die weltlichen Fürsten waren nicht frei von Furcht. *Mir* ist nicht bekannt, daß sich irgendein Staat geweigert hat, den auferlegten Pflichten nachzukommen. Die Lehren dieser Organisation waren viel zu tief in die Herzen und Gemüter der Menschen eingedrungen, als daß auch nur der geringste Zweifel an ihrer Berechtigung aufgekommen wäre.

Die Inquisition, dieses rechtsbeugende Schreckens-Regiment, galt nicht der Verteidigung des Glaubens, sondern der Festigung des römischen Gewaltsystems. *Ich* nenne euch nur einige Anschuldigungen, die als ‚Ketzerei' bestraft wurden: Wenn jemand freitags Fleisch aß, seine Osterpflicht nicht erfüllte, wenn jemand behauptete, es sei Sünde, Menschen wegen ihres Gewissens zu verfolgen. Jede Bemerkung gegen ‚Seine Heiligkeit' war ein unsägliches Verbrechen, jede Abweichung vom Leben der Gemeinschaft war ein Beweis ‚todeswürdiger Ketzerei'. ‚Ketzerei' war es, wenn man die Steuern an die Kirche nicht bezahlte, ‚Ketzerei' war die Behauptung, Wucher sei eine Sünde. Jeder Getaufte, der an einem kalten Sabbat ein Feuer machte, galt als ‚heimlicher Jude' und verdiente den Tod auf dem Scheiterhaufen.

Die Kirche scheute auch nicht davor zurück, ‚häretisches' Denken als Unrecht anzuklagen. Die Inquisitoren maßten sich also an, in die Herzen und Köpfe der Menschen schauen zu können." Jesus hält einen Augenblick inne, kämpft offensichtlich gegen seinen Zorn. Dann sagt er: „Des Schmählichen und Schandhaften nicht genug, Richter. Wenn ein Gefangener während der Folter erklärte, daß er nie etwas Ketzerisches gesagt oder getan hatte, konnte er noch immer für seine innersten Gedanken, seine Zweifel bestraft werden."

Unmut sehe ich jetzt auf allen Gesichtern. Nachdem Jesus auch diese Akte zurückgelegt hat, tritt er mit zwei weiteren Dokumenten und einer Pergamentrolle vor den Richtertisch: „*Ich* komme nun zum Jahr 1303, in dem Zank und Zwietracht mit dem König von Frankreich ihren Höhepunkt erreichen. Im April nämlich wird Philipp IV. vom Angeklagten exkommuniziert. Richter, *ich* denke, man kann Benedetto Caëtani wegen seiner Verbrechen und Verstöße auch nach dem Naturrecht anklagen. Hört die Thesen, die Jean Quidort (†1306), Dominikaner-Mönch und Professor an der Pariser Universität, unter anderen vertrat:

‚Die Hinordnung auf einen Höchsten finden wir bei den Amtsträgern der Kirche stärker ausgeprägt als bei den weltlichen Fürsten, weil die kirchlichen Amtsträger, dem Dienst Gottes ganz besonders verpflichtet, als auserwähltes Volk dem Herrn gehören. Diese Hinordnung aller Diener auf einen Höchsten gründet sich also auf göttliche Festsetzung. Keineswegs aber ergibt sich so auch aus dem göttlichen Recht für die gläubigen Laien eine Unterordnung unter einen höchsten Monarchen im Zeitlichen. Es beruht hingegen auf einem von Gott gegebenen Naturtrieb, daß man in staatlicher Gemeinschaft lebt und sich folglich für ein gutes Gemeinschaftsleben Führer wählt, freilich verschiedene, der Verschiedenheit der Gemeinschaften entsprechend. Aber auch, wenn der Priester höhere Würde besitzt als der Fürst, muß er doch nicht in jeder Hinsicht über ihm stehen. So ist also die weltliche Macht in bestimmten Hinsichten größer als die geistliche, nämlich in zeitlichen Angelegenheiten, und in dieser Hinsicht in nichts untergeordnet, weil sie sich von ihr nicht herleitet, sondern beide von einer dritten höchsten Gewalt herstammen, der göttlichen, und zwar unmittelbar. Da Christus als Mensch kein Herrschaftsrecht über zeitliche Güter hatte, hat auch kein Priester als Stellvertreter Christi Machtbefugnis darüber von Christus, da er ihm nicht übertragen hat, was er selbst nicht besaß.‘

Die letzten Sätze seines ‚Tractatus de regia postestate et papali‘ lauten: ‚Wenn aber Gefahr für den Staat in Verzug ist, indem das Volk zu einer schlechten Einstellung verführt wird und die Gefahr eines Aufstands besteht und der Papst das Volk durch Mißbrauch des geistlichen Schwertes ungerechtfertigterweise aufhetzt und auch keine Hoffnung besteht, daß er auf andere Weise davon abzubringen ist, so halte ich dafür, daß in diesem Falle die Kirche gegen den Papst mobilisiert werden und gegen ihn vorgehen muß. Der Fürst könnte dann die Gewalttätigkeit des päpstlichen Schwertes durch sein eigenes Schwert, natürlich mit Maßen, zurückschlagen. Er handelt dann nicht gegen den Papst als Papst, sondern gegen seinen und des Staates Feind.'

Durch diese Schrift aus dem Jahre 1302 ermutigt, versucht der französische König, gegen den Angeklagten einen Prozeß anzustrengen. Er beschuldigt Caëtani unter anderem, daß er nicht an die Unsterblichkeit der Seele glaube. Er habe öffentlich erklärt, er wolle lieber ein Hund, ein Esel oder ein anderes unvernünftiges Tier sein als ein Franzose. Er habe einen Hausteufel, der ihn in allen Dingen berate. Er verkehre mit Wahrsagern, lasse in der Kirche silberne Statuen von sich aufstellen und verleite so die Menschen zur Abgötterei. Er begehe Simonie, er lasse Geistliche in seiner Gegenwart ermorden, er esse an Fastentagen, er habe seinen Vorgänger Coelestin V. ermordet. *Ich* habe die Akten eingesehen und schließe *mich* dem weitgehend an, lasse aber, wie zu Beginn besprochen, die Mordanklage noch prüfen. Wie uns der Richter sagte, ist es zu diesem Prozeß nie gekommen, weil die Colonnas den Angeklagten im September 1303 überfielen und gefangennahmen.

Laßt zum Schluß noch zwei Zeitgenossen des Angeklagten, Dino Compagni und Dante, beides Florentiner, zu Wort kommen. Der erste hat über Caëtani sehr treffend gesagt: ,Er herrschte höchst grausam, schürte den Krieg und ruinierte viele Menschen.' "

Jetzt wendet sich Jesus an Petrus: „Dante, der den Angeklagten haßte, weil er ihn aus seiner geliebten Heimatstadt vertrieben hatte, legte dir folgende Worte in den Mund. Sage dem Gericht, ob du damit einverstanden bist. Im 28. Gesang seiner ,Göttlichen Komödie' steht geschrieben: ,Du, der meine Stelle an sich riß auf Erden, ja meine Stelle, die im Angesicht des Gottessohnes unbesetzt geblieben, der machte meine Gräberstatt zum Pfuhle von Blut und Unrat.' " Petrus nickt zustimmend und fragt: „Herr, habt ihr nicht selbst bestätigt, daß ich nie in Rom gewesen bin?" Jesus antwortet: „Lieber Petrus, gestatte dem Dichter diese Freiheit. *Ich* denke, er hat dir aus dem Herzen gesprochen." Und an die Richter gewandt: „Diesen beiden Äußerungen habe *ich* nichts mehr hinzuzufügen. Findet ihr ein gerechtes Urteil, Amen."

21. Klemens V.

Bertrand de Goth

Es ist Richter Melchisedek, der das Strafverfahren Nummer 21 eröffnet. „Der Angeklagte Bertrand de Goth wurde 1299 Erzbischof von Bordeaux und war schon in dieser Zeit völlig abhängig vom Willen des französischen Königs. Am 5. Juni 1305 trat er sein Pontifikat mit Amtssitz in Lyon an. Philipp IV. hatte ihm Amt und Würde aber nur unter der Bedingung verliehen, daß sich de Goth in Avignon niederlasse, was er im Jahre 1309 dann tat. Hiermit beginnt die in der katholischen Kirche als ‚Babylonische Gefangenschaft' bezeichnete Epoche, die 72 Jahre dauern wird.

Die wichtigsten Ereignisse seiner Amtsperiode sind schnell genannt: Da ist der Prozeß gegen die Templer, der am 13. Oktober 1307 mit der Verhaftung aller in Frankreich auffindbaren Ordensritter beginnt und sich bis zum Ende des Pontifikats 1314 hinziehen wird. Darüber möchte der Ankläger ausführlich berichten. Im Oktober 1311 beruft der Angeklagte 120 Bischöfe und Äbte zum 15. Allgemeinen Konzil nach Vienne. Das Programm zeigt deutlich die Handschrift Philipps, der die Aufhebung des Templerordens verlangt hatte. Außerdem sollte von den Kanzeln herab für einen neuen Kreuzzug geworben und dieser durch Erhebung einer sechs Jahre währenden Steuer von den Gläubigen finanziert werden. Schließlich steht auch eine Reform der Kirche an. Die Teilnehmer kommen in diesem Punkt zu keinem Ergebnis. Der Ankläger hat das Wort."

„Ich beschuldige Bertrand de Goth zunächst des Amtsmißbrauchs im Zusammenhang mit Nepotismus und Simonie. Es ist uns bekannt, daß er vier seiner Neffen in sein Kardinalskollegium berief. Vier weitere kamen durch ihn zu Bischofswürden samt entsprechender Kirchenpfründe.

Ich klage ihn des weiteren der verbrecherischen Bereicherung an.

Als Zeugen dafür nenne *ich* den Erzbischof Aegidius von Bourges, der dem Angeklagten vorwarf, er und sein Gefolge hätten zwischen Lyon und Bourges sämtliche Kirchen geplündert. Wenn *ich mich* nicht täusche, wird von neun Millionen Gulden gesprochen, einer unvorstellbar großen Summe, die de Goth unter seinen schmarotzenden Familienangehörigen verteilte und gemeinsam mit seiner Mätresse, der Gräfin Brunissende Talleyrand de Périgord, verpraßte. Der schändlichen Unzucht gab sich dieser Mann hin, während er seinen Priestern durch Eidesschwur den Zölibat aufzwang.

Der König verlangte vom Angeklagten die Aufhebung der beiden Bullen und der Exkommunikation, die dessen Vorvorgänger gegen ihn ausgesprochen hatte. Außerdem setzte Philipp durch, daß ein gerichtliches Verfahren gegen diesen bereits toten Amtsvorgänger eingeleitet wurde. Auch nötigt er de Goth, ihm auf fünf Jahre zehn Prozent der Kircheneinnahmen in seine stets leere Privatschatulle abzutreten.

Richter, aus *meinen* Akten geht hervor, daß Beamte am Hof in Avignon eine Reihe von Anschuldigungen gegen Bertrand erhoben haben. Um die kostspielige Hofhaltung zu finanzieren, habe ihr höchster Bischof unzulässige Geldspekulationen betrieben, Steuern erpreßt und betrügerischen Ablaß von Sünden erteilt. De Goth habe sogar Ablaß für Todsünden wie Mord, Inzest und Sodomie gewährt. Je schwerer die Sünden, desto höher die zu zahlenden Summen. Des weiteren behaupten seine Untergebenen, er habe Benefize und Pfründe aus Kirchenbesitz verschachert, um seine Schulden bezahlen zu können. *Ich* klage ihn also außerdem wegen Diebstahls, Betrugs und arglistiger Täuschung an, denn seine ‚Gläubigen‘ wähnten sich nach den erteilten Ablässen bar jeder Schuld.“

Nach kurzem Innehalten verkündet Jesus den weiteren Strafkatalog. Er hält dem Angeklagten vor, auf dem Konzil von Vienne die Vorbereitung eines Angriffskrieges in Form eines Kreuzzuges unterstützt zu haben. Seine Hauptanklage aber lautet, Bertrand habe sich auf Befehl des Königs der Verunglimpfung, der Falschaussage, der Freiheitsberaubung, der gefährlichen Körperverletzung und des Justizmordes schuldig gemacht, und zwar am Orden der Templer, die ihm allein unterstellt waren.

Immer drohender wird die Stimme von Jesus: „Richter! Dante prophezeite in seiner ‚Göttlichen Komödie' im neunzehnten Gesang der ‚Hölle', daß nach Bonifatius dem Achten noch ein ärgerer kommen werde, ärgerer Werke schuldig. Es sei Klemens, der fünfte seines Namens. *Ich* zitiere den Schluß wörtlich: ‚Euer Geiz und Habsucht haben alle Welt verfinstert, ihr tretet die Guten und erhebt die Bösen. Aus Gold und Silber macht ihr eure Götter. Was unterscheidet euch von Götzendienern?'

Hohes Gericht, Anwesende, ich werde zeigen, wie recht der Florentiner hatte, ohne sich allerdings das Ausmaß des abgrundtief Bösen vorstellen zu können. Zunächst zur Geschichte dieses Ordens." Was Jesus seinen Zuhörern nun erzählt, weiß ich aus langer eigener Beschäftigung mit den Templern. 1119 waren neun französische Ritter zu einer Reise ins „heilige Land" aufgebrochen, von der sie neun Jahre später zurückkehrten. Wie aus zahlreichen Handschriften und Dokumenten hervorgeht, hatten diese Ritter dem König von Jerusalem die Verteidigung des Grabes Christi und den Schutz der Pilger angetragen.

Was die Ritter, die als Quartier einen Platz direkt über dem zerstörten Tempel Salomos und den ehemaligen Pferdeställen angewiesen bekamen, während ihres Aufenthalts machten oder erreichten, ist ungewiß. Sicher ist, daß sie die versprochenen Dienste nicht sehr ernst genommen haben. Sie waren im Auftrag des Bernhard von Clairvaux gereist. Ihre Sendung war geheim, ihr Auftrag war geheim.

Jesus erklärt dem Gericht, daß sich die Templer wahrscheinlich in einer Geheimsprache verständigten, daß nichts schriftlich festgehalten werden durfte. Die Geheimnisse wurden von einem Großmeister dem ihm folgenden anvertraut. Es ist nicht zweifelsfrei erwiesen, ob Bernhard den Templern die Regeln schrieb. Die drei wichtigsten aber wurden schnell bekannt: Keuschheit, Gehorsam und Armut. Als historisch gesichert gilt die Tatsache, daß Bernhard ihnen 1128 auf dem

Konzil von Troyes großes Lob erteilte. Wörtlich soll er verkündet haben, daß die „Armen Ritter Christi vom Tempel Salomon" – so nannte sich der Orden hinfort – ihre Mission erfüllt hätten, „mit Gottes und mit unseres Heilands Jesu Christi und mit unserer Hilfe ist das Werk vollendet worden". Was allerdings „vollendet" wurde, ist seit 900 Jahren sein Geheimnis und das der Templer geblieben.

Innerhalb eines Jahrhunderts gelangte der Orden zu großem Reichtum. Die Ritter wurden Schatzmeister von Fürsten- und Königshäusern. Sie errichteten ein Banksystem mit Zentralen überall in Europa und anerkannten keine Obrigkeit außer dem Papst. Sie waren von der Steuer befreit und erhielten viele Schenkungen, waren gefürchtet von weltlichen Herrschern und geliebt von den Armen. Um 1260 zählte die Ritterschaft fast 20 000 Mitglieder und besaß 9000 Komturen, Burgen und Tempelhöfe.

Der Bau vieler Kathedralen und Kirchen in Frankreich beruht auf dem architektonischen Wissen der Templer und wurde mit dem Geld des Ordens finanziert. In ihrer Philosophie verbinden sich frühes Christentum mit Islam und der Kabbala. Sie verehrten im gleichen Maße Maria wie Johannes den Täufer und Mohammed.

Jesus wendet sich jetzt direkt an Gideon: „Richter, versteh *mich* recht! Es gibt viel an diesem Orden, was *ich* ablehnen muß, denn Zehntausende von Rittern haben an den von *mir* verfluchten ‚Kreuzzügen' teilgenommen. Es geht aber nicht darum, die Templer zu richten, sondern diesen Bertrand de Goth, der sich völlig dem König von Frankreich ergeben hatte. Sie beide trifft die Schuld an diesem Prozeß in gleichem Maße. Die Akten darüber füllen Bände, und die Lektüre verlangt große Beharrlichkeit. *Ich* bin die Fragebögen der königlichen und der kirchlichen Untersuchungskommissionen durchgegangen.

Die Ritter wurden der Häresie beschuldigt, der Blasphemie, der Götzenanbetung, der Kreuzbespuckung, der Verspottung des Abendmahls und der Verschwörung gegen den König und den Bischof von Avignon. Der bei der Ordensgemeinschaft hoch verschuldete Philipp hatte diese rechtsbeugenden Verfahren durch Verunglimpfung, Fälschung, Betrug und Bestechung von Zeugen angezettelt. Er wollte sich in den Besitz des Templervermögens bringen. Den Schatz aber und das Geheimwissen konnten weder er noch andere je aufspüren. Die Inquisitionsrichter beriefen sich vornehmlich auf zwei Zeugen, auf Raoul de Prelles und Esquin de Flyran. Letzterer hatte behauptet, ein Mitglied des Ordens zu sein. Von ihm kamen die absurdesten Denunziationen, ohne daß er sie hätte beweisen können.

Der französische Historiker Laurent Dailliez hat nach dem Studium von mehreren tausend Dokumenten festgestellt, daß man dem Orden oft geheime Regeln, geheime Meister und Siegel unterschoben habe, ohne daß diese Behauptungen auch nur durch ein Schriftstück zu belegen gewesen wären. Aber den Inquisitoren reichten Verleumdungen. Beweise verlangten sie nicht von ihren Zeugen! Wie *ich* schon sagte, wissen wir wenig über die Ordensregeln. Ihre Devise lautete: ‚Non nobis domine, non nobis sed nomini tuo da gloriam – nicht uns Herr, nicht uns, sondern deinem Namen gib Ehre.‘

Die treibende Kraft bei diesem Templer-Prozeß war ein Mann mit Namen Jacques de Duèze, der später selber Erster Bischof wurde. Wir werden über ihn im zweiten Teil unseres Verfahrens als Nebenangeklagten befinden. Er selbst galt als zaubergläubiger Mönch, war also kaum geeignet, aber dennoch verantwortlich für die Verfolgung der Ritter, die man der Zauberei verdächtigte. *Ich* will dem Gericht die grausamen Details der Verhöre ersparen, die sich die Scharfrichter der Inquisition in ihrer Unmenschlichkeit ausgedacht hatten. Aber sie erpreßten von den Gefolterten die Verleugnung Gottes und Christi. Wenn die durch Martern Gequälten oder in scheußlichen Gefängnissen Schmachtenden später widerriefen, half ihnen das nicht.

Ich kann beweisen, daß die beiden Hauptdenunzianten gekauft und bestochen waren. Aus *meinen* Unterlagen geht zweifelsfrei hervor, daß die Inquisitoren, die rechtsbeugend Richter und Ankläger zugleich waren, ‚Bittschriften‘ des Volkes an den König um ‚Ausrottung der templerischen Ketzerei‘ gefälscht hatten. Im Hauptprozeß, der 1308 in Paris begann, standen 540 Ritter vor Gericht. 36 waren nach den Verhören an den Folgen der Torturen bereits gestorben.“

Nachdem Gideon die empörten Zwischenrufe durch Ermahnung untersagt hat, höre ich wieder Jesus: „Am 12. August 1308 erließ Bertrand de Goth die Bulle ‚Faciens misericordiam‘. Alle geistlichen und weltlichen Fürsten des Abendlandes forderte er darin auf, gegen die Tempelritter gerichtlich einzuschreiten. *Ich* weiß, daß nur wenige diesem Befehl nachkamen, auch wenn de Goth mit Bann und Kirchenstrafen gedroht hatte. Am 12. Mai 1310 wurden 54 Ritter zum Tod in den Flammen verurteilt, und das noch vor Abschluß ihres Verfahrens. Ein empörender Eingriff in geltende Rechte und damit ein eindeutiger Justizmord. Kein Straftatbestand war erhoben, kein Beweis durch glaubwürdige Zeugen erbracht worden.

Ich lege hier noch zwei weitere Protokolle von Templern vor, damit ihr euch über das ganze Ausmaß des Unrechts ein Bild machen könnt. Ein englischer Ritter schrieb: ‚Unter der Folter lebst du wie im Reich der Kräuter und Säfte, die Visionen erzeugen. Alles, was du jemals gehört, alles, was du jemals gelesen hast, kommt dir aufs lebhafteste in den Sinn, als wärst du entrückt, aber nicht zum Himmel, sondern zur Hölle. Unter der Folter sagst du nicht nur, was der Inquisitor von dir erwartet, sondern auch, was ihm vielleicht gefällt und Vergnügen bereitet, damit zwischen ihm und dir ein inniges und wirklich diabolisches Band entsteht. Unter der Folter kann dir der Inquisitor die absurdesten Lügengeschichten erzählt haben, denn nicht er sprach in jenen Augenblicken, sondern seine Wollust, das Dämonische in seiner Seele. Wenn selbst den aufbegehrenden Engeln so wenig genügte, um ihre Inbrunst der Anbetung und der Demut umschlagen zu lassen in eine Inbrunst der Hoffart und der Rebellion gegen Gott, was soll man dann von den schwachen Menschen sagen?‘

Viele der Templer hatten Angst vor dem Tod. Sie wollten ihren Orden verteidigen, aber die Angst war stärker. *Ich* kenne auch die Aussage des Amalrich von Villiers-Le-Duc. Am Tag nach der Hinrichtung seiner 54 Ordensbrüder erklärte er vor der Kommission, die Bertrand de Goth direkt unterstellt war, alle Anschuldigungen gegen den Orden seien völlig falsch. Er sagte, er habe mit eigenen Augen ansehen müssen, wie seine 54 Brüder auf einem Karren zum Scheiterhaufen gebracht worden seien. Aus Furcht, diesem schrecklichen Anblick der Verbrennung nicht gewachsen zu sein, und aus Furcht vor dem eigenen Tod habe er unter Eid gestanden, daß alle dem Orden zur Last gelegten Vergehen wahr seien. Er würde sogar gestehen, den HERRN selbst getötet zu haben, wenn man dies von ihm verlange. Richter, so weit gingen die von *mir* verfluchten Inquisitoren, um den Willen der für ihren Mut bekannten Männer zu brechen.“

Was ist es, frage ich mich, was Jesus an diesen Templern so fasziniert? Ist es nur das Unrecht, das ihnen angetan wurde? Während des Konzils sei am 22. März 1312 die Bulle „Vox in excelso audita est“ veröffentlicht worden, in der de Goth den Orden praktisch auflöste, obwohl die 300 am Konzil Beteiligten die Schuld der angeklagten Ordensbrüder nicht für erwiesen hielten.

Und Jesus gibt dem Gericht weitere Beispiele aus den obszönen Verhören, die nach starrem Schema mit 127 Fragen durchgeführt wurden. Ein Huguet de Bure soll ausgesagt haben, daß er des Hemdes und der Hose beraubt einen Bruder auf den Mund habe küssen müssen, auf den Nabel und dann auf das Rückgrat oberhalb der Stelle, wo der Gürtel getragen werde. Nach der Folter gestand dieser Ritter, man habe ihm ein Kreuz gebracht, und ein Ordensmitglied habe ihn aufgefordert, auf dieses Kreuz zu spucken, es mit den Füßen zu treten und dreimal Jesus abzuschwören. Dieses gehöre zu den Regeln des Templerordens.

Auf die Frage, mit welchen Worten er Jesus abgeschworen habe, antwortete Huguet de Bure: „Ich widersage Gott, ich widersage Gott, ich widersage Gott.“

Auch aus dem Verhör des Jacques de Troyes zitiert Jesus. Der soll vor seinem Inquisitionsrichter gestanden haben: „Ich mußte mich bei der Aufnahme nackt ausziehen und den anwesenden Ordensbrüdern das Gesäß küssen." Zu den Fragen 46 bis 57, welche die Idole der Templer betrafen, habe er geantwortet: „Ich habe einige Jahre vor meiner Aufnahme von mehreren Brüdern gehört, ich weiß aber nicht, wo und von wem, daß bei Geheimtreffen der Templer in Paris gegen Mitternacht ein Haupt erschienen sei, das die Ritter sehr verehrt hätten. Nach meiner Aufnahme habe ich davon nichts mehr gehört, und ich glaube es auch nicht. Ich habe sagen hören, daß ein Bruder einen Privatdämon habe, dessen Rat weise und kostbar sei."

Schließlich spricht Jesus über den letzten Großmeister des Templerordens, Jacques de Molay. „Richter, bedenkt, daß alle Ordensmitglieder nicht leicht der Angst anheimgefallen sind. Der Großmeister hatte bereits sieben Jahre Haft hinter sich und war ein Mann von über 60 Jahren, als der Prozeß gegen ihn im Frühjahr 1314 begann. Er war bereits im November des Vorjahres einige Male vor die Kommission des Bertrand de Goth geführt und verhört worden. Seine Strategie hatte darin bestanden, sich ganz seinem obersten Bischof anzuvertrauen, ohne zu ahnen, welches frevlerisch-betrügerische Spiel dieser und der König trieben.

Mitte März muß ihm dann klargeworden sein, daß, nachdem der Großteil seiner Ordensbrüder bereits tot war, der Templerorden schon nicht mehr existierte und auch er nichts mehr daran ändern konnte. 200 Jahre Arbeit seiner ‚Armen Ritter Christi vom Tempel Salomon' waren durch Habsucht und Neid des französischen Königs, durch Verrat, Unfähigkeit und Treulosigkeit des Bertrand zerstört. Sein Schicksal war vorherbestimmt. Sein Tod war von vornherein beschlossen: Weder Geständnis noch Widerruf konnten daran etwas ändern und waren für die Inquisitionsknechte letztlich ohne Bedeutung.

In den ersten Verhören vor dem Inquisitionsgericht hatte Molay immer noch auf Bertrand de Goth und auf die falschen Behauptungen seiner Richter vertraut, die ihm erklärten, daß nicht über ihn, sondern über den Orden verhandelt werde.

Daraufhin gab der greise Ritter einige Gründe zu seiner Verteidigung. Darunter, daß beinahe kein Gottesdienst feierlicher als bei den Templern begangen werde, daß kein Orden mehr Almosen gegeben habe als der der Templer. Auf den Einwand eines Inquisitors, dies alles nütze nichts für das Heil der Seelen ohne den Glauben, antwortete Molay: ‚Ich glaube fest an einen Gott in drei Personen und an die anderen Artikel. Ich glaube, wenn die Seele vom Körper getrennt sein wird, dann wird man sehen, wer gut und wer böse gewesen ist. Jeder der hier Anwesenden wird dann die Wahrheit über unsere gegenwärtigen Fragen erkennen.'

Der 18. März 1314 war der letzte Tag im Leben des alten Mannes. Gegenüber der Nôtre Dame-Kirche von Paris wurde ihm und seinen Mitangeklagten vor versammeltem Volk das Urteil verlesen. Daraufhin erhoben sich Jacques de Molay und sein Präzeptor Gottfried de Charmay und leugneten die Schuld des Ordens und versuchten, das verruchte Spiel aufzudecken, das gegen sie inszeniert worden war.

Der König mußte fürchten, entlarvt zu werden, und verurteilte die beiden wegen ‚Rückfälligkeit' zum Tode. Viele haben über dieses Geschehen berichtet, wenn auch sehr unterschiedlich. Angesichts der Ewigkeit soll Molay ausgerufen haben, er verdiene den Tod. Aus Liebe zum Leben, sagte er, und um dem Übermaß entsetzlicher Martern zu entgehen, vor allem aber, weil er durch listige Schmeichelworte des Königs und Bertrand de Goths verlockt worden sei, habe er ruchlose Schandtaten und Verbrechen seines Ordens erlogen. Dieser Widerruf erweckte unter den vielen Menschen vor der Kathedrale den Eindruck, daß hier der Angeklagte zum Ankläger wurde."

Jesus erinnert dann an den Ausspruch Molays, er habe auf dem Scheiterhaufen den beiden Hauptschuldigen, dem König und dem Bischof aus Avignon, prophezeit, sie binnen Jahresfrist vor Gottes Richterstuhl zu treffen. „Ob das der Wahrheit entspricht oder zu den vielen Legenden gehört, die sich um den Templerorden ranken, ist auch für *mich*, Richter, heute schwer überprüfbar. Bertrand de Goth starb bereits einen Monat später, am 20. April 1314. König Philipp, der gehofft hatte, den Schatz der Templer rauben zu können, wurde am 29. November, erst 46 Jahre alt, von einer rätselhaften Krankheit dahingerafft. Es scheint *mir* wenig glaubwürdig, daß diese 2000 Ritter, die die harten Vorschriften ihres Ordens akzeptierten und aus tiefster Seele ihr Leben Gott geweiht hatten, gleichzeitig die ungehörigsten und schamlosesten Befehle beim Eintritt in den Orden ausgeführt haben sollen. "

Während ich Jesus zuhöre, geht mir durch den Kopf, was der französische Historiker Victor Carrière nach dem Studium der gesamten Prozeßunterlagen herausgefunden hat. Der Templerorden als Institution könne die Verbrechen nicht begangen haben, derer man ihn angeklagt hatte. Eine der Beschuldigungen, nämlich das Anbeten eines Götzen, des sogenannten Baphomet, hat längst eine einfache Erklärung gefunden. Baphomet-Skulpturen befinden sich an vielen Bauten, die mit den Templern in Verbindung gebracht werden. Die Templer sollen ihren vermeintlichen ,Götzen' für jedes Auge sichtbar so offen präsentiert haben?

Baphomet hatte eine doppelte Bedeutung: Einmal war er ein Symbol für die Alchimie. Zum anderen gibt es die Deutung, daß die Templer ,Baphomet' konstruiert haben aus einer Zusammensetzung von zwei Namen, nämlich Johannes dem Täufer (Baptist) und Mohammed. Mir geht auch durch den Kopf, daß der gekreuzigte Christus von den Templern abgelehnt wurde und daß es keine Kreuzigungsszenen gibt an Kathedralen, die im Auftrag der Templer gebaut worden waren.

Was haben die neun ersten Templer in Jerusalem zwischen 1119 und 1128 gemacht, und welches „Wissen" haben sie sich angeeignet? Habe ich hier den Revisionsprozeß miterlebt, den so viele Anhänger der Templer, unter anderem Andreas Beck in seinem Buch über diesen Orden, gefordert haben? Illegal und rechtsbeugend war eigentlich alles: Rechtsbeugend war die Untersuchung durch den König, denn die Templer waren dem Papst unterstellt. Rechtsbeugend war die Verhaftung und rechtsbeugend waren die Verhöre durch Agenten des Königs. Rechtsbeugend handelte der Papst, indem er die Inquisitoren frei walten ließ. Rechtsbeugend war die Mißachtung der Rechte der Angeklagten, zum Beispiel das auf Verteidigung, durch voreingenommene Richter. Rechtsbeugend waren die 2000 Todesurteile. Rechtsbeugend war die Beschlagnahme der Besitztümer der Templer. Noch während mir diese Gedanken durch den Kopf gehen, höre ich die gewaltige und drohende Stimme des Anklägers. Jesus hat sich inzwischen vor den Tisch der Richter gestellt.

„Ihr wißt, welche Straftaten *ich* dem Angeklagten Bertrand in Zusammenhang mit dem Templerorden vorwerfe: Unterlassene Hilfeleistung in Tateinheit mit Freiheitsberaubung, gefährlicher Körperverletzung und Verunglimpfung. *Ich* klage ihn außerdem der Mitschuld am Justizmord an 2000 französischen Rittern an. Mit seinen Bullen, die er gegen die Mehrheit im Konzil durchsetzte, forderte er gar die Ausrottung des Ordens in Europa, was ihm aber nicht gelungen ist."

Während sich Jesus wieder zu seinem Tisch begibt, schließt Richter Melchisedek die Akte Klemens V. Wieviel Schuld, überlege ich mir, hat der Vatikan mit diesem in der Geschichte bis dahin einmaligen, ungeheuerlichen Justizmord auf sich geladen, ohne daß je ein Papst sich zu dieser Schuld bekannt und die Opfer rehabilitiert hätte. All dies hat die Kirche jahrhundertelang nicht gestört, und niemand hat es je gewagt, sie zur Rechenschaft zu ziehen.

22. Urban VI. /Klemens VII.

Bartolomeo Prignano/Robert Graf von Genf

Nach kurzer Absprache mit seinen Richterkollegen und Jesus sagt Simson: „Wir haben in der Akte 22 zwei Angeklagte zusammengefaßt, und zwar Urban VI. und Klemens VII. Urban absolvierte nach seiner juristischen Ausbildung die übliche Kirchenlaufbahn bis zum Erzbischof von Bari. Als Regens der päpstlichen Kanzlei wird er am 9. April 1378 von dreizehn der 16 Kardinäle gewählt und am 18. April gekrönt. Er wurde in Deutschland, Ungarn und England anerkannt."

Hier unterbricht Jesus und sagt: „Bartolomeo hat damit gegen ein Dekret aus dem Jahre 1059 verstoßen, nach dem nur zum römischen Bischof gewählt werden konnte, wer den Kardinalshut getragen hatte. Also wurde hier gegen kanonisches Recht verstoßen." Simson liest weiter aus der Akte und sagt, daß fünf Monate später, am 20. September, die in der Mehrheit befindlichen französischen Kardinäle in Fondi Robert Graf von Genf zum Gegenpapst gewählt hätten. Er sei zuvor Bischof von Cambrai gewesen und von Frankreich und Spanien als oberster Kirchenfürst bestätigt worden.

Jesus übernimmt wieder seinen Part: „*Ich* klage diesen Mann zunächst an wegen Bestechung und Erpressung, denn nachweislich hat er den Kardinälen für seine Wahl hohe Geldsummen gezahlt. Wenngleich der Massenmord vom Februar 1377 im norditalienischen Cesena vor seiner Wahl verübt wurde, bitte *ich*, folgendes zu Protokoll zu nehmen:

Vor allem in Florenz, Bologna und anderen nahegelegenen Städten kam es zu Aufständen gegen die ausbeuterische und brutale Herrschaft der französischen Besatzungsmacht. Robert von Genf war der Heerführer der Franzosen, die zunächst in Cesena versuchten, die Aufstände niederzuschlagen. Wie wir aus Chroniken der Stadt wissen, wurden bei diesem Überfall zahllose Frauen vergewaltigt, 4000 Bürger gemeuchelt und niedergemetzelt. Nach diesem Verbrechen wurde der Angeklagte überall in Italien zu Recht als ‚Henker von Cesena' bezeichnet.

Das Nebeneinander von zwei Kirchenführern, Prignano in Rom und dem Massenmörder Robert in Avignon, führte zum sogenannten ‚Großen Abendländischen Schisma'. Europa wurde durch die Schuld der beiden Angeklagten in Bürgerkriege gestürzt und in zwei Lager gespalten. Die Hofhaltungen in Rom und Avignon kosteten die Kirchengemeinden viel Geld. Zum Teil erpreßten Bartolomeo und Robert dieses auch aus Ablässen, Steuertaxen und ähnlichen verbrecherischen Erhebungen.

Ein Chronist schreibt, daß viele Menschen nahe daran waren, den ‚Glauben' zu verlieren, weil sie in den Gewissenskonflikt gestoßen und nicht zu entscheiden in der Lage waren, welcher der rechtmäßige Bischof sei. Beide machten sich des schweren Amtsmißbrauchs und der fortgesetzten Nötigung schuldig, indem sie Bannflüche gegeneinander ausstießen und dadurch praktisch die gesamte europäische ‚Christenheit' unter Bann stellten.

Richter, *ich* beschuldige beide auch des Landfriedensbruchs und der Unterstützung von Kriegsverbrechern, denn sie versuchten, einander mit Söldnerheeren die Position streitig zu machen. Bartolomeo hat sich überdies der Unterstützung einer kriminellen Vereinigung in Tateinheit mit Diebstahl und Vorbereitung eines Angriffskrieges schuldig gemacht, weil er durch den Verkauf von Kirchengütern und Schätzen den Feldzug Karls III. von Durazzo ermöglichte, der Königin Johanna I. von Neapel um Thron und Leben brachte.

In dieser Zeit trieb der ‚Henker von Cesena' in Avignon ein sündiges, unzüchtiges Leben, womit sich wieder einmal das Bild der Kirche als ‚Hure Babylon' bestätigte. Er selbst wurde als ‚Weltverderber' und ‚Zerstörer der Christenheit' beschimpft.

Als Nötigung, Amtsmißbrauch und einen Verstoß gegen die Menschenrechte werte *ich* die Tatsache, daß der Reformator John Wiclif von Bartolomeo als ‚Ketzer' bezeichnet und verfolgt wurde. Das ‚Verbrechen' des englischen Mönchs: Er hatte eine vom römischen Bischof unabhängige englische Kirche gefordert.

Richter, wer war dieser Wiclif, den der Angeklagte durch eine Londoner Synode 1382 als ‚Häretiker' verurteilen wollte? Da er für die bald auch in anderen Landen wirkenden Unabhängigkeitsbewegungen Vorbild war, laßt *mich* ihn euch vorstellen. Er führte den Titel eines Professors für Theologie in Oxford, und seine Hauptkritik lag an der Verweltlichung der römischen Kurie und ihren riesigen Ländereien, die für ihn keinerlei Rechtfertigung in der Heiligen Schrift fand.

In fast allen seinen Predigten sprach er der weltlichen Macht, dem Kaiser oder König, das Recht zu, Kirchenbesitz zu besteuern oder zu beschlagnahmen. Er verlangte die Unabhängigkeit der weltlichen Macht von der Kirche. Er verlangte genau das, was *ich* von dieser Organisation und all ihren Führern immer wieder einklage: Die Bibel müsse Grundlage für eine Kirche sein, die sich auf Jesus berufe. Zu Recht verwarf er die hier schon besprochene verwerfliche und verabscheuungswürdige Transsubstantiationslehre als unbiblisch.

Hört einige Sätze aus seiner Predigt: ‚Als Fundament des Glaubens nahm ich, daß Jesus Christus wahrer Gott und wahrer Mensch ist, und diesem Fundament fügte ich zweitens alle seine Taten und Worte, wie sie im Evangelium oder anderswo aufgezeichnet sind, bei. Und drittens nahm ich hinzu, daß alle jene Berichte oder Taten der Unterweisung der irdischen Kirche dienen sollen, und von diesem dreifachen Grund aus schritt ich weiter zu den Folgerungen im einzelnen, und so wie Christus begann ich damit bei der Gemeinde meines Klerus. Denn bei seiner höchst denkwürdigen Ankunft in Jerusalem ging er sogleich zum Tempel und reinigte ihn zuallererst von den üppig wuchernden Mißständen, die infolge der Habsucht der Priester entstanden waren. Da also alle Taten Christi unsere Unterweisung sind, müssen wir desgleichen tun. In diesem Fall legte ich die Armut Christi zugrunde, wonach der Herr der Welt, wiewohl in höchstem Maße reich in sich – und sowohl auf Grund seiner vollkommenen Unschuld als auch auf Grund seiner Gottmenschheit – reich über alle Welt, zum

Vorbild für seine Kirche und insbesondere für die Oberen des Klerus eindeutig in höchstem Maße arm gewesen ist.'

Und damit, Richter, beruft er sich auf den hier anwesenden Paulus, auf dessen 2. Korintherbrief (8,9). Wiclif kennt das Neue Testament offensichtlich besser als viele Kirchenführer. An einer anderen Stelle führt er Lukas 14,33 an, wo Jesus seinen Jüngern unmißverständlich gesagt hat, daß ihm keiner nachfolgen könne, der sich nicht von allem lossage, was er habe. Aufs beste lehre das Leben Christi und der Wandel seiner Apostel diese Regel.

Auch Lukas 22,25f. zitiert er: ‚Die Könige herrschen über ihre Völker, und die Mächtigen lassen sich Wohltäter nennen. Bei euch soll es aber nicht so sein, sondern der Größte unter euch soll werden wie der Kleinste, und der Führende soll werden wie der Dienende.' Demut, Armut und Bibeltreue hat dieser Mann verlangt. Zu den von dem Angeklagten verurteilten Lehrsätzen des John Wiclif gehörte auch der, daß ‚Christus im Altarsakrament nicht identisch wahrhaft und wirklich in seiner eigenen leiblichen Person gegenwärtig' sei. Richter, ihr wißt, daß er damit die Wahrheit sagt. Dieses von der Kirche erfundene Sakrament widerspricht der Heiligen Schrift und *meiner* Lehre. Wir werden, wenn wir über das Konzil von Konstanz sprechen, auf diesen Wiclif zurückkommen, denn dort wird einer seiner Anhänger Opfer der Kirche. *Ich* übergebe wieder an Richter Simson."

1385, so höre ich diesen aus den Akten verlesen, habe Bartolomeo zu einem neuen Feldzug angetrieben, dieses Mal gegen seinen ehemaligen Verbündeten Durazzo. Dieser, nach dem Mord an Johanna nun unrechtmäßiger König von Neapel, hatte sich geweigert, einem Neffen des Angeklagten eine der größten und schönsten Provinzen des Landes zu überlassen. Als der Angeklagte daraufhin Durazzo gebannt und verflucht habe, sei es zu einer Verschwörung einiger Kardinäle gegen ihn gekommen.

Nun ist es Jesus, der erklärt: „Wie wir von dreizehn Vertretern der Kurie, die gegen die Willkür und Tyrannei ihres obersten Bischofs aufbegehrten und seinem Machtbereich entkommen konnten, sicher wissen, hat Bartolomeo in seiner Burg Nocera, wohin er vor den Truppen des Durazzo geflohen war, sechs Kardinäle in Gefangenschaft gehalten. Damit machte er sich der Freiheitsberaubung schuldig. Wie *ich* erfahren habe, wurden fünf Gefangene auf brutalste Art gefoltert und danach lebendig begraben oder erschlagen. Deshalb plädiere *ich* auf Mord in fünf Fällen.

Aus einem Geheimpapier der Kurie weiß *ich*, daß der Angeklagte als ‚Antichrist, Teufel, Tyrann und Betrüger' bezeichnet wurde. Einige an seinem Hof hielten ihn sogar für geisteskrank. Ob Bartolomeo Prignano auch an der Ermordung des Karl Durazzo im Jahre 1386 beteiligt war, kann *ich* nicht belegen. Ob er aufgrund seiner Gemüts- oder Geisteskrankheit nur vermindert schuldfähig ist, bitte *ich* das Gericht anhand medizinischer und psychologischer Gutachten prüfen zu lassen. Weiter habe *ich* zu den beiden Angeklagten nichts zu sagen."

Richter Simson wirft noch einen Blick in die Akte 22 und erklärt: „Der ‚Henker von Cesena' ist im Jahre 1394, damals immer noch im angemaßten Amt, gestorben. Bartolomeo Prignano wurde bereits am 15. Oktober 1389 vergiftet. Schuldige konnten nicht gefunden werden."

23. Gregor XII./Alexander V.
Johannes XXIII./Benedikt XIII.

Angelo Correr/Petros Philargi
Baldassare Cossa/Pedro de Luna

Gideon verkündet, daß er mit den anderen Richtern und Jesus beschlossen habe, gegen Gregor XII., Alexander V., Johannes XXIII. und Benedikt XIII. in einem Sammelverfahren zu verhandeln. Diese vier Männer hätten sich in dem Zeitraum von 1406 bis 1417 einander abwechselnd oder gleichzeitig als Päpste ausgegeben. „Wurden die beiden Angeklagten aus Akte 22 noch als ‚Teufel mit den zwei Köpfen' bezeichnet, so sprach man von diesen als ‚zweimal verruchte Dreiheit', die die Gläubigen dazu zwangen zu beten, ‚ich glaube an drei katholische Kirchen'. Anwesende, bevor der Ankläger sein Plädoyer hält, werde ich versuchen, euch dieses Gewirr, in das die Angeklagten ihre Kirche gestürzt haben, zu erläutern.

Zunächst zu Angelo Correr. Er ist am 30.11.1406 in Rom zum Bischof gewählt worden, obwohl bereits seit dem 28.9.1394 Benedikt XIII., vulgo Pedro de Luna, in Avignon als Papst im Amt war. Um diesem erneuten Schisma ein Ende zu bereiten, beriefen 24 Kardinäle, vier Patriarchen, 80 Erzbischöfe und Bischöfe im März 1409 Angelo und Pedro zu einem Konzil nach Pisa. Beide waren beschuldigt der Kirchenspaltung, des Eidbruchs, der ‚Ketzerei' und des Verstoßes gegen die Einheit der ‚Einen Heiligen Kirche'.

Am 5. Juni wurde auf dem Konzil die Entscheidung getroffen, sowohl Correr wie de Luna abzusetzen, weil beide ihre Amtspflichten verletzt, gegen den Glaubensartikel von der Einheit der Kirche verstoßen und ihren Eid gebrochen hätten. Zudem werde das Konzil nicht eher auseinandergehen, bis eine radikale Reform erfolgt sei. Am 26. Juni wählten die in Pisa Versammelten den Griechen Petros Philargi, der den Namen Alexander V. annahm und zuvor Kardinal von Mailand gewesen war.

Petros residierte in Bologna und beschäftigte 700 weibliche Dienstboten. Inwieweit er sich damit der Freiheitsberaubung strafbar gemacht hat und möglicherweise auch des sexuellen Mißbrauchs von Abhängigen, wird zur Zeit noch überprüft. Die Beweise sind uns noch nicht stichhaltig genug."

Jetzt ist Jesus aufgestanden und bittet den Richter, fortsetzen zu dürfen. *„Ich* klage Petros auf jeden Fall des Amtsmißbrauchs an und des Verstoßes gegen das Armutsgebot im Neuen Testament. Doch nun zu Baldassare Cossa, den *ich* der Morde an Petros Philargi und dessen Arzt bezichtige. Sie wurden am 3. Mai 1410 vergiftet aufgefunden. Bereits zwei Wochen darauf hat Cossa mit betrügerischen Manipulationen und Bestechungen das Amt an sich gerissen. *Ich* werde später auf diesen Mann noch näher eingehen."

Krampfhaft versuche ich, diesen chaotischen Zuständen zu folgen, und erfahre dann, daß König Sigismund von Deutschland seinen Untertanen drei Bischöfe an der Spitze der Kurie nicht länger zumuten wollte, denn Correr und de Luna hatten den Konzilsbeschluß ignoriert und saßen nach wie vor in ihren Palästen. Drei Päpste zur gleichen Zeit hatten tiefe Wunden in die Christenheit gerissen. Der Deutsche erzwingt das Konzil von Konstanz, das er am 5. November des Jahres 1414 durch Baldassare Cossa eröffnen läßt. Gideon berichtet:

„Am 20. März 1415, noch bevor die in Konstanz versammelten 29 Kardinäle, 33 Erzbischöfe, 150 Bischöfe und die Kohorten von Äbten, Vögten und Doktoren der unterschiedlichsten Fakultäten zu einem Beschluß kommen, flieht Cossa. Möglicherweise ist ihm zu Ohren gekommen, daß bei den Synodalen ein Geheimdokument kursierte, in dem er 80 verschiedener Verbrechen beschuldigt wurde."

Jesus ist, wie ich jetzt sehe, offensichtlich im Besitz dieses Dokuments. „Richter, vernehmt, was die Verfasser dem Cossa vorwerfen: Unkeuschheit, Unwahrhaftigkeit, Ungehorsam. Durch Simonie habe er den Kardinalshut erschlichen, er habe ein grausames Regiment als Legat in Bologna geführt, habe mit der Frau seines Bruders Ehebruch begangen und mit anderen Frauen Unzucht getrieben, er habe Nonnen vergewaltigt und mißbraucht und habe in seiner Zeit als Seeräuber – ja, ihr habt richtig gehört! – als Pirat habe er sich des Raubes, der Unzucht und der verbrecherischen Bereicherung und Erpressung schuldig gemacht."

Richter Gideon fährt fort. „Am 29. Mai 1415 wird Baldassare Cossa in Abwesenheit seines Amtes enthoben. Für eine dringend notwendige Kirchenreform spricht sich das Dekret vom 6. April 1415 mit dem Titel ‚Haec sancta synodus‘ aus, und ich zitiere daraus: ‚Diese heilige Synode zu Konstanz erklärt erstens, daß sie im Heiligen Geist rechtmäßig versammelt ein Allgemeines Konzil abhaltend und die gesamte streitende Kirche repräsentierend von Christus unmittelbar Vollmacht hat‘...."

Jesus unterbricht und ruft: „Einspruch, das ist eine arglistige Täuschung. Ihr alle wißt, daß die Männer der Kirche die Unwahrheit sagen!" Gideon beruhigt ihn und liest weiter: „... ‚unmittelbar Vollmacht hat. Ihr ist ein jeder, welchen Standes und welcher Würde auch immer, einschließlich der päpstlichen in denjenigen Stücken zu gehorchen verpflichtet, die sich auf den Glauben beziehen, auf die Ausrottung des besagten Schismas und auf die Reform der Kirche an Haupt und Gliedern. Desgleichen erklärt sie, daß ein jeder, welcher Stellung, welchen Standes und welcher Würde auch immer, einschließlich der päpstlichen, der den Geboten, Satzungen oder Anordnungen oder Vorschriften dieser heiligen Synode und eines jeden anderen rechtmäßig versammelten Allgemeinen Konzils in den genannten oder auf sie bezüglichen Stücken den Gehorsam verweigert, sofern er nicht davon Abstand nimmt, einer entsprechenden Buße unterworfen und gehörig bestraft wird, wobei nötigenfalls auch zu anderen Rechtsmitteln gegriffen wird.‘ Soweit aus dem Dekret.

Die Lehren des Engländers Wiclif hat der Ankläger bereits kurz gewürdigt. Wir kommen nun zu Johannes Hus, einem seiner wichtigsten Anhänger."

Jesus erhebt sich und sagt: „Hus war Prediger an der Bethlehemskapelle zu Prag. Die Verfolgung und Verunglimpfung durch den Vatikan setzte ein, als er vom Erzbischof

Sbyzko den Auftrag erhielt, die Reliquie des ‚Blutes Christi‘ in Wilsnak zu prüfen, die ‚Gläubigen‘ angeblich Heilungen von allen nur möglichen Krankheiten gebracht haben soll. Richter, lacht nicht über diesen neuerlichen sündigen Unfug und Betrug. Hus erreichte ein Verbot dieser Pilgerwallfahrten und hatte damit praktisch sein eigenes Todesurteil gesprochen.

Von Wiclif hat Hus Wesentliches übernommen, unter anderem Sätze wie: ‚Wohl heißt sie die heilige Kirche, die römische, doch sie kann nicht mit Papst und Kardinälen identifiziert werden, denn die Päpste sind schon mehrfach unheilig und befleckt gewesen.‘ Und *ich* stimme mit ihm überein, wenn er behauptet, man dürfe auch den Bullen der Kirchenführer nur Glauben schenken, wenn sie der Heiligen Schrift gemäß seien. Muß *ich* betonen, daß sich nicht eine einzige durch die Schrift rechtfertigen läßt?

Bereits während seiner Zeit als Prediger war Hus von Cossa verfolgt worden, waren Bullen gegen ihn erlassen worden, gab es kriegerische Auseinandersetzungen zwischen seinen Leuten und der Kurie in Rom. *Ich* mache dafür die Angeklagten verantwortlich, insbesondere Baldassare Cossa und Angelo Correr. Schon vor dem Konzil in Konstanz haben Kirchenvertreter Justizmorde verübt, indem sie Anhänger des Reformators in Kerkerhaft zwangen oder auf dem Scheiterhaufen verbrannten.

Unter Zusicherung des freien Geleits durch den deutschen König Sigismund traf Johannes Hus am 3. November 1414 in Konstanz ein, wo er sich zunächst frei bewegen konnte, nach seiner ersten Vernehmung am 28. November aber auf Drängen der Kardinäle verhaftet und ins Klostergefängnis der Dominikaner überstellt wurde – unter heftigem, aber vergeblichem Protest Sigismunds. In einer seiner Hauptschriften mit dem Titel ‚De ecclesia‘ wendet sich der Magister der Prager Universität leidenschaftlich gegen die Verweltlichung der Kirche und die zunehmende Unsittlichkeit der Priester. Der Stadtchronik des Ulrich von Richenthal konnte ich den Hinweis entnehmen, daß sich während dieses Konzils siebenhundert Dirnen in der Stadt aufhielten – nicht gerechnet jene, welche die geistlichen Herren gleich selber mitgebracht hatten –, um der Unzucht mit Vertretern der Kirche und anderen Abgesandten zu frönen. Das, Richter, ist die lästerliche, doppelzüngige ‚Moral' dieser Organisation.

Doch zurück zu Hus. Er ging auch sehr scharf gegen die immer groteskeren Formen des Reliquienkults vor, über die *ich* schon gesprochen habe. Wie John Wiclif war auch Hus der Auffassung, der Bischof und der Klerus seien ‚Hunde des Teufels'. Seine scharfen Predigten und sein Kampf gegen den auch von *mir* verfluchten Ablaß, mit dem die Kirche ihre ‚Gläubigen' betrog, hatten ihm die Ladung vor das Konzil eingebracht.

Für den Juni des Jahres 1415 war nach einiger Verzögerung, bedingt durch die Tatsache, daß Bischöfe und Weltliche vieler Nationen mit unterschiedlichen Rechtsvorstellungen aufeinandertrafen, die Verhandlung gegen den Böhmen anberaumt worden. Wie *ich* aus Zeugenaussagen, Briefen und Tagebüchern einiger Beobachter weiß, war gegen Hus falsche Anklage erhoben worden. Es zeigte sich, daß keiner derjenigen, die ihn verhörten, seine Lehren wirklich kannte. Das bestätigt Hus in seinem letzten Brief, den er an seine Anhänger geschrieben hat.

Ich zitiere daraus, weil diese Zeilen jeden weiteren Kommentar überflüssig machen: ‚Magister Johannes Hus entbietet allen teuren Böhmen seinen Wunsch und sein unwürdiges Gebet, daß sie in der göttlichen Gnade verbleiben mögen. Eben fällt mir ein, daß ihr wissen müßt, wie das stolze, neidische, schandvolle Konzil meine böhmischen Bücher verdammt hat, ohne sie gesehen oder gelesen zu haben. Und hätte es dieselben auch gelesen, es würde sie doch nicht verstanden haben, denn im Konzil saßen Welsche, Franzosen, Engländer, Spanier, Deutsche und andere fremder Zunge.

Nur der Bischof von Leitomischl, welcher mit zugegen war, dürfte dieselben verstanden haben, und andere aufhetzerische Böhmen, die vom Prager und Wyschehrader Domkapitel, von denen ausgegangen ist die Beschimpfung der göttlichen Wahrheit und unseres böhmischen Landes, welches ich in der Hoffnung Gottes für das Land des besten Glaubens halte. Mich wollten sie einschüchtern, aber sie vermochten nicht Gottes Beistand, der in mir ist, zu überwältigen.

Schriftlich wollten sie sich mit mir nicht einlassen, wie dies die günstigen Herren wissen, welche bei der Wahrheit standen, die Herren aus Böhmen, Mähren und Polen, vor allem aber Herr Wenzel von Duba und Herr Johann von Chlum. Diese nämlich, der Kaiser Sigismund selbst hatte sie zu mir in das Konzil gelassen, waren dabei und hörten, wie ich sprach: Ich verlange Belehrung von euch. Wenn ich etwas Schlimmes geschrieben habe, will ich darüber belehrt sein.

Worauf der oberste Kardinal erwiderte: Wenn du belehrt sein willst, mußt du zuvor deine Lehre widerrufen. Dies schreibe ich euch, damit ihr es wißt, damit sie mich durch keine Schrift, durch keinen Beweis überführt haben, nur durch List und durch Drohungen versuchten sie, mich zum Widerruf und Abschwur zu bringen.

Aber der gnädige Gott, dessen Gesetz ich verherrliche, war und ist mit mir und wird mit mir sein. Dieser Brief ist geschrieben am Mittwoch nach dem Fest St. Johann des Täufers im Kerker und in Ketten in Erwartung des Todes.'"

Schauer laufen mir über den Rücken. Ein weiteres unschuldiges Opfer dieser Kirche, das den Geboten und dem Leben Jesu so viel näher war als diese „alleinseligmachende Heilige Kirche" mit ihrer vermeintlichen „Wahrheit". Wer hat sie zur Richterin über die Welt bestellt? Wie erschreckt müssen diese verbohrten Kirchenmänner gewesen sein angesichts des ungeheuer tiefen und wahren Glauben dieses Mannes! Abscheu empfinde ich, Abscheu und Entsetzen sehe ich auf den Gesichtern von Petrus, Johannes und Jakobus, Jesus' Bruder.

Und der sagt mit drohender Stimme: „Obwohl sich 250 böhmische und mährische Herren mit Brief und Siegel für den angeklagten Reformer eingesetzt hatten, kam das Konzil am 6. Juli 1415 in der Hauptkirche zur Urteilsverkündung. Der Spruch des Erzbischofs von Mainz lautete: ‚Die Kirche hat nun nichts mehr mit dir zu schaffen, sie übergibt deinen Leib dem weltlichen Arm, deine Seele dem Teufel.'

‚Ich befehle sie meinem Herrn Jesu Christo', antwortete Jan Hus. Der Pfalzgraf Ludwig übergab den Gefangenen dem Konstanzer Stadtmagistrat: ‚Nehmet hier den Johannes Hus, der als Ketzer verbrannt werden soll.' Der Verurteilte mußte noch zusehen, wie seine Bücher verbrannt wurden, was er ruhig und sehr gefaßt hinnahm. Dann wurde ihm eine Mütze auf den Kopf gesetzt, ähnlich jener Schandmütze, die Jeanne d'Arc tragen mußte. Mit Teufeln war sie bemalt, die die Seele des Hus mit den Worten ‚Heresiarcha' in die Hölle zerren sollten.

Widerstandslos ließ er sich mit Stricken an den Pfahl binden, um den trockene Holzscheite und pechgetränktes Stroh hochgeschichtet worden waren. Nochmals wurde er zum Widerruf aufgefordert, aber vergebens. Schließlich stopften ihm die Henkersknechte öltriefende Lumpen zwischen Schenkel und Pfahl und überschütteten ihn derart mit Öl, daß es ihm an Bart und Kinn herabträufelte. Er verbrannte bei vollem Bewußtsein, wie der Augenzeuge Ulrich von Richenthal berichtet.

Von einem anderen Chronisten ist überliefert, daß Hus gebetet habe: ‚Herr Zebaoth, nimm diese Sünde von ihnen.' Seine letzten Worte seien gewesen: ‚Jesu Christe fili dei vivi qui passus est pro nobis miserere mei.' Für diejenigen unter euch, die des Lateinischen nicht mächtig sind: ‚Jesus Christus, Sohn des lebendigen Gottes, der du für uns gelitten hast, erbarme dich meiner', flehte er.

Johannes Hus, von dieser Stelle aus versichere *ich* dir, du warst ohne Schuld, Gott sei mit dir. Der Fluch liegt auf diesem Konzil und den dort versammelten Kirchenanhängern.

Ulrich von Richenthal hat geschrieben, daß man Hus, nachdem er ganz in Asche gefallen war, in den Rhein geworfen habe, damit nichts von ihm übrigbleibe.

Zufällig ist *mir* aber noch das Tagebuch eines unbekannten Beobachters in die Hände gefallen. Und dieser erinnert sich, daß, nachdem alles verbrannt war, eine empörende Szene gefolgt sei. Man habe den halbverkohlten Leichnam genommen, ihn zerstückelt, die Knochen zerbrochen und die Eingeweide auf einen neuen Holzstoß geworfen, um sie vollständig zu verbrennen.

Wie schon bei anderen berühmten Märtyrern, die für ihren Glauben sterben mußten, weil es nicht der ‚Glaube‘ Roms war, wurde die Asche dieses vermeintlichen Ketzers ins Wasser geworfen. Einem engen Freund und Anhänger mit Namen Hieronymus, der versucht hatte, seinem Freund Hus in der Haft beizustehen, wurde ebenfalls der Prozeß gemacht. Da auch er nicht widerrief, wurde er an der gleichen Stelle wie sein Freund im Mai 1416 durch das Feuer vom Leben zum Tode gebracht. Hieronymus starb betend und singend, wie uns überliefert ist.“

Entsetzen auf allen Gesichtern, und Totenstille herrscht für einige Sekunden, bevor Jesus sagt: „Einer der gebildetsten Männer jener Zeit, Enea Silvio Piccolomini, hat den Tod der beiden Böhmen mit ansehen müssen und versichert: ‚Kein Philosoph hat auf dem Sterbelager solchen Mut an den Tag gelegt, als diese Männer auf dem Scheiterhaufen.‘ Richter, die hier Angeklagten zeihe *ich* der Verunglimpfung Andersdenkender, des mehrfachen Justizmords, der Verschwörung und Vorbereitung eines Angriffskrieges und des schweren Landfriedensbruchs.

Nach der Hinrichtung des Magisters und seines Schülers Hieronymus begannen in der Heimat dieser Männer im Jahre 1420 die sogenannten Hussitenkriege. Sie dauerten bis 1436. Mit fanatischem Haß wurden sie verfolgt, mit fanatischem Haß begegneten die Hussiten den Vasallen der römischchen Obrigkeit. Richter, bei den Kreuzzügen wurde *mein* Kreuz entweiht, hier hieß das Motto: ‚Jeder Gläubige wasche seine Hände im Blut der Feinde Christi‘. Namenlos sind die Toten dieses ‚Glaubenskrieges‘, unbekannt ist ihre Zahl.

Hohes Gericht, ihr habt *meine* Anklagen gehört, und *ich* komme nun zum Schluß. *Ich* teile das Urteil des Nikolaus von Dresden, der gesagt hat, daß sich im ‚Papsttum der Antichrist der Endzeit verkörpert‘ habe. Wie schon bei vielen Angeklagten vor ihnen stimmt dieses Bild auch für Correr, Cossa und de Luna.“

Nachdem Jesus sich wieder zu seinem Tisch begeben und gesetzt hat, erklärt der Vorsitzende Richter: „Am 4. Juli 1415 hat der Angeklagte Angelo Correr sein Amt abgetreten, er wurde danach Kardinalbischof von Porto und ist im Jahre 1417 gestorben. Baldassare Cossa konnte von den Häschern des Königs gefangengenommen werden. Er kaufte sich frei und fristete bis zu seinem Tod im Jahre 1419 als Kardinalbischof von Tusculum sein Dasein. Am 26. Juli 1417 hat das Konzil von Konstanz Pedro de Luna für abgesetzt erklärt. Damit schließe ich die Akte Nr. 23."

24. Eugen IV. /1447 1

Gabriele Condulmer

Richter Simson schlägt die nächste Strafakte auf und sagt zu Person und Laufbahn des Gabriele Condulmer: „Geboren 1383 in Venedig, Augustiner, seit 1407 Bischof in Siena und, wahrscheinlich weil er ein Neffe des 1415 verstorbenen Gregor XII. war, als Kardinal und Mitglied der Kurie in die engste Auswahl gekommen und am 3. März 1431 gewählt."

Simson wendet sich an Jesus: „Wenn du einverstanden bist, Jesus aus Galiläa, werde ich die wichtigsten Daten des Pontifikats nennen, und du sagst mir, zu welchen Ereignissen, Beschlüssen und Veröffentlichungen des Angeklagten du Stellung nehmen willst.

Im Juli 1431 läßt Condulmer durch Legaten das 17. Allgemeine Konzil von Basel eröffnen, das erst 1439 beendet wird. Aus unseren Aufzeichnungen über das Jahr 1431 geht außerdem hervor, daß der Angeklagte wie schon sein Vorgänger die Fehde mit der Adelsfamilie Colonna fortsetzt. Im selben Jahr kommt es zum fünften Kreuzzug gegen die Hussiten, in dem diese bei Taus in Böhmen den Sieg gegen die ,christlichen' Söldner erringen. Auch während der Amtszeit des Condulmer dauern die kriegerischen Zwangschristianisierungen des deutschen Ritterordens in Nord- und Osteuropa an. Tausende von Dörfern werden zerstört, zehntausende Menschen verlieren ihre Heimat, die Zahl der Toten kennt niemand."

Jesus unterbricht den Richter an dieser Stelle und bittet den Schreiber, seine Anklagen zu notieren. „Ich beschuldige Gabriele der Unterstützung und Vorbereitung von Angriffskriegen in Tateinheit mit Landfriedensbruch, gefährlicher Körperverletzung und Mord. Aber, Richter, sag uns, was auf diesem Konzil beschlossen wurde."

Simson berichtet: „Die Bischöfe waren in Basel zusammengekommen, um zunächst gegen das Verbrechen der Simonie ein strenges Verbot zu erlassen. Dadurch, daß viele Vorgänger des Angeklagten und möglicherweise auch er selbst für alle kirchlichen Ämter, Abteien und Bischofswürden Gebühren eingesetzt hatten, verfügte die Kurie in Rom im Lauf der Jahre über mehrere hundert Millionen Goldflorin. Von einem Teilnehmer ist die Aussage überliefert, dies sei ‚der listigste Wucher, den das Papsttum je erfunden‘ habe. Den Konzilsteilnehmern ging es vor allem auch darum, endlich Reformen, die auf so vielen Konzilen versprochen und nie verwirklicht wurden, durchzusetzen. Sie verlangten von Condulmer, vor Gott über das ihm anvertraute Amt Rechenschaft abzulegen. Dabei beriefen sie sich auf das Dekret ‚Haec sancta synodus‘ des Konzils von Konstanz, nach dem der Papst dem Konzil als höherer Instanz unterworfen sei.

Gestützt wurden die Thesen der Kardinäle und Bischöfe von dem Kirchenlehrer Nikolaus von Kues (†1464) in seinem Werk ‚De Concordantia Catholica‘; dieser strebte allerdings einen Ausgleich zwischen konziliarer und päpstlicher Machtbefugnis an. Ein erstes Ergebnis aus Basel kann ich euch verlesen: ‚Von nun an sollen alle kirchlichen Ernennungen in Übereinstimmung mit den Canones der Kirche geschehen; alle Simonie soll aufhören. Von nun an sollen alle Priester, ob höchsten oder niedrigsten Ranges, ihre Konkubinen fortschaffen, und jeder, der die Forderungen dieses Beschlusses innerhalb von zwei Monaten mißachtet, soll sein Amt verlieren, selbst wenn er der Bischof von Rom wäre. Von nun an soll die kirchliche Verwaltung jedes Landes nicht länger von päpstlichen Launen abhängen.‘

Ich übergehe einige Absätze und zitiere weiter: ‚Der Mißbrauch des Banns und des Anathemas durch die Päpste soll aufhören, und von nun an soll die Kurie, das heißt die Päpste, keine Gebühren für kirchliche Ämter fordern oder annehmen. Von nun an sollte ein Papst nicht an die Schätze dieser Welt denken, sondern nur an die der künftigen.‘"

Jesus unterbricht und sagt: „Mit eurer Erlaubnis möchte *ich* die Anwesenden mit der Reaktion des Angeklagten vertraut machen. Da verschiedene Auflösungsbullen aus Rom gegen dieses Konzil wirkungslos geblieben waren, beschimpfte Condulmer die dort Tagenden als ‚Bettlerpack, vulgäre Kerle, den Bodensatz des Klerus, lästernde Rebellen, Gotteslästerer, Galgenvögel, Abtrünnige, die ohne Ausnahme zum Teufel zurückgescheucht zu werden hätten, von dem sie gekommen sind'.

Condulmer hat sich deshalb wegen <u>Beleidigung,</u> <u>Amtsmißbrauchs,</u> Störung des öffentlichen Friedens und <u>Verunglimpfung</u> zu verantworten. *Ich* muß nicht weiter erläutern, daß er damit natürlich auch gegen die heiligen <u>Zehn Gebote</u> der Alten Schrift verstoßen hat. Offensichtlich kennt er auch das Neue Testament nicht genügend, denn hätte er das 13. Kapitel des Johannes, Vers 16f., gelesen, so wüßte er, daß für *mich* der ‚Knecht nicht größer ist denn sein Herr, noch der Apostel größer denn der ihn gesandt hat. So ihr solches wisset, selig seid ihr, so ihr's tut.' *Ich* zeige Condulmer also auch der Lästerung an und des Verstoßes gegen *mein* Gebot.

Da der Angeklagte weiter die Fehde gegen die Colonna schürt und das Konzil von Basel für unrechtmäßig erklärt, kommt es in Rom zu bürgerkriegsartigen Unruhen, die von den verbündeten norditalienischen Städten gefördert werden. Deshalb plädiere *ich* auch auf Beihilfe zum <u>Landfriedensbruch.</u>"

Simson fragt Jesus, ob er etwas zu <u>Giovanni Vitelleschi</u> und <u>Thomas Conecte</u> sagen möchte. Jesus nickt und antwortet: „Mit diesen beiden Namen verbinde *ich* die vornotierten Anklagepunkte <u>Unterstützung einer terroristischen Vereinigung</u> und <u>Unterstützung organisierten Verbrechens</u> und Beihilfe zum <u>Justizmord.</u> Dazu im einzelnen: Wie Ihr wißt, Richter, hat der Angeklagte von Florenz aus, wohin er vor dem Bürgerkrieg geflohen war, <u>seinen ‚geliebten Sohn'</u> Giovanni Vitelleschi zum Kardinal erhoben, was zusätzlich ein schwerer <u>Amtsmißbrauch</u> ist, denn dieser Mann war durch räuberische Erpressung und verschiedene Morde an die Macht gekommen. Er führte mit Hilfe des Angeklagten in Rom ein Terrorregime und verwüstete große Gebiete des Kirchenstaates.

Zu <u>Thomas Conecte</u> habe *ich* folgendes zu sagen: *Meine* Unterlagen belegen, daß dieser <u>Karmelitermönch</u> den Hof des

Angeklagten der völligen Amoralität bezichtigte. Er warf dem Condulmer vor, durch Ablaßwucher und ähnliche erpresserische Vorgänge ein Millionenvermögen angehäuft zu haben. Obwohl ihm, dem Karmelitermönch, diese Vorwürfe nicht zu widerlegen waren, wurde er zur Folter verdammt und anschließend verbrannt. Dies ist der erste Justizmord, dessen *ich* diesen Angeklagten beschuldige."

Simson blättert in seinen Akten und erklärt: „Wir überspringen einige Jahre und kommen auf zwei Konzile, die Condulmer 1438 und 1439 parallel zu Basel in Ferrara und Florenz einberief. Angeblich wollte er dabei versuchen, sich mit der Kirche in Konstantinopel auszusöhnen. Es kam zwar zu einem Treffen mit dem Patriarchen, aber zunächst zu keinen bindenden Verträgen. Ankläger, du kennst die Einzelheiten."

Jesus, indem er einem Ordner mehrere Blätter entnimmt: „Richter, Beisitzer, Jünger! Drei wichtige Ergebnisse, die beinahe Dogmen gleichkamen, zeitigte das Konzil von Florenz. Erstens: Die Organisation des Angeklagten behauptete, letzte Instanz über die Entscheidung von Irrtümern zu sein. Zweitens: Das ‚Florentinische Glaubensbekenntnis'. Es lautete: ‚Wir bestimmen, daß der Heilige Apostolische Stuhl und der römische Bischof den Vorrang über den ganzen Erdkreis innehaben, weiter, daß dieser römische Bischof Nachfolger des heiligen Petrus, des Apostelfürsten, wahrer Stellvertreter Christi, Haupt der gesamten Kirche und Vater und Lehrer aller Christen ist; daß ihm im heiligen Petrus die volle Gewalt, die ganze Kirche zu weiden, zu regieren und zu verwalten von unserem Herrn Jesus Christus übergeben ist, wie es die Verhandlungsberichte der Allgemeinen Kirchenversammlungen und die heiligen Rechtssätze enthalten.' Da *ich* schon bei einigen anderen Angeklagten auf betrügerischen Inhalt, Fälschung und arglistige Täuschung im Zusammenhang mit derlei anmaßenden Äußerungen plädiert habe, mache *ich* dazu jetzt keine weiteren Bemerkungen.

Und schließlich wurde noch etwas auf dem siebenjährigen Konzil festgeschrieben. *Ich* vermute, dies geschah auf Druck des Angeklagten, womit *ich* die Straftatbestände Nötigung,

Verunglimpfung und Volksverhetzung erfüllt sehe. Danach gelangen alle Menschen in die Hölle, die vor ihrem Tod nicht ‚rechtgläubig' geworden sind, also den sogenannten ‚katholischen Glauben' angenommen haben. Bitte gebt acht auf folgende schändlichen Sätze: ‚Die Heilige römische Kirche glaubt fest, bekennt und verkündet, daß niemand außerhalb der Kirche, weder die Heiden noch die Juden noch die Häretiker (Ketzer) oder Schismatiker (Abgespaltene) des ewigen Lebens teilhaftig werden, sondern in das ewige Feuer eingehen werden, das dem Teufel und seinen Engeln bereitet ist, wenn sie nicht vor ihrem Tod sich der Kirche anschließen.'

Hohes Gericht, damit haben wir einen weiteren Beweis, wie diese Organisation und ihre Anführer die Schrift fälschen. Alle Menschen, so hat Paulus im 3. Kapitel des Römerbriefs geschrieben, sind ohne Unterschied Sünder und werden nur durch die Gnade Gottes gerecht (Röm. 3,22–24). ‚Jeder Mensch, der richtet über andere, ist ohne Entschuldigung und wird dem Gericht Gottes nicht entgehen.' So beginnt das 2.Kapitel dieses Briefs, den er an seine römische Gemeinde gesandt hat – nicht an eine ‚katholische Kirche', die kannte er nicht, die gab es für ihn nicht! Diese maßt sich nicht nur an, über Menschen zu richten, sie verstößt auch gegen die Botschaft des Paulus. In Römer 2,14f. sagt er: ‚Wenn nämlich die Heiden, die das Gesetz nicht haben, von Natur aus seine' (nämlich Gottes) ‚Forderungen erfüllen, so sind sie, die das Gesetz nicht haben, sich selbst Gesetz. Sie zeigen nämlich, daß das vom Gesetz geforderte Tun ihnen ins Herz geschrieben ist.'

Was sagt uns das? Daß sich diese Kirche mit ihrer Zwangsmissionierung und Verdammnis von ungezählten Menschen, die die Schrift und das Gesetz nicht kannten, aber eigene Gesetze besaßen, in großes, sündhaftes Unrecht setzte. Gott ist nicht nur der Gott dieses Neuen Bundes, er ist der Gott des auserwählten Volkes und der Gott aller Menschen!

Richter, 500 Jahre lang hat diese Organisation das erwähnte Postulat aufrechterhalten. Erst das sogenannte ‚Zweite Vatikanische Konzil', auf das *ich* an späterer Stelle eingehen werde,

hat ‚jede Diskriminierung eines Menschen oder jeden Gewalt-
akt gegen ihn um seiner Rasse oder Farbe, seines Standes oder
seiner Religion willen' verworfen. *Mein* Gott ist ein gnädiger
Gott, und ein gnädiger Gott kann niemandem das ewige Heil
verwehren, der ohne Schuld und ohne Kenntnis der Schrift
lebte oder lebt. Das gilt nicht nur für die Zeit des Florentini-
schen Konzils, es gilt für die Tausende von Jahren vorher und
für alle Zeiten danach.

Was bedeutete diese schreckliche Drohung? Sie war nicht
nur eine Beleidigung und Verunglimpfung Andersgläubiger.
Sie war nicht nur Erpressung und Nötigung. Sie hatte nicht
nur die fortwährende Störung des öffentlichen Friedens zur
Folge. Sie war nicht nur ein Verstoß gegen die Naturrechte
und Menschenrechte. Sie war nicht nur die Verbreitung gefährlichen Schrifttums, die Vernichtung der natürlichen Le-
bensgrundlage und Volksverhetzung. Sie war für *mich* die
schimpflichste aller Sünden, die Todsünde, die völlige Mißachtung *meiner* frohen Botschaft. Es war Gotteslästerung.
Millionen von Menschen hat diese Kirche dadurch in größte
und unlösbare Gewissenskonflikte gebracht.

Millionen von Kindern hat sie in Angst, Pein und Not gestürzt. Statt um Glauben und Vertrauen zu werben, hat sie
Menschen die Angst vor der Hölle eingeflößt, hat Millionen
und Abermillionen unterdrückt und ihnen das Denken verboten, denn der Höllenglaube ist Zeichen von Unvernunft und
Unwissenheit. Deswegen mußte sie diesen Irrglauben zum
Dogma erheben.

Wenn *ich*, Richter, von der Hölle gesprochen habe, so war
es nur, um *meinem* Volk vor 2000 Jahren in Bildern verständlich zu werden. Wie Ihr wißt, habe *ich* nie direkt oder von *mir*
aus behauptet, der Messias zu sein, als den *mich* diese Organisation wider *meinen* Willen verehrt. Im Alten Testament steht
nichts von einer Höllenfahrt dieses, von *meinem* jüdischen
Volk erwarteten Messias. Und wenn die römischen Bischöfe
behaupten, daß auch *ich* die Hölle erfahren habe, so lügen sie,
betrügen sie und fälschen die Schrift. Dem guten Schächer,
der neben *mir* am Kreuze hing, habe *ich* prophezeit, daß er

noch am Tage unseres Todes mit *mir* im Paradies sein werde – so bezeugt es der Verfasser des Lukasevangeliums (23, 43)."

Abrupt wendet Jesus seinen Blick zu den Jüngern und Maria. „*Ich* frage dich, Petrus, den die Kleriker in Rom für den Verfasser des ersten Petrusbriefes halten: Wie kommst du dazu, in 3,19 zu behaupten, *ich* hätte den ‚Geistern im Gefängnis gepredigt'? Denn dies wird als *meine* Höllenfahrt ausgelegt." Schon will der Angesprochene antworten, als Jesus ihm über den Mund fährt: „Überlege dir deine Worte gut. *Ich* werde dich daran erinnern."

Es sträubt sich alles in mir, wenn ich an die Massen von Menschen denke, die von Generationen von Päpsten zum qualvollen Feuertod verurteilt worden sind. Bei jedem einzelnen hätten sie sehen können, daß Feuer nach physikalischen Gesetzen in kurzer Zeit Menschen zu Staub zerfallen läßt. Daß es also physikalisch unmöglich ist, eine „ewige Höllenqual" im Feuer zu erleiden. Diese Kirche, auf Angst, Unkenntnis, Dummheit und blinden Gehorsam ihrer „Gläubigen" bauend, hat sich nicht einmal davor gescheut, Naturgesetze auf den Kopf zu stellen, nur um ihre Macht zu festigen. Wieder höre ich die Stimme von Jesus:

„Richter, verzeiht, aber die römische Kirche ist eine verdammenswürdige, todsündige, vom Teufel besessene Organisation. Wo ist, frage *ich* euch, die Hölle? Wie viele Menschen haben dort Platz? *Meine* frohe Botschaft, Richter, sollte die Angst besiegen. Aber ohne Angst hätte diese Organisation keine Macht über Menschen. Was hat sie mit ihrer höllischen Lehre angerichtet? Über ganze Völkerscharen hat sie diesen Stab gebrochen. Condulmer und mit ihm alle anderen Bischöfe, die die Hölle gepredigt haben, dieses Natterngezücht soll verflucht sein auf ewig! Keine Religion, die diesen Namen verdient, hat ähnlich schwere Schuld auf sich geladen."

Jesus' Erregung bei diesen letzten Worten ist deutlich spürbar. Er braucht einige Sekunden, um sich wieder zu beruhigen: „Origenes, der Gelehrte des sogenannten Neuen Bundes, war 553 auf dem Konzil von Konstantinopel unter anderem verurteilt worden, weil er die Ewigkeit des Höllenfeuers zu Recht geleugnet hat. Jacques Fournier, den man ‚Benedikt XII.' nennt und den wir als Nebenangeklagten noch behandeln werden, hat dies mit seinem Dekret 1336 wiederholt. Er behauptete: ‚Wie Gott allgemein angeordnet hat, steigen die Seelen derer, die in einer tatsächlichen schweren Sünde verschieden, sofort in die Hölle hinab, wo sie von höllischen Qualen gepeinigt werden.' Schreiber, bitte nimm dies schon jetzt ins Protokoll auf und erinnere *mich* später daran. Auf dem Florentiner Konzil von 1439 wurde Origines erneut verdammt. Der Angeklagte Condulmer trägt die Verantwortung dafür."

Richter Simson unterbricht Jesus und sagt: „Ankläger, zwei Wochen vor seinem Tode hat Gabriele Condulmer versprochen, ein ‚Drittes Konzil' zusammenzurufen, um die geforderte Reform wirklich durchzuführen und die Autorität Allgemeiner Bischofsversammlungen anzuerkennen." Jesus fällt ihm ins Wort: „Diese Zusage ist ganz offensichtlich in betrügerischer Absicht erfolgt, denn das ‚Florentinische Glaubensbekenntnis' spricht eindeutig dagegen. Aber wie dem auch sei, es ist nicht mehr dazu gekommen, da Condulmer am 23. Februar 1447 starb."

Es kommt mir vor, als ob es Jesus schwerfällt, seiner Rolle als unvoreingenommener Kläger treu zu bleiben. Dann sagt er mit einem furchterregenden Unterton: „Simson, nun zu *meiner* Hauptklage gegen Gabriele Condulmer. *Ich* beschuldige ihn der unterlassenen Hilfeleistung und des Justizmordes an Jeanne d'Arc."

Eine Welt kehrt zurück mit diesem Namen, die Welt einer jungen Frau, ganz Seele und ganz Tatkraft. Eine Ballade von unendlicher Traurigkeit. Die Welt der Jeanne, die Wunder geträumt und verwirklicht hat, die für ihr Volk und ihren König in einer besonders gefahrvollen Situation gekämpft hat. Aber sie hat sich für ihre Wunder eine schlechte Zeit ausgewählt. Jesus, Maria und Gott waren ihre Autoritäten. Wundergläubig wie sie war, mußte sie das, was ihr in den Visionen befohlen worden war, erfüllen. Ich werde in meinen Gedanken unterbrochen durch die gewaltige Stimme von Jesus.

„Richter, hört das Unrecht, das diesem unschuldigen Menschenkind angetan worden ist. Die Prozeßakten füllen Tausende von Seiten. Mit Hilfe von Protokollen aus Verhören und Augenzeugenberichten werde ich euch diesen Fall schildern. Jeanne war eine fleißige, von schwärmerischer Religiosität erfüllte Bauerntochter, die sich einbildete, im Namen Gottes und mit Gottes Hilfe Frankreich befreien zu können. In Ritterkleidung und umgeben von einer kleinen Schar Soldaten gelang es ihr im Mai 1429, die englischen Belagerer vor Orléans zurückzuschlagen. Das Volk hielt sie deshalb für eine himmlische Abgesandte, denn schon im Juli konnte der Thronfolger Frankreichs, Karl VII., in Reims gekrönt werden.

Der Neid auf den Erfolg der jungen Kämpferin schürte den Haß der Engländer. Ihre Heerführer waren beleidigt, durch eine 19jährige Frau besiegt worden zu sein. Im Mai 1430 gelang es den mit den Engländern verbündeten Burgundern, sie zu überwältigen und auszuliefern. Jeanne, die nichts im Kopf hatte, als ihr Vaterland zu retten, wurde von ihren Truppen und ihrem König allein gelassen und verleugnet. Von den Engländern in einem französischen Kerker festgehalten, stellte man sie vor ein geistliches Gericht. Ihr gelang, was keine Kirche und kein König vermocht hatten, nämlich Todfeinde eines hundertjährigen Krieges zu vereinen.

Vierzig ‚gelehrte' Männer standen ihr gegenüber – Männer der Theologie und der Jurisprudenz. Angeklagt war sie als Hexe und Zauberin, Wahrsagerin und falsche Prophetin. Sie habe böse Geister angerufen und stehe mit ihnen im Bunde, sie sei abergläubisch und in schwarze Künste verwickelt. Was ihre ‚Rechtgläubigkeit' betreffe, denke sie falsch, zweifle an vielen Glaubensartikeln. Auch der Gotteslästerung war sie beschuldigt. Jeanne la Pucelle, Johanna, die Unberührte, wie sie sich stolz ihren Richtern vorstellte, leugnete alles ab, und schließlich schmolz die Anklage von 72 auf zwölf Punkte zusammen.

„Richter, warum ist dieser Prozeß für *mich* so wichtig?" höre ich Jesus fragen. „Wie auf dem Konzil in Florenz behaupteten Jeannes Inquisitoren, die ‚Mutter Kirche' sei die unfehlbare Richtschnur, sei frei von jedem Irrtum und vom Heiligen Geist geleitet, und so werde sie niemals irren. Denkt an die Visionen des Paulus vor Damaskus. *Ich* habe schon darüber gesprochen, wie widersprüchlich seine Berichte über den Vorfall waren – in sich widersprüchlich und unglaubhaft. Aber Rom baut auf den Aussagen dieses widersprüchlichen Mannes, auf seinen ,Visionen' seine gesamte Lehre auf. Sie sind das Fundament."

In diesem Augenblick fühle ich mich in einen anderen Prozeß, aus dem Jahr 1994 ins Frankreich des 15. Jahrhunderts zurückversetzt. Ein Szenario, wie es Paul Claudel in seiner „Johanna auf dem Scheiterhaufen" beschreibt. Ein dramatisches Oratorium nennt er sein Werk, in dem die Inquisitoren in Gestalt eines Schweins, eines Schafes und eines Esels ein im voraus feststehendes Urteil fällen.

In den Protokollen über diesen Prozeß sind die absurden Fragen und die klugen Antworten der jungen Frau nachzulesen. Phantastereien? Wahn? Ich höre eine Männer- und eine Frauenstimme:

„In welcher Gestalt, Größe und Gewandung trat der heilige Michael zu Euch?"

„Er hatte die Art eines wahren Edelmannes, über seine Gewandung und anderes sage ich Euch nichts."

„Wollt Ihr alle Eure Taten, sie seien gut oder böse, der Entscheidung unserer heiligen Mutter, der Kirche, unterwerfen?"

„Was meine guten Werke und meine Sendung betrifft, so berufe ich mich auf den König im Himmel, der mich zu Karl, dem Sohn Karls von Frankreich, geschickt hat, welcher der wahre König von Frankreich ist."

„Unterwerft Ihr Eure Worte und Taten dem Entscheid der Kirche?"

„Ich unterwerfe mich Gott, der mich gesandt hat, der heiligen Jungfrau und allen Heiligen des Paradieses. Wenn die Kirche etwas von mir wissen möchte, was gegen den Befehl Gottes ist, so werde ich es um keinen Preis tun. Meine Stimmen befehlen nicht, ich solle der Kirche nicht gehorchen, aber zuallererst muß ich Gott gehorchen."

Jetzt ist es wieder Jesus, der spricht: „Schon diese Behauptung, nur Gott unterstellt zu sein, war für die Inquisitionsrichter der Beweis der ‚Ketzerei‘. Um wieviel größer muß dann die ‚Ketzerei‘ römischer Bischöfe sein, die doch allesamt von sich nicht nur behaupten, Gott unterstellt zu sein, sondern sich gotteslästerlich und betrügerisch als seine ‚Stellvertreter auf Erden‘ bezeichnen!

Aber weiter zum Prozeß. Auf die Frage des Richters, ob Gott die Engländer hasse, antwortet Jeanne: ‚Über die Liebe oder den Haß, den Gott für die Engländer hegt und was er mit ihren Seelen macht, weiß ich nichts.‘ Bedenkt doch, daß bis zu Jeannes Eingreifen der Krieg zwischen Engländern und Franzosen schon hundert Jahre währte und zu diesem Zeitpunkt Frankreich zu vernichten drohte. Sechs Jahre lang hatte sie ihre Erscheinungen, in denen sie aufgefordert wurde, ihr Land aus den Händen der Feinde zu befreien. Sechs Jahre hat sie dieses heilige Geheimnis für sich behalten. Sie war unkundig des Reitens und unkundig der Kriegsführung. Sie hat das Töten gefürchtet und gehaßt, wie wir wissen."

Und wieder vernehme ich einen Dialog: „Gründet sich Eure Siegeshoffnung auf Eure Fahne oder auf Euch selbst?"

„Sie gründet sich auf unsere Herzen und nichts sonst."

„Ist Euch offenbart worden, daß Ihr Euer Glück verliert und Eure Stimmen nicht mehr zu Euch kommen, wenn Ihr Eure Jungfräulichkeit verlieren würdet?"

„Das ist mir nicht offenbart worden."

„Glaubt Ihr, daß Eure Stimmen noch zu Euch kämen, wenn Ihr verheiratet wäret?"

„Davon weiß ich nichts, ich halte mich an Gott."

„Glaubt Ihr gehalten zu sein, unserem Herrn Papst, dem Stellvertreter Gottes, die volle Wahrheit auf alle Fragen der Wahrheit, auf alle Fragen des Glaubens und Eures Gewissens zu sagen?"

„Ich verlange, vor unseren Papst geführt zu werden. Ihm werde ich alles beantworten, was ich beantworten soll."

„Wenn die streitende Kirche Euch sagt, daß Eure Offenbarung Trugbilder und Teufeleien sind, unterwerft Ihr Euch dann der Kirche?"

„Ich werde mich immer auf Gott berufen, dessen Befehl ich
stets befolgt habe. Nichts von dem, was ich getan habe, hatte
mit Zauberei oder bösen Künsten zu tun."

„Im 5. Buch Moses 22,5 steht geschrieben, daß es Gott
nicht gefalle, wenn Frauen in Männerkleidern herumlaufen.
Wißt Ihr das nicht?"

„Das ist kaum der Rede wert, geht zu etwas anderem über.
Ihr müßt nicht meinen, Ihr hättet alles Licht gepachtet."

Die mir vertraute Stimme von Jesus sagt: „Am 24. Mai des
Jahres 1431 fehlte noch immer das Geständnis der Magd. Ihr
Wunsch, vor den römischen Bischof, unseren Angeklagten,
der eben sein Amt angetreten hatte, gebracht zu werden, wurde mehrfach abgelehnt. Ihr Prozeß verstieß gegen jedes Recht,
vor allen Dingen gegen das Naturrecht, denn Ankläger und
Richter waren ein und dieselben Männer, Jeanne aber stand
niemand zur Verteidigung zur Seite. Am 24. Mai also wurde
sie vor den Scheiterhaufen geführt, und aus Furcht davor gab
sie zu, all das verbrochen zu haben, dessen sie beschuldigt
wurde.

Richter, auch *ich* habe einmal gebetet, der Kelch des Todes
möge an *mir* vorbeigehen. *Ich* verstehe also ihren Zusammenbruch. Sie wurde daraufhin zu lebenslangem Kerker ,begna-
digt'. Aber schwerste Gewissensskrupel plagten sie. Sie
glaubte, Gott verraten zu haben. Kaum eine Woche später widerrief sie, und dieser Widerruf, Richter, *ich* sage euch, dieser
Widerruf hat *meine* ganze Bewunderung.

Der Leiter des Prozesses war der Bischof von Beauvais,
verflucht sei sein Name für die schändlichen Worte, die er,
sich auf Paulus berufend, nach dem Urteil verkündete: ,Im
Namen des Herrn, Amen. Wann immer der Irrglaube mit seinem verpestenden Gift ein Glied der Kirche ansteckt und in
ein Glied des Satans verwandelt, so muß man mit brennendem
Eifer verhindern, daß die gefährliche Ansteckung auf die anderen Teile des mystischen Leibes Christi übergreife.'

Eine Papiermütze mit der Aufschrift ,Häretikerin, Rückfällige, Götzendienerin' stülpte man Jeanne auf den geschorenen
Kopf, als sie zum Richtplatz geführt wurde. Ihr letzter

Wunsch war ein Kreuz, das ihr ein englischer Soldat fertigte und das sie in ihrem Gewand barg. Bevor die Flammen sie zugleich erstickten und verzehrten, rief sie noch zweimal *meinen* Namen: ‚Jesus! Jesus!' Jeanne, *ich* habe dich gehört. Fluch deinen Peinigern und dem Mann, der für alles mitverantwortlich ist!"

Ich sitze auf meiner Bank und spüre eine Welle der Wehmut, der Wut, der Ohnmacht und des Hasses in mir. Ein Schauprozeß, den Stalin oder Hitler nicht besser hätten aufziehen können. Was müssen diese sadistischen Männer für eine Freude bei der Vorstellung gehabt haben, eine Jungfrau verbrennen zu können? Kranke, perverse Un-Menschen. Was hatte sie verbrochen? Für jeden sichtbar waren ihre Visionen Wirklichkeit geworden. Aber eine junge Frau hatte sich in den Hoheitsbereich der Männer gewagt. Kriegführen und Morden ist Sache von Männern – ist Sache der Kirche. Und was machte diese Kirche? Diese „Kirche vom Heiligen Geist", die niemals irrt?

19 Jahre nach dem Mord an Jeanne la Pucelle wurde unter einem Nachfolger Eugens IV. eine Untersuchung durchgeführt. Sechs Jahre brauchten die Beauftragten der Kommission schließlich, um herauszufinden, was jeder vernünftige Mensch in fünf Minuten begreifen müßte: Alle Beschuldigungen waren falsch. Jeanne war Opfer eines Justizirrtums geworden, wie das so lapidar heißt.

1456 wurde sie von ebendieser niemals irrenden Kirche rehabilitiert. Ob es nun Glaube war oder Aberglaube, ob sie Visionen hatte oder nicht, sie hat gewußt, wofür sie lebte. Sie hat einen Auftrag erfüllt, und dafür mußte sie die Hölle auf Erden erleiden – den Feuertod. 489 Jahre nach ihrem schrecklichen Ende wurde sie von dieser niemals irrenden Kirche sogar „heilig" gesprochen, und die arme Jeanne konnte sich nicht einmal dagegen wehren. Kann es einen größeren Zynismus geben? frage ich mich. Endlose Scham müßte jeden römischen Bischof erfüllen ob dieses Justizmordes. Aber Scham und Reue sind den weißgewandeten Monstren mit ihren kalten Herzen etwas völlig Fremdes.

25. Sixtus IV.

Francesco della Rovere

Nach einem kurzen Zwiegespräch zwischen Simson und Jesus erklärt der Richter: „Da der Ankläger glaubt beweisen zu können, daß Francesco della Rovere in fast allen Punkten seiner Anklageliste schuldhaft gehandelt hat, werden wir ihm sofort das Wort übergeben. Zur Person des Francesco stelle ich für das Protokoll fest: Geboren am 21. Juli 1414 in Savona bei Genua als Sohn eines armen Fischers, hat er sich bis zum Jahre 1464 zum Generalminister des Franziskanerordens emporgearbeitet. Drei Jahre darauf wurde er Kardinal. Am 9. August 1471 beginnt sein Pontifikat. Jesus, du hast das Wort."

Jesus räuspert sich und sagt: „Bereits mit seinem Amtsantritt hat sich della Rovere im Sinne der Anklage des Betrugs und des Meineids schuldig gemacht. Gleichzeitig hat er gegen *mein* Verbot zu schwören verstoßen, denn er wurde Bischof, nachdem er die sogenannten ‚Wahlkapitulationen‘ beschworen hatte. Das bedeutete, daß die Kurie Forderungen gestellt hatte, die der Kandidat vor der Wahl zu erfüllen versprechen mußte.

Auch della Rovere war angetreten, um in seiner Organisation sogenannte Reformen durchzusetzen und ein Konzil einzuberufen. Wie wir im Lauf der Verhandlung sehen werden, hat er weder das eine noch das andere getan. Vielmehr hat er das für das Jahr 1482 von Erzbischof Andrea Zamometič im Münster zu Basel geplante Konzil durch ein Interdikt verboten. Wie wir aus Tagebüchern dieses Bischofs wissen, sollte der Angeklagte dort abgesetzt werden.

Warum, werdet ihr sogleich verstehen. Von den 34 Kardinälen der Kurie stammte die Mehrheit aus den mächtigsten Adelsfamilien, darunter die Sforza, Cibo und Borgia, zu denen der Angeklagte die besten Beziehungen unterhielt. Das machte jedem Eingeweihten in Rom klar, daß Francesco Rovere unter dem Deckmantel der Religion eine Verweltlichung seiner Organisation plante. Des Amtsmißbrauchs machte er sich schuldig, indem er trotz Verbots des Nepotismus und der Simonie sechs seiner Neffen zu Kardinälen ernannte und ihnen aus Kirchenbesitz Pfründe, Abteien und Bistümer schenkte. Zwei weiteren verlieh er die Würde von Herzögen und Grafen samt Ländereien. Deswegen hat er sich hier auch wegen Diebstahls und verbrecherischer Bereicherung zu verantworten."

„Verwandtenbegünstigung", so erinnere ich mich, vor einiger Zeit in einer vor zehn Jahren herausgegebenen „Kirchengeschichte" gelesen zu haben, „zeitigte für ein Regierungssystem stets größere Effizienz." Das ist also noch im 20. Jahrhundert Kirchenstandpunkt. Unterdessen spricht Jesus weiter:

„Einer dieser sogenannten Neffen, Pietro Riario hieß er, war, wie *ich* aus drei Geheimdokumenten zweifelsfrei entnehmen konnte, nicht nur ein stadtbekannter Wüstling und Verbrecher, sondern in Wahrheit der Sohn des Angeklagten. Und hört, Richter, della Rovere machte sich der Todsünde der Blutschande schuldig, denn er hat Riario mit seiner Schwester gezeugt. Noch nicht einmal dreißig Jahre alt, starb dieser Sohn, nachdem er zuvor vom Angeklagten fünf Bistümer, darunter Treviso, Sevilla, Valencia und das Patriarchat von Konstantinopel geschenkt bekommen hatte und mit Millionenbeträgen aus der Kirchenkasse in seinem lasterhaften Leben unterstützt worden war.

Aus Haß, Ehrgeiz, Neid und maßloser Machtgier verfolgte der Angeklagte während der dreizehn Jahre seiner Amtszeit den Florentiner Stadtherrn Lorenzo de' Medici (†1492), der wegen seiner prachtvollen Hofhaltung und klugen Förderung von Künstlern und Wissenschaftlern auch ‚il Magnifico' genannt wurde. Der Grund dieser erbitterten Feindschaft, Ihr Richter, war, daß der genannte Lorenzo öffentlich gegen den Nepotismus und die Simonie sowie die politischen Machtgelüste des Angeklagten protestierte.

Schuldig der Unterstützung von Kriegsverbrechern und der Verschwörung und Vorbereitung von Kriegen machte sich della Rovere, weil er seinen Sohn bis zu dessen Tod zu Intrigen gegen den Florentiner Patrizier aufwiegelte. Vor Ohren- und

Augenzeugen hat er behauptet, er wolle kein Blut, aber den Sturz seines verhaßten Gegners. Zu den Verschwörern zählte auch Giuliano della Rovere, ein junger Kardinal, über den wir in der Strafakte Nummer 28 zu Gericht sitzen werden.

Ich werte es als Störung des öffentlichen Friedens und schweren Landfriedensbruch, daß der Angeklagte den Medici dazu zwang, sich gemeinsam mit spanischen Fürsten der Umsturzversuche und Verschwörungen zu erwehren. Nach dem Tod des Pietro im Jahre 1474 war ihm auf dem Kardinalsposten sein Bruder Girolamo gefolgt, der, wie ihr euch denken könnt, ebenfalls ein Sohn und nicht Neffe des Angeklagten war.

Durch Unterstützung dieses Mannes, der ein ähnlich verbrecherisches Leben wie der verstorbene Pietro führte, macht sich Francesco della Rovere im Sinne der Anklage schuldig der Amtsanmaßung, des Diebstahls, des Justizmordes, des Mißbrauchs von Abhängigen sowie der Unterstützung von Kriegsverbrechern und der Verschwörung und Vorbereitung von Angriffskriegen. Denn er ernannte Girolamo nicht nur zum Grafen, sondern kaufte ihm aus Kirchenbesitz die Stadt Imola zum Preis von 40 000 Dukaten, eine Summe, die damals ein Viertel des gesamten Jahresetats der römischen Kurie darstellte. Unfrieden säte dieser Girolamo im Auftrag des Angeklagten in Florenz und in Städten, die dem Lorenzo de' Medici in Freundschaft verbunden waren."

Mit den Ereignissen des Jahres 1475 fährt Jesus fort: „Auch dieser Angeklagte beging ein sogenanntes Jubeljahr, über das *ich* bereits gesprochen habe. Er befahl, es im Abstand von 25 Jahren zu feiern, und hat sich deshalb hier auch wegen Betrugs und verbrecherischer Bereicherung zu verantworten. Er schuf eine aus 100 Anwälten bestehende Apostolische Kammer, die über die Finanzangelegenheiten des Kirchenstaates wachen und die Einkünfte in die Höhe treiben sollte. Bereits 1473 hatte er – wohl planend – alle von seinen Vorgängern erlassenen Ablässe für ungültig erklärt. Die ‚Gläubigen' und Rom-Pilger, die im Sommer 1475 in die Stadt kamen, mußten sich erneut dem Ablaßschwindel fügen, und der Angeklagte schreckte nicht davor zurück, gegen große Geldsummen sogar Toten den Ablaß für ihre ‚Sünden' zu gewähren. Damit machte er seine Pilger glauben, daß die Angehörigen aus dem so gefürchteten Fegefeuer, der Vorstufe zur Hölle, befreit seien.

Hört, Richter, was der englische Historiker Simon Fish zu dem betrügerischen Treiben schreibt: ‚Es wird kein Wort von alledem in der Heiligen Schrift gesprochen, und außerdem, wenn der Papst mit seinen Ablässen für Geld eine Seele von dort befreien kann, so kann er sie auch ohne Geld befreien: Wenn er eine befreien kann, so kann er auch tausend befreien: Wenn er tausend befreien kann, so kann er sie alle befreien und so das Fegefeuer zerstören: Und dann ist er ein grausamer Tyrann ohne alles Erbarmen, wenn er sie dort im Gefängnis und in Pein läßt, bis diese Menschen ihm Geld geben.'"

Mit stummem Kopfnicken bezeugen Jünger und Richter ihre Zustimmung, während Jesus von einem weiteren Verbrechen des Francesco della Rovere berichtet: „In diesem ‚Jubeljahr' 1475 nimmt der schon früher erwähnte Reliquienschwindel in der Organisation und bei ihren ‚Gläubigen' verabscheuungswürdige Ausmaße an. Mit ausdrücklicher Billigung des Angeklagten begehen ihm untergebene Bischöfe in allen Ländern Grabschändung in Tateinheit mit Störung der Totenruhe, indem sie die Leichen von sogenannten Märtyrern ausgraben und Teile davon verkaufen.

Bei einer Überprüfung von Kathedralen, Kapellen und Klöstern", so höre ich Jesus fortfahren, „wurden allein 17 Arme des ‚heiligen Andreas' gefunden, dessen Körperreste bereits in den ersten drei Jahrhunderten mehrfach von einer Kirche in die andere ‚umgebettet' worden waren. Frevelhafte, betrügerische Geldgeschäfte mit Toten wurden also schon sehr früh und in großem Maße betrieben. Mit dem Heiligen- und Reliquienkult und vermeintlichen Wundern, die diese vollbracht haben sollen, stiegen Ansehen und Macht der damit in Verbindung stehenden Bischöfe und Kultstätten. Richter, *ich* frage euch: Ist etwas Sündigeres als Leichenhandel denkbar? Von 19 anderen ‚Heiligen' wurden insgesamt 121 Köpfe und 136 Leiber verschachert oder um des vermeintlichen ‚Seelenheils‘ willen gespendet.“

Die Verärgerung und Wut seiner Zuhörer weicht schlagartig, als Jesus berichtet, daß Francesco Rovere im Jahr 1476 forderte, das Fest der „Empfängnis der Unbefleckten Jungfrau Maria“ in allen Kirchen offiziell zu feiern. Und ich höre und staune, denn festgelegt worden sei dieser Tag auf den 8. Dezember. Ist solch ein Irr-Glauben noch zu steigern? Mariä „unbefleckte Empfängnis“ besagt nämlich, daß Maria von ihrer Mutter, die auch nicht mit einem Wort im Neuen Testament Erwähnung findet, ohne „Erbsünde“ empfangen worden sei. Diese „unbefleckte Empfängnis“ hat, wie wahrscheinlich nur zwei von zehn „Gläubigen“ wissen, nichts mit ihrer „Jungfräulichkeit“ vor, während oder nach der Geburt Jesus’ zu tun!

„Seit dem siebten Jahrhundert“, verkündet der Ankläger lachend, „gilt dieses ‚Ereignis‘ für die Organisation in Rom als ‚bezeugt‘! Laßt uns die Einzelheiten dazu bei dem Angeklagten Nummer 39 behandeln. Aber ein weiteres Beispiel zur ‚nie irrenden Kirche‘ vorweg. Mit diesem ‚Tag der Unbefleckten Empfängnis‘“, so erklärt Jesus, „stürzt der Angeklagte die Mönche des Dominikanerordens in größte Probleme, denn von ihrem Schirmherrn Thomas von Aquin wurde dieses ‚Geschehen‘, das bar jeder Vernunft ist, abgelehnt. Dominikanern, die sich weigerten, daran zu glauben, drohte der Angeklagte mit Exkommunikation.

Richter, ein ehemaliger Priester, der englische Theologe Peter de Rosa, hat in seinem Buch ‚Gottes Erste Diener‘ ein Ereignis beschrieben, das euch den ganzen Marienspuk verdeutlichen soll. Ein Dominikaner mit Namen Letser hatte in einem Berner Kloster eine ‚Marienerscheinung‘: Maria soll dem Mönch erklärt haben, daß sie sich über die Lehre der Franziskaner ärgere, weil diese von ihrer unbefleckten Empfängnis überzeugt wären und fest daran glauben würden. Sie sei, wie Paulus und später Augustinus gelehrt hätten, auch in Erbsünde empfangen worden und erst drei Stunden nach der Empfängnis geheilt worden. Um ihre Glaubwürdigkeit zu beweisen, habe diese Maria Bruder Letser ein Kreuz geschenkt mit Blutflecken von Jesus und drei Tränen, die er vergossen haben soll."

Während ich Jesus zuhöre, sehe ich, wie sich Maria und Judith vor Lachen der Tränen nicht erwehren können – und sie stecken mit ihrer unbekümmerten Heiterkeit schließlich alle anderen im Gerichtssaal an.

Was hatte es mit diesem naiven schweizerischen Mönch auf sich? Keusch war er, er fastete, geißelte sich, fiel in Ekstasen und soll an Händen und Füßen sogar Stigmata, die Wundmale des Jesus, gehabt haben. Wie bei den vielen anderen, die sich während der langen Kirchengeschichte damit brüsteten – und dafür in die ‚Heiligen-Kartei‘ aufgenommen wurden – bluteten sie an den falschen Stellen. Die Nägel waren bei Jesus nicht durch die Handflächen, sondern die Handgelenke geschlagen worden. Aber derlei „Kleinigkeiten" zählen in der wunderversessenen römischen Kirche nicht.

„In der Kapelle dieses Klosters", so berichtet Jesus seinen staunenden Zuhörern weiter, „soll eine Figur der ‚Heiligen Jungfrau‘ gestanden haben, die ständig Franziskanermönche anflehte, ihr die befleckte Empfängnis zu glauben."

Ich bin vollkommen durcheinandergeraten mit meinem Gedanken. Wer hat sich das alles nur aus den Fingern gesogen? Noch eine Jungfrau? Woher nehmen die Kirchen-Männer diese willkürlichen Daten, den 8. Dezember? Ich erinnere mich, wie zornig Jesus wurde, als der 25. Dezember, der ja der höchste Feiertag des „unbesiegten Sonnengottes" ist, zum ersten Mal in der „Weihnachtspredigt" von Leo I. auftauchte. Belege für solche Hypothesen? Weil im Matthäusevangelium im Zusammenhang mit Jesus von der „Sonne der Gerechtigkeit" gesprochen wird. Weil in Johannes 8,12 Jesus von sich gesagt haben soll, er sei das „Licht der Welt", erfindet die „nie irrende Heilige Römische Kirche", eine genau neunmonatige Schwangerschaft voraussetzend, den 25. März, ohne daß sie dies auch nur durch ein Wort in der Bibel beweisen kann.

Bei Lukas (1,27) war Maria mit Josef verlobt, Matthäus (1,16) schreibt von Josef als dem „Mann der Maria". Maria hätte also Ehebruch begangen, der damals mit der Steinigung bestraft wurde, und zwar mit dem „heiligen Geist" am 25. März, der nach manchen Überlieferungen als „erster Tag der Schöpfung" angesehen wird. Hokuspokus! Da niemand diesen „heiligen Geist" je gesehen hat, fliegt er als weiße Taube quer durch die vielen Jahrhunderte und Kulturkreise herum. Womit dieser vollkommen widernatürliche und physikalisch unmögliche Zeugungsakt nur noch obskurer wird. Und nun auch noch Marias Mutter! Wenn's der „heiligen Sache" dient, ist Rom alles erlaubt. Glaube vermag Berge zu versetzen.

Jesus, was wird dir und deiner Mutter alles zugemutet, denke ich mir. Doch dann höre ich ihn mit gewaltiger Stimme sagen: „Richter, della Rovere führte das schändliche Beten nach dem Rosenkranz in seiner Organisation ein. Es wurde von dieser Zeit an nicht nur Gott angebetet, wie es die Heilige Schrift befiehlt, sondern auch ‚Christus' und Maria. Damit hat sich der Angeklagte für *mich* der Gotteslästerung in Form des Götzendienstes, des schweren Betrugs und der Fälschung schuldig gemacht. In Matthäus 6,7, Johannes 16,23 oder im 1.Timotheus-Brief 2,5 hätte der Angeklagte, hätten alle seine Nachfolger nachlesen können, wie das Gebet zu verrichten ist, wann und wie oft.

Ich komme nun zum Jahre 1478, und hier lauten die Anklagepunkte Unterstützung einer kriminellen Vereinigung in Tateinheit mit Erpressung, Betrug, verbrecherischer Bereicherung, schwerer Körperverletzung und Volksverhetzung. Finanziert von della Rovere kommt es in Florenz zu einer weiteren Verschwörung gegen Lorenzo de' Medici. Während dieses Komplotts wird Giuliano, ein Bruder des Lorenzo, im Dom von Florenz ermordet, er selber verletzt. Durch seinen Sohn Girolamo und dessen Söldnerbanden läßt der Angeklagte in Florenz eine Revolution vorbereiten. Aber der mörderische Plan gegen Lorenzo wird rechtzeitig aufgedeckt und der Aufruhr niedergeschlagen.

In seiner Wut über den gescheiterten Putschversuch erläßt della Rovere eine Bulle gegen den Todfeind Lorenzo, in der er ihn ein ‚Kind des Frevels' nennt und als ‚Antichrist' verunglimpft. Die Folge ist, daß im gesamten Land Bürgerkriege ausbrechen, und nur der Klugheit des Medici ist es zu danken, daß diese Volkserhebungen beigelegt werden können. In Florenz beschließen die Mitglieder des Stadtrats, der ‚Signoria‘, die Bulle gegen ihren Fürsten Medici, in der gleich die ganze Stadt mit exkommuniziert worden war, nicht anzuerkennen. Obwohl er für <u>Unzucht</u> und Kuppelei, deren *ich* ihn auch selbst beschuldige, die Todesstrafe gefordert hat, ließ della Rovere in Rom Hurenhäuser eröffnen. "

Jesus nimmt die ruckartige Kopfbewegung und den irritierten Blick von Judith wahr und sagt: „Ja, Richterin, Hurenhäuser! <u>Zur Zeit des Angeklagten lebten in Rom 100 000 Menschen, davon waren 7000 bezahlte Huren.</u> Von diesen verlangte della Rovere jährlich eine Abgabe von 80 000 Golddukaten. Gleichzeitig forderte er von Priestern, die durch den Zölibat zur Ehelosigkeit gezwungen waren, hohe Geldbeträge, wenn er Kenntnis davon erhielt, daß sie Mätressen hatten. 1479 kommt es zu weiteren Mordkomplotten gegen die Medici, an denen sich <u>die Pazzi, eine große Florentiner Bankiersfamilie,</u> beteiligten und bei denen etwa 100 Menschen hingemordet wurden. Alle meine Dokumente beweisen, daß <u>Rovere und sein Sohn Girolamo</u> dafür die Verantwortung tragen. Schande, Fluch über diesen Mann. "

Ich sehe, wie Jesus an den Richtertisch tritt und leise mit Judith und den vier Richtern spricht. Dann nicken alle zustimmend, und Gideon bittet die beiden Frauen, den Gerichtssaal zu verlassen. Jesus beginnt von der Inquisition in Spanien Bericht zu erstatten.

„Am 1. November 1478 erläßt della Rovere seine ‚Inquisitionsbulle‘. Er ernennt den Beichtvater der <u>Königin Isabella</u> von Kastilien, <u>Thomas de Torquemada</u>, zum königlichen Generalinquisitor und findet dabei volle Unterstützung durch <u>Ferdinand von Aragon</u>, der bezeichnenderweise als ‚der Katholische‘ in die Geschichte einging. Das Königspaar erzwang diese verwerflichen Gerichtsverfahren gegen den Widerstand des Adels. Aus ‚Liebe zu Christus‘ hat Torquemada nach eigenem Bekunden sein blutiges Amt verwaltet. "

Jesus steht nun vor dem Tisch des Gerichtsschreibers und

ruft: „Richter, *ich* bitte an dieser Stelle ins Protokoll aufzunehmen, daß *ich* alle Hauptangeklagten, die zwischen 1478 und 1810 im Amt waren und das Verbrechen der Inquisition gefördert oder geduldet haben, der Unterstützung von terroristischen Vereinigungen anklage in Tateinheit mit Freiheitsberaubung, schwerer Körperverletzung und Justizmord. Aus den Aufzeichnungen des Inquisitionssekretärs Llorente, der im Jahre 1820 seine ‚Kritische Geschichte der spanischen Inquisition' veröffentlichte, geht hervor, daß in dieser Zeitspanne 31 912 Menschen verbrannt und 291 456 zu lebenslänglicher Gefängnis- oder Galeerenstrafe verurteilt und ihre Güter konfisziert wurden, daß auch die alle Rechte beugende Sippenhaftung Anwendung fand.

Von Spanien breitete sich die Pest der Inquisition wenige Jahre später in den Kolonien der Neuen Welt aus, wo Zehntausende von Menschen den Häschern zum Opfer fielen. In den Niederlanden zählte man 50 000 Tote. Richter, *ich* bezweifle diese Zahlenangaben. Denn mit Hilfe von Chroniken und Geheimprotokollen glaube *ich* beweisen zu können, daß allein während der Schreckensherrschaft des Torquemada von 1481 bis 1496 zwischen 30 000 und 120 000 Menschen ihr Leben auf dem Scheiterhaufen verloren. Diese sogenannten ‚Autodafés' waren zum Ergötzen der Massen gedacht, und, was für eine unerträgliche und schändliche Beleidigung: Vor den Opfern wurden das Kreuz und das Bildnis der Maria getragen. Die ‚Autodafés' waren für die spanischen Inquisitoren ‚Akte des Glaubens'. Und Torquemada und seine mordgierigen Helfer scheuten sich nicht, sich bei ihrem schrecklichen Wüten auf Johannes 15,6 zu berufen, wo geschrieben steht: ‚Wer nicht in Gemeinschaft mit mir bleibt, wird wie eine Rebe weggeworfen und verdorrt. Man sammelt die Reben, wirft sie ins Feuer, und sie werden verbrannt.' Dieses Gleichnis von *mir* so zu verfälschen, ist an verdammungswürdiger Arglist nicht zu übertreffen."

„Nach außen hin", so höre ich Jesus fortfahren, „hat der Angeklagte die Judenverfolgungen verboten, aber wir wissen allein von vierzehn Hinrichtungen jüdischer Brüder und

Schwestern in Italien. 2400 konvertierte Juden oder Juden-christen, auch Conversos genannt, sind allein in Toledo in drei Tagen ermordet worden."

Während mich immer mehr das Grauen beschleicht, erklärt Jesus den Richtern das Schimpfwort, das die Inquisitoren für diese Judenchristen in Spanien hatten: „Sie nannten sie Marra-nen – Sauvolk. Den Juden, die nicht vertrieben werden und ihre Kinder nicht verlieren wollten, blieb nichts als die Zwangstaufe oder der Tod.

Der Terror setzte dann aber erst richtig ein. Denn Juden, die zum ‚Christentum' übergewechselt waren aus Furcht, ihre Existenz oder ihr Leben zu verlieren, konnten ohne weiteres angeklagt werden, ‚rückfällige Häretiker' zu sein, weil sie heimlich jüdische Bräuche pflegten. Anklagepunkte wurden meist nicht vorgebracht, damit man in der Folter möglichst umfangreiche Geständnisse erpressen konnte, die den Wün-schen der Inquisitoren, nie aber der Wahrheit entsprachen."

Jesus erzählt nun von einem „Marranen", der, wie alle seine Leidensgefährten, mit einem Paternoster auf den Lippen zum ersten Mal in seinem Leben in Sevilla eine Kirche betreten habe. „Beim Anblick des nachgebildeten gekreuzigten Jesus hat dieser Jude sofort ein Tuch vor die Augen geschlagen, und dann kamen ihm gegen seinen Willen die folgenschweren Worte über die Lippen, die natürlich sofort gemeldet wurden: ‚Wehe, wer so etwas sehen, wehe, wer so etwas glauben muß.'"

„Richter!" höre ich Jesus rufen, „dieser Mann hat nichts ge-tan als das Gebot, ‚du sollst dir kein Bildnis machen', zu be-folgen. Nicht nur in 2. Mose 20,4 oder 5. Mose 5, auch im Psalm 97,7 wird die Bilderverehrung untersagt. Das Bilder-verbot wiederholt sich bei 1. Johannes 5,21 und im ersten Brief an die Korinther (10,14). Während die Führer dieser Or-ganisation und ihre ‚Gläubigen' ständig gegen dieses Gebot verstoßen und sich versündigen, haben Angehörige *meines* Volkes nur den Gesetzen gehorcht. Einkerkerung, Folter und Tod durch das Feuer waren die Folge. Auch alle männlichen Verwandten und Freunde mit Vermögen fielen unter die Sippenhaftung, wurden lebenslang eingekerkert oder ebenfalls verbrannt.

Über 700 Jahre hat der Bilderstreit gedauert. Bilderfeinde wurden sogar aus der Gemeinschaft ausgeschlossen, obwohl sie die Schrift und das Recht auf ihrer Seite hatten. Moslems und Juden spotteten, weil sich schließlich die Anhänger der götzendiensthaften Bilderverehrung in dieser Organisation durchsetzen konnten.

Doch hört, wozu diese grausamen Männer der Inquisition in ihrer schmutzigen Phantasie und in ihrer krankhaften Frömmelei fähig waren. Je größer ihre Macht, um so schrecklichere Höhepunkte erreichte ihr Wüten. Richter, glaubt es *mir*, in Malaga hat sich ein Bruder *meines* Volkes im Gefängnis den Penis abgeschnitten, um den teuflischen Priestern keinen Beweis für seine Beschneidung zu liefern und dadurch seine schwangere Frau zu retten. Aber sie hatten ihn bereits für schuldig befunden, und dieser Mann mit Namen Don Pietro wurde verbrannt. Damit nicht genug, Richter, hört weiter. Die Frau wurde an einen Pfahl gebunden und genau in dem Augenblick, als sie ihr Kind gebar, vor einer riesigen Menschenmenge bei lebendigem Leibe verbrannt. Die Inquisitoren wollten damit zeigen, wie sehr sie das Volk, das *mich* angeblich ans Kreuz geschlagen hat, strafend mit ihrem Haß verfolgten."

Die zunächst zornig geröteten Gesichter aller Anwesenden sind nun weiß, und minutenlanges Schweigen folgt dieser grauenerregenden Schilderung. Ich kann mich nicht erinnern, je von einem solch ungeheuerlichen Verbrechen gehört oder gelesen zu haben. „Die Krone der Schöpfung, das Schwein, der Mensch", so hat es Gottfried Benn in seinem Gedicht „Der Arzt" formuliert. Spätestens jetzt begreife ich, warum die Frauen den Saal verlassen sollten. Jesus geht zu seinem Tisch, legt die Akten weg und erklärt den Richtern mit verhaltener Stimme, mehr wolle er ihnen nicht zumuten.

„Laßt *mich* zum Ende meiner Klage kommen: Im Jahre 1483 hat sich della Rovere erneut der Verschwörung und Vorbereitung von Angriffskriegen schuldig gemacht, indem er die Herzöge Ferrante I. von Neapel und Ercole I. von Ferrara zusammen mit seinem Todfeind Lorenzo de' Medici zu einem Krieg gegen Venedig aufhetzt, um seinen Machtbereich bis dorthin auszuweiten. Fast gleichzeitig betreibt Girolamo im Auftrag seines Vaters einen Ausrottungskrieg gegen das römische Adelsgeschlecht der Colonna.

Von einem Zeitgenossen des Angeklagten ist uns die Charakterisierung überliefert, della Rovere sei ,mitratief in Verbrechen und Blutvergießen gewatet' und habe die ,größtmögliche Konzentration an menschlicher Bosheit' dargestellt. *Ich* denke, dies reicht bei weitem nicht aus, um den Angeklagten angemessen zu beurteilen."

Jesus zögert einen Augenblick. Er schaut sich im Gerichtssaal um, wendet sich wieder an die Richter und sagt: „*Ich* würde es als eine Verletzung der Wahrheit ansehen, wenn *ich* verschweigen würde, daß es dieser Angeklagte war, der diese Kapelle hier erbauen ließ, den Platz, an dem wir über ihn und seine Organisation zu Gericht sitzen. Die Kapelle trägt seinen Namen. Ob ihr dieses Mäzenatentum auf Kosten seiner Kirche und ihrer ,Gläubigen' als strafmildernd werten wollt, überlasse *ich* euch. Amen."

26. Innozenz VIII.

Giambattista Cibo

Auf einen Wink des Anklägers bittet ein Gerichtsdiener Maria und Judith wieder in den Saal. Die Richterin geht zu ihrem Tisch, schlägt die Akte Innozenz' VIII. auf, wechselt einen langen Blick mit Jesus und erklärt dann: „Hört, was ich mit dem Ankläger besprochen habe. Da er sich auf das Hauptverbrechen des Giambattista Cibo konzentrieren möchte, werde ich die notwendigen Angaben zur Person des Angeklagten machen. Cibo stammt aus einem alten Adelsgeschlecht und kam am 29. August 1484 im Alter von 52 Jahren ins Amt.

Aus den Unterlagen des Anklägers weiß ich, daß in diesem Zusammenhang auf Bestechung geklagt wird, denn der in Rom die Geschäfte führende Giuliano della Rovere, gegen den hier ebenfalls noch als Hauptangeklagten verhandelt wird, hat Giambattista nachweislich zu seinem Amt verholfen.

Bereits drei Monate später veröffentlicht der Angeklagte seine sogenannte Hexen-Bulle ‚Summis desiderantes affectibus'. Dazu wird sich der Ankläger dann ausführlich äußern. Ähnlich wie den Angeklagten vor ihm liegt es auch diesem Cibo am Herzen, seine Familie mit Geld und Besitz zu überhäufen. Finanziert hat der Angeklagte dies durch den Verkauf von Ablaß und Ämtern, womit Jesus die Straftatbestände Betrug, Diebstahl und verbrecherische Bereicherung erfüllt sieht. Unsere Nachforschungen haben ergeben, daß Cibo in seiner Amtszeit 16 Kinder in die Welt setzte, die meisten davon aus ehebrecherischen Verhältnissen.

Besonders erwähnen möchte ich den Sohn Franceschetto, den der Angeklagte mit der Tochter des Lorenzo de' Medici verheiratete. Der mächtige Florentiner hatte diese Heirat allerdings mit einer Bedingung verknüpft: Cibo mußte dessen erst 15jährigen Sohn Giovanni zum Kardinal erheben, womit er sich des schweren Amtsmißbrauchs schuldig gemacht hat.

Die Anklage wirft Cibo außerdem die Unterstützung organisierten Verbrechens vor, denn sein Sohn Franceschetto war,
wie wir wissen, ein verschwenderischer Spieler. Von Zeugen
haben wir außerdem erfahren, daß Franceschetto mit Billigung des Vaters des öfteren für bürgerkriegsartige Unruhen
und Plünderungen in Rom sorgte.

Als schweren Landfriedensbruch und Einmischung in innere Angelegenheiten sowie Beihilfe zum Mord wertet die Anklage eine Erklärung des Cibo vom Oktober 1485, in der er
Ferrante I., dem König von Neapel, den Krieg erklärt. Wie
noch zu beweisen ist, soll Cibo das nicht getan haben, um der
despotischen Tyrannei Ferrantes ein Ende zu setzen. Der einzige Grund war der Wunsch des Angeklagten, für seinen Neffen die Herrschaft über Neapel zu erringen, was ihm allerdings nicht gelang – auch Bartholomeo Prignano, der Angeklagte Nr. 22, hatte dies vergeblich versucht.

Für das Jahr 1485 halten wir fest, daß der junge Humanist
Giovanni Pico della Mirandola (†1494) auf einem Philoso-
phentreffen in Rom die 900 Thesen aus seinen ‚Conclusiones
philosphicae cabalisticae et theologicae' und sein Werk ‚De
hominis dignitate' zur Disputation stellen wollte. Seine Schriften aber wurden vom Angeklagten wegen ‚Ketzerei' verboten
und er selbst exkommuniziert. Pico war Mitglied der Platoni-
schen Akademie von Florenz, die stets ein Dorn in den Augen
der römischen Bischöfe war, denn dort wurde nach dem Motto gelehrt: ‚Gott freut sich über Wissende.' "

Ein wunderbarer Satz, denke ich, aber natürlich ein
Schreckgespenst für die Päpste, denn Wissen hätte ihre Macht
untergraben, Wissen hätte ihren „Gläubigen" die Augen geöffnet über das, wie ihre Kirche sie belog und betrog. Ich höre
Judith weiter zu:

„In Absprache mit dem Ankläger will ich versuchen, die
Philosophie dieses Mannes zu erklären. In einem Menschen
war für Giovanni Pico Gutes wie Böses angelegt. Es liege am
Menschen, sich frei zu entscheiden, welchen Weg er gehen
wolle. In seinem Buch über die ‚Würde des Menschen' setzte
Pico Bildung und Humanismus gegen das altchristliche Welt-

bild der Kirche. Und mit seinen Thesen aus den ‚Conclusiones' versuchte er, die großen Religionen mit der Philosophie von Platon und Aristoteles und den kabbalistischen Anschauungen zu verbinden.

Ich bin mit Jesus einer Meinung, daß hier ein Moral-Begriff definiert worden ist, der den Angeklagten nicht gefallen konnte, weil Freiheit, Liebe und Würde in ihrer Lehre keinen Platz hatten. Pico unternahm den Versuch, Körper und Geist in Einklang zu bringen, den von der Kirche verleugneten Körper, beides für gut und schön zu deklarieren. Die Anklage plädiert hier auf Verstoß gegen die Freiheit der Wissenschaften und Nötigung, denn Pico war durch die Exkommunikation gezwungen, Italien zu verlassen.

Am 17. November des Jahres 1487 erläßt Giambattista Cibo eine weitere Bulle, mit der er zum ersten Mal eine Regelung der Bücherzensur für die gesamte abendländische ‚Christenheit' schafft. Damit hatten die Bischöfe von Rom bis ins Jahr 1806 die vollkommene Kontrolle über den Buchdruck und den Buchhandel. Mit der Ermächtigung, gegen Drucker, Käufer und Leser verbotener, sogenannter häretischer Schriften einzuschreiten, hatte die Kirche ein weiteres Mittel in der Hand, Andersdenkende und Andersgläubige zu erpressen und unter ihre Gewalt zu bringen.

Wie viele Bischöfe nach ihm ging der Angeklagte davon aus, auf diese Weise sogenannte Irrlehren verhindern zu können, die ‚dem katholischen Glauben zuwider, gottlos, feindlich, Ärgernis erregend oder sonst anstößig' waren. Bücher solchen Inhalts wurden verbrannt, weshalb der Angeklagte sich hier wegen Erpressung, Verstoßes gegen die freie Meinungsäußerung und die freie Entfaltung der Persönlichkeit und wegen Verletzung der Grundrechte verantworten muß.

Mit dieser Zensur, die, wenn auch von Rom geleugnet, bis zum heutigen Tag besteht, erreichten die Führer der Kirche in Rom eine absolute Disziplinierung ihrer Priester und Theologen. Wir kennen nur zu gut den berühmten Satz: ‚Wo Bücher brennen, da brennen bald auch Menschen.' Der Ankläger wird darüber später berichten.

Ein weiteres schweres Verbrechen haben wir im März 1489 entdeckt. In diesem Monat trifft <u>Prinz Dschem</u> als Geisel von Cibo in Rom ein. Er war der Bruder und Nebenbuhler des Sultans Bajazid, der dem Angeklagten dafür, daß er Dschem im Kerker der Engelsburg gefangen hielt, Jahr für Jahr die ungeheuer große Summe von 40 000 Dukaten zahlte. Für die Anklage ist damit das Verbrechen der <u>Freiheitsberaubung</u> und <u>verbrecherischen Bereicherung</u> erfüllt.

Besonders schändlich wertet der Ankläger die Tatsache, daß Cibo zwar das Geld des Sultans annahm, gleichzeitig aber versuchte, eine Vereinigung aller christlichen Fürsten gegen die Türken zu mobilisieren. Der Versuch mißlang aber.

Als letzte Eintragung für das Protokoll zu Giambattista Cibo bitte ich festzuhalten, <u>daß er am 25. Juli 1492 gestorben ist</u>. Ankläger, kläre du uns nun über den Hintergrund der Bulle ‚Summis desiderantes affectibus‘ und die damit verbundenen schrecklichen Folgen auf.“

Jesus hat sich einen dicken Folianten bringen lassen, markiert darin einige Stellen und legt ihn vor Richter Gideon auf den Tisch. „Darf *ich* dich bitten, uns einige Abschnitte aus dieser Schrift vorzulesen, damit wir alle einen Eindruck davon bekommen, was der Angeklagte ‚mit der höchsten Begierde‘ verlangt, wie der lateinische Titel übersetzt heißt.“

Gideon beginnt laut und vernehmlich zu lesen: „ ‚Gewißlich ist es neulich nicht ohne grosse Beschwehrung zu Unsern Ohren gekommen, wie daß in einigen Theilen des Oberteutschlands, wie auch in denen Meyntzischen, Cölnischen, Trierischen, Saltzburgischen und Bremer Ertzbistümern, Städten, Ländern, Orten und Bistümern sehr viel Personen beyderley Geschlechts, ihrer eigenen Seligkeit vergessend, und von dem Catholischen Glauben abfallend, mit denen Teufeln, die sich als Männer oder Weiber mit ihnen vermischen, Mißbrauch machen, und mit ihren Bezauberungen, Liedern und Beschwehrungen, und anderen abscheulichen Aberglauben und zauberischen Übertretungen, Lastern und Verbrechen, die Geburten der Weiber, die Jungen der Thiere, die Früchte der Erde, die Weintrauben und die Baumfrüchte, wie auch die

Menschen, die Frauen, die Thiere, das Vieh, und andre unterschiedener Arten Thiere, auch die Weinberge, Obstgarten, Wiesen, Weyden, Getreide, Korn und andern Erdfrüchten, verderben, ersticken und umkommen machen und verursachen, und selbst die Menschen, die Weiber, allerhand groß und klein Vieh und Thiere mit grausamen sowohl innerlichen als äusserlichen Schmertzen und Plagen belegen und peinigen, und eben dieselben Menschen, daß sie nicht zeugen, und die Frauen, daß sie nicht empfangen, und die Männer, daß sie denen Weibern, und die Weiber, daß sie denen Männern, die eheliche Werke nicht leisten können, verhindern.

Derohalben Wir, indem Wir alle und jede Hinternüsse, durch welche die Verrichtung des Amts derer Inquisitoren auf irgend eine Weise verzögert werden könnte, aus dem Wege räumen, und damit nicht die Seuche des Ketzerischen Unwesens und anderer solcher Verbrechen ihr Gifft zu dem Verderben anderer Unschuldigen ausbreiten möge, durch taugliche Hülfsmittel, wie solches Unserm Amt oblieget, versorgen wollen, da der Eyffer des Glaubens uns fürnemlich hierzu antreibet, damit nicht dahero geschehen möge, daß die Ertzbistümer, Städte, Bistümer, Länder und obgenannte Orte in denselben Theilen des Oberteutschlandes, ohne das nöthige Amt der Inquisition seyn, so setzen Wir aus Apostolischer Hoheit, daß denen Inquisitoren das Amt solcher Inquisition darinnen zu verrichten erlaubt seyn, und sie zu der Besserung, Inhafftnehmung und Bestraffung solcher Personen über den vorgenannten Verbrechen und Lastern hinzu gelassen werden sollen, durchgehends und in allem eben so, als wann in den vorgenannten Brieffen, solche Ertzbistümer, Städte, Bistümer, Länder und Orte, und Personen, und Verbrechen namentlich und insonderheit ausgetrücket wären, Krafft dieses Unsers Brieffs.

Es solle also gar keinem Menschen erlaubt sein, dieses Blatt Unserer Verordnung, Ausdehnung, Bewilligung und Befehls zu übertretten, oder derselben aus verwegener Kühnheit entgegen zu handeln. Wann aber jemand sich dieses zu erkühnen unternehmen würde, der soll wissen, daß er den Zorn des allmächtigen Gottes und Seiner Heiligen Apostels Petri und

Pauli auf sich laden werde. Gegeben in Rom zu St. Peter, im Jahr der Menschwerdung des Herrn Tausend vierhundert und vier und achtzig, den 5. December, im ersten Jahr Unserer Päbstlichen Regierung.'"

Da er die Reaktionen der Anwesenden bemerkt hat, sagt Jesus: „Richter, Jünger, ihr werdet euch über die eigenartige Sprache gewundert haben, aber ihr müßt wissen, daß sowohl die Bulle als auch das kurz darauf folgende Werk 'Der Hexenhammer' lateinisch abgefaßt waren. Wir haben eine Übersetzung aus der Zeit des Angeklagten. In Deutschland hatte er als Kardinal und päpstlicher Gesandter von dem zunehmenden ‚Hexen- und Teufels-Glauben' erfahren. Mit dieser Bulle wurde das Hexenwesen in der Organisation des Angeklagten endgültig sanktioniert."

Jesus wendet sich jetzt an Maria und sagt achselzuckend: „Verzeih, *ich* weiß, es ist eine frevelhafte Verunglimpfung deiner Person, aber sowohl Cibo wie der spanische Massenmörder Torquemada waren nach eigenem Bekunden Marienverehrer. Auch die beiden deutschen Verfasser des ‚Malleus maleficarum' von 1487, Heinrich Kramer, ein Dominikanermönch, der sich den lateinischen Namen Heinrich Institoris zulegte, sowie der Theologe Jakob Sprenger aus Köln, beide vom Angeklagten immer wieder als seine ‚geliebten Söhne' bezeichnet, gaben sich als Marienverehrer."

Während ich Jesus gespannt zuhöre, muß ich daran denken, daß dieser Marienkult immer mehr Anhänger fand und sich paradoxerweise gleichzeitig der Hexenwahn ausbreitete und festigte. Hier liegen 2000 Jahre Unterdrückung und Demütigung der Frau begraben: Heilige und Hure, ambivalente Abziehbilder einer abartigen und widerlichen Doppelmoral.

Ich höre, wie Jesus die Kirche der Gotteslästerung und des Götzendienstes beschuldigt, weil Maria bereits im 4. und 5. Jahrhundert auf Wagen herumgeführt, in Bildern und Götzenfiguren aus Holz, Eisen, Elfenbein, Marmor, Gold oder Edelsteinen dargestellt und ihr wie in vielen heidnischen Kulturen Opfer gebracht worden seien. Ich erinnere mich an Joe Heydeckes „Venus"-Buch, in dem er, sich auf den Mythenfor-

scher Beauregard berufend, feststellt, daß alle große Göttinnen
des Altertums „Himmelsgöttinnen" oder „Gottesmütter" waren. Daß der berühmte ägyptische Isis-Kult aufgrund seiner
Merkmale eine getreue Kopie der Jungfrau Maria gewesen
wäre, wenn Maria der Isis vorausgegangen wäre. Isis aber
wurde 2500 Jahre vor Maria verehrt. Isis- und Marienbildnisse
waren einander so ähnlich, daß sie oft verwechselt worden
sind – sowohl bei ihrer Verehrung als auch bei der Vernichtung. Auch die Götzen-Göttin hat die Kirche also – wie so vieles andere – von einer anderen Kultur geraubt.

Mir kommt noch dieses merkwürdige Konzil von Ephesus
in den Sinn, wo darum gestritten wurde, ob Maria eine immer-
jungfräuliche Gottesgebärerin oder eine Christusgebärerin sei.
Ich muß an den Mariendienst und die götzenartige, süßlich-
frömmelnde Verehrung bei Rosenkranz-Bruderschaften und
den „Heiligen Ursulinerinnen" denken, deren Mitglieder jährlich 11 000 Vaterunser und Ave Maria beten mußten.

Ich werde aus meinen Gedanken gerissen, als ich beobachte, wie Jesus auf Maria zugeht, beim Blick auf die Richter das
Kopfnicken von Judith registriert und seiner Mutter etwas ins
Ohr flüstert, was ich nicht verstehe. Sie erhebt sich daraufhin
und verläßt den Saal.

„Richter", sagt Jesus nun, „*ich* habe *meine* Mutter noch einmal aus dem Saal geschickt, weil das, was *ich* euch jetzt zu sagen habe, und was noch folgen wird, für ihre Ohren nicht zu-
mutbar ist. Judith will auf eigenen Wunsch dableiben, und *ich*
muß dies respektieren.

Von unerträglichem Unflat und gräßlichem Schandwerk
muß *ich* nun sprechen. Verzeiht, wenn *ich* das sage, aber diese
Männer-Kirche ist etwas, was sich weder Gott noch Teufel
hätten ausdenken können. Was *ich* euch nun berichten werde,
zeigt das teuflische Denken, die Zerstörungswut, den Frauenhaß, die geifernde Geschlechtsfurcht, den Fanatismus dieser
Organisation von Un-Gläubigen." Jesus ignoriert Gideons
Drohgebärde und den zornigen Blick, den er ihm zuwirft, und
spricht unbeeindruckt weiter: „Es ist für *mich* böser, besesse-
ner und abergläubiger Wahnwitz, wenn der als ‚Heiliger' ver-

ehrte Bernhard von Clairvaux (†1153) von einem von *mir* verfluchten Götzenbild *meiner* Mutter behauptet, Milch der
‚Himmelskönigin' empfangen zu haben. Der deutsche Kirchenhistoriker Karlheinz Deschner schreibt, daß dieser heuchlerische Mönch in den ‚Genuß intimer Madonnengnaden' gekommen sei. Er habe einen ‚heiligen Kuß' ausgetauscht, der
von so heftiger Wirkung gewesen sei, daß ‚die Braut gleich
von selbst' empfange, daß ‚ihre Brüste deutlich schwellen und
von Milch sozusagen strotzen'. Engel hätten Bernhard ‚Milch
aus Mariens Busen zugespritzt', was seine ‚honigsüße Bered-
samkeit' zur Folge gehabt habe."

Jesus wartet ab, bis sich das Gelächter unter den Jüngern
gelegt hat, bevor er weiterspricht: „Vom Angeklagten wissen
wir, daß Unmoral beim Klerus dazugehöre." Als Jesus das ungläubige Kopfschütteln der Richter bemerkt, wiederholt er
noch einmal: „Jawohl, Richter, Ihr habt richtig gehört: Unmoral, Unzucht gehöre beim Klerus dazu. So breitete sich, ähnlich wie bei Bernhard, die Brautmystik unter den Mönchen
dieser Organisation aus, und bei den Nonnen war es Jesus, der
als ‚Bräutigam' verehrt wurde. Was an Unzucht in den Klöstern dieser Organisation, was an Vergewaltigung und Orgien
in diesen Burgen der Unmoral getrieben wurde, ist unvorstellbar. Geschichten über Klosterschmutz und Klostertragödien
füllen Bücherwände! Diese Kirche ist mit ihrer sündhaften
Leibfeindlichkeit dafür verantwortlich, daß Frauen und Männer ihre Natur vergewaltigen mußten und daß durch aufge-
zwungene Askese und Keuschheit solch Unmaß an Un-
menschlichem entstehen konnte.

Das Schändlichste aber hat eine Frau vollbracht, die von
Rom ebenfalls als ‚heilig' verehrt wurde und im 20. Jahrhundert, ihr Richter, im Jahre 1970 zur Kirchenlehrerin bestimmt
wurde. *Ich* spreche von Katharina von Siena (†1380), jener
Nonne, die sich um die sündigen Bischöfe während der ‚Babylonischen Gefangenschaft' in Avignon kümmerte. Sie soll
sich kreischend auf dem Boden gewälzt und um die Umarmung ihres süßesten und geliebtesten ‚Bräutigams' Jesus ge-
bettelt haben. Richter, hört *mich* an, sie hat behauptet, *meine*

Vorhaut, von *mir* selbst gespendet, am Finger getragen zu haben, nur für sie sichtbar.

Jesus' Stimme überschlägt sich fast vor Wut und Erregung: „Richter, des Unfaßbaren nicht genug. Ein deutscher Dominikaner mit Namen Müller hat ein Buch mit dem Titel ‚Die hochheilige Vorhaut Christi' verfaßt – und das im Jahre 1907. Er hat herausgefunden, daß sich insgesamt dreizehn Orte rühmen, eine angeblich echte Vorhaut von *mir* zu besitzen. Es sind dies außer dem Lateranpalast Kapellen, Kirchen oder Klöster in Antwerpen, Besançon, Boulogne, Brügge, Calcata, Charroux, Conques, Hildesheim, Metz, Nancy, Paris, Le Puy und der Dom in Wien.

Diese kranke und sexuell zutiefst neurotische Organisation brachte einen römischen ‚Oberhirten' hervor, der noch im Jahre 1728 eine Wallfahrt zur Vorhaut des Abraham unternommen haben soll. Das alles ist aus verschiedenen Quellen zu belegen, ihr Richter, zu glauben ist es nicht, zu denken schon gar nicht."

Ich wage kaum zu atmen bei diesem Gefühlsausbruch. Totenstille herrscht im ganzen Saal. Ekel und Zorn spiegeln sich in den Gesichtern. Alle Augen sind auf Jesus gerichtet, der zu seinem Tisch schreitet, um mit einem Buch zurückzukommen.

„Richter, hier habe *ich* ein Buch, das nie hätte erscheinen dürfen, ein Buch, dessen Verfasser für *mich* die Personifizierung des Urbösen sind. Während der Angeklagte Cibo das erhabene Werk des Pico della Mirandola auf seinen Index der verbotenen Bücher setzte, hat er für dieses obszöne Werk ein Vorwort geschrieben, aus dem euch Gideon einige Absätze vorgelesen hat. Der ‚Malleus maleficarum', am besten übersetzt mit ‚Hammer der Schadensstifterinnen', ist unter dem Titel ‚Hexenhammer' geläufig.

Zunächst wird darin der Ursprung der sogenannten ‚Hexerei' und des ‚Teufelswerks' erklärt. Im zweiten Teil erläutern die Verfasser unter Berufung auf Gott, wie der Teufel und seine Komplizen, nämlich die der Hexerei Verdächtigten, Menschen verführen und so furchtbare Ereignisse wie Krankheit, Tod von Menschen und Tieren, Sturm, Hagel oder Ernteschäden hervorbringen. Dann bieten sie Mittel zur Abhilfe gegen diese Zauberei an, als da sind Ausspeien, Bekreuzigen, Weihwasser oder Weihrauch. Schließlich geben sie den geistlichen und weltlichen Gerichten Anweisungen zu Prozeßführung und Verurteilung.

Richter, *ich* möchte euch nicht den gesamten Text zumuten, aber erlaubt *mir*, einige Passagen vorzulesen, die Verfahrensweisen für das Verhör einer Hexe oder eines Hexers vorschreiben. Dazu muß *ich* anmerken, daß nur sehr selten Männer bezichtigt wurden. Durch die entmenschlichende und widernatürliche Askese hatte sich der grauenerregende Wahn der lüsternen Henker im Priestergewand vor allem gegen Frauen gerichtet und durch die Bulle des Angeklagten Entladung gefunden. Hört also:

‚Allgemeines Verhör einer Hexe oder eines Hexers. Erster Act.

N. N. ist denuncirt, und nachdem er einen Eid auf die vier Evangelien geleistet, die Wahrheit sagen zu wollen, wurde er gefragt: woher er gebürtig, wer seine Aeltern seien oder gewesen, ob sie leben oder gestorben, und wenn letzteres, ob sie natürlichen Todes abgegangen oder verbrannt worden. Letzteres ist darum zu bemerken, weil Hexenältern ihre Kinder dem Teufel geloben und dadurch die ganze Nachkommenschaft angesteckt wird, und im Falle die Angeber es behaupten, die Hexe es aber leugnet, diese schon verdächtig ist. Wo sie erzogen worden und sich in neuester Zeit aufgehalten habe? (Hat sie den Ort ihrer Geburt verlassen und sich an Orten aufgehalten, wo Hexen sind, so wird weiter gefragt): Warum? Ob sie an diesen Orten von Hexerei gehört, daß Hexer oder Hexen Gewitter machen, Vieh behexen, den Kühen die Milch entziehen u.s.w. Sagt sie Ja: Was sie sagen gehört? wenn Nein: Ob sie glaube, daß es Hexen gebe und daß sie derlei bewirken können? – Zu bemerken ist, daß Hexen dies anfänglich meistens verneinen, wodurch sie mehr verdächtig werden, als wenn sie sagen: Ob es Hexen gibt oder nicht, überlasse ich den Obern. Wenn sie es also verneinen, ist zu fragen: ob sie denn glauben, daß diejenigen, die verbrannt, unschuldig verurtheilt wurden?

Wenn sie alles leugnet, ist sie über andere Hexereien zu befragen, die von andern angegeben worden, etwa an Vieh oder Kindern; ist zu fragen: warum sie sich auf dem Felde habe sehen lassen, oder im Stalle; warum sie das Vieh berührt habe; warum sie das Kind berührt habe, und wie es gekommen, daß dieses bald darauf erkrankt sei. Was sie auf dem Felde gethan während des Gewitters, und vieles andere. Woher es komme, daß sie von einer Kuh oder von zwei Kühen mehr Milch habe als ihre Nachbarin von vier bis sechs Kühen? Ob sie im Ehebruche oder im Concubinate lebt, gehört zwar nicht unmittelbar zur Sache, erzeugt aber mehr Verdacht, wenn letzteres der Fall ist, als bei einer unbescholtenen Person.

Wenn die Beschuldigte alles leugnet, hat der Richter auf drei Momente zu achten: den übeln Ruf (infamia), die Anzeigen der That, die Aussagen der Zeugen, ob die alle übereinstimmen oder nicht. Im Wesentlichen der That pflegen sie übereinzukommen, nämlich in der Hexerei oder im Verdacht bezüglich der Beschuldigten. Es ist aber nicht nothwendig, daß die erwähnten drei Momente zusammentreffen, um die Hexe als überwiesen zu erachten, der Beweis ergibt sich per argumentum a fortiori. Eins von beiden, die Anzeige der That oder die Aussage der Zeugen genügt, um jemand der Ketzerei überführt zu betrachten, um so mehr, wenn beide Beweisgründe zusammenfallen. Als Beweis der That betrachten wir eine Drohung, der die Wirkung gefolgt, wenn z. B. der Bedrohte krank geworden ist. Wenn nun schon eines dieser Momente hinreicht und den Verdacht begründet, um so mehr beim Hinzutritt des übeln Leumundes oder der Zeugenaussagen. Auf der That ertappt zu betrachten ist die Beschuldigte durch den Beweis der That oder die Zeugenaussage, sie mag bekennen oder nicht. Bekennt sie und bekehrt sich nicht, ist sie dem weltlichen Arme zu überliefern, zur Vollziehung der Todesstrafe oder zur lebenslänglichen Einkerkerung; leugnet sie, ist sie als unbußfertig ebenfalls dem weltlichen Gerichte zu derselben Strafe zu übergeben.'

Hohes Gericht, der Angeklagte hat Glück, daß wir seinen Anspruch auf ein gerechtes Verfahren akzeptieren, verdient hat er es, nach allem, was wir hier lesen müssen, nicht. Er und seine verbrecherischen Helfer und Helfershelfer haben alle Hungersnöte, Seuchen, Erdbeben, Überschwemmungen, Unwetter, Teuerungen, Pesterkrankungen, Heuschreckenverwüstungen und Unglücke aus vier Jahrhunderten überall auf der Welt gesammelt, um sie den sogenannten Hexen zuzuschreiben. War es eine Hungersnot im Jahre 1164, ein Erdbeben im Jahre 1202, eine Seuche im Jahre 1224, Mißwuchs im Jahre 1253, eine hohe Sterblichkeit im Jahre 1287, und so fort und so fort. Für alles, Ihr Richter, machten dieser Angeklagte und seine ‚geliebten Söhne‘ Kramer und Sprenger die Hexen verantwortlich.

Dieses schreckliche Machwerk, das *ich* hier in Händen halte, ist ein ekelerregendes und mörderisches Buch. Während es in der Kirche von Byzanz weder Hexenglauben und Hexenverfolgungen noch Inquisition und Massenmorde gegeben hat, wurde durch den Angeklagten Cibo der Wahn feierlich anerkannt. Mit seinem und vieler Nachfolger Segen wüteten Henker und Inquisitoren.

Ihr werdet fragen, wie seine Organisation überhaupt auf das Bild des Teufels gekommen ist. In 3. Mose 9,3 ist von einer ‚Hebrai sairrim‘ die Rede, was frei übersetzt ‚wilde Ziege‘ heißt. Im Griechischen wurde daraus ‚Satyros‘ und später die Umwandlung in ‚Satyriasis‘, worunter man nichts anderes als exzessive sexuelle Lust verstand – des Mannes, wohlgemerkt!

Die Kirchenlehrer Augustinus und Thomas von Aquin haben die Vorarbeit geleistet. Auf ihren Lehren und denen vieler anderer Theologen, Kanonisten und römischen Bischöfe, auf all ihrem Wahnsinn, ihren Verfolgungs-Ängsten und ihrer abgrundtiefen Frauenverachtung ist dieser ‚Hexenhammer‘ aufgebaut.

Immer wieder berufen sich Kramer und sein Mitverfasser auf Thomas und seinen ‚Tractatus de angelis‘ aus der ‚Summa theologicae‘, wo er die Lehren und Thesen des Petrus Lombardus wiederaufnahm. Danach erfolgte der Fall des Teufels nicht gleichzeitig mit seiner Erschaffung, denn wäre es so gewesen, müßte Gott die Ursache des Bösen sein. Es gebe einen zeitlichen Abstand zwischen der Schöpfung und dem Fall der

Dämonen. Außerdem schreibt Thomas, der Teufel sei ursprünglich der Höchste unter den Engeln und seine Sünde die Ursache für die Sünde der anderen gefallenen Engel gewesen, die unter Verführung, nicht aber unter Zwang handelten. Auch hätten die Dämonen zweierlei Aufenthaltsorte: die Hölle, in der sie die Verdammten quälen, und die Luft, von wo aus sie die Menschen zum Bösen treiben.

Richter, hört, mit welch schändlichem Betrug diese Kirchenlehrer ihre Schreckgespenster und ihre Verfolgungswut aus der Heiligen Schrift begründeten. Den Beweis für die Verbindung von Göttern oder Dämonen mit Menschen nehmen sie aus 1. Mose 6,1f. wo geschriebensteht: ‚Als sich die Menschen über die Erde hin zu vermehren begannen und ihnen Töchter geboren wurden, sahen die Gottessöhne, wie schön die Menschentöchter waren, und sie nahmen sich von ihnen Frauen, wie es ihnen gefiel.‘ In der Genesis gründet der Frauenhaß dieser Kirche. Männer werden als ‚Söhne Gottes‘, Frauen als ‚Geschöpfe der Menschen‘ dargestellt.

Aber weiter mit diesem Thomas. In den ‚Quaestiones disputatae de malo‘, seiner Abhandlung über das Böse, hat er gesagt, alles, was sichtbar in der Welt geschehe, könne durch Dämonen geschehen. Die leichte Verführbarkeit des Menschen, damit meint er natürlich vor allem die Frau, sei die Schwäche, die die Dämonen ausnützten. Für ihn ist vorstellbar, daß der Dämon, obwohl ein Geist, in einen Körper schlüpfen und dort sogar einen Zeugungsakt begehen könne. Richter, so etwas lehrt ein ‚Heiliger‘ dieser Kirche! Auch *ich* soll ja von einem ‚Geist‘ gezeugt worden sein. Auch *ich*! Ist Absurderes denkbar?

Noch einige andere phantastische Vorstellungen dieses sogenannten Heiligen möchte *ich* euch nicht vorenthalten. Nachdem der Dämon in den Körper geschlüpft sei, nehme er den Samen eines Mannes und verbinde sich dann mit einer Frau, um ihr das Sperma zu übertragen. Auf diesem Wege komme es zur Zeugung eines Kindes, dessen Vater nicht der Dämon, sondern jener Mann sei, dem der Dämon den Samen gestohlen habe."

Ich kann es einfach nicht begreifen: Diese Theorie bildete die Grundlage für den Hexenglauben der römischen Kirche. Wenn daran nicht Millionen und Abermillionen unschuldiger Menschenleben hingen, müßte ich darüber lachen. Für wie dumm hält die Kirche ihre ‚Gläubigen‘, denen sie einbleut, daß es böse Geister gibt, vor denen man sich in acht nehmen muß. Und auf der anderen Seite sollen dieselben ‚Gläubigen‘ ohne Furcht und ohne Teufelsangst vor diesen widergöttlichen Mächten leben. In ständiger unbewältigter Angst vor ihren Sexualtrieben – Augustinus ist das Paradebeispiel! – fanden die Kleriker schnell einen Sündenbock für all das, was sie dem Teufel anhängen wollten: die Frau, das Prinzip Sünde, angefangen mit Eva, der Urmutter. Wieder höre ich Jesus mit seinem Plädoyer:

„Richter, um euch noch ein Beispiel für die Methoden von Kramer und Sprenger zu geben, laßt *mich* einige Sätze aus einem Kapitel zitieren, in dem sie die Frage zu beantworten versuchen, ‚warum in dem so gebrechlichen Geschlecht der Weiber eine größere Menge Hexen sich findet als unter den Männern?‘ Vier Hauptlaster führen die Verfasser an, die die Weiber dazu verführten, sich dem Teufel zu ergeben: Ungläubigkeit, Ehrgeiz, Üppigkeit und unersättliche irdische Gelüste. Doch hört selbst: Hieronymus sagt: ‚Alles, was der Fluch der Eva Böses gebracht, hat der Segen der Maria hinweggenommen. Aber weil noch in den jetzigen Zeiten jene Ruchlosigkeit mehr unter den Weibern als unter den Männern sich findet, wie die Erfahrung selbst lehrt, können wir bei genauerer Prüfung der Ursache über das Vorausgeschickte hinaus sagen, daß, da sie in allen Kräften, der Seele wie des Leibes, mangelhaft sind, es kein Wunder ist, wenn sie gegen die, mit denen sie wetteifern, mehr Schandtaten geschehen lassen.

Diese Mängel werden auch gekennzeichnet bei der Schaffung des ersten Weibes, indem sie aus einer krummen Rippe geformt wurde, d. h. aus einer Brustrippe, die gekrümmt und gleichsam dem Mann entgegen geneigt ist. Aus diesem Mangel geht auch hervor, daß, da das Weib nur ein unvollkommenes Tier ist, es immer täuscht.

So schlecht ist das Weib von Natur, da es schneller am Glauben zweifelt, auch schneller den Glauben ableugnet, was die Grundlage für die Hexerei ist.'

Ihr Richter, immer wieder sind es die Lehrer Albertus Magnus und Thomas von Aquin, auf die sich die verbrecherischen Dominikaner Kramer und Sprenger berufen können. Albertus etwa schreibt in ‚De animalibus', die Frau sei möglicherweise Folge einer fehlerhaften Bildung des männlichen Gliedes und entspreche nicht der Absicht der Natur. Sein Schüler Thomas treibt diese Diffamierung auf die Spitze, indem er sagt, die Frau sei eine Art ‚verstümmelter, verfehlter, mißlungener Mann'."

Heftiges Gelächter bei den Richtern, vor allem bei Judith und auch bei den Jüngern. Und Jesus spricht weiter: „Der Nordwind stärke die Kraft, schreiben diese Lehrer. Der Südwind schwäche sie. Der Nordwind trage zur Zeugung des Männlichen, der Südwind zur Zeugung des Weiblichen bei. Der Nordwind sei rein, reinige und säubere die Luft von Ausdünstungen und rege die natürliche Kraft an. Der Südwind aber sei feucht und regenschwer. Das Weib verhalte sich zum Mann wie das Unvollkommene und Defekte zum Vollkommenen."

Nach allem, was ich bisher in diesem Prozeß gehört und miterlebt habe, ist das typisch: Statt sich mit dem Glauben und der Rettung von Seelen zu beschäftigen und Naturvorgänge Biologen und Naturwissenschaftlern zu überlassen, behauptet der Aquinat, die primäre Zeugungsabsicht sei der Mann. Die Frau sei nichts anderes als ein verhinderter Mann. Jesus hat diesen Gedanken an früherer Stelle schon einmal ausgesprochen: Wären wirklich immer nur Männer herausgekommen, wäre die katholische Menschheit mit Aquin ein weiteres Mal ausgestorben.

„Aus Unkenntnis", so argumentiert Jesus weiter, „aus Unkenntnis der Heiligen Schrift wird das Weib immer wieder als eine ‚Zweitschöpfung' dargestellt. Mit ihrem Ungehorsam trägt sie für diese Männer-Kirche die Verantwortung, daß die selige Unschuld im Paradies zu Ende ging. Ihre Verführung habe die Menschheit zunichte und sündig gemacht, schreibt Thomas von Aquin.

Auch auf den ersten Korintherbrief des Paulus (11,7-10) weist er hin, in dem dieser schreibt: ‚Der Mann dagegen darf das Haupt nicht verhüllt haben, weil er Gottes Abbild und Abglanz ist. Die Frau ist aber der Abglanz des Mannes. Der Mann stammt jedoch nicht von der Frau, sondern die Frau vom Manne. Auch ist der Mann ja nicht um der Frau willen geschaffen, sondern die Frau um des Mannes willen. Deshalb muß die Frau ein Zeichen der Herrschaft auf dem Haupt tragen.' Paulus, der mit seiner Fälschung *meiner* Botschaft diese unselige Organisation eigentlich geschaffen hat, kennt offensichtlich den Vers 27 im ersten Kapitel der Genesis ebensowenig wie die meisten Angeklagten und Kirchenlehrer."

Mit diesen Worten hat sich Jesus an Paulus gewandt, der dem Blick nur kurz standhält und dann beschämt zu Boden blickt.

„Waren schon die geistigen Führer in Rom nicht bibelkundig und offensichtlich auch nicht sehr bewandert in der lateinischen Sprache, um wie viel weniger die Verfasser des ‚Hexenhammers', die behaupten, daß sich das Wort ‚femina' zusammensetze aus fe = fides = Glauben und minus = weniger; also ‚femina' = die Frau, die weniger Glauben hat.

Hohes Gericht, *ich* möchte nun darauf eingehen, wie die Inquisitoren mit der Folter jeden gewünschten Beweis und jedes Geständnis erreichen konnten. Auch dazu ein paar Originalzitate. Sie sprechen in ihrer Brutaliät und Perversität für sich."

Jesus schlägt das Buch erneut auf und liest: „ ‚Allhier wird dargethan / daß durch Marterzwang vnd Sinnenbethörung viel vnschüldige Personen / in dem gewöhnlichen Hexen Proceß / können vmb jhren redlichen Namen / verdiente Ehr vnd liebes Leben gebracht werden.

Was habe ich denn gesehen? O liebe Christen! Ich habe gesehen / welcher massen die Hencker vnd Peiniger den kostbahren Leib des Menschen so geringlich achten. Welcher massen die Hencker und Peiniger den wunderschönen Leib des Menschen / an welchen sich auch die Engel belüstigen / so schandhafftig verstellen / daß es auch vielleicht die Teuffel verdreust / weil sie spüren / es seyen Menschen die in der vornehmen Kunst / den hellischen Geistern vberlegen.

Ich habe gesehen / welcher massen sie den festen Leib des Menschen zertrümmern / die Glieder von einander treiben / die Augen aus dem Heupte zwingen / die Füsse von den Schinbeinen reissen / die Gelencke aus den Spannadern bewegen / die Schulterscheuben aus der Schauffel heben / die tieffe Adern auffblehen / die hohen Adern an etlichen Orten einsencken / bald in die Höhe zerren / bald auff den Boden stürtzen / bald in den Circul weltzen / bald das ober in das vnter / bald das vnter in das ober wenden.

Ich habe gesehen / wie der Hencker mit Peitzschen geschlagen / mit Ruthen gestrichen / mit Schrauben gequetschet / mit Gewichten beschweret / mit Nägeln gestochen / mit Stricken vmbzogen / mit Schwefel gebrennet / mit Öl begossen / mit Fackeln gesenget!

Vnterdessen haben die Hencker freye Macht / die armen Gefangenen mit newen Schmachen anzugreiffen / bis zuletzten die Bekäntnis heraus fehret / vnd mit frewden von dem Richter auffgefangen / von den MalefitzSchribern aber mit geschwinder Begierde auffgeschmieret wird / dadoch die vorhergehende vnflätige / mit Eisen / Blöchen / Ketten vnnd Banden außgerüstete Geffängnis gar genug gewesen were.

Es wird noch mit andern Erzehlungen dargethan / wie es den vnschüldigen Personen an dem Ort der Qual ergehe.

Den Anfang macht der Peiniger / vnd schraubet mit spöttischen Worten die Bein / vorwendend / es weren Braunschweigische Stiefeln. Ein tapfferer Herr vnd Mann / ein wackere Matron vnd Jungfraw / solte aus Schwachheit der Natur / wol tausendmal bekennen / ehe sie den vnfletigen / teuffelsmessigen / vund rabenwirdigen Henckern einen Fuß zu geschweigen die Bein betasten liesse. Wann die Beinschrauben mit dem Blut die Außsag erpressen / ist jhnen allbereit genug geschehen / vnd heisset / sie hat geschwinde bekennet / es were bald geschehen: Da ist kein Zweiffel / was wollet jhr weiter Zeugnis / jhr habt jhre Gotteslesterung gehöret.'"

Nachdem er einen Moment innegehalten hat, beschreibt Jesus nun den weiteren schrecklichen Verlauf der Qualen: „ ‚Der dritte und höchste Grad besteht darin, daß die Henker nach der Ausspannung auf der Leiter noch härtere Martern anwenden und mit brennenden Spänen oder mit Schwefel und Feuer die Haut versengen, oder unter die Fingernägel Keile aus Fichtenholz stecken, diese dann anzünden und so die Fingerspitzen der Wirkung des Feuers aussetzen. Oder sie legen den Angeklagten auf einen Stier oder Esel von Metall, der durch Feuer im Inneren allmählich beginnt glühend zu werden. Diese und andere Torturen sind den Henkern ganz vertraut.' "

Mit einem Aufschrei gebietet Judith dem Ankläger Einhalt. Die Schilderungen sind offensichtlich zuviel für sie. Jesus ist betroffen: „Verzeiht, *ich* weiß, wie schockierend diese Sätze sind, trotzdem dürfen wir uns nicht schonen und die Ohren verschließen. *Ich* möchte, daß ihr euch dieser Dinge erinnert, wenn ihr das Urteil über diesen Angeklagten fällt, der all die grauenvollen und todsündigen Geschehnisse zu verantworten hat."

Ich sehe, wie unter den Jüngern heftig und offensichtlich kontrovers diskutiert wird. Ich muß wieder an die beiden Juden denken, die Opfer der spanischen Inquisition geworden sind. Ich hatte geglaubt, daß es Schrecklicheres nicht geben kann, und bin durch das, was sich diese deutschen Mönche mit Unterstützung von Innozenz VIII. in ihren kranken Hirnen ausgedacht haben, eines anderen belehrt. Es war ein perfekter Teufelskreis, denn wenn eine „Gläubige" oder ein „Gläubiger" in der Beichte nicht denunzierten, machten sie sich der Ketzerei verdächtig. Und wer Innozenz oder den Verfassern des „Hexenhammers" widersprach und behauptete, es gebe weder Teufel noch Hexen, wurde ebenfalls als Ketzer verfolgt und bestraft. Noch heute verlangt diese Organisation von ihren Gläubigen, daß sie an die Realität des Teufels als eines lebendigen Geistwesens glauben! Auf diese Weise kamen in Europa die Scheiterhaufen nicht zum Erlöschen. Der Mensch, die Krone der Schöpfung? Und wer ist der Gott, der dieses alles zuläßt?

Unter der Folter erfanden die Opfer natürlich alles, was ihre Peiniger mit ihrer grauenhaften und krankhaft wollüstigen Phantasie von ihnen verlangten oder ihnen suggeriert hatten. Das wirklich Satanisch-Sadistische an diesen Inquisitoren war, daß sie sich selbst die Hände nicht blutig machten. Dafür hatten sie gutbezahlte Schergen, Henkers- und Folterknechte: sexuelle Gewalt hinter der Fassade römisch-katholischen Glaubens. Oft, so habe ich gelesen, entwickelten die Opfer den Inquisitoren gegenüber eine völlig irrationale Dankbarkeit, denn die Inquisitoren konnten ihr grausames Leiden jederzeit beenden oder verlängern. Unzählige empfanden es gar als Gnadenakt, wenn ihre zerschundenen Körper endlich dem Feuer überlassen wurden, denn dies beendete ihre Qualen. Dann höre ich, wie Jesus zwei Geständnisse nennt, die unter der Folter zustande kamen.

„Eine Frau hatte schließlich gestanden, für ihre ‚Hexenbrühe' eine Kindesleiche ausgegraben zu haben. Als Denunzianten waren den Erfindern des ‚Hexenhammers' sogar Exkommunizierte, Teilnehmer an Verbrechen, Infame, Lasterhafte und auch Meineidige willkommen. Sie mußten keine Beweise liefern, die Anschuldigung oder Verdächtigung allein war schon Schuldbeweis genug. Dem verzweifelten Mann dieser Frau gelang es, den Vorwurf zu widerlegen. Das angeblich geschändete Kindesgrab war vollkommen intakt, die Leiche noch in dem Sarg. Für den Richter aber zählte nur das Geständnis. Es war das Ziel der Kirche und der Inquisitoren, die Hexen auf jeden Fall mit dem Tode zu bestrafen. Wenn eine geständige Hexe sich dann von der Folter erholt hatte und ihre aus der häßlichen Phantasie ihrer Ankläger geborenen Untaten widerrief, bedeutete das für die Inquisitionsgerichte einen Rückfall in die Häresie, der genauso mit dem Tod bestraft wurde."

Nachdem sich die Wut der Jünger gelegt hat, schildert Jesus das „Geständnis" einer 56jährigen, die allnächtlich „fleischlichen Umgang mit dem Satan" gehabt und in Folge davon ein Ungeheuer mit einem Wolfskopf und einem Schlangenschwanz geboren haben soll. Zu dessen Ernährung, so ihr

„Geständnis", habe sie allnächtlich kleine Kinder gestohlen, die sie ihm zu fressen gab. Jesus ist außer sich:

„Das Unvorstellbarste, das Widernatürlichste, alles, was nicht möglich ist, kam bei diesen Prozessen zutage. Es gehörte zur infamen und sadistischen Logik der Inquisitoren, den Beschuldigten selbst Gelegenheit zu geben, die Behauptungen der Inquisitionsgerichte zu widerlegen. Vermeintliche Ritte auf Besen durch die Nacht, das Buhlen mit Dämonen oder dem Teufel selbst, es fand ohne Zeugen statt, war also nicht beweisbar. Und obwohl die Peiniger wußten, daß sie Unmögliches von ihren Opfern verlangten, wurden diese oft aufgefordert, den Teufel vor Gericht zu zitieren, um damit zu beweisen, daß das Gericht im Unrecht sei.

Richter, ihr werdet euch fragen, wie es zu einer solchen ungeheuren Menge von angeblichen Hexen kam. Die Gerichte gingen einfach davon aus, daß die Hexen auch ihre Kinder mit dem Teufel in Bund setzten. Wenn eine Zauberin oder Hexe also trotz schrecklichster Foltern nicht zum Geständnis gebracht werden konnte, sollte ihr junges Töchterlein vernommen werden, denn von ihm könne man die Wahrheit erfahren, da ja die Hexenmütter ihre Töchter einzuweihen pflegten. Und dann wurden eben diese Mädchen gefoltert, indem man ihnen glühende Eisenstangen in sämtliche Körperöffnungen bohrte. Zur Folter gehörte das vorherige Abbrennen aller Körperhaare, unter denen nämlich Hexenmittel und Hexenmale hätten verborgen sein können. Nackt wurden die Frauen und Mädchen verhört, nackt wurden sie den Folterern ausgeliefert. Gibt es einen deutlicheren Beweis für den Charakter dieser ‚Gerichtsverfahren'?"

Woher, frage ich mich, nimmt Jesus die Kraft, all die Abscheulichkeiten, vor denen unsere Sprache eigentlich versagt, so ausdauernd und so sachlich vorzutragen. Ich möchte all das nicht mehr hören, würde mir am liebsten die Ohren zuhalten. Es muß eine Kraft sein, die aus tiefster Verzweiflung und Wut entsteht. Er hat schon recht, man muß sich dem aussetzen, darf nicht davor weglaufen. Nur so erschließen sich die Dimensionen dessen, was diese katholische Kirche an Bestialität und Sadismus in der Welt gesät hat. Unermüdlich spricht Jesus weiter:

„Entgegen dem Volksglauben, daß Hexen alte, häßliche Frauen seien, waren die Opfer der Gerichte meist junge Frauen, denen vorgeworfen wurde, durch ihre Schönheit die Männer zu verzaubern. Acht von zehn dieser Gequälten waren jünger als 20 Jahre. Besonders die Frauen, die den Beruf einer Hebamme ausübten, mußten unter der Verfolgung leiden. Für die Kirche waren Hebammen Kindesmörderinnen, oder sie übergaben die Neugeborenen sofort dem Dämon.

Richter, wir befinden uns im ausgehenden 15. Jahrhundert, wo im Abendland kaum noch sogenannte heidnische Religionen durch den Ausrottungswahn übriggeblieben waren. Für den ‚päpstlichen Commisarius‘ Bruder Heinrich Kramer und seinen Kumpan Jakob Sprenger hatte Gott durch die Hexerei die ‚Reinigung der Rechtgläubigen‘ hervorgerufen. Habt ihr, Richter, je von einer größeren Gotteslästerung gehört?“

Ich sehe Jesus wieder zu seinem Tisch gehen. Er nimmt ein Papier aus einer dicken Ledermappe und kommt damit zurück: „Richter, Judith, *mir* ist eine Liste von Verurteilten in die Hände gekommen. Sie wurden in Würzburg hingerichtet, einer Hochburg dieser Organisation. Verbrannt wurden ‚eine Jungfer‘, zwei ‚fremde Weiber‘, eine ‚schickelte Anfrau‘, was Hebamme bedeutete. Dann war es wieder ein ‚fremd Mägdlein von zwölf Jahren‘, ein ‚fremd Weib‘, Menschen also, die den Bewohnern der Stadt unbekannt waren. Hört weiter! Zwei ‚fremde Weiber‘, ein ‚klein Mägdelein von neun oder zehn Jahren‘, ein ‚geringeres, ihr Schwesterlein‘, ein ‚Knab von zwölf Jahren in der ersten Schule‘, ein ‚Mägdelein von 15 Jahren‘, ein ‚Knab von zehn Jahren‘, eine ‚Schöne‘. In der Liste steht ebenfalls als Opfer: die ‚schönste Jungfrau in Würzburg‘, namens die ‚Göbel-Babelin‘, eine ‚Wäscherin‘, ein ‚fremd Weib‘, ein ‚blind Mägdelein‘. *Ich* möchte das Aufzählen dieser Unglücklichen nicht fortsetzen. Laßt *mich* zum Schluß kommen, um eines der abstoßendsten Kapitel dieser Organisation endlich abzuschließen.

Wer waren die beiden Verfasser, denen der Angeklagte mit

seiner angemaßten Autorität Macht über halb Europa, insbesondere über Deutschland verlieh? Der eine der beiden Ungeheuer in Menschengestalt, Heinrich Kramer alias Institoris, war in seiner Heimatstadt wegen Unterschlagung von Ablaßgeldern angeklagt worden. Der andere, Jakob Sprenger, nicht weniger umstritten, führte in diesem ‚Hexenhammer‘ ein gefälschtes Dokument der Universität von Köln an, mit dem er seine Lehramtsbefähigung beglaubigen wollte.

Was hielten die Menschen von dem Terror dieser Kirche? Vom Bischof Georg Golser aus Brixen haben wir Zeugnis, daß er die Verfasser der Schrift für verrückt hielt. Erasmus von Rotterdam (†1536), einer der bedeutendsten Humanisten der Zeit, machte sich lustig über diesen Aberglauben, wohl nicht ahnend, was für schreckliche Folgen dieser zeitigte. Er schrieb im ‚Kampf gegen Wundersucht und betrügerische Theologen‘: ‚Unseres Zeichens sind zweifellos ganz und gar die Liebhaber lügenhafter Wunder und Weissagungen, ob sie nun bereitwillige Zuhörer oder Verbreiter sind. Sie sind unersättlich, wenn irgendwo Schauergeschichten von Erscheinungen, Totengeistern, Gespenstern, Abgeschiedenen und tausenderlei Wundern dieser Art berichtet werden. Je unwahrscheinlicher sie sind, um so bereitwilliger werden sie geglaubt, und um so angenehmer juckt und kitzelt es in den Ohren. Das alles eignet sich nicht nur zum Zeitvertreib, sondern dient sogar dem Erwerb, besonders bei Geistlichen und Predigern.

Für die Beseitigung der Torheit weiß keiner Dank. Unverstand ist so beliebt, daß die Menschen lieber alles verwünschen als die Torheit.

Doch wozu wage ich mich in dieses Meer von Aberglauben? Wenn ich tausend Zungen und tausend Münder hätte, eine erzene Stimme, könnte ich doch alle Erscheinungen von Blödheit nicht anführen oder alle Namen, unter denen Torheit auftritt, aufzählen. So wimmelt das ganze Leben der Christenheit auf Schritt und Tritt von solchem Aberwitz. Die Priester selbst gestatten und fördern das bedenkenlos. Wissen sie doch allzu gut, wie sehr ihnen hier der Weizen blüht.‘

Richter und Jünger, wir wissen, und *ich* habe es bewiesen,

wie diese Kirche von Dämonenfurcht und Aberglauben gepredigt hat, allen voran dieser Angeklagte. In der Blütezeit von Humanismus und Renaissance haben er und seine Nachfolger die Bevölkerung in die Hysterie getrieben. Hexenverfolgung und Inquisition werden auch heute noch in den meisten Chroniken über die römische Kirche und ihre Führer verschwiegen oder nur am Rande erwähnt, als ob diese katholische Organisation nichts damit zu tun habe. Und wenn doch, dann wird schnell darauf verwiesen, daß die Hexenprozesse bald an die weltliche Gerichtsbarkeit übergingen. Wer hat denn die rechtlichen Grundlagen für die Hexenverfolgungen geschaffen? Wer hat sie denn aus ,göttlicher Vollmacht' abgesegnet? Wer hat denn den ,weltlichen Arm' zur Komplizenschaft verdonnert? Und wer hat sich noch im 18. Jahrhundert für die Beibehaltung der Folter eingesetzt, als sie in Europa überall geächtet wurde? Ein Historiker des 20. Jahrhunderts erdreistet sich sogar, im Zusammenhang mit dem Massenmord an sogenannten Hexen von der ,größeren Milde der geistlichen Gerichte' in Spanien zu sprechen!

Judith! Es bleibt zum Schluß die Frage, wie viele Opfer dieses systematische Morden gefordert hat. Kirchenhistoriker feilschen um die Zahl der Opfer wie die Händler im Tempel zu Jerusalem um ihre Waren. Einige behaupten, es seien hunderttausend gewesen. Der amerikanische Wissenschaftler Morrow schätzt, daß es wohl Millionen waren. Der Deutsche Gustav Roskoff, einer der wichtigsten Forscher auf diesem Gebiet, schreibt von neun Millionen."

Der Tod in Zahlen. Kann die nackte Zahl etwas über das Ausmaß des Grauens sagen? Wären vier Millionen Opfer nur halb so schlimm gewesen? Wo ist die Grenze unseres Abstraktionsvermögens? Ist unser Vorstellungs- und Einfühlungsvermögen nicht schlichtweg überfordert mit solchen Zahlen? Fragen über Fragen schießen mir durch den Kopf, aber schon spricht Jesus weiter:

„Neun Millionen unschuldige Menschen, ihr Richter, und dieser Mann, über den wir hier zu Gericht sitzen, ist dafür mitverantwortlich, aber nie zur Verantwortung gezogen worden.

Denn, so hat es der katholische Kirchenhistoriker Joseph Bernhart formuliert: ‚Die Henker und Inquisitoren wüteten mit Segen des achten Innozenz.' Richter, bedenkt dabei, was sein Bischofsname übersetzt heißt: der Unschuldige!

In einem Standardwerk, veröffentlicht im Jahre 1990, habe *ich* gelesen, Giambattista Cibo sei ‚außer der zu Beginn seines Pontifikats erlassenen Hexenbulle wenig erfolgreich' gewesen. *Ich* aber klage ihn an, verantwortlich zu sein für die schwersten Verbrechen, die die Welt kennt: schwerer Amtsmißbrauch, Verunglimpfung, Falschaussage, Freiheitsberaubung, gefährliche Körperverletzung, Justizmord, Unterstützung terroristischer Vereinigungen, Verstoß gegen die Zehn Gebote. *Ich* verfluche dich, Cibo! Bis in alle Ewigkeit wirst du dich nicht von dieser Schuld befreien können!

Bis zum Jahre 1523 werden seiner Bulle insgesamt dann noch 47 Hexenerlasse von römischen Bischöfen folgen, und dieses schreckenerregendste Buch, das je gedruckt worden ist, hatte in 200 Jahren 29 Auflagen."

Während mir diese Zahl von neun Millionen wieder durch den Kopf geht, sehe ich Jesus zum Richtertisch gehen, mit den Richtern sprechen und dann gesenkten Kopfes den Gerichtssaal verlassen. Jetzt sieht man ihm an, wie erschöpft er ist, am Ende seiner Kraft. Seinen Gesichtszügen ist anzumerken, wie viele Strapazen und welche Selbstbeherrschung ihm diese Rede abverlangt hat.

Es gibt keine Teufel, und trotzdem treiben katholische Priester und ein gewisser Karol Wojtyla im 20. Jahrhundert immer noch Teufel aus. Teufel, denke ich mir, haben in den Hirnen kranker Kirchenmänner gespukt. Viele Päpste waren Teufel in Menschengestalt. Wie schon so oft während dieses Prozesses geht mir eine Frage durch den Kopf: Wenn es einen Gott gibt, wie konnte er dies alles zulassen? Und warum hat nicht ein einziger weltlicher Herrscher den Mut gehabt, einen dieser römischen Teufel selbst zu verbrennen – warum nicht?

27. Alexander VI.

Rodrigo de Borgia

Während Richter Gideon die Strafakte Nummer 27 durchsieht, kommt Jesus mit Maria in den Saal zurück. Er nimmt an seinem Tisch Platz. Dann beginnt Gideon: „Der Angeklagte wurde als Rodrigo Lenzuoli geboren, nahm aber den berühmteren Namen der Mutter an. Wie wir wissen, wuchs er in Valencia auf und studierte dort die Rechtswissenschaften. 1455 überredet er seinen Oheim Calixtus III., ihn zum Erzbischof und später zum Kardinal zu ernennen. Um dies durchsetzen zu können, mußte Calixtus Mitglieder seiner Kurie mit Pfründen und Abteien bestechen. Anschließend zwang der Angeklagte seinen betagten Oheim, zwei weiteren Borgias hohe Kirchenämter zu verleihen: Don Luis wurde Bischof von Segovia, Pedro Präfekt der Stadt Rom. 1456 hat der Angeklagte den Posten des Vizekanzlers der Kirche übernommen."

An dieser Stelle wird der Richter von Jesus unterbrochen. „Hört *meine* erste Anklage gegen Rodrigo Borgia. Er beginnt in diesem Jahr 1456 ein unzüchtiges Verhältnis mit der Römerin Rosa Vanozza de Cataneis, die ihm drei Söhne und eine Tochter geboren hat. Damit verstieß er gegen das sechste Gebot und machte sich des Ehebruchs schuldig."

Nachdem sich Jesus wieder gesetzt hat, fährt Richter Gideon fort. „Wir kommen in das Jahr 1460. Nach dem Tod von Calixtus erfährt der neue Papst Pius II., gegen den ebenfalls als Nebenangeklagten verhandelt wird, vom sündhaften Treiben des Rodrigo Borgia. Dem Gericht liegt ein Schreiben vor, aus dem ich zitieren möchte: ‚Geliebter Sohn! Eure Eminenz! Es ist etwa eine Woche her, daß in den Gärten des Signore Giovanni dé Bichi eine Festlichkeit stattfand und eine große Anzahl als leichtfertig verschriener Frauen Sienas dort zusammenkamen, um sich in Anwesenheit Eurer Eminenz Lustbarkeiten hinzugeben, die mit näherem Namen anzuführen mir meine Scham verbietet. Eure Eminenz nahmen von der 17. bis zur 22. Stunde wenig eingedenk ihres erhabenen Amtes an dem unchristlichen Bacchanal teil. Um die Schande voll zu machen, waren die Gatten, Brüder, Väter und Vettern der jungen Damen von der Teilnahme an dem Gelage ausgeschlossen, die Lust Eurer Eminenz und einiger weniger Auserwählter nicht zu stören. Ich vermag für meine Empörung und mein Mißfallen kaum die geziemenden Worte zu finden. In Petriolo, einem von Geistlichen und Laien in der gegenwärtigen Jahreszeit stark besuchten Bade, ist das eines Kirchenfürsten unwürdige, zügellose Betragen Eurer Eminenz zum Tagesgespräch geworden. Die Kleriker schämen sich Eurer Eminenz Genossenschaft, und die Laien abstrahieren von Eurem frivolen Wandel auf das Leben der Geistlichkeit insgesamt. Selbst Wir, der Statthalter Christi auf Erden, geraten in Gefahr, der allgemeinen Verachtung, dem Spott und Hohn der Welt anheimzufallen, da wir Eurer Eminenz sittenloses Gebaren zu dulden scheinen. Das Maß Unserer Nachsicht ist aber am Überlaufen, und Wir bitten Euer Eminenz ein allerletztes Mal, in sich zu gehen und Buße nicht nur zu geloben, sondern zu tun. Euer Eminenz haben einen Sitz unter den Räten des Heiligen Stuhles, wozu Euer Eminenz Klugheit, Tatkraft und Wissen Sie gewißlich befähigen. Möge aber Euer Eminenz bedenken, wie sehr die Autorität der Kirche gemindert wird, wenn ein Baumeister, ausersehen, sie zu stützen, fortgesetzt Steine aus ihren Mauern löst und endlich den Turm selbst zum Einsturz bringen wird. Euer Eminenz sind noch sehr jung, 29 Jahre, aber nicht mehr so jung, um den ganzen Tag auf nichts als Wollust zu sinnen. Wir vermahnen Euch streng, aber väterlich und zeichnen als Pius II., 11. Juni 1460.' – Ankläger, möchtest du etwas dazu sagen?"

Jesus erhebt sich und verneint. Gideon fährt also fort und stellt fest, daß Rodrigo Borgia 1468 die Priesterweihe erhielt und bereits in dieser Zeit durch die Schenkungen seines Onkels zu den reichsten Männern Italiens gehörte.

Der Richter überspringt die folgenden Jahrzehnte und erklärt, daß der Angeklagte nun auf sein großes Ziel hinarbeitete, den Bischofssitz in Rom einzunehmen. Noch während der

Amtszeit von Innozenz VIII. beginnt er, seine möglichen Gegenkandidaten zu bestechen. Dem Orsini zum Beispiel übertrug er das Bistum Karthagena, dem Colonna die Abtei Subiaco, dem Savelli Civita Castellana und das Bistum Maiorca. Den Kardinal Ascanio Sforza soll er vier Maultierlasten mit Gold, Silber und Edelsteinen für seine Stimme übergeben haben. Sein Plan gelang. Er konnte am 11. August 1492 die Mehrheit in der Kurie erringen.

Der Richter blättert in seiner Akte, zieht ein Papier hervor und sagt: „Wir haben über den Vorgang des Amtsantritts verschiedene Zeugnisse. Hier zunächst das des deutschen Zeremonienmeisters am Hof, Johannes Buccardus. Er schreibt: ‚Der neue Papst ist ein Mann mit großem Gemüt und großer Klugheit, er ist ein Nachfolger Papst Calixtus' und seines verstorbenen Vetters und voll in Weisheit, Tugend und aufrichtigem Leben. Auch ermangelt es ihm nicht an Holdseligkeit, Glaubwürdigkeit, Gottesdienstlichkeit und Kundschaft aller Dinge, die zu einem solchen hohen Stand gebührlich sind. Wir hoffen, daß er dem gemeinen, christlichen Stand förderlich und nützlich sein und die himmlische Glorie ergreifen wird.' Einen völlig anderen Eindruck hatte dagegen Giovanni de' Medici. Er soll einem befreundeten Kardinal im Kolleg gesagt haben: ‚Jetzt sind wir in den Fängen des wildesten Wolfs, den die Welt je gesehen hat.' Schließlich noch das Urteil des Dominikanermönchs Savonarola aus Florenz. Er war nach der Wahl des Angeklagten der Überzeugung: ‚Wenn jetzt der heilige Petrus selbst auf die Erde käme und die Kirche reformieren wollte, er vermöchte es nicht, sondern er würde ermordet.' "

Nun erteilt Gideon Jesus das Wort. „*Ich* habe, Ihr Richter, einiges nachzutragen. So weiß *ich* zum Beispiel, daß der Angeklagte seinen unehelichen Sohn Cesare bereits im Jahr 1488, also in seiner Zeit als Vizekanzler, zum Kardinal von Pamplona und Valencia gemacht hat. *Ich* klage ihn also wegen Amtsmißbrauchs, Nepotismus und Simonie an. Außerdem beschuldige *ich* ihn des sündhaft-frevlerischen Betrugs in Tateinheit mit arglistiger Täuschung und verbrecherischer Bereicherung, denn der Angeklagte hat selbst für Mordtaten Ablässe erteilt, immer getreu seinem Motto: ‚Der Herr will nicht den Tod eines Sünders, sondern daß er lebt und zahlt.'

Außerdem zeihe *ich* ihn erneut des Ehebruchs, denn er hat mit der erst 15 Jahre alten Julia Farnese, die mit einem Orsini verheiratet war, Unzucht getrieben. Gleichzeitig hat er sich von ihr überreden lassen, ihren Bruder zum Kardinal zu erheben, also wieder ein Fall von Amtsmißbrauch. Des weiteren hat er *meinen* Namen verunglimpft, indem er seine ehebrecherische Buhlschaft ‚die Braut Christi' nannte.

Den Straftatbestand der Fälschung sehe *ich* darin gegeben, daß Rodrigo Borgia seinen eigenen Sohn Cesare zunächst zum Sohn seiner ehemaligen Geliebten Vanozza und deren Mann erklärt, dies später aber widerruft und sich selbst als dessen Vater bekennt. Seine Tochter Lucrezia mißbraucht der Angeklagte wie eine Handelsware. Für das Jahr 1491 ist die erste Ehe des Mädchens mit dem Grafen Giovanni Sforza in *meinen* Unterlagen vermerkt. *Ich* werde auf diese Lucrezia später noch näher eingehen.

Ich komme nun, Ihr Richter, zu einem der größten Verbrechen in der Geschichte der Menschheit, für das dieser Angeklagte verantwortlich ist, nämlich zu seiner Bulle ‚Inter caetera' vom 4. Mai 1493. Worum geht es in diesem Edikt? Im Oktober des Jahres 1492 hatte Kolumbus im Auftrag des spanischen Königspaares geglaubt, auf dem Seeweg Indien entdeckt zu haben. Bereits fünf Monate später kam es zwischen Spanien und Portugal zu Streitigkeiten über den Besitz der fremden Länder, und der Angeklagte fällte mit seiner Bulle einen Schiedsspruch, indem er die Neue Welt mit einer Demarkationslinie teilte.

Ich zitiere aus dem Schreiben an die spanischen Könige: ‚Unter den anderen der göttlichen Majestät wohlgefälligen und Unserem Herzen erwünschten Werten ist es das wichtigste, daß der katholische Glaube und die christliche Religion gerade in Unserer Zeit verherrlicht und überall verbreitet, das Heil der Seelen gefördert und die barbarischen Nationen gedemütigt und zum Glauben zurückgeführt werden.

Nachdem Wir ohne angemessenes Verdienst durch Gottes Gnade auf diesen Heiligen Stuhl Petri erhoben worden sind und Euch als wahre katholische Könige und Fürsten kennen, von welcher Eigenschaft Eure schon fast dem ganzen Erdkreis bekannten Taten Zeugnis ablegen, namentlich die Befreiung des Königreichs Granada, so haben Wir es für nicht unberechtigt, sogar für Unsere Pflicht gehalten, Euch als unverlangte Gunst das zu gewähren, wodurch Ihr das heilige löbliche und Gott wohlgefällige Vorhaben mit immer größerer Begeisterung zur Ehre Gottes und zur Ausbreitung des christlichen Reiches fortsetzen möget. Wir haben vernommen, daß Ihr schon lange die Absicht hattet, einige unbekannte Inseln und Festländer, die bisher von anderen nicht entdeckt worden sind, aufzusuchen und zu finden, um ihre Bewohner zur Verehrung Unseres Erlösers und zur Bekenntnis des katholischen Glaubens zurückzuführen.'

Richter, der Angeklagte lobt die ‚Befreiung Granadas'. Die Wahrheit ist, daß es durch das als ‚katholisch' gerühmte und geliebte Königspaar zu einer neuen Gewaltwelle in Spanien, vor allem in Andalusien kam. Wieder wurde das friedliche, bunte Völkergemisch von Mauren, Juden und Christen gestört. Mit Granada verloren die Mauren ihren letzten Stützpunkt in Spanien. Im Lauf von 700 Jahren hatten sie der Welt alle Gebiete der Wissenschaft offenbart, von der Astronomie über die Medizin bis hin zur Mathematik. Sie hatten in Spanien, insbesondere in Andalusien, der Architektur zur höchsten Blüte verholfen, mit ihrer Kunst der Bewässerungsanlagen Wüsten in Oasen verwandelt und waren mit ihrer Zivilisation den ‚Christen' weit überlegen.

Aber da ihrem Sultan versichert worden war, daß seine Muselmanen frei und ungehindert ihr Leben fortführen könnten, war er nach Afrika zurückgekehrt – und überließ Millionen Glaubensbrüder der Willkür der ‚katholischen' Könige. Die Mauren spotteten zunächst noch über diese neue Religion und ihre Kardinäle und Bischöfe, die für sie in einem Meer von Unrat und Sünde schwammen, die Götzenbilder verehrten, was ihnen wie auch den Juden streng verboten war. ‚Friede sei mit dir' und ‚Gott schütze dich' – so grüßten die Muselmanen die neuen ‚christlichen' Machthaber, die ihren Lebensraum, Verträge brechend, immer mehr einschnürten. Wie die Juden befolgten sie tägliche Reinigungsriten, bis die ‚Christen' begannen, ihre Badehäuser zu zerstören, weil dies angeblich ‚Orte sündigen Treibens' waren.

‚Für unseren Heiligen Vater haben wir das Land zurückerobert', so schrie es den Mauren überall und immer öfter entgegen. ‚In Nomine Domini Nostri Jesu Christi' wollten die ‚Christen' und die Inquisitionsmönche aus den Anhängern des ‚falschen Propheten' nun ‚Rechtgläubige' machen. Den angestammten Glauben ableugnen oder Inquisition, Beschlagnahme des Eigentums und Tod oder Vertreibung: Die Logik dieser Gewaltwillkür konnten die Muselmanen weder begreifen noch billigen – aber es blieb ihnen keine Wahl. Soweit zu den Vorgängen bis zum Fall Granadas 1492, zu dessen Feier Rodrigo bezeichnenderweise auf dem Petersplatz einen Stierkampf veranstaltete. *Ich* werde noch einmal darauf eingehen müssen.

Da auch die Judenmission nicht so zügig voranging, wie es Rom wünschte, erließen Ferdinand und Isabella auf Druck des Angeklagten einen Erlaß, mit dem die nicht getauften Juden aus dem Land gejagt wurden. Ein Erlaß, der fast 500 Jahre lang Geltung hatte und erst im Dezember 1968 offiziell aufgehoben wurde. Von einem Angestellten des Hofs, Isaak Abrabanel, ist bezeugt, daß allein an einem einzigen Tag 300 000 Menschen aus ihren Häusern und Städten vertrieben wurden und viele bei der Flucht umgekommen sind."

Gideon fordert Jesus nun auf, zu den Vorgängen in der Neuen Welt Stellung zu nehmen, und Jesus sagt: „Wie wir von Kolumbus wissen, waren die Urbewohner des neuentdeckten Erdteils friedliche Menschen, ohne Arglist und ohne kriegerische Gedanken. Er selbst hat seinen Auftraggebern nach Spanien berichtet, daß die Männer und Frauen nackt umherliefen, so, wie Gott sie erschaffen hatte. Richter, in diese ‚Neue Welt' und über ihre Bewohner kam eine Schreckensherrschaft ohne Beispiel. Ihr habt es vernommen, zum ‚katholischen Glauben zurückführen' wollte der Angeklagte Menschen, die bis zu diesem Zeitpunkt andere Götter verehrt hatten. *Ich* habe kein Gebot ausgesprochen, diesen ‚Glauben' in der Welt zu verbreiten.

Die goldsuchenden spanischen und portugiesischen Eroberer und ihre sogenannten ‚christlichen' Missionare waren davon überzeugt, den ‚wahren Glauben' und das einzig richtige Bild von Himmel und Erde zu verkünden, und versuchten nun mit Gewalt, die Indianer von ihrem ‚teuflischen Aberglauben' zu befreien.

Die Entdeckung des neuen Erdteils hatte für die Führer dieser Kirche fatale Folgen, mußten sie doch feststellen, daß sie die Schrift falsch ausgelegt hatten. Obwohl in der biblischen Schöpfungserzählung die Erde nicht als flache Scheibe beschrieben wird, hatte Rom fest darauf bestanden und alle anderslautenden wissenschaftlichen Untersuchungen für ‚Ketzerei' erklärt. Kolumbus und seine Glaubenseiferer mußten erkennen, daß die sogenannten Indianer im Alten und Neuen Testament nicht vorkamen. Für die Spanier und ihre Missionare waren die ‚Rothäute' nicht einmal Menschen. Sie wurden wie Tiere behandelt und abgeschlachtet.

Eine Welle der gräßlichsten, fanatischsten Zerstörungen und grausamsten Unterdrückungen in der Geschichte der Erde setzte nun ein. Mit Schwertern und Feuerwaffen haben die Spanier und ihre Missionare die Indianer unterworfen. Über die schaurigen Umstände der Eroberung werde *ich* in der Strafsache Nummer 30 Zeugnis ablegen.

Nun hört noch den Schluß dieses von mir verfluchten Edikts: ‚Und damit Ihr, durch Unsere Großmut und durch Unsere apostolische Gnade beschenkt, das Gebiet für diese große Aufgabe um so lieber und entschlossener annehmt, übergeben und verleihen und überweisen Wir hiermit Euch, Euren Erben und Nachfolgern in Kastilien und Leon kraft der Uns im heiligen Petrus verliehenen Vollmacht des allmächtigen Gottes als Stellvertreter Jesu Christi auf Erden, die näher bezeichneten Inseln und Festländer mit all ihren Herrschaften, Städten, Burgen, Orten, Rechten und Gerechtsamen und sämtlichem Zubehör für alle Zeiten und setzen Wir Euch, Eure Erben und Nachfolger, die Könige von Kastilien und Aragon, als Herren mit voller Souveränität über dieselben ein.'

Ich muß nicht näher auf die erlogene und falsche Behauptung eines Auftrags durch Petrus oder durch *mich* eingehen. Noch verwerflicher ist, daß der Angeklagte Länder verschenkt, die ihm nicht gehören. *Ich* klage ihn also der verbrecherischen Bereicherung an, des Betrugs, des Diebstahls, der Schändung und Sachbeschädigung/Vandalismus, der Freiheitsberaubung, der gefährlichen Körperverletzung, des Landfriedensbruchs, der Unterstützung von Kriegsverbrechern, des Verstoßes gegen die Menschenrechte, die Naturrechte und die Völkerrechte sowie des Verstoßes gegen die Zehn Gebote. *Ich* beschuldige ihn außerdem der Vernichtung der natürlichen Lebensgrundlagen, der Volksverhetzung und des Völkermordes."

Erst ein Jahr ist dieser Alexander im Amt, und so ziemlich alles, was Jesus an Anklagepunkten auf seiner Liste zusammengetragen hat, kann er ihm bereits vorwerfen. Maßloser Zorn hat das Gesicht des Anklägers gerötet, mit einem Tuch wischt er sich den Schweiß von der Stirn, hält für eine Weile die Augen geschlossen. Er geht zu seinem Tisch, gießt sich aus einer Karaffe Wasser ins Glas und trinkt in großen Schlucken. Dann fährt er fort.

1494 habe der Erzfeind des Borgia, Giuliano della Rovere, versucht, zusammen mit Karl VIII. von Frankreich ein Konzil einzuberufen, auf dem sie den römischen Bischof der Simonie, der Tyrannei sowie anderer Laster und Verbrechen anklagen wollten. Aber Rodrigo Borgia sei es gelungen, von seiner uneinnehmbaren Engelsburg im Vatikan aus, mit Karl, dem ‚Schwert Gottes', wie ihn Savonarola genannt hatte, zu verhandeln. Es sei also nicht zu einem Konzil oder zu einer Erneuerung der Kirche gekommen.

„Hohes Gericht, seinen ihm nicht wohlgesinnten Kardinälen drohte der Borgia mit Exkommunikation, Gefängnis und sogar mit dem Tod. Er hatte, um seine Position zu stärken, mit dem Sultan Bajasid II. ein Bündnis zum Schutze seines Kirchenstaates abgeschlossen. Mit Türken, gegen die so viele seiner Vorgänger blutige Kreuzzüge geführt hatten.

Dieser Bajasid zahlte auch dem Borgia Geld dafür, daß er seinen Bruder Dschem weiterhin gefangenhielt. Im Februar 1495", so berichtet Jesus weiter, „wird eben dieser Prinz Dschem tot aufgefunden".

Ich sehe, wie Jesus zu seinem Tisch geht und mit einem ledergebundenen Band vor die Richter tritt. „Der uns schon bekannte Zeremonienmeister Buccardus hat seinem Tagebuch anvertraut, daß der Prinz möglicherweise vergiftet worden ist. Richter, daß hier ein Mensch nicht eines natürlichen Todes gestorben ist, geht auch aus einem Brief hervor, den Sultan Bajasid an den Angeklagten geschrieben hat und den der Historiker Eberhard Cyran in seiner Borgia-Biographie veröffentlichte. *Ich* zitiere daraus: ‚Daher haben Wir zu überlegen begonnen in Anbetracht des Nutzens und der Ehre Eurer Macht und weiterhin, um Meiner eigenen Befriedigung willen: Es wäre gut, wenn Ihr Meinen Bruder Dschem, der in Eurem Gewahrsam dem Tod verfallen ist, jetzt diesem überließet. Das wäre nützlich für Eure Macht, höchst bequem für die Ruhe und Mir sehr angenehm. Ist es Eure Größe zufrieden, Uns damit angenehm zu sein, wie Ihr es denn im Vertrauen auf Eure Klugheit erwartet? Also muß man zu Unser beider größerer Beruhigung so schnell als möglich und auf die beste Art, die Eurer Größe belieben wird, den genannten Dschem den Nöten dieser Welt entrücken und seine Seele in eine andere Zeitlichkeit verpflanzen lassen, wo sie besser ruhen wird.

Wenn Eure Macht das ausführen lassen und seinen Leichnam an irgendeinen Ort diesseits unseres Meeres schicken wird, versprechen Wir, Sultan Bajasid, an einer von Eurer Heiligkeit zu bestimmenden Stelle 300 000 Dukaten auszuzahlen, mit denen Eure Macht Ihren Söhnen ein paar Herrschaften kaufen kann. Diese 300 000 Dukaten werden Wir dem Vertreter Eurer Größe anweisen lassen, bevor Uns der Leichnam übergeben und von den Eurigen den Meinen ausgehändigt wird.

Außerdem versprechen Wir Eurer Macht zur größeren Be

friedigung, daß weder durch Mich noch durch Meine Diener noch auch durch Meine Landesangehörigen den Christen, wes Rang und Standes sie seien, weder zu Wasser noch zu Land irgend etwas in den Weg gelegt noch Abbruch getan wird, es sei denn, der eine oder andere Uns oder Unseren Untertanen schaden will.'

Richter, *ich* glaube damit bewiesen zu haben, daß sich der Angeklagte den Mord an dem türkischen Prinzen mit diesem ungeheuerlichen Betrag hat bezahlen lassen. Er ist im Sinne der Anklage also schuldig der <u>verbrecherischen Bereicherung</u>, der <u>Freiheitsberaubung</u> und der Beihilfe zum <u>Mord</u>.

Einen Monat später schließt Rodrigo Borgia mit seinen Verbündeten, unter anderem dem spanischen Königshaus, eine ‚Heilige Liga' gegen Karl VIII. von Frankreich, der im Juli 1495 besiegt wird.“

Mit einer Pergamentrolle tritt Jesus jetzt wieder vor die Richter und sagt: „Die Stadt Florenz hatte sich als einzige dieser Liga verweigert. Dies ging wahrscheinlich auf den Einfluß von <u>Girolamo Savonarola</u> zurück, der ein erklärter Gegner des Angeklagten war. Vernehmt, was der streitbare Mönch im Januar 1495 über den Borgia gesagt hat. In seiner Predigt, die er wie immer im Dom von Florenz gehalten hat, geht es ihm um den Beweis, warum es einer Erneuerung in der Kirche bedürfe. *Ich* zitiere ihn nun: ‚Von den Gründen, aus welchen die unumgängliche Notwendigkeit der kirchlichen Erneuerung erhält, ist die erste Befleckung der kirchlichen Oberen. Siehst du ein Haupt gesund, so darfst du sagen, der ganze Leib ist gesund. Steht es aber schlecht mit dem Haupte, dann wehe dem Leibe. So oft daher Gott zuläßt, daß sich am Sitze der Kirchenregierung Ämtersucht, Wollust und andere Laster breitmachen, so darfst du annehmen, die Geißel Gottes sei nahe.'

Als sechsten Grund für die Erneuerung nennt der Dominikaner – und er erinnert dabei an 2. Samuel 24 – die Menge der Sünden. ‚Ist denn nicht auch Rom voller Hochmut, Wollust, Habsucht und Simonie? Nehmen die Sünden nicht immer noch zu? Und so ist die Geißel nahe.'

Als siebenten Grund nennt Savonarola einen Mangel an

den ersten Tugenden, der Liebe und des Glaubens: ‚Zur Zeit der Urkirche lebte man in lauterer Liebe. Der achte Grund liegt in der Verleugnung der Glaubenslehrung. Scheint es heutzutage nicht, als habe niemand mehr Glauben? Spricht nicht fast jedermann, was wird denn nach diesem Leben sein? Der neunte Grund liegt in der Verwüstung des Gottesdienstes. Sieh dich doch um, wie es in den Kirchen Gottes zugeht und mit wie wenig Andacht man sich darinnen benimmt. Und so ist es klar, daß heute der Gottesdienst verdorben wird.

Oh, es gibt ja doch so viele Ordensleute, mehr denn je. Wenn es doch weniger wären. O Geistlichkeit, o Geistlichkeit, um deinetwillen ist der Sturm ausgebrochen. Heute erwähnt sich jedermann selig, der einen Priester zu Hause hat. Ich aber sage, es naht eine Zeit, da man sprechen wird, selig das Haus, das keinen Geschorenen birgt.‘

Er wirft dem Angeklagten auch vor, das Volk an den Abgrund des Verderbens zu stürzen und den Namen Gottes in Verruf gebracht zu haben. ‚Denn es gibt viele, die sprechen, der Glaube kann nicht wahr sein, und es kann keinen Gott und keine Gerechtigkeit geben, sonst könnte eine solche Verruchtheit nicht lange ungestraft bleiben.‘

Unermüdlich, ihr Richter, kämpfte dieser Dominikaner gegen den Angeklagten. Er warf ihm auch Götzenanbetung vor. Götzen habe die Kirche aus Stein und Holz gemacht, die sie verehren. Ganz Italien sei voll mit Blut und Greuel, von Dirnen und Kupplern: ‚So hast du, feile Kirche, deine Schande vor der ganzen Welt enthüllt, und dein Pesthauch ist zum Himmel aufgestiegen.‘ Ein Strafgericht über Italien und die Kirche prophezeit er seinen Zuhörern, wenn die Herrschaft des Angeklagten nicht beendet werde. Bevor *ich* auf die anderen Anklagepunkte komme, laßt *mich* zunächst über das schreckliche Schicksal Savonarolas berichten.

Drei Jahre währten seine Angriffe gegen den Borgia. Er erhielt ein Predigtverbot, an das er sich nicht hielt, und wurde mit dem Kirchenbann belegt. Der Angeklagte forderte seine Auslieferung an Rom. Da sich Florenz weigerte, wurde das Interdikt über die Stadt gelegt. Nicht einmal mit einem Kardinalshut konnte der Angeklagte Savonarola ködern. *Ich* werde euch einen Brief des Rodrigo Borgia an die Kloster-Brüder zu St. Marco in Florenz verlesen. Der Münchner Schriftsteller Alfred Henschke (†1928) hat ihn entdeckt.

,Meine geliebten Söhne, Gruß und apostolischen Segen zuvor. Wir haben zu Unserem Entsetzen und zu Unserer tiefen Betrübnis vernommen, daß ein gewisser Girolamo Savonarola aus Ferrara, der aus Eurer Mitte stammt, sich zum Verkünder teuflischer Irrlehren, Ketzereien und aufrührerischer Bestrebungen aufgeworfen hat. Er behauptet gotteslästerlicherweise, von Gott selbst erleuchtet zu sein. Aber es ist die Fackel des Teufels, die über ihm brennt, und derselbe als erster in den Scheiterhaufen schleudern wird, den ein gerechtes Gericht ihm errichten wird. Denn der Teufel kennt keine Dankbarkeit und läßt hohnlachend die von ihm verführten Seelen im Stich. Ich habe mit apostolischer Geduld gewartet und geharrt, er werde sich seines eingebildeten Prophetentums bewußt werden und reumütig zu dem Kreuz Christi kriechen, das Wir ihm sehnsüchtig entgegenstreckten. Mitnichten, Ich habe Mich getäuscht! Von dem Gott, dem Herrn beauftragt, das Gebäude Christi vor allen Erschütterungen zu bewahren, sehe Ich Mich zerrissenen Herzens gezwungen, um der Kirche den ersehnten Frieden und Eintracht wiederzugeben, die Erledigung der leidigen Angelegenheit dem Generalvikar Bruder Sebastian von Breschia zu übertragen, dem bei Androhung der sofortigen Exkommunikation im Fall der Aufsässigkeit unbedingter und bedingungsloser Gehorsam zu leisten ist.'"

Fassungslos schütteln Richter und die Jünger den Kopf, während sich Gideon Notizen macht. Jesus übergibt dem Schreiber den Brief und spricht weiter: „Soweit dieser anmaßende und gotteslästerliche Brief. Für *mich* macht er sich damit der Einmischung in innere Angelegenheiten, der Verunglimpfung und der Erpressung schuldig. Gleichzeitig ist er für die Störung des öffentlichen Friedens in der Stadt verantwortlich. Die ausgesprochene Drohung empfinde *ich* als Aufforderung zum Mord. *Ich* klage ihn außerdem des schweren Landfriedensbruchs an, denn nun wird Savonarola in Florenz verfolgt, er wird als ‚Hydra und Dieb, der die Armut predige', beleidigt.

Am 1. März 1498 besteigt der Mönch, der mit seinen Anschuldigungen so sehr die Wahrheit aussprach, noch einmal die Kanzel und ruft: ‚Schreibt ihnen nach Rom, der Sohn des Verderbens habe keine Lust auf Buben und kleine Kebsen, sondern obliege der Predigt des christlichen Glaubens.' Am 18. März hält er trotz des Verbots eine weitere Predigt gegen Rom und den Angeklagten Borgia: ‚Da alle kirchlichen Gewalten versagen, bleibt mir nichts anderes übrig, als zu Christus zu flüchten, in dem alles seinen Ursprung und sein letztes Ziel hat. Du bist mein Oberer, du bist mein Pfarrer, du bist mein Beschützer, du bist mein Abt.'

Dem französischen König schreibt Savonarola: ‚Dieser Alexander ist kein Papst und kann auch nicht als solcher angesehen werden, da er Kirchenämter an diejenigen vergibt, die am besten zahlen. Abgesehen von allen anderen bekannten Lastern behaupte ich, daß er gar kein Christ ist und gar nicht an Gott glaubt, was das Maß jeder Treulosigkeit übersteigt.'

Hohes Gericht! Auf Anordnung des Angeklagten wurde das Kloster gestürmt und der Dominikaner gefangengenommen. Dann begann das sadistische, grausame Treiben der Inquisitionsschergen. Sie setzten bei der Folter zuerst Daumenschrauben ein, danach Handschrauben, dann die spanischen Stiefel und den spanischen Bock. Qualen, die kaum ein Mensch ertragen kann. Es folgten die Knöchelfolter, die Rutenfolter, die Fußzehenfolter, das Schnüren. Vierzehnmal wurde Bruder Girolamo am Folterstrick an den Armen auf- und niedergezogen. Seine Füße waren mit Steinen beschwert. Die Folge war, daß Muskeln und Sehnen sich zogen und rissen. Beim dreizehnten Hochziehen schoß ihm das Blut aus Mund, Ohren und Nase.

Um seinem Leiden ein Ende zu bereiten, gestand Savonarola, er habe nur dem Teufel gedient, und seine Prophezeiungen seien ihm vom Teufel eingeblasen. Drei Tage nach diesem erpreßten ‚Geständnis' erging das Urteil gegen ihn und zwei seiner ihm treu ergebenen Klosterbrüder. Es lautete auf Hängen und Verbrennen. Eine unüberschaubare Volksmenge hatte sich am 23. Mai 1498 auf der Piazza della Signoria versammelt. Der aufgebrachte Pöbel lästerte über den zum Tode Verurteilten und bewarf ihn mit Steinen. Zwei Stunden brannte der Körper, dann sammelten die Henker seine Asche und warfen sie in den Arno, auf daß niemand ein Stäubchen dieses Mannes als Reliquie verehren konnte.

Der große Maler Sandro Botticelli war Zeuge dieses Ereignisses. Er sagte von Savonarola: ‚Bis zu seinem Tod war an ihm nur Gutes zu beobachten.' Richter, für diesen Tod mache *ich* den Angeklagten verantwortlich und beschuldige ihn des dreifachen Justizmordes."

Jesus geht wieder zu seinem Tisch und holt ein anderes Dokument, während ich daran denken muß, daß die „unfehlbare" Kirche im Jahr 1558 alle Schriften Savonarolas plötzlich für „rechtgläubig" erklärte. Und das ist noch nicht alles: Seit 400 Jahren wollen die Männer im Vatikan ihr schlechtes Gewissen reinigen, indem sie den Dominikaner heiligsprechen. Jesus wendet sich indessen wieder an die Richter:

„Als Amtsmißbrauch und verbrecherische Bereicherung in Tateinheit mit Diebstahl und Landfriedensbruch bewerte *ich* die Tatsache, daß Rodrigo Borgia für den zweijährigen Sohn seiner Tochter Lucrezia die Besitztümer der Colonna, Savelli und Caëtani rauben ließ und ihm das Herzogtum Sermoneta zuerkannte. Wenig später setzte er die Fürsten der Romagna ab und schenkte 1501 die riesige Provinz als erbliches Fürstentum seinem Sohn Cesare als Herzog der Romagna; dieser war seit 1498 auch Herzog der französischen Grafschaft Valence.

Die Ehe seiner Tochter Lucrezia mit Giovanni Sforza erklärte er 1497 für ungültig – kanonistische Begründung: Er habe die Ehe nicht vollzogen! – und verheiratete sie aus machtpolitischen Gründen mit dem Herzog Alfonso di Biscegli. Als Brautgeld hatte der Angeklagte seine Tochter mit 86 Maultierladungen ausgestattet. Nach Zeugenaussagen sollen es etwa 200 000 Dukaten gewesen sein. Nur drei Jahre dauerte diese Ehe, denn dann wurde Lucrezias zweiter Ehemann von ihrem Bruder Cesare ermordet, damit der Weg frei war für die Ehe mit Alfonso I. d'Este. Wiederum aus politischen Gründen hatten Vater und Sohn Borgia das arrangiert."

Wie angekündigt, geht Jesus dann noch einmal auf Granada und die Mauren ein. Bis zum 1. Dezember 1499 habe die „heilige" Inquisition durch verbrecherische Konfiszierung jüdischen und maurischen Eigentums ein riesiges Vermögen zusammengeraubt, das zu gleichen Teilen in den Besitz der Krone und der Kirche überging. Erfüllt sei damit der Straftatbestand des Landfriedensbruchs und der verbrecherischen Bereicherung – weil ohne Zweifel mit Wissen und Billigung des Angeklagten geschehen.

Immer mehr habe sich die Ahnung der Muselmanen bestätigt, daß diese „christlichen" Räuber- und Mörderbanden die „Pest" waren. Die 1492 vertraglich zugesicherte kulturelle und religiöse Freiheit sei immer mehr beschnitten worden, wie es Tariq Ali in seinem Buch über Granada eindringlich beschrieben hat.

Unter Aufsicht des Erzbischofs von Toledo, des Beichtvaters der Königin, sei dann ein Akt von barbarischem Vandalismus verübt worden, der bis dahin einmalig war und nicht nur Entsetzen und tiefste Trauer bei den Muselmanen, sondern bei allen Gelehrten in Europa hervorgerufen habe – ohne daß irgendeine Macht dagegen Einspruch eingelegt oder Bestrafung verlangt hätte. An diesem ersten Dezembertag seien nämlich die 195 Bibliotheken Granadas geplündert und annähernd zwei Millionen Folianten, Bücher, Handschriften, Pergamente und Dokumente aus acht Jahrhunderten verbrannt worden.

Einen Moment lang hält Jesus inne, und ich habe das Gefühl, von seinen Augen durchbohrt zu werden – obgleich er mich ja doch nicht sieht. Mein Pulsschlag hat sich spürbar erhöht. Ich sehe Hakenkreuzfahnen, gestiefelte Braunhemden, die in Berlin Bücher über Bücher in ein Flammenmeer werfen, das die Nacht taghell erleuchten läßt. Ich habe das Gefühl, nicht mehr atmen und schlucken zu können. Wo bin ich? In Granada im Dezember 1499, in Berlin am 10. Mai 1933, in Rom in der Sixtinischen Kapelle 1994?

„ ‚Im Namen Unseres Herrn Jesus Christus' ", so Jesus mit

fast sich überschlagender Stimme, „ist dieser Vandalismus geschehen. Es reichte dieser verbrecherischen und verfluchten Organisation nicht, die Anhänger Allahs und Jahwes zu vertreiben und auszurotten. Sie wollten jede Spur der ‚Ungläubigen' vernichten!"

Totenstille. Dann die sanfte Aufforderung des Richters: „Ankläger, bitte beruhige dich. Wir alle verstehen deinen Zorn. Wenn du eine Unterbrechung wünschst, so sei sie dir gewährt."

Heftig wehrt Jesus ab, um dann über die verbrecherischen Untaten von Borgias Lieblingssohn Cesare zu berichten: „*Ich klage Rodrigo erneut wegen Amtsmißbrauchs an, ferner wegen Freiheitsberaubung, Landfriedensbruchs, Unterstützung von kriminellen Vereinigungen und Kriegsverbrechern sowie verbrecherischer Bereicherung. Meine* Beweise: In den Jahren 1499 bis 1502 hat dieser Cesare Italien in Kriegswirren gestürzt, großen Adelsfamilien Hab und Gut gestohlen. Vom Zeremonienmeister Buccardus wissen wir, daß der Angeklagte seinem Sohn erlaubt hat, auf Wehrlose zu schießen. 15 Morde pro Tag habe es in dieser Zeit in Rom gegeben. Cesare habe seine Herrschaft über Rom mit Blut geschrieben. Rodrigo Borgia habe aus politischen, der Sohn aus persönlichen Gründen gemordet. Finanziert wurden diese Kriege von seinem Vater, der allein zwischen März und Mai 1503 achtzig neue Kurienämter schuf, jedes käuflich für 780 Dukaten, der immer neue Kardinäle ernannte und sich diese Ämter mit Summen zwischen 12 000 und 20 000 Dukaten bezahlen ließ."

Noch einmal geht Jesus zu seinem Tisch und kommt mit dem ledergebundenen Tagebuch, aus dem er schon vorgelesen hat, zurück: „Buccardus notiert im November 1501, daß sich die Verbrechen und die Unzucht am Hof immer mehr steigern. Er berichtet von einem Diner im Palast des Angeklagten, wo sich 50 Huren mit von Borgia bezahlten Männern der Unzucht hingaben. Bei der Orgie soll es auch zum Inzest zwischen Vater, Sohn und Tochter gekommen sein."

Als Richter Gideon fragt, wie er diese ungeheuerlichen Vorwürfe begründen könne, liest Jesus aus einem Brief, den

Lucrezia 1519 kurz vor ihrem Tod an einen Nachfolger auf dem Bischofsthron in Rom geschrieben hat: „ ‚Heiligster Vater und innigst zu verehrender Herr. Die Seele einer Sterbenden neigt sich vor Euch und küßt Euch in aller schuldigen Ehrfurcht die heiligen Füße. Diese Sterbende ist eine Sünderin und eine Borgia und also eine Sünderin doppelt und vielfach. Alle Sünden und Laster dieser Welt sind in meinen armseligen und bejammernswerten Leib eingegangen. Jetzt, da ich schier verblutet bin an meiner Entbindung, sind sie mit meinem Blut wohl alle wieder hinausgeflossen.‘ "

Und als zweiten Beleg für seine Anklage wegen Blutschande nennt Jesus ihre Grabinschrift: „ ‚Hier ruht Lucrezia, dem Namen nach. Sie häufte Greuel auf Greuel, und Schmach auf Schmach. Sie war des eigenen Vaters Frau und Schnur, des Gatten Mörderin, des Bruders Hur‘. Auch dieses, Ihr Richter, ist bezeugt durch den erwähnten Deutschen Alfred Henschke."

Fassungslos vor Entsetzen haben Richter und die anderen Versammelten dies angehört. Doch Jesus ist noch nicht am Ende seines Plädoyers angelangt. Wütend dröhnt seine Stimme durch den Gerichtssaal:

„Im Frühjahr 1503 werden die Kardinäle Orsini und Michiel tot aufgefunden, nachdem sie zuvor an einem Gastmahl beim Angeklagten teilgenommen hatten. Außerdem geht aus *meinen* Unterlagen hervor, daß der Angeklagte die Besitzungen des Michiel beschlagnahmt hat. *Ich* beschuldige ihn also des zweifachen Mordes und der verbrecherischen Bereicherung.

Beweisen, Richter, werde *ich* das mit einem Brief, den der Borgia an seinen Sohn Cesare schrieb und den *ich* der nämlichen Quelle entnommen habe. *Ich* zitiere: ‚Mein teurer Sohn, mit steter Aufmerksamkeit verfolge Ich Deine Unternehmungen. Mögen sie Dir in letzter Zeit nicht immer zum Guten ausgegangen sein, so darfst Du deswegen nicht den Kopf hängen lassen. Versuche es einmal mit dem Kopf hängen lassen anderer. Es ist kein Zweifel, Wir müssen mit dieser verfluchten Familie der Orsini, die auch die Hauptschuld an Deinen neuerlichen Mißerfolgen trägt, Schluß machen. Sie sind unsere Feinde seit Beginn der Welt und waren es schon zuvor und werden es danach wieder sein. Wir werden ihnen noch im Himmel oder in der Hölle wieder begegnen. Du mußt versuchen, ihrer durch List habhaft zu werden.

Ich werde zu gleicher Zeit Carlo Orsini und den Kardinal Giovanni Battista Orsini, die aus Furcht vor mir Rom verlassen haben, in einem zärtlichen Brief bewegen, zurückzukehren. Haben Wir sie alle in der Hand, so schließen wir die Hand, und sie mögen insgesamt ersticken und verrecken. Bilsenkraut, Belladonna, Wasserschierling, Fingerhut und Hexenwurz sind brauchbare Pflanzen und Arsenik, Blausäure und Quecksilber erforschenswerte Mineralien. Von einem Venenum atterminatum halte ich nichts. Gottes Segen über Dich, Dein Dich liebender alter Vater.'

Wir wissen, daß Cesare auf Befehl seines Vaters den Condottiere Paolo Orsini, seinen Neffen Fabio und einige ihrer engsten Freunde gefangennehmen und ermorden ließ."

Nach kurzer Atempause sagt Jesus dann: „Wie andere römische Bischöfe macht sich auch Rodrigo Borgia des Verstoßes gegen die Freiheit der Meinungsäußerung und die Freiheit der Wissenschaften schuldig, indem er die Bücherzensur seines Vorgängers bestätigte. Er verbot per Dekret alle Bücher, die dem ‚Glauben zuwider, gottlos und feindlich, Ärgernis erregend oder sonst anstößig' seien. Verstöße wurden mit Geldstrafen und Exkommunikation geahndet.

Das Buch aber, über das wir bereits ausführlich gesprochen haben, der grauenhafte ‚Hexenhammer', wurde von ihm nicht verboten. Im Gegenteil: Er setzte die Verfolgung von sogenannten Hexen fort. Damit ist mitverantwortlich für Volksverhetzung und Massenmord.

Dazu und zu dem allgemeinen Verfall seiner Organisation in Deutschland kann *ich* euch eine Äußerung des Ulrich von Hutten wiedergeben, der klagte, daß die ‚Diener der Kirche keine Diener des Herrn' mehr seien, daß die ‚schamlosen Sophismen eines gekrönten Borgia mit ekelhaften Fingern über die Alpen greifen'. Er habe ‚vergifteten Weizen und vergiftete Kleriker und Laien gestreut'. Um seinetwillen habe Savonarola sterben müssen. Und Hutten fragte: ,Was hat er aus Deutschland gemacht, dieser Antichrist in der Tiara? Er hat es verblödet und wahnwitzige Köpfe gezeugt, die den Tempel der Vernunft stürmen.'

Durch Alfred Henschke, der zu Beginn dieses Jahrhunderts der ,Gotteslästerung' geziehen wurde, weil er sich kritisch über die hier angeklagte Organisation ausgelassen hatte, und den *ich* als wertvollen Quellen-Lieferanten schon mehrfach erwähnte, weiß *ich* von einer weiteren Schandtat des Angeklagten. In seiner Schatzkammer habe er Säcke mit Dukaten, Edelsteinen, Smaragden, Rubinen und Saphiren gehäuft und – Richter, hört es und verflucht diesen Mann wie *ich* – er habe vor Wollust des Besitzes Hand an sich gelegt und seinen Samen in eine goldene Schale ergossen."

Jesus scheint jetzt abschließen zu wollen: „In seiner ,Geschichte Italiens'", höre ich ihn berichten, „schreibt der Florentiner Historiker Francesco Giucciardini über den Borgia: ,Wie seine Besteigung des Heiligen Stuhles schmutzig und schändlich war, denn er kaufte ein so hohes Amt für Gold, so stimmte sein ganzes Pontifikat mit seiner gemeinen Grundlage überein. Er besaß alle Laster des Fleisches wie des Geistes. Er hatte keine Religion, sein Wort hielt er nie. Für Gerechtigkeit sorgte er nicht, denn Rom war zu seiner Zeit eine Räuberhöhle und Mördergrube.'

Richter, für seine Sünden auf dieser Welt hätten Rodrigo und sein Sohn auf ewig in die Verliese der Engelsburg gesperrt werden müssen. Aber wer hätte den Mut und die Macht gehabt? Er wurde nur milde bestraft. Aufgrund seines unzüchtigen Lebens litt er an der sogenannten Syphilis. Einer Krankheit, die bis zu dieser Zeit im Abendland unbekannt war. Sie war die Rache des aztekischen Volkes an seinen ,christlichen' Mördern. Sie kam nachweislich mit dem ersten Schiff der Spanier aus ,Westindien' und hatte ähnliche Folgen wie die Pest. Dem Tagebuch des Zeremonienmeisters habe *ich* entnommen, daß Rodrigo Borgias Körper so aufgeschwemmt gewesen sei, daß er nicht in den Sarg gepaßt habe und daß sein Gesicht von Schwärze so entstellt war, daß Buccardus einen

‚dunkelsten Neger' zu sehen vermeinte. Die Nase geschwollen, die Lippen hervorgequollen, der Mund offen – ein entsetzlicher Anblick für jedermann.

Und Buccardus, dessen Lobesworte aus dem Jahr 1492 wir vernehmen konnten, hat dem toten Angeklagten ins Gesicht geschrien: ‚Härte, Hinterlist, Tollheit und Wut, Zorn, gierige Geilheit, durstig nach Blut und nach Gold, unersättlicher Schwamm, Alexander VI! Freue Dich, Roma, endlich befreit!'"

Der Richter will wissen, ob Jesus über Informationen verfüge, die belegen könnten, daß ein Kardinal mit Namen Adriano Castellesi versucht habe, den Angeklagten und dessen Sohn zu vergiften. Darauf erwidert Jesus: „Es gibt verschiedene Todesversionen. Römisches Fieber, Pest oder Gift im Wein. Wahrscheinlich ist dieses Gift durch Cesare selbst in die Kelche geschüttet worden, und die Diener haben sie irrtümlich nicht den Gästen, sondern Vater und Sohn vorgesetzt. Cesare hat den Mordversuch überlebt und dem Vater die Schatzkammer geraubt. Zwischen 100 000 und 800 000 Dukaten hatte der Angeklagte dort bis zu seinem Tod zusammengerafft. Fluch über diesen Mann, ein Verdammtester der Verdammten! Hohes Gericht, *ich* übergebe ihn euch zur gerechten Beurteilung. Und denkt dabei immer an eines der Leitworte dieses Mannes, der behauptete, ‚Gewalt bricht Recht'. Er war ein Rechtsbrecher, sein ganzes Leben lang. Amen."

28. Julius II.

Giuliano della Rovere

Ich eröffne die Strafakte Julius II." Gideons Sohn Samuel ist es, der dies verkündet. „Aus dem Stammbaum der Familie geht hervor, daß der Angeklagte am 5.12.1443 geboren wurde und ein Neffe des bereits hier vor Gericht angeklagten Sixtus IV. war.

Nachdem Giuliano einige Jahre in einem Franziskanerorden verbracht hatte, wurde der der Simonie und des Nepotismus beschuldigte Sixtus für seinen Neffen aktiv und erhob ihn zunächst zum Bischof, dann zum Kardinal. Am 1.November 1503 haben ihn die im Konklave Versammelten zum Bischof von Rom gewählt."

Jesus hat sich erhoben und liest aus seinen Unterlagen: „Vor allem bitte *ich* das Gericht festzuhalten, daß dieser Mann nicht das geistliche Wirken und Lehren im Kopf hatte, sondern eher eine gewalttätige Politik zur Stabilisierung und Vergrößerung seines Kirchenstaates betrieb und damit den verwerflichen Amtsmißbrauch vieler Vorgänger fortsetzte. Vom ersten bis zum letzten Jahr seines Pontifikats füllen Auseinandersetzungen meist kriegerischer Art mit den nord-, mittel- und süditalienischen Stadtstaaten, insbesondere Mailand, Venedig und Neapel, die Akten. Statt Schwerter zu Pflugscharen zu machen, wie Jesaja fordert, gab der Angeklagte große Summen Geldes für Kanonen, Gewehre, Pistolen, Lanzen, Dolche und anderes Mordwerkzeug aus, für Munition, Pferde, Wagen und Söldnerheere.

Aus den Annalen der Städte Bologna und Perugia, die sich aus dem Machtbereich Roms befreien wollten, geht hervor, daß della Rovere 1506 mit einem solchen Heer die Städte wieder unter seine Gewalt brachte. Darin sehe *ich* die Straftatbestände des Landfriedensbruchs, des Mordes und der Vorbereitung von Angriffskriegen erfüllt.

266

Um seine Kriegslüsternheit befriedigen zu können, hat der Angeklagte – und Beweise kann *ich* dem Gericht auf Wunsch zuhauf vorlegen – seit Amtsantritt Kardinäle bestochen, die ihm dann Jahr für Jahr bis zu 12 000 Dukaten aus ihren Kirchenpfründen zur Verfügung stellen mußten. Dies halte *ich* für Amtsmißbrauch, Bestechung, Erpressung und verbrecherische Bereicherung."

Jesus wirft Giuliano della Rovere auch verlogene Moral vor: „Während er von seinen höchsten Untergebenen bis hin zu den kleinen Pfarrern strengsten Zölibat verlangte, sich also der Nötigung schuldig machte, diesen Menschen verbot, ihr Menschsein zu leben, wie es gottgefällig ist, hat er selbst sein Keuschheitsgelübde gebrochen. Er war Vater einiger Kinder aus unzüchtigen und ehebrecherischen Verhältnissen, unter anderem mit Lucrezia, der Tochter des Borgia. Mit ihr hatte er eine uneheliche Tochter.

Bei fremden Weibern", so höre ich Jesus ausrufen, „hat dieser Mann gelegen und schändlich Unzucht getrieben. *Ich* empfinde es als eine kleine Bestrafung schon auf Erden, daß Giuliano sich bei seiner Hurerei eine bösartige Krankheit zugezogen hat, unter der er dann sein ganzes Leben lang litt. Damit erhebe *ich* auch Anklage wegen des Verstoßes gegen die Zehn Gebote."

Nach kurzer Pause führt Jesus weiter aus: „Im Jahre 1508, so las *ich* in den Chroniken, verbündet sich der Angeklagte mit Kaiser Maximilian I., Ferdinand von Aragon und dem französischen König Ludwig XII. zu einer ,Heiligen Liga' gegen Venedig. Auch hier werden Krieg und Mord durch Rovere sanktioniert. Unter diesem Druck bietet die Dogenstadt Rom die Überlassung der Provinz Romagna sowie Steuerfreiheit für den Klerus an. *Ich* beschuldige della Rovere also des Landfriedensbruchs, der Erpressung und Verschwörung und Vorbereitung eines Angriffskrieges.

Zwei Jahre darauf bricht der Angeklagte betrügerisch den Bund mit den ehemaligen Verbündeten und gründet eine neue Liga, dieses Mal gegen das mit einigen italienischen Stadtstaaten befreundete Frankreich. An der Spitze des Kriegsheeres, darunter Mitglieder der von ihm gegründeten Privat-Armee, genannt die ‚Schweizergarde', zieht er gegen die Stadt Ferrara, nachdem er zuvor den Herzog Alfons I. exkommuniziert hatte. Seine Losung, vernehmt es, Richter, lautete: ‚Wenn Sankt Peters Schlüssel nicht helfen, so helfe mir sein Schwert.' Verdammt sei della Rovere für diese Sünde und Verunglimpfung!"

Dann berichtet Jesus, daß es aus der unmittelbaren Umgebung des Angeklagten in der Kurie und am Hof in Rom genug Zeugen gebe, die ihm den Titel ‚il papa terribile' verliehen hätten, ihm, der wahrscheinlich nie eine Bibel in der Hand gehabt und sein Leben in Rüstung auf dem Pferd vor Soldaten herreitend verbracht habe. Aus seiner Kirche habe er eine ‚Räuberhöhle' gemacht. Immer wieder wurde er beschuldigt, Erzbischöfen und Bischöfen Privilegien, Dispense und Ablässe zu festgelegten Summen abgepreßt zu haben.

Indem er seinen Blick über die Deckengemälde des Raums schweifen läßt, sagt Jesus: „*Ich* stelle dem Gericht anheim, die Förderung von Künstlern wie Bramante, Raffael und Michelangelo als strafmildernd zu bewerten, aber in Wahrheit hat sich der Angeklagte damit der sündigen Unreinheit des Herzens, der Hoffahrt, Eitelkeit und Prunksucht schuldig gemacht. Er hat sich auf Bildern darstellen lassen, ein großes Grabmal in Auftrag gegeben und das alles mit Ablaßgeldern seiner Kirchgänger vor allem in Deutschland bezahlt. Auch den Neubau der fälschlich nach *meinem* Jünger benannten ‚Peterskirche' hat er in Auftrag gegeben. "

Luther geht mir in diesem Augenblick durch den Kopf. Seine Thesen, in denen er die römische Kirche aufs schärfste angreift. Auch Julius überschüttet er mit Schimpftiraden. Er fragt zum Beispiel: „Warum baut der Papst, der doch reicher ist als der reichste Krösus, die Peterskirche nicht mit seinem eigenen Gelde, statt aus dem Gelde der armen Gläubigen?" Eine berechtigte Frage. Wahrscheinlich wurde sie gerade deshalb von Rom nie beantwortet.

Jesus wendet sich jetzt an die Richter und sagt: „*Ich* lese euch aus einem Gedicht des Michelangelo vor, der von diesem Angeklagten und seinem Nachfolger beschäftigt und mit einem Spottgeld von einigen hundert Dukaten entlohnt wurde. Vernehmt den Vierzeiler:

> ,Aus Kelchen machen sie Helm und Schwert
> und verkaufen eimerweise das Blut des Herrn,
> sein Kreuz, seine Dornen sind vergiftete Klingen
> und sogar Christus selbst ist nicht mehr geduldig.'

Richter, der Mann, diese große Künstlernatur, spricht *mir* aus dem Herzen."

Für einen Moment hält Jesus inne. Plötzlich geht ein eigenartiges Lächeln über sein Gesicht, und mit einigen Pergamenten in der Hand wendet er sich an Maria und die fünf Richter: „Bevor *ich* auf die großen, die noch schrecklicheren Verbrechen des Angeklagten eingehen werde, laßt *mich* euch etwas erzählen, was den beispiellosen, abgründig verwerflichen Aberglauben dieser Organisation widerspiegelt, die behauptet, nie zu irren, und damit ihre Un-Menschlichkeit selbst bezeugt, denn nichts ist ohne Fehl auf dieser Welt.

Bei einer deutschen Theologin, einer der schärfsten Kritikerinnen dieser Institution, die ein sehr kluges Buch über dich und *mich* und unser Leben geschrieben hat, fand *ich* folgendes: Die Mär beginnt im Mai des Jahres 1291. Die Bewohner des Dorfes Raunitza in Dalmatien wachten eines Morgens auf und sahen ein kleines Haus, das vorher nicht dort gestanden hatte. Es war eine einfache Hütte, darin stand ein Altar mit einem Kreuz und der Statue der ,Heiligen Jungfrau'. Der krank darniederliegende Bischof der Gegend hatte die ,Vision', es sei unser Haus aus Nazareth. Unser Haus mit einem Altar, *meinem* Kreuz und deiner Statue. Kannst du dir so etwas vorstellen, Mutter? Nach dieser ,Vision' wurde der Bischof, so wird beschworen, wieder gesund. Man schickte eine Delegation nach Judäa und stellte fest, daß das ,Heilige Haus von dort verschwunden war, die Grundrisse aber mit dem in Raunitza übereinstimmten.

Des weiteren las *ich*, daß das ,Heilige Haus' nach einigen

Jahren seine ‚Reise' fortsetzte und über das Meer nach Italien ‚geschwebt' sei, für eine Weile wohl ausgeruht habe von dem beschwerlichen Flug und schließlich Loreto als Ziel auswählte. Im Laufe der Jahrhunderte habe es, hört, hört, ‚alle Proben sowohl des geschichtlichen Nachweises als auch der wissenschaftlichen Untersuchung durchaus bestanden, und es ist menschlich gewiß, daß es dasselbe ist, in welchem die Himmelskönigin zu Nazareth gewohnt hat'. Wer es von den Anwesenden hier nicht glauben mag, schlage das ‚Kirchenlexikon' von Setzer und Welte aus dem Jahre 1893 auf. Es steht hinter euch an der Wand.“

Kaum hat Jesus geendet, als lautes und herzhaftes Lachen die Gesichter entspannt. Jesus verharrt einen Augenblick, dann sagt er: „Die Geschichte ist noch nicht zu Ende. Der Kriegsmann im Bischofsgewand, über den wir hier zu Gericht sitzen, hat 1510 seinen berühmten Bauherrn Bramante beauftragt, um dieses vermeintliche Haus *meiner* Eltern herum eine Basilika in Marmor zu errichten.

Richter, Jünger! In diesen Jahren veröffentlichte der Mathematiker und Astronom Nikolaus Kopernikus seinen ‚Commentariolus', seine ersten Forschungsergebnisse, die eine der größten Entdeckungen der Menschheitsgeschichte, ein vollkommen neues Weltbild, bedeuteten. Zum gleichen Zeitpunkt also macht der Angeklagte die Anhänger seiner Kirche glauben und hebt damit alle physikalischen Gesetze auf, ein Haus könne über Länder und Meere fliegen. Und niemand fragt ihn, ob er alle Sinne beisammen hat.

Doch noch nicht genug mit diesem Lug und Trug. Im Herbst des Jahres 1887 bereiste die 14jährige Therese Martin Norditalien, nachdem sie zuvor aus Rom die Erlaubnis bekommen hatte, Karmeliterin zu werden. Maria, dieses Mädchen notierte in seinem Tagebuch, höre und staune: ‚Nachdem wir von Venedig Abschied genommen haben, verehrten wir in Padua die Zunge des heiligen Antonius.'“ Maria und Richterin Judith tauschen stumme Blicke. Jesus bemerkt es und sagt: „Ihr habt recht gehört, sie verehrten die ‚Zunge des heiligen Antonius' (†1231).

Dann schreibt sie weiter: ‚In Bologna verehrten wir den Leib der heiligen Katharina, deren Antlitz die Spuren des Kusses trägt, den ihr das Jesuskind aufgedrückt hat.‘ Richter, *ich* kenne diese Katharina (†1341) nicht und kann *mich* nicht erinnern, sie oder eine der unendlich vielen anderen armen, in Klöstern lebendig begrabenen Nonnen geküßt zu haben. Wer solches behauptet, müßte ins Narrenhaus gesperrt werden. Weiter erzählt das Mädchen in ihrem Tagebuch: ‚Mit Freude sah ich mich auf dem Weg nach Loreto. Welch gute Wahl traf die selige Jungfrau‘ – damit bist du gemeint, Maria – ‚mit diesem Ort für ihr gebenedeites Häuschen. Was soll ich vom heiligen Haus sagen? Tiefe Rührung erfaßte mich, als ich mich unter demselben Dach befand wie einst die heilige Familie, die Mauern betrachtete, auf denen der Blick des Herrn geruht, den Boden betrat, den der heilige Josef mit seinem Schweiß begoß, den Raum, wo Maria das Jesuskind in den Armen trug, nachdem sie es in ihrem jungfräulichen Schoß getragen hatte. Ich sah das kleine Gemach, die Stätte der Verkündigung. Ich legte meinen Rosenkranz in das Schüsselchen des Jesuskindes.‘ “

Erneut schütteln sich alle vor Lachen. „*Ich* werde auf dieses Mädchen noch einmal zurückkommen, wenn wir über den Angeklagten der Strafakte 41 zu Gericht sitzen. Pilger glaubten an das ‚Wunder vom fliegenden Haus der Heiligen Familie‘, und die Kirche erteilte ihnen Ablaß von ihren Sünden – gegen Geld natürlich. *Meine* Klage lautet darum: Betrug in Verbindung mit verbrecherischer Bereicherung.

Jesus wartet eine Weile und schaut nachdenklich in die Weite des Gerichtssaals. Dann wird seine Stimme gefährlich leise, und sofort herrscht Schweigen im Saal. Alle starren ihn an. „Hohes Gericht, *ich* komme zu den beiden Hauptanklagen gegen della Rovere. Indem er die ‚Hexenbulle‘ von Cibo, dem Angeklagten Nr. 26, bestätigte, wurde der Alpdruck des Hexen- und Teufelswahns nach Deutschland nun auch in den übrigen Ländern, in denen die römische Kirche Einfluß hatte, kanonisiertes Recht. Die gnadenlose Jagd auf unschuldige und wehrlose Menschen steigerte sich also immer weiter.

Das Morden und Brennen führte zur Entvölkerung ganzer Dörfer und Landstriche. Ungezählte vergewaltigte Seelen und malträtierte Körper. Furcht und Haß hat dieser Mann gemehrt, statt das Lukas-Wort (5,31) zu befolgen und zu lehren: ‚Die Gesunden bedürfen des Arztes nicht, sondern die Kranken‘. Aber diese verbrecherische Organisation war nicht am Seelenheil der verunglimpften ‚Hexen‘ interessiert, sondern an ihrer Vernichtung zum ‚Wohle der Gläubigen‘ der ‚heiligen‘ Kirche. Schande und Fluch!

Meine Klage lautet also: schwerer Landfriedensbruch, Störung des öffentlichen Friedens, Mißbrauch von Abhängigen, schwere Körperverletzung, Freiheitsberaubung, Verletzung der Grundrechte und Menschenrechte, Justizmord und Unterstützung der kriminellen Vereinigung Inquisition.

Auch unter dem Angeklagten della Rovere geht die Zwangschristianisierung weiter, und das, wie *ich* bewiesen habe, ohne jegliche Rechtfertigung aus der Schrift, denn in das Reich Gottes soll niemand mit Feuer und Schwert hineingetrieben werden. In den neu entdeckten Ländern, die die Vatikan-treuen Spanier in ihrer Unwissenheit als Indien bezeichneten, wurden im Namen des Kreuzes die Ureinwohner ihres hohen Brauchtums, ihres Eigentums und ihrer viel älteren Religion und ihrer Götter beraubt. Hunderttausende waren zur Sklaverei in Bergwerken verdammt, um die Gold- und Geldgier dieser Schreckensbanden zu stillen.

Das spanische Herrscherpaar, von Rodrigo Borgia mit dem Titel ‚Katholische Könige‘ ausgezeichnet, berief sich bei seinen Kriegen gegen die rechtmäßigen Ureinwohner auf ein ‚Gutachten‘ des gerichtsbekannten Thomas von Aquin. Der hatte behauptet: ‚Wenn die Bosheit des Volkes so groß ist, daß es die Wohltat einer Regierung nicht anerkenne, muß es mit eiserner Rute dazu bekehrt werden.‘ Jahrtausendealte Kulturen wurden vernichtet, Tempel geschändet und geplündert. Was die Kirche in ihrem anmaßenden Hochmut als ‚primitiven Irrglauben‘ verunglimpfte und verfolgte, war ein sehr viel unschuldigerer und toleranterer Glauben als der der Organisation in Rom.

Diese Menschen, Indianer genannt, wußten nichts von *meiner* Lehre. Warum ließen diese Bischöfe und die spanischen Söldnerheere sie nicht in ihrem paradiesischen Zustand? Warum hätten diese wie wilde Tiere Gequälten an einen Gott glauben sollen, dessen Anhänger mit Feuer und Schwert predigten, was wider alle Gebote verstößt? Warum ihre vertrauten und verehrten Götter preisgeben, verleugnen wegen Götzen, vor denen ihnen grauen mußte? Was maßt sich diese Organisation an? Einen Gott zu haben, ist nicht Privileg einer Religion. Und dem Namen Gottes hat diese ‚Kirche' eineinhalb Jahrtausende nur Un-Ehre gebracht! Unter Verhöhnung *meines* Kreuzes und unter dem Deckmantel des ‚Glaubens' wurden Macht und Geldgier befriedigt. Über die Zahl der Opfer dieses Völkermordes werde *ich* bei dem Angeklagten Giulio de'Medici Zeugnis ablegen. "

Jesus wendet sich an den Schreiber und fordert ihn auf, die Anklage-Punkte Einmischung in innere Angelegenheiten, Vorbereitung von Angriffskriegen, Sachbeschädigung in Tateinheit mit Schändung, Freiheitsberaubung, Volksverhetzung und Völkermord zur verbrecherischen Bereicherung niederzuschreiben. Dann fügt er an:

„*Ich* brauche euch Richter wohl nicht darauf aufmerksam zu machen, daß die satanische Inquisition ihr Morden und Brandschatzen auch hier fortsetzte, im Kampf gegen den vermeintlichen Irrglauben. Machiavelli, in dessen Philosophie *ich* vieles verdamme, über den wir hier aber nicht richten, hat zu Recht über diesen Kriegerbischof und seine Organisation gesagt, daß die Völker, die der römischen Kirche am nächsten stünden, am wenigsten Glauben hätten.

Hohes Gericht, *ich* kann zum Beweis *meiner* Anschuldigungen zum ersten Mal bildliche Darstellungen der Greueltaten vorlegen. " Jesus schlägt einen alten Folianten auf und bringt ihn zum Richter. Dann hält er einen Kupferstich in die Höhe, auf dem dargestellt ist, wie die spanischen Söldner und deren Helfer in Mönchskutten gewütet haben.

„Zu den Strafen, die diese Bestien in Menschengestalt verhängten, gehörten das Auspeitschen, Verstümmeln, das Abhacken von Händen und Füßen, Ausreißen von Brüsten, Ausstechen von Augen, Enthaupten, Vierteilen, Zungenausschneiden und Aufhängen. Auch den gräßlichen und qualvollen Tod des Pfählens hatten sich diese vom Teufel besessenen ‚Christen‘ in ihrer sadistischen Phantasie für die friedvollen Einwohner ausgedacht. Dabei wurden Männer, Frauen und Kinder der Länge nach lebendig aufgespießt, andere wurden verbrannt, gerädert oder geröstet. Das Schrecklichste ist auch auf diesen Stichen zu sehen, obwohl die Augen sich weigern, das alles wahrzunehmen. Den Indianern wurden die Leiber aufgeschnitten und die Gedärme herausgerissen, weil die weißen Eroberer davon überzeugt waren, die ‚Wilden‘ würden Gold und Silber verschlucken, um es vor ihnen zu verbergen." Entsetzen sehe ich in Jesus' Gesichtszügen, die Augen sind voller Trauer. Seine Zuhörer starren ihn wortlos an.

„*Ich* wiederhole also *meine* Anklage: schwerer Mißbrauch von Abhängigen, schwere Körperverletzung, Freiheitsberaubung, Verstoß gegen die Grundrechte und Menschenrechte, Vernichtung der natürlichen Lebensgrundlagen und Völkermord.

Wieviel von diesem Morden in Europa zu diesem Zeitpunkt bekannt war, weiß *ich* nicht. Dem französischen König und dem deutschen Kaiser reichten aber bereits die Anschuldigungen gegen della Rovere, die ein Botschafter am römischen Hof mit Namen Alberto Dacarti zusammengetragen hatte, um ein Konzil in Pisa einzuberufen.

Nach Informationen des Dacarti hortete della Rovere im Vatikan einen Schatz von 200 000 Dukaten in bar und noch einmal 50 000 Dukaten in Gold und Silber. Was dem Angeklagten noch zur Last gelegt wurde, ist hier schon vorgetragen worden."

Samuel unterbricht Jesus und fragt, ob er davon Kenntnis habe und wie er den Versuch des deutschen Kaisers beurteile, diesen „Eisernen Papst" oder „Soldatenpapst" abzusetzen und sich selbst in einer Person zum Kaiser und Papst krönen zu lassen. Jesus zögert einen Augenblick, dann erwidert er: „Wir sitzen nicht über die Gegner des Giuliano della Rovere zu Gericht, sondern über ihn. Erspart *mir* also einen Kommentar zu diesem Vorfall. Tatsache ist, daß der Angeklagte mit einem Gegenkonzil reagierte, in dem er die ‚Reformatio in capite et in membrio‘, also die Kirchenreform an Haupt und Gliedern, in Aussicht stellte. Richter, *ich* bezweifle, daß della Rovere..." Unwillig unterbricht ihn der Vorsitzende: „Einspruch! Keine Vermutungen, Beweise verlangen wir. Fahre also fort."

Jesus nimmt eine Pergamentrolle zur Hand und sagt, er wolle Teile einer Rede des Augustinergenerals Aegidio von Viterbo wiedergeben, die dieser auf dem Konzil gehalten habe. Die Kirche müsse ‚einen neuen Anfang machen zur freudigen Durchdringung der Welt im Kampf um die Rettung der Seelen‘.

„Richter, offensichtlich gegen den Angeklagten gerichtet hat er die Warnung ausgesprochen: ‚Eine Kirche, wenn sie sich auf weltliche Waffen verläßt, muß besiegt werden. Am Anfang alles kirchlichen Lebens braucht man allein den Panzer des Glaubens und das Schwert des Lichtes.‘

Aegidio scheute sich nicht, die Blutrünstigkeit und Verrohung beim Namen zu nennen: ‚Seht Ihr das Gemetzel? Seht ihr die Zerstörung und das Schlachtfeld, das mit Haufen von Erschlagenen bedeckt ist? Seht Ihr, wie die Erde in diesem Jahr mehr Blut als Regen einsog?‘ Zum Zorn des Angeklagten pries er den Frieden und verabscheute den ‚Krieg unter dem Kreuz, den Bürgerkrieg der Christen‘. Er beschwor die versammelten Bischöfe und Kardinäle zur ‚großen Bruderschaft der Gläubigen‘. Er war der Meinung, der ‚Statthalter Christi‘ dürfe nicht Realpolitiker sein, sonst verlöre er den ‚Apostolischen Auftrag‘."

Noch einmal unterbricht Richter Samuel Jesus und sagt, er müsse der Gerechtigkeit dienen und den Anwesenden auch die Beurteilung des Mannes durch seine Zeitgenossen zur Kenntnis bringen, da diese möglicherweise entlastendes Material zutage brächten. Als er gestorben sei, hätten ihn viele geehrt und betrauert. So sei della Rovere als ‚Synthese zwischen Staatsmann, Kulturförderer und Freund der Geisteswissenschaften‘ gepriesen worden. Ihm sei die Großtat gelungen, den Kampf der kleinen Territorialstaaten zugunsten des großen Kirchenstaates beendet und die Feinde, vor allem die Franzosen, des Landes verwiesen zu haben. Bis zum heutigen Tag halten Kirchenhistoriker ihn gar für den ‚Retter des Papsttums‘."

Ich sehe, wie Jesus bei dem Wort ‚Papsttum‘ zusammenzuckt und seinen Zorn kaum zu unterdrücken vermag. „Hohes Gericht, *ich* habe hier die Anklage vorzutragen, entlastendes Material wird euch, so nehme *ich* an, später der Verteidiger des Angeklagten vorlegen. Es ist dann an euch, Gutes und Böses gegeneinander abzuwägen. *Meine* Anschuldigungen kennt ihr. Erasmus von Rotterdam sagte von ihm, es habe keinen ‚christlichen König‘ gegeben, den er nicht ‚zum Kampfe herausgefordert‘ habe, nachdem er zuvor ‚alle Verträge gebrochen, zerrissen und vernichtet hatte‘.

Ich möchte euch auch noch ein Epigramm verlesen, das einer der bedeutendsten deutschen Gegner der römischen Kurie, der Reformator Ulrich von Hutten, verfaßt hat. Damit schließe *ich* dann diese Akte. Vernehmt also die Zeilen, die dieser mutige Mann, sein Leben riskierend, nicht etwa spöttisch, sondern als Angriff gegen Rom geschrieben hat. Wir werden diesem Streiter in Glaubensfragen noch einige Male bei den folgenden Angeklagten begegnen.

Von den 50 Zeilen zitiere *ich* euch die für *mich* bedeutendsten Verse:

‚Julius, dieser Bandit, den sämtliche Laster beflecken,
Er verschlösse den Himmel nach Willkür Diesem und schlösse
Jenem ihn auf? Sein Wink beseligte oder verdammte?
Mut, Landsleute, nur Mut! Ermannen wir uns und bedenken,
Daß wir das himmlische Reich durch redliches Leben erwerben;
Daß nur eigene Tat und nimmer der heiligste Vater
Heilig uns macht; daß Tugend allein die Seligkeit aufschließt,
Nicht der Schlüssel Gewalt, mit denen der römische Gaukler
Klappert und so das Volk, das arme betrogene, sich nachzieht.‘

Am Schluß bringt Hutten seine ‚Grabschrift‘ für diesen von der römischen Kurie so verehrten Mann: ‚Auf den Hirten, der ein Wolf, und den Bullenverkäufer, der selbst eine Bulla, eine Blase ist.'"

Während Jesus sich noch einmal flüsternd an die Richter wendet, auf die eine und andere Unterlage in seiner Akte verweist, überlege ich mir: Was vermochte eine einzelne Stimme in dieser Zeit? Das Ausmaß des Bösen ist für mich als Zuhörer kaum zu ertragen. Aber all das geschah doch vor den Augen von Millionen Menschen. Mußte nicht jeder Katholik mit einem Minimum an Anstand und Scham an seinem ,Glauben' verzweifeln? Vielleicht erhalte ich im Verlauf dieses Tribunals darauf noch Antwort...

29. Leo X.

Giovanni de' Medici

Noch immer sehe und höre ich die Anwesenden heftig über Julius II. diskutieren. Doch da ist schon die Stimme von Richter Samuel, der offensichtlich mit Jesus übereingekommen ist, zur Einführung die persönlichen Daten des Angeklagten vorzutragen. Er berichtet, daß nach der tyrannischen Herrschaft von Giuliano della Rovere die 25 Kardinäle im Konklave beschlossen hatten, einen Nachfolger zu wählen, mit dem sie gemeinsame Kirchenpolitik zu machen hofften. „Giovanni wurde als zweiter Sohn des Lorenzo de' Medici im Dezember 1475 geboren. Bereits mit sieben Jahren erhielt er die Tonsur. Von Sixtus IV., über den wir hier schon zu Gericht saßen, bekam er das Stift ‚Passignano' geschenkt. Er begann ein humanistisches Studium in Pisa, und im Alter von vierzehn Jahren kaufte ihm sein Vater den Kardinalshut. Mit 17 Jahren trat er in das Vatikan-Kollegium ein. 1511 war er Legat in Bologna und führte dann das Heer der ‚heiligen Liga' gegen Frankreich. 1512 geriet er in Gefangenschaft, konnte aber entkommen. Am 11. März 1513 wurde er, wahrscheinlich durch Bestechung der übrigen Kardinäle, zum römischen Bischof gewählt."

Jetzt ist es Jesus, der aufsteht, nachdenklich einige Augenblicke in den Saal blickt und dann sagt: „Richter! Auch hier werden Simonie und Nepotismus fortgesetzt. Von diesem Mann ist uns folgender Ausspruch überliefert: ‚Laßt Uns das Papsttum genießen, da Gott es Uns verliehen hat.' *Ich* will euch sagen, was das zu bedeuten hatte.

Der Angeklagte schuf 2200 käufliche Kurienämter und berief fünf Familienmitglieder in sein Kollegium. Den unehelich geborenen Vetter Giulio erklärt er für ehelich, womit er sich des Meineids, der Falschaussage und der Fälschung schuldig macht. Danach ernennt er Giulio zum Erzbischof von Florenz, der Heimatstadt dieses Patriziergeschlechts.

Wie wenig Giovanni de' Medici auf *mein* Armutsgebot hörte, wissen wir von Zeugen der Krönung, die, ihr werdet es nicht für möglich halten, 100 000 Dukaten gekostet haben soll. 100 000 Dukaten, das entsprach dem Wert von 1000 Häusern im Rom jener Zeit, um euch einen Vergleich zu geben. Vom ersten Tag seines Pontifikats an konnte man den Machtrausch und die Vergnügungssucht beobachten, von denen dieser Mann besessen war. Sieben Jahre lang hat er sein Land und den Kirchenstaat, den zu vergrößern er sich vorgenommen hatte, in Kriegswirren gestürzt. Er hat Bündnisse mit und gegen Frankreich, Deutschland und Spanien geschlossen, je nach politischer Lage und seinem Vorteil. Das von 1512 bis 1517 dauernde 5. Laterankonzil, das der Medici einberufen hatte, war nicht mehr als eine Farce, denn Reformen hatte dieser Mann nicht im Sinn. Es ging ihm allein um die Festigung des Primatanspruchs und seine Macht über die Konzile.

Ich habe hier schon an verschiedenen Stellen über den Zölibat gesprochen. Der Humanist Gianfrancesco Pico della Mirandola, der Neffe von Giovanni Pico della Mirandola, den *ich* euch schon vorgestellt habe, hat sich vor dem Konzil nicht gescheut, von ‚zölibatärem Unfug' zu sprechen, durch den ‚die Kirche selbst ihre Priester in die Unzucht, Hurerei und die von Paulus verworfene Mannesliebe' treibe. Eben dieser Paulus, auf dessen Lehre Rom immer wieder hinweist, hat verschiedene Male (so zum Beispiel in 1. Timotheus 3,2) von der Notwendigkeit gesprochen, daß der Leiter einer Gemeinde verheiratet sein solle. Der Angeklagte hat sich also bereits in den ersten zwei Jahren wiederholt des Amtsmißbrauchs, der Nötigung und des Mißbrauchs von Abhängigen, des Landfriedensbruchs und der Unterstützung und Vorbereitung von Angriffskriegen schuldig gemacht.

Amtsmißbrauch begeht der Medici auch, als er im Jahre 1515 seine Position ausnutzt, um den eigenen Bruder Giuliano (†1517) mit einer französischen Prinzessin zu verheiraten, und ihm für diese Hochzeit 150 000 Dukaten zur Verfügung stellt. Sehr wahrscheinlich hat er dieses Geld der Kirchenkasse entnommen, womit der Straftatbestand des Diebstahls gegeben ist. Außerdem überließ er seinem Bruder die Steuereinkommen von Parma und Piacenza, für *mich* ein weiterer Fall von verbrecherischer Bereicherung.

1516 kommt es zu einem ersten Konkordat mit Frankreich, das dabei die Lombardei zurückerhält. Inzwischen, so weiß *ich* aus verschiedenen Dokumenten, die am Hof des Angeklagten die Runde machten, verlieh er an einem einzigen Tag 31 neue Kardinalsposten, die der Kurie weitere 300 000 Dukaten einbrachten. Mit diesem Geld finanzierte er die Kriege seines Neffen Lorenzo gegen die Familie della Rovere und gegen die Herzöge von Ferrara. Einzelheiten dazu möchte *ich* euch ersparen.

Als neuen schweren Amtsmißbrauch, Einmischung in innere Angelegenheiten, Landfriedensbruch und Nötigung werte *ich* die Exkommunikation des Herzogs von Urbino. Seinem Neffen gestattet der Angeklagte dann, dieses Herzogtum zu überfallen und als Lehen verbrecherisch und rechtsbeugend in Besitz zu nehmen. Nach dem Tod Lorenzos konfisziert der Medici diese Ländereien für den Kirchenstaat. Aus Pfründen und Monopoleinnahmen werden weitere kriegerische Unternehmungen unterstützt, wird sein riesiger Hofstaat unterhalten.

Wie *ich* euch ausführlich geschildert habe, war mit dem Angeklagten Rodrigo Borgia die grausame und menschenverachtende Willkürherrschaft der Spanier und der Missionare dieser Organisation in die Neue Welt eingebrochen. Im Jahre 1513 erließ der auch mit Giovanni de' Medici befreundete König von Spanien ein weiteres schreckenerregendes Manifest gegen die Indianer. Hört nur diese schändlichen Lügen: ‚Gott, Unser Herr, der Lebendige und Ewige, schuf Himmel und Erde, einen Mann und eine Frau, von denen ihr und Wir, alle Menschen auf der Welt abstammen, wie auch alle, die künftig nach Uns kommen werden. Aber wegen der Menge der Menschen, die von ihm seit der Erschaffung der Welt vor 5000 Jahren...'" Mit einem Lächeln reagiert Jesus auf den ungläubigen Blick von Samuel und Gideon: „Ja, Richter, ihr habt es richtig vernommen, nur 5000 Jahre alt wähnte dieser

Mann an der Spitze des spanischen Reiches die Welt,
„...mußten sich die einen hier- , die anderen dorthin wenden,
und in viele Reiche und Länder verteilen, da sie in einem Lande nicht alle leben und bleiben konnten. Aus allen diesen
Menschen bestimmte Gott, Unser Herr, den heiligen Petrus,
daß er über alle Menschen auf Erden Herr und Meister sei,
dem alle zu gehorchen hätten und machte ihn zum Oberhaupt
des ganzen menschlichen Geschlechts.'

Richter, *ich* möchte dazu bemerken, daß hier wissentlich
und betrügerisch die Schrift vollkommen verfälscht wird,
denn nirgendwo steht davon etwas bei den sogenannten Evangelisten im Neuen Testament.

Aber hört euch an, was Ferdinand in dem Dokument noch
kundtut: ‚Er gab ihm [Petrus] die ganze Erde als sein Reich
und als Gebiet seiner Herrschaft und befahl ihm, seinen Sitz in
Rom aufzuschlagen als einem Ort, der besonders geeignet ist,
die ganze Welt von da aus zu beherrschen, stellte es ihm aber
auch frei, seinen Sitz an jedem anderen Ort der Erde zu nehmen und alle Völker zu lenken und zu richten, Christen, Mauren, Juden, Heiden und welcherlei andern Glaubens sie sein
mögen.'

Ich muß euch nicht darauf aufmerksam machen, daß auch
all diese Äußerungen falsch sind und damit unwissende Menschen arglistig getäuscht wurden. *Ich* lese weiter: ‚Den haben
sie Papst genannt, das heißt verehrungswürdiger, höchster Vater und Herrscher über alle Menschen. Diesem St. Petrus haben die Menschen gehorcht und ihn als Herrn, König und
Oberen der ganzen Welt anerkannt, so auch alle anderen, die
nach ihm zum Pontifikat erhoben wurden. So hat man es bis
heute gehalten und wird es halten bis zum Ende der Welt. Einer der letzten Päpste, die an seiner Stelle zu dieser Würde auf
diesem Thron gekommen sind, hat kraft seiner Herrschaft
über die Welt diese Inseln und dieses ozeanische Festland,
dem genannten König, der Königin und ihren Nachfolgern mit
allem, was darin ist, zum Geschenk gegeben, wie es in gewissen, darüber ausgestellten Urkunden geschrieben steht, die ihr
einsehen könnt, wenn ihr wollt.'

Hohes Gericht, der Verfasser dieses Briefes und der ihm
wohlgesonnene Angeklagte machen sich der Gotteslästerung,
der Beihilfe zur verbrecherischen Bereicherung und der Vernichtung der natürlichen Lebensgrundlagen eines fremden
Volkes schuldig, der fortgesetzten Mißachtung der Menschenwürde, der Menschenrechte, des Naturrechts sowie des Völkermords."
Energisch hebt Richter Samuel die Hand und fordert den
Schreiber auf, die letzten Bemerkungen des Anklägers aus
dem Protokoll zu streichen, weil der spanische König hier
nicht angeklagt sei. Jesus erklärt ihm, daß seine Anklage auf
Beihilfe laute und den Medici genauso treffe, weil er den Auftrag zur Missionierung erneuert und das Vorgehen der Spanier
geduldet habe. Die das Völkerrecht brechende räuberische
Schenkung eines fremden unbekannten Erdteils durch den
Borgia sei ja von diesem Angeklagten nicht zurückgenommen, sondern vielmehr bestätigt worden. Samuel berät sich
kurz mit den anderen Richtern und sagt dann, sie würden darüber nach Abschluß des Plädoyers befinden. Jesus liest indessen weiter aus dem königlichen Schriftsatz, in dem sich der
Spanier dann direkt an die Eingeborenen wendet, denen das
Land gehörte:
„ ,Darüber hinaus werden Wir, Ihre Hoheiten, euch viele
Privilegien und Vergünstigungen geben und viele Gnaden er-
weisen. Wenn ihr dies aber nicht tut und böswillig der Verkündigung des Glaubens Schwierigkeiten in den Weg legt, dann
werden Wir, das versichern Wir euch, mit Gottes Hilfe gewaltsam gegen euch vorgehen, euch überall und auf alle nur mögliche Weise bekämpfen, euch unter das Joch und unter den
Gehorsam der Kirche und Ihrer Hoheiten beugen, euch selbst,
eure Frauen und Kinder zu Sklaven machen, sie verkaufen
und über sie nach dem Befehl Ihrer Hoheiten verfügen. Wir
werden euch euer Eigentum nehmen, euch schädigen und
euch Übles antun, soviel Wir nur können, und euch als Vasallen behandeln, die ihrem Herrn nicht gehorsam und ergeben,
sondern widerspenstig und aufsässig sind. Wir bezeugen feierlich, daß das Blutvergießen und die Schäden, die daraus er-

wachsen, allein euch zur Last fallen, nicht Ihren Hoheiten,
nicht Uns und nicht diesen Rittern, die mit Uns gekommen
sind.'
Richter, in diesem in der Geschichte sicher einmaligen ‚Manifest' werden Opfer zu Tätern erklärt. Versklavung, Mord
und Raub, die hier angedroht werden, sind längst vollzogen.
Was hätten diese Urbewohner dem Mordwerkzeug, den Feuerwaffen der Eroberer, entgegenhalten können? Damit vorerst
genug. *Ich werde bei dem nächsten Angeklagten ausführlich
über das berichten, was in dem Zeitraum von 1492 bis zum
Erscheinen des gerade verlesenen Dokuments in der neu entdeckten Welt an nicht vorstellbarem Unrecht begangen worden ist. Ich werde euch den Bericht eines Mannes übergeben,
der über jeden Zweifel erhaben ist, zumal er seit Anbeginn
dieses Eroberungskrieges seine Erlebnisse schriftlich festgehalten hat.*"
Was, frage ich mich, werden wir in diesem Prozeß noch alles zu hören bekommen? Längst ist die Schmerzgrenze überschritten, und doch werden wir auch diese Berichte von neuerlichen Greueltaten über uns ergehen lassen. Wieder werden
wir verzweifelt und betroffen sein, aber wirklich fassen und
begreifen kann das niemand mehr. Eine Blutspur durch die
Jahrhunderte hat diese Kirche gezogen. Und das alles im Namen dessen, den ich hier ernst und immer noch kämpferisch
vor dem Richtertisch stehen sehe, dessen zentrale Botschaft
die Liebe zu Gott, die Nächsten-Liebe und schließlich sogar
die Feindes-Liebe war.
Jesus erzählt nun von einigen Ergebnissen des Laterankonzils, und über sein sonst so ernstes Gesicht breitet sich ein Lächeln, als er erklärt: „Die ‚nie irrende Kirche', von der wir
wissen, wie oft sie sich geirrt hat, diese nie irrende Kirche hat
die Ergebnisse der Konzile von Konstanz und Basel aufgehoben und ihre ‚Unfehlbarkeit' erneut festgeschrieben.
Der deutsche Augustinermönch Martin Luther, von dem im
Lauf dieses Prozesses noch des öfteren die Rede sein wird, hat
gesagt, daß seit ‚die Kirche in Rom Gewalt über die Christenheit' erlangt habe, könne und dürfe man nicht mehr auf Kon-

zile bauen. Und von ihm ist auch der kluge Satz überliefert, ‚die Einsamkeit der Wahrheit scheine die Konsequenz zu sein, aber damit zugleich das Ende von Kirche, Gemeinde und Kirchenlehre. Er zeiht Rom ganz offen der Un-Wahrheit, und er wird es wiederholen. Und zu der Falschbehauptung, der sogenannte ‚heilige Petrus‘ habe den ‚Ehrenprimat‘ unter den Aposteln erhalten, erklärt Luther, Petrus habe keinerlei juristische Oberhoheit gehabt und auch nicht von Jesus die Vollmacht erhalten, Apostel zu ernennen oder zu senden.

Es ist im Sinne der Anklage Verunglimpfung, Diskriminierung und ein Verstoß gegen Menschenrechte, wenn dieser Angeklagte und seine Verbündeten in dem als ‚Indien‘ bezeichneten Kontinent den ‚Glauben‘, den Rom lehrte und der mit *meiner* Botschaft absolut nichts gemein hat, mit Schwert und Feuer durchzusetzen versuchten, was bereits den todsündigen Verstoß gegen fast alle heiligen Gebote der Alten Schrift darstellt. Richter, denkt immer an die Stelle im Römerbrief (2,14), wo Paulus sich darüber äußert, daß ‚die Heiden, die das Gesetz nicht kennen, doch von Natur tun, was das Gesetz fordert, sich selbst Gesetz‘ seien. Und Kirchenlehrer Tertullian (†220) hatte gewarnt: ‚Wird mir die Freiheit der Religion genommen und die Wahl der Gottheit verboten, so daß ich gezwungen bin, wider Willen jemanden zu verehren, so widerspricht das dem Wesen der Religion.‘ "

Der Angeklagte Giovanni de’ Medici muß sich hier auch wegen Mordes, Freiheitsberaubung und verbrecherischer Bereicherung verantworten, denn er ließ die Familie des Kardinals Alfonso Petrucci gefangennehmen und töten, um ihre Besitztümer konfiszieren zu können. In diesem Zusammenhang machte er sich außerdem der Erpressung schuldig, denn nach den Mordanschlägen kam es zu einer Verschwörung im Kardinalskollegium, die der Medici unter Androhung von Verfolgung und Kerkerhaft verhinderte. Gegen ein Lösegeld von 25 000 Dukaten mußte sich jeder Kardinal von seiner vermeintlichen Schuld loskaufen. Zu dieser Zeit soll der Angeklagte auch ein Gesetz erlassen haben, wonach jeder Ungehorsam gegen ihn mit der Todesstrafe zu ahnden sei. "

Nach einer längeren Pause, in der Jesus sehr konzentriert in seinen Akten gelesen hat, wendet er sich wieder an die Richter und erklärt: „Das Jahr 1517 ist nicht nur eines der entscheidendsten in der Geschichte dieser Organisation, sondern auch in der Geschichte der Alten Welt. Durch das Verschulden des Angeklagten – und *ich* weiß nicht einmal, ob *ich* ihm dies als wirkliche Schuld anlasten soll – kommt es zur größten ‚Glaubens‘-Spaltung.

Um die für diese Organisation so bedeutsame ‚Peterskirche‘ weiterbauen und vollenden zu können, erließ der Medici ‚Ablaßbriefe‘ für die ganze Menschheit, um die Kosten seines Krieges gegen Urbino decken zu können. Er verkündete und versprach – die ‚Gläubigen‘ arglistig täuschend – ‚vollständige Absolution und Vergebung aller Sünden‘, obwohl Paulus, der Wegbereiter dieser Kirche, von der ‚Sünde‘ als besiegter Macht wußte! Im Römerbrief 8,1ff. schreibt er, daß der Tod Jesu das Gesetz der Sünde und des Todes überwunden habe! *Ich* habe keine systematische Lehre der ‚Sünde‘, die diese todsündige Kirche so notwendig braucht für ihre Macht über unwissende Menschen, gepredigt. Auch Johannes (1,7 oder 4,10) lehrt, daß durch Jesu Tod das Gesetz der Sünde und des Todes überwunden ist.

Laßt *mich* vorweg zwei Beurteilungen des römischen Hofs verlesen, die für sich sprechen, bevor *ich* auf diesen ungeheuren Betrug des Angeklagten näher eingehe. Von Luther stammt die Äußerung: ‚Ist irgendwo eine Hölle, so muß Rom darauf gebaut sein.‘ Und Boccaccio, der große Dichter der Renaissance, dessen Werke für ‚Gläubige‘ verboten waren und von Katholiken somit nicht gelesen werden durften, hat gesagt: ‚Wenn du einen Juden bekehren willst, so schicke ihn nach Rom. Die Verworfenheit der päpstlichen Kurie wird ihn unfehlbar zu einem Glauben bekehren, der einer solchen Schande standhalten kann.‘

Ein anderer Großer, Erasmus von Rotterdam, prangert in seinem ‚Lob der Torheit‘ die betrügerischen Praktiken dieser Organisation an und fragt: ‚Was wollen wir von jenen sagen, die sich einem glücklichen Wahn hingeben mit falschen Verzeihungen ihrer Sünden? Das Leben der Christen überall weist solchen Unsinn in Fülle auf. Die Priester gestatten solche Dinge und fördern sie sogar. Sie wissen, daß sie viel Gewinn bringen.' "

Wieder hat sich Jesus zu seinem Tisch begeben, läßt sich von seinem Mitarbeiter ein Dokument reichen und ruft: „Doch nun zu dem Ablaßschwindel, den der Angeklagte durch seine Beauftragten in deutschen Landen betrieben hat. In Ablaßbriefen und Ablaßpredigten erklärte der Dominikaner Johannes Tetzel in Wittenberg, der Heimatstadt des Martin Luther: ,Laufet alle um das Heil eurer Seele, suchet den Herrn, solange er nah ist! Priester, du, Adliger, du, Kaufmann, du, Jüngling, du, Greis, geh doch hinein in deine Kirche, die, wie gesagt, St. Peter ist, und besuche das allerheiligste Kreuz, das für dich aufgerichtet ist, das ununterbrochen dich ruft. Bedenke, daß du auf dem tobenden Meer dieser Welt in soviel Sturm und Gefahr bist und nicht weißt, ob du zum Hafen des Heils kommen kannst. Du sollst wissen, wer gebeichtet hat und zerknirscht ist, Almosen in den Kasten gelegt hat, wie ihm der Beichtvater rät. Der wird vollkommene Vergebung all seiner Sünden haben und auch nach der Beichte und nach dem Jubeljahr an jedem Tag, an dem er das Kreuz und die Altäre besucht, den Ablaß erlangen, wie wenn er in der Kirche von St. Peter jene sieben Altäre besuchen würde, wo der vollkommene Ablaß gewährt ist.'

In ihrer erpresserischen Geldgier wagen die Kirchen-Männer, Jesaja 55,6 zu zitieren, wo geschrieben steht: ,Suche den Herrn, solange er nah ist und man ihn finden kann.' Und unter Mißbrauch von Johannes 9 rufen sie beschwörend: ,Hört ihr nicht die Stimme eurer toten Eltern und anderer Leute, die da schreien und sagen: Erbarmt euch, erbarmt euch doch meiner, weil die Hand Gottes mich berührt hat.'

Hohes Gericht, es gab niemanden in der Umgebung des Angeklagten, der die Bußstrafe nicht akzeptiert hätte, um dann – ebenfalls sein Amt mißbrauchend und anmaßend – Schuld und Sünden durch Ablaßgeld zu vergeben. Im Auftrag des Angeklagten gelobten diese Geldhändler ,Freiheit vom Fegefeuer'. Sie verhießen bei einem Besuch der Reliquiensammlung von Wittenberg Ablaß für 1443 Jahre. ‚Ich habe hier‘, so tönte Tetzel in der Stadtkirche, ‚die Papierscheine, die die Menschenseele zu den himmlischen Freuden des Paradieses geleiten. Wer wird zögern, sich für einen Viertelgulden einen dieser Ablaßbriefe zu sichern?‘ Betrug und arglistige Täuschung nenne ich das, und zudem Fälschung des Testaments.

Der Angeklagte selbst erteilte gegen Geldspenden ‚Höllenerlaß‘ zwischen 100 Tagen und 1000 Jahren. Wo steht davon ein Wort in der Schrift? Aus Deutschland, Ihr Richter, habe ich Tagebücher und andere Chroniken, die über die schändlichen und sündhaften Ereignisse um die Gesandten des Medici, Tetzel und seine Kumpane, Zeugnis geben. Unzählige Menschen, arme Bauern, Handwerker, Studenten, Mönche und Laien folgten diesem Schwindler, und sie hatten sich folgendes Lied eingeprägt:

‚Halleluja, der Tetzel kommt, der Würger aller Sünden,
denn was den armen Menschen frommt, das tut er euch verkünden.
Tragt euer Geld nicht huckepack, verbergt es nicht in Stroh und Sack,
der leere Kirchenmagen kann's wie ein Strauß vertragen.
Wenn's Geldstück nur im Kasten klingt,
die Seele aus dem Feuer springt, Kyrie eleison!
Und wer mit lästerlichem Schwur den lieben Gott gerufen,
wer halbwegs schon zur Hölle fuhr auf heißen Schwefelstufen,
wer nachts den Ackerstein gerückt und sich um Fürstengunst gebückt,
und ohne Grund und Grütze beschimpft die Bischofsmütze.
Wenn's Geldstück nur im Kasten klingt,
die Seele aus dem Feuer springt, Kyrie eleison!
Und wer da mit dem Weib gebuhlt, ganz frei und ohne Segen,
wer wie ein Ferkel sich gesuhlt, im Wirtshaus nur gelegen,
wer wie ein Jägersmann geflucht, sein Heil nur auf der Jagd gesucht
und alle Welt belogen, daß sich die Balken bogen.
Wenn's Geldstück nur im Kasten klingt,
die Seele aus dem Feuer springt, Kyrie eleison!
Darum nur heran mit Geld und Gut, mit Gold- und Silberlitzen,
sonst müßt ihr tief im Höllensud gleich wie ein Bäcker schwitzen.
Doch wer da opfert viel und gern, dem leuchtet hell der Morgenstern,

ja selbst mit Haut und Haaren, dem Mogul der Tataren.
Wenn's Geldstück nur im Kasten klingt,
die Seele aus dem Feuer springt, Kyrie eleison!'"

Das ist Satire vom Feinsten, wie sie besser nicht im „Simpli-
zissimus" hätte stehen können. Mit dem kleinen Unterschied:
Was Jesus hier gerade vorgetragen hat, wurde rund 400 Jahre
früher verfaßt.

„Richter", höre ich den Ankläger sagen, „zunächst sieht
Martin Luther diesem frevlerischen, sündigen Treiben zu. Er
fragt seine Anhänger: ‚Hat Christus überhaupt um Geldes wert
die Sünden vergeben, sind nicht alle gleich vor ihm, Reiche
und Arme? Ja, alle sind sie gleich vor ihm, daher fort mit dem
Geld, nur Reue und Buße bringen Vergebung der Sünden.'
Und er warnt sie: ‚Ihr alle sündigt ja unter dem Banner des
Herrn. Und wäre der Christengott ein solcher, wie ihr ihn uns
dartut, er wäre ein geldgieriger Gott, ein furchtbarer Gott, ein
Moloch.'
Wie recht hat dieser Mann, wie recht! Was hat diese Kirche
aus der Botschaft gemacht? Als der Mönch das Treiben des
Medici und seiner Gefolgsleute nicht mehr ertragen konnte,
predigte er seinen Gläubigen, Ablässe nutzten nur den Leben-
den, nicht aber den Toten im Fegefeuer. Die tiefen Folgen der
Sünde, nämlich die Angst und den Mangel an Gottes- und
Nächstenliebe, könne kein Ablaß beseitigen, sondern nur das
Evangelium.
Wie *ich* bereits sagte, kommt es 1517 zur größten Erschüt-
terung in der Geschichte dieser Kirchenorganisation. Um gegen den Ablaßmißbrauch und den schändlichen Schwindel
vorzugehen, schlug Luther am 31. Oktober seine 95 Thesen
an die Schloßkirche zu Wittenberg.
Und die Freunde des Mönches sorgten für ihre rasche Verbreitung im ganzen Land. *Ich* will euch einige davon vorlesen:

,Der Papst will und kann keine anderen Sündenstrafen erlassen
als die, welche er nach seinem oder nach der kirchlichen Satzung
Befinden auferlegt hat.

Der Papst vergibt die Schuld nur, indem er erklärt, daß sie von Gott vergeben sei, oder er läßt Reservatfälle nach, bei deren Verachtungen die Schuld gänzlich ungetilgt bliebe.

Die kirchlichen Bußgesetze sind bloß den Lebenden auferlegt und können die Sterbenden gar nicht treffen.

Die Sterbenden leisten durch den Tod für alles Genugtuung, und sie sind daher mit Recht der kanonischen Strafen überhoben.

Denn die unvollkommene Liebe wird durch die Furcht ersetzt, und dieselbe ist um so größer, je geringer die Liebe war.'

Richter, beachtet, was dieser Mönch von *meiner* Lehre begriffen hat im Gegensatz zu all den Führern in Rom, über die wir zu Gericht sitzen. *Mein* Gebot war die Liebe zu Gott und die Nächsten-Liebe, wie es Matthäus richtig wiedergibt. Das vor allem ging durch diese Organisation verloren. Doch zurück zu Luthers Thesen:

,Dieses Abnehmen der Furcht und Wachsen der Liebe kann auch ein verdienstliches sein, ist es auch sicher, da Verdienst nur das Vertrauen auf Gottes Barmherzigkeit ist, dieses aber wächst im Fegefeuer zugleich mit der Liebe. Die Ansicht, daß in diesen Seelen Verdienst und die Liebe sich nicht mehren, hat kein Fundament in der Heiligen Schrift.

Der Verzweiflung wegen können die Seelen im Fegefeuer nicht ihrer Seligkeit gewiß sein. Diese Verzweiflung kann der Papst nicht heben. Erläßt er also Strafen, so sind es die von ihm auferlegten.

Jeder Christ, der wahre Reue empfindet, erhält vollkommene Erlassung der Strafe und der Schuld, die ihm auch ohne Ablaßbriefe gebührt.

Jeder Christ, der lebendige und der tote, nimmt aus Gottes Gnade teil an allen Gütern der Kirche und Christi, ohne Ablaßbriefe. Wer daher, statt einem Armen zu helfen, Ablaß löset, zieht sich statt des Ablasses Gottes Zorn zu. Ferner sollen die Ablässe nur von den Überflüssigen gelöset werden, zumal da das Ablösen nicht geboten ist.'

Hohes Gericht! Ein anderer, den Deutschen jener Jahre und auch euch wohlbekannt, leistet Martin Luther Hilfe. Ulrich von Hutten ist sein Name. Er verflucht den Bischof von Rom und vergleicht den Angeklagten mit Rodrigo Borgia, dem ‚Antichrist in der Tiara'. Er verflucht die Kirchen-Männer, weil durch sie seine Landsleute ‚verblödet' und in ‚wahnwitzige Köpfe' verwandelt worden seien, die die ‚Tempel der Vernunft und die geistige Freiheit niedergerissen' hätten. Vernehmt Huttens Worte: ‚Der Mediceer auf dem päpstlichen Thron und seine Leibkardinäle haben nur ein mitleidiges Lächeln dafür und spotten unserer Not. An ihrem Feuer wärmt sich die liebedienerische Kunst, wo deutsche Seelen verfrieren. Wehe dir, Mediceer, wenn der Sturm über dich fortgeht, und er geht über dich fort, so wahr ich hier stehe.'

Richter, bedenkt die Gefahr, in die sich Hutten im Kampf gegen Rom begab, als er, dieser Ritter ohne Furcht und Tadel, auf seinem Pferd von Stadt zu Stadt ziehend, vor allem Volk verkündete:

‚Ich singe gegen römischen Hochmut
und singe den Haß gegen übermütige und unduldsame Pfaffheit.
Ich singe dem Nazarener zu und dem niedergeworfenen Kreuze von Golgatha,
daß es sich wieder aus dem Moder erhebe und predigen mag:
Kommet her, ihr Mühseligen und Beladenen, ich will euch erquicken.
Ich singe gegen die Finsternis an, das Licht werde,
heiliges, seliges, allumfassendes Licht!
Den irregeleiteten Menschen ein Feuer der Liebe und Erlösung,
dem deutschen Drängen ein Sturmsignal!'

Er schilt die ‚angekränkelte Selbstherrlichkeit' der römischen Kirche und ihrer ‚schmarotzenden Priester'. ‚Fort mit dem alten Tritt und Trott, mit dem Zwang und den Finsternissen. Schon tut der liebe Herrgott die Morgenröte hissen. Die flackert auf gar schön und weit, es freut sich alle Christenheit, desgleichen mit ihrem Kinde, Maria im Sommerwinde.'

Auch Hutten wirft der Organisation des Angeklagten ‚sündhaften und schamlosen Reliquienschwindel' vor. Diese Kirche behauptet, daß an der Wiege des Kindes ‚drei heilige Könige' gewesen seien. Schwindel, Schwindel, rufe *ich* euch zu! Und was sagte dieser Hutten? ‚Die Männer, als sie pilgerten mit Gold, Weihrauch und Myrrhen gen Bethlehem, kamen aus dem Nichts und gingen wieder spurlos in das ewige Nichts. Niemand kannte sie, niemand wußte, von wannen sie kamen, wohin sie, nachdem sie vor dem Kind gebetet, schattenhaft gingen. Sie zogen eben wieder in den arabischen Staub, in das wesenlose, in das ewige Schweigen.‘

Recht hat er, denn Matthäus schreibt weder davon, daß es ‚drei‘, noch daß es ‚Heilige‘ oder gar ‚Könige‘ waren. Himmelskundige aus dem Morgenland mögen es gewesen sein, Heiden also, aus denen Rom ‚Könige‘ macht, die angeblich seit dem Juli 1164 im Dom zu Köln begraben liegen. Mit diesem Betrug hat die Kirche unendlich viel Geld eingenommen. Den 6. Januar hat sie zum Feiertag für die Unbekannten ernannt. Auch das Betrug, denn in Ägypten galt dieser Tag als Geburtstag des Sonnengottes Orion. Im Kölner Dom aber liegen, und auch das ist seit langem offenkundig, die Gebeine von drei Kindern und einem alten Mann.

Aber hört weiter, wie Hutten schimpft: Das mit den ‚goldumkrusteten Schädeln‘ sei ein ‚jämmerliches, elendes Machwerk‘. Ebenso jämmerlich elendes Machwerk wie viele Äußerlichkeiten in der katholischen Kirche. ‚So einer frevelt‘, ruft er, ‚sind es die Wundermacher, die Ablaßkrämer der heiligen Kirche. Das Wort des Herrn verfälschen und die Wahrheit verfälschen.‘

Richter, ihr könnt euch vorstellen, wie sehr diese mutigen Männer unserem Angeklagten und seiner Organisation ‚Dorn im Auge‘ waren. Doch hört weiter. Während er noch die Möglichkeiten abwägt, wie man der widerspenstigen deutschen Reformatoren habhaft werden könnte, geht der Medici betrügerische Bündnisse mit Franz I. ein, dann mit Karl I. von Spanien, mal gegen die Franzosen, mal gegen die Spanier, dann wieder gegen Alfonso I. von Ferrara.‘‘

Nun berichtet Jesus von einem geradezu „teuflischen Treiben‘‘ in Regensburg, wo „gläubige Christen‘‘ die Synagoge der Stadt zerstört und dort statt dessen die Götzenfigur einer sogenannten „schönen Madonna‘‘ aufgebaut hätten, die angeblich wundertätig gewesen und zum Gegenstand krankhafter

Verehrung geworden sei und zu einer regelrechten Massenpsychose geführt habe.

„Wie ihr Richter wißt, hat Luther den Urtext der Bibel unter Verwendung der Vulgata und der Übersetzung des Erasmus ins Deutsche übertragen: ‚Du sollst dir kein Bildnis noch irgendein Gleichnis machen. Ihr sollt euch keinen Götzen machen, noch Bilde, und sollt auch keine Säulen aufrichten, daß ihr davor anbetet. Auf daß ihr euch nicht verderbet und machet euch irgendein Bild, das gleich sei einem Manne oder Weibe. Verflucht sei, wer einen Götzen oder gegossen Bild machet, einen Greuel des Herrn.'

Schon lange vor Luthers Zeiten, hohes Gericht, gab es diese in der Alten Schrift verbotenen Götzen. Nichtsdestoweniger förderte die Organisation in Rom den Götzendienst millionenfach und verstieß damit in mehrfacher Hinsicht gegen das erste und zweite Gebot. *Ich* zitiere noch einmal Luther: ‚Die Maria hat man im Papsttum zu einem Gott gemacht und damit greuliche Abgötterei angerichtet.'

Doch zurück nach Regensburg. Auf Darstellungen sieht man, wie Menschen, die sich als ‚Pilger und Gläubige' ausgeben, vor der Kultfigur ihre Kleider zerreißen und sich nicht aussprechbar frevelhaftem, götzendiensthaftem Treiben hingeben. Warum sperrte man diese Menschen nicht ins Tollhaus?

Luther, der wegen seiner antirömischen Haltung von Zeitgenossen als Jude verunglimpft wurde, nahm das auserwählte Volk in Schutz. Scharf ging er gegen diese Kirche ins Gericht, weil sie den Juden alles nur erdenklich Böse nachsagte. In seiner Flugschrift ‚Daß Jesus Christus ein geborener Jude sei' heißt es: ‚Denn sie haben mit den Juden gehandelt, als wären es Hunde und nicht Menschen. Haben nichts mehr tun können als sie schelten und ihr Gut nehmen. Wenn man sie getauft hat, keine christliche Lehre noch Leben hat man ihnen bewiesen, sondern nur der Päpsterei und Möncherei unterworfen. Wenn sie denn gesehen haben, daß der Juden Ding so stark Schrift für sich hat und der Christen Ding ein lauter Geschwätz gewesen ist ohn alle Schrift, wie haben sie doch mögen ihre Herzen stillen und rechte, gute Christen werden? Ich habe selbst gehört von frommen getauften Juden, daß, wenn sie nicht bei unserer Zeit das Evangelium gehört hätten, sie wären ihr Leben lang Juden unter dem Christenmantel geblieben.' Und an anderer Stelle schreibt er: ‚Wenn die Apostel, die auch Juden waren, also hätten mit uns Heiden gehandelt wie wir Heiden mit den Juden, es wären nie Christen unter den Heiden geworden.'

Richter, dieser deutsche Mönch hat genau erkannt, wie sehr sich diese Kirche gegen *mein* Volk versündigt hat und immer weiter versündigt. ‚Haben sie denn mit uns Heiden so brüderlich gehandelt, so sollen wir wiederum brüderlich mit den Juden handeln, ob wir etliche bekehren möchten, denn wir sind auch selber noch nicht alle hinan, geschweige denn hinüber. Und wenn wir gleich hoch uns rühmen, so sind wir dennoch Heiden und die Juden von dem Geblüte Christi. Wir sind Schwäger und Fremdlinge, sie sind Blutsfreunde, Vettern und Brüder unseres Herrn. Darum, wenn man sich des Blutes und Fleisches rühmen sollte, so gehören je die Juden Christus näher zu denn wir.'

Luther kennt den Römerbrief des Paulus besser als die meisten Angehörigen der römischen Kirche: ‚Auch hat's Gott wohl mit der Tat bewiesen, denn solch große Ehre hat er nie einem Volke unter den Heiden getan, als den Juden. Denn es ist je kein Patriarch, kein Apostel, kein Prophet aus den Heiden, dazu auch gar wenig rechte Christen erhoben worden', sagt Luther. Und ‚obgleich das Evangelium aller Welt ist kundgetan, so hat er doch keinem Volk die Heilige Schrift, das ist das Gesetz und die Propheten, befohlen denn den Juden.'

Was *ich*, Richter, von diesem Paulus und seinen Fälschungen der Botschaft halte, kennt ihr zur Genüge. Der Wahrheit aber die Ehre: Welch schändliche Umkehr Luther in seiner Haltung zu den Juden nahm, indem er sie zum Beispiel als ‚hurerisches Geschlecht' beschimpfte, verurteile *ich* aufs schärfste, aber das gehört nicht hierher. Wir sitzen nicht über ihn zu Gericht.

1300 Jahre vor ihm hatte Kaiser Julian geschrieben: ‚Christen zerstören und verbrennen Tempel und Heiligtümer der

Fremden, die sie Heiden nennen.' Nun erlebte der Mönch in Regensburg, wie sogenannte ‚katholische Christen' Götzenbilder einer Frau aufstellten, die eine Jüdin war und einen Juden geboren hat, den sie als Gott verehren!" Wahrhaftig, denke ich mir, mit den Gesetzen der Logik ist dieser Religion nicht beizukommen. Das wäre ja nicht einmal das Schlimmste, aber wo der Irrationalismus regiert, ist der Fanatismus oft nicht weit.

„Als Reaktion auf die Ereignisse in Regensburg forderte Luther in einer Flugschrift: ‚Die wilden Kapellen und die Feldkirchen müssen zerstört werden, nämlich die, wo die neuen Wallfahrten hingehen. Und es gibt noch eine ganze Anzahl mehr. Diese schwere, elende Rechenschaft werden die Bischöfe ablegen müssen, die ein solches Teufelsgespenst zulassen und Einnahmen daraus ziehen. Sie sollten die ersten sein, die das verwehren, aber sie meinen, es sei ein göttliches und heiliges Ding und sehen nicht, daß der Teufel solches treibt. Den Geiz zu stärken, falschen, erdichteten Glauben aufzurichten, Pfarrkirchen zu schwächen, Kneipen und Hurerei zu vermehren, unnütz Geld und Arbeitszeit zu verlieren und das arme Volk nur an der Nase herumzuführen.'

Schreiber, notiere *meine* Anklagepunkte zu diesem Komplex: *Ich* halte Giovanni Medici für schuldig der Verunglimpfung und Volksverhetzung, des schweren Betrugs, des Verstoßes gegen die Freiheit der Meinungsäußerung, des Verstoßes und der Verletzung der Grundrechte und Menschenrechte sowie der Störung des öffentlichen Friedens.

Luther geriet schnell in den Verdacht der Häresie, und im Juni 1518 wurde in Rom der Ketzerprozeß gegen ihn eröffnet. Dank der Fürsprache Friedrichs des Weisen von Sachsen verhörte ihn der Kardinallegat Cajetan in Augsburg, doch das Gespräch brachte kein Ergebnis, da Luther einen Widerruf ablehnte."

Weiter verfolge ich gespannt Jesus' Plädoyer. Bei einer Disputation in Leipzig zwischen dem Ingolstädter Theologen Eck, der später darüber in Rom Bericht erstattete, und Luther sei es dann im Sommer 1519 nicht mehr um den Ablaß, sondern um die Gewalt des römischen Bischofs, die Irrtumsfreiheit der Konzilien und die Sakramente der Kirche gegangen. „Du fliehst die Bibel wie der Teufel das Kreuz", habe Luther Eck vorgeworfen. Luther habe gesagt: „Wenn der vortreffliche Dr. Eck beweisen kann, daß Petrus jemals einen Apostel ordiniert oder nur einen von den 70 Jüngern verschickt hat, so will ich alles verloren haben. Wenn ich aber Beweise haben werde, daß er nicht einmal alle Apostel habe schicken oder ordinieren können, so wolle er mir doch auch gestehen, daß Petrus über die anderen Apostel nicht zu befehlen gehabt hat. Daraus folgt, daß der Bischof, so Petri Nachfolger, um so weniger über die Bischöfe, so Nachfolger der anderen Aposteln, zu befehlen habe. Petrus hatte keine Vollmacht. Alle Apostel sind auf gleiche Weise gewählt und haben auch gleiche Gewalt empfangen. Gleichwohl ist es für einen Papst, er sei heilig oder nicht, eine Schande, die Evangelien nicht zu kennen, da er doch Hirt der Schafe und ein Lehrer des Evangeliums ist."

„Samuel! *Ich* gebe Luther recht, wenn er seinem Gegner in diesem Disput vorhielt, der römische Bischof sei nicht das Haupt der Kirche, er sei es nicht, weil es durch die Schrift nicht zu belegen sei.

Doch vernehmt, was weiter geschah: In der Bulle ‚Exsurpe Domine‘ vom 15. Juni 1520 drohte der Angeklagte Luther den Bann an, falls er nicht binnen 60 Tagen 41 seiner ‚irrigen‘ Thesen widerrufe. Dieser dachte aber nicht daran: Er griff in seinen drei Hauptschriften der folgenden Monate das ‚Papsttum‘ und die ‚heruntergekommene Kirche‘ an und verbrannte am 10. Dezember demonstrativ vor dem Elstertor in Wittenberg die Bulle.

In einer dieser Schriften, ‚An den Christlichen Adel deutscher Nation‘ vom August, heißt es: ‚Weil die weltliche Gewalt von Gott dazu verordnet ist, die Bösen zu strafen und die Frommen zu schützen, warum soll man sie ihr Amt lassen frei und unverhindert ausrichten durch den ganzen Körper der Christenheit? Niemand ausgenommen, sie treffe Papst, Bischöfe, Pfaffen, Mönche, Nonnen, oder was es ist. Und später, was machen dann die römischen Schreiber mit ihren Gesetzen, durch die sie sich ausnehmen aus der Zuständigkeit der weltlichen Gewalt, damit sie nur frei können böse sein und das erfüllen, was St. Peter gesagt hat? In ihrer Habgier werden sie euch mit verlogenen Worten zu kaufen versuchen.'

Richter, ihr alle wißt, wie sehr *ich* Unruhe und Zwietracht verabscheue. Aber 1500 Jahre lang habe *ich* auf diese Art Zwietracht gewartet. Kein Kaiser, kein Fürst hat aufbegehrt gegen die Willkür und das rechts- und schriftbrechende, anmaßende Treiben dieser Organisation. Dieser Mönch endlich tat es.

Hört aus einem weiteren Brief: ,Jedoch muß ich gestehen, daß ich den lebendigsten Abscheu vor ihrem Wohnsitz, dem römischen Hofe, habe, der, wie sie selbst nicht leugnen können und jedermann weiß, verderbter als Babylon und Sodom und, wie ich selbst als Augenzeuge behaupten kann, eine Pflanzenschule greulichster Gottlosigkeit geworden ist. Es liegt mir vor den Augen der ganzen Menschheit klar am Tage, daß die römische Kirche, sonst das Heiligste von allem, eine Räuberhöhle geworden ist, ein schändliches Hurenhaus, ein Reich der Sünde, des Todes und der Hölle, für dessen Verschlimmerung der Antichrist, selbst wenn er käme, nichts weiter hinzufügen könnte. Indessen mag sicher niemand mit der Hoffnung zweifeln, von mir einen Widerruf zu hören. Dies würde nur noch einen größeren Sturm veranlassen. Denn ich werde mir die Freiheit, Gottes Wort zu erklären, nicht nehmen lassen, Gottes Wort, welches allen Freiheit gibt, muß selbst Freiheit bleiben.' "

Ich gebe wieder, was Jesus dem Gericht vorträgt: Am 3. Januar 1521 unterschreibt Giovanni de' Medici die Bannbulle „Decet Romanum Pontificem". Unter Zusicherung von freiem Geleit durch Karl V. war Luther vor dem Reichstag zu Worms erschienen, um zu widerrufen. Luther aber stellte die Bibel über den römischen Bischof. Vom Kaiser aufgefordert, sich zu äußern, habe der Augustiner geantwortet: „Denn das kann schlechterdings niemand verneinen oder leugnen, daß durch des Papstes Gebote und durch der Menschen Lehren die Gemüter der Gläubigen ganz jämmerlich verstrickt, beschwert und gefoltert sind. Daß weiter Hab und Gut und Vermögen, zumal in dieser hochberühmten deutschen Nation, durch eine geradezu unglaubliche Willkürherrschaft ausgesogen und ausgeraubt und bis heute noch werden ohne Maß und mit den unwürdigsten Mitteln. Wenn ich also hier widerrufe, so würde ich lediglich die Willkürherrschaft stärken und sonst furchtbare Gottlosigkeit nicht nur Fenster, sondern auch Tor und Tür öffnen, so daß sie noch ganz anders weit und frei, als sie es bisher gewagt haben, wüten und toben würden."

„Hohes Gericht", sagt Jesus, und seine Stimme ist voller Bewunderung, „vernehmt, was dieser mutige Mann während des Reichstags vor seinem Kaiser, vor Kurfürsten, Herzögen und Klerikern erklärte: ‚Weil also Eure kaiserliche Majestät und Euer fürstliche Gnaden eine einfache Antwort erheischen, so will ich sie geben ohne Hörner und Zähne. Sofern ich nicht durch die Zeugnisse der Schrift oder zwingende Beweisführung überführt werde, denn ich glaube weder dem Papst noch den Konzilien. Allein was offenkundig steht, daß sie sich irren und sich selbst widersprechen, so bin ich durch die von mir angeführten Schriften überwunden und mein Gewissen ist gefangen in Gottes Worten. Widerrufen kann und will ich auch nicht in einem Punkte, denn gegen das Gewissen zu handeln ist weder sicher noch heilsam.'

Noch bevor Kaiser Karl am 8. Mai 1521 mit dem ‚Wormser Edikt' über Luther und seine Anhänger die Reichsacht verhängte, war Luther aus Worms abgereist. Unterwegs wurde er von Rittern des Kurfürsten Friedrich zum Schein überfallen und in Schutzhaft genommen. So konnte er den Häschern des Medici entkommen. Herausfordernd bezeichnete er seinen gefährlichsten Gegner, das Oberhaupt der Organisation, als ‚Ungetüm', als ‚Bestie der Endheit', als ‚Drachen' und ‚Höllendrachen', als ‚Teufelsbischof'.

Erasmus übertrifft den Reformator noch mit seinem Schimpf. Er nannte den Medici ‚die Pest des Christentums'. Und Mitstreiter Ulrich von Hutten schrieb die Verse: ‚Nach dem wütenden Leo sollen die Furien greifen, die er entfesselt, die Flammen, die er dem redlichen Luther geschürt, Rom selber verzehren.'

Hohes Gericht, *ich* komme nun zum Schluß *meiner* Anklage. In einem an die Bischöfe Venetiens gerichteten Erlaß vom 15. Januar 1521 forderte der Medici die tätige Mithilfe des weltlichen Arms im Rahmen von Inquisitions- und Hexenprozessen ein. Dieser Mann glaubte selbst an Hexen und zwang seine Gläubigen, an Hexen zu glauben. Er machte sich also der Unterstützung einer terroristischen Vereinigung, nämlich der Inquisition, schuldig. *Ich* zeihe ihn der Volksverhetzung, der Freiheitsberaubung und des tausendfachen Justizmords. Er verurteilte die Lehre und die Schriften Martin Luthers und des Erasmus und setzte alle, die gegen seine Organisation aufbegehrten, auf den Index der verbotenen Bücher, was *ich* als Verstoß gegen das Recht auf freie Meinungsäußerung werte.

Im letzten Jahr von Medicis Amtszeit eroberte der von *mir* verfluchte Fernando Cortes das Land der Azteken. Diese glaubten an einen unsichtbaren Gott als Schöpfer des Weltalls. Sie waren der Schrift kundig, hatten eine hohe Baukultur, beherrschten Astronomie und Mathematik. Fast alles, was sie in Jahrhunderten aufgebaut hatten, wurde durch die spanischen Eroberer ‚katholischen Glaubens' auf immer vernichtet und ausgelöscht. *Ich* klage den Medici also der Beihilfe zum Völkermord und der Unterstützung eines Vernichtungskrieges an.

Am 1. Dezember 1521 wurde die Welt endlich von diesem Mann befreit, nachdem er nur vier Tage im Bett krank darniedergelegen hatte. Wahrscheinlich starb er durch Menschenhand, doch dazu kein Wort von *mir*. *Ich* übergebe euch die Strafsache Giovanni de' Medici und fordere Bestrafung gemäß den von *mir* vorgetragenen Punkten der Anklage. "

30. Klemens VII.

Giulio de' Medici

Durch die Stimme von Simson werde ich aus meinen Gedanken an die Azteken-Kultur und ihre barbarische Zerstörung gerissen und höre, wie er die wichtigsten Lebensdaten des Giulio de' Medici referiert.

„Der Angeklagte wurde 1478 als illegitimer Sproß des Giuliano de' Medici geboren, der bei der schon erwähnten Pazzi-Verschwörung ermordet worden war. Seit 1513 war er Kardinal, seit 1516 Vizekanzler seines Vetters Leo X. Mit dem Votum der Mehrheit und gegen die Colonna-Partei unter den Kardinälen wurde er am 19. November 1523 in das höchste Bischofsamt gewählt."

Simson gibt jetzt eine kurze Charakteristik des Angeklagten, der zunächst nüchtern und sparsam gewesen sei, was man ihm oft als Kälte und Geiz ausgelegt habe. „Vor allem aber war er unfähig, sich auf kirchliche Dinge zu konzentrieren. Während der elf Jahre seines Pontifikats fühlte er sich ständig hin- und hergerissen zwischen Karl V. von Spanien und dem französischen König, und er hat, wie schon seine Vorgänger, Bündnisse mal mit Spanien, dann wieder mit Frankreich geschlossen, was in den Jahren 1524 bis 1527 zu ständigen kriegerischen Auseinandersetzungen führte. Der Angeklagte hat auch versucht, das verlorene Florenz wieder für seine Familie zurückzugewinnen, um die Macht seiner Dynastie zu sichern."

Jesus meldet sich zu Wort und sagt: „Ohne auf diese Zeit näher eingehen zu wollen, klage *ich* den Medici des Amtsmißbrauchs an, ferner der Einmischung in die inneren Angelegenheiten Frankreichs und Spaniens, des Landfriedensbruchs sowie der Vorbereitung und Unterstützung von Angriffskriegen. Außerdem werfe *ich* ihm verbrecherische Bereicherung und Diebstahl vor, denn, Simson, er hat, was du nicht erwähntest, *ich* aber zweifelsfrei belegen kann, die Einnahmen aus den Bordellen beschlagnahmt, um damit den Bau von Kirchen zu finanzieren.

Des weiteren beschuldige *ich* den Angeklagten der unterlassenen Hilfeleistung, denn bei den in deutschen Landen 1525 ausbrechenden Bauernkriegen hat diese Organisation den unglücklichen, rechtlosen Landleuten, die durch Frondienste und Steuern von ihren Fürsten gedrückt wurden, nicht die von *mir* gebotene Hilfe und Liebe gebracht. Im Gegenteil: Sie hat die armen Menschen durch Kirchenabgaben noch zusätzlich ausgebeutet und ausgesaugt. Ohne Mitleid hat dieser Angeklagte geduldet, wie die Bauern aufs grausamste gestraft und gequält, verfolgt und gemordet wurden. Menschen, die hin und her gerissen waren zwischen dieser Kirche und der neu aufkommenden Religion des bereits erwähnten Martin Luther.

Wie sehr dieser Medici dem ‚Glauben' geschadet hat, wie sehr er die europäischen Fürsten durch seine wankelmütigen, verleumderischen Bündnisse verwirrte, mag durch einen Brief deutlich werden, den Kaiser Karl V. im Oktober 1526 an die Kardinäle in Rom geschrieben hat. *Ich* zitiere daraus:

‚Als Ich erfuhr, daß Papst Klemens mit dem König von Frankreich, als dieser den Krieg gegen Mich wieder aufnahm, ein Bündnis geschlossen habe, war Ich billigerweise aus tiefstem Herzen betrübt. Auch schrieb er Mir Briefe, die zu gehässig waren, als daß Ich glauben könnte, dies sei mit Eurer allgemeinen Zustimmung und mit Eurem Rat geschehen. Dies alles traf mich ganz unvermutet. Gibt es doch, glaube Ich, keinen Herrscher, der der römischen Kirche mit größerem Eifer zugetan wäre als Ich. Dafür könnte Ich Parma und Piacenza zum Zeugnis anführen, zwei Städte, die Ich, obwohl sie zum Reich gehören, diesem kürzlich entzogen und der Kirche übereignet habe, wozu Ich rechtlich keineswegs verpflichtet war. Darüber wie nicht minder über die Ungerechtigkeiten der römischen Kirche haben sich die Fürsten und Stände Deutschlands bitter bei Mir beklagt und verlangt, daß ihnen dafür Genugtuung geleistet werde. Weil Ich aber aus besonderer persönlicher Neigung und lebenslanger Gewohnheit die römische Kirche liebe, habe Ich Mich damals taub gestellt und ihre Forderung übergangen. Als daraus dann noch eine größere Unruhe entstand, viele stürmische Bewegungen in Deutschland aufkamen und die Fürsten deshalb einen neuen Reichstag anberaumten, habe Ich ihnen unter schwerer Strafe verboten, sich zu sammeln, weil Ich von einer solchen Beratung nur Schaden für die römische Kirche und den Papst erwartete. Doch machte Ich ihnen, um sie zu beruhigen, Hoffnung auf ein künftiges Konzil. Übergroß ist also das Unrecht, das Mir von dem Papst geschieht, dem zuliebe ich soviel getan, ja, Mir die Stände des Reiches nicht wenig entfremdet habe. Ich habe über alle diese Dinge ausführlich an den Papst geschrieben und ihn ermahnt, ein allgemeines Konzil anzuberaumen. Ich bitte Euch, ihn an seine Pflicht zu mahnen, ihn zum Frieden statt zum Krieg anzuhalten und ihm, wenn er sich dessen weigert oder das Konzil noch weiter hinauszögert, auch Eurerseits Vorhaltungen zu machen. Sollte es aber anders kommen und die Christenheit wegen Nichtberufung des Konzils oder zu langen Hinauszögerns Schaden leiden, so bezeuge Ich hiermit, daß man Mir keinerlei Schuld daran zumessen darf.'

Wie ihr vernommen habt, war dieser vermeintliche Gegner und Feind durchaus friedensbereit. Dennoch kommt es durch den Angeklagten zu einer weiteren Verschwörung gegen den Kaiser. Der Medici rüstet Truppen aus und schließt mit Venedig, Mailand und Frankreich eine ‚heilige Liga' gegen Karl. Der wirft dem Medici vor, er sei der ‚Antichrist im römischen Babel', er sei dafür verantwortlich, daß das Abendland in ein großes Schisma gestoßen würde, das die gesamte Christenheit gefährde.

Dem Kaiser blieb in dieser Situation keine andere Wahl, als mit einem 25 000 Mann starken Heer gegen Rom zu ziehen. Im Mai 1527 erobern und plündern kaiserliche Landsknechte die ‚heilige' Stadt nicht nur, sie schleppen auch die todbringende Pest mit ein. Giulio de' Medici gerät in Gefangenschaft und muß dem Kaiser aus Kirchengeldern 400 000 Dukaten Kriegsentschädigung zahlen. In Bologna wird der Angeklagte zum Frieden gezwungen und muß Karl als König von Spanien mit dem Königreich Neapel belehnen. Er krönt ihn im Februar

1530 zum ‚römischen Kaiser‘ und preßt ihm gleichzeitig das Versprechen ab, die weitere Ausbreitung der lutherischen ‚Ketzerei‘ und anderen ‚Irrglaubens‘ zu verhindern.

Ein Opfer dieses sündigen und von mir verfluchten Kampfes sei hier stellvertretend für viele genannt.es ist der Züricher Prediger Huldrych Zwingli, der im Oktober 1531 im Glaubens-Krieg gegen die katholischen Kantone auf dem Schlachtfeld fiel. Damit nicht genug: Seine Gegner schleppten den Leichnam auf einen Scheiterhaufen und verbrannten ihn. Der Schweizer hatte die Mißstände in der römischen Kirche angeprangert. Die Schrift Wort für Wort auslegend, hatte er die Abschaffung der götzendienerischen Bilder, Kruzifixe und Reliquien und die Abschaffung von Orgelspiel und Gemeindegesang gefordert. Da sich diese Organisation stets auf die in der Schrift verkündete ‚Wahrheit‘ beruft, nehme ich ganz offen Partei für Zwingli. Seine Kritik ist vollkommen berechtigt, denn dieses Rituelle wurde durch Rom eingebracht und verstößt gegen meine Botschaft. Recht hatte Zwingli, wenn er feststellte: ‚Alle, die sagen, das Evangelium gelte nicht ohne die Bestätigung der Kirche, irren und schmähen Gott.‘

Auch stimme ich ihm in vielen anderen Postulaten zu, von denen ich einige anführen möchte:‚Jesus ist einziger, ewiger, oberster Priester: Daraus wird ersehen, daß jene, die sich als oberste Priester ausgegeben haben, der Ehre und Gewalt Christi widerstreben, ja, sie verwerfen. Christus ist Mittler zwischen Gott und uns, eines anderen Mittlers bedürfen wir nicht. Zeit und Ort sind den Christenmenschen unterworfen und nicht der Mensch ihnen. Die Zeit und Ort mit Satzungen beschweren, berauben die Christen um ihre Freiheit. Alles, was sich vor den Menschen schöntut, als da sind Kutten, Abzeichen, Tonsuren und dergleichen mehr, ist schwere Heuchelei und Verruchtheit. Die sogenannte geistliche Obrigkeit hat für ihre Pracht keinen Grund in der Lehre Christi.‘ Damit sei’s genug. Auch dieser Mann ist dem, was ich verkündet habe, um ein so viel größeres Maß näher gewesen als die römische Organisation.

Laßt mich diesen Teil meiner Klage für das Protokoll zusammenfassen, wobei *ich mich* auf die gravierendsten Verbrechen und Verstöße konzentrieren werde.

Der Medici hat sich nach *meiner* Kenntnis der Umstände nicht nur der Beihilfe zum Landfriedensbruch schuldig gemacht. Er hat zu Angriffskriegen und Volksverhetzung, zur Verunglimpfung und Religionsbeschimpfung, zum Verstoß gegen Menschenrechte und Naturrecht aufgefordert und sich damit natürlich auch todsündig an den Geboten des Alten und Neuen Testaments vergangen, die allein sein Handeln und Denken in diesem angemaßten Amt hätten bestimmen müssen. Richter! Giulio kann natürlich seine Medici-Herkunft nicht unterdrücken und frönt der Unzucht. Aus einer seiner ehebrecherischen Buhlschaften soll Alessandro (†1537) hervorgegangen sein. Dieser war ein Verbrecher vom Scheitel bis zur Sohle. Morden und Rauben waren sein tägliches Handwerk."

Mit strengem Blick sagt Richter Gideon: „Ankläger, mäßige dich in deinen Ausdrücken."

Jesus nimmt die Mahnung mit einem Kopfnicken zur Kenntnis und spricht weiter: „Der Vater in Rom bezahlte dem illegitimen Sohn die Söldner, damit dieser in Florenz die verlorengegangene Macht der Familie zurückeroberst. Rechte beugend und sein Amt erneut mißbrauchend, verleiht er Alessandro sogar den Titel eines Herzogs.

Schon unter den Vorgängern im Amt hat Giulio de' Medici seine hohe Position mißbraucht und Kirchenämter bis hin zu Kardinalswürden verliehen. Eigensucht und Geldgier waren die treibenden Kräfte."

Jesus beschuldigt den Angeklagten dann, zwei abendländische Mächte in Feindschaft gestoßen zu haben.

„Er war ‚unzuverlässig für Freund und Feind', so formulierte es ein Zeitgenosse, er ‚rief in seiner eigenen Kurie Abscheu und Mißtrauen wegen seiner für alle offensichtlichen Betrügereien und falschen Bündnisse hervor.'

Auch unter Giulio de' Medici wütete die Inquisition weiter gegen unschuldige Frauen. Bekanntlich versuchte der Humanist Erasmus vergeblich, gegen den Hexenwahn der römischen Kirche anzugehen. Im Verein mit Luther und anderen vernünftigen Männern reimte Erasmus im Jahre 1531: ‚Des Teufels Eh' und Reiterei ist nur Gespenst und Fantasei.' Doch die vereinzelten Kämpfer waren machtlos gegen die Vernichtungs-Hysterie der hier angeklagten Organisation, die Scheiterhaufen brannten weiter und weiter.

Ich habe schon einige Male über den gegen Menschenrecht verstoßenden Zölibat gesprochen, der den Priestern ohne Fundament in der Schrift auferlegt wurde. Es sei hier nur am Rande vermerkt, daß ein englischer Historiker für die Zeit, in der dieser Angeklagte in Rom sein Unwesen trieb, festgestellt hat, daß die Hälfte aller in unzüchtigem Verhältnis geborenen Kinder Englands durch Kleriker gezeugt waren.

Doch nun komme *ich* zu *meiner* Hauptanklage gegen Giulio de' Medici: *Ich* bezichtige ihn der Beihilfe zum systematischen Völkermord. *Ich* habe schon bei den Angeklagten Rodrigo Borgia und Giovanni de' Medici über den Krieg der Kirche und ihrer Verbündeten gegen die Ureinwohner der Länder auf dem neuen Kontinent gesprochen. Während wir uns bis jetzt nur auf fragwürdige Augenzeugenberichte und Zahlenangaben stützen konnten, liegen *mir* nun exakte und glaubwürdige Berichte vor.

1531 begann Francisco Pizarro seinen Eroberungsfeldzug gegen das Reich der Inkas, eines Volkes in Peru, das dort 600 Jahre gelebt und einen theokratischen Staat aufgebaut hatte. Die Bevölkerung verfügte über großes Wissen im Ackerbau, Handwerk und Straßenbau. Ihre Führer übten eine milde geistliche Macht aus. Innerhalb von zwei Jahren zerstörte dieser Pizarro das jahrhundertealte Reich, schändete und vernichtete nicht nur die Kultur, sondern mordete auch zwischen 50 000 und 100 000 Menschen. Dafür mache *ich* den Angeklagten mitverantwortlich. *Ich* beschuldige ihn außerdem der Volksverhetzung in Tateinheit mit räuberischem Diebstahl, der Freiheitsberaubung durch Versklavung, des Landfriedensbruchs, der Verletzung des Menschenrechts und des Naturrechts, der Vernichtung der natürlichen Lebensgrundlagen, der Unterstützung eines Angriffskrieges und der verbrecherischen Bereicherung.

Mein Hauptzeuge ist ein Dominikaner, der in jäher Umkehrung seines bisherigen Lebens – er selbst hatte ausbeuterische Sklavenarbeit betrieben – seit 1514 das schreckliche Wüten der Söldnerbanden und ‚christlichen‘ Missionare geißelte. Sein Vater und er waren Begleiter des Kolumbus, als dieser 1492 das vermeintlichen Westindien zum ersten Mal betreten hatte. Dieser Fra Bartolomé de Las Casas, ihr Richter, hat später bei seinen spanischen Königen öffentlich Klage darüber erhoben, wie in den fremden Ländern Menschenwürde und Menschenrecht, Naturrecht, Eigentumsrechte und das Recht auf eine eigene Religion gebrochen wurden. Das Recht auf eine eigene Religion, ihr habt richtig gehört!

Schon vor ihm hatte ein Ordensbruder mit Namen Antonio de Montesinas Besetzung und Ausbeutung angeprangert. Las Casas hat eine Predigt überliefert, die dieser Mann Mitte Dezember 1511 hielt und aus der *ich* Auszüge zum Schuldbeweis verlesen möchte. Der peruanische Theologieprofessor Gustavo Gutierrez hat das Leben des Dominikaners studiert und in einem Buch gewürdigt. Dort heißt es, Montesinas zitierend, unter anderem: ‚Ihr alle lebt und sterbt im Zustand der Todsünde wegen der Grausamkeit und Tyrannei gegenüber diesen unschuldigen Leuten. Sagt mir, mit welchem Recht und wessen Gerechtigkeit haltet ihr diese Leute in einer solch grausamen und schrecklichen Sklaverei? Wer gibt euch die Berechtigung zu solch abscheulichen Kriegen gegen Menschen, die ruhig und friedlich in ihrem Land lebten, einem grenzenlosen Land, das ihr heimgesucht habt mit noch nie dagewesenen Verwüstungen und unsäglichen Morden? Wie könnt ihr sie in Unterdrückung und schwerster Fron festhalten, ohne ihnen wenigstens zu essen zu geben und die Krankheiten zu heilen? Ihr bringt sie um, nur damit ihr jeden Tag ihr Gold einsacken könnt. Wo bleibt denn eure Sorge um ihre Unterweisung im Glauben, wo euer Interesse, daß sie ihren Gott und Schöpfer kennenlernen, daß sie getauft werden, zur Messe gehen, die Sonn- und Feiertage achten?‘

Montesinas' Stimme war im Orkan untergegangen. Las Casas aber, nicht etwa ein Bischof in Rom, erinnerte die Missionare und Söldnerbanden an die Forderungen des Evangeliums, ‚die Menschen zu lieben wie sich selbst'. Die grausame Gewalt gegen die Ureinwohner, wie sie bereits 1492 begonnen hatte, nahm von Jahr zu Jahr zu.

Richter, Las Casas klagte mit großer Kompromißlosigkeit und unter Gefahr für sein eigenes Leben die Gleichheit aller Menschen ein. In seinem Werk ‚Verteidigung der Freiheit' schreibt er: ‚Seit dem Beginn der Menschheit werden alle vernünftigen Geschöpfe als freie Wesen geboren, denn aufgrund unserer gleichen Natur hat Gott nicht den einen als Sklaven des anderen erschaffen, er gab vielmehr allen einen freien Willen. Dies ist die Ursache dafür, daß sich ein vernunftbegabtes Geschöpf keinem ebensolchen unterordnen darf, also kein Mensch dem anderen. Die Freiheit nämlich ist ein Recht, das dem Menschen wesenseigen ist seit der Erschaffung der vernunftbegabten Geschöpfe, und gehört deshalb dem Naturrecht an.'

Richter, ihr habt es vernommen, und *ich* schließe *mich* dem an. Aber vernehmt die anderen Anschuldigungen des Bruders Bartolomé: ‚All das Gold und Silber, die Perlen und andere Reichtümer, die nach Spanien gelangt sind und mit denen wir Spanier in Westindien handeln, all das ist gestohlen.' Als ob er den heutigen Tag vorausgeahnt hätte, sagte er, solange diesen Menschen ihr rechtmäßiger Besitz nicht zurückgegeben werde, müßten sich die Plünderer vor dem Gericht Gottes verantworten. Und darum erhebe *ich* hier stellvertretend für all die mit so unendlich großer Schuld Beladenen Anklage gegen Giulio de' Medici, denn Männer seines Glaubens waren es, welche die nie zu tilgenden Verbrechen begangen haben.

Vergeblich mahnte der Mönch, das religiöse Brauchtum der Indios und ihre Religions-Freiheit mit Ehrfurcht zu achten. Vergeblich wies er auf das Verbot des Tötens und Raubens hin. Vergeblich betonte er, daß die Unterdrückung der Indios dem ‚Willen Jesu Christi' und der gesamten Heiligen Schrift diametral entgegengesetzt sei."

Während ich Jesus' Rede verfolge, geht mir der Schlachtruf der Spanier, „Santiago!" hieß er, nicht mehr aus dem Kopf.

Ich habe ihn bei Joe Heydecker in seiner „Geschichte der Venus" gefunden. Dort wird geschildert, wie diese „katholischen Christen" gemetzelt und gemordet haben, wie sie weder Kind noch Greis, weder Schwangere noch junge Mütter verschont, ihnen die Leiber aufgerissen und in Stücke gerissen haben auf der Suche nach Gold, „zu Ehren und Verherrlichung Jesu Christi und der zwölf Apostel". In ihrem Wahn hegten sie den Verdacht, die Einheimischen hätten das Edelmetall verschluckt, um es vor den Eroberern zu verstecken.

Vor dem Kreuz und dem Gekreuzigten der vermeintlichen Christen mußten sich die Inkas natürlich fürchten. Sie verehrten Götterbilder, vor allem ihren ‚Sonnengott'. Sie standen auf einer Kulturstufe, die den Europäern auf vielen Gebieten überlegen war, in der Architektur, der Musik, der Weberei, der Keramik, der Skulptur, der Schmiedekunst oder dem Terrassenbau, dem Bewässerungswesen und dem Straßenbau. Aber das feuerspeiende Mord-Werkzeug der europäischen Eindringlinge kannten sie nicht – und das war ihr Untergang. Gold bedeutete ihnen nichts, außer zur Verehrung ihrer Götter.

‚Wie Affen griffen sie nach dem Golde', so berichtet ein weiterer Gefährte von Las Casas, der Dominikanermönch Bernardino de Sahagún, den Rausch der Schlächter. Mein Magen zieht sich zusammen, wenn ich an die von Heydecker beschriebene Szene denke, als Francisco Pizarro auf den Inkaherrscher Atahualpa stieß. Das Gespräch wurde von einem Dolmetscher genau überliefert, in dem Fray Vicente versuchte, dem Atahualpa vom „Sündenfall von Adam und Eva" zu erzählen, vom Kreuzestod, von Petrus und „seinen Nachfolgern, den Päpsten, die die Führer der Fürsten in der Welt" seien. Er erklärte dem Inka unmißverständlich, daß die Christen an drei Götter glaubten und daß sie gekommen seien, die Eingeborenen „vom Irrtum ihres Götzenglaubens zu befreien". Daß der „katholische Glaube der alleinseligmachende Christenglaube" sei und daß Atahualpa und sein Volk zinspflichtige Vasallen des Kaisers Karl V. seien.

Wenn ich mich recht erinnere, ging das Gespräch etwa so weiter, daß Atahualpa erwiderte, er sei keinem Menschen zinspflichtig. Der Kaiser der Spanier möge ein großer Fürst sein, aber er, Atahualpa, sei nicht bereit, ihn als einen Bruder zu betrachten. Und was den Papst betreffe, von dem diese Menscheneroberer sprächen, so müsse dieser wahnsinnig sein, wenn er Länder verschenke, die ihm nicht gehörten. „Meinen Glauben mag ich nicht ändern. Euer Gott ist, wie ihr sagt, von denselben Menschen getötet worden, die er geschaffen hat. Mein Gott aber, die Sonne, lebt noch im Himmel und blickt auf seine Kinder herab."

Die Szene, die als freundschaftliche Unterredung arrangiert, in Wirklichkeit aber ein Hinterhalt der Spanier war, endete damit, daß sich der Inkafürst die Bibel geben läßt, aus der die ‚Christen' ihr ‚Wissen' herleiteten. Als das Buch nicht zu ihm spricht, wirft er es weg mit der Feststellung: „Ich werde nicht von hier fortgehen, bevor mir eure Gefährten nicht Rechenschaft abgelegt und Genugtuung gegeben haben für all das Unrecht, das sie in meinem Land begangen haben." Das war, so schreibt Heydecker, der willkommene Anlaß für Pizarro, seine Soldaten aus den Verstecken zu holen und innerhalb kürzester Zeit zehntausend Inkas niederzumetzeln.

Der „Vertragsbruch" wurde Atahualpa untergeschoben, und Pizarro verlangte von ihm ein „Lösegeld", welches das Zimmer, in dem die „Verhandlungen" stattgefunden hatten, füllen sollte. Gold und Silber solle er heranbringen, und dann sei ihm die Freiheit sicher. Etwa 150 Kubikmeter Gold und Silber waren es schließlich, die Atahualpa und sein Volk den Eroberern für seine Freiheit boten. Es half ihm nichts, Pizarros Männer raubten das Löse-Gold. Dem Fürsten wurde am 29. August 1533 nach einem fadenscheinigen Prozeß der Kopf abgeschlagen.

Von vielen Kriegen berichtet das Alte Testament, doch für solch eine sadistische Freude an der Menschenschinderei gibt es keinen Vergleich. Wie viele ungezählte Millionen Mal am Tag seit fast 2000 Jahren wurde und wird gebetet „Dein Wille geschehe wie im Himmel, also auch auf Erden"? Mich wundert es nicht, daß immer mehr Menschen an der Existenz des Angebeteten zweifeln. Ich begreife jedoch nicht, daß Katholiken mit dieser Vergangenheit ihrer Kirche leben können. Plötzlich holt mich die Stimme von Jesus wieder in das Gerichtsverfahren zurück.

„Fra Bartolomé de Las Casas hat nicht alle Unmenschlichkeiten aufgezählt. Aber er hat nach vierzig Jahren in der sogenannten Neuen Welt in seinem ‚Bericht von der Verwüstung der Westindischen Länder' geschrieben, er habe keine Spur von Menschen mehr erblickt und schließt, *ich* zitiere: ‚Wir können hier als eine gewisse und wahrhafte Tatsache anführen, daß in obgedachten vierzig Jahren durch das erwähnte tyrannische und teuflische Verfahren der Christen mehr als zwölf Millionen Männer, Weiber und Kinder auf die ruchloseste und grausamste Art zur Schlachtbank geführt wurden, und wir würden in der Tat nicht irren, wenn wir die Zahl derselben auf fünfzehn Millionen angäben.'

Hohes Gericht! Unter verleumderischer und beleidigender Berufung auf *meinen* Namen haben der Angeklagte und seine Vorgänger fünfzehn Millionen unschuldige Menschenleben auf dem Gewissen. Unter dem Deckmantel der Taufe, der Hinführung zum ‚alleinseligmachenden Glauben', haben sie fünfzehn Millionen Menschenleben geopfert, und das alles nur, um ihren Missionswahn, ihre Gier nach Macht und Reichtum zu befriedigen.

Ich verfluche diese Verstöße gegen die Schrift, *ich* verfluche diesen vielfachen Mord. *Ich* sehe diesen Angeklagten in erster Linie als Mörder. *Ich* bin fertig mit ihm. Fluch über Giulio de' Medici!"

31. Paul IV.

Giovanni Pietro Carafa

Richter Gideon führt die Strafsache Giovanni Pietro Carafa, und ich erfahre in kurzen Stichworten die Laufbahn dieses Mannes.

„Geboren 1476, mit 29 Jahren Bischof, mit 42 Erzbischof und zusammen mit Gaetano von Thiene 1521 Gründer des Theatinerordens sowie oberster Inquisitor. Mit sechzig wird er, gefördert durch seinen Onkel Oliviero, der ebenfalls Kardinal ist, in die Kurie gewählt, und mit 79 Jahren besteigt er den Stuhl." Auf den Wink Gideons hin beginnt Jesus mit seiner Anklage.

„Hohes Gericht, dieser Mann ist der Antichrist in Person..." Gideon hebt die Hand: „Einspruch, bitte keine Wertungen! Die überlasse uns!" Jesus nickt unwillig und beginnt erneut: „Dieser Mann ist für *mich* der personifizierte Haß, und *ich* werde zu belegen versuchen, daß das Wort des spanischen Edelmanns und Gründers des Jesuitenordens Ignatius von Loyola (†1556) in den vier Jahren, die der Angeklagte Carafa in Rom die Macht in Händen hält, grausame Bestätigung findet. Loyola nämlich sagte, als er von der Wahl erfuhr, alle Knochen hätten ihm im Leib gezittert. Uns ist überliefert, daß Carafa die Verfolgung der als ‚Ketzer' Verunglimpften mit größter Strenge betrieb und dies frevlerisch als seine ‚höchste Pflicht' bezeichnete. Der Angeklagte muß von einem abgrundtiefen, sündigen Menschenhaß besessen gewesen sein.

Alles hat er gehaßt – bis auf seine Neffen Carlo und Giovanni Carafa. Den einen ernannte er unmittelbar nach seiner Wahl zum Kardinalstaatssekretär und sprach ihn seiner Verbrechen, die in aller Munde waren, los. Raub, Erpressung und Mord soll Carlo begangen haben, durch den Onkel auf dem ‚Stuhl Petri' aber war er geschützt. Den anderen erhob der Angeklagte zum Herzog von Paliano, nachdem er der Familie Colonna den Besitz geraubt hatte. Dies alles, obwohl er schärfste Gesetze gegen den Nepotismus erlassen hatte. Deshalb plädiere *ich* auf schuldig des <u>Amtsmißbrauchs</u>, des <u>Landfriedens-bruchs</u> und der <u>verbrecherischen Bereicherung</u>.

Ich möchte euch auch auf die Feindschaft zwischen dem gebürtigen Neapolitaner und dem seiner Organisation verbundenen Haus Habsburg aufmerksam machen, das den Thron in Spanien innehatte. Er hat Söldnerheere angeworben, die unter Führung des verbrecherischen <u>Carlo</u> in ganz Italien versuchten, gegen Spanien Kriege anzuzetteln. Nicht einmal vor einem Bündnis mit dem <u>Sultan Soliman II</u>. schreckte er zurück, dessen Volk, wie ihr wißt, immer wieder bei ‚Kreuzzügen‘ überfallen worden war. Die Anklage wirft ihm deshalb die <u>Vorbereitung von Angriffskriegen</u> vor.

Zum zweiten nenne *ich* euch den Haß gegen die Reformierten. Blutige Verfolgungen vor allem in den deutschen Landen gehen auf seine Befehle zurück. Und das, obwohl im Reich seit 1555 das Gesetz ‚Cuius regio, eius religio‘ galt. Es sah vor, daß der Fürst über die Religion seines Volkes bestimmte. Carafa machte sich also des schweren <u>Landfriedensbruchs</u> und der <u>Einmischung in innere Angelegenheiten</u> schuldig.

Auch die Anhänger des <u>Jean Calvin</u> (†1564), die Calvinisten, waren vor Übergriffen der Organisation nie geschützt, hatte dieser Schweizer Reformator doch seinen Unmut über das ‚schamlose Wesen der römischen Kirche‘ geäußert, und darüber, wie sie mit Hilfe von ‚Reliquien die Welt zum Narren‘ halte.

Zwei Monate nach seiner Wahl, im Juli 1555, erließ der Angeklagte die Bulle ‚Cum nimis absurdum‘, die über 300 Jahre Geltung hatte. Daher waren die Brüder und Schwestern *meines* Volkes gezwungen, ihr Leben in Ghettos zu fristen. Außerdem mußten sie ihre Kleider mit Kennzeichen versehen, die Männer den beschämenden gelben Hut tragen. Es war Juden verboten, Besitz zu erwerben, und viele durften ihren Beruf nun nicht mehr ausüben. *Ich* klage ihn deswegen der <u>Verunglimpfung</u> an, der <u>Erpressung</u> und <u>Nötigung</u>, der <u>Verletzung des Menschen- und Naturrechts</u> und der <u>Vernichtung der natürlichen Lebensgrundlagen</u>.

Der Angeklagte machte sich zudem der Sachbeschädigung und der Schändung schuldig, indem er die Tempel *meines* Volkes zerstören ließ und ihnen nur eine Synagoge in jeder Stadt zubilligte. Neben Verbrennungen des Talmud wissen wir von einer Schreckenstat an 25 zwangsbekehrten Juden. Sie wähnten sich den ‚Autodafés‘ in ihrer Heimat entronnen, wurden aber durch die Häscher des Angeklagten gefangengenommen und in Ancona ohne Gerichtsurteile verbrannt. 24 Männer und eine Frau. Schreiber, notiere also auch die Anklage: Beihilfe zum Justizmord!“

Nur einen kurzen Augenblick lang hält Jesus inne, dann spricht er weiter: „Über die Körperfeindlichkeit und den ausgeprägten Frauenhaß dieser Männer-Organisation haben wir schon viel Schreckliches hören müssen. Carafa veröffentlicht im August 1555 die Schrift ‚Cum quorandum‘, womit er sich des Betrugs, der Verunglimpfung, Beleidigung und der Fälschung der Schrift schuldig macht. Er erklärte, daß *meine* Mutter ‚Maria vor, in und nach der Geburt Jungfrau gewesen‘ sei.“

Nach allem, was ich bis jetzt gehört habe, wundert es mich nicht, daß auch Carafa an den unsinnigen Behauptungen festhält. Die sogenannte „Gottesgebärerin“ durfte nicht das sein, was sie nach übereinstimmenden Berichten der Evangelisten in Wirklichkeit war: Frau und Mutter mehrerer Kinder.

Jesus fährt fort: „Als Beleidigung empfinde *ich* auch den Umstand, daß Giovanni Carafa Frauen den Zutritt zum Vatikan verbietet. Richter, zwei wichtige Aussagen des Angeklagten, die *ich* hier als belastendes Beweismaterial vorlege, sind uns schriftlich bestätigt. Einmal prahlte er frevlerisch stolz, er habe seine ‚Arme bis zu den Ellbogen in Blut‘ gehabt. Zum anderen hat er verkündet, er würde sogar seinen eigenen Vater verbrennen und das Holz für den Scheiterhaufen selber sammeln, sollte er erfahren, daß dieser ein ‚Häretiker‘ sei.“

Jesus muß sich erst ein wenig beruhigen, bevor er mit dem Plädoyer fortfahren kann: „Vor seiner Verfolgungswut waren nicht einmal Kardinäle der Kurie sicher. Wir wissen aus Tagebuchnotizen, daß einige von ihnen ohne Gerichtsbeschluß in

Kerkerhaft genommen und ihre Besitztümer beschlagnahmt wurden. Damit erfüllt sich der Straftatbestand der Freiheitsberaubung, der schweren Körperverletzung und der verbrecherischen Bereicherung. Ohne jedwede Beweise wurden diese Kirchenmänner des ‚Irrglaubens' beschuldigt, bekamen aber keine Gelegenheit, das Gegenteil zu beweisen.

Ich sprach schon über den Zwist mit den spanischen Königen. Nach dem Tod Karls V. übertrug der Angeklagte ohne Grund seinen Haß auf Philipp II., der ebenfalls dem ‚katholischen Glauben' anhing. Dennoch beleidigte Carafa die spanische Krone mit dem Ausspruch: ‚Ich will ihre Reiche für verfallen und ihre Anhänger für gebannt und für verflucht erklären, denn es sind Ketzer.'

Seine Inquisitionsbanden schützte Carafa dadurch, daß er einen ‚Schweigeerlaß' verkündete. Das bedeutete: Niemand durfte die Geheimnisse der Inquisition und ihre verbrecherischen, rechtsbeugenden Prozesse verraten. Als Strafe drohte die Exkommunikation und die tödliche Gefahr, selbst als ‚Häretiker' verfolgt zu werden.

Ich habe vom Tod gesprochen. Wir wissen aus Vernehmungsprotokollen und anderen Dokumenten, daß in den Jahren 1557 und 1558 allein in Kalabrien einige tausend Menschen dem Feuer zum Opfer fielen. Also meine erneute Anschuldigung: Förderung und Unterstützung einer terroristischen Vereinigung, Freiheitsberaubung und Beihilfe zum Justizmord.

Da er mit seinen Söldnerheeren den Spaniern Neapel nicht entreißen konnte, wollte er dies im Bündnis mit Frankreich versuchen. Im Juli 1557 muß Carafa mit seinen Truppen eine Niederlage gegen den Herzog von Alba hinnehmen. Nachdem auch der französische König von Philipp II. in Flandern besiegt worden ist, muß der Angeklagte im Frieden von Cave-Palestrina zusichern, nicht weiter gegen den spanischen Thron Aufruhr zu betreiben.

Als weiteren schweren Amtsmißbrauch werte ich die Tatsache, daß er Ferdinand I. von Österreich die Anerkennung des Titels ‚Römischer Kaiser' verweigert. Der Grund dafür war, daß sich dieser Herrscher an die von *mir* bereits erwähnte ‚Religionsfreiheit' hielt, die 1555 in Augsburg vertraglich vereinbart worden war. Von Carafa verfolgt wurde auch Königin Elisabeth ¦ von England, die daraufhin seiner Kirche den Rücken kehrte und sich den Reformierten zuwandte. Mit einem weiteren Inquisitionsgesetz, das ebenfalls über Jahrhunderte hin Bestand haben sollte, setzte sich Carafa in schweres Unrecht. Auf dem ersten römischen ‚Index librorum prohibitorum' von 1559 stand alles, was dem Angeklagten als häretisch erschien. Den Angehörigen seines ‚Glaubens' war unter Androhung schwerster Strafen verboten, Bücher zu lesen, die im Index verzeichnet waren. Nicht nur Ariost, Erasmus oder Luther, selbst Ausgaben der Schrift, die nicht den kirchlichen Dogmen und Vorstellungen entsprachen, waren verboten. Wir haben Kunde davon, daß in Venedig innerhalb weniger Tage Zehntausende kostbarster Bücher verbrannt wurden, daß ganze Buchdruckergilden ihrem Gelderwerb nicht mehr nachgehen konnten, weil sie sich von dem Angeklagten und seinen Schergen verfolgt fühlten. Aus diesem Grund beschuldige *ich* Carafa des Amtsmißbrauchs, der Störung des öffentlichen Friedens, des Verstoßes gegen die Freiheit der Meinungsäußerung und gegen die Menschenrechte."

Jesus berichtet dann, wie die Neffen mit Diebstählen und Morden weiter ihr verbrecherisches Unwesen trieben. Daß Giovanni, der Bruder des Carlo, seine Gemahlin kurz vor ihrer Niederkunft erwürgen ließ. Aus der Kurie sei dem Angeklagten schließlich eine Liste mit den Straftaten seiner beiden Neffen vorgelegt worden, aufgrund derer er sie nicht länger habe schützen können. Am 18. August 1559 endlich sei Pietro Carafa gestorben. Das Volk, so berichtet Jesus, habe seinen Tod gefeiert. Er sei wegen seiner Grausamkeit von allen Menschen gefürchtet gewesen, seine Bildsäule auf dem Capitol sei zertrümmert und in den Tiber geworfen worden. Die Römer setzten das Inquisitionsgebäude in Brand, befreiten die Inhaftierten und verprügelten die Inquisitoren und ihre Helfershelfer.

„*Ich* bin am Ende *meiner* Anklage angekommen, mache aber noch einmal darauf aufmerksam, daß bei der Urteilsfindung daran gedacht werden muß, daß auch unter Carafa überall die Hexenjagd aufs grauenhafteste fortgesetzt wurde. Aber nicht nur in der Alten Welt. *Ich* weiß aus einem Bericht eines Schülers des bereits erwähnten Loyola von weiteren Verbrechen. Franz Xaver hieß dieser Jesuit, und er schrieb in einem Brief, er sei vom Leben so angewidert, weil ‚christliche‘ Europäer wie Räuber über die Neugetauften in den missionierten Landen hergefallen seien und sie, die Eingeborenen, aufs schändlichste ausgebeutet hätten.

Verletzung des Menschen- und Naturrechts, Volksverhetzung und Völkermord also nicht nur unter den Indianern. Schauplatz der von dem Jesuiten erlebten Greueltaten war China, aber auch Indien und Japan. Wieder einmal haben wir einen Führer der Kirche vor uns, der die Welt von Rom aus mit Verfolgung, Vernichtung und Mord in Angst und Schrecken versetzt hat."

Wie, überlege ich mir, würde der Stifter dieser Kirche, Paulus, urteilen, wüßte er, was Giovanni Pietro Carafa an Bösem angerichtet hat? Und derselbe Mann, es ist kaum zu glauben, wird von offensichtlich kirchenhörigen Historikern noch im Jahr 1985 als „einer der Frommsten auf dem Stuhl Petri" gelobt.

32. Pius V.

Michele Ghislieri

Weil die Jünger ihrem Zorn über die Untaten von Paul IV. freien Lauf lassen, schlägt Richterin Judith, die vergeblich auf Ruhe wartet, einige Male mahnend auf den Tisch. Dann sagt sie: „Ich eröffne das Verfahren gegen Michele Ghislieri, geboren 1504. Nach seiner Schulzeit und dem Studium der Theologie, das er mit einem Professorentitel abschließt, weilt er in einem Dominikanerkloster und wird 1558 zum Großinquisitor des ‚Heiligen Offiziums‘ bestellt. In der Hoffnung auf strenge kirchliche Zucht und Ordnung wird er von der Kurie am 7. Januar 1566 auf den Thron gewählt. Ich habe mit dem Ankläger ausgemacht, die sechs Jahre des Pontifikats den Ereignissen nach vorzutragen, und der Ankläger wird dann jeweils seine entsprechenden Anklagepunkte formulieren."

Jesus unterbricht sofort und sagt, daß er Ghislieri, obwohl noch nicht im Amt, wegen Unterstützung einer terroristischen Vereinigung anklage, denn dieses „Heilige Offizium" sei für ihn nichts anderes als eine Behörde des Schreckens.

„Sie diente", so führt er aus, „während der gesamten Amtszeit des Angeklagten der ‚Reinerhaltung und Verteidigung der Glaubenswahrheit‘. Eine Behörde des Schreckens, die an barbarischer Grausamkeit von Terrorregimes der Nazis und anderer, deren Namen *ich mich* weigere, in den Mund zu nehmen, nicht mehr übertroffen werden konnte."

Judith erhebt energisch Einspruch und warnt Jesus vor Wertungen. Dieser winkt ab: „*Ich* bestehe darauf, diese Behörde des Schreckens hat eine Diktatur des Terrors verbreitet, die bis heute unerreicht geblieben ist!" Judith will noch einmal intervenieren, schüttelt dann aber resigniert den Kopf und liest weiter aus der Akte: „Im Dezember 1566 gibt der Angeklagte den ‚Catechismus ex decreto concilii Tridentinii‘ heraus, der unter dem Begriff ‚Catechismus Romanus‘ in die Geschichte der Kirche eingegangen ist. Er war für die Priester in den Gemeinden vorgesehen und gab Anhaltspunkte für die Predigt und die Erziehung der Gläubigen. Mit Erlaubnis des Anklägers nenne ich einige markante Stellen. So heißt es dort unter anderem, daß alle Christen, die den ‚schönen und wahren göttlichen Einfluß der Jungfräulichkeit heilig und gewissenhaft‘ hielten, mit höchstem Kirchenlob bedacht würden und daß jene, die verehelicht sich von verbotener Lust rein und unbefleckt bewahrten, die also in der Ehe sexuell enthaltsam lebten, wie es der Apostel Paulus geraten habe, die Tugend der Keuschheit für sich in Anspruch nehmen könnten." Schon wieder dieser Unfug, denke ich mir. Hätte es doch den Fanatiker Augustinus nie gegeben! Und der, selbst Vater eines Kindes, hätte es besser wissen müssen. Das absurde Lust-Verbot! Ohne Lust ist der Liebesakt nicht denkbar. Auf einer falschen Übersetzung eines Wortes in Jesaja (7,14) 2000 Jahre lang Frauenverachtung und Menschen-Verblödung aufbauen? Dann gewinnt Jesus' Stimme wieder Herrschaft über mich: „*Ich* weiß, daß der Angeklagte, sich auf die Beschlüsse des Konzils von Trient stützend, behauptete, daß die Gottlosen auf immer ins ewige Feuer verdammt seien und dort Qualen leiden müßten, die größten Schmerz hervorriefen, zumal sie auf ewig andauern würden.

Ghislieri warnt seine Gläubigen auch vor Verstößen gegen die Heiligung des Sonntags, obwohl *ich* mehrfach deutlich gemacht habe, daß der Sabbat für den Menschen und nicht der Mensch für den Sabbat da sei. Angst, Zucht und Gehorsam verlangte der ‚Katechismus'. *Ich* werde auf diese Regelwerke in der Strafakte des letzten Hauptangeklagten zurückkommen, zumal die Heilige Schrift später praktisch ersetzt wird durch die Lehre, durch Dogmen und Katechismen, die sich immer mehr von der Botschaft der Schrift entfernen.'

„Ankläger", sagt Judith, „wir besitzen Unterlagen, aus denen ersichtlich ist, daß es der Wunsch des Michele Ghislieri gewesen ist, die gesamte protestantische Bevölkerung der von Spanien okkupierten Niederlande auszurotten. Hast du Schuldbeweise für diese Behauptung?"

„Allerdings, Richterin, *ich* habe sie", entgegnet Jesus mit fester Stimme. „Dieser Mann unterstützt den Todfeind seines Vorgängers, Philipp II. von Spanien, bezahlt ihm große Summen zur Aufrüstung einer Flotte und gibt dem Beauftragten des spanischen Königs, Herzog von Alba, Rückhalt, der die Niederlande tyrannisch unter das Joch zwingt. Die Folge ist, daß innerhalb von sechs Jahren 20 000 Menschenleben vernichtet werden. *Ich* mache den Angeklagten also für die Verunglimpfung Andersgläubiger verantwortlich, für die Einmischung in innere Angelegenheiten, Freiheitsberaubung, Unterstützung einer kriminellen Vereinigung in Tateinheit mit schwerem Landfriedensbruch sowie Völkermord.

Doch nun zu einer weiteren Schandtat. *Ich* zeihe Michele Ghislieri der Volksverhetzung und Religionsbeschimpfung. Seit Februar 1567 wurden Brüder und Schwestern *meines* Volkes aus seinem Kirchenstaat ausgewiesen oder in Galeerendienste gezwungen. Damit macht er sich außerdem der Freiheitsberaubung, des Diebstahls und des Verstoßes gegen die Menschenrechte, der Störung des öffentlichen Friedens und der Vernichtung der natürlichen Lebensgrundlagen schuldig.

Judith! Wir wissen vom Antijudaismus vieler Angeklagter, doch Ghislieri hier setzt einen neuen traurigen Höhepunkt! Er verdächtigt Juden des Wuchers und nimmt ihnen damit die letzte Berufsmöglichkeit, die ihnen im Kirchenstaat überhaupt noch erlaubt war. Er beschimpft sie frevlerisch und wahrheitswidrig der Unzucht, der Wahrsagerei, der Zauberei und aller nur denkbaren Hexenkünste. Wenn sie nicht dem Ausweisungsbefehl nachkamen, wurde Juden in Rom und Venedig per Dekret die Enteignung angedroht. Mehr noch: Sie verloren ihre Freiheit und gerieten als Leibeigene in die Gefangenschaft der Kirche.

Angst und Schrecken verbreitete Ghislieri unter den wenigen noch im Lande Verbliebenen. Er verfolgte sie mit seinem Haß, gleichgültig, ob es nun Hausierer, kleine Handwerker, Kaufleute oder Pfandleiher waren. Richter, damit verstieß er gegen alles, was die Schrift gebietet. Juden, denen die Flucht ins Ausland nicht gelang, stand die Galeerenstrafe bevor, ein unvorstellbarer Sklavendienst, der lebenslang verhängt wurde,

dem die meisten aber nur wenige Jahre standhielten. Auf diesen Schiffen, von denen auch der Angeklagte, sein Amt mißbrauchend, einige unterhielt, sammelten sich Rebellen, Abartige, Abtrünnige und Verbrecher aller Kategorien."
Judith erwähnt nun die Bulle „Horendum illud scelus", in der wiederum der Zölibat behandelt werde. „Auch in diesem Zusammenhang", ergreift Jesus das Wort, „begeht der Angeklagte für *mich* Nötigung, Mißbrauch von Abhängigen und einen Verstoß gegen die Menschenrechte. Denn durch das Eheverbot werden Tausende von Priestern in Klöstern, Abteien und Gemeinden dieser Organisation in die größten Gewissensnöte gestürzt. Bei Zuwiderhandlungen verwehrte dieser gottlose Mann seinen Untergebenen sogar das Begräbnis. Fluch über ihn!"
Judith fragt den Ankläger, ob er über den Prozeß gegen den Bischof von Toledo sprechen möchte. Jesus nickt zustimmend und sagt: „Richterin, das war kein Prozeß, sondern ein Justizskandal! *Ich* klage den Michele Ghislieri des Verstoßes gegen das Menschenrecht und gegen das Recht auf freie Meinungsäußerung an, denn er verurteilte den Spanier, weil dieser sich reformfreudig zeigte und Veränderung in den festgefahrenen, starren Strukturen seiner Organisation wünschte. Die Strafe war eine mehrjährige Kerkerhaft in der Engelsburg, womit *ich* auch den Tatbestand der Beihilfe zur Freiheitsberaubung erfüllt sehe.
Zur selben Zeit hat der Angeklagte den Sekretär seines Vorgängers, Carnesecchi, ebenfalls ein der Reformationsbewegung anhängender Mann, als ‚Pest' beschimpft und ihn der ‚Irrlehre' und des ‚Verbrechens gegen Gott' bezichtigt. Auch dies in *meinen* Augen ein Rechtsbruch. Außerdem macht sich Ghislieri der Freiheitsberaubung und des Mißbrauchs von Abhängigen schuldig.
Einen weiteren Fall von schwerem Amtsmißbrauch und Fälschung stellt für *mich* die Bulle ‚In coena Domini', die sogenannte Abendmahlsbulle, dar, denn darin behauptete er, der Bischof von Rom sei das Gesetz. Im Jakobusbrief (4,12), den diese Organisation für kanonisch hält, heißt es aber, daß nur

einer das Gesetz ist, Gott nämlich. Der Angeklagte verstößt aber auch gegen weltliches, aufgeklärtes Strafrechtsdenken, das sich überall in Europa durchzusetzen beginnt, und verfällt statt dessen wieder ins tiefste Mittelalter."

Judith fordert den Ankläger als nächstes auf, zu einem Inquisitionsfall in Spanien Stellung zu nehmen. Jesus sucht die entsprechenden Papiere und berichtet dann von einer besonders qualvollen und abscheulichen Folter-Methode, die ebenfalls der sadistischen Phantasie der beiden Autoren des „Hexenhammers" entsprungen sei. „Da diese Menschenjäger der Überzeugung waren, daß Hexen mit dem Teufel im Bund stünden, verfielen sie auf die ‚Wasserprobe‘, auch ‚Hexenbad‘ genannt. Das Opfer wurde nackt ausgezogen, dann kreuzweise gebunden, so daß die rechte Hand die große Zehe des linken Fußes und die linke Hand die große Zehe des rechten Fußes berührte, und mit einem langen Strick um den Leib ins Wasser geworfen. Ging die ‚Hexe‘ unter, so war sie unschuldig, schwamm sie aber, so war sie überführt, denn das war ein Beweis für die Hilfe durch den Teufel."

Ein Begriff schießt mir durch den Kopf, während Jesus das alles vorträgt: „Domini canes", die Hunde des Herrn, wie Zeitgenossen von Pius die Dominikanermönche nannten. Eine eher noch harmlose Beschreibung für die Inquisitionsbestien. Wehe den unschuldigen Menschen, die in ihre Klauen fielen! Schon allein die Tatsache, daß sich die Frauen zum Verhör nackt ausziehen mußten, zeigt das sexistische Grundmotiv dieser unbefriedigten Fanatiker.

Die perfide Mörder-Logik bei dieser „Wasserprobe" ließ den Opfern keine Überlebenschance. Sie waren ohnehin zum Tode verurteilt. Wieder höre ich Jesus, der von einem Fall in Preußen berichtet, bei dem es einer Delinquentin gelungen sei, nicht unterzugehen, mit dem Resultat, daß sie von den Richtern ertränkt worden sei.

„Richter, es gibt eine andere Art der ‚Wasserprobe‘, die nicht weniger schrecklich ist und die der englische Historiker Henry Charles Lea in seiner ‚Geschichte der spanischen Inquisition‘ schildert. Es handelte sich um eine junge Frau in Toledo. Ihr Name war Elvira del Campo. Sie hatte 1568 im Gefängnis ein Kind geboren. Das Verbrechen, dessen sie angeklagt worden war, lautete, sie habe nie Schweinefleisch gegessen und samstags eine körperliche Reinigung vorgenommen und ihre Wäsche gewechselt. *Ich* muß an dieser Stelle nicht darauf eingehen, daß uns Juden ebenso wie den Moslems das Essen von Schweinefleisch verboten ist. Elvira del Campo war nachweislich Christin und mit einem Christen verheiratet, wenngleich ihre Vorfahren jüdisch waren. Das Schweinefleisch, so versuchte sie den Richtern klarzumachen, würde ihrem Körper nicht bekommen, sie ekle sich davor. Die Körperpflege und das Wechseln von Wäsche habe nichts mit religiösen Riten zu tun, sondern sei für sie selbstverständlich.

Nachdem sie vergeblich beteuert hatte, daß sie Christin sei, verhängten die Männer des Gerichts eine neue Form der ‚Wasserfolter‘ über sie. Dabei wurde der armen Frau mit einer Zange die Zunge festgehalten und ein Stück Leinen in den Hals gestoßen. Dann goß ihr einer der Inquisitionsschergen durch einen Trichter Wasser in den Hals. Erst kurz vor dem Ersticken hielten die Henkersknechte inne, und da die Frau nicht mehr ansprechbar war, wurde die Folter für vier Tage unterbrochen. Das stellt sogar einen Verstoß gegen die Kirchengesetze dar, denn eine Folter durfte nach dem ‚Hexenhammer‘ nicht neu aufgenommen werden. Aber dafür hatten die Inquisitoren, wie *ich* ja schon erwähnt habe, inzwischen die Ausrede der ‚Fortsetzung der Folter‘ erfunden.

Da auch die weiteren Quälereien keine Klarheit brachten und Elvira del Campo bei ihren Behauptungen blieb, entschieden sich die Richter ausnahmsweise – und dies ist wirklich eine Ausnahme unter Zehntausenden– nicht für die Todesstrafe, sondern für die Kerkerhaft. Außerdem mußte die junge Frau ein ‚Kleid der Schande‘ tragen, auf dem zwei safranfarbige Leinwandstreifen als Kreuz aufgenäht waren, was die Trägerin für jeden als Opfer der Inquisition brandmarkte. Soviel zu dem Fall aus Toledo.

Ich komme nun zu der 1569 herausgegebenen Bulle ‚Hebrorum gens sola‘, ein neues schweres Verbrechen und Be-

weis der Un-Christlichkeit gegen *mein* Volk, das Ghislieri als
‚Aussauger der Christen' beschimpft, dem er mit der Bulle nur
noch die Möglichkeit ließ, entweder in Rom oder Ancona
Wohnsitz zu nehmen. Unter Androhung schwerster körperli-
cher Strafen zwingt er die Juden in einen Glauben, den sie
nicht annehmen können. Er bezichtigt sie des ‚Verlustes der
göttlichen Gnade und des Gesetzes'. Der Angeklagte stellt zudem die falsche und frevlerische Behauptung auf, Juden seien
Gegenstand von Schmähungen und Hohn und in ihrer ‚Un-
frömmigkeit' eine ‚große Krankheit' allüberall über dem Erdkreis. Dabei ist es doch nur die ‚heilige' römische Kirche, die
den Brüdern und Schwestern *meines* Volkes keine Ruhe zum
Leben ließ.

Ich erhebe also Anklage wegen <u>Freiheitsberaubung</u>, <u>Falsch-
aussage</u>, <u>Beleidigung</u>, <u>Verunglimpfung</u>, <u>arglistiger Täuschung</u>,
<u>Verletzung der Menschenrechte und Grundrechte</u>, <u>Volksver-
hetzung</u>, <u>Religionsbeschimpfung</u> und vor allem wegen <u>verbre-
cherischer Bereicherung</u>. Denn auch bei den letzten, die den
Kirchenstaat fliehen können, wird der gesamte Besitz beschlagnahmt.

Richter, <u>der von diesem Angeklagten bekämpfte Sultan von
Konstantinopel bot den ausgewiesenen, beraubten und verfolgten Juden Schutz. Er schickte Schiffe nach Italien, um die
Männer, Frauen und Kinder ins Land ihrer Väter zu bringen.
Das ist es, was *ich* unter Toleranz verstehe, und deshalb werfe
ich dieser Organisation und ihren Führern Intoleranz und Antijudaismus vor – obwohl sie doch beinahe alles, worauf sie
noch 1500 Jahre nach ihrer Entstehung baut, den Juden gestohlen hat!</u>"

Ich sitze auf meiner Bank, erschöpft und angewidert: Alptraum
katholische Kirche! Nazi-Jauche im „Jahr des Herrn" 1569. Aber
weiter geht es mit Mord und Totschlag. Jesus spricht über
weitere Auseinandersetzungen zwischen Hugenotten und Katholiken und die Schlacht bei Mont Couton im Oktober 1569,
in der das erste Religionsedikt <u>Karls IX.</u> gebrochen worden
sei.

Bei dieser mörderischen Schlacht, so höre ich, habe der Angeklagte unter dem Motto „Gegen die Feinde Gottes keine Schonung" ein Hilfsheer zur Verfügung gestellt. Die Richterin unterbricht Jesus und fragt nach eindeutigen Beweisen für seine Behauptung. Er nennt Briefe an Catarina de' Medici, die Königinmutter, die die Drahtzieherin bei den Ausschreitungen gegen die Hugenotten gewesen sei, Briefe, die zwar verloren gegangen seien, deren Existenz aber beeidigt sei. Für den Angeklagten, so sagt Jesus, seien die Anhänger Calvins nicht nur ‚Feinde Gottes' gewesen, gegen die man das Schwert ziehen dürfe, er habe sie bis auf den letzten Mann ausrotten wollen.

„So sehr fürchtete er diese Menschen, die ihm seine ‚Gläubigen' möglicherweise abtrünnig machten, denn sie gewannen in Frankreich immer mehr Anhänger. *Meine* Anklage gegen Ghislieri lautet also auf <u>Verunglimpfung</u>, <u>Landfriedensbruch</u>, <u>Unterstützung eines Angriffskrieges</u>, <u>Volksverhetzung</u> und <u>Massenmord</u>."

Die Richterin ergreift einen neuen Ordner. Ich kann die Aufschrift „1570" erkennen. Als sie aus der Bulle „Regnans in excelsis" vorlesen will, fällt ihr Jesus ins Wort. „Judith, Richter, hört, wessen sich dieser Mann mit dieser Bulle schuldig macht. Er beschimpft <u>Elisabeth von England</u> (†1603) als ‚angemaßte Königin' und ‚Häretikerin'.

In dem Versuch, seine Macht auch auf England auszuweiten, behauptet er todsündig, der ‚Vertreter Gottes' zu sein und damit selbst eine Königin absetzen zu können. Wörtlich nennt er sie eine ‚Sklavin der Verworfenheit', die sich zu Unrecht die Autorität eines Hauptes der englischen Kirche anmaße. Sie habe Menschen unterdrückt, die dem katholischen Glauben anhingen, Meßopfer, Gebete, Fasten, Zölibat und andere katholische Bräuche abgeschafft. ‚Wir', so schreibt der Angeklagte, ‚erklären die obengenannte Elisabeth zur Ketzerin. Wir erklären sie des angemaßten Rechts auf die englische Krone verlustig, ihre Untertanen zum Treueid gegen sie entbunden.'

Hiermit erhebe *ich* erneut den Vorwurf des schweren <u>Amtsmißbrauchs</u>, der <u>Beleidigung</u>, der <u>Einmischung in innere Angelegenheiten</u>, der <u>Nötigung</u>, der <u>Störung des öffentlichen</u>

Friedens, des Landfriedensbruchs, des Verstoßes gegen das Menschenrecht und der Verbreitung gefährlichen Schrifttums. Denn durch dieses Schreiben ist die Königin praktisch vogelfrei. Sein Absetzungsversuch mißlingt jedoch. Elisabeth wendet sich nun endgültig von der römischen Kirche ab und erklärt ihren Landsleuten, daß derjenige, der dem Bischof in Rom gehorche, Hochverrat begehe. Richter, Richterin, Volkshaß gegen Rom, seine Bischöfe und Priester war die Folge dieser Bulle. Unrecht setzt Unrecht frei, und der Angeklagte ist es, den *ich* dafür verantwortlich mache.

Auch in Deutschland sorgt der Angeklagte für verbrecherisches Morden, indem er und seine Inquisitionsrichter die Hexen für eine zu diesem Zeitpunkt auftretende Hungerkrise verantwortlich machen. Wieder setzt die Menschenjagd auf Unschuldige ein. Wieder, ihr Richter, sind es einzelne Stimmen, die versuchen, an die Vernunft ihrer Mitmenschen zu appellieren, die Manifeste verfassen, um die Hetze und Tyrannei zu beenden, wie uns der Zeuge Johann Weyer berichtet. Vergeblich rief dieser den deutschen Kaiser an, dem Wahnsinn ein Ende zu bereiten. Doch die Macht der römischen Kirche und die Furcht vor ihr waren stärker.

Ich komme nun zu einem der Hauptpunkte *meiner* Anklage gegen Michele Ghislieri, der Vorbereitung und Unterstützung eines Krieges gegen die Türken, der im Oktober 1571 mit dem Sieg einer der vielen ‚heiligen Ligen' endet und dem fast 40 000 Menschen zum Opfer fallen. Jahrelang hatte der Angeklagte flammende Aufrufe gegen Mohammed und seine Gläubigen in die Welt gesetzt. Dabei hatte doch die Ausbreitung des Islam in Südeuropa zu einer überaus fruchtbaren Symbiose der verschiedensten Kulturen geführt und eine Blüte von Wissenschaft, Kunst, Architektur und Handwerk hervorgebracht. Als Beispiel sei noch einmal an das friedliche Zusammenleben der Rassen und Religionen auf der Iberischen Halbinsel erinnert. Daß die Türken mit ihren Eroberungszügen gleiche Schuld trifft an diesem blutigen Krieg, hat uns hier nicht weiter zu beschäftigen. Das Töten ist im fünften Gebot untersagt. Wenn sich ‚Christen' gleiche weltliche Eroberungsrechte anmaßen wie die Anhänger Allahs, setzen sie sich in das nämliche Un-Recht!

Ghislieri, – ein, wie er selbst versichert, glühender Marienverehrer – hatte behauptet, Visionen gehabt zu haben, daß Maria ihm zum Sieg verhelfen werde. Dem Oberbefehlshaber der Truppen erklärte er, er handle im Namen Gottes, er habe durch Maria ‚heilige Macht' verliehen bekommen. Lug und Trug, sage *ich* euch, Richter!

Dieser Oberbefehlshaber war der 24jährige Don Juan d'Austria, ein illegitimer Sohn Karls V., dem der Angeklagte, – hört den frevlerischen Unfug – Splitter von *meinem* Kreuz als Talisman an die Brust geheftet hatte. Ungeheure Geldsummen hat Ghislieri in die Flotte der Venezianer und Spanier gesteckt und selbst zwölf Galeeren zur Verfügung gestellt. Als ein besonders markantes Beispiel für die Doppelmoral und Doppelzüngigkeit dieser verbrecherischen, machtgierigen Kirche werte *ich* die Mahnung, die Ghislieri dem jungen Don Juan übermittelt, die Mahnung nämlich, daß seine Leute ‚in christlicher und tugendhafter Weise' auf den Schiffen zu leben hätten und weder ‚spielen noch fluchen' sollten. Sie durften, Richter, nicht spielen und fluchen, aber sie durften morden, im ‚Namen Gottes' im ‚Namen Marias'!

In der Entscheidungsschlacht am 7. Oktober bei Naupaktos im Golf von Korinth, die als Schlacht von Lepanto in die Geschichte eingegangen ist, sind wahrscheinlich 30 000 Moslems gefallen, fast 10 000 waren es auf Seiten der sogenannten Christen. Daß hinter diesem ‚Kreuzzug' auch verbrecherische Bereicherung steht, belegt die Tatsache, daß der Angeklagte ein Sechstel der Beute für sich beanspruchte: 27 Galeeren, neun schwere Kanonen und 200 Sklaven.

Ghislieri macht sich der Verunglimpfung Marias und der Beleidigung schuldig, wenn er behauptet, sie habe ihn unterstützt. Er stiftete nach dem blutigen Gemetzel das ‚Rosenkranzfest' zum Gedächtnis – *ich* zitiere wörtlich – ‚UNSERER LIEBEN FRAU VOM SIEGE'. Die Schrift verbrecherisch verfälschend, behauptete er, dieser Sieg über den Islam, der den Niedergang des Osmanischen Reiches einleitete, sei

im Evangelium verkündet, denn dort stehe: ‚Es ward ein Mann von Gott gesandt, sein Name war Johannes.'"
Dieser Satz dröhnt mir in den Ohren. Wie aus weiter Ferne höre ich die Stimme der Richterin, die Jesus fragt, wie all das, was er an Anklagepunkten und Schuldbeweisen vorgebracht habe, damit in Übereinstimmung zu bringen sei, daß Diplomaten am Hof diesen Mann als „wahrhaft religiös" beschrieben hätten und noch in Kirchengeschichten des 20. Jahrhunderts von ihm als „einem Mann von seltener Frömmigkeit" gesprochen würde? Wie er sich ferner den Umstand erkläre, daß dieser Mann bereits 140 Jahre nach seinem Tod am 22. Mai 1712 heiliggesprochen worden sei?

Ich sehe Jesus wie in Trance hin- und hergehen, dabei heftig und widerwillig den Kopf schüttelnd. Ich denke an diesen Furor Catholicus, dieses Massenschlachten von Menschen, die pathologische Hysterie, die Orgien des Hasses, denen allein in diesen vier Jahren so viele Menschen zum Opfer fielen. Der Homo sapiens kann unmöglich die Krone der Schöpfung sein! Mehrung der kirchlichen Macht, ihres Reichtums, ihres „Glaubens" – das qualifiziert für höchste Würden und für „Heiligkeit". Über die Leichen der Andersgläubigen und der Abweichler in den eigenen Reihen darf man dabei ruhig gehen, dies scheint geradezu ein Gütesiegel zu sein. Es ist so absurd! Und so deprimierend! Wann kommt endlich der Mensch, wann kommt das Volk, das diesem Furor Catholicus ein Ende macht?

Nach einer Weile der absoluten Stille im Gerichtssaal vernehme ich plötzlich die Stimme Jesus', der sagt, er müsse zum Abschluß seines Plädoyers auch auf eine lobenswerte Tat dieses Mannes hinweisen. Er sei nämlich der erste römische Bischof gewesen, der mit seinem Stierkampf-Verbot etwas gegen das Unrecht der Menschen an Tieren und an der Natur unternommen habe.

Ich kann mich eines Lachens kaum erwehren, denn Jesus müßte eigentlich wissen, daß sich bis heute keiner der „katholischen" spanischen Könige auch nur einen Tag an dieses Verbot gehalten hat.

Der leibhaftige Furor Catholicus, das ist dieser Pius V., und während ich noch darüber nachdenke, bin ich plötzlich in einer anderen Welt. Menschengeschrei, Posaunenchöre, Trompeten, ein Wirrwarr, daß es mir den Kopf hin- und herreißt, bis es dann wieder ganz still wird um mich herum.

33. Gregor XIII.

Ugo Boncompagni

Melchisedek öffnet die Akte Gregors XIII. und erklärt, daß dieser 1502 in Bologna geboren, nach einem Studium der Jurisprudenz unter Pius IV. in die diplomatischen Dienste der Kirche getreten und als Legat in Spanien wesentlich an der Inquisition beteiligt gewesen sei. Am 13. Mai 1572 habe Ugo Boncompagni sein Pontifikat angetreten. Der Richter will nun als erstes vom Ankläger wissen, ob er ihn mit der sogenannten Bartholomäusnacht vom 23. auf den 24. August jenes Jahres in Verbindung bringe.

Jesus hat seinen Aktenordner aufgeschlagen, geht mit einigen Papieren vor den Richtertisch und erklärt: „Wie *ich* dargelegt habe, hat der vorige Angeklagte mehrfach zur ‚Ausrottung' der Hugenotten aufgerufen. *Ich* kann aber nicht beweisen, ob auch Boncompagni mit Caterina de' Medici (†1589) in Verbindung gestanden hat.

Laßt *mich* euch die Vorgänge um die Bartholomäusnacht aber näher erklären. Eine Woche zuvor hatte das Oberhaupt der Hugenotten, Heinrich von Bourbon, der nach dem Tod seines Vaters 1562 König von Navarra geworden war, mit Margarethe von Valois, einer Katholikin und Schwester Karls IX., Hochzeit gefeiert, ohne das Plazet des römischen Bischofs.

Viele Menschen hatten gehofft, diese Verbindung eines Calvinisten mit einer Katholikin werde einen Ausgleich schaffen zwischen den verschiedenen Religions-Parteien. Richter, bedenkt, daß seit dem Jahr 1562 in Frankreich Glaubensfreiheit per Dekret garantiert war und außerdem ein Verbot der Zwangstaufe bestand. In dieser Nacht zum Fest des ‚heiligen Bartholomäus' wurden durch die verbrecherischen Verbündeten der Catarina de' Medici allein in Paris 3000 Hugenotten meuchlerisch ums Leben gebracht.

Sie waren Anhänger des Schweizer Reformators Calvin (†1564), der von seinen Gläubigen ‚strenge Kirchenzucht' und hohe Moral verlangte, also all das, was in der römischen Kirche so wenig zu finden war. Es bleibt die Frage, ob Boncompagni von den Plänen wußte oder nicht. *Ich glaube, Dokumente vorlegen zu können, aus denen hervorgeht, daß er den Kampf gegen die Hugenotten auf jeden Fall gebilligt, wenn nicht sogar unterstützt hat. Ich kann beweisen, daß er während seines dreizehnjährigen Pontifikats für vier ‚Religionskriege' und ein ständiges Hin und Her von Bündnissen und Gegenbündnissen in Europa mitverantwortlich war.* Bedenkt dieses Wort, ihr Richter: ‚Religionskriege'!

Wie wir wissen, fielen von August bis November 1572 weitere 30 000 Hugenotten ihrem Glauben zum Opfer. Ihr habt den Akten entnehmen können, daß der Angeklagte einige Tage nach der Mordnacht von Paris zu St. Marco in Rom ein ‚Te Deum' mit Prozession feiern ließ. *Ich frage mich*, wie böse es im Herzen eines Menschen aussehen muß, der Krieg und ein solches Massen-Morden verherrlichen läßt. Kann es einen größeren Widerspruch zu *meiner* Botschaft überhaupt noch geben?

Der Angeklagte gab außerdem eine Gedenkmünze heraus: Auf der einen Seite war sein Kopf abgebildet, auf der anderen ein hugenottenmordender Engel. *Ich* denke damit genügend Belastungsmaterial vorgebracht zu haben, um ihn zumindest der Duldung von Völkermord anklagen zu können, und das in Tateinheit mit dem Verdacht der Einmischung in die inneren Angelegenheiten fremder Staaten und der Verunglimpfung Andersgläubiger. Des weiteren habe *ich* Zeugenaussagen, die belegen, daß aus der Kasse seiner Organisation Geld in riesigen Mengen nach Frankreich zur Unterstützung einer Verschwörung gegen den Führer der Reformierten, Heinrich von Navarra, geflossen ist. Bevor *ich* auf die anderen Verbrechen des Angeklagten eingehe, sei kurz erwähnt, daß auch er von seinen Priestern strengen Zölibat verlangte, *ich* ihn also des Mißbrauchs von Abhängigen beschuldige. Damit ist er zugleich schuldig der Nötigung, der Verletzung des Menschenrechts und der Intimsphäre.

Er selbst trieb als Kirchenführer Unzucht mit einer Mätresse und verstieß damit gegen die Gesetze der eigenen Institution. Er macht sich gleichzeitig des Amtsmißbrauchs schuldig, indem er seinen Bastard mit Namen Giovanni zum Kardinal erhebt.

Aber vernehmt die weiteren Untaten des Boncompagni: Dreizehn Jahre lang hat er Bullen erlassen, und wie so viele andere Hauptangeklagte vornehmlich gegen Juden und Reformierte. Da ist zunächst die Bulle ,Vices eius nos', womit er die Brüder und Schwestern des von Gott auserwählten Volkes unter seine Inquisitionsgerichte stellte. Aus den Blutakten dieser Gerichte geht hervor, daß auch zwangsgetaufte Juden zu Tausenden hingerichtet wurden, womit der Anklagepunkt Justizmord gegeben ist.

Der Angeklagte und viele Bischöfe, Kardinäle und Priester in der Kirche waren es, die dem Dämonen-Wahn verfallen waren und ihn predigten. Aber den Juden warfen sie schändlicherweise ,Dämonenanrufung' vor. Sie beschimpften sie, die ,Gottheit Christi' zu leugnen. Aber diese ,Gottheit' ist eine Erfindung! *Ich* habe sie nie in Anspruch genommen, weil es gotteslästerlich wäre. Männer und Frauen *meines* Volkes legten sie zur Last, die ,Jungfräulichkeit Marias' zu bezweifeln. Sie bezichtigten Juden, ,Ketzer' zu beherbergen und von der Taufe abzuhalten. Kann *ich* die offensichtliche Bewußtseinsspaltung, die Verleugnung menschlicher Vernunft noch treffender zum Ausdruck bringen, ihr Richter?"

Kopfschüttelnd und lächelnd verneinen die Angesprochenen Jesus' Frage, werden aber sofort wieder ernst, als sie hören, welche Folgen das alles hatte. Der Ankläger berichtet, daß dieses Schreiben die Schergen der Inquisition berechtigte, Hausdurchsuchungen zu machen, wahllos Häuser zu zerstören und jüdisches Schrifttum zu verbrennen. Der Angeklagte habe von den Juden überdies eine Synagogensteuer erpreßt. Das sei für ihn, den Ankläger, die systematische Verunglimpfung Andersgläubiger. Damit erfülle sich der Straftatbestand der Verletzung von Gewohnheitsrechten und des Naturrechts, der Nötigung und der verbrecherischen Bereicherung.

„Nun zu einem anderen verbrecherischen Plan des Angeklagten. Wie schon sein Vorgänger, so schürt auch er Aufruhr gegen England. Aus vertraulichen Papieren römischer Diplomaten am spanischen Hof weiß *ich*, daß er dem durch den Sieg über die Türken in Lepanto bekannten Don Juan d'Austria 50 000 Goldscudi und 5000 Mann Fußsoldaten zur Verfügung stellen wollte, um das Inselreich zu überfallen. Da der Prinz 1578 aus ungeklärten Gründen als spanischer Statthalter in den Niederlanden starb, scheiterte der Plan. *Ich* erhebe dennoch Anklage gegen Ugo Boncompagni wegen <u>Landfriedensbruchs</u>, <u>Einmischung in innere Angelegenheiten</u>, Beihilfe zur <u>Verschwörung</u> und wegen versuchten <u>Mordes</u>, weil er die Bulle seines Vorgängers gegen Elisabeth von England bestätigt hat, wonach jeder, ,der diese Frau aus der Welt schafft in der Absicht, Gott damit zu dienen, nicht nur nicht sündigt, sondern sogar ein Verdienst erwirbt'. Der Angeklagte geht so weit, König Philipp in die Verschwörung einzubeziehen und ihm Völkerrecht beugend und ohne jede Befugnis, den Königsstuhl von England anzubieten. Ein ungeheuerlicher <u>Amtsmißbrauch</u>! Wir wissen, daß Boncompagni Rebellen, darunter den ruchlosen Seeräuber Thomas Stukely, gegen die ,Ketzerkönigin' unterstützt und mit Geld ausgestattet hat. Und all das, um das Inselreich zum angeblich ,rechtmäßigen Glauben' zurückzuführen. Dieses Dekret, um es nachzutragen, datiert von 1577; die Mordverschwörungen und Umsturzversuche gegen Elisabeth wurden in den Jahren 1579 und 1580 begangen.

In diese Zeit fällt auch die weitere ,Missionierung' Chinas, ein *meiner* Botschaft und selbst der des Paulus völlig konträres verbrecherisches Handeln. Niemand von uns wollte, daß dieser vermeintlich ,heilige katholische Glaube' mit dem Schwert unter Mißachtung und Verunglimpfung *meines* Namens über die ganze Welt verbreitet wird. Die sogenannte Heiden-Welt war jahrtausendelang voll mit Göttinnen, Göttern, Gottsöhnen und Heilspropheten. Diese ,Heiden' waren es auch, denen die Intransigenz der Christen fehlte. Mit Bewunderung denke *ich* an den berühmten <u>Symmachus</u> des 4. Jahrhunderts zurück, der begriffen hatte, daß das Mysterium Gottes viel zu groß sei, als daß eine Religion es ausschöpfen könnte. Die römische Kirche war es, welche Ausschließlichkeit und hochmütige Intoleranz verkörperte." Und Jesus erzählt, wie unsinnig diese Mission gewesen sei, da in China und Indien bereits drei Religionen, die zwischen 500 und 700 Jahre älter waren als das sogenannte Christentum, fest Fuß gefaßt hatten. Es war die Philosophie und der Glaube des Laotse (†7.Jh.), es war die Weisheit des Konfuzius (†470), und es war Buddha (†483), denen die Bewohner dieser riesigen Länder anhingen. Das Verständnis ihrer Götterwelt war um ein Vielfaches reiner als das der angeklagten römischen Bischöfe."

Je länger ich Jesus zuhöre, desto mehr Argumente fallen mir selbst ein. Seine akribische und präzise Beweisführung wirkt ansteckend. In der Genesis 1,26, daran mußte ich schon einmal denken, zeigt sich die ganze Anmaßung dieser vermeintlich ‚alleinseligmachenden katholischen Kirche', wenn man sich die Mühe macht, genau zu lesen. Ganz davon abgesehen, daß dieser Schöpfungsakt natürlich nie stattgefunden hat: Im hebräischen Text wird der Begriff ‚elohim' verwendet, was nicht Gott, sondern Götter bedeutet: ‚Laßt uns Menschen machen...' Wie interpretierte das doch Paul Hengge in seiner ‚Bibelkorrektur'? Die Mehrzahl drücke die Möglichkeit aus, daß sich Nachkommen aller Völker und aller Zeiten mit ihren Glaubensvorstellungen wiederfinden können. Nimmt man Genesis 1,27 hinzu, wonach Gott den Menschen nach seinem Bilde als Mann und Frau schuf, so verstärkt sich der Eindruck der Mehrheit. War da nicht eine Gott-Frau am Schöpfungsakt beteiligt? Oder ist Gott nicht weniger Frau als Mann? Wo blieb diese weibliche Komponente Gottes in all den Jahrhunderten kirchlichen Patriarchats? Eine wohlbekannte Stimme reißt mich aus diesem Gedankenwirbel.

„Doch hört weiter, Richter, ein zentrales Thema in dieser ‚nie irrenden Kirche' wirft Ugo Boncompagni zum ersten Mal auf: Von ihm stammt die Behauptung, ein Ungeborenes im Mutterleib sei bis zum vierzigsten Tag noch kein Mensch, ein Verhindern der Geburt, eine Abtreibung also, sei nicht sträflich, auf keinen Fall aber Mord. Bereits drei Jahre später, 1587, verwarf der Nachfolger Boncompagnis diesen Entscheid und stufte ihn als ‚Mord' ein, der mit der Exkommunikation bestraft wurde. Diese zutiefst widersprüchliche Haltung, auf der einen Seite der Kampf um ungeborenes Leben, auf der anderen die Verachtung des Lebendigen, die millionenfache Verletzung der Menschenwürde, wird uns noch bis zum letzten Angeklagten beschäftigen."

Jesus holt von seinem Tisch ein anderes Dokument, sucht eine Weile und fährt dann mit seinem Plädoyer fort. Er bezichtigt den Angeklagten jetzt des Landfriedensbruchs, der Einmischung in innere Angelegenheiten sowie der Unterstützung und Vorbereitung von Angriffskriegen und der Verunglimpfung in Tateinheit mit Anstiftung zum Mord, weil er eine ‚heilige Liga' des katholischen Herzogs Heinrich von Guise und Philipps von Spanien gegen Heinrich von Navarra, der sich der Toleranz verpflichtet fühlte, ‚in vorsichtigen mündlichen Formulierungen billigte'. Andererseits war diese Liga auch gegen Heinrich III. gerichtet, den Boncompagni mit Geld und Munition unterstützte, wie Hans Kühner berichtet. Alle ihm verbündeten weltlichen Fürsten habe er aufgefordert, die Anhänger der Reformierten als ‚Verbrecher' und ‚Ketzer' zu verfolgen, sie mit allen Mitteln entweder durch Zwangstaufe zu seiner Kirche zurückzubringen oder sie zu töten.

Hilfe bei dieser mörderischen Jagd habe der Angeklagte beim Herzog von Bayern und der Mehrheit der deutschen Kurfürsten gefunden, womit erneut „Religionskriege" aufgeflammt seien. Verschärft habe Boncompagni seinen Kampf gegen die Reformierten und erklärt praktisch alle Andersgläubigen, vor allem in Deutschland, für vogelfrei.

1584 habe er eine weitere Bulle gegen die jüdische Bevölkerung Italiens erlassen. Sie trug den Titel „Sancta mater ecclesia". Auch hier sehe er, der Ankläger, einen klaren Verstoß gegen das mehrfach zitierte Gebot des Kirchenstifters Paulus und des Kirchenlehrers Bernhard von Clairvaux. Von diesem sei viel Unheilvolles ausgegangen, aber seine Forderung, der Glaube müsse ‚Bekenntnis innerer Überzeugung' sein und dürfe nicht gewaltsam auferlegt werden, ‚Ketzer' müsse man ‚mit Weisheit besiegen und nicht mit Waffen', stufe er als ausgesprochen positiv ein.

„Mit seiner ‚Sancta-Mater'-Bulle genehmigt der Angeklagte Gelderpressungen für Konvertiten aus dem Judentum. Es kommt zu weiteren Zwangspredigten, Verfolgungen, Beschlagnahmungen, Kerkerbestrafungen und Hinrichtungen. *Meine* Anklagepunkte zur Bulle ‚Vices eius nos' aus dem Jahr 1577 finden hier Bestätigung.

Melchisedek, *ich* muß der Wahrheit zu Ehren nachtragen, daß es zwar seit 1523 keine ‚Hexenerlasse' mehr gegeben hatte. Aber – und deswegen erhebe *ich* Anklage wegen Unterstützung einer verbrecherischen und terroristischen Vereinigung, Nötigung, Freiheitsberaubung, gefährlicher Körperverletzung in Tateinheit mit zahllosen Justizmorden – dadurch, daß er die Verfolgung von ‚Hexen' weiter geduldet hat, hat sich der Angeklagte schuldig gemacht.

Ich bezichtige ihn des weiteren der Beihilfe zur Volksverhetzung, der Freiheitsberaubung und der Beihilfe zum Völkermord sowie der verbrecherischen Bereicherung, denn in Nord-, Mittel- und Südamerika werden die Urbewohner von diesen Herren-Menschen weiterhin systematisch beraubt, versklavt und ausgerottet. Über die Zahl der Opfer gibt es nur Schätzungen, aber 100 000 werden es Jahr für Jahr gewesen sein. Die Grausamkeit der Eroberer, so wissen wir aus Tagebuchnotizen und Dokumenten von Beteiligten, wuchs durch den Sadismus und die Mordlust der Peiniger im Mönchsgewand ins Unvorstellbare. Auch Boncompagni sei verflucht, verflucht auf ewig!

Ich bin am Ende mit *meinem* Plädoyer, es ist an euch, ein Urteil zu finden. *Ich* hoffe, es trifft ihn in aller Schärfe."

34. Klemens VIII.

Ippolito Aldobrandini

Es ist der Erste Richter Gideon, der die Strafsache gegen Klemens VIII. führt. Durch ihn erfahren die Anwesenden nur, daß der Angeklagte 1536 bei Florenz geboren wurde, ein Studium der Rechtswissenschaft erfolgreich abschloß und 1585 den Kardinalshut verliehen bekam.

Jetzt erhebt sich Jesus und sagt: *„Meine* erste Klage lautet auf Amtsmißbrauch und verbrecherische Bereicherung. Aldobrandini, der noch als Kardinal den Nepotismus aufs schärfste verurteilt hatte, häufte wie schon so viele andere vor ihm für seine Familie Gold und Grundbesitz an. Er ernannte seine Neffen Cinzio und Pietro zu Kardinälen und Staatssekretären. Einen weiteren Neffen erhob er im Alter von erst vierzehn Jahren ebenfalls zum Kardinal. *Ich* klage ihn des weiteren der Verunglimpfung, der Volksverhetzung und des Verstoßes gegen das Menschenrecht und die freie Entfaltung der Persönlichkeit an, weil er die Bullen seiner Vorgänger Carafa und Ghislieri gegen die Juden bestätigte. Dadurch waren diese gezwungen, ihr Leben wie krankes Getier eingepfercht im Ghetto zu fristen. Sie mußten auf fast alle Berufe und damit den Gelderwerb verzichten. Noch zu prüfen ist, ob es ein Rechtsverstoß war, daß der Angeklagte das Herzogtum Ferrara dem ‚Kirchenstaat‘, der ja auch nur durch gefälschte Urkunden entstanden ist, als Lehen einverleibte. Bis zur Urteilsverkündung werde *ich* diesen Punkt geklärt haben.

Ich bezichtige Aldobrandini zudem des Landfriedensbruchs wegen der von ihm ausgelösten Streitigkeiten mit der Republik Venedig, die er in die Abhängigkeit Roms zwingen wollte. *Ich* klage ihn außerdem an, gegen die Freiheit der Wissenschaften und die Freiheit der Meinungsäußerung verstoßen zu haben, denn er hat den Index der verbotenen Bücher verschärft und die gesamte jüdische Literatur auf diese Verbotsliste gesetzt.

Schuldig im Sinne der Anklage ist Aldobrandini auch wegen Erpressung und Freiheitsberaubung, weil er vom Stadtrat Venedigs verlangt, den ehemaligen Dominikaner Giordano Bruno an Rom auszuliefern. Auf diesen Mann, der sieben lange Jahre in der Engelsburg im Kerker schmachten mußte, werde *ich* später noch zurückkommen.

Amtsmißbrauch beging Ippolito, als er 1594 den Krakauer Dominikanermissionar Hyazinth (†1257) heiliggesprochen hat, obwohl die Beweise für das ‚Wunderwirken' jenes Dominikaners weder erwiesen noch historisch belegbar waren. Über diese gotteslästerlichen ‚Heiligsprechungen' werde *ich* *mich* ebenfalls zu gegebenem Zeitpunkt auslassen.

Ich werfe dem Angeklagten Einmischung in innere Angelegenheiten und Volksverhetzung vor, weil er, den öffentlichen Frieden eines Fremdstaates gefährdend, das im April 1598 von König Heinrich IV. erlassene ‚Edikt von Nantes' vehement verurteilt. Es beendete den achten ‚Religionskrieg', ihr Richter, den bereits achten Krieg zwischen Angehörigen des Katholizismus und den Hugenotten! Heinrich, einstmals Führer der Reformierten, sprach allen Bürgern seines Landes die Glaubensfreiheit zu. Ein Akt der Toleranz und Vernunft, wahrhaft ‚christliche' Tugenden, die wir bei allen Angeklagten so schmerzlich vermissen."

Und dann höre ich eine Geschichte, die Schriftsteller und Dramatiker beschäftigt hat. Ein Kriminalfall, der nie restlos aufgeklärt werden konnte. Im September 1599 war es gelungen, durch ein Dokument aus dem Geheimarchiv des Vatikan etwas Licht in den Fall der Beatrice Cenci zu bringen, einer 22jährigen Contessa, die zusammen mit ihrer Stiefmutter und ihrem Bruder des Mordes an ihrem Vater angeklagt war.

Francesco Cenci, ein römischer Edelmann, war vor Gericht mehrmals der greulichsten Sittenverderbnis bezichtigt worden. Er soll laut Aussage von Familienfreunden auch seine Tochter bedroht und versucht haben, mit ihr blutschänderisch Inzest zu begehen. Mit dieser Notsituation begründete der Anwalt der Cencis den Mord, den zwei bezahlte Banditen ausgeführt hatten.

Beatrice, ihre Stiefmutter und der Bruder wollten sich – so argumentierte ihr Verteidiger – von der tyrannischen Herrschaft des Francesco befreien. Während Stiefmutter und Bruder nach der Folter, die die katholischen Inquisitionsgerichte regelmäßig als Mittel zur „Wahrheitsfindung" benutzt haben, ein Geständnis ablegten, „gestand" die Jungfer aus Angst vor der Folter ebenfalls.

Es wäre, so bekundeten sowohl der Anwalt als auch einige Zeitgenossen, für Aldobrandini ein leichtes gewesen, die strafmildernden Umstände zu berücksichtigen, doch in seiner erbarmungslosen Härte ließ er die Frauen köpfen und den jungen Mann vierteilen.

Dieses grauenhafte Bild vor Augen, höre ich plötzlich wieder Jesus: „Ich klage Aldobrandini der unterlassenen Hilfeleistung und der verbrecherischen Bereicherung an. Der Angeklagte beschlagnahmte nämlich räuberisch die großen Besitztümer der Familie für seine ‚heilige‘ Kirche."

Nach einer kurzen Pause, in der sich Jesus einen Aktenordner vom Tisch geholt und aufgeschlagen hat, kommt er auf ein Ereignis im Jahr 1600 zu sprechen, das von Rom als „Jubeljahr" gefeiert wurde. Es ist der Prozeß gegen Giordano Bruno, der bereits seit 1593 eingekerkert war. Jesus nennt einige Stationen aus dem Leben dieses Mannes. 1580 sei er aus dem Dominikanerorden ausgeschieden, weil er die Regeln als zu streng und die Auslegung der Schrift als strittig empfand. Er sei ein Wiederentdecker des Philosophen Lullus (†1315) gewesen, der überzeugt davon war, die ‚Wahrheit‘ finden zu können.

Lullus und Bruno hätten einen technischen Mechanismus entwickelt, mit dem man systematisch alle Grundbegriffe verbinden konnte: Die Wissenschaft der Kabbala, die mystische Zahlentheorie, die Philosophie des Nikolaus von Kues und das Weltbild des Kopernikus. 1543 bereits habe Kopernikus sein Werk „Über die Umläufe der Himmelskörper" geschrieben, und Giordano Bruno sei es gelungen, dieses kosmologische Weltbild wissenschaftlich unwiderlegbar zu beweisen.

„Wissen ist, war und wird den Unwissenden immer ein

Greuel sein!" ruft Jesus den Richtern zu. „Wissen bedeutete für diese Kirche, die den Besitz der ‚Wahrheit' für sich allein in Anspruch nahm und nimmt, stets etwas ‚Ketzerisches', der ‚Zauberei' Verdächtiges. Der Lehrsatz Brunos, die Erde sei eine Kugel und nur ein Stern unter vielen im unendlichen Weltall, die geboren werden und vergehen, war für die Inquisition eine nicht zu übertreffende sündige Ketzerei und unvereinbar mit der Heiligen Schrift. Das ‚Offizium' sah die ‚Irrtumsfreiheit' der Bibel bedroht, obwohl doch von der Genesis an bis zum letzten Vers der Offenbarung Irrtümer und Widersprüche zuhauf zu finden sind."

Jesus weist dann darauf hin, daß in der angeblich „von Gott inspirierten Schrift" Gott selbst bereits in den fünf Büchern Mose diverse Irrtümer begehe, daß auch er, Jesus, in manchem geirrt habe.

Er erklärt, daß in der Vorstellung der römischen Kirchen-Führer die Erde als Scheibe existiere, dies aber auf einer wörtlichen Auslegung bestimmter Stellen der Schrift und einer naiven naturwissenschaftlichen Betrachtungsweise insgesamt beruhe. Tausende von Jahren bereits habe es zum Wissen von Babyloniern oder Ägyptern gehört, daß die Erde eine Kugelform habe. Mit der vermeintlichen Entdeckung Westindiens auf dem Seeweg durch Kolumbus sei das bestätigt worden. Giordano Brunos Theorie, das All sei ohne Anfang und ohne Ende, habe natürlich die absurde Vorstellung der römischen Kirche von der siebentägigen Schöpfungsgeschichte und der 5000 Jahre alten Menschheit zunichte gemacht.

„Für Giordano stellt ‚jedes Ding eine Welt im Kleinen' dar. Endliches und Unendliches sind miteinander verwandt. Er behauptet, daß Pflanzen, Tiere und Menschen eine Seele haben. Das war natürlich gotteslästerlicher Frevel für eine Institution, die mehr als ein Jahrtausend lang in Frage stellte, daß die Frau gottebenbildlich sei.

Hohes Gericht, im Dezember 1596 kommt es zum ersten Verhör, im März 1597 zum zweiten. Zur Kongregation, die über Bruno befindet, gehört auch Kardinal Camillo Borghese, gegen den wir noch als Nebenangeklagten verhandeln werden. Schließlich übernimmt Ippolito Aldobrandini selbst den Vorsitz in dem lästerlicherweise ‚Heiliges Offizium‘ genannten Gericht. Giordanos Gegner bauten ihre Anschuldigungen wie immer nur auf Verdächtigungen auf. Bruno habe, so der erste Punkt, das Ordensgelübde gebrochen, er sei von seiner Kirche abgefallen, leugne die Vollkommenheit Gottes, die Dogmen, die Transsubstantiation und die Jungfrauengeburt, er verhöhne den Heiligenkult und den Reliquienglauben. Für *mich*, Richter, sind das alles keine Straftaten, sondern Eingebungen des vollkommen gesunden Menschenverstandes, vor dem sich diese Kirche so sehr fürchtet.

Ich zitiere einmal eine Sentenz des Giordano: ‚Wer richtig urteilen will, muß sich von der Gewohnheit des Glaubens freimachen. Muß zunächst Behauptung und Gegenbehauptung für gleichermaßen möglich gelten und vollständig jede Voreingenommenheit fahren lassen, die ihm vom Mutterleibe an eingeimpft worden ist.‘

Die ‚Unbeweisbarkeit Gottes‘, die ‚Widernatürlichkeit‘ der Dogmatik hatte Bruno reklamiert, zu Recht! Er glaubte an die ‚Gleichhaftigkeit und Göttlichkeit aller Wesen‘. Für die Inquisition kam es einer ‚Todsünde‘ gleich, daß Bruno an Himmel und Hölle zweifelte. Richter, *ich* frage euch, wo ist der Himmel? Wo ist die Hölle?

Angeklagt war er auch wegen seiner Überzeugung, die ‚Wunder Christi‘ seien ‚Kunststücke, die das Naturgesetz zur Büberei herabwürdigen‘. Giordano, von hier aus stimme *ich* dir bei – du bist *meiner* Lehre näher als die irrende Kirche. Die ‚Wunder‘ sind allesamt Erfindungen der ‚Evangelisten‘ und ‚heidnischen‘ Religionen gestohlen.

Richter, vernehmt, was dieser vortreffliche Mensch geäußert hat: ‚Nun, so laßt uns ihn unter die Menschen senden und diesen durch ihn begreiflich machen, daß weiß schwarz ist, der menschliche Verstand nur Blindheit, daß folglich alles, was der Vernunft als vortrefflich gut oder als das Beste erscheint, nur gemein, verwerflich und äußerst böse ist.‘ “

Jesus zitiert nun aus dem Werk „Vom Unfehlbaren, Unermeßlichen und Unvorstellbaren“:

„ ‚Nach Herrschaft giert das Priestertum,
    die grause Henkershände schützen,
von ewger Todesfinsternis und Höllengraus die Dogmen stützen
die Herrschaft ihnen! Glauben muß dem Volk
    das Sonnenlicht verleiden,
dem Volk, auf dessen Phantasie sie die
    gemeinste Habsucht weiden
Durchtriebne Lügenschmiede, hinkend und grollend
    an den Dogmen hämmern
sie unermüdlich in der Esse der Dummheit,
    drin die Völker dämmern.
Von oben dräut den armen Sündern
    ein Herrgott mit den Donnerkeilen,
indessen unten in der Hölle mit Ketten rasselnd,
    Teufel weilen.‘

Es gab und gibt nicht viele Menschen, die den Mut haben, dieser anmaßenden und drangsalierenden Kirche so offen entgegenzutreten! Giordano Bruno war einer von ihnen, die den lästerlichen Glaubenswahn angriffen! Hört aus der ‚Kabbala des Pegasus‘ ein ‚Sonett zum Lobe des Esels‘:

‚O heilges Eseltum, o heilge Ignoranz!
O heilge Dummheit, heilge Devotion!
Du ganz allein verschaffst ein Glück uns ganz,
das keiner Geistesarbeit wird zum Lohn!
Was nützt euch Forschern alles Studium,
was grübelt ihr mit wißbegiergem Hirn,
ob Feuer, Erde, Meer hat ein Gestirn?
Nicht kümmert heilges Eseltum sich drum
es beugt die Knie, es faltet fromm die Hände,
erwartet, daß der Herr ihm Segen spende;
denn höher als Vernunft ist jener Frieden,
der frommen Seelen nach dem Tod beschieden!
Vergänglich ist, was man auch treibt hienieden!‘

Am 20. Januar 1600 verkündete das Inquisitionsgericht, daß man gemäß der Entscheidung Aldobrandinis ‚in dieser Sache die letzte Schritte tun und unter Wahrung aller Förmlichkeiten das Urteil sprechen‘ werde, da Giordano Bruno den Folterqualen trotze und es ablehne, seine Philosophie zu verleugnen.

Und so fällte Aldobrandini als ‚Stellvertreter Christi‘ das Todesurteil, übertrug die Ausführung dieses Justizmordes aber
dem ‚weltlichen Arm‘, dem Gouverneur von Rom.

Als Giordano Bruno hörte, daß ihm seine Ämter und Titel
aberkannt worden waren, daß er ein ‚unbußfertiger, verstock-
ter, hartnäckiger Häretiker‘ sei, der nach den ‚Satzungen der
heiligen Canones der heiligen unversehrten Kirche‘ verurteilt
werde, deren ‚Gnade er nicht mehr würdig‘ sei, rief er seinen
Mördern zu: ‚Mit größerer Furcht wohl sprecht ihr mir das Urteil, als ich es empfange!‘

Seine Schriften wurden für ‚ketzerisch‘ und ‚irrig‘ erklärt
und auf den Index gesetzt. Die Bücher, deren man habhaft
werden konnte, sind am 17. Februar 1600 auf den Stufen des
sogenannten Petersdoms verbrannt worden – gleichzeitig mit
ihrem Verfasser, der auf dem ‚Campo dei Fiori‘ den Flammen-
tod erleiden mußte.

Wir wissen alle, daß diese Organisation weder ‚heilig‘ noch
‚unversehrt‘ ist, daß sie sich anmaßt, Urteile zu sprechen, wovor die Schrift schon warnt. Und wir wissen, daß dieser tapfe-
re Mann vor seinen Richtern sagte, wer körperlichen Schmerz
fürchte, sei ‚nie des Göttlichen teilhaftig‘ geworden.

Nie hat sich diese Organisation von dem Justizmord an
Giordano distanziert oder schuldig bekannt! Historiker verteidigen bis heute seine Hinrichtung als durch die damalige Situation gerechtfertigt. Vernehmt also die Anschuldigungen, die
einer seiner Biographen, Anton Kaiser, in einem Essay gegen
Rom geschleudert hat. *Ich* schließe *mich* dem voll und ganz
an: ‚Das Christentum, die römisch-katholische Kirche und das
Papsttum werden die Anklage der geistigen Menschheit nie
loswerden, einen Genius gemartert und bei lebendigem Leib
verbrannt zu haben, der seiner Zeit und den folgenden Jahrhunderten und Jahrtausenden eine dreifache Weisheit geschenkt hat: Die Weisheit von der Harmonie mit dem Unendlichen im Verein mit dem Wissen von der Vielfalt bewohnter
Welten; die Weisheit vom ewig selbstschöpferischen Werden
im Verein mit dem Wissen von der Entwicklung zum Vollkommenen; die Weisheit von der ewigen Umwandlung im

Verein mit dem Wissen von der Kreislaufdynamik und der Ewigkeit des Lebens.'"

Jesus hat den Kopf gesenkt und schließt für Sekunden die Augen. Dann richtet er sich wieder auf, und ich höre seine dröhnende Stimme: „*Ich* klage Ippolito Aldobrandini des Justizmordes an, des Verstoßes gegen die Zehn Gebote und gegen die Freiheit der Wissenschaften, der Verletzung der Menschenrechte und der Verunglimpfung *meines* Namens."

Nach einer weiteren Pause sagt er: „*Ich* komme abschließend zum Jahr 1604, in dem der Angeklagte behauptet, ‚Mischehen‘ zwischen ‚Heiden‘, ‚Protestanten‘ und ‚katholischen Christen‘ seien ‚unzüchtig‘. Er beruft sich dabei auf das Konzil von Trient, das 1563 zu Ende gegangen ist. *Ich* klage ihn deswegen der Beleidigung an, der Nötigung, der Verletzung der Grundrechte und des Menschenrechts sowie der Privatsphäre."

Während ich für Sekunden überlege, daß damit das antisemitische „Blutschutzgesetz" der Nazis von 1935 in gewisser Weise vorweggenommen worden ist von dieser ‚heiligen Kirche‘, ruft Jesus: „Richter, bedenkt, daß es der Angeklagte in der Blütezeit des Humanismus wagte, Ehen zwischen ‚Gläubigen‘ seiner Kirche und Juden mit der Todesstrafe zu bedrohen, obwohl doch ‚Andersgläubigkeit‘ für Paulus, auf den sich diese Organisation so oft beruft, nicht einmal Grund für eine Scheidung ist (1. Kor. 7). Und ein Missetäter wie Aldobrandini wird von Rom noch heute wegen seiner großen ‚Frömmigkeit‘ verehrt!"

35. Urban VIII.

Maffeo Barberini

Judith schlägt die Strafakte 35 auf und sagt: „Geboren ist Barberini am 5.April 1568 in Florenz, 1604 wird er zum Erzbischof von Nazareth ernannt, anschließend ist er Gesandter in Paris, wo er sich am Aufbau des Jesuitenordens beteiligt, 1608 geht er als Erzbischof nach Spoleto, und am 6.August 1623 wird er von der Kurie als Urban VIII. gewählt. Seine Amtszeit dauerte bis zum 29. Juli 1644. Der Ankläger hat das Wort."

Jesus erklärt, die gesamte Amtszeit des Barberini sei geprägt durch einen jahrzehntelangen Krieg, der seit 1618 ganz Europa verwüstet habe. In diesem Krieg habe er wie so mancher Vorgänger eine höchst bedenkliche Politik betrieben und sich, immer den überlegenen Parteien anbiedernd, mal mit weltlichen Herrschern, die seiner Kirche angehörten, dann mit erklärten ‚Feinden‘ des protestantischen Lagers verbündet. Als Amtsmißbrauch und Beihilfe zu Angriffskriegen wertet Jesus die Tatsache, daß Barberini den deutschen Kaiser Ferdinand II. (†1637) durch Kirchengelder unterstützt habe, um bald darauf mit den Franzosen und deren allgewaltigem und gefürchtetem Kirchenfürsten, dem Kardinal Richelieu (†1642), einen Pakt gegen Spanier und Österreicher auszuhandeln. Das alles nur, um dem Kirchenstaat Macht und Territorium zu sichern.

Im November des Jahres 1626 wurde unter Barberini der Neubau der ‚Peterskirche‘ fertiggestellt und eingeweiht. Gegen den Willen des Angeklagten kommt es 1629 zum ‚Edikt von Nîmes‘, in dem den Hugenotten die Kultur- und Glaubensfreiheit zugesichert wird.

Ich klage Barberini überdies wegen des Verstoßes gegen die Freiheit der Meinungsäußerung und die Freiheit der Wissenschaften an, denn im Jahr 1631 erneuert er die schon bekannte Zensurbulle ‚In coena Domini‘, wonach jede Buchveröffentlichung von einer römischen Kommission genehmigt werden mußte.

Durch den protestantischen schwedischen König Gustav Adolf hatte die Reformation in Deutschland weitere Ausbreitung gefunden. Der Tod des Gustav Adolf wird vom Angeklagten in Rom mit einem Dankgottesdienst gefeiert – ein Akt, den *ich* aufs schärfste mißbillige.

Aus *meinen* Unterlagen geht weiter hervor, daß zwölf Jahre nach Barberinis Amtsantritt die Schulden der Kirche einen Stand von 30 Millionen Scudi erreicht hatten – eine unvorstellbar hohe Summe. Durch seinen maßlosen Nepotismus ist es zu diesem Schuldenberg gekommen, denn er unterstützte drei Neffen und seine Familie mit jährlich 300 000 Scudi, was der Hälfte der gesamten Verwaltungskosten entsprach. Auch die Aufstellung eines 80 000-Mann-Heeres und den Kauf von Waffen und Munition ließ sich Barberini immens viel Geld kosten. Zum Teil konnte er seine Kriegslust durch Steuererhöhungen finanzieren." Jesus plädiert auf Amtsmißbrauch in Form von Nepotismus in Tateinheit mit verbrecherischer Bereicherung.

Da der 30jährige Krieg zwar auch wieder als „Glaubenskrieg" bezeichnet werden könne, der Angeklagte aber versucht habe, sich durch Neutralität oder suspekte Bündnispolitik möglichst herauszuhalten, werde die Anklage später auf dieses Geschehen zurückkommen.

„Für das Jahr 1643 verzeichnen die Chroniken die Unterzeichnung der Bulle ‚In eminenti', in der Maffeo Barberini die Lehre des belgischen Bischofs von Ypern, Cornelius Jansenius (†1638) verurteilt. Zwei Jahre zuvor war schon dessen Werk über Augustinus auf den Index gesetzt worden. Die jesuitischen Berater hatten Barberini dieses verwerfliche Vorgehen empfohlen, so daß es in Frankreich, wo sich viele den ‚Jansenisten' angeschlossen hatten, zu einer weiteren Spaltung unter den Gläubigen kam.

Unter Berufung auf Augustinus vertrat Jansenius die Anschauungen von der völligen Verderbtheit der menschlichen Natur und der Unwiderstehlichkeit der Gnade. An der sittenstrengen Lebensführung seiner Anhänger ist jedoch grundsätzlich nichts Verwerfliches erkennbar." Mit diesem Verbot sind für Jesus die Straftatbestände <u>Verunglimpfung</u> Andersgläubiger, <u>Verstoß gegen das Recht auf freie Meinungsäußerung</u>, gegen das <u>Menschenrecht</u> und <u>Naturrecht</u> erfüllt.

Nachdem er von seinem Tisch einen anderen Aktenordner genommen hat, erklärt er: „Hohes Gericht, <u>in einer Zeit, in der große Wissenschaftler weltbewegende Entdeckungen machten, wurde die Menschenjagd auf vermeintliche ‚Hexen' vor allem in Deutschland unvermindert streng fortgesetzt.</u> Auch Barberini billigte diese Art der <u>Volksverhetzung</u> und <u>Verunglimpfung</u> sowie den <u>Mord</u> an unschuldigen Frauen in Tateinheit mit <u>verbrecherischer Bereicherung.</u> Es gibt zahlreiche Belege, daß sich Bischöfe durch die Konfiszierung des Besitzes von angeblichen Hexen Hunderttausende von Gulden räuberisch angeeignet haben.

Ein erschütterndes Beispiel für diese Mischung aus Neid, Gier und Mißgunst ist die 1627 in Köln der Hexerei angeklagte <u>Katharina Henot</u> gewesen. <u>Sie hatte von ihrem Vater die kaiserliche Postmeisterei übernommen und nach dem frühen Tod ihres Mannes gemeinsam mit ihrem Bruder Hartger, einem Kölner Domherrn, das Haus geführt. Eine offensichtlich geisteskranke Nonne namens Magdalena Rußrauth, nachweislich bestochen durch einen Mann, der in den Besitz der Postmeisterei kommen wollte, hatte Katharina beschuldigt, ihr verzauberten Wein angeboten zu haben. Die Postmeisterin Henot wurde ins Gefängnis überführt.</u>"

Jesus schlägt noch einmal kurz in seinen Unterlagen nach und gibt nun Einzelheiten aus einem Folterprotokoll wieder. „<u>Katharina Henot hat sich vergeblich dagegen gewehrt, nackt verhört zu werden. Zunächst wurde sie mit Nadeln traktiert. Daß dabei an einigen Stellen kein Blut floß, werteten ihre Peiniger als Beweis, daß der Teufel der Delinquentin geholfen habe. Ohne auch nur einen Beweis vorzubringen, warf man der ehrbaren Frau vor, gemordet zu haben, an ‚Hexentänzen' beteiligt gewesen zu sein, Menschen und Tiere verzaubert zu haben und ähnliches mehr.</u> Da sie alles ableugnet, beginnen die Knechte mit der Folter, mit Daumenschrauben und Hammerschlägen auf Kopf und Körper. Daraufhin werden ihr die

Beinschrauben angelegt. Ihre Reaktion: ‚Soll ich lügen, ich kann's nicht, und wenn ihr mir die Beine zerquetscht.' – Ob sie dem Bürger Halfmann das Kind umgebracht habe? – ‚Nein, Gott ist mein Zeuge, ich wars nicht.' – ‚Oh Jesus, ich bin unschuldig!' soll sie nach dieser ersten Folter gerufen haben. So ist es im Protokoll vermerkt.

Bis zum 19. Mai 1627 ist Katharina Henot viermal gefoltert worden, und viermal hat sie im nachhinein die von den Inquisitoren, die behaupten, Streiter im Dienst des Herrn zu sein, erpreßten Geständnisse widerrufen. Von der schönen Frau waren schließlich nur noch ein Klumpen blutigen Fleisches, zerrissene Arme und Beine übriggeblieben.

Als der Richter schließlich verkündete, die Inhaftierte habe ihre begangenen Sünden herzlich bereut und beweint, hat sie versucht, heftig den Kopf schüttelnd, gegen diese Verleumdungen zu protestieren, wie Zeugen beobachten konnten..."

Während Jesus den Fall vortrug, konnte ich beobachten, wie Judith und die anderen Richter immer unruhiger wurden. Nach kurzer Rücksprache mit Gideon unterbricht Judith jetzt. In ihrer Stimme liegt eine Spur von Ungeduld: „Ankläger, wir haben schon bei früheren Angeklagten ausführlich über die Hexenfolter gesprochen. Deshalb fasse dich kurz und sage uns, welche Beweise gegen die Frau vorgebracht wurden."

Ein wenig verärgert reagiert Jesus auf diese Zurechtweisung und antwortet: „Den einzigen ‚Beweis', den sie hatten, war ein Mal an ihrer Stirn. Nach einem ‚Hexenmal' hatten sie den makellosen Körper der Postmeisterin vergeblich abgesucht, aber an der Stirn glaubten sie es entdeckt zu haben. Zwar gab der Domherr, ihr Bruder, zu Protokoll, er habe seine Schwester als Kind auf einer Schaukel einmal zu heftig geschwenkt und sie sei deswegen kopfüber in den Kies gestürzt. Doch die Erklärung des Bruders half der Unglücklichen nicht. Katharina Henot wurde danach vor einer großen Volksmenge zur Feuerstelle gebracht, von einem Folterknecht erwürgt und dann verbrannt."

Raunen und Murren von den Jüngern begleitet diese Ausführungen. Dennoch, mir fällt auf, daß der Protest längst nicht mehr so heftig ist, wie noch zu Beginn des Prozesses. Zeigen die deutlichen Verweise des Ersten Richters Wirkung, oder ist es einfach die Ansammlung von Grauen und Schrecken, die lähmt?

Jesus spricht weiter: „Es ist nicht einwandfrei zu belegen, ob der Jesuit Friedrich Spee von Langenfeld (†1635) während des Prozesses gegen Katharina Henot in Köln war, sicher ist aber, daß er durch ihr Schicksal und das anderer unschuldiger Frauen dazu bewegt wurde, vier Jahre später seine Schrift ‚Cautio criminalis' zu veröffentlichen. Er tat dies anonym, weil er befürchten mußte, ebenfalls wegen ‚Hexerei' angeklagt zu werden.

Dummheit, Wahnwitz und unterdrücktes Sexualleben der Kleriker haben nach Auffassung Spees wesentlich dazu beigetragen, daß der gefährliche Aberglaube im Volk ständig weiter wuchs, die Inquisitoren als vermeintliche ‚Richter von Gottes Gnaden' also ein allen ‚wohltätiges Werk' vollbrachten bei der systematischen Vernichtung der ‚Hexen'. Und damit besaß die Kirche eine ungeheure Macht über die Menschen jener Zeit. Nicht den ‚Hexenhammer' wünschten hohe Kirchenvertreter auf den Index, das Werk des Friedrich von Spee wurde als ‚allerverderblichstes' Buch verurteilt.

Laßt *mich* daraus die wichtigsten Passagen vortragen: Spee nennt in aller Schärfe die Inquisitoren ‚selbstherrlich'. Sie würden das ‚Blut der Armen bis zum letzten Tropfen aussaugen', die Inquisition sei ‚vom Teufel erfunden', eine Institution des Bösen und spotte jeder Gerechtigkeit. Jeder, der in den ‚Teufelskreis der Inquisitionsgerichte' falle, sei verloren und werde ‚rettungslos verschlungen'. Er behauptet, daß die Inquisitoren sehr am Geld interessiert gewesen seien und deswegen so viele Todesurteile gefällt hätten. Daß der ‚Mammon die Inquisitionsgerichte regiert' habe. Er pocht auf das Naturrecht: Ein jeder, der angeklagt ist, dürfe sich verteidigen, solange ihm keine Schuld nachgewiesen sei."

Und wörtlich zitiert Jesus aus Spees Traktat, das seinen tiefen Gerechtigkeitssinn und seine Menschlichkeit widerspiegelt: „ ‚Juristen und Geistliche sind in gleichem Maße angeklagt, denn durch das Muß der Denunziation hat der neidische und niederträchtige Pöbel eine wichtige Rolle gespielt. Der Pöbel, der sich ungestraft und überall mit Verleumdungen an seinen Feinden und Nachbarn hat rächen können und durch seine Schwatzhaftigkeit und Verunglimpfung Zehntausende in den Tod trieb. Mit giftigen Zungen und Argwohn, mit der Ehrabschneiderei und Verleumdung hat die Pflicht christlicher Nächstenliebe so arg wie möglich gelitten. Die Obrigkeit und vor allem die Geistlichen haben es verabsäumt, die giftigen Mäuler, die nur Gestank, Qualm, Lügen als Gerücht aushauchen, statt sie zuzustopfen.' Auf ihren Lügen sind Prozesse gegründet, Geistliche und Kleriker sind immer wieder mit Verleumdern und Schwätzern als schlechtem Beispiel vorangegangen. Zum Gespött der Klugen, denen Verleumdung und Schwatzhaftigkeit bei Geistlichen immer zuwider gewesen ist.

Auch dem Angeklagten Maffeo Barberini wird die Schrift des Friedrich von Spee bekannt gewesen sein. Aber seine von Vernunft zeugenden Thesen prallten allenthalben ab an den Ohren der Kleriker und ihrer Helfer. Vergeblich warnt der Jesuit vor den Folgen: ‚Soviel sie auch noch verbrennen mögen, sie werden sie doch nicht ausbrennen, sofern sie nicht alles verbrennen. Sie verwüsten ihre Länder mehr, als jemals ein Krieg es tun könnte und richten doch nicht das allergeringste damit an. Es ist, um blutige Tränen darüber zu vergießen!'"

Voller Zorn berichtet Jesus, daß sich weltliche und kirchliche Fürsten gegenseitig der Verantwortung dafür ziehen. Mit Spee gemeinsam beklagt er, es sei ja nicht nur unter den Laien, sondern auch unter den Beichtvätern ein Preis für jede vermeintliche Hexe ausgesetzt gewesen.

„Richter, laßt *mich* an dieser Stelle anfügen, daß im Volksmund das Wort umging, die schnellste Art, reich zu werden, sei das Hexendenunzieren und Hexenverbrennen. Doch weiter mit Spee. Er beschuldigt die Kirchenmänner: ‚Sie essen und trinken sich gemeinsam mit den Inquisitoren satt am Blute der Armen.'"

In diesem Zusammenhang macht Jesus auf die schwerwiegenden Folgen aufmerksam, die die Beichte, eines der sogenannten Sakramente oder ‚Gnadenmittel‘ dieser Kirche, nach sich gezogen hat. „Die Beichte, von der *ich* nie ein Wort gesagt habe, hat sich im Lauf der Jahrhunderte zu einem wirkungsvollen Instrument der Gewissensüberwachung und -folter im Dienst dieser Organisation entwickelt. Ihre Abhängigen gaben aus Angst vor ewiger Verdammnis intimste Geheimnisse preis, verrieten Freunde, die dann nicht selten den Häschern der Inquisition zum Opfer fielen. In Spanien zum Beispiel gab es nie so viele Denunziationen wie zur Zeit der sogenannten Osterbeichte! Läßt sich ein verbrecherischeres Werkzeug denken?“

Er hat recht, sage ich mir im stillen. Wenn ich an die modernen Formen der Video-Überwachung denke, an all das, wofür George Orwell in seinem Roman „1984“ den Begriff „Tele-Auge“ erfunden hat, so nimmt sich das geradezu dilettantisch aus im Vergleich zu der perfekt betriebenen Maschinerie der katholischen Volksaushorchung, Gesinnungsschnüffelei, Gedanken- und Gefühlsüberwachung mittels der Beichte. Der „Große Bruder“ katholische Kirche ist für seine „Gläubigen“ allgegenwärtig und will die totale Vernichtung des individuellen Bewußtseins.

Mit donnernder Stimme erklärt Jesus dann: „Stellvertretend für alle mit der Inquisition Verbundenen klage *ich* deshalb Barberini der Nötigung, des Mißbrauchs von Abhängigen, der Erpressung und Falschaussage, des Meineids, der Störung des öffentlichen Friedens, der Verletzung der Intimsphäre, des Naturrechts und der Volksverhetzung an“.

„Richter“, fährt Jesus fort, „auf mein Gleichnis vom Unkraut unter dem Weizen (Matthäus 13,24ff.) berufen sich diese todsündigen und verfluchten Menschenschinder, in dem es da heißt: ‚Die Knechte fragen, willst du, daß wir hingehen und es aufsammeln, und er antwortet, nein, damit ihr nicht etwa, wenn ihr das Unkraut aufsammelt, mit demselben zugleich auch den Weizen ausreißet.‘ Was wollte *ich* damit aber sagen? Daß man das Unkraut auch dann nicht ausjäten soll, wenn Gefahr besteht, daß zugleich der Weizen mit ausgerissen werden könnte!“

Zum Schluß fragt Jesus mit den Worten Spees: „ ‚Was suchen wir so mühsam nach Zauberern? Hört auf mich, ich will euch gleich zeigen, wo sie stecken. Auf, greift Kapuziner, Jesuiten, alle Ordenspersonen und foltert sie. Sie werden gestehen. Leugnen welche, so foltert sie drei-, viermal, sie werden schon bekennen. Bleiben sie noch immer verstockt, dann exorziert, schert ihnen die Haare vom Leib, sie schützen sich durch Zauberer, der Teufel macht sie gefühllos. Wollt ihr dann noch mehr, so packt Prälaten, Kanoniker, Kirchenlehrer, sie werden gestehen, denn wie wollen diese zarten, feinen Herren etwas aushalten können?

Ich fange an zu fürchten, nein, es ist mir schon früher oft der angstvolle Gedanke gekommen, daß jene Inquisitoren diese große Unzahl von Hexen erst mit ihrem unbesonnenen, ich sollte sagen, wirklich sehr ausgeklügelten und weislich verteilten Foltern nach Deutschland hereingebracht haben.‘ “

Erschöpft hält Jesus einen Augenblick inne, trinkt, an seinem Tisch stehend, ein Glas Wasser und sagt dann: „Richter, mit diesem Spee ist jemand aufgestanden, der die Ungerechtigkeit klar ausgesprochen hat. Einer, der die Wahrheit sagt, die Wahrheit, in deren Besitz sich die römische Kirche glaubt. Doch es wird noch mehr als ein Jahrhundert vergehen, bis dieser einsame Rufer in der Wüste der Barbarei Gehör findet und die Feuer endlich erlöschen. Weltliche Machthaber werden sie gegen den Willen der Kirchenführer verbieten.

Meine Anklagepunkte lauten: Beihilfe zur Freiheitsberaubung, zur gefährlichen Körperverletzung, Förderung und Unterstützung einer kriminellen Vereinigung mit Namen ‚Heiliges Offizium‘ und schließlich Massenmord. Für all das ist diese Organisation verantwortlich und wird hier und heute zur Verantwortung gezogen durch *mich*, Jesus aus Galiläa.“

Nochmals geht er zum Tisch, gießt aus der Karaffe nach, trinkt einige Schlucke und tritt mit einer anderen Akte vor die Richter: „Von einem sehr bekannten Opfer der römischen Kirchenjustiz muß *ich* noch berichten. Sein Name ist Galileo Galilei. Bereits als Kardinal hat der Angeklagte diesen großen toskanischen Mathematiker und Philosophen kennengelernt.

350

Wie wir aus Briefen des Galilei wissen, hat sich in Pisa eine freundschaftliche Vertrautheit zwischen ihm und Maffeo entwickelt. Noch vor Amtsantritt des Barberini, im Jahr 1616, war Galilei zum ersten Mal vor ein Inquisitionsgericht geladen worden. Dort wurde ihm auferlegt, die Lehre des 1543 verstorbenen Kopernikus ,weder zu verteidigen, noch an ihr festzuhalten'. Dieser hatte nachgewiesen, daß sich die Erde um die Sonne dreht. Sein 1543 erschienenes, schon im Zusammenhang mit Giordano Bruno erwähntes Werk über die Himmelskörper bedeutete das Ende des ptolemäischen und den Anfang des heliozentrischen Weltbildes: Nicht die Erde, sondern die Sonne steht im Mittelpunkt des Alls. Die verstockten und verbohrten Inquisitionsrichter empfanden dies als ,ketzerisch'.

Doch die Inquisitoren hatten nicht mit der List Galileis gerechnet. Dieser verstand es in seinen auf Kopernikus basierenden Werken, sich formal an die ihm auferlegten Bestimmungen zu halten, aber dennoch durchblicken zu lassen, welche Position er einnahm. So schrieb er 1623 in seinem Werk über die Kometen, ,Die Goldwäger': ,Da die der Erde zugeschriebene Bewegung, die ich als frommer Katholik für vollkommen falsch halte, sehr gut eine Menge verschiedener Erscheinungen erklärt, so vermute ich, daß sie bei all ihrer Falschheit doch bis zu einem gewissen Grad die Erscheinung der Kometen erklärt.' Und in seinem ,Gespräch über das ptolemäische und das kopernikanische Weltsystem', für das er sogar von der kirchlichen Zensur die Druckerlaubnis erhielt, läßt er – um äußerste Objektivität in der Argumentation bemüht – einen ,Ptolemäer' und einen ,Kopernikaner' ihre Standpunkte vertreten.

Nicht zuletzt der Name des ersteren, ,Simplicio', sollte ihm zum Verhängnis werden. Seinen Gegnern gelang es schnell, den Angeklagten davon zu überzeugen, daß er selbst dieser ,Einfaltspinsel' sei. Barberini ließ seinen Freund fallen. Jetzt konnte der Gewitztheit und geistigen Überlegenheit des Gelehrten, dem auf der Ebene der Vernunft ohnehin nichts entgegenzusetzen war, nur noch mit nackter Gewalt begegnet werden. Der inzwischen 68jährige Galilei wurde im Oktober 1632 nach Rom gebracht und eingekerkert. Unter Androhung der Folter, die den alten Gelehrten sicher das Leben gekostet hätte, wurde er schließlich gezwungen, der Lehre des Kopernikus abzuschwören."

Ich erinnere mich in diesem Augenblick an meine Studienzeit, als ich zum ersten Mal Einblick bekam in die Welt dieser großen Denker. Galilei war es, der schrieb, es gebe keinen größeren Haß auf der Welt als den der Unwissenheit gegenüber dem Wissen.

Der geniale Satz des Francis Bacon geht mir durch den Kopf, der gesagt hat, Wissen sei Macht. Und Wissen hat diese römische Kirche immer gefürchtet und deshalb bis zum heutigen Tag bekämpft.

Galileis Widerruf, von dem Jesus gerade berichtet, war das, so überlege ich mir, ein Zeichen von Schwäche? Sicher, der alte Mann hatte Angst vor der Folter, er legte nicht die bewunderungswürdige Unbeugsamkeit eines Savonarola oder Giordano Bruno an den Tag. Aber vielleicht war er auch einfach klüger. Ihm wurde zunehmend deutlich, denke ich, daß eine rationale Auseinandersetzung mit Maffeo Barberini und seinen Inquisitionsschranzen nicht möglich war. Und als sie gar ein nach Meinung vieler Historiker gefälschtes Schriftstück beibrachten, wonach ihm 1616 bereits die Vertretung der Kopernikanischen Lehre auch als Hypothese verboten worden sei, hatte er wohl vollends begriffen – das war nicht sein Niveau. Das Leben dieses Genies, das die Fallgesetze fand, das ein Fernrohr konstruierte, mit dem er die Mondmorphologie und die Sternenvielfalt entdeckte, der sogar noch unter den menschenunwürdigen Bedingungen der Haft sein physikalisches Hauptwerk schrieb, dieses Leben war es nicht wert, auf dem Scheiterhaufen kleingeistiger und arglistiger Inquisitoren zu enden! Jetzt dringt wieder die vertraute Stimme Jesus' an mein Ohr:

„In einem Brief aus dem Kerker, der *mir* vorliegt", höre ich Jesus weitersprechen, „teilt Galilei einem Freund mit, seine Bücher seien für die Inquisitoren ‚verabscheuungswürdiger und verderblicher' als die Lehren von Luther und Calvin. Und weiter heißt es in dem Schreiben, seine wissenschaftlichen Gegner würden sich scheuen, durch das Fernrohr zu sehen, um nicht in die Gefahr zu kommen, sich mit der herrschenden Meinung der Kirche auseinandersetzen zu müssen, statt die neueren Tatsachen der Himmelskunde unbefangen zu prüfen.

Der Prozeß endete im Juni 1633 damit, daß Galilei auf seinen Landsitz Arcetri bei Florenz verbannt und die Veröffentlichung seiner Werke untersagt wurde. Sein Gesamtwerk, wie das des Kopernikus, dem er zu großen Ehren verhelfen wollte, stand jetzt auf dem Index der verbotenen Bücher. Barberini, in seinem Hochmut und Unverstand, fand nie ein Wort der Entschuldigung für den ehemaligen Gefährten. Er erlaubte ihm nicht einmal, einen Arzt aufzusuchen. Seit 1637 war Galilei fast erblindet und auf Hilfe angewiesen.

Die Willkür, der ihr alter Vater ausgesetzt war, konnte seine Tochter nicht lange ertragen. Sie starb 1634 aus Verzweiflung. *Meine* letzten Anklagepunkte lauten deshalb: Schuldig der Unterlassenen Hilfeleistung, der Freiheitsberaubung, des Verstoßes gegen die Freiheit der Meinungsäußerung und gegen die Freiheit der Wissenschaften sowie der Verletzung des Menschenrechts.

Diese böse, starrsinnige und engstirnige Organisation verfolgte den genialen Forscher über den Tod hinaus. Es wurde den Freunden nicht einmal gestattet, ihn nach seinem Tod am 8. Januar 1642 in Santa Croce in Florenz zu begraben! Ein Nachtrag sei *mir* erlaubt. Diese Kirche, die doch nie irrt, ‚in Ewigkeit nie irren wird', wie der Angeklagte Hildebrand 1075 in seinem ‚Dictatus Papae' behauptet hatte, hat die Schriften des Kopernikus 1822, die Galileis erst 1835 vom Index genommen. Und um der Sinnwidrigkeit die Krone aufzusetzen, hat der Angeklagte Karol Wojtyla, gegen den wir noch verhandeln werden, den Pisaner am 1. November 1992 sogar rehabilitiert. Fragt *mich* nicht nach der Logik dieses Vorgehens."

Ich muß daran denken, was ich in einer Zeitung über diese „Rehabilitierung" gelesen habe. Von „tragischem gegenseitigem Nichtverstehen" war da die Rede. „Tragisch" bedeutet aber „schuldlos schuldig" zu sein, so hat es die Theaterwissenschaft definiert. Die „nie irrende Kirche" begeht einen von vielen folgenschweren Irrtümern und ist schuldlos?

Sie hätten einander nicht verstanden? Die Kirche nicht den Gelehrten, der Gelehrte nicht die Kirche? Welche Heuchelei, welche Verlogenheit! Nur zu gut hatten sie die Konsequenzen der von ihm vertretenen Lehre begriffen: Die Widerlegung der wörtlich verstandenen Schriftstellen, der biblischen Legenden, den Sturz ihres selbstherrlichen Weltbildes, das die Erde im Mittelpunkt sah.

„Tragisch", wie oft greifen Kirchenfunktionäre zu dieser Vokabel, wenn es Versagen, Irrtum, Verbrechen der Ekklesia zu bemänteln gilt. Wie oft haben sie sich damit aus der Verantwortung gestohlen, statt ihre alleinige Schuld offen und uneingeschränkt einzugestehen. Armer Galilei! Ein Vierteljahrtausend nach seinem Tod muß er sich von diesen Krämerseelen und Geschichtsverdrehern beleidigen lassen.

Noch bevor ich mich in Gedanken weiter ereifern kann, setzt Jesus zu einem abschließenden Kommentar an: „Schwerwiegend waren die Folgen der Verurteilung Galileis, die der Biophysiker Friedrich Dessauer beschrieben hat: ‚Man hatte mit Galilei die Naturforschung verscheucht. Wer konnte als Katholik noch Forschung wagen? Wer als Forscher die verbotenen Schriften und andere Konflikte vermeiden? Und wenn auch anfangs und noch lange gottesfürchtige Männer anderer Konfession unter den Großen der Physik zu finden sind, sie werden seltener. Katholiken sind nur vereinzelt noch darunter. Mehr und mehr aber wird die Forschung durch ihre Trennung kirchenfremd zuerst, kirchenfeindlich sodann und gerät im Laufe der Generationen in Gottesferne.‘

Richter, treffender könnte *ich* es auch nicht sagen. Großes Unrecht hat Barberini sein Leben lang begangen. Straft ihn dafür. Amen!"

36. Innozenz X.

Giambattista Pamfili

Richterin Judith hat auch die Strafsache Nummer 36 übernommen und gibt eine knappe Einführung: „Pamfili wurde am 7. Februar 1574 in Rom geboren. Sein erstes wichtiges Amt war der Posten des Nuntius von Neapel, wodurch seine spätere freundschaftliche Einstellung zu Spanien zu erklären ist. 1627 erwarb er die Kardinalswürde und gleichzeitig das Patriarchat von Antiochia. Am 15. September 1644 wurde er gegen die Stimmen der französischen Kardinäle zum römischen Bischof erhoben. Ankläger, ich erteile dir das Wort."

„*Meine* ersten Anklagepunkte", so beginnt Jesus, „lauten auf Betrug, Vernichtung der natürlichen Lebensgrundlagen und Landfriedensbruch. *Meine* Begründung: Nur seinem Vorgänger und der Familie Barberini verdankte Pamfili den positiven Wahlausgang. Statt sich ihr deswegen verbunden zu fühlen, vertreibt er sie aus Rom und schürt dann einen Krieg gegen Frankreich, wo die Barberinis Zuflucht gefunden hatten.

Ich werfe dem Angeklagten darüber hinaus Amtsmißbrauch in Form von Nepotismus und Simonie vor. Der römische Bischof war, so belegen alle Zeugenaussagen, seiner Schwägerin Olimpia Maidalchini willenlos ergeben. Sie war es, die die Macht im gesamten Kirchenstaat ausübte. Während das italienische Volk unter Hungersnöten litt, raffte Pamfili durch Steuererhebungen, die er den ohnehin gequälten Landsleuten abpreßte, Reichtümer für seine Familie zusammen. Auf Wunsch dieser Frau ernennt der Angeklagte zwei Knaben aus der Verwandtschaft zu Kardinälen. Die prunkvolle Hofhaltung der Maidalchini finanziert er außerdem noch durch den Verkauf von Kirchenpfründen."

Dann berichtet Jesus über die Auseinandersetzungen, die drei Jahrzehnte lang Europa und besonders das Deutsche Reich zugrunde gerichtet haben. Während dieses verhängnisvollen Krieges hätten fast alle Völker mit abwechselnden

Bündnissen gegeneinander gekämpft: Franzosen, Spanier, Schweden, Deutsche, Böhmen, Dänen, Österreicher – alle seien in diesen Glaubenskrieg verwickelt gewesen. Vor allem die Jesuiten hätten ihre an die Reformierten verlorenen Herrschaftsgebiete zurückerobern wollen. Es sei also weniger um Glauben, Liebe und die frohe Botschaft, sondern um Macht gegangen. Und als die kriegsmüden Völker dabei waren, Friedensverhandlungen einzuleiten, die fast zwei Jahre in Anspruch nahmen, kam es in Neapel zu Bürgeraufständen gegen die tyrannischen spanischen Statthalter.

„Ich weiß", so Jesus, „daß der Angeklagte die Machthaber gegen das Volk unterstützte, daß die Rebellion durch grausame Racheakte niedergeschlagen wurde. *Ich* klage ihn also an wegen <u>Landfriedensbruchs</u> und <u>Verletzung des Menschenrechts</u>."

Jesus ist zu seinem Tisch gegangen und holt aus einer Akte ein Schriftstück hervor: „Hohes Gericht, mit dieser Flugschrift, die lateinisch verfaßt wurde und die uns erhalten geblieben ist, versuchte der lutherische <u>Bogislav Philipp von Chemnitz</u> die Ursachen für die Feindseligkeiten zu erklären. *Ich* lese euch daraus einige Abschnitte vor. ‚Ist also die Lage unseres Reiches schon völlig verzweifelt, müssen wir gleichmütig das unvermeidliche Joch auf uns nehmen? Ungeheure Gefahr droht uns, ungeheurer Mittel bedarf es zur Abhilfe. Tief eingewurzelt aufs höchste gestiegen und akut ist die Krankheit, an der wir leiden, deshalb fordert sie die äußersten, schärfsten Heilmittel. Wir tun nur unsere Pflicht, wenn wir sie anwenden.'

Richter, 1640, also vier Jahre vor den Friedensverhandlungen, ist das abgefaßt worden. Doch hört weiter die Klage des Philipp von Chemnitz: ‚Katholische wie evangelische Stände müssen ihre Sonderbeschwerden, die ihnen bisher vornehmlich als Vorwand gegenseitigen bitteren Hasses gedient haben, vergessen, sich friedlich vertragen und zur Löschung des allgemeinen Brandes zusammenwirken. Du magst Katholik oder Protestant sein, so bist du doch gewiß ein Deutscher, dessen Väter lieber den Tod als die Knechtschaft leiden wollten. Ihr seid beide geübt in den Waffen, die ihr beide führt, habt die gleichen Leiden ertragen. Euer Vaterland ist zu euer aller Schaden durch Feuer und Schwert verwüstet. So mögen diese Schäden einander ausgleichen, die daraus entstandene Feindschaft schwinden, der Haß begraben werden.

Damit wir also keinen Rückfall erleiden und die neue Krankheit schlimmer und gefährlicher werde als die erste, muß vor allem die Ursache und Quelle allen Übels im Reich, das Mißtrauen und die Eifersucht zwischen den Ständen behoben und das frühere Einvernehmen und Vertrauen gesichert werden. Die wichtigsten Beschwerden betreffen den Zwiespalt, der aus der Religion entstanden ist.'

Richter, ihr habt es vernommen. Die Religion war Ursache für all das Elend. Fluch denen, die die Gebote so frevelhaft gebrochen!"

„Einspruch, Ankläger!" höre ich Gideons scharfe Stimme. „Mäßige dich und bleibe bei der Sache!"

Widerwillig liest Jesus weiter aus dem Flugblatt: „ ‚Aus ihm sind alle Übel im Reich entstanden. Diese Ursache muß also beseitigt werden, und dieser Quell muß verstopft'werden. Ein höchst heilsames Mittel für diese Krankheit war der Religionsfrieden vom Jahre 1555. Dieser Religionsfrieden muß wieder in volle Rechtskraft und Wirkung gesetzt werden.'

Bei den Verhandlungen in Osnabrück und Münster kamen die erschreckenden Folgen dieses Krieges zutage. Er hatte in Europa fünf Millionen Menschenleben gefordert. 15 000 Städte und Dörfer waren zerstört, ganze Landstriche verwüstet. In einigen Teilen waren bis zu drei Viertel der Bevölkerung ausgelöscht. Nach langwierigen Verhandlungen kommt es im Oktober 1648 zum sogenannten ‚Westfälischen Frieden' zwischen Kaiser Ferdinand III., Königin Christine von Schweden, König Ludwig XIV. von Frankreich und den Kurfürsten, Fürsten und Ständen des Heiligen Römischen Reiches Deutscher Nation.

Ich werde euch aus dem 50 Paragraphen umfassenden Vertrag einiges zitieren, damit ihr die höchst verdammenswürdige Einstellung und Haltung des Angeklagten Pamfili besser beurteilen könnt. ,Der im Jahre 1552 zu Passau abgeschlossene Vertrag und der im Jahre 1555 darauf beschlossene Religionsfrieden, so wie er im Jahre 1566 zu Augsburg und danach auf verschiedenen allgemeinen Reichstagen des Heiligen Römischen Reichs bestätigt worden ist, soll in allen seinen mit einmütiger Zustimmung des Kaisers, der Kurfürsten, Fürsten und Stände beider Religion angenommenen und beschlossenen Artikeln für gültig gehalten und gewissenhaft und unverletzlich beobachtet werden.

In allen übrigen Dingen aber soll zwischen Kurfürsten, Fürsten und Ständen beider Religionen genaue und gegenseitige Gleichheit herrschen, soweit sie der Verfassung des Staatswesens, den Reichssatzungen und gegenwärtigem Vertrag gemäß ist. Was ferner die Grafen, Freiherren, Edelleute, Vasallen, Städte, Stifte, Klöster, Komtureien, Gemeinden und Untertanen betrifft, die unmittelbaren geistlichen oder weltlichen Reichsständen unterstellt sind, so ist, weil solchen unmittelbaren Ständen mit dem Recht der Landesherrschaft gemäß allgemeiner im ganzen Reich bisher gewohnter Übung, auch das jus reformandi gebührt, und weil vorlängst im Religionsfrieden den Untertanen solcher Stände, wenn sie von der Religion des Landesherrn abweichen, die Wohltat der Auswanderung zugestanden und überdies, zwecks Erhaltung größerer Eintracht unter den Ständen vorgekehrt worden ist, daß niemand fremde Untertanen zu seiner Religion hinüberziehen oder deswegen in Schutz oder Obhut nehmen oder ihnen auf irgendeine andere Weise Vorschub leisten soll.'

Gideon, du bemerkst den Versuch der weltlichen Fürsten, der unrechtmäßigen Knute und Unterdrückung der hier angeklagten Organisation endlich Einhalt zu gebieten – und das nach 1500 Jahren Missions-Wahn! Doch weiter mit dem Vertragstext: ,Die Obrigkeiten beider Religionen sollen ernstlich und streng verhindern, daß jemand öffentlich oder privat in Predigt, Unterricht, Disputation, Schrift oder Rat den Passauer Vertrag, den Religionsfrieden oder in Sonderheit diese Erklärung oder diesen Vertrag irgendwo angreift, in Zweifel zieht oder gegenteilige Behauptungen daraus abzuleiten versucht.

Auch soll alles Gegensätzliche, das bisher veröffentlicht oder verkündigt oder bekanntgemacht worden ist, ungültig sein.'

Soweit aus den Vereinbarungen der europäischen Oberhäupter und Fürsten. Bedenkt, daß der Angeklagte Giambattista Pamfili am 20. November 1648 in seiner Bulle ‚Zelus domus Dei' all diese Beschlüsse verdammt und für nichtig erklärt. Er stößt damit alle von Rom abhängigen Bischöfe in große Konflikte, da sie ihm Gehorsam sein müssen. *Ich* werfe ihm also schweren <u>Amtsmißbrauch</u> vor, ferner <u>Einmischung in innere Angelegenheiten</u> von Fremdstaaten, <u>Verbreitung gefährlichen Schrifttums</u> und schwere <u>Störung des öffentlichen Friedens</u>.

Obwohl die protestantischen Niederlande nun unabhängig vom romfreundlichen Spanien waren und in deutschen Landen – bis auf die kaiserlichen Erblande und das katholische Bayern – der Religionswechsel geduldet wurde, versuchte der Angeklagte, gegen die Beschlüsse vorzugehen, also verbrieftes Recht zu brechen. Im September des darauffolgenden Jahres macht er sich im Sinne der Anklage der <u>Vorbereitung eines Angriffskrieges</u>, des <u>Landfriedensbruchs</u> und der <u>verbrecherischen Bereicherung</u> schuldig, weil er ein Heer rüstet und das Herzogtum Castro besetzt, das im Besitz der Familie Farnese ist. Er zerstört die Stadt und überschreibt räuberisch sämtliche Ländereien dem Kirchenstaat als Lehen.

Im Jahr 1650 ist <u>René Descartes</u> verstorben, der nach der Verurteilung Galileis seine Schriften aus Furcht vor Rom zum Teil anonym verfaßte. Er war ein strenger Verfechter der <u>Philosophie der Vernunft</u>, die diese Organisation ebenso wie das Wissen fürchtete und unterdrückte. Von ihm stammt der Satz ‚Cogito, ergo sum', der gegen die Dogmen, Denkverbote und den Aberglauben gerichtet ist und der alten Schulphilosophie methodisch den Boden entzieht.

Richter, *ich* zeihe den Angeklagten erneut der <u>Einmischung in innere Angelegenheiten</u>, des <u>Mißbrauchs von Abhängigen</u>, des <u>Verstoßes gegen die Freiheit der Wissenschaften</u> und der <u>Meinungsäußerung</u> sowie gegen die <u>freie Entfaltung der Persönlichkeit</u>, der <u>Freiheitsberaubung</u>, der <u>Volksverhetzung</u> und des Mordes, weil er mit seiner Bulle ‚Cum occasione' 1653 fünf Propositionen des Jansenius aus dessen Buch ‚Augustinus' als häretisch verwarf. Das war der Auslöser für Verfolgung, Einkerkerung und sogar Ermordung der Jansenisten in Frankreich. Die Jansenisten behaupteten zu Recht, daß die Staaten auch in Kirchenfragen rechtliche Souveränität hätten. Sie behaupteten zu Recht, daß der römische Bischof nicht unfehlbar sein könne, daß der Brauch, diesem die Füße zu küssen, gotteslästerlich und ebenso götzendienerisch sei wie die frömmelnde Marienverehrung. Auch *ich* teile die Auffassung dieser Menschen!"

Judith klopft auf den Tisch und fragt Jesus, ob er weitere Anschuldigungen vorzubringen habe. Dieser erwidert: „Ja, Richterin, *ich* werfe Pamfili vor, Angriffskriege unterstützt zu haben. *Ich* zeihe ihn des Verstoßes gegen die Freiheit der Meinungsäußerung, der Verletzung des Menschenrechts, des Verstoßes gegen das Naturrecht und gegen die Zehn Gebote. Schließlich hat er sich auch noch der schwerwiegendsten Verbrechen, der Volksverhetzung und des Völkermordes in Tateinheit mit verbrecherischer Bereicherung schuldig gemacht. Denn auch unter ihm werden in den Ländern jenseits der Meere, in Amerika also, aber ebenso in Indien, China und Afrika die Zwangsmissionierung, Versklavung und Ausbeutung fortgesetzt. Die Toten sind in Tausenden nicht zählbar, und das nur bezogen auf die elf Jahre seiner Amtszeit.

Während in Rom Spott- und Hohndarstellungen seiner Schwägerin mit der Tiara herumgereicht wurden, das Ansehen des Bischofs und seiner Kirche auf einen neuen Tiefpunkt gesunken war, versuchten er und seine Missionare, die östlichen Religionen zu bekämpfen, in denen Barmherzigkeit, Nächstenliebe und Naturliebe doch so viel ausgeprägter waren als in seiner eigenen."

Konfuzius, Buddha, Nagarjuna, Laotse, all die großen asiatischen Philosophen kommen mir bei diesen Worten Jesus' in den Sinn. Laotse, der Begründer des Taoismus, lehrte, daß man gut sein solle zu Menschen, Tieren und Pflanzen. Und er verlangte von seinen Gläubigen, ihnen kein Leid zuzufügen. Im Sanskrit-Kanon ist geboten, daß ein Mensch niemanden schädigen und niemanden töten dürfe. Auch Tiere haben dort ein Recht auf Leben, auch Tiere dürfen nicht gequält werden. Buddha und Mohammed lehrten Ähnliches.

Was für ein Unterschied zur sogenannten „Heiligen Römischen Kirche". Die unschuldige Natur und Kreatur, die vermeintlich seelenlosen Pflanzen und Tiere haben keinen Platz gefunden in der Ethik der „Heiligen Schrift". Naturreligionen und Naturvölker blieben auf der Strecke, wurden ausgerottet und zerstört ohne auch nur eine Spur von Unrechtsbewußtsein. „Christen" – die Krone der Schöpfung?

37. Pius VI.

Giovanni Angelo Braschi

Richter Simson, der den Vorsitz übernimmt, will die Akte 37 aufschlagen, fühlt sich aber offensichtlich durch Jesus irritiert, der sehr erregt vor dem Richtertisch auf- und abgeht. Freundlich wird er von Simson ermahnt: „Ankläger, nimm bitte Platz, wir erteilen dir das Wort zur rechten Zeit."

Wütend schüttelt Jesus den Kopf, und Simson blickt ratlos zu Gideon, der den Ankläger schließlich beruhigen kann. Eine bisher nicht dagewesene Anspannung und Erregung merke ich ihm an, die auch für die kurze Zeit, in der Simson die Personalien und Daten verließt, nicht nachläßt. Der Richter macht einleitend auf die große Zeitspanne aufmerksam, die zwischen den Angeklagten Nummer 36 und 37 liege. Er erklärt, daß die 120 Jahre keineswegs übergangen würden, daß für diese Zeit vielmehr gegen Innozenz XI., XII. und XIII. sowie Klemens XI., XII., XIII. und XIV. noch als Nebenangeklagte verhandelt werde.

Dann liest Simson aus der vor ihm liegenden Akte, daß Giovanni Angelo Braschi aus einem toskanischen Adelsgeschlecht stammt, 1717 in Cesena geboren wurde, 1744 Auditor, 1766 Schatzmeister der Apostolischen Kammer selben wurde. 1773 habe ihn sein Vorgänger zum Kardinal ernannt. „Die Streitigkeiten mit den Jesuiten verzögerten zunächst die Wahl zum römischen Bischof, bis diese am 15. Februar 1775 rechtskräftig ist." Kaum hat Simson geendet, springt Jesus auf und ruft:

„*Meine* ersten Anklagepunkte gegen Braschi lauten auf Amtsmißbrauch, Verbreitung gefährlichen Schrifttums in Tateinheit mit Volksverhetzung, Religionsbeschimpfung, Aufforderung zum Völkermord in Verbindung mit Fälschung und Verunglimpfung. Erfüllt sehe *ich* all diese Straftatbestände durch die gegen die Juden gerichtete Bulle ,Editto sopra gli Ebrei' – eine seiner ersten Amtshandlungen. Weil sie an frevlerischen Schmähungen bis zu diesem Zeitpunkt unübertroffen ist, muß *ich* euch große Ausschnitte daraus zur Kenntnis bringen:

‚Unter den Gegenständen der seelenhirtlichen Bekümmernisse, welche das Gemüt Seiner Heiligkeit, unseres Herrn, im Beginn seines Pontifikats beschäftigt halten, nimmt die Fürsorge die erste Stelle ein, welche darauf hinausgeht, die katholische Religion unbefleckt den Gläubigen zu erhalten. Er hält es daher der Beachtung wert, daß, um von denselben die Gefahr eines Umsturzes fernzuhalten, welche für sie in Folge übergroßer Vertraulichkeit mit den Juden entstehen könnte, eine genaue Beobachtung der von seinen Vorgängern getroffenen Vorkehrungen notwendig sei.'

Vernehmt, ihr Richter, in welch sündigen Lügen sich Braschi gegen unser Volk ergeht: 'Daß die Juden Hexereien, Zaubereien, Deutungen, Heilungen durch Psalmverse oder andere Taten, welche Aberglauben bedeuten, weder treiben noch verfassen oder lehren dürfen, um zur Kenntnis verborgener oder zukünftiger Dinge zu gelangen, weder den Christen noch den Juden gegenüber, unter der durch Strafe von 100 Scudi, Rutenhieben und lebenslänglicher Galeere, je nach den Umständen des Vergehens. Dieselben Strafen sollen sich auch diejenigen Christen zuziehen, welche von den Juden die oben genannten abergläubischen Tätigkeiten lernen möchten oder die zu ihnen ihre Zuflucht nehmen, um törichterweise die verborgenen oder zukünftigen Dinge ausfindig zu machen.'"

Jesus wendet sich an den Gerichtsschreiber mit der Bitte, die Punkte 9, 12 und 26,11. aus der Anklageliste, also Erpressung, Freiheitsberaubung und Verstoß gegen das achte Gebot, zu notieren. Dann liest er weiter aus der Bulle:

„ ,Die Juden dürfen auf ihren Gräbern weder Grabsteine noch irgendwelche Anschriften anbringen lassen. Deshalb auch soll es für die Zukunft jedwedem verboten sein, eine Erlaubnis zur Anbringung solcher Grabsteine oder Aufschriften zu erteilen, bei Strafe der Zerstörung der Gräber, einer Zahlung von 100 Scudi, Kerker und anderen schweren Strafen nach Gutdünken.'"

Noch einmal unterbricht Jesus und wischt sich den Zornes-
schweiß von der Stirn. „*Ich* sehe hiermit auch einen <u>Verstoß
gegen die Gewohnheitsrechte</u>, <u>Störung der Totenruhe</u> und
<u>Vandalismus</u> gegeben. Doch weiter im Text: ‚Kein Jude darf
unter irgendeinem Vorwande im eigenen Haus oder in seiner
Wohnung oder in der Werkstätte irgendeinen Neubekehrten
oder Katechumenen, sei er männlich oder weiblich, und sei er
auch mit ihm im ersten Grad der Blutsverwandtschaft oder
sonst nah verwandt, bei sich behalten. Und noch viel weniger
darf er mit irgendeinem derselben essen, trinken oder schlafen, weder innerhalb der Gettos noch außerhalb derselben
oder an irgendeinem anderen Platze, noch mit ihm arbeiten
oder als Geselle sich dort aufhalten, noch mit ihm Umgang
haben oder mit irgendeiner Angelegenheit sich mit ihm unterhalten, bei einer Strafe von 50 Scudi und dreimaligem öffentlichen Aufziehen mit dem Folterseil.'"

Alle Jünger sind jetzt aufgesprungen, Simson schlägt heftig
auf den Tisch. Von überallher höre ich Rufe „Halt ein!", „Nieder mit dem Sünder, Schande über ihn!" Mit einer gebieteri-
schen, zornigen Handbewegung bringt Jesus alle zum Schweigen und fährt fort:

„‚Weil die Predigt das beste und wirksamste Mittel ist, um
den Übertritt der Juden zu erreichen, so befehlen wir den Rab-
binern, alle Sorgfalt und Aufmerksamkeit darauf zu verwen-
den, daß sie diejenige Anzahl von Männern und Frauen zum
Beiwohnen der Predigt, die am Sabbat und an anderen Tagen
der Woche gehalten wird, veranlassen, die nach Verschiedenheit der Gettos bestimmt worden ist oder bestimmt werden
wird. Wenn diese die Einschreibung der Personen vernachläs-
sigen, ziehen sie sich eine Strafe von 50 Scudi für jedesmal
zu, wie auch jede der eingeschriebenen Personen, die bei der
Predigt fehlt, einer Strafe von 2 Giulii für jedesmal verfällt.'"

Während der letzten Sätze ist die Unruhe bei den Richtern
und Jüngern noch gestiegen. Als Jesus nun innehält und nach
Atem ringt, bricht erneut Wutgeschrei im Gerichtssaal aus.
Für einen Augenblick starrt Jesus in die Weite des Raums, und
seine Augen brennen vor Zorn wie glühende Kohlen. Dann

holt er tief Luft, und als ob ihm endlich die Last von der Brust genommen ist, fährt er mit verhaltener, aber immer noch erregter Stimme fort.

„Richter, 114 von insgesamt 266 römischen Bischöfen haben auf 96 Kirchenkonzilen Gesetze gegen *mein* Volk erlassen, wie der Historiker Pinchas Lapide schreibt. Chrysostomos (†407) war der erste, der die Synagogen als ‚Satansburgen‘ beschimpfte. Nattern- und Schlangengezücht, er, Augustinus und alle anderen, die falsch Zeugnis gegen Juden abgelegt haben! Sie seien verflucht!‘‘

Heftig klopft Simson auf den Tisch, und Jesus neigt den Kopf und sagt: „An vielen Stellen des Neuen Testaments wird von Jesus’ Liebe zu seinem Volk Israel geschrieben. Bei Johannes 4,22 könnt ihr lesen, daß ‚das Heil von den Juden kommt‘. Ausgerechnet in diesem Evangelium, aus dem die Organisation ihren vermeintlichen Absolutheitsanspruch bezieht, steht dieser Satz. Matthäus 5 verkündet ähnliches. Im Römerbrief 11,1 stellt Paulus ausdrücklich fest, daß Gott sein Volk nicht verstoßen habe. 60 Bibelstellen, die Juden betreffen, sind von dieser Organisation gefälscht und umgelogen worden.

Richter, *ich* empfinde dieses antijudaistische Schmäh- und Schmierwerk, aus dem *ich* euch vorgetragen habe, als eine Aufforderung zur Mißhandlung, zur Körperverletzung und zum Mord. Für die im Machtbereich dieser Organisation lebenden Brüder und Schwestern *meines* Volkes waren Unterdrückung, Erpressung und Zwangstaufen die schrecklichen Folgen. Auch von lebenslänglicher Galeerenstrafe spricht dieser Angeklagte. Und so unglaublich es klingt, dieser Mann hat selbst jüdische Kinder mit Kerkerhaft bestraft, wenn sie nicht von ihrem Glauben ablassen wollten, womit erneut der Straftatbestand der Freiheitsberaubung erfüllt ist.‘‘

Nach kurzem Atemholen ist Jesus mit einigen Blättern aus seinen Akten wieder vor den Richtertisch getreten und sagt: „*Ich* darf euch mit einigen Einsichten des französischen Philosophen Claude Adrien Helvétius vertraut machen. Durch einen ‚Schleier der Frömmigkeit‘ habe diese Kirche ihre Verbrechen verhüllt. Statt die Welt zu verbessern, habe sie mit ihrer Religion ‚Schrecken und Gemeinheit' verbreitet. Claude Adrien Helvétius hat auch erkannt, daß Priester der römischen Kirche, um die Menschen in harter Knechtschaft zu halten, ihnen den Vernunftgebrauch verboten hätten. Und wie recht hat Helvétius mit seiner Warnung, daß jede Religion, welche ‚die menschliche Geistesarmut hochschätze, eine gefährliche Religion' sei. "

Während dieser Sätze schweifen meine Gedanken zurück in Universitätszeiten. Die brillantesten Köpfe haben ihre Sophismen und Pamphlete zuhauf gegen Rom geschleudert. Ich denke an Fichte und Kant, an Herder, Schelling, Schleiermacher, an Rousseau, Voltaire, Diderot und Hume. Sie sind durch falsche Lehren, den Irrglauben, die verlogene Moral und Intoleranz zur A-Religiosität, ja, manche sogar zum Atheismus bekehrt worden.

Ein Mann, der ganz Europa mit Kriegen bedroht und Blut und Elend über die Menschen gebracht hat, war Friedrich, der den Beinamen „der Große" erhielt. Aber in seinem Staat durfte ‚jeder nach eigener Façon selig' werden. Für diesen Kriegsmann und philosophierenden Schöngeist waren ‚alle Religionen gleich und gut, wenn nur die Leute, die sie glauben, ehrliche Leute sind. Und wenn Türken und Heiden kämen und wollten das Land bevölkern, so wollen wir ihnen Moscheen und Kirchen bauen.'

Vielleicht haben ihm die Gespräche mit Moses Mendelssohn und Voltaire zu dieser Einsicht verholfen. Mendelssohn war es, der in Preußen durchgesetzt hatte, daß Juden toleriert wurden und sich emanzipieren konnten. Und Friedrich II. war es, der den absurden Fanatismus der Kirchenmänner als die Quelle von Haß und Zwistigkeiten anprangerte und aus der Welt bringen wollte.

Ich erinnere mich an einen Brief, in dem er einen seiner Freunde fragt, wie man die vielen Vorurteile besiegen könne, die schon mit der Ammenmilch eingesogen würden?

„Wie soll man gegen das Herkommen kämpfen, das die Vernunft der Dummköpfe ist, wie aus menschlichen Herzen

den Samen des Aberglaubens ausrotten, den die Natur hinein-
gelegt hat?" Nicht die Natur war es, König Friedrich, die katholische Kirche hat das getan. So erlaube ich mir, ihn zu kor-
rigieren.

Ein weiterer Brief geht mir in diesem Augenblick durch den
Kopf. Mühsam habe ich ihn einst aus dem Französischen
übersetzen müssen. „Gestatten Sie mir, Ihnen zu sagen, daß
unsere heutigen Religionen der Religion Christi so wenig gleichen wie die der Irokesen. Jesus war ein Jude, und wir verbrennen die Juden. Jesus forderte Duldung, und wir verfolgen.
Jesus predigte eine gute Sittenlehre, und wir üben sie nicht
aus. Jesus hat keine Dogmen aufgestellt."

„Christen" der Zeitenwende hätten so gar keine Ähnlichkeit
mehr mit denen seiner Zeit. Ein Geist der Toleranz wehte
durch Preußen und die anderen europäischen Staaten, die sich
von dieser Kirche immer weiter entfernten.

Für Sekunden höre und sehe ich wieder Jesus, den Ankläger, dann verschwimmt das Bild erneut. Ich muß an Paul
d'Holbach denken, der, wenn ich mich recht erinnere, gesagt
hat, daß Unwissenheit von jeher die Mutter der Frömmigkeit
gewesen sei. Wie zutreffend ist auch sein Satz über den Klerus
allgemein: „Das ist die ständige Sprache der Apostel des
Aberglaubens, deren Ziel es war und immer sein wird, die
menschliche Vernunft zu zerstören, damit sie ihre Macht über
die Menschen ungestraft ausüben können." Ich habe mich oft
gefragt, ob Diderot nicht Recht damit hatte, daß für Gott Aberglaube beleidigender und verunglimpfender sei als Atheismus.
„Wenn die Vernunft ein Geschenk des Himmels ist und wenn
man vom Glauben das gleiche sagen kann, so hat uns der
Himmel zwei unvereinbare, einander widersprechende Ge-
schenke gemacht." Oder, noch schärfer formuliert: „Nehmt einem Christen die Furcht vor der Hölle und ihr nehmt ihm seinen Glauben."

Jesus, seine Liebe und Barmherzigkeit wird auch Voltaire
durch den Kopf gegangen sein, als er schrieb, von allen Religionen müsse ohne Zweifel die christliche am meisten den
Geist der Toleranz einflößen, obgleich die Christen bis heute

von allen Menschen die unduldsamsten gewesen seien. Auch er prangerte die Raubgier und Kriegslust dieser „christlichen, heiligen" Kirche an und sagte, daß ohne die Inquisition, die eine Erfindung der Päpste gewesen sei, ihr Reich gar nicht hätte aufgebaut werden können.

Daß ihre Macht ausschließlich auf der Unwissenheit beruhe, da sie immer wieder die Lektüre des einzigen Buches verboten hätten, das ihre Religion verkündete. Daß die „Gläubigen" stets nur soviel daraus erfahren, wie es der Kirche in Rom zu lehren geruhte. Die vertraute Stimme Jesus' reißt mich aus meinen Uni-Erinnerungen. In diesem Moment gerade erhebt er Anklage wegen Amtsmißbrauchs in Form von Nepotismus und Simonie.

„Ich nenne euch nur den Neffen Luigi, den der Angeklagte Braschi zum Herzog und später zum Stadtoberhaupt Roms ernannt hat. Ich klage außerdem auf Verstoß gegen die Freiheit der Meinungsäußerung sowie Verletzung des Menschenrechts, denn er hat ein Buch des Cesare Beccaria, in dem sich dieser als einer der ersten überhaupt gegen die Todesstrafe ausspricht, auf den römischen Index gesetzt."

Auch der Unterstützung der kriminellen und terroristischen Vereinigung Inquisition, der Freiheitsberaubung, der Volksverhetzung und des vielfachen Justizmords habe sich der Angeklagte schuldig gemacht, indem er die Waldenser, die aus Frankreich nach Italien geflohen waren und von denen er bereits ausführlich berichtet habe, durch sein „Heiliges Offizium" habe verfolgen, einkerkern oder töten lassen.

„Hohes Gericht, nachdem im Juli 1776 in Amerika demokratische Grundrechte für alle und die Trennung von Kirche und Staat erstritten worden waren, versuchten neben Preußen auch andere europäische Staaten sich mehr und mehr von der Usurpation und Tyrannei dieser hier angeklagten Organisation zu lösen. Aber mit Gewalt ging Angelo Braschi gegen alle Freiheits- und Toleranzbewegungen vor. In dem Jahr, als der Preuße Kant die ‚Kritik der reinen Vernunft' schreibt, als Josef II. von Österreich seinen Untertanen, ob protestantisch oder katholisch, Freiheit des Glaubens zugesteht, zu einem Zeitpunkt also, zu dem Fürsten überall Religionsfrieden gewähren, wehren sich die verbleibenden, Rom hörigen Länder strikt gegen die Trennung von Weltlichem und Geistlichem.

Vergeblich war der Versuch des Giovanni Angelo Braschi, mit einem Besuch in Wien im Februar 1782 gegen das Toleranzpatent Josefs zu protestieren, vergeblich die Aufforderung, diesen Erlaß zurückzunehmen. Immer wieder sieht sich der Mann auf dem ‚Stellvertreter-Sessel‘ in die Enge getrieben. Das alles führt im August 1786 zur sogenannten ‚Emser Punktation‘, in der die Bischöfe gegen den Zentralismus Roms aufbegehren, in der sie fordern, daß Rechte, die sich der oberste Kirchenführer angemaßt habe, den Bischöfen übertragen werden.

In dieser Zeit erläßt der Angeklagte ein Verbot für die Schriften des Charles de Montesquieu, der 1755 gestorben war und der in seinem ‚De l'esprit des lois‘ das Volkswohl als höchstes Gesetz dargestellt und gefordert hatte, die Menschen müßten ihre Religion je nach Lebensbedingungen selber wählen können. Also ein erneuter Verstoß gegen die Freiheit der Wissenschaften.

Als Einmischung in innere Angelegenheiten und als Verletzung der Menschenrechte und der Intimsphäre bitte ich ins Protokoll aufzunehmen, daß Angelo Braschi den englischen Bischof von York des ‚schamlosen Konkubinats‘ beschuldigt hat, nur weil dieser den Zölibat gebrochen hatte und mit einer Frau den gottgefälligen Stand der Ehe eingegangen war."

Richter Simson unterbricht Jesus jetzt und fragt ihn, wie er die Handlungsweise des Angeklagten im Zusammenhang mit den schon oft behandelten Fälschungen bewerte, auf die sich so viele Kirchenväter und Bischöfe vor ihm berufen hätten. Jesus antwortet, daß er Braschis Eingeständnis von 1789, in dem Dokumente wie die ‚Konstantinische‘ oder die ‚Pippinische Schenkung‘ als Fälschungen bezeichnet worden seien, so daß die Kirche sich zu Unrecht darauf berufe, als strafmildernd betrachte.

Mit einem Pergament kommt Jesus zurück und tritt vor die Richter. „Im August 1789 wird in Paris von der Nationalversammlung die ‚Erklärung der Rechte des Menschen und des Bürgers' beschlossen. Wie ihr wißt, war im Juni die Revolution ausgebrochen, in der sich der Dritte Stand, die Mehrheit des Volkes, gegen die Erpressung von Steuern, gegen die Hoffart und Eitelkeit des Adels und des Klerus richtete. In dieser ‚Menschenrechts-Konvention' haben die Verfasser verkündet, daß jeder Mensch frei und gleich an Rechten geboren werde und es auch bleibe. In Artikel 2 erklären die Unterzeichner, das Ziel aller politischen Gesellschaften sei die Erhaltung der natürlichen und unveräußerlichen Rechte des Menschen. Diese Rechte seien Freiheit des Gewissens, der Meinungsäußerung und der Presse, Eigentum, Sicherheit und das Recht auf Widerstand gegen willkürliche Bedrückung.

Es ist sicher auf die jahrhundertelange Unterdrückung durch die Kleriker zurückzuführen, daß der Zorn des Volkes und der Revolutionsführer so heftig gegen die Institution des Angeklagten ausschlägt, daß das Kirchengut eingezogen wird. *Ich* muß hier nicht betonen, daß *ich* den blutigen Terror, dem auch viele Priester zum Opfer fallen, aufs schärfste verurteile.

Als Amtsmißbrauch und Einmischung in die inneren Angelegenheiten eines Fremdstaates werte *ich* Braschis Dekret ‚Quod aliquantum', in dem der Angeklagte – Beweis für seine Verbohrtheit und Rückständigkeit – alle Rechte, die den französischen Bürgern (und zuvor dem englischen und amerikanischen Volk) zuerkannt worden waren, als ‚Ungeheuerlichkeiten' verdammte. Wörtlich heißt es in diesem törichten Entscheid: ‚Kann man etwas Unsinnigeres ausdenken, als eine derartige Gleichheit und Freiheit für alle zu dekretieren?'

Der Angeklagte hat damit außerdem gegen eines der ältesten Gesetze, nämlich gegen das Naturrecht, verstoßen, über das *ich* in *meinem* Anfangsplädoyer gesprochen habe und das selbst Kirchenväter wie Augustinus und Thomas von Aquin als höchstes Recht anerkannt hatten."

„Im Jahr 1793", so fährt Jesus fort, „wird überall in Europa das Verbrennen der vermeintlichen Hexen verboten. Nicht etwa auf Befehl der ‚heiligen' Kirche, sondern weltliche Fürsten haben diesem Wahn Einhalt geboten."

Wenn ich mich richtig erinnere, war es auch das Jahr 1794, in dem Kant seine Schrift „Die Religion innerhalb der Grenzen der bloßen Vernunft" herausgab. In der Bibel wollte er den Sinn suchen, der mit dem Heiligstem, was die Vernunft lehrt, in Harmonie steht. Wenn er verlangt, daß der Mensch sittliches Handeln in Einklang bringt mit dem Gebot – ist damit nicht jede Religion überflüssig? Und mit dem kategorischen Imperativ: „Handle so, daß du jederzeit wollen kannst, daß die Maxime deines Handelns allgemeines Gesetz werde." Für was brauche ich da noch eine katholische Kirche, die aus dem Kruzifix so oft einen Totschläger gemacht hat? Warum hat sie diese und andere große Köpfe verbannt? Warum hat sie nicht versucht, diese Philosophie mit der Heiligen Schrift in Einklang zu bringen? Abrupt herausgerissen aus diesen zugegeben abenteuerlichen Gedanken werde ich wieder durch die laute Stimme von Jesus:

„Hohes Gericht, 1796 sieht sich Frankreich gezwungen, den ständigen Bedrängnissen und Einmischungen durch Rom zuvorzukommen und den Kirchenstaat zu besetzen. Obwohl der Angeklagte ein Sühnegeld von 21 Millionen Scudi an Napoleon zahlen und ihm die Städte Ferrara, Bologna und Ravenna überlassen mußte, schließt er ein Bündnis mit Österreich und Neapel, was zur Folge hatte, daß die französischen Truppen Anfang Februar 1798 Rom besetzten und Braschi gefangennahmen. Ich zeihe ihn also des Landfriedensbruchs und der Verschwörung und Vorbereitung eines Angriffskrieges."

Simson fragt Jesus an dieser Stelle: „Ankläger, setzt du dich nicht ins Unrecht, wenn du der katholischen Kirche so gar nichts Positives zugestehen willst? Setzt du dich nicht ins Unrecht, Jesus, wenn du an all die italienischen, französischen oder deutschen Maler und Bildhauer denkst, die dein Leben auf Erden wie im Himmel mit ihrer Kunst verherrlichten?"

Zornig erwidert Jesus: „Hohes Gericht, ihr wißt nur zu gut, was ich von diesen Bildwerken halte. Erspart mir die Antwort!"

„Und die Architekten und Baumeister", entgegnet Gideon, „die so viele schöne Kirchen und Klöster gebaut haben?"

„*Ich* anerkenne ihre Kunst", antwortet Jesus, „aber *ich* möchte darüber jetzt nicht sprechen. Vielleicht gibt es einen späteren Zeitpunkt."

Der Richter insistiert: „Jesus, denke doch auch einmal an die Scharen von Komponisten: Palestrina, Monteverdi, Schütz, Bach, Händel, Telemann, Haydn, Mozart oder Brahms. Wie hätte ihre Musik ohne tiefen Glauben entstehen können?"

Wiederum schüttelt Jesus abwehrend den Kopf. „Halte ein, Gideon, *ich* kenne und liebe diese Musik. Laßt uns die Akte Nummer 37 schließen, *meine* Anklagepunkte kennt ihr."

Während Jesus erschöpft zu seinem Tisch geht, bespricht sich Gideon mit den anderen Richtern, ohne daß ich ein Wort verstehen kann.

Da sitze ich auf meiner Bank, unsichtbar, aber ganz Auge und Ohr, und bedaure, wie nahe ich der Beantwortung einer Frage war, die mich seit dreißig Jahren nicht losläßt. Jede Kantate, Motette oder Messe, jedes Oratorium und Requiem sind Beweise für die Religiosität ihrer Schöpfer. Aber wahrscheinlich war es Jesus, an den sie dachten, als sie ihre oft so überirdisch schöne Musik zu Papier brachten

38. Gregor XVI.

Bartolomeo Alberto Cappellari

Die Akte Gregors XVI. liegt auf dem Tisch, und Richter Samuel schlägt den ersten Ordner auf. Er beginnt wie üblich mit den Angaben zur Person.

„Als Bartolomeo Alberto Cappellari am 28. September 1765 in Belluno geboren, trat er bereits als Jüngling in ein Kloster der Kamaldulenser ein, einer Eremitenbewegung, die aus den Benediktinern hervorgegangen ist. Er wurde dann 1805 Abt und General dieses Ordens. Das Ergebnis seiner Beschäftigung mit theologischen Themen war die 1795 herausgegebene Schrift ‚Il trionfo della santa sede‘, in der er die Unfehlbarkeit und Macht des ‚Heiligen Stuhls‘ glorifizierte. 1825 ernannte ihn Leo XII. zum Kardinal und ein Jahr später zum Präfekten der ‚Propagandakongregration‘, die mit der Weltmission beauftragt war. Von 1821 bis 1830 sind überall in Europa Bestrebungen zu beobachten, demokratische Reformen auch in der Kirche und in der Rechtspflege durchzusetzen. Cappellari jedoch versucht, dies innerhalb seines Kirchenstaates mit allen Mitteln zu verhindern. 1831 machen auch in Italien viele Städte den Versuch, sich aus der Gewalt Roms zu befreien."

Jesus ist aufgestanden und erklärt, daß es nun an ihm sei, die ersten Anklagen zu formulieren: „*Ich* klage Cappellari der Vorbereitung eines Angriffskrieges, der Verletzung der Menschenrechte, des Amtsmißbrauchs, des Landfriedensbruchs und der Störung des öffentlichen Friedens an, weil er die überall aufflammenden Freiheitsbestrebungen niedergehalten hat. Er bittet sogar österreichische Truppen, gegen seine eigenen Landsleute vorzugehen, um im Kirchenstaat wieder Ruhe und Ordnung herzustellen. *Ich* werte dies als Anstiftung zum Bürgerkrieg. Insgesamt waren es dreizehn Städte, die sich gegen die tyrannische Herrschaft Roms auflehnten.

Ich behaupte, dieser Mann begeht Amtsmißbrauch, denn es geht ihm nicht um den Glauben, es geht ihm nicht um die Verbreitung der Lehre, es geht ihm ausschließlich um seine Macht. Sein Beraterkreis, allen voran der Staatssekretär Aloisio Lambruschini, sorgt dafür, daß die Reaktion in Rom die Oberhand behält. Die blutige Niederschlagung des Bürgeraufstands bezeichnet der Angeklagte, und damit macht er sich der Falschaussage und der gotteslästerlichen Lüge schuldig, als einen ‚Eingriff der Hand Gottes‘.

Meine weiteren Anklagepunkte lauten auf Einmischung in innere Angelegenheiten, Mißbrauch von Abhängigen, Verstoß gegen die Freiheit der Wissenschaften und die freie Entfaltung der Persönlichkeit sowie gegen die Freiheit der Meinungsäußerung. Cappellari ging nämlich mit geradezu verbrecherischen Methoden gegen den französischen Theologen und Schriftsteller Félicité de Lamennais vor, der in seiner Zeitschrift ‚L'Avenir‘ entschieden für Demokratisierung auch innerhalb der Kirchenorganisation eintrat und auf die Unterdrückung und Armut der Bevölkerung aufmerksam machte, die im krassen Gegensatz zum Prunk des Klerus stehe.

Der Angeklagte reagiert darauf am 15. August 1832 mit der Bulle ‚Mirari vos‘, in der es heißt, Gewissensfreiheit als Nutzen für die Religion zu fordern sei eine ‚Unverschämtheit‘. Er spricht von der ‚unnützen Freiheit der Meinung‘, die überall grassiere und nur ‚zum Verderben von Staat und Kirche‘ führe. Er verflucht die Freiheit der Presse, weil er darin eine große Gefahr für seine Kirche sieht, da die ‚Gläubigen‘ durch freien Informationsfluß aus ihrer Unwissenheit hätten herausgerissen werden können. Er nennt all das, Richter und Schreiber, vermerkt es in euren Notizen, einen ‚verpesteten Irrtum‘.“

Ins Nichts ist die Stimme des Anklägers plötzlich verschwunden, und ich muß an die Sätze von Ludwig Feuerbach (†1872) denken, der es als „moralische Notwendigkeit“ ansah, eine „heilige Pflicht des Menschen“, das „dunkle, lichtscheue Wesen der Religion“ ganz in die Gewalt der Vernunft zu bringen. Bereits Schopenhauer (†1860) war wie die großen Aufklärer seiner Zeit und des ausgehenden 18. Jahrhunderts der Meinung, daß Glauben und Wissen sich unmöglich in ein und demselben Kopf vertragen. Ich bezweifle, daß Gregor XVI.

Schopenhauer gelesen hat, aber er muß wohl instinktiv geahnt haben, daß Glauben und Wissen eine bedrohliche Melange für seine Machtposition gewesen wären.

Jetzt höre ich wieder die Stimme von Jesus. Er zitiert die These Lamennais', daß „die Frage der Armen eine Frage des Lebens und Todes für fünf Sechstel des Menschengeschlechts" sei – ein Prophet im wahrsten Sinn des Wortes, gilt das doch heute mehr als vor 150 Jahren. Mit seinem Buch „Paroles d'un croyant" habe der Franzose im Namen der Religion die Souveränität des Volkes proklamiert. Ein Buch, das alsbald vom Bann des römischen Bischofs getroffen worden sei, für den Menschenrechte nicht existiert hätten.

Und zur Beurteilung dieser Situation zitiert Jesus nun den Historiker Hans Kühner, der die erste Bulle bereits als eines der „verhängnisvollsten Dokumente Roms" bezeichnet, als eine der „rückständigsten Äußerungen des Papsttums", als „die erste Kriegserklärung des Lehramtes an das 19. Jahrhundert und an die Freiheit". Kühner habe Duktus und Stil dieses Schreibens, in dem der Angeklagte Lamennais verketzerte, als ein „exemplarisches Zeugnis apokalyptischer Redeweise in ausschließlich negativer Form, bei völliger Inhaltslosigkeit im Sachlichen" abqualifiziert, zumal es eine lügnerische Falschbehauptung Cappellaris gewesen sei, wenn er Gefahr für die Religion gesehen habe, zumal die Macht Roms ja zunächst noch ungebrochen gewesen sei.

Während mir Schillers aggressiver Satz durch den Kopf geht, die Kirche habe durch ihren „Wahn die ganze Welt bestochen mit Blödsinn und Sinnlosigkeit", tritt Jesus mit einem Blatt voller Notizen an den Richtertisch.

„Ich komme nun zu einer weiteren Schandtat des Angeklagten. Da Cappellari befürchtete, daß sich immer mehr ‚Gläubige' in die Heilige Schrift vertiefen würden, verbot er deren Druck in den Landessprachen.

Ich stimme hier völlig mit dem fortschrittlichen protestantischen Theologen David Friedrich Strauß (†1847) überein, der diese Organisation als ‚Selbstbelügungsanstalt' entlarvte, in der die Vernunft gewaltsam zum Schweigen gebracht worden sei. Strauß sagte: ‚Am meisten jedoch ist das Volk zu beklagen, dessen künftige Religions- und Sittenlehrer zu nichts früher und eifriger angehalten werden, als den unbefangenen Wahrheitssinn in sich zu ertöten, sich selbst zu belügen.'

Bedenkt, ihr Richter, daß nur wenige Menschen der lateinischen Sprache mächtig waren. Somit war die Auslegung der Schrift also vollkommen der Willkür des römischen Klerus überlassen. Zu den Verdiensten von Friedrich David Strauß gehört, daß er beispielsweise die Jungfrauengeburt, den Geburtsort Bethlehem, den Kindermord des Herodes, die Flucht nach Ägypten und den Wunderglauben widerlegt und entmythologisiert hat.

Meine nächsten Anklagepunkte lauten auf Einmischung in innere Angelegenheiten, Amtsmißbrauch, Verstoß gegen die Menschenrechte, gegen die Grundrechte und gegen die Intimsphäre.“ Als Grund für diese Anschuldigungen nennt Jesus den „Kölner Kirchenstreit" von 1837. Regierungsbeamte hätten sich über die Einmischung der katholischen Bischöfe beschwert. Seit 1825 hätten diese versucht, von der Kanzel herab und in Flugblättern „Mischehen" zwischen Katholiken und Protestanten zu verdammen. Und Jesus zitiert aus einem Schreiben des Grafen Arnim, der diese Verbote als „gefährlichen Eingriff in das Bürgerwesen" bezeichnet und vorgeschlagen habe, solche „böswilligen Schriften" zu verbieten und deren Verfasser gerichtlich zu verfolgen, die Geistlichen zu versetzen und diejenigen, die sich schuldig erwiesen hätten, auf dem Verwaltungs- oder Gerichtsweg zu bestrafen. Arnim nennt die Kirchenführer in seinem Amtsbezirk „Feinde", die man „schlagen" müsse, an welchen Stellen und in welcher Gestalt sie sich auch blicken ließen.

„Richter, der Angeklagte macht sich *meines* Erachtens auch der Volksverhetzung schuldig, da er in Reden wiederholt Protestanten als ‚Ungläubige' verunglimpft. Er muß sich für die erpresserische Nötigung und die Verletzung der Menschenrechte gegenüber Anhängern seiner Organisation verantworten, die Ehen mit Andersgläubigen eingehen wollten. Und *ich* klage ihn der Amtsanmaßung und der Falschaussage an, wenn er behauptet, daß er, der Bischof von Rom, die ‚natürlichen Sittengesetze' zu vertreten habe."

Und schon wieder bin ich zurückversetzt in ein Seminar, in dem Ludwig Feuerbach auf dem Programm stand. „Schämt sich die Kirche nicht", hatte er gefragt, „über Mischehen zu hadern? Sollte man nicht das dunkle Wesen der Religion mit der Fackel der Vernunft beleuchten? Soll man nicht gegen die menschenfeindliche Macht zur Unterdrückung des Menschen vorgehen?" Zu Recht, denke ich, sah Feuerbach im Glauben ein „Prinzip des Bösen", weil er „intolerant und immer notwendig mit Wahn verbunden" sei und daß dieser Wahn „nicht die Sache Gottes" sein könne.

„Richter", ruft Jesus, „erneut sehe *ich* mit einer Äußerung des Angeklagten den Straftatbestand der Volksverhetzung und des schweren Amtsmißbrauchs erfüllt, wenn er verkündet, die Juden seien ‚nicht würdig, durch Gesetze geschützt' zu werden. Dies ist für *mich* ein weiterer verabscheuungswürdiger Beweis dafür, daß sich diese Kirche auch noch Mitte des 19. Jahrhunderts öffentlich zu ihrer Judenfeindlichkeit bekannte!"

Mahnend und mit blitzenden Augen schlägt Richter Gideon auf den Tisch. Ich habe das Gefühl, daß Jesus bestürzt ist über diese Geste, daß er kaum Worte vorbringen kann und um Fassung ringt. Doch dann geht er zu seinem Tisch und tritt mit einem anderen Buch vor. „*Ich* muß euch über einen Un-Menschen berichten, den diese Organisation als ‚Giganten der Spiritualität und Geschichte' verehrt. Es ist Alfonso Maria de Liguori (†1787), dessen Schandwerk, die ‚Theologia moralis', bereits zu seinen Lebzeiten 82, insgesamt aber beinahe 200 Auflagen erreichte. Er war ein Doktor der Rechte, wurde 1726 Priester und 1762 zum Bischof erhoben. In diesem Postulat wird das, was diese Kirche unter ‚Moral' versteht, die Frauenverachtung und Körperfeindlichkeit, bis hin zur Gemütsrohheit gesteigert.

Für Liguori war das Buß- und Beichtsakrament von besonderer Bedeutung, da er befürchtete, daß die ‚Triebbefriedigung böse Folgen' habe. Dieser Mann pries die Kastration von jungen Männern, weil das, wie er sagte, den ‚Lobgesang für Gott

süßer' mache. Wegen dieser Gotteslästerung sei er verflucht.
Hier, in diesem Glauben, hohes Gericht, liegt das Prinzip des
Bösen. *Ich* werde es euch beweisen.

Die Kirchen-Führer, von denen viele nie die Gnade des
höchsten Glücks auf Erden erfahren konnten, das ‚Erkennen'
von Mann und Weib, wie die Alte Schrift das Mysterium ‚Liebe' sehr treffend bezeichnet, diese Männer, die sterben müssen, ohne je wirklich gelebt zu haben, maßen sich an, ‚Moral'
predigen, Dogmen und Dekrete aufstellen zu dürfen. Bis ins
hohe Alter hat Liguori nach eigenem Geständnis unter der sogenannten ‚Fleischesbegierde' gelitten und versucht, sie durch
alltägliche Selbstgeißelung abzutöten. Dieser von seiner Kirche gefeierte Mann machte das Leben der ‚Gläubigen' zu einem Gefängnis, denn seine Schriften waren vor allem für
Beichtväter, für die Beichte gedacht. Dieser Mönch wurde von
unserem Angeklagten im Jahr 1839 ‚heilig' gesprochen und,
ich nehme das vorweg, 1950 zum ‚Patron der Beichtväter' ernannt.

Liguori behauptete ferner, daß Verkehr mit menstruieren-
den, also ‚unreinen' Frauen eine Sünde sei, weil er mangels
Selbstbeherrschung des Mannes zustande komme. Liguori behauptete, eine ‚reservierte Umarmung' sei Todsünde, wenn sie
zum ‚Samenerguß der Frau' führe. Richter, Jünger, ist es nicht
unglaublich, was diese Kirche unwidersprochen an Unflat und
Unfug von sich gibt? Und Alfonso Liguori bestimmt, wer von
den Ehegatten einen Täufling wann berühren darf, weil er be-
fürchtet, daß sich die Eltern durch die Berührung des zu tau-
fenden Kindes ‚geistlich verwandt machen und damit in Blutschande' geraten.“

Lautes Lachen erfüllt plötzlich den Saal. Die Jünger können
sich nicht mehr zurückhalten. Aber Jesus weist sie zurecht.
„Jünger, lacht nicht, es ist nicht zum Lachen, es ist tieftraurig.
Dieser Mann befürwortet nächtliche Trauungen ohne Öffentlichkeit, damit die Männer nicht durch ‚Teufelswerk' in ‚Ver-
zauberungsimpotenz' geraten. Könnt ihr euch vorstellen, hohes Gericht, welche Folgen solch ein Wahn mit sich brachte,
wieviel Angst und Elend diese unsinnigen Behauptungen über

Millionen von Menschen brachten? Dieser Mann wies die Beichtväter an, ihre Beichtkinder über ‚Teufelsbuhlschaft‘ zu befragen und zum Geständnis zu zwingen, wann, wo und wie die Beichtkinder mit dem ‚Teufel‘ die ‚Todsünde‘ begangen hätten.

Sogenannte ‚Beichtspiegel‘ oder ‚Gewissensspiegel‘, wie sie noch heute in dieser Organisation in Gebrauch sind, zeigen den Keuschheitswahn beim sechsten Gebot deutlich. Als Verletzung der Menschenwürde und der Intimsphäre werte *ich* den Fragenkatalog, der ‚Gläubigen‘ zur ‚Gewissenserforschung‘ dienen soll. Der Beichtende soll nämlich, wobei alle Grenzen der Scham verletzt werden, angeben, wann er ‚Unzüchtiges gedacht, gehört, gesehen, gelesen, geredet, getan hat und ob allein oder mit anderen.‘ Ist skrupellosere Gewissenspeinigung überhaupt noch möglich?

Liguori verbietet es einer Frau, die wegen ihrer Armut nicht viele Kinder ernähren kann, die eheliche Pflicht zu verweigern, weil dadurch die Gefahr der ‚Unzucht‘ des Mannes bestehe, bei einem anderen Weib Befriedigung zu suchen. Liguori greift die absurde, unsinnige und tödliche Lehre des unseligen Augustinus auf, der Tod einer Mutter sei in Kauf zu nehmen, wenn das Kind gerettet und getauft werden könne. Richter! Das Kind durch Taufe vor der Gefahr der ewigen Hölle retten! Verfluchter Wahn!

Auch wenn ihr an *meinem* Verstand zweifeln mögt, *ich* muß es noch einmal wiederholen. *Ich* habe nicht getauft, *ich* habe die Taufe nicht gelehrt, und selbst Paulus bezeugt, daß er von *mir* nicht gesandt war, um zu taufen. Die Taufe war es, mit der diese Kirche vom unmündigen Kleinkind an Macht über den Menschen ausübte, denn in ihr wird das Geschlechtsleben dämonisiert.

Nicht nur Cappellari, auch noch spätere Angeklagte behaupteten, daß die unsinnigen Lehren des Alfonso Maria de Liguori der von der Kirche verbreiteten ‚Wahrheit‘ entsprächen. Wahrheit, hohes Gericht! Wahrheit wagt diese Organisation für sich in Anspruch zu nehmen!"

Judith, Maria und die Jünger sind aufgesprungen. Es

herrscht ein Tumult, wie ich ihn in diesem Prozeß bis jetzt noch nicht erlebt habe. Nur mit Mühe gelingt es Gideon, unterstützt von Jesus, die Ruhe wiederherzustellen. Erst als Jesus sicher ist, daß er von allen im Saal gehört werden kann, fährt er mit seinen Anschuldigungen fort.

„Hohes Gericht, durch die Dämonisierung des Geschlechtlichen, das diese Kirche ‚Unzucht' nennt, schuf sie erst die ‚Unzucht', die dem Geschlecht von Natur aus gar nicht anhaftet. Wie sehr diese sogenannte ‚Moraltheologie' die Gemüter verpestet hat, mag ein Zeuge belegen, der über jeden Verdacht der Voreingenommenheit erhaben ist, zumal er die Stellung eines römischen Prälaten innehatte. Bereits 1783, also noch zu Lebzeiten Liguoris, hat dieser Ludovico Sergandi verkündet: ‚Die Moraltheologie ist derart, daß sittenreine Jünglinge sich hüten sollten, mit ihr in Berührung zu kommen, sonst fallen sie in schädliche Fallstricke und wenden sich der Schlechtigkeit zu. Welchen Schmutz enthalten nicht die moraltheologischen Lehrbücher, welche Schändlichkeiten breiten sie nicht vor der Öffentlichkeit aus! Wo gibt es so viel Schmutzlappen wie dort Seiten. Jedes Bordell muß im Vergleich mit diesen Büchern schamhaft genannt werden. O unselige Moraltheologie, die zur Kupplerin zwischen der Jugend und den Bordellen geworden ist.'"

Beifälliges Nicken und Klopfen auf die Tische folgt diesem Zitat. Nach kurzem, tiefem Durchatmen fährt Jesus in seinem Plädoyer fort: *„Ich* behaupte nochmals, daß diese Einrichtung der Beichte nur aus der höchst gefährlichen Askese und dem Zölibat entstanden sein kann, daß die Kirche darin eine weitere Möglichkeit erfunden hatte, Menschen zu unterjochen.

Ich werde euch das durch ein anderes Schriftstück belegen, das *mir* durch Zufall in die Hände gefallen ist. Der Historiker Wolfgang Ronner hat es in seiner Arbeit über ‚Christentum und Sexualität' ebenfalls angeführt. Es ist das Fragebuch des Beichtvaters der Isabella von Spanien, der zweiten dieses Namens, die im Jahr 1830 geboren wurde. *Ich* gebe euch einen Auszug daraus wieder. Der Beichtvater wollte von der jungen Isabella wissen, ob sie ihre Geschlechtsteile betrachtet und

Berührungen an ihnen vorgenommen habe. Er wollte von ihr wissen, ob sie durch leichtes Streicheln der äußeren Geschlechtsteile mit der Handfläche Unzucht und Unkeuschheit getrieben habe. Er wollte wissen, ob sie dieses durch Berühren der Klitoris mit dem Finger getan habe. Er wollte wissen, ob sie die sogenannte Pollution durch das Einführen eines abgerundeten Stückes Holz in die Vagina oder durch das Einführen eines dem männlichen Glied nachgebildeten anderen Gegenstandes herbeigeführt habe. Er wollte wissen, ob das junge Mädchen die Geschlechtsteile gegen einen Tischfuß oder eine Mauerkante gedrückt habe, um diese sogenannte Pollution herbeizuführen. Er wollte wissen, ob sie sich an einem Stuhl reibe, auf dem sie sitze, ob sie ihre Füße gegen ihre Geschlechtsteile drücke, ob sie die Schenkel kreuze, um damit einen Druck auf ihre Geschlechtsteile auszuüben, ob sie Bewegungen ausführe, die sogenannte venerische Sensationen hervorrufen würden."

Jesus hält abrupt inne, da Judith den zornigen Blick von Maria gesehen hat und aufgesprungen und zu deren Stuhl gelaufen ist. Währenddessen ruft Richter Samuel: „Einspruch, Ankläger, ich fordere dich auf, die Würde der anwesenden Frauen zu wahren!" Jesus entgegnet trocken: „Einspruch abgelehnt, Richter, *ich* zitiere wörtlich aus einem *mir* wichtigen Dokument, um euch die Sündhaftigkeit und Schein-Moral des Angeklagten und seiner Organisation vor Augen zu führen."

Samuel gibt sich etwas versöhnlicher und sagt: „Nun gut, fahre fort, beschränke dich aber auf das Wesentliche." Auch Jesus schlägt nun einen sanfteren Ton an: „Vergebt *mir* diese entwürdigenden und beleidigenden, jedes weibliche Ohr verletzenden Details, und bedenkt, daß diese Fragen einer jungen Königin vorgelegt wurden. Überlegt, mit welch schändlicher Nötigung und Erpressung, mit welch schändlicher Verletzung der Intimsphäre und der Menschenrechte sich Rom selbst in das Leben höchster Standespersonen eingemischt hat. Um wieviel mehr werden einfache Menschen aus dem Volk in Gewissensnot und Qual gestürzt worden sein.

Richter, auch in den letzten Jahren seiner Amtszeit, zwischen 1844 und 1846, kam es immer wieder zu Aufständen von Bürgern, die nach Freiheit dürsteten, die nicht mehr unterdrückt werden wollten, weder von Österreichern oder Franzosen noch vom römischen Bischof, die die Willkür des Cappellari sogar öffentlich anprangerten. Durch seine tyrannische Justizbehörde hat der Angeklagte den öffentlichen Frieden gestört und Landfriedensbruch begangen.

Der bereits erwähnte Hans Kühner spricht darüber hinaus von einem ‚erschreckenden Ausmaß der Korruption' am Hof Cappellaris. 2000 politische Gefangene fristeten ihr Leben in den Kerkern dieses Mannes, und das meistens nur, weil sie nach Freiheit verlangten.

Dieser Angeklagte, laßt *mich* damit abschließen, hohes Gericht, hat in seiner Amtszeit ein deutliches Zeugnis dafür abgegeben, daß seine Kirche und Demokratie unvereinbar sind wie Feuer und Wasser! Amen."

39. Pius IX.

Giovanni Maria Graf Mastai-Ferretti

Hinter einem riesigen Aktenberg sehe ich Judith, die eine Weile benötigt, um sich zurechtzufinden, dann den ersten Ordner aufschlägt und mit dem Verlesen der Lebensdaten beginnt: „Giovanni Maria Graf Mastai-Ferretti wurde am 13.Mai 1792 in Sinigaglia geboren, in Volterra in einem Piaristenkollegium erzogen, bevor er dann ein Theologiestudium begann. 1827 wird er Erzbischof von Spoleto und 1840 zum Kardinal ernannt. Nach einem sehr kurzen Konklave wählen ihn die Versammelten am 6. Juni 1846 zu ihrem höchsten Bischof. Die Bevölkerung feierte Mastai-Ferretti in der Hoffnung auf Liberalismus, Reformen und in der Zuversicht, daß er die dunkle Zeit seines Vorgängers beenden würde. ‚Il Risorgimento‘, die Freiheits- und Einigungsbewegung in Italien, gewann immer mehr Anhänger, und tatsächlich erließ der Angeklagte zunächst unter anderem eine Amnestie für politische Gefangene und Verbannte des Kirchenstaates. Der österreichische Kanzler Fürst Metternich konnte seinen Unmut nicht verhehlen: Er habe in Italien alles erwartet, aber keinen liberalen Papst.“

„Halt ein, Judith“, höre ich nun den zornigen Ruf von Jesus, „genug damit, es ist nicht Aufgabe des Richters, dem Verteidiger vorzugreifen. Höre *meine* Anklage und werte dann, was von dem angeblichen Liberalismus dieses Mannes zu halten ist. Entsprechend *meiner* Anklageliste klage *ich* ihn an wegen Amtsmißbrauchs, Beleidigung und Verunglimpfung, Einmischung in innere Angelegenheiten, Erpressung, Falschaussage, Freiheitsberaubung, gefährlicher Körperverletzung, Landfriedensbruchs, Meineids, Mißbrauchs von Abhängigen, Nötigung, Unterstützung von Kriegsverbrechern, Verschwörung und Vorbereitung von Angriffskriegen, wegen Verstoßes gegen die freie Entfaltung der Persönlichkeit, gegen die Freiheit der Meinungsäußerung, gegen die Freiheit der Wissenschaften, wegen Verletzung der Gewohnheitsrechte, der Grundrechte, der Intimsphäre und wegen Verletzung der Menschenrechte. Ferner wegen verbrecherischer Bereicherung, Verbreitung gefährlichen Schrifttums, Vernichtung der natürlichen Lebensgrundlagen und Völkermord."

Judith ersucht Jesus, sich in Anbetracht der fortgeschrittenen Prozeßdauer auf das Wesentliche zu beschränken. Ärgerlich nickend fährt dieser fort: „Wie sah er aus, der ‚Liberalismus' des Mastai-Ferretti? *Ich* sage euch, der Angeklagte wird alles Liberale bald als ‚Pest' verunglimpfen."

Wieder unterbricht Judith: „Aber immerhin scheint er doch den Antijudaismus eingedämmt zu haben."

„Es ist richtig, Judith", antwortet Jesus, „daß dieser Mann das Verbot von Judenpredigten aufhob und die Ghettomauern niederreißen ließ. Allerdings mußten die Juden selbst die Kosten dafür tragen.

Innerkirchlich jedoch gibt es nicht den geringsten Ansatz von Reformen, und so verlangte Antonio Rosmini-Serbati bereits 1846 in seinem Buch ‚Delle cinque piaghe della Santa Chiesa' einen liberaleren Katholizismus, die Trennung von Kirche und Staat sowie eine innere Erneuerung der Organisation. Als die erste der ‚fünf Wunden' empfand er die Kluft zwischen Priester und Volk in der Liturgie, die noch durch den lateinischen Meßritus vertieft wurde. Als zweite Wunde nannte er die ungenügende Ausbildung des Klerus, als dritte die allzu große Abhängigkeit der Bischöfe von den Fürsten. Als vierte die Ausschaltung des Klerus und der Gläubigen bei der Ernennung von Bischöfen und als fünfte die mangelnde Zusammenarbeit unter den Bischöfen.

Auch in den anderen Ländern Europas verlangen die Menschen zu dieser Zeit nach Freiheit. Im Lauf des Jahres 1848 erheben sich die Massen gegen die rückständigen, autoritären Regierungen. Als nach dem Ausbruch der Revolution in der österreichischen Lombardei König Karl Albert von Piemont zum Kampf gegen Österreich bläst und ganz Italien zum ‚heiligen Krieg' gegen die Ausländer aufruft, geht der Angeklagte auf Distanz. Von den Italienern wird er deswegen zu Recht als

‚eidbrüchiger Vaterlandsfeind' beschimpft. Das Band zwischen Volk und römischem Bischof war damit zerrissen.

Nach der Ermordung seines Ministerpräsidenten Rossi und der Belagerung des Quirinalpalastes durch revolutionäre Patrioten muß Mastai-Ferretti im November 1848 aus Rom fliehen. Am 9. Februar 1849 wird in Rom die Republik ausgerufen. Es sind dann französische Truppen, die auf Bitten des Angeklagten im Sommer 1849 Rom besetzen, so daß er im April 1850 in seinen Regierungspalast zurückkehren kann.

Danach zeigt der angeblich so liberal gesinnte Mann sein wahres Gesicht und beginnt eine durch und durch reaktionäre Willkürherrschaft, die so streng war, daß verschiedene Attentatsversuche auf ihn unternommen wurden. Wenn man der Täter habhaft werden konnte, wurden sie in die Kerker der Engelsburg geworfen oder zum Tode verurteilt."

Der Angeklagte, so Jesus weiter, habe wider besseres Wissen auch die Juden für die Aufstände verantwortlich gemacht mit der Folge, daß sie wieder menschenunwürdig eingesperrt im Ghetto leben mußten. Jesus zitiert den Historiker Hans Kühner, der zu den ersten Amtsjahren des Giovanni Mastai feststellte, daß es sich nach der Türkei um das ‚korrupteste Staatsgebilde der Welt' gehandelt habe.

„Der Antijudaismus nahm wieder solche Ausmaße an, daß die Juden viele Berufe nicht mehr ausüben durften. Verunglimpfend warf er ihnen unter anderem vor, ihre einzige Liebe sei die zum Geld."

Ich sehe, wie Jesus ein kleines Buch von seinem Tisch holt und es kurz hochhebt, so daß ich den Titel „Gottes erste Diener" erkennen kann. „Das Buch, das *ich* hier in Händen halte, stammt von dem englischen Kirchenkritiker Peter de Rosa. Er stützt sich bei der Schilderung des nun Folgenden auf die Recherchen des englischen Historikers Cecil Roth, der die Situation der Juden innerhalb Italiens eingehend untersucht hat. Brüder und Schwestern *meines* Volkes hätten während der Amtszeit des Mastai-Ferretti schon zu Kerkerhaft verurteilt werden können, wenn sie einer ‚katholischen Gläubigen' den Auftrag erteilt hatten, ihre Wäsche zu besorgen.

Von einem besonders verwerflichen und verbrecherischen Fall von Zwangstaufe und Freiheitsberaubung, der überall in Europa Aufsehen erregte, habe *ich* euch zu berichten. Es war Katholiken verboten, bei Juden zu arbeiten. Eine junge Frau gestand ihrem Beichtvater, daß sie das kranke Kind ihres jüdischen Dienstherrn aus Angst, es könnte sterben, heimlich getauft habe. Das Beichtgeheimnis verletzend, hat der Pfarrer gedroht, den Fall ‚zur Sicherung des christlichen Glaubens‘ den Behörden zu melden. Das Kind, der siebenjährige Edgardo Montara, wurde daraufhin von der Polizei nach Rom verbracht, damit er dort in einem Kolleg ‚christlich‘ erzogen würde. Trotz des Protests der Monarchen von Österreich und Frankreich und der flehentlichen Bitten der Eltern verweigerte der Angeklagte die Entlassung des Kindes aus der erzwungenen Obhut seiner Organisation."

Jesus ist zu seinem Tisch gegangen und hat sich eine neue Akte geben lassen, die er jetzt aufschlägt: „Hohes Gericht, *ich* komme nun zu einer der schwerwiegendsten Anschuldigungen, die *ich* gegen diesen Mann vorbringen muß. Es handelt sich um seine Bulle vom 8. Dezember 1854 mit dem Titel ‚Ineffabilis Deus‘. *Ich* gebe euch den Wortlaut des entscheidenden Satzes wieder: ‚Die Lehre, daß die seligste Jungfrau Maria im ersten Augenblick ihrer Empfängnis durch einzigartiges Gnadengeschenk und Vorrecht des allmächtigen Gottes im Hinblick auf die Verdienste Christi Jesu, des Erlösers des Menschengeschlechts, von jedem Fehl der Erbsünde rein bewahrt bleibt, ist von Gott geoffenbart und deshalb von allen Gläubigen fest und standhaft zu glauben.‘ "

Kopfschüttelnd bittet Judith den Ankläger, diesen Satz zu erklären. „Wir haben es hier mit einer mehrfachen Falschaussage und einem neuen Höhepunkt katholischer Absurdität zu tun. Dieses Dogma ist ein erneuter Beweis gegen die ‚nie irrende Kirche‘, zumal sein Inhalt von der ‚Unbefleckten Empfängnis‘ schon seit Jahrhunderten in den Köpfen der Kirchen-Männer umherspukt, obgleich die Kirchenlehrer Thomas von Aquin und Bernhard von Clairvaux diesen völlig abstrusen Vorgang strikt abgelehnt hatten. Richter! Fast alle Katholiken wissen nun nicht mehr, was sie per Befehl glauben müssen! Sie verwechseln ‚Jungfrauengeburt' mit ‚Unbefleckter Empfängnis'! So weit hat es Mastai-Ferretti gebracht! Durch sein Dogma nötigt er Abermillionen von Menschen, ihren Verstand auszuschalten – das Denken ist tabu!

Der schon erwähnte Peter de Rosa schreibt, daß es um diese vermeintliche ‚Unbefleckte Empfängnis' regelrechte Blutschlachten gab. *Ich* will versuchen, *mich* bei diesem heiligen Wahnsinn möglichst kurz zu fassen.‘‘

Trotz einer Drohgebärde von Judith fährt Jesus unbeeindruckt fort. „Wenn der Angeklagte behauptet, die ‚Unbefleckte Empfängnis' sei ‚von Gott geoffenbart', so ist das eine gotteslästerliche Lüge. Zwar hat der deutsche Kardinal Ratzinger noch 100 Jahre später verkündet, daß die ‚Hoffnungen der Menschheit auf eine Jungfrau und Mutter' bereits im Neuen Testament belegt seien. *Ich* aber sage euch, in keiner der *mir* zugänglichen Bibelausgaben steht auch nur ein Wort davon. Gemeint ist nicht etwa die ‚Jungfernschaft' Marias, sondern daß Maria von ihrer Mutter Anna ohne Erbsünde empfangen wurde.‘‘

Durch Stühlerücken, Gekicher und schließlich lautes, belustigtes Gelächter werde ich von Jesus abgelenkt. Ich sehe Judith, Maria und die sie umgebenden Jünger. Auch ich muß lachen, wenn ich daran denke, daß bestimmt acht von zehn „gläubigen Katholiken" sehr verblüfft sein dürften über diese „Neuigkeiten". Irgendwann – ich weiß, es ist ein „blasphemischer" Gedanke – werden die alten zölibatären Machthaber mit ihrem Keuschheits- und Erbsünden-Tick auch noch Marias Großmutter ausgraben, um die ‚Verdienste Jesu' zu erhöhen. Per Dogma Berge versetzen! Wie lange schon ist der Vatikan ein Ort der Obsession? Dann dringt Jesus' Stimme wieder durch die heitere Unruhe im Saal:

„Richter, *ich* zeihe den Angeklagten der schamlosen Verletzung der Menschenwürde, denn die Fabel von der vermeintlichen Jungfrauengeburt Marias ist durch einen Übersetzungsfehler aus dem Hebräischen entstanden. In vielen Versen der Evangelien finden wir Verweise auf das Alte Testament. Das

Motto wiederholt sich ständig: ‚Auf daß die Schrift erfüllet werde.' So bezieht sich Matthäus 1,23 auf die bekannte Stelle aus Jesaja, wo von einer ‚alma' die Rede ist, die ein ‚Kind gebären' werde. In Vers 7,14 heißt es: ‚Sie wird ihm gewißlich den Namen Immanuel geben.'

Immanuel, Richter, dieser Name ist eine entscheidende Quelle für den ganzen Unfug, den diese un-selige Kirche seit Jahrtausenden verbreitet. Die griechischen Übersetzer der Septuaginta machten aus dem hebräischen ‚alma', was ‚junge Frau, geschlechtsreif und heiratsfähig' bedeutet, ‚parthenos', die ‚Jungfrau'. Für jüdisches Denken sind Jungfern- und Mutterschaft zugleich völlig absurd. Außerdem berichten doch die Verfasser des Neuen Testaments an zwölf Stellen von meinen Brüdern oder Schwestern. Im Griechischen wird für ‚Brüder' ‚adelphoi' gebraucht. Nur unter Annahme einer früheren Ehe Josefs, von der in den Evangelien allerdings nichts verlautet, kann diese ‚nie irrende' und im Besitz der ‚Wahrheit' befindliche Kirche ihre Idealvorstellung des Weibes, die Jungfrau nämlich, aufbauen: Indem sie *meine* sieben Geschwister verleugnet und die Ehre *meiner* Mutter verletzt.

Die Kirchenväter Tertullian und Irenäus sahen *mich* noch durch einen vollkommen normalen Geschlechtsakt gezeugt. Von diesem Angeklagten nun werden die Gläubigen gezwungen, sich auf eine zweite Widernatürlichkeit und Abstrusität einzustellen. Wer daran Zweifel hegte, wurde von der Kirche mit Exkommunikation bedroht. Mastai verkündete dabei frevlerisch und die Schrift leugnend, diejenigen, die nicht fest an dieses Dogma glaubten, fänden keine Erlösung, seien verdammt, hätten im Glauben Schiffbruch erlitten und seien von der Kirche abgefallen."

Wiederum heiteres Gelächter, das Jesus mit einer Handbewegung unterbindet. „Ausgerechnet aus dem Protevangelium des Jakobus, aus der seit Jahrhunderten als ‚häretisch' verdammten und verbotenen ‚Apokryphen Bibel', nimmt Mastai-Ferretti seine ‚von Gott geoffenbarten' Behauptungen. Die zweite Quelle, aus der er schöpft, war die ‚Transituslegende'. Sie wurde von der ‚heiligen katholischen Kirche' frühzeitig verworfen, aber für diese Organisation ‚heiligt' ja der Zweck die Mittel.

In keinem Bibellexikon, sondern im sogenannten Protevangelium des Jakobus findet man die Namen von Marias Eltern: Anna und Joachim. Bei Lukas wird der Engel Gabriel zu Maria gesandt, hier erscheint der Mutter Mariens ein ‚Engel des Herrn', um ‚wunderbare Empfängnis' zu prophezeien. Gott der Herr habe ihr Flehen erhört.

Der Urheber dieses ‚Evangeliums' soll *mein* ältester Bruder Jakobus sein, der zusammen mit Petrus die Gemeinde in Jerusalem leitete. Daß er *mein* Bruder war, ist nicht nur im Neuen Testament an vielen Stellen bezeugt. Auch einer der wenigen nichtchristlichen zeitgenössischen Schriftsteller, Flavius Josephus, erwähnt ihn in seinen ‚Jüdischen Altertümern'. Im 9. Kapitel des 20. Buches berichtet er von ‚Jakobus, dem Bruder des Jesus, der Christus genannt wird'. Nach seinem Zeugnis mußte Jakobus im Jahre 62 oder 63 den schrecklichen Märtyrertod durch Steinigung sterben. Das Protevangelium des Jakobus aber ist, wie viele Forscher einwandfrei bewiesen haben, nicht vor dem Jahre 150 entstanden, also fast 80 Jahre nach seinem Tod.“

Wieder gehen mir „blasphemische“ Gedanken durch den Kopf. Ist es absurdes Theater oder einfach nur eine Schmierenkomödie, die die katholische Kirche in ihrem Sukzessionswahn aufführt? Der „heilige Geist“ als Samenspender! Und das, während Darwin an seinem großen Werk „Über die Entstehung der Arten“ arbeitet, in dem er endgültig den Nachweis liefert, daß die Menschheitsentwicklung vor über drei Millionen Jahren begonnen hat, daß unsere „Vorfahren“ Affen gewesen sein müssen, daß wir erst seit 1,5 Millionen Jahren zum „Homo sapiens“ zählen und daß diese ersten „Menschen“ nach neuesten wissenschaftlichen Erkenntnissen in Afrika lebten. Welch schreckliche Vorstellung für die katholische Kirche! Und wenn man Paul Hengges „Bibelkorrektur“ Glauben schenkt, gab es vor 3000 Jahren bei den Bibelschreibern bereits ein Bewußtsein dafür, daß der erste Mensch eine Frau war, aus der der „Homo sapiens“ hervorgegangen ist. Es war eine Frau, es war die Mutter Erde, es war das Ur-Mysterium der Mutterschaft. Eine Vorstellung, die natürlich keinen Eingang fand in die Hirne der Kirchenführer.

Zum „wissenden Menschen" wollten auch die Verfasser der Genesis Adam und Eva machen. Eva beging keine „Sünde", sie wollte wissen und aß deshalb vom „Baum der Erkenntnis". Aus diesem Akt des Essens macht die Kirche den Akt der „Sünde".

Hirnakrobatik von zölibatären, unmenschlichen alten Männern. Eva bringt die „Sünde" in die Welt, Maria vertreibt sie – wie simpel und durchschaubar ist dieses Schema! Ganz abgesehen davon, daß sich bis zum Jahre 1854 bei diesen Kirchenführern immer noch nicht herumgesprochen zu haben scheint, daß zur Zeugung eines Kindes außer dem Samen des Mannes auch das weibliche Ei gehört, das befruchtet werden muß. Wer opfert sich freiwillig und verpaßt diesen „Moralaposteln" und „Sittenwächtern" endlich einmal einen Grundkurs in Biologie?

Ein Kirchenlehrer hat sogar verkündet, solange Ehe und Zeugung bestehen blieben, würde sich die Wiederkehr Jesu nicht erfüllen. Eine höchst interessante These, zumal dann längst niemand mehr auf der Welt wäre, der diese Wiederkehr miterleben könnte. Kaiser Friedrich II. hatte großen Ärger mit Papst Gregor IX., als er Leute, die an solch einen Unfug glauben, „Narren" nannte. Die selbsternannten Stellvertreter Christi haben offensichtlich Narrenfreiheit. Jeder normale Mensch würde mit solchen Äußerungen für unzurechnungsfähig oder geisteskrank erklärt werden und auf Nimmerwiedersehen in einer Irrenanstalt verschwinden.

Kein Mensch weiß, wann Maria geboren und gestorben ist, wie sie aussah, wann sie empfing und ihr erstes Kind gebar. Die Daten kennt nur die katholische Kirche. Keine Schrift des Neuen Testaments kennt Marias Mutter Anna, aber die katholische Kirche weiß sogar, wann sie „unbefleckt" die „Gottesgebärerin" empfing.

Am 8. Dezember nämlich, folglich erblickte Maria am 8. September das Licht der Welt, und so muß es die „katholische Christenheit" glauben. Das ist Theo-Logik!

Wie kam der Samen des „Heiligen Geistes", den ich nur in Form einer weißen Taube aus der Malerei kenne, überhaupt in die Vagina von Maria? Wie kam Jesus dort heraus, ohne die Jungfernhaut zu zerreißen? Warum gibt es noch „Sünde", wenn er doch der „Erlöser der Menschheit" ist, die Menschheit von der „Sünde" befreit hat? Das verkündet das Neue Testament. Offensichtlich ist er gestorben, ohne die Menschheit von der „Sünde" zu erlösen. Aber von der „Sünde" lebt die Kirche ja, wie bereits Nietzsche feststellte, ohne „Sünde" wäre die Kirche am Ende. Hat die katholische Kirche nie etwas von Buddha, von Plato, von Quetzalcoatl, von Montezuma oder Dschingis Khan gehört? Sie alle nämlich behaupten, von einer Jungfrau geboren zu sein.

Maria ist also nicht die einzige und erste „Gebenedeite unter den Weibern": Im Buch der Richter (5,24) beispielsweise wird eine andere Frau mit diesen Worten gepriesen, Jael, das Weib Hebers, des Keniters. Zwei Verse später erschlägt sie den Feldherrn Sisera mit einem Schmiedhammer. Ob irgendeinem Kirchenvater diese „Verwandtschaft" bewußt ist?

Meine papstlästerlichen Gedanken reißen ab, als Jesus verkündet: „Richter, laßt uns mit diesem ärgerlichen Kapitel abschließen. Leider muß *ich* später noch einmal darauf zurückkommen. Maria, die Frau, die einmal gelebt hat und Kinder geboren hat, wurde umfunktioniert, ent-menschlicht zu einer Puppe. Sie ist eine perfekte Konstruktion dieser Kirche. Der deutsche Historiker Arthur Drews hat geschrieben: ‚Die Marienverehrung ist eine Geschichte des kindlichsten Aberglaubens, der kecksten Fälschungen, Verdrehungen, Auslegungen, Einbildungen und Machenschaften, aus menschlicher Kläglichkeit und Bedürftigkeit, jesuitischer Schlauheit und kirchlichem Machtwillen zusammengewoben, ein Schauspiel gleich geschickt zum Weinen wie zum Lachen, die wahre göttliche Komödie.'

Hohes Gericht, *ich* möchte nun an zwei Beispielen aufzeigen, wie die Position Marias in dieser Kirche unter Mißachtung des ersten und zweiten Gebots weiter ausgebaut wurde. 1830 hatte in der Nähe von Paris ein 23 Jahre altes Bauernmädchen mit Namen Catherine Laboure behauptet, eine ‚Vision' gehabt zu haben. Dabei sollen die Hände der ‚Jungfrau' die ‚Gnade Christi' ausgestrahlt haben."

Ärgerliches Kopfschütteln bei Judith und den anderen Richtern. Verhaltenes Gelächter in den Reihen der Jünger, und auch Maria schüttelt erstaunt den Kopf.

„Diese Catherine, der *ich* in ihrer naiven Frömmelei durchaus zugestehe, diese Vision gehabt zu haben, behauptete, Maria habe ihr den Auftrag erteilt, eine Medaille mit dem Bild, das sie gesehen habe, prägen zu lassen. Also die Hände, die die ‚Gnade Christi' ausstrahlen." Mit einer seltsamen Mischung aus Abscheu und Spott hat Jesus die Phrase wiederholt, bevor er weiterspricht: „Diese Münze, genannt ‚Unsere Liebe Frau von der wundertätigen Medaille', wurde von der angeklagten Organisation tatsächlich in Auftrag gegeben und im Lauf der Jahrzehnte millionenfach verkauft.

Der zweite Fall: Am 11. Februar 1858 will die 14jährige Bernadette Soubirous in Lourdes, einem kleinen Ort am Rande der Pyrenäen, beim Holzsuchen die Erscheinung einer ‚schönen, weißen Dame' gehabt haben. Dieses Mädchen, ein frömmelndes, kränkelndes und harmloses Geschöpf, sah die ‚Dame in Weiß' beim ersten Mal einen Rosenkranz haltend und ein Kreuz schlagend. Beim zweiten Mal hat Bernadette ihre ‚schöne Dame in Weiß' so lange mit Weihwasser besprengt, bis diese lächelte. Beim dritten Mal habe die schöne Dame, nachdem sie selber den Rosenkranz gebetet habe, auch zu sprechen begonnen. Sie habe zu ihr, Bernadette, gesagt: ‚Què soy l'immaculada Councepciou'."

Da Jesus den Satz nicht gleich übersetzt, wird er von Judith unterbrochen: „Ankläger, warum stellst du uns hier vor Rätsel. Was bedeutet dieser eigenartige Satz? Ich verstehe ihn nicht." Jesus kann ein Lächeln nicht unterdrücken, und auch seine Augen verraten deutlich, was in ihm vorgeht: Er ist zornig und belustigt zugleich. „Hohes Gericht, in Lourdes sprach man eine Mischung aus Französisch und Spanisch, einen Dialekt, der dem Baskischen verwandt ist."

Jetzt wird Jesus von Maria angesprochen. „Aber ich kenne

diese Sprache nicht und habe sie nie gesprochen!" Jesus winkt lächelnd ab und sagt: „*Ich* weiß, *ich* übersetze es euch. Es bedeutet: ,Ich bin die Unbefleckte Empfängnis.' Aber hört weiter, was die ,schöne Dame' zu Bernadette sagte. Bedenkt die Tatsache: Sie siezte dieses Kind armer Bauern. ,Wollen Sie mir die Freude machen, vierzehn Tage zu kommen. Sagen Sie den Priestern, sie sollen mir eine Kapelle bauen. Gehen Sie zur Quelle, und waschen Sie sich dort. Bitten Sie Gott für die Sünder. Ich bin die Unbefleckte Empfängnis. Essen Sie das Gras, das Sie dort finden werden. Ich verspreche Ihnen nicht, Sie in dieser Welt glücklich zu machen, aber in der anderen.' "

Wieder schaltet sich Judith ein und erklärt lachend: „Was sollen derartig unsinnige Aufträge? Warum sollte das Kind schmutziges Wasser trinken und Gras essen wie das Vieh? Warum sollte sie vierzehn Tage dorthin kommen? Wieso sagte die Dame zu ihr, sie sei die ,Unbefleckte Empfängnis'? Ihre eigene Empfängnis war doch gar nicht gemeint, wie du uns erklärt hast."

„Judith, du hast vollkommen recht, deshalb wurde auch der Pfarrer des Kindes stutzig. Bernadette mußte daraufhin ihre ,Vision' ändern und erzählen, die schöne Dame habe gesagt: ,Ich bin Maria, empfangen ohne Sünde. Ich bin die Unbefleckte.'"

Maria ruft lachend: „Lieber Sohn, was erzählst du Rätselhaftes? Ich verstehe dich nicht."

Jesus antwortet ihr ruhig: „Es ist nicht zu verstehen. Es ist Lug und Trug, Unfug und Aberglaube! Aber für die Untersuchungskommission, für die Polizeikommissare, für die Staatsanwälte und für die aus Rom gesandten hohen Beamten des Angeklagten Mastai-Ferretti reichten diese Sätze. Sie waren davon überzeugt, daß, *ich* zitiere, ,die Jungfrau wahrhaft Bernadette Soubirous erschienen ist'. Dabei hat sie auch der Widerspruch nicht gestört, daß die ,schöne Dame' das Mädchen aufgefordert hat, sie vierzehn Mal zu besuchen, während Bernadette doch angab, vom 11. Februar bis zum 16. Juli 1858 insgesamt 18 Erscheinungen gehabt zu haben."

Judith klopft ungeduldig auf den Tisch: „Genug davon, fahre fort in deiner Anklage."

Während Jesus erklärt, daß Bernadette 70 Jahre später sogar „heilig"-gesprochen wurde, gehen mir zwei Romane durch den Kopf. Es ist Franz Werfels süßlich-kitschiges „Lied von Bernadette", dessen Sentimentalität nur dadurch zu erklären ist, daß er, der Jude, den Roman nach gelungener Flucht vor den Nazis geschrieben hat.

Und ich muß an Émile Zola denken, der 1891 mitten im sommerlichen Wallfahrtsrummel nach Lourdes kam und dort den Anblick furchtbarer Leiden und der vor Genesungssehnsucht rasenden Pilgerstöme verfolgen konnte. Es motivierte ihn zu seinem zweiten Stadtroman „Lourdes", dessen Hauptfigur, der Priester Pierre, die heulende Massenpsychose zu ergründen versucht. Wie der Übersetzer Erich Marx feststellte, mußte der junge Mann die „rückwärts gerichtete Traditionswelt des Katholizismus erleben, die klerikale Ächtung allen Fortschritts, die Unduldsamkeit".

Pierre durchschaut sehr bald die angeblichen Wunder und die moralische und wirtschaftliche Korruption der Stadt. Ihn schaudert vor den Mirakeln, und ihm wird klar, wie hier mit kalter Berechnung Ausbeute betrieben wird durch die Patres an der Grotte. Wie erbärmlich geschachert wird mit so vermeintlich heiligen Dingen, wie Bernadette, der die Kirche den neuen Ruhm und die Stadt den Goldregen verdankt, aus dem Bereich der Grotte verbannt wurde, da sie „nur Werkzeug war und nach Erfüllung ihrer Aufgabe in der dunklen Anonymität eines Klosters verschwinden" mußte. So schreibt Marx zu Recht in seinem Nachwort.

Zola stellt Bernadette als eine Hysterikerin dar, zu deren krankhafter Anlage der „dumpfe, primitive Aberglaube ihres weltabgewandten Pyrenäenwinkels belastend als Erbe und Milieu zugleich hinzu kam". Bereits zu diesem Zeitpunkt analysierten Psychiater die phantastischen Zeichen, die sich allen Naturgesetzen zum Trotz ereigneten, als halluzinatorische Sinnestäuschungen. Sie diagnostizierten „autosuggestive Krankheitsbilder", psychogene Symptome. Über die Hälfte der vermeintlichen „Wunderheilungen" wurden schon zu Zolas Zeiten – sehr zum Ärger der Kirche – entlarvt. Es überraschte niemanden, daß sein Buch verdammt und auf den Index der verbotenen Bücher gesetzt wurde.

Angeblich sollen es bis zum heutigen Tage einige tausend gewesen sein, die in Lourdes ‚heilige‘ Wundererfahrungen gemacht haben. Ich denke, Jesus würde vor Zorn erbeben, könnte er den Jahrmarkt dort sehen – die fliegenden Händler, die Salami, Kastanien, Mandelgebäck, Kandiszucker, Kräuter und Wein verkaufen und sich damit dumm und dämlich verdienen. Mit eisernem Besen würde er durch diesen Ort fegen, durch die 400 Hotels und die Tausende von Andenkenkioske mit all dem grauenhaften Marienkitsch, „made in Asia". So, wie er die Händler aus dem Tempel von Jerusalem vertrieb.

Nach einer kleinen Pause tritt Jesus mit einem dicken Ordner vor den Richtertisch und sagt: „Hohes Gericht, hier habe *ich* den ‚Syllabus‘ vom 8. Dezember 1864. Es ist eine Zusammenstellung von 80 sogenannten ‚Zeitirrtümern‘, die der Angeklagte verurteilt. *Ich* werde beweisen, daß dieses Pamphlet, das sogar von Kirchenhistorikern als ‚verhängnisvoll‘ und als ‚Kriegserklärung an den Modernismus‘ bezeichnet wird, gegen Pantheismus, Naturalismus, Rationalismus und Liberalismus gerichtet ist. *Ich* werde euch einige Paragraphen daraus vorlesen:

‚Es steht jedem Menschen frei, jene Religion anzunehmen und zu bekennen, welche er beim Lichte seiner Vernunft für die wahre hält.

Die Menschen können in der Übung jedweder Religion den Weg des ewigen Heils finden und die ewige Seligkeit erlangen.

Der Protestantismus ist nichts anderes als eine verschiedene Form derselben wahren christlichen Religion, in welcher es möglich ist, Gott ebenso zu gefallen, als in der katholischen Kirche.

Die Kirche darf ihre Autorität nicht ohne Erlaubnis und Zustimmung der Staatsgewalt ausüben.

Die geweihten Diener der Kirche und der römische Papst sind durchaus von aller Sorge und Herrschaft über weltliche Dinge auszuschließen.

In einem Gesetzkonflikt beider Gewalten gibt das weltliche Gesetz den Ausschlag.

Die Kirche ist vom Staat, der Staat von der Kirche zu trennen. Es kann kein Grund dafür vorgebracht werden, daß Christus die Ehe zur Würde seines Sakramentes erhoben habe.

Die Abschaffung der weltlichen Herrschaft, die der apostolische Stuhl besitzt, würde zur Freiheit und zum Glück der Kirche sehr viel beitragen.

Es ist falsch, daß die staatliche Freiheit der Kulte und die allen garantierte Freiheit, alle Arten und Schattierungen von Meinungen und Ansichten öffentlich bekanntzumachen, zur Verderbnis der Sitten und zur Pest des Indifferentismus führen.

Der römische Stuhl soll sich mit dem Fortschritt, dem Liberalismus, der modernen Zivilisation versöhnen und vergleichen.'"

Judith ist aufgesprungen: „Aber Ankläger, das sind doch keine ‚Irrtümer', sondern genau das Gegenteil davon! War Mastai-Ferretti seiner Sinne nicht mächtig?"

Jesus legt den Ordner zufrieden zurück und antwortet: „Judith, das ist eine berechtigte Frage. *Ich* beantrage deshalb ein neurologisches oder psychiatrisches Gutachten, weil *ich* eine derartige Verwirrung des Geistes nicht für normal halte. Als junger Mann soll der Angeklagte übrigens an Epilepsie gelitten haben.

Aber, *ich* bin noch nicht am Ende mit ihm. 1867 hat er einen der grausamsten spanischen Inquisitoren, Pedro de Arbues, der so viele Menschen in den Tod schickte und 1485 von aufgebrachten Volksmassen in Saragossa erschlagen wurde, ‚heilig'-gesprochen. Gott möge *mir* verzeihen, Fluch und Schande über diesen Spanier!"

Wieder bebt seine Stimme vor Zorn, als er auf ein Dogma zu sprechen kommt, das auf dem Ersten Vatikanischen Konzil am 18. Juli 1870 in Rom verkündet wird: „Die entsprechende Konstitution trägt den Titel ‚Pastor Aeternus', die Lehre wird auch das ‚Dogma der Infallibilität' oder ‚Dogma der Unfehlbarkeit' genannt. Vernehmt zunächst den Text.

‚Wenn der römische Bischof in höchster Lehrgewalt (ex cathedra) spricht, das heißt, wenn er in Ausübung seines Amtes als Hirt und Lehrer aller Christen in höchster, apostolischer Autorität endgültig entscheidet, eine Lehre über Glaube oder

Sitten sei von der ganzen Kirche festzuhalten, so besitzt er auf Grund des göttlichen Beistandes, der ihm im heiligen Petrus verheißen ist, jene Unfehlbarkeit, mit der der göttliche Erlöser seine Kirche bei endgültigen Entscheidungen in Sachen des Glaubens und der Sitten ausgestattet haben wollte. Deshalb sind die endgültigen Entscheidungen des römischen Bischofs aus sich, nicht aber auf Grund der Zustimmung der Kirche unabänderlich.'

Richter, Anwesende! Dieser Mann behauptet, die ‚heilige Jungfrau' stehe auf seiner Seite. Dieser Mann behauptet, er fühle, daß er unfehlbar sei, und beruft sich dabei auch noch auf Lukas 22,32 – was für ein <u>Betrug</u>! Dieser Mann behauptet, seinen Jurisdiktionsprimat von *mir* erhalten zu haben – eine schändliche <u>Falschaussage</u>."

Judith wirft ein: „Ankläger, zitiere uns diesen Lukas-Vers." Jesus zeigt auf die Bibeln, die auf dem Richtertisch liegen, und sagt: „Ihr könnt es nachlesen, Lukas schreibt: ‚Ich aber habe für dich gebetet, daß dein Glaube nicht aufhöre.' Er beschreibt hier die Situation am Ölberg unmittelbar vor *meiner* Gefangennahme. Diesen Satz habe *ich* dem Simon gesagt, aber sogleich angefügt: ‚Petrus, *ich* sage dir: <u>Der Hahn wird heute nicht krähen, ehe du dreimal geleugnet hast, daß du *mich* kennst</u>'. Ihr wißt, daß *ich* damit recht hatte. Ihr seht also, wie falsch Mastai-Ferretti diesen Vers interpretiert! Es bedarf keiner weiteren Widerlegung, wie absurd es ist, mit dieser Quelle die Irrtumsfreiheit der römischen Bischöfe zu begründen. <u>Aber darin manifestiert sich die Diktatur eines Wahnsinnigen, eines Irren!</u>

Ich erinnere euch an <u>Augustinus,</u> der den unsinnigen Satz aufgestellt hat, daß die Autorität seiner Kirche durch das Evangelium begründet sei. Dem stelle *ich* die Forderung des Kirchenlehrers Bernhard gegenüber, daß ein römischer Bischof ein Dienender und nicht ein Herrschender sein solle."

Erstaunt fragt die Richterin: „Haben die Konzilsteilnehmer das denn alles hingenommen?"

„Judith, in der Generalkongregation vom 13. Juli 1870 gab es 451 Ja-, 62 bedingte Ja- und 88 Nein-Stimmen zu diesem

Dogma. Fünf Tage später, nachdem 57 Unfehlbarkeitsgegner abgereist waren und der Angeklagte in seinem Sinne auf die verbliebenen Anwesenden eingewirkt hatte, lautete das Ergebnis: 533 Ja- gegen zwei Nein-Stimmen. Kritiker, die zu Recht Belege aus Bibel- oder Konzilstexten wünschten, wurden mit der Exkommunikation bedroht.

Da den Katholiken ihr „Glaube" per Dogma aufgezwungen wird, bleibt ihnen, um nicht ewiger Verdammnis zu verfallen, kein anderer Ausweg, als wie brave Lämmer ihrem Hirten zu folgen.

Der englische Theologe John Henry Newman, der trotz Einladung auf die Teilnahme an dem Konzil verzichtet hatte, weil er in der Frage der Unfehlbarkeit eine dogmatische Festlegung für unangebracht hielt, schrieb in sein Tagebuch: ‚Es ist nicht gut, wenn ein Papst 20 Jahre lang amtiert. Es ist unnatürlich und führt zu nichts Gutem; er wird zu einem Gott, hat niemanden, der ihm widerspricht...'

Mastai bedroht sogar Amtsbrüder und Untergebene mit dem Ausschluß aus der Gemeinschaft, wenn sie daran zweifelten, daß Jesus den Petrus zum Fürsten aller Apostel gemacht habe. Nirgendwo steht so etwas geschrieben. Mit seinem Jurisdiktionsprimat, der ebenfalls durch nichts zu beweisen ist, macht sich der Angeklagte zu einem gottähnlichen Wesen, zu einem Götzen. *Ich* zeihe ihn deswegen der gotteslästerlichen, frevelhaften Hoffart.

Hohes Gericht, laßt *mich* dieses empörende und ekelerregende Kapitel mit einem Mann abschließen, der die Papstvergottung nicht hinnehmen wollte und wegen seiner Haltung 1871 exkommuniziert wurde. Es handelt sich um den deutschen Theologen Ignaz von Döllinger, der die ‚Altkatholische Kirche' initiierte, deren Ziele sicher nicht immer in *meinem* Sinn waren, der aber doch den Ablaß, die Beichte, den Zölibat, den Primat und den Reliquienkult verdammte. Jener weise Mann hat über dieses Konzil und das Dogma folgendes Urteil gefällt:

‚Alle absolute Macht verdirbt den Menschen, welchem sie zuteil wird. Dafür legt die ganze Geschichte Zeugnis ab. Ist diese Gewalt eine geistliche und beherrscht sie die Gewissen der Menschen, so ist die Gefahr der Selbstüberhebung nur um so größer, denn der Besitz einer solchen Macht übt einen besonders verführerischen Reiz und legt zugleich die Selbsttäuschung am nächsten, indem die Leidenschaft der eigenen Herrschbegier nur zu leicht als Sorge für das Heil anderer beschönigt wird. Hegt nun der Mensch, dem eine solch schrankenlose Macht zugefallen ist, auch noch die Meinung, daß er unfehlbar und ein Organ des göttlichen Geistes sei, weiß er, daß ein Ausspruch von ihm in sittlichen und religiösen Dingen mit einer allgemeinen und noch dazu inneren Unterwerfung von Millionen hingenommen wird, so scheint es fast unmöglich, daß gegen ein solch berauschendes Bewußtsein immer die Nüchternheit des Geistes sich bewahre. Dazu kommt noch die seit Jahrhunderten sorgfältig von Rom aus genährte Vorstellung, daß jedes Konklave ein Schauplatz sei, auf welchem der trotz der Ränke der Parteien die Wahl lenkende heilige Geist zuletzt immer einen Triumph feiere, und der Erkorene das von der Gnade speziell erkorene und ausgewählte Werkzeug der Ratschlüsse Gottes über die Kirche und die Menschheit sei. Das ganze Leben desselben wird von dem Momente an, wo er auf den Altar gesetzt jene erste Huldigung des Fußkusses empfängt, eine fortlaufende Kette von Adorationen. Alles ist darauf berechnet, ihn in der Ansicht zu bestärken, daß zwischen ihm und den übrigen Sterblichen eine unausfüllbare Kluft befestigt sei, und stets umnebelt von Weihrauchdüften muß auch der festeste Charakter zuletzt einer die menschlichen Kräfte übersteigenden Versuchung erliegen.'

Bücher zu diesem gotteslästerlichen Dogma füllen inzwischen ganze Bibliotheken. Wegen dieses Dogmas sind Theologinnen und Theologen über ein Jahrhundert lang von der angeklagten Organisation befehdet, beschimpft, verunglimpft und mit Berufsverbot belegt worden."

Judith ergreift wieder das Wort und sagt: „Kommen wir zum nächsten Punkt. Im Herbst 1870 verliert die römische Kirche endgültig ihren Kirchenstaat, am 20. September kapituliert der Angeklagte vor den Truppen Sardiniens und Piemonts. Er muß seinen Beamtenapparat entlassen und verliert die weltliche Herrschaft. Im sogenannten Garantiegesetz vom 13. Mai 1871 werden ihm vom italienischen Staat die Paläste des Vatikan und Lateran sowie die Villa Castelgandolfo ‚zum Nießbrauch' überlassen. Möchtest du dazu einen Kommentar abgeben, Ankläger?"

Jesus schüttelt den Kopf: „Nein, Judith. Allerdings", fügt er mit verschmitztem Grinsen an, „kann *ich meine* Freude über diesen Vorgang nicht verhehlen." Mit herausforderndem Blick schaut er die Richterin an, die ärgerlich abwinkt: „Wie ich den Akten entnehme, möchtest du als letztes zum sogenannten Kulturkampf der 1870er Jahre Stellung nehmen. Vorweg möchte ich für das Protokoll folgendes festhalten: Es handelte sich um eine Auseinandersetzung zwischen Preußen und der Kirche des Angeklagten. Kanzler Bismarck wollte sowohl Priester als auch Laien schützen, die sich dem diktatorischen Vatikanischen Konzil nicht unterwerfen wollten. Und mit Unterstützung seines Kaisers, Wilhelm I., begrenzte er den Einfluß der Kirche und erließ 1871 den sogenannten Kanzelparagraphen, wonach Geistliche mit Gefängnis oder Festungshaft bis zu zwei Jahren bestraft wurden, wenn sie ‚in Ausübung ihres Berufes öffentliche Staatsangelegenheiten in einer den Frieden gefährdenden Weise zum Gegenstand der Verkündung oder Erörterung' machten."

Jesus übernimmt: „Es half dem Angeklagten nicht, daß er dieses Gesetz für null und nichtig erklärte. Es half ihm nicht, daß er sich mit dem Kaiser auf einen Briefwechsel einließ, der von der prahlerischen Großmannssucht des Mastai und Wilhelms feiner, nicht zu überbietender Ironie geprägt war. So schreibt der Angeklagte zum Beispiel, er billige es nicht, daß, *ich* zitiere, ‚von Ihrer Regierung auf der begonnenen Bahn weiter fortgeschritten wird und die harten Maßregeln gegen die Religion Jesu Christi vervielfältigt werden, die indessen der letzteren zu so großem Nachteile gereichen, wird Eure Majestät dann versichert sein, daß dieselben nichts anderes zuwege bringen, als den Thron Eurer Majestät selber zu unterwühlen? Ich spreche mit Freimut, denn die Wahrheit ist mein

Panier, und ich spreche, um einer meiner Pflichten in erschöpfendem Maße nachzukommen, die mir auferlegt, allen das Wahre zu sagen, und auch dem, der nicht Katholik ist.'

Ist das nicht infam? Laßt *mich* aus dem Antwortbrief des deutschen Kaisers zitieren. Er schreibt, er habe feststellen müssen, daß seine katholischen Untertanen, in politischen Parteien organisiert, den Frieden durch staatsfeindliche Umtriebe zu stören versucht hätten und daß er Feinde jeder staatlichen Ordnung bekämpfe, weil er den inneren Frieden schützen müsse. Daß er in seiner evangelischen Kirche den Gehorsam gegen die weltliche Obrigkeit erwarte, denn er empfinde sie als Ausfluß des geoffenbarten göttlichen Willens. Und schließlich, *ich* zitiere wörtlich: ,Die Religion Jesu Christi hat, wie Ich Eurer Heiligkeit vor Gott bezeuge, mit diesen Umtrieben nichts zu tun, auch nicht die Wahrheit, zu deren von Eurer Heiligkeit angerufenem Panier Ich Mich rückhaltlos bekenne. Der evangelische Glaube, zu dem Ich Mich, wie Eurer Heiligkeit bekannt sein muß, gleich Meinen Vorfahren und mit der Mehrheit Meiner Untertanen bekenne, gestattet uns nicht, in dem Verhältnis zu Gott einen anderen Vermittler als unseren Herrn Jesum Christum anzunehmen.' "

Judith kann ihren Unmut über dieses lange Plädoyer nun nicht mehr unterdrücken und mahnt: „Jesus, ich bitte dich, komm zu einem Ende."

„Hohes Gericht, *ich* denke, die Schandtaten dieses Mannes sprechen für sich. Ignaz von Döllinger hat festgestellt, daß das Denunziantentum und die Inquisition, die dieser Mann aufgebaut hat, zu einer ,Klerokratie' geführt hätten, zu einer ,Polizeiherrschaft, zur Tyrannei, zu einem Willkürstaat mit doppelter Rechtsprechung'."

Jesus atmet tief durch, und mit einem zufriedenen Unterton in der Stimme verkündet er seinen erschöpften Zuhörern: „*Ich* denke, dem ist nichts hinzuzufügen. Amen, *ich* habe gesprochen!"

40. Leo XIII.

Gioacchino Vincenzo de' Pecci

Richter Gideon verkündet: „Bevor ich dem Ankläger das Wort erteile, hier kurz die Lebensdaten des Angeklagten de' Pecci. Im März 1810 in Carpineto bei Anagni geboren, 1837 zum Priester geweiht, wird er 1846 Bischof von Perugia und 1853 Kardinal. Am 20. Februar 1878 erringt er in der Kurie die Mehrheit und besteigt als Leo XIII. den Stuhl."

„Hohes Gericht", schaltet sich Jesus ein, „für die seit 1875 andauernde Balkankrise scheint sich im Sommer 1878 auf dem ‚Berliner Kongreß' eine Lösung anzubahnen, indem Österreich das Recht zur Verwaltung von Bosnien und der Herzegowina erhält. In Wirklichkeit bedeutete dies aber eine Verschärfung des Konflikts zwischen Rußland und Österreich und führte auch zu Problemen innerhalb der Balkanstaaten. Zudem ruft der Angeklagte zur Gründung einer ‚Liga der katholischen Staaten' auf und setzt als Führer den österreichischen Kaiser ein.

Das Ziel dieses vom Vatikan geschürten Zwists ist der Wunsch, den Balkan zu erobern und Österreich als katholisches Bollwerk sowohl gegen die Orthodoxen als auch gegen den Islam zu stabilisieren. Wiederholt sind durch Zeugen Bemerkungen des Angeklagten überliefert, daß der Islam ‚überwunden' werden müsse. Damit beging er im Sinne der Anklage schweren Amtsmißbrauch, Einmischung in innere Angelegenheiten und Verunglimpfung Andersgläubiger.

Für das Jahr 1880 habe *ich* zwei Ereignisse, die *ich* dem Gericht vortragen möchte. Thomas von Aquin wird vom Angeklagten zum ‚Vorbild der theologischen und philosophischen Studien' und zum ‚Patron aller katholischen Schulen' erklärt. Richter, *ich* möchte noch einmal betonen, daß es Aquin war, der nach Paulus und Augustinus die Frauenfeindlichkeit in dieser Organisation geschürt hat. Er war es, der den ‚Heiden'- und ‚Ketzer'-Wahn mit begründet hat.

Schwerwiegender aber ist für *mich* die Enzyklika ‚Arcanum divinae sapientiae‘, in der de’ Pecci betont, daß sich ‚in der christlichen Ehe der Vertrag vom Sakrament nicht scheiden läßt. Hier kann es keinen wahren, gesetzmäßigen Vertrag geben, der nicht eben dadurch schon Sakrament wäre. Denn Christus der Herr hat die Ehe zur Würde des Sakraments erhoben, die Ehe aber ist der rechtmäßige abgeschlossene Vertrag selbst.‘ Und weiter heißt es: ‚Es gibt keinen Beweis aus der Vernunft oder aus der Geschichte, daß die rechtliche Vollmacht über die Ehe der Christen auf die weltliche Gewalt übertragen wurde.‘

Hohes Gericht, hiermit macht sich Pecci erstens der <u>Verunglimpfung</u> *meines* Namens, des <u>Betrugs</u> und der <u>Falschaussage</u> sowie der <u>Nötigung</u> und des <u>Mißbrauchs von Abhängigen</u> schuldig, denn es gibt, wie ihr wißt, im Neuen Testament nicht ein einziges Wort über ein sakramentales Verständnis der Ehe. Ein einziges Mal, und zwar im Paulus zugeschriebenen Epheserbrief steht etwas von der Ehe als einem tiefen Geheimnis (5,32). Wenn der Angeklagte vorgibt, daß das Band der Ehe nach dem Naturrecht nicht auflösbar sei, so kann *ich* nur sagen, daß auch dieses eine völlige Verdrehung der Tatsachen ist. <u>Im Naturrecht steht über Einheit und Unauflöslichkeit kein Wort</u>.

Als schwersten <u>Amtsmißbrauch</u> bitte *ich* die Tatsache festzuhalten, <u>daß Gioacchino de’ Pecci am 14. Juli 1881 den Hauptangeklagten Nummer 16, Odo de Lagery, der vor fast 800 Jahren zum ersten ‚Kreuzzug‘ aufgerufen und damit die Welle von Judenmassakern eingeleitet hatte, ‚selig‘ sprach.</u> Von dem Angeklagten, hohes Gericht, stammt der bezeichnende Satz, daß seine Kirche ‚keine Angst vor der Geschichte‘ habe, und indem er diesen Massenmörder selig spricht, bestätigt sich, was schon der große französische <u>Aufklärer</u> Helvétius sagte, daß nämlich der Katholizismus ‚stets Diebstahl, Raub, Gewalt und Mord verteidigt‘ habe.

Als Beweis für die Verbrechen der <u>Volksverhetzung</u>, der <u>Verunglimpfung</u> Andersgläubiger, der <u>Falschaussage</u>, der <u>Religionsbeschimpfung</u> und der <u>Verbreitung gefährlichen</u>

Schrifttums möchte *ich* die Jesuiten-Zeitschrift ‚Civiltà cattolica‘ anführen, die mit Zustimmung des Angeklagten herausgegeben und in der immer wieder die Schuld der Juden am Tode Jesu betont wurde. Auch finden sich darin oft antisemitische Aufsätze, die für die judenfeindliche Stimmung in der italienischen und französischen Bevölkerung mitverantwortlich waren. *Ich* zitiere euch aus diesen Schmutz-Blättern:

‚In Deutschland, Österreich, Ungarn, Frankreich und Italien haben die Juden sich zu Herren des Kapitals gemacht, in jeder Nation bleiben sie Ausländer, ja schlimmer noch, Feinde der Völker, unter denen sie wohnen. Gemäß dem Talmud ist es ihr Ziel, sich zu bereichern und die Christen zu armen Leuten zu machen. Der Talmud erlaubt hierzu alle, auch die verbrecherischen Mittel, er mahnt sie, die Christen grausam zu hassen. Diese feindlichen Ausländer häufen die Schätze der Nation, nehmen ihr Vermögen in Besitz, beuten den Schweiß der Arbeiter aus und verfügen über eine größere Macht als der Staat. Solange nicht Gesetze erlassen werden, die den Freiheiten, die dieser verderblichen Rasse gewährt wurden, eine Schranke setzen, ist von Gesetzen zur Regelung des Kapitals und Arbeitsverhältnisses nicht viel zu erwarten.‘

Mit der 1883 herausgegebenen Enzyklika ‚Supremi apostolatus‘ begeht Pecci im Sinne der Anklage <u>Betrug</u>, <u>Amtsmißbrauch</u> und <u>arglistige Täuschung</u>, weil er den Ablaß von Sünden kraft des sogenannten Rosenkranzgebets verspricht. <u>Diese Kirche hat aus dem Beten einen Ritus gemacht</u>, den *ich* nur verdammen kann!

Als eine Lüge und frevlerische <u>Falschaussage</u> werte *ich* die Enzyklika ‚Immortale dei‘ aus dem Jahr 1885, in der der Angeklagte behauptet, daß alles, was die persönliche Würde des Menschen fördere, was die Rechtsgleichheit unter den Bürgern erhalte, von der katholischen Kirche ins Leben gerufen, begünstigt und stets geschützt worden sei. *Ich* glaube, *ich* konnte eingehend beweisen, daß es kaum eine Religion auf der Welt gab und gibt, die in einem solch schändlichen Maß gegen Grundrechte, Menschenrechte und gegen das Naturrecht verstoßen hat wie diese!“

Dieser Ausdruck, die „Würde des Menschen", klingt aus dem Mund eines römischen Bischofs wirklich wie Hohn und Spott, wird doch ebendiese Würde von der Kirche seit fast 2000 Jahren tagtäglich mit Füßen getreten.

Richter Gideon fragt den Ankläger: „Jesus aus Galiläa, ist dir bekannt, daß es dieser Angeklagte war, der den sogenannten Kulturkampf beendet hat?"

Jesus nickt und antwortet: „Dazu kein Kommentar. Ihr wißt, wodurch der Kulturkampf entstanden ist, und ihr wißt, daß es nicht *meine* Sache ist, den Angeklagten zu verteidigen. Dazu gibt es später Gelegenheit. Laßt *mich* fortfahren.

Den Straftatbestand des Betrugs, der Falschaussage, der Nötigung und der Verletzung der Intimsphäre sehe *ich* mit der 1888 herausgegebenen Enzyklika ‚Inter plurimis' erfüllt, mit welcher der Angeklagte seine Gläubigen nötigt, den ehelichen Koitus nur dann vorzunehmen, wenn damit die Weckung neuen Lebens beabsichtigt sei. Auch dieses halte *ich* für reinen Unfug, der aber leider zu unvorhersehbarem Unheil für die ganze Welt und die folgenden Generationen geführt hat. *Ich* werde darauf bei den nächsten Angeklagten noch eingehen."

Jesus holt tief Luft, und ich sehe seine zornesblitzenden Augen. „Friedrich Nietzsche, einer der erbittertsten Gegner dieser Organisation, hat folgende Sätze formuliert, die auch *ich* ihr entgegenschleudere: ‚Ich verurteile das Christentum, ich erhebe gegen die christliche Kirche die furchtbarste aller Anklagen, die je ein Ankläger in den Mund genommen hat. Sie ist mir die höchste aller denkbaren Korruptionen, sie hat den Willen zur letzten auch nur möglichen Korruption gehabt. Die christliche Kirche ließ nichts mit ihrer Verderbnis unberührt, sie hat aus jedem Wert einen Unwert, aus jeder Wahrheit eine Lüge, aus jeder Rechtschaffenheit eine Seelen-Niedertracht gemacht.'"

Wütend springt Gideon auf. Mit beiden Händen auf den Tisch gestützt, fixiert er Jesus. „Ankläger, ich warne dich zum letzten Mal: Halte deine Zunge im Zaum! Solange wir kein Urteil gesprochen haben, solltest du nicht so reden. Im übrigen muß ich dich erneut darauf aufmerksam machen, daß die römische Kirche durchaus ihre Verdienste hat. Denke nur an ihre humanitären Hilfsleistungen."

Auch Jesus platzt fast vor Wut, und ich sehe ihm an, wie schwer es ihm fällt, sich zu beherrschen: „Wage es noch einer, von ihren humanitären Segnungen zu sprechen oder davon, daß sie irgendeinen Notstand abgeschafft oder gelindert hätte! *Ich* sage euch, diese Organisation lebte von Notständen, sie schuf Notstände, um sich zu verewigen. Ihre Priester herrschen durch die Erfindung der Sünde!"

Und mit einer neuen Kaskade von Vorwürfen überschüttet Jesus die Richter, die ihn fassungslos und mit offenem Mund anstarren.

Der Ankläger ist jetzt nicht mehr zu bändigen. Fast wörtlich übernimmt er Nietzsches Haßtiraden für seine Argumentation: „ ‚Christlich, das ist für diese Kirche Grausamkeit gegen sich und andere, Haß gegen Andersdenkende, der Wille zu verfolgen. Christlich ist der Haß gegen Geist, gegen Stolz, Mut und Freiheit. Christlich ist der Haß gegen die Freuden der Sinne, gegen die Freude überhaupt!' "

Wuchtig fährt Gideons Hand auf den Tisch nieder. Ich habe das Gefühl, der ganze Raum erbebt. Inzwischen sind auch alle anderen Anwesenden aufgesprungen. Gideon brüllt: „Jesus, wenn du nicht auf der Stelle einhältst, lasse ich dich wegen Mißachtung des Gerichts aus dem Saal entfernen! Was du der Kirche und ihren Führern hier vorwirfst, kann nur aus Dummheit..."

„Nein", fährt Jesus unerschrocken dazwischen, „man würde sich ganz und gar täuschen, wenn man irgendeinen Mangel an Verstand bei den Führern der christlichen Bewegung voraussetzte. Oh, sie sind klug, klug bis zur Heiligkeit, diese Herren Kirchenväter!"

Jesus hat seine Rolle als beherrschter Ankläger aufgegeben und jede Contenance abgelegt: „Was ihnen abgeht, ist etwas ganz anderes. Die Natur hat vergessen, ihnen eine bescheidene Mitgift von achtbaren, anständigen und reinlichen Instinkten mitzugeben!"

Was hat Friedrich Nietzsche wohl dazu gebracht, so aggressiv gegen diese Kirche anzugehen? überlege ich mir. Das Buch „Der Antichrist" wurde von einigen als der Beginn seines Wahnsinns interpretiert. Mir geht sein „Gesetz wider das Christentum" durch den Kopf, in dem er schreibt: „Lasterhaft ist jede Widernatur. Die lasterhafteste Art Mensch ist der Priester: Er lehrt die Widernatur. Gegen den Priester hat man nicht Gründe, man hat das Zuchthaus. Jede Teilnahme an einem Gottesdienste ist ein Attentat auf die öffentliche Sittlichkeit. Die Predigt der Keuschheit ist eine öffentliche Aufreizung zur Widernatur. Jede Verachtung des geschlechtlichen Lebens, jede Verunreinigung desselben durch den Begriff ‚unrein' ist die eigentliche Sünde wider den heiligen Geist des Lebens." Am 30. September 1888 „der falschen Zeitrechnung" hat er dieses geschrieben.

Langsam scheint Jesus seine Fassung wiederzugewinnen, und die Anspannung bei Richtern und Jüngern löst sich etwas: „1891 hat Vincenzo de' Pecci gesagt, es sei ein verderblicher Irrtum, daß ‚die Staatsgewalt willkürlich in das innerste Heiligtum der Familie' eindringe. Hohes Gericht, *ich* frage *mich*, was tut diese Organisation seit zwei Jahrtausenden anderes, als sich willkürlich einzumischen? Durch Nötigung und Verletzung der Intimsphäre bricht sie in die Familien ein, sät Zwietracht, Mißtrauen und das Gegenteil von Liebe.

Richter, *ich* halte diesem Mann wie so vielen seiner Vorgänger den Verstoß gegen die Freiheit der Meinungsäußerung, gegen die freie Entfaltung der Persönlichkeit und die Freiheit der Wissenschaften vor, hat er doch in seiner Konstitution ‚Officiorum ac minorum' Bücher verboten, *ich* zitiere, ‚welche schmutzige und unsittliche Dinge planmäßig behandeln, erzählen oder lehren'. Was versteht Pecci aber unter Büchern, die ‚schmutzig' und ‚unsittlich' sind?

Ich erinnere an den Fall des bayerischen Schriftstellers Oskar Panizza, der wegen ‚Gotteslästerung' ins Gefängnis geworfen wurde. Er hatte in seinem Drama ‚Das Liebeskonzil' den Lebenswandel der römischen Renaissancebischöfe aufs Korn genommen. Er hatte aufbegehrt gegen den katholischen bayerischen Staat, gegen die Kirche, gegen diesen Angeklagten und die durch sie diktierte Sexualmoral. Das ‚Liebeskonzil‘ spielt am Hof des Angeklagten Nummer 27, Rodrigo Borgia, und wie ihr seht, wird damit die Darstellung des Verbrechens zum Verbrechen erklärt.

Im bayerischen Staat und überall dort, wo Rom Macht und Einfluß hatte, ging man unter dem Vorwand, Religion und Sitte zu verteidigen, mit Gewalt gegen Kritiker vor, und *ich* klage Pecci im Fall Panizza der Beihilfe zur Freiheitsberaubung an. Wie entlarvend ist auch Panizzas Werk ‚Die unbefleckte Empfängnis der Päpste‘. Aus der von den vermeintlichen Evangelisten erfundenen ‚Drei-Einheit‘ läßt Oskar Panizza – die Lehre dieser Organisation parodierend – eine ‚Fünf-Einigkeit‘ erwachsen. Zu Vater, Sohn und Heiligem Geist gesellen sich noch Maria und die römischen Kirchenführer selbst. Er prangert 1894 den gotteslästerlichen Götzendienst an, der nichts mehr gemein habe mit der Schrift. Seine harsche Kritik traf den Kern, und die Strafe ereilte ihn umgehend, denn Staat und Kirche hatte er sich damit zu Feinden gemacht. Aber damit will *ich* es genug sein lassen.

Hohes Gericht, im Zusammenhang mit der Verbreitung gefährlichen Schrifttums sehe *ich* den Fall des französischen Offiziers Dreyfus. Die in der ‚Città cattolica‘ entfachte Hetze gegen die Juden in Frankreich trug *meiner* Meinung dazu bei, daß dieser Mann wegen angeblichen Landesverrats seine Ehre einbüßte und unschuldig verurteilt wurde. Dieses Organ und andere vom Vatikan beeinflußte Presseorgane nannten den Zionistenkongreß von 1897 verunglimpfend eine ‚Weltverschwörung‘.

Als Beleidigung und Verunglimpfung werte *ich* es auch, daß der Angeklagte dem ‚Märtyrer der Geistesfreiheit und Frömmigkeit‘, Giordano Bruno, zu dessen Andenken am 9. Juni 1889 auf dem Campo dei Fiori ein Denkmal enthüllt werden sollte, sündhaft die ‚Ausrottung christlichen Glaubens‘ vorwarf. Wir wissen, wie wahrhaftig christlich der Glaube dieses Bruno war! Noch 300 Jahre nach seinem Feuertod wurde er von der ‚heiligen‘ römischen Kirche geächtet.“

Richter Gideon unterbricht Jesus und fragt: „Weißt du

nicht, daß Vincenzo de' Pecci 1899 die antijudaischen und antisemitischen Attacken in der internationalen katholischen Presse verbot?"

„Gideon", entgegnet Jesus, „ich wiederhole *mich*, dieses ist nicht *meine* Aufgabe, das mag der Verteidiger vorbringen. Er wird sicherlich auch Peccis sogenannte Sozialenzyklika ‚Rerum novarum' anführen, in der dieser hundert Jahre zu spät und deshalb kaum glaubwürdig die Ausbeutung der Arbeiter verurteilte. Hierzu bitte *ich* das Gericht schon jetzt zu berücksichtigen, daß der Angeklagte damit vor allem Schadensbegrenzung für seine Kirche bezweckte, der das Proletariat in Scharen davonlief – hin zu den von ihr verdammten und gefürchteten Marxisten. Es drohten dauerhafte Entfremdung sowie der Verlust von abhängigen ‚Gläubigen' und Kirchensteuerzahlern!

Im Jahre 1901 erläßt der Angeklagte seine Enzyklika ‚Paita humano generi' und weiht damit eine neue Marienkirche, genannt ‚Mutter vom Guten Rat'. Als ob Maria je einem Menschen einen Rat erteilt hätte. Nennt *mir* eine Stelle in der Schrift! Hiermit beginnt ein neues Kapitel des gotteslästerlichen Götzendienstes und des Reliquienschwindels. Was der Kirche durch diesen Kult an Spenden- und Ablaßgeldern zufließt, ist in Millionen nicht zu zählen. Für *mich* ist es <u>Betrug</u>, <u>Verunglimpfung</u> von Maria und <u>verbrecherische Bereicherung</u>.

Ich komme zum Ende *meiner* Anklage gegen Pecci, und dieses Mal lautet sie auf <u>Verunglimpfung</u>, <u>Volksverhetzung</u>, <u>Verletzung der Grundrechte</u> und <u>Religionsbeschimpfung</u>, weil er Anhänger des Islam und Protestanten als ‚Feinde der christlichen Gesellschaft' bezeichnet. Hört dazu einige Gedanken eines ebenso klugen wie frommen Mannes. <u>Der Theologe Albert Schweitzer (†1965) hat in seiner ‚Geschichte der Leben-Jesu-Forschung' geschrieben: ‚Die geschichtliche Wahrheit bereitet dem Glauben nicht nur Schwierigkeiten, sondern bedeutet zugleich einen Gewinn für ihn. Sie nötigt ihn in die Bedeutung, die das Wirken des Geistes Jesu für seine Entstehung und sein Weiterbestehen hat, Einblick zu nehmen. Es gibt kein einfaches Übernehmen des Evangeliums Jesu, sondern nur ein sich Aneignen desselben in seinem Geist. Das Eigentliche, was uns die Schrift zu bieten hat, ist sein Geist, wie er sich in ihm und in denen, die unter den ersten von ihm ergriffen waren, kundtut. Alle Glaubensüberzeugung ist nach ihm zu bewerten. Wahrheit im höchsten Sinne ist, was im Geiste Jesu ist.'

Schweitzer sagt, zum Wesen des Protestantismus gehöre, daß er ‚eine Kirche' sei, ‚die nicht kirchgläubig, sondern christgläubig' sei. Dadurch sei ihm verliehen und aufgegeben, durchaus wahrhaftig zu sein. Höre er auf, ‚unerschrockenes Wahrheitsbedürfnis' zu besitzen, sei er nur noch ‚ein Schatten seiner selbst und damit untauglich, der christlichen Religion und der Welt das zu sein, wozu er berufen' sei.

Hohes Gericht, so sollte *meine* Botschaft ausgelegt werden! *Ich* übergebe euch Gioacchino Vincenzo de' Pecci zu einer gerechten Urteilsfindung."

41. Pius X.

Giuseppe Sarto

Von meiner Bank aus beobachte ich, wie sich Richter Melchisedek einen Stapel Akten, die mit der Nummer 41 versehen sind, von einem Gerichtsdiener bringen läßt. Er schlägt die erste auf, und ich höre, wie er zur Person verliest: „Von der Kirche ‚Pius X.' genannt, unter dem Namen Giuseppe Sarto am 2. Juni 1835 in Riese als Sohn eines Kleinbauern zur Welt gekommen, macht der Angeklagte eine Seminarausbildung und erhält mit 23 Jahren die Priesterweihe. Er wirkt danach als Kaplan und Pfarrer und wird 1884 Bischof von Mantua. Der Angeklagte Nummer 40 ernennt ihn 1893 zum Kardinal und Patriarchen von Venedig. Am 4. August 1903 wird Sarto ins höchste Kirchenamt gehoben. Eine seiner ersten Amtshandlungen ist die öffentliche Erklärung, daß die Trennung von Kirche und Staat eine ‚verächtliche Behandlung Gottes' darstelle, daß die ‚Machtvollkommenheit des ersten Bischofs von Gott übertragen' sei und daß er es bei Strafe der Exkommunikation untersage, ein staatliches Veto bei der Wahl eines römischen Bischofs hinzunehmen."

In diesem Moment steht Jesus auf, bleibt aber an seinem Tisch und sagt: „Hohes Gericht, damit, und wir werden dies noch während seiner elfjährigen Amtstätigkeit beobachten können, übertritt der Angeklagte anmaßend seine Zuständigkeit. Er mißbraucht sein Amt, beleidigt Gott und vergißt offensichtlich die Thesen des Lehrers Bernhard von Clairvaux oder die Briefe des Paulus. *Ich* erinnere zum Beispiel an Römer 13, in dem der Stifter dieser unseligen Kirche deutlich zwischen Staat und religiöser Gemeinde unterscheidet.

Amtsanmaßend ebenfalls seine Behauptung, die Gesellschaft sei ‚krank', die einzige Hoffnung für sie bestehe ‚im Segen, in der Macht und im Heil' seiner Kirche. Noch deutlicher wird er in einem Konsistorium einen Monat nach Amtsantritt: ‚Wir werden viele Menschen stören, wenn Wir sagen, daß Wir

Uns notwendigerweise mit Politik befassen müssen. Doch wer die Frage gerecht beurteilt, muß einsehen, daß der souveräne Papst, von Gott mit dem höchsten Amt ausgestattet, nicht das Recht hat, politische Dinge von dem Bereich des Glaubens und der Moral zu trennen.' Hier liegt für *mich* nicht nur eine Falschbehauptung vor, sondern Einmischung in innere Angelegenheiten, die ihn nichts angehen."

Wenn ich mich recht erinnere, ist dieser Papst der bisher einzige „heilig" gesprochene des 20. Jahrhunderts. Aber auch dieser „Heilige" scheint den Kollegen, was sein Verbrechensregister betrifft, in nichts nachzustehen. Ich bin gespannt, wie es weitergehen wird.

Jesus zitiert nun den Kirchenhistoriker Hans Kühner, der festgestellt habe, daß das politische Wirken von Giuseppe Sarto überwiegend durch den verhängnisvollen Einfluß der ‚Intransigenten', der Partei der Unversöhnlichen innerhalb der Kurie, geprägt gewesen sei. Daß diese Partei einen Mauerring um die römische Kurie errichtet und einen beispiellosen religiösen Totalitarismus eingeführt habe. Auch habe es eine Geheimpolizei gegeben, die ähnlich der mittelalterlichen Inquisition Geist und Freiheit unterdrückte.

Melchisedek erklärt nun, daß er in den Unterlagen gelesen habe, daß von Rom aus versucht worden sei, eine Aussöhnung zwischen dem Königreich Italien und Frankreich zu schaffen – allerdings mit wenig Erfolg. Vielmehr sei in den Beziehungen zu diesen Ländern eine Verhärtung eingetreten.

Wieder erhebt sich Jesus, und ohne näher auf Melchisedeks Äußerungen einzugehen, sagt er: „Richter, *ich* muß euch nun von ungeheuerlichen Vorgängen berichten, aufgrund derer *ich* Giuseppe Sarto wegen des Verstoßes gegen die Menschenrechte und gegen die freie Entfaltung der Persönlichkeit sowie wegen Beleidigung und Verunglimpfung der Frauen anklage. Wir wissen, daß er Frauen nicht nur verboten hat, irgendein kirchliches Amt zu übernehmen, sondern er hat ihnen auch untersagt, in Kirchenchören zu singen. Eine schwere Verletzung der Intimsphäre sowie Beihilfe zur gefährlichen Körperverletzung nenne *ich* die Tatsache, daß es von diesem Angeklagten nicht nur geduldet, sondern erwünscht war, daß Knaben entmannt wurden, weil Kastratenstimmen die ‚Heiligkeit des Gottesdienstes' förderten, die Frauen mit ihrem Gesang ‚entweiht' hätten."

Richter Melchisedek will nun über die Enzyklika ‚Ad diem illum' berichten, wird aber sofort von Jesus unterbrochen: „Hohes Gericht, diese Enzyklika ist ein Beweis für die Unmenschlichkeit und maßlose Herzenskälte des Sarto, hat er doch tatsächlich allen Ernstes behauptet, Maria habe nicht schmerzverloren, sondern freudig am Kreuz gestanden. Woher er diese Behauptung nimmt, weiß *ich* nicht, und es bleibt wohl wie so vieles in der Geschichte ein Geheimnis dieser unseligen Kirche."

Und noch bevor Melchisedek fortfahren kann, bittet Jesus um Geduld und berichtet, daß in der Zeit des weiter anwachsenden Antisemitismus Juden versucht hätten, einen eigenen Staat zu gründen. Eine der führenden Persönlichkeiten dabei sei Theodor Herzl gewesen, der in seinem Tagebuch am 25. Januar 1904 über eine Audienz bei dem Angeklagten Notizen gemacht habe, die die Anklagepunkte der Verunglimpfung, Volksverhetzung und Fälschung der Schrift erhärten würden.

Herzl habe dem Angeklagten zu erklären versucht, daß er in Palästina einen eigenen Staat für seine verfolgten Brüder und Schwestern gründen wolle, und habe die Antwort erhalten, daß Rom die Juden zwar nicht daran hindern könne, ins ‚heilige Land' zu ziehen, diese Bewegung aber nicht unterstützen werde. Sarto begründete seinen Standpunkt damit, daß die Juden Jesus nicht als Gottes Sohn anerkannt hätten und die römische Kirche daher das jüdische Volk nicht anerkennen könne. Wenn die Juden bei ihrem Glauben blieben und den Messias, der doch schon gekommen sei, erwarteten, dann würden sie die Gottheit Jesu leugnen, und die katholische Kirche könne ihnen nicht helfen. Schließlich habe Sarto in seinem Missionswahn Herzl gegenüber behauptet, seine Kirche und er könnten nur für die Juden beten, auf daß sie alle getauft und ihre Sinne erleuchtet würden.

„Richter, *ich* weiß, es ist müßig, hier wieder darauf einzugehen, aber auch dieser Angeklagte beschuldigt die Juden völlig zu Unrecht. Weder die Prophezeiungen des Alten noch die des Neuen Testaments sind eingetroffen. Wer das nicht weiß, hat die Schrift nicht gelesen! Die sogenannte Naherwartung war eine feste Überzeugung *meiner* Jünger, aber sie ging nicht in Erfüllung. Und so warten die Juden noch heute auf den Messias!"

Dann schlägt Jesus ein kleines Büchlein auf und tritt mit diesem nahe an den Richtertisch heran: „Melchisedek, verzeiht, daß *ich* schon an dieser Stelle einen Teil *meines* Schlußplädoyers vorwegnehme. *Ich* muß es nicht einmal mit eigenen Worten formulieren, sondern *ich* gebe nur wieder, was der deutsche Schriftsteller Rudolf Krämer-Badoni dachte. Er schrieb, daß nicht ein einziger Kirchenvater, Heiliger oder Bischof auf den Gedanken gekommen sei, daß die Ablehnung des jüdischen Volkes eine ‚irrationale, religiöse und humane Schande‘ sei, daß dies nicht einmal Giuseppe Sarto, der ‚heilig‘ gesprochen wurde, anerkannt habe. Krämer-Badoni führt aus: ‚Das Fundament dieser Kirche ist das geraubte Erbe. Seine lächerliche Haltlosigkeit und die unvermeidliche Gegnerschaft gegen die Beraubten gehen jedem uneingeschüchterten kritischen Blick auf. Die Anmaßung der göttlichen Führung ist so total, daß die Menschenopfer, die dargebrachten Häretiker und Zauberer als Opfer des göttlichen Willens ausgegeben werden. Es schien besser, daß einer sterbe, als daß das ganze Volk dem Heil entgleite.‘

Richter, wir haben während des Prozesses erfahren, daß Krämer-Badino recht hat, diese Religion sei ‚im Kern totalitär und stifte von ihrem angemaßten Fundament her zwangsläufig Unheil‘."

Heftig klopft Melchisedek auf den Tisch: „Genug davon, Ankläger. Spare dir diese Dinge bis zu deinem Schlußplädoyer auf und bleibe bei dem Angeklagten Sarto!"

Jesus ist wieder zu seinem Tisch zurückgegangen, schlägt eine neue Aktenmappe auf und sagt: „In den Jahren 1906 und 1907 offenbart sich das tyrannische Regime des Angeklagten. Er verbietet eine wissenschaftlich fundierte, kritische Bibelauslegung, er verbietet, jegliche Widersprüche oder Fehler in der Alten und Neuen Schrift aufzudecken, er zwingt seinen ‚Gläubigen' in Deutschland sogar neue Verlöbnis- und Trauungsvorschriften auf. Das ist für *mich* Mißbrauch von Abhängigen, ein Verstoß gegen das Recht auf freie Entfaltung der Persönlichkeit und ein Verstoß gegen die Menschenrechte.

Aber es kommt noch ungeheuerlicher: Dieser Mann erhebt zur Glaubenspflicht, daß die Frau aus der Rippe Adams entstanden und damit dem Mann untergeordnet sei. Er erklärt zur Glaubenspflicht, daß die vier Evangelien geschrieben wurden von den vier Evangelisten, deren Namen sie tragen. In seinem Dekret ‚Lamentabili sane exitu' aus dem Jahr 1907 verdammt er, ohne Namen zu nennen, Sätze wie: ‚Der Schatz des Glaubens enthält nur offenbarte Wahrheiten, die Kirche hat kein Recht, die Aussagen der Wissenschaften zu beurteilen.' Oder: ‚Die Dogmen, die die Kirche als offenbart vertritt, sind keine vom Himmel gefallene Wahrheiten. Sie sind Deutungen religiöser Tatsachen, die der menschliche Geist sich mit mühevollem Streben erarbeitet hat.'

Hohes Gericht! Die von ihm verfolgten Bibelexegeten hatten keine Möglichkeit, sich zu verteidigen, ihre Verurteilung stand wie zu mittelalterlichen Inquisitionszeiten schon vorher fest. Methoden also, die dann von Diktaturen des 20. Jahrhunderts übernommen werden konnten.

Ich bezeichne es als Erpressung, Nötigung, Mißbrauch von Abhängigen, Verstoß gegen die freie Entfaltung der Persönlichkeit, gegen die Freiheit der Meinungsäußerung und der Wissenschaften sowie als Verletzung der Grundrechte, wenn Sarto alle fortschrittlichen Kirchenhistoriker und Schriftsteller mit der Exkommunikation bedroht und dies teilweise auch wahr macht.

Die kurz darauf herausgegebene Enzyklika ‚Pascendi dominici gregis' wird von dem Historiker Friedrich Gontard als ‚einer der umstrittensten päpstlichen Rundbriefe', die es je gegeben habe, bezeichnet. Geschichtsforschern, sei es in Italien, Frankreich, Deutschland oder England, wurde die Disputation untersagt. Alle hatten zu lehren, was Sarto befahl. Herausragende Köpfe dieser Kirche waren davon betroffen, wurden zum Teil sogar gebannt und durften nicht mehr mit anderen ‚Gläubigen' verkehren.

Der Münchner Professor Joseph Schnitzer hat in einer vielbeachteten Abhandlung unter Berufung auf urchristliche Quellentexte einwandfrei bewiesen, daß ich das sogenannte Papsttum nicht gestiftet haben kann. Damit hatte er sich für Rom natürlich zum ‚Verräter' und ‚Häretiker' gemacht.

Das Lehr- und Publikationsverbot traf auch den Iren George Tyrrell. Sein ‚Verbrechen' war es, daß er daran zweifelte, der Kirchenlehrer Thomas von Aquin habe bereits die Antworten auf alle Fragen gegeben. In einem Brief an den Angeklagten, der nie beantwortet wurde, reklamierte Tyrrell: ‚Wir haben ein Recht, von Eurer Heiligkeit positive wie negative Führung zu erwarten. Das Aufbauen von Wahrheit ebenso wie die Zerstörung der Unwahrheit.'

Die Bücher des Dogmatikprofessors Hermann Schell kamen ebenso auf den Index wie die des französischen Exegeten und späteren Religionshistorikers Alfred Loisy und anderer als ‚Modernisten' Verunglimpfter. Loisy, den man als den ‚Vater des Modernismus' bezeichnet, hat zahlreiche Schriften über Religion, Menschlichkeit, Evangelium und Kirche veröffentlicht. Er hat die Freiheit der Wissenschaft und des Fortschritts gefordert, die Entfaltung der Persönlichkeit und der Menschenrechte. Er hielt die Auslegung der Schrift durch Rom für nicht haltbar.

Melchisedek, du kennst *meine* negative Einstellung zu Thomas von Aquin, aber manches von ihm war durchaus richtig. So zum Beispiel, daß die logischen Werte der Theologie gerade dort ruhten, wo man sie bekämpfe, nämlich in der Wissenschaft. Richter, in deinen Akten befindet sich auch der ‚Antimodernisteneid' des Angeklagten vom September 1910. Darf *ich* dich bitten, die gekennzeichneten Passagen vorzulesen."

Melchisedek sucht den Blick von Gideon, der zustimmend nickt, nimmt ein Papier aus der Akte und liest: „ ‚Ich anerkenne die äußeren Beweismittel der Offenbarung, das heißt die Werke Gottes, in erster Linie die Wunder und Prophezeiungen, als ganz sichere Zeichen des göttlichen Ursprungs der christlichen Religion. Ich halte fest, daß sie dem Geist aller Zeiten und Menschen, auch der Gegenwart, aufs beste angepaßt sind. Fest glaube ich, daß die Kirche, die Hüterin und Lehrerin des offenbarten Worts, durch den wahren und geschichtlichen Christus selbst, der während seines Lebens unter uns, unmittelbar und direkt eingesetzt, und daß sie auf Petrus, den Fürsten der apostolischen Hierarchie, und auf seine steten Nachfolger gebaut wurde.

Ohne Rückhalt nehme ich die Glaubenslehre an, die von den Aposteln durch die rechtgläubigen Väter stets in demselben Sinn und derselben Bedeutung bis auf uns gekommen sind. Ebenso verwerfe ich jeden Irrtum, der das göttliche, der Braut Christi übergebene Vermächtnis, das von ihr treu bewahrt werden solle, durch eine Erfindung philosophischen Denkens durch eine Schöpfung des menschlichen Bewußtseins ersetzen will, das durch menschliches Bemühen langsam ausgebildet wurde und sich in Zukunft in unbegrenztem Fortschritt vollenden soll. Ich bekenne aufrichtig, daß der Glaube nicht ein blindes, religiöses Gefühl ist, das aus dem Dunkel des Unterbewußtseins im Drang des Herzens und aus der Neigung des sittlich geformten Willens entspringt, sondern daß er eher eine wahre Zustimmung des Verstandes zu der von außen durch Hören empfangenen Wahrheit ist, durch die wir auf die Autorität Gottes des Allwahrhaftigen hin für wahr halten, was uns vom persönlichen Gott, unserem Schöpfer und Herrn, gesagt, bezeugt und offenbart ist.

Auch verwerfe ich den Irrtum derer, die behaupten, der von der Kirche vorgelegte Glaube könne der Geschichte widerstreiten und die katholischen Glaubenssätze könnten in dem Sinn, in dem sie jetzt verstanden werden, mit den Ursprüngen der christlichen Religion, wie sie wirklich waren, nicht in Einklang gebracht werden. Ich verwerfe ebenso eine Weise, die Heilige Schrift zu beurteilen und zu erklären, die die Überlieferung der Kirche, die Entsprechung zum Glauben und die Normen des Apostolischen Stuhles außer acht läßt, die sich den Erfindungen der Rationalisten anschließt und die Textkritik ebenso unerlaubt wie unvorsichtig als einzige und oberste Regel anerkennt.'"

Jesus unterbricht den Richter in diesem Augenblick und sagt: „Hab' Dank, Melchisedek, das genügt zunächst. Diese Eidesformel mußte von allen Weihekandidaten und Seelsorge-geistlichen der Kirche geschworen werden, obwohl *ich* den Schwur doch verboten habe. Was wir gerade auszugsweise ge-hört haben, ist eine Anhäufung von frevelhaften Falschaussa-gen, die *meine* Lehre völlig falsch interpretieren.

Wir haben bereits mehrfach darüber gesprochen, daß das Neue Testament nicht die Wahrheit enthält, die von *mir* und *meinen* Jüngern gepredigt wurde. Daß sein Inhalt mehr als hunderttausendfach durch Auslassungen, Änderungen sowie tendenziöse und fehlerhafte Übersetzung verfälscht worden ist. Der Kirchenhistoriker Karlheinz Deschner hat das in ver-schiedenen Werken nachgewiesen. Wenn Modernisten be-haupten, die Überlieferung der Schrift enthalte nichts Göttli-ches, so ist daran also viel Wahres, denn von uns nicht na-mentlich bekannten Menschen ist nahezu alles geschrieben, von Menschen mit ihren Irrtümern, ihren Erfindungen, ihrer schöpferischen Phantasie, ihrem Verlangen nach Wunderer-zählungen und Legenden."

Melchisedek räuspert sich laut, und Jesus reagiert sofort: „Richter, vergebt *mir*, wenn *ich mich* an dieser Stelle noch-mals wiederhole. Was wollte der Angeklagte mit diesem Eid bewirken? Er sah die ‚Übernatürlichkeit des Glaubens' in Ge-fahr. *Ich* aber sage euch, was hier gefährdet war, war nicht der ‚Glaube', sondern der Aberglaube, der Irrglaube dieser Kir-che! Wenn Giuseppe Sarto von der ‚Wunderungläubigkeit' als größtem Übel spricht, so verdamme *ich* auch das, denn Wun-der und Zeichen habe *ich* stets abgelehnt, sie wurden *mir* zum größten Teil unterstellt. Diesen Komplex zusammenfassend, erhebe *ich* Anklage wegen Verbreitung gefährlichen Schrift-tums, Erpressung, Mißbrauchs von Abhängigen, Nötigung, Betrug und Fälschung."

Während Jesus sich am Tisch kurz mit seinem Mitarbeiter unterhält, der daraufhin mehrere Ordner durchblättert, nutzt

Melchisedek die Chance und fragt, ob er etwas zu der 1907 gegründeten „Corrispondenza di Roma" sagen wolle. Jesus nickt: „Selbstverständlich, Richter, denn hiermit macht sich der Angeklagte der Unterstützung von organisiertem Verbrechen und einer terroristischen Vereinigung schuldig, ferner des Betrugs, der Einmischung in innere Angelegenheiten, der Verbreitung gefährlichen Schrifttums sowie der Unterstützung einer kriminellen Vereinigung.

Die ‚Kurial-Gestapo' Corrispondenza und der Geheimbund ‚Sodalitium Pianum' hätten, wie Hans Kühner schreibt, am liebsten die mittelalterlichen Scheiterhaufen wieder eingeführt. Sie trugen zur Vergiftung der Atmosphäre bei und förderten das Denunziantentum wie zu Zeiten der Inquisition. All das wurde von Sarto nicht nur gebilligt, sondern tätig unterstützt. Verdächtige wurden durch Agenten ausgehorcht und in Rom angeschwärzt. Sogar Angelo Giuseppe Roncalli, der in die Geschichte der ‚nie irrenden Kirche' fälschlich als Johannes XXIII. einging, ein friedfertiger Mensch, stand als junger Priester auf der Schwarzen Liste dieser verbrecherischen Verbände.

Ich beschuldige Giuseppe Sarto auch der Einmischung in innere Angelegenheiten und der Unterstützung und Vorbereitung von Angriffskriegen, denn er wiegelte den Kaiser von Österreich-Ungarn 1914 auf, in Bosnien und in die Herzegowina einzufallen und sie widerrechtlich zu okkupieren.

Nun komme *ich* zu einer weiteren Straftat, womit gleichzeitig die Anklagepunkte Störung des öffentlichen Friedens, der Religionsbeschimpfung, des Verstoßes gegen das Recht auf freie Entfaltung der Persönlichkeit, der Verletzung der Menschenrechte und des Naturrechts erfüllt sind. In seiner sogenannten Borromäus-Enzyklika mit dem Titel ‚Editae saepe Dei' behauptet Sarto, daß die Protestanten die ‚Kirche Christi zerstören' und ‚seine Werke vernichten' wollten. Wie *ich* mehrfach betont habe, ist diese Kirche nicht von *mir* gegründet, die Bezeichnung ‚Kirche Christi' demnach eine Beleidigung *meiner* Person und Verfälschung *meiner* Botschaft.

Sarto hat auf dem ‚Eucharistischen Weltkongreß' in Wien

die katholischen Länder Österreich und Ungarn 1912 indirekt dazu aufgefordert, nach der Okkupation Bosniens und der Herzegowina auch den albanischen Staat für den Katholizismus zu erobern. Der jugoslawische Historiker Vladimir Dedijer hat das in Erfahrung gebracht. Für *mich* ist das ein weiterer Beweis für den nicht zu stillenden Missionswahn der Kirche."

Sofort wird Jesus jetzt von Melchisedek unterbrochen, der ein Buch aufschlägt und sagt: „Ankläger, ich hoffe nicht, dich einer unwahren Behauptung zeihen zu müssen, aber ist dir nicht bekannt, daß Giuseppe Sarto den Wunsch des österreichischen Botschafters um Segnung der Waffen seines Kaisers abgeschlagen und geantwortet hat: ‚Ich segne nicht die Waffen, sondern den Frieden'? Widerlegt nicht auch folgendes Zeugnis deine These? In dem Dekret zu seiner Seligsprechung im Jahr 1950 wird davon gesprochen, mit welchem Schmerz und mit welcher Trauer Sarto den Ausbruch des Krieges erlebt und wie sehr er es bedauert habe, daß er den Krieg nicht verhindern konnte. Wörtlich heißt es dort: ‚Gesegnet mit den Heiligen Sakramenten, empfahl er Gott seine Seele am 20. August 1914, am Anfang des europäischen Krieges, den er mit allen Mitteln zu verhindern versucht hat, mehr durch Schmerz als durch die Jahre gebrochen.' Von der römischen Kirche wird Giuseppe Sarto deshalb auch als ‚Friedenspapst' verehrt."

Als ob er diesen Einwand erwartet hätte, geht Jesus mit einem vieldeutigen Lächeln zu seinem Tisch und läßt sich eine Mappe mit mehreren Papieren geben: „Richter, *ich* glaube, *ich* kann die Legende vom ‚Friedenspapst' widerlegen. *Ich* berufe *mich* auf den deutschen Rechtsanwalt Gottfried Niemietz, der ein aufregendes Buch über die Rolle der römischen Kirche bei den Auseinandersetzungen auf dem Balkan herausgegeben hat.Ich werde darauf bei den Angeklagten Nummer 44 und 45 noch ausführlich eingehen. Darin zitiert Niemietz auch das Werk ‚La Papauté contemporaine' des französischen Historikers Henry Marc-Bonnet, der erklärt hat, daß Sarto unter anderem deswegen ins höchste Bischofsamt gewählt wurde, weil er die österreichisch-ungarische Monarchie protegierte: Er empfand sie als ein Bollwerk des Katholizismus gegen die Orthodoxie und schürte ihre Aggression und Kriegsbereitschaft. Guiseppe Sarto war es, der wünschte, durch Österreich-Ungarn alle Slawen unter die Knute der katholischen Kirche zu bringen. Er hoffte, nach der Eroberung Serbiens weiter in den Osten vordringen zu können.

Aus Niemietz' Recherchen geht des weiteren hervor, daß der Angeklagte den Plan kannte, die Serben so lange zu reizen, bis Österreich die Möglichkeit haben würde, das Land zu überfallen. Die Ermordung des Thronfolgers Erzherzog Franz Ferdinand am 28. Juni 1914 sei allerdings nicht vorhersehbar gewesen. Immer wieder habe Sarto gegenüber dem österreichischen Botschafter in Rom gehetzt, Serbien sei ,eine nagende Krankheit, die das Mark der Monarchie langsam zerstöre' und zu deren ,Auflösung' beitrage.

Ich kenne auch Notizen und ein Telegramm des Gesandten Graf Moritz Pálffy, womit zweifelsfrei ist, daß Kaiser Franz Josef die Kriegserklärung erst aussprach, nachdem er bei Sarto Rat gesucht hatte. Pálffy, und ich komme zum Ende meiner Anklage, hat den Satz des Giuseppe Sarto überliefert, die ,Vernichtung dieses Bollwerks' – und damit meint er Österreich-Ungarn – würde für die Kirche den ,Verlust ihres stärksten Vorkämpfers' bedeuten.

Hohes Gericht, von ,Friedenspapst' kann also überhaupt nicht die Rede sein, denn der Angeklagte schreckte nicht vor dem Einsatz von Gewalt zur Erreichung seiner Ziele zurück und erwies sich als ein ausgesprochener Kriegstreiber. Im Sinne der Anklage hat er sich schuldig gemacht des schweren Verbrechens der Unterstützung und Vorbereitung eines Angriffskrieges, der sich zu einem Weltkrieg ausweitete. *Ich* habe *meinen* Anklagepunkten nichts hinzuzufügen."

Schwindelgefühle haben sich meiner bemächtigt, meine Arme und Beine zittern, und ich muß mir die Stirn trocknen. Schon wieder ist einer der „Heiligen", auf die so viele „Gläubige" all ihre Hoffnung setzten und setzen, durch Jesus vom Sockel gestürzt worden.

42. Benedikt XV.

Giacomo Marchese della Chiesa

Richter Samuel schlägt die erste Akte des Angeklagten Nummer 42 auf. Dann liest er: „Della Chiesa wurde am 21. November 1854 geboren, 1878 trat er in den Priesterstand, 1882 in den diplomatischen Dienst der Kurie, 1907 wird er Erzbischof von Bologna und 1914 Kardinal. Den ‚Heiligen Stuhl‘ besteigt er am 3. September 1914."

Auf einen Wink des Anklägers unterbricht er an dieser Stelle, und Jesus verkündet von seinem Tisch aus: „Hohes Gericht, *ich* habe *meine* schwerste Anklage vorweg zu verkünden. Sie lautet auf Mord."

Samuel klopft auf den Tisch: „Beweise, Ankläger, Beweise!" Jesus antwortet ruhig: „*Ich* stütze diese Anklage auf einen Mann, der seit Jahrzehnten die Kriminalgeschichte dieser Organisation erforscht.

Karlheinz Deschner ist sein Name. Er berichtet von einem Ereignis aus dem Jahre 1901. Zu diesem Zeitpunkt, also noch während der Amtszeit des Angeklagten Vincenzo de' Pecci, sollte ein gewisser Tarnaffi als Unterstaatssekretär nach Rom gesandt werden. Nach dessen plötzlichem Tod habe der ‚vatikanische Klatsch‘ von ‚Giftmord‘ gesprochen, denn Tarnaffi sei ‚zu sehr erwünscht‘ gestorben. Nach ‚kurialer Auffassung‘ könne es dabei ‚nicht mit rechten Dingen zugegangen‘ sein. Als mutmaßlicher Mörder wurde Monsignore della Chiesa genannt."

„Einspruch, Ankläger", ruft Samuel, „hast du nichts Stichhaltigeres für diesen ungeheuren Vorwurf? Von ‚Klatsch‘ war die Rede. Baust du deine Anklage auf Spekulationen?"

„Deschner wiederum", fährt Jesus fort, „beruft sich auf Eduard Winter, der ein Buch mit dem Titel ‚Rußland und das Papsttum‘ geschrieben hat. Weder Winter noch Deschner, der diese Behauptung an verschiedenen Stellen seiner Publikationen wiederholt, mußten das je widerrufen. Was den Ausdruck

‚Klatsch' anbelangt, so sind die Informationen von Winter direkt aus dem Vatikan."

Skeptisch wiegt Samuel den Kopf und sagt: „Es tut mir leid, Jesus, aber das sind bloße Vermutungen, die mich nicht überzeugen. Um den Angeklagten wegen Mordes verurteilen zu können, brauchen wir absolut sicheres Beweismaterial."

Ein wenig hilflos sieht Jesus aus, doch dann berät er sich kurz mit seinem Mitarbeiter, der daraufhin eilig den Saal verläßt, und sagt: „*Ich* werde es euch beweisen. Gestattet *mir*, diesen Punkt am Ende *meines* Plädoyers noch einmal aufzugreifen."

Samuel nickt zufrieden und geht zu einem anderen Thema über: „Wie aus unseren Unterlagen hervorgeht, wird Giacomo della Chiesa gerühmt, während des Krieges, der unmittelbar vor seinem Amtsantritt im August 1914 ausgebrochen war, ‚unermüdlich' für den Frieden tätig gewesen zu sein. Zum anderen haben wir eine Notiz gefunden, daß er es war, der den Geheimbund ‚Sodalitium Pianum' seines Vorgängers abgeschafft hat."

„Es ist nicht die Aufgabe der Anklage", sagt Jesus mit fast aufreizender Gelassenheit, „für den Giacomo Chiesa entlastendes Material vorzubringen. Was seine Tätigkeit für den Frieden betrifft, so weiß *ich* davon. Es ist an euch, dieses bei eurer Urteilsfindung zu berücksichtigen. Obwohl er dem ‚Sodalitium pianum' ein rasches Ende bereitete, erlebte der vatikanische Spionageapparat einen Aufschwung. Der italienische Journalist Lo Bello spricht in diesem Zusammenhang von einer ‚Untergrundorganisation Gottes', von ‚Rekruten für den vatikanischen Geheimdienst'. Viele im Kirchendienst Stehende waren zum Gehorsam und zur Übermittlung von Informationen verpflichtet, die Rom betrafen. Insofern denke *ich*, die vermeintlich positive Tat des Angeklagten ins rechte Licht gerückt zu haben.

Wie ihr wißt, hat Italien der Doppelmonarchie Österreich-Ungarn am 23. Mai 1915 und dem Deutschen Reich am 26. August 1916 den Krieg erklärt. *Ich* werte es als schweren <u>Amtsmißbrauch</u> und Verrat am italienischen Volk, daß der Angeklagte die Pläne seines Vaterlands am 6. Mai 1915 den feindlichen Österreichern preisgibt und diese somit den ersten Aufmarsch der Italiener abfangen konnten."

Richter Samuel unterbricht Jesus erneut und fragt: „Nach dem Tod Kaiser Franz Josefs, der sich der Kirche in Rom nach eigenen Worten stets als ‚treuester Diener' verpflichtet fühlte, schreibt der französische Schriftsteller Romain Rolland, daß die Kurie sich während des Weltkrieges als eine Art ‚Zweites Rotes Kreuz' bewährt habe und gelobt werden müsse."

Jesus antwortet ihm: „Richter, ich weiß, daß diese Kirche versucht hat, die Kriegsnot der Bevölkerung überall zu lindern. Aber das empfinde ich als eine Selbstverständlichkeit und ihrer Aufgabe gemäß!

Doch nun zu einem anderen Punkt meiner Klage: Als eine Verunglimpfung und Falschaussage werte ich Chiesas Ansprache zum 1. Januar des Kriegsjahres 1917. Darin behauptete er wider besseres Wissen, Jesus Christus sei wie Maria und Josef ‚adelig' gewesen und habe ‚mit dem Adel auf der Welt gute Beziehungen' gehabt. Wie ihr wißt, waren meine Eltern einfache Zimmersleute und nicht aus einem Adelsgeschlecht."

Wieder ergreift Samuel das Wort: „Ankläger, im Sommer des dritten Kriegsjahres hat der österreichische Monarch den Angeklagten in Rom gebeten, als Vermittler zu intervenieren und möglicherweise einen Frieden herbeizuführen. Was sagst du dazu?"

„Samuel", hebt Jesus mit einem tiefen Seufzer an. Leise Ungeduld liegt in seiner Stimme. „Auch das ist mir bekannt, aber ist es nicht bezeichnend, daß sich della Chiesa auf die Seite der kriegstreibenden Mächte Deutschland und Österreich stellte und den Polen zumutete, zwangskatholisiert und unter die Krone des österreichischen Kaisers gestellt zu werden? Für mich liegt hier erneut Amtsmißbrauch und eine grobe Einmischung in die inneren Angelegenheiten von Drittstaaten vor. Sein Rundschreiben an die regierenden Fürsten vom 1. August 1917, auf das ihr anspielt und in dem er sich für ‚Abrüstung, den Schutz von Minderheiten und einen Völkerbund' ausspricht, halte ich nicht für etwas außergewöhnlich Lobenswertes, sondern für seine Pflicht!"

Richter Samuel läßt nicht locker und hat ein weiteres Papier aus seiner Akte genommen: „Ankläger, ich habe hier noch eine Botschaft des Giacomo Chiesa, in der er verkündet, mit Waffengewalt zwinge man zwar die Leiber nieder, meistens aber nicht die Geister. Der Krieg sei für die Menschheit, zumal für die Christenheit, entehrend. Er schade der Sache Christi, wie ein furchtbarer Orkan einem Haus schade. Die Christenheit müsse mit vereinten Kräften alles aufbieten, um den verlassenen Grundsätzen des Christentums neue Geltung zu verschaffen."

„Auch das", erwidert Jesus mit Achselzucken, „ist Sache der Verteidigung, *mir* sind Aussagen bekannt, die dieses oder die angeblich versöhnliche Haltung des Angeklagten widerlegen. Er widersetzte sich dem Versuch, alle Kirchen weltweit zu vereinen. Er sprach von einem ‚Frieden ohne Sieger'. Er sprach davon, daß ‚Luther den Krieg verloren' habe. Chiesa war gegen die slawischen Freiheitsbewegungen in der ehemaligen österreichisch-ungarischen Monarchie. Er war gegen die Friedensverträge von Versailles, er bezeichnete die 24 Artikel als ‚Kriegsartikel'. Zudem wollte er – natürlich aus machtpolitischen Gründen – seinen Einfluß auf Österreich nicht verlieren, sein ‚letztes Bollwerk gegen die Orthodoxie'.

Noch Jahre später hat er die neuen Grenzen des Staates Jugoslawien, der ihm und seinen Vorgängern stets ein Dorn im Auge war, feindselig bekämpft. Im ‚Zentralblatt' dieser Organisation, dem ‚Osservatore Romano', könnt ihr nachlesen, wie er über Jahre hinweg gegen den Balkanstaat gehetzt und Zwist und Unfrieden gesät hat.'

Mit diesen Worten hat Jesus den Richtern eine Sammelmappe mit Zeitungen auf den Tisch gelegt und fordert sie auf, seine Behauptung zu überprüfen. Doch Samuel gibt die Mappe unbesehen an den Gerichtsschreiber weiter. Jesus kann seine Enttäuschung nicht verbergen und geht zu einem anderen Komplex über:

„Richter, *ich* mache geltend, daß auch dieser Mann die Verunglimpfung und Volksverhetzung gegen Juden fortsetzt. Wie seine Vorgänger lehnte er streng alles Judaische und Zionistische ab. Den Wunsch *meiner* überall verfolgten Brüder und Schwestern, einen eigenen Staat zu gründen, bezeichnete er als eine ,Gefahr für die christliche Mission' in Palästina. Wieder begeht della Chiesa also Einmischung in innere Angelegenheiten fremder Staaten und Landfriedensbruch, denn es gibt keinen Auftrag für diese Organisation, im sogenannten Heiligen Land zu missionieren.

Als die Engländer gegen Ende des schrecklichen Krieges Palästina besetzten und den Juden in der Balfour-Erklärung ein eigenes Land in Aussicht stellten, ließ die Kurie in Rom verlauten: ,Wir unterstützen die jüdische Rasse nicht, weil sie von einem revolutionären und rebellischen Geist durchdrungen ist.' Das ist eine lügenhafte Unterstellung. Auch die Behauptung, die Juden würden ,die Christen ärger behandeln als die Türken', verurteile *ich* als Falschaussage, Verunglimpfung und Volksverhetzung. Zumal wir wissen, daß Moslems, Juden und ,Christen' in Palästina friedlich nebeneinander lebten.

Ich komme nun zur Billigung eines Gesetzeswerks durch den Angeklagten, von dem der katholische Kirchenhistoriker Georg Schwaiger, also ein sicherlich unverdächtiger Zeuge, gesagt hat, es stelle das ,wichtigste und folgenschwerste Mittel' von ,angewandtem Primat und kurialem Zentralismus' dar. Gemeint ist der ,Codex Iuris Canonici', der am 27. Mai 1917 veröffentlicht wurde und ein Jahr später Gesetzeskraft erlangte. Er stellt in fünf Büchern allgemeine Regeln für den innerkirchlichen Bereich auf und bedeutet eine starke Verrechtlichung des Glaubenslebens, beispielsweise auch der Ehe. Hierbei werden Übertretungen mit Strafen bis hin zur Exkommunikation bedroht. *Ich* werte dies als Angstmache, Bevormundung und Nötigung, dieses ,kirchliche Gesetzbuch' ist meilenweit von der Schrift entfernt, auf die sich diese Organsiation beruft. Und ebenso weit entfernt von den überall im 19. Jahrhundert auftauchenden Freiheits- und Demokratisierungsbewegungen.

So verurteilt dieser Codex unter anderem den ,Hostienfrevel'. Wie ihr wißt, verwandelt sich für die Katholiken bei der Eucharistie Brot in *mein* Fleisch und Wein in *mein* Blut. *Ich* klage also an wegen Amtsmißbrauchs, Betrugs, Nötigung und Mißbrauchs von Abhängigen. Im späten Mittelalter und im 15. und 16. Jahrhundert wurde der sogenannte Hostienkult zwangsgetauften Juden oft zum tödlichen Verhängnis, zumal sie diesen kannibalistischen Brauch zu Recht als widernatürlich und gotteslästerlich ablehnten.

Die Kirche schreibt der gesamten katholischen Christenheit Form, Gültigkeitsvoraussetzungen, Zweck und Unauflöslichkeit der Ehe vor. Hauptzweck der Ehe sind nach Canon 1013, Paragraph 1, die Zeugung und Erziehung von Nachkommen. Das heißt, die Fähigkeit zum Vollzug der geschlechtlichen Vereinigung und der Wille zum Kind haben Ehegültigkeitsbedeutung – im Gegensatz zu den sekundären Zwecken der gegenseitigen Unterstützung und des ‚Heilsmittels‘ der geschlechtlichen Begierde.

Canon 1081, Paragraph 2, regelt das Geschlechtsleben. Danach haben beide Partner ein ausschließliches und dauerndes Recht auf den Körper des anderen – immer natürlich primär zur Zeugung von Nachkommenschaft. *Ich* verurteile dieses Machwerk, das die intimsten und zartesten Bande zwischen Menschen mit Paragraphen zu regulieren versucht, aufs schärfste, und beklage es als Nötigung, denn damit wurden die Gläubigen zu menschenunwürdigen, natur- und sittenwidrigen Handlungen gezwungen. Außerdem klage ich auf Verletzung der Menschenrechte sowie der Intim- und Privatsphäre. Eines der fünf Bücher dieses ‚CIC‘ von 1917 enthält die strafrechtlichen Bestimmungen. Darin geht es nicht nur um geistliche Mittel der Züchtigung, sondern auch um die prinzipielle Aufrechterhaltung des Rechts der Kirche auf Anwendung äußeren Glaubenszwangs – des Rechts auf körperliche Strafen also, hohes Gericht! Auch wenn der Kirchenrechtler Audomar Scheuermann mit Blick auf die geschrumpften Strafkanones des erst 1983 revidierten CIC von einem ‚sanften Strafrecht‘ spricht, sehe ich hierin einen frevlerisch-betrügerischen und hinterlistigen Vorbehalt, eventuell auf mittelalterliche Bestrafungsformen zurückkehren zu können, wenn sich die Zeitläufte im Sinne Roms wieder ‚günstiger‘ verändern sollten. Die Tatsache, daß der Syllabus Nummer 24 des Angeklagten Mastai-Ferretti, der – positiv gewendet – die Macht der Kirche, äußeren Zwang anzuwenden, festschreibt, bis zum heutigen Tag formell nicht zurückgenommen wurde, ebensowenig wie der Vatikan die Menschenrechtsdeklaration von 1948 unterzeichnet hat, nährt meinen Verdacht zusätzlich.

Betrug, Verunglimpfung und eine Falschaussage ist, daß der Angeklagte in diesem Codex, der fast 70 Jahre lang in seiner Organisation Gültigkeit haben wird, behauptet, daß ‚Jesus diesen Konsensualvertrag zur Würde eines Sakramentes erhoben‘ habe. Nicht ein Wort daraus entspricht *meiner* Lehre oder ist aus der Schrift belegbar. Richter, wie ihr seht, fälscht diese Organisation Alte und Neue Schrift je nach Gutdünken zum Ausbau ihrer Macht, um ihre ‚Gläubigen‘ unter die Knute zwingen zu können.“

Samuel ergreift sofort wieder das Wort: „Ankläger, dieser Mann war es, der zum ersten Mal in der Kurie das Frauenstimmrecht befürwortete...“

Bevor er zu Ende sprechen kann, fällt Jesus ein: „Das geschah nach meinem Dafürhalten aus rein machtpolitischem Kalkül. Er wußte, wie groß der Anteil der weiblichen ‚Gläubigen‘ war. Ein Phänomen, das *mir*, Richter, vollkommen unerklärlich ist, zumal es doch Frauen waren, die wie die Juden 2000 Jahre verunglimpft und verfolgt wurden. Dabei sind es weltweit 900 000, die den Dienst in den Gemeinden leisten und deren Idealismus gnadenlos ausgenutzt wird. Heute füllen vor allem Frauen die immer leerer werdenden Kirchen bei den ‚Gottesdiensten‘. Sie haben offensichtlich immer noch nicht begriffen, wie sehr sich diese Männer-Organisation ihnen gegenüber ins Unrecht gesetzt hat. Noch immer sind sie geduldige Opfer starrsinniger Unterdrückung.

Zwei Beispiele für die Verachtung, die der Angeklagte empfand, möchte *ich* anführen: Da ist zum einen jene Enzyklika vom 6. Januar 1921, in der er die Frauenmode pauschal als ‚unsittlich‘ abqualifiziert. Ein klarer Verstoß gegen das Recht auf freie Entfaltung der Persönlichkeit und eine Verletzung der Grund- und Menschenrechte.

428

Als erneute Fälschung der Schrift, als Verunglimpfung des weiblichen Geschlechts verurteile *ich* della Chiesas Behauptung: ‚Die heilige Schrift macht uns auf zwei der schlimmsten Gelegenheiten besonders aufmerksam: Wein und Weiber.' Es war Paulus, der, die Alte Schrift falsch auslegend, für die Frauenfeindlichkeit verantwortlich war. Ihr wißt, wie viele Frauen *mich* umgeben haben, wie gern *ich* mit ihnen zusammen war. Zudem scheint der Angeklagte vergessen zu haben, daß es – so verkündet es die Schrift, auf die sich diese Kirche räuberisch und betrügerisch stützt – Frauen waren, die sich zu *meinem* Grab aufmachten und es leer fanden. Sie haben an *mich* geglaubt, die zwölf Jünger, auch Petrus, waren längst voller Angst, verunsichert und verzweifelt von dannen gezogen!"

Die letzten Worte hat Jesus vorwurfsvoll in Richtung Aposteltisch gesprochen. Keiner von ihnen hält seinem Blick stand. Beschämt schauen sie sich an. Petrus starrt auf den Boden, während der Ankläger fortfährt:

„Ich wurde, weil *ich* ein menschliches Dasein geführt habe und kein Asket war, als ‚Weinsäufer' verschrien. Das ist ein weiterer Beweis für die menschenverachtende Geisteshaltung der vermeintlichen Evangelisten und dieser Organisation.

Aber laßt *mich* zu zwei anderen Ereignissen kommen. Die ‚nie irrende Kirche', die im Jahr 1431 Jeanne d'Arc, wie wir wissen, als ‚Hexe und Ketzerin' verbrannt hatte, spricht dieselbe Jeanne im Jahr 1920 ‚heilig'. *Ich* erspare *mir* jeden weiteren Kommentar dazu, zumal wir das ausführlich behandelt haben.

Ich werfe Giacomo della Chiesa außerdem Betrug und arglistige Täuschung vor, wenn er erneut Ablaß erteilt für ‚Gläubige', die mit götzendienstartigen Reliquien aus dem sogenannten Heiligen Land zurückkommen. Er fördert den Ablaßschwindel und die Andenkenindustrie, und das alles zur vermeintlichen Sündenvergebung und Heilssicherung, in Wirklichkeit aber zur verbrecherischen Bereicherung und zur Förderung des Unglaubens!"

In diesem Augenblick sehe ich, wie der Mitarbeiter mit

schnellen Schritten wieder in den Saal zurückkommt. Mit stummem, freudigem Blick wird er von Jesus begrüßt und überreicht ihm ein Papier und ein Buch. Jesus liest die Notiz, schaut etwas irritiert auf und wendet sich dann an den Gerichtsschreiber: „Für das Jahr 1918 habe *ich* einen Fall von Nötigung nachzutragen, denn der Angeklagte verbietet allen Angehörigen des Klerus den Besuch von Schauspielen und Tanzveranstaltungen wegen ihrer ‚Anstoß erregenden Lustbarkeit‘.“

„Ankläger“, höre ich Samuel sagen, „bevor du zum Ende kommst, fordere ich dich noch einmal auf, uns für deine schwere Anschuldigung des Mordes aus dem Jahr 1901 hieb- und stichfeste Beweise nachzuliefern. Ansonsten müssen wir diesen Punkt wieder aus der Anklageschrift streichen.“

„Ja, Richter, *ich* habe euch versprochen, Beweise anzuführen, und werde es nun auch tun.“ Mit einem fast triumphierenden Blick streift er seinen Mitarbeiter und hebt dann an: „Ich habe hier eine weitere Aussage von Karlheinz Deschner, der zu dem Ereignis am 22. Januar 1922 feststellt, *ich* zitiere: ‚Der Tod (des Angeklagten) kam unerwartet und bestürzend schnell. Zusammengekauert und schmerzverzerrt saß er da, so daß das Gerücht entstand, er sei vergiftet worden.‘“

„Einspruch, Ankläger, auch dies ist keineswegs ein Beweis!“ „Hohes Gericht, *ich* verlasse *mich* auf Deschners Untersuchungen. Er hat sich mit seiner Arbeit einen großen Ruf erworben. Aber wenn ihr es nicht akzeptiert, nehme *ich meine* Anschuldigung vorläufig zurück und plädiere auf mutmaßlichen Mord. *Ich* bitte, dies im Protokoll zu vermerken, und werde versuchen, bis zum Ende des Prozesses weiteres Belastungsmaterial gegen Chiesa herbeizuschaffen.“

43. Pius XI.

Achille Ratti

Richter Melchisedek beginnt: *„Ich* lese die Daten des Achille Ratti, der am 31.5.1857 in Desio bei Monza geboren wurde, ein Priesterseminar besuchte und dort anschließend als Dozent und Professor wirkte. 1914 wurde er zum Präfekten der Vatikanischen Bibliothek ernannt. 1918 setzte sein Vorgänger Ratti als Apostolischen Visitator in Polen ein, 1919 wurde er dort Nuntius. 1921 berief man ihn zum Erzbischof von Mailand, und im Februar 1922 wählten ihn die im Konklave Versammelten zum Kirchen-Oberhaupt."

Mit einem Blick auf die anderen Richter und Jesus verkündet Melchisedek, daß sich der Ankläger doch in Anbetracht der Länge des Prozesses möglichst auf die wichtigsten Punkte der Anklage beschränken möge, worauf Jesus zustimmend nickt. „Hohes Gericht, seit Oktober 1922 war der italienische Faschistenführer Mussolini Regierungschef in Rom und hatte allen Sozialisten und Kommunisten den Kampf angesagt. Der Angeklagte hat ihn darin unterstützt, ungeachtet der Tatsache, wie viele Menschenleben der Weg an die Macht gekostet hatte. Achille Ratti ging sogar so weit, den Diktator als ‚von der Vorsehung gesandt' zu bezeichnen."

Richter Melchisedek meldet sich zu Wort und sagt: „In Biographien über den Angeklagten wird es als positiv gewertet, daß er alle antijudaischen und antisemitischen Hetzartikel in den vom Vatikan kontrollierten Zeitungsorganen verboten und gleichzeitig die antisemitische Bewegung ‚Action Française' verurteilt hat. Kannst du dazu Stellung nehmen, Ankläger?"

„Ja, Richter, *ich* werde es tun", antwortet Jesus bestimmt, „aber erlaubt *mir*, diesen Komplex an den Schluß *meines* Plädoyers zu stellen."

Melchisedek lehnt sich zurück und bittet den Ankläger mit einladender Handbewegung, fortzufahren.

„Am 11. Februar 1929 unterzeichnet der Angeklagte mit

Mussolini die sogenannten ‚Lateranverträge'. Der Kirchenstaat, der bis zum Jahr 1870, in dem er aufgelöst wurde, ein Ausmaß von 41 440 Quadratkilometern hatte, war auf 0,44 Quadratkilometer geschrumpft. Der Vatikan wird in diesem Abkommen als souveräner Staat verbrieft, zugleich zahlen die Faschisten, so hat es der ehemalige katholische Kirchenrechtler Horst Herrmann belegt, der Kirche fast 92 Millionen Dollar als Entschädigung. Eine unvorstellbar hohe Summe in dieser Zeit, ihr Richter. Eine ‚Entschädigung' für den Verlust eines Staates, der zum großen Teil auf gefälschten Urkunden beruhte, wie wir alle wissen!

Mussolini sicherte dem Angeklagten außerdem zu, jede antikatholische Agitation in der italienischen Presse zu verbieten. Der Angeklagte wiederum befahl seinen Priestern tägliche Gebete für den Faschistenführer. Doch damit nicht genug: Im Juli 1932 kann in Portugal der Diktator Salazar die Macht an sich reißen – und findet die Billigung des Angeklagten. Für *mich* erfüllen sich hier folgende Anklagepunkte: Unterstützung von Kriegsverbrechern, von organisiertem Verbrechen und von terroristischen Vereinigungen in Tateinheit mit verbrecherischer Bereicherung."

Nachdem Jesus sich gesetzt hat, sagt Melchisedek: „Am 31. Dezember 1930 veröffentlicht Achille Ratti die Enzyklika ‚Casti connubii', die sich mit der christlichen Ehe beschäftigt und in der er davon spricht, daß der Geschlechtsverkehr nach der Schrift den Eheleuten vorbehalten und daß dabei die Frau dem Mann untergeordnet sei. Was hast du dazu zu sagen, Ankläger?"

Jesus erhebt sich und sagt mit süffisantem Unterton: „Sehr viel habe *ich* dazu zu sagen. Ratti beruft sich in der Enzyklika unter anderem auf Genesis 38. Onan erhält dort den Befehl, mit der Frau seines verstorbenen Bruders Kinder zu zeugen. Es ist verständlich, wenn er sich dem widersetzt und seinen Samen auf den Erdboden ergießt, also einen ‚Interruptus' praktiziert. Damit war für den Vatikan unsinnigerweise der Begriff ‚Onanie' oder ‚Selbstbefleckung' geboren. Onan muß deswegen sterben, und Ratti ist der Überzeugung: ‚Die heilige

Schrift bezeugt, daß die göttliche Majestät mit höchstem Maße solch verwerfliches Tun verfolgt.' Auch er also ein strenger Gegner jeder Form von Empfängnisverhütung. Sie ist für diese Kirche ‚naturwidrig' und als ‚verbrecherische Freiheit' mit Exkommunikation zu bestrafen.

Ratti behauptet in seiner Enzyklika ‚Die keusche Ehe' auch, daß mit ‚Adam und Eva' die ‚Erbsünde' auf alle Menschen gekommen sei, und das, obwohl doch spätestens seit Darwin zum Allgemeinwissen gehört, daß es Adam und Eva als Einzelpersonen ebensowenig gegeben haben kann wie die Erbsünde. Ratti verkündet, daß das mit der Erbsünde belastete, ungetaufte Kind zur ewigen Hölle verdammt sei, er spricht von ‚primären' und ‚sekundären Zwecken', zu denen eine Ehe geschlossen werde. Damit setzt er sich sogar in Widerspruch zur Lehre seines Kirchenlehrers Augustinus, denn nach dessen Überzeugung dient die Ehe nur der Fortpflanzung. Augustinus war es, der die absurde und menschenverachtende These aufgestellt hatte, daß der Mann, der seine Frau zu sehr liebe, ‚regelrechten Ehebruch' begehe. Augustinus war es, der den Kuß um der ‚Fleischeslust' willen als ‚Todsünde' verdammte. Andere Kirchenlehrer schämten sich nicht einmal, ihren ‚Gläubigen' die Stellung beim Geschlechtsverkehr vorzuschreiben.

Der Angeklagte maßt sich an, nur er könne auf Erden Ehen für ungültig erklären, und zwar dann, wenn die geschlechtliche Vereinigung nicht vollzogen worden sei. Ehen seien durch Gott geschlossen, und Gott bestrafe alles, was dem zuwidergehe, mit dem Tode. Mit dieser gotteslästerlichen Behauptung, für die es nicht einen Beleg in der ‚Bibel' gibt, macht er sich des Betrugs, der Verunglimpfung, der Falschaussage schuldig und gleichzeitig des Mißbrauchs von Abhängigen, der Verletzung der Menschenrechte sowie der Intim- und Privatsphäre.

Auch dieser Angeklagte nimmt nicht einmal die Notsituation von Familien zum Anlaß, über eine Geburtenregelung nachzudenken. Er verbietet den Abbruch der Schwangerschaft selbst dann, wenn das Leben der Mutter bedroht ist. Ebenso verdammt er die Empfängnisverhütung als ‚Todsünde' und bedroht sie mit ‚Höllenstrafe'. Sein gotteslästerliches Motto:

‚Das geweihte Volk wachse von Tag zu Tag.' Hohes Gericht: Das verkündet dieser Ratti im Jahr 1930, als Abermillionen von Menschen überall in der Welt vor Hunger und Not nicht wissen, wie sie ihr Leben fristen sollen! Dabei beruft er sich auf einen Brief von Paulus an die Epheser..."

In diesem Moment springt Paulus auf und ruft empört: „Herr, einen Brief an die Epheser habe ich nie geschrieben!" Zustimmend, als ob er diese Reaktion erwartet hätte, nickt Jesus und bittet ihn, wieder Platz zu nehmen. „Dieser Epheserbrief ist einer der ‚katholischen Briefe', die 30 oder 40 Jahre nach dem Tod des ‚Heiden-Apostels' entstanden sind, die von dieser Organisation aber immer noch als ‚historisch echt' bezeichnet und als glaubens- und kirchenrechtliches Fundament mißbraucht werden. Also erneut Betrug, Falschaussage und Fälschung.

Zur sogenannten Moral des Angeklagten gehört es auch, weiterhin nichts dagegen zu unternehmen, wenn junge Männer zur Kastration gedrängt werden, um die für den Kirchengesang nötigen hohen Stimmen zu bekommen, da Frauen ja nach wie vor im Chor nicht geduldet wurden. Für *mich* stellt das eine grobe Verletzung der Menschenrechte und des Naturrechts in Tateinheit mit schwerer Körperverletzung dar.

Wenn Ratti behauptet, *ich* hätte das Ehesakrament gestiftet, so ist auch das Falschaussage und Betrug, denn *ich* habe diesen Begriff nie gebraucht. Schließlich versteigt sich Ratti zu der kühnen Aussage, Ehepartner dürften nur nach dem Naturgesetz in christlicher Ehe vereinigt miteinander verkehren. Dazu möchte *ich* euch eine sehr bissige und entlarvende Stelle aus dem Essay ‚Von den Kräutern, der Abtreibung und dem Sakrament der Ehe' vorlesen, den der Deutsche Kurt Tucholsky (†1935), wohl ahnend, welche Macht diese Organisation besitzt, unter dem Pseudonym Ignaz Wrobel veröffentlicht hat: ‚Die Kirche beweist alles, was sie anordnet, mit der schärfsten Logik, es stimmt scheinbar alles, Schritt für Schritt, Stufe für Stufe, und wenn sie am Ende der Kette angekommen ist, dann macht sie einen kleinen Hopser, der Denker beginnt zu fliegen und entschwindet den erstaunten Augen ins Himmelblau. Er zieht sich nämlich auf den göttlichen Willen zurück, den er ja kennt. Der liebe Gott hat ihm den unzweideutig mitgeteilt. Und hier hört jede Diskussion auf. Die Natur will es so! Gott will es so! Der göttliche Wille hat es verordnet!'

Dieser Mann, in Berlin lebend, kannte das Elend der Arbeiterfrauen und konnte den Wunsch der Menschen nachempfinden, frei, ohne Geheimnis und ohne kirchlichen Druck selbst über ihr Eheleben zu bestimmen.

Achille Ratti muß sich auch wegen schweren <u>Mißbrauchs von Abhängigen</u> und <u>Nötigung</u> verantworten, denn er droht den Beichtvätern mit dem ‚Gottesgericht', wenn sie die ihnen Anvertrauten über die ‚Unsittlichkeit der Empfängnisverhütung' im unklaren ließen. Melchisedek, bedenke, Ratti wagt es in todsündiger Hoffart, mit dem ‚Gottesgericht' zu drohen! Er, der seine Priester sogar mit Amtsentzug erpreßt und sie zwingt, das Beichtgeheimnis zu brechen!

Unter dem Vorwand, die ‚Erneuerung der menschlichen Gesellschaft im Geiste Christi mobilisieren' zu wollen, begründet er 1931 die Enzyklika ‚Actio cattolica' die ‚Katholische Aktion', von der sogar der von uns zitierte <u>Kirchenhistoriker Georg Schwaiger</u> sagt, daß sie ‚weit mehr zum Ausbau des päpstlichen Absolutismus als zur Mündigkeit des Laien in der Kirche beigetragen hat'.

Am 6. Januar 1933, einem Schicksalsjahr nicht nur für diese ‚heilige' Organisation, sondern für Europa und die ganze Welt, ruft Achille Ratti ein ‚Jubeljahr' auf die tausendneunhundertste Wiederkehr des Todes Jesu aus. Der Vatikan feiert *mein* Sterben als ‚Heilsereignis'. Hätte der schändliche Kreuzigungstod nicht vielmehr die Bestätigung dafür sein müssen, daß die Juden noch heute zu Recht auf ihren Messias warten? *Ich* frage euch, *meine* Jünger, habe *ich* je von einer ‚Heilsbedeutung' *meines* Todes gesprochen?" Und nachdem diese energisch die Köpfe schütteln, sagt er: „<u>Die Leidensankündigungen in Markus 8,31; 10,45 und 14,21 sind *mir* von den ‚Evangelisten' in den Mund gelegt worden.</u>

Wir haben hier über die Verunglimpfung und den Mißbrauch des Kreuzes schon oft gesprochen. Sehr gut trifft es die deutsche Theologin Uta Ranke-Heinemann, die wegen ihrer Ablehnung bestimmter Dogmen ebenfalls von dieser Organisation an der Berufsausübung gehindert wird, wenn sie sagt, nicht das Wort Jesu, sondern die ‚Theologie des Kreuzes‘, die eine ‚Henker-Theologie‘ sei, habe sich diese Kirche zu eigen gemacht. Recht hat sie!‘‘

Melchisedek schaltet sich unvermittelt ein: „Ankläger, du hast schon die faschistischen Regimes in Italien und Portugal angesprochen. Berichte uns doch jetzt einmal über die Situation in Deutschland und die Rolle, die die römisch-katholische Kirche dort gespielt hat.‘‘

Mit geradezu angriffslustiger Stimme erwidert Jesus: „Nichts lieber als das, Richter! Es ist ein weiteres finsteres Kapitel dieser Organisation. Am 30. Januar 1933 übernehmen die Nazis die Macht im Deutschen Reich. In seiner Regierungserklärung am 23. März hebt der österreichische Katholik Hitler die beiden christlichen Konfessionen als ‚volkstumserhaltende Faktoren‘ hervor und verspricht, die Rechte der Kirchen nicht anzurühren. Wie wir alle wissen, wird dieses Versprechen später fast täglich gebrochen, werden Priester verfolgt und ermordet. Obwohl der Angeklagte hätte gewarnt sein müssen, unterzeichnen sein Kardinalstaatssekretär Pacelli und Vizekanzler von Papen am 20. Juli das ‚Reichskonkordat‘, mit dem der Vatikan das internationale Renommee der Nazidiktatur beträchtlich aufwertete. Als Deutschlandkenner mußte Ratti wissen, daß die Nazis bereits ihre ersten KZ's betrieben, seit dem 21. März das in Oranienburg, einen Tag später das berüchtigte in Dachau. Hans Kühner bezeichnet dieses Konkordat, nach dem jeder Bischof einen Treueid auf die ‚verfassungsmäßige Regierung‘ schwören mußte, als ‚eines der unseligsten Dokumente der Kirchengeschichte‘ überhaupt.

Die Bischöfe wurden gezwungen, folgenden Eid zu sprechen: ‚In der pflichtgemäßen Sorge um das Wohl und das Interesse des deutschen Staatswesens werde ich in Ausübung des mir übertragenen geistlichen Amtes jeden Schaden zu verhüten trachten, der es bedrohen könnte.‘ Und weiter: ‚Im Religionsunterricht wird die Erziehung zu vaterländischem, staatsbürgerlichem und sozialem Pflichtbewußtsein aus dem Geiste des christlichen Glaubens- und Sittengesetzes mit besonderem Nachdruck gepflegt werden.'"

„Melchisedek fragt jetzt: „Der Grund dafür war doch wohl, daß der Angeklagte meinte, damit die 20 Millionen Katholiken im Deutschen Reich vor dem Terror der Nazis schützen zu können."

„Davon magst du überzeugt sein", erwidert Jesus, „*ich* aber sage, der wahre Grund lag darin, daß der Kirche zahlreiche Privilegien zugestanden wurden – nicht zuletzt finanzieller Art –, die heute noch gültig sind. Im Gegensatz beispielsweise zu Frankreich, wo die Kirchensteuer schon 1789 abgeschafft worden war und die Nationalversammlung das gesamte Kirchengut als Staatseigentum deklariert hatte. Die Summen, die an Steueraufkommen aus Deutschland nach Rom flossen, beliefen sich auf Hunderte von Millionen Mark. Der oberste Naziführer selbst sprach gar von einer Milliarde.

Richter, wir alle wissen um die kriecherische Kumpanei der höchsten deutschen Kirchen-Vertreter mit den Nazi-Verbrechern. Deshalb dazu von *mir* nur so viel: Der Regensburger Bischof Buchberger sprach von der jüdischen Finanz- und Kapitalkraft als ‚Unrecht am Volksganzen'. Der vermeintlich so gläubige Münchner Kardinal Faulhaber verlangte von seinen Kirchgängern mehr ‚Toleranz' gegenüber der Nazidiktatur, die, so wörtlich, ‚rechtmäßig wie noch keine Revolutionspartei in den Besitz der Macht gekommen' sei. Michael Faulhaber, der all die Greueltaten miterlebte, hat doch tatsächlich am 4. November 1936 in einer Unterredung mit Hitler kriecherisch untergeben gesagt: ‚Sie sind als das Oberhaupt des Deutschen Reiches für uns gottgesetzte Autorität, rechtmäßige Obrigkeit, der wir im Gewissen Ehrfurcht und Gehorsam schulden.' Und dieser als Anti-Faschist verehrte Kirchen-Mann verkündete nach dem mißglückten Attentat auf den katholischen Naziführer: ‚Die Stellung der kirchlichen Moral ist klar, der Mord, auch schon der Mordversuch, ist eine himmelschreiende Sünde gegen das fünfte Gebot und wird von der Kirche laut und bestimmt für unerlaubt erklärt. An diesem

Grundsatz läßt die Kirche nicht rütteln.' Hohes Gericht, die katholische Kirche, die Millionen von Morden zu verantworten hat, erdreistet sich, das Attentat auf einen der größten Massenmörder der Menschheitsgeschichte zu verurteilen! Kirchen-Führer und Nazi-Führer: Für sie waren Gewissen, Moral oder Scham Fremdworte.

In einem Gespräch mit dem Bischof von Osnabrück, Berning, hat Hitler völlig richtig – und ohne daß der Vatikan, auch nur einer der Angeklagten dem widersprochen hätte – geäußert: ,Die katholische Kirche hat die Juden 1500 Jahre lang als Schädlinge angesehen, sie ins Ghetto gewiesen. Ich gehe zurück auf das, was man 1500 Jahre lang getan hat. Ich sehe die Schädlinge in den Vertretern dieser Rasse für Staat und Kirche, und vielleicht erweise ich dem Christentum den größten Dienst.' Für die Mehrheit der katholischen Bischöfe war der Schulterschluß von Staat und Kirche eine ,vaterländische' Selbstverständlichkeit. Und Ratti verschloß Augen und Ohren!

Schließlich sei euch als Beispiel für den nie endenden Antijudaismus und Antisemitismus der ,heiligen' römischen Kirche ein Zitat des österreichischen Bischofs Gföllnera aus Linz wiedergegeben, der sagte: ,Diesen schädlichen Einfluß des Judentums zu bekämpfen, ist nicht nur gutes Recht, sondern strenge Gewissenspflicht eines jeden überzeugten Christen.' Er spricht von ,gottfremdem, entartetem Judentum', vom ,schädlichen Einfluß' der Juden, die die ,Vorboten und Schrittmacher des Bolschewismus' seien. Richter, schon hier zeigt sich, mit welcher Konsequenz der Angeklagte angeblich antisemitische Äußerungen verboten haben soll, wie du das eingangs vorgebracht hast. Schreiber, *ich* möchte hier den Straftatbestand der Verunglimpfung, Volksverhetzung und Religionsbeschimpfung notiert wissen.

Im Bolschewismus hatten Nazis und katholische Kirche einen gemeinsamen Todfeind gefunden. Und von dem unseligen Kardinal Faulhaber ist *mir* folgende Äußerung übermittelt: ,Ich war Augenzeuge, als Papst Pius XI. im öffentlichen Konsistorium den Reichskanzler des Deutschen Reiches öffentlich den ersten Staatsmann nannte, der offen und bestimmt mit ihm, dem Papst, die bolschewistische Gefahr erkannt habe.' Richter, ihr wißt, daß der Zweite Weltkrieg keineswegs von kommunistischen Ländern ausgegangen ist, vielmehr von Nazi-Deutschland. Doch das nur am Rande."

Nachdem Jesus von seinem Tisch einige Notizblätter geholt und seine anderen Unterlagen abgelegt hat, tritt er wieder vor die Richter: „Es gibt die Schuld des Wollens, und es gibt die Schuld des Wissens. *Ich* zeihe Achille Ratti der Schuld des Wissens und des Nichtwollens. Denn die konvertierte jüdische Philosophin Edith Stein hat ihn schon 1933 darum gebeten, in einer Enzyklika gegen Rassismus und Antisemitismus Stellung zu nehmen, doch der Angeklagte lehnte ab.

Aus Veröffentlichungen des Historikers Karlheinz Deschner weiß ich, daß Kardinal Faulhaber gepredigt hat, Pius XI. sei der ‚beste Freund, am Anfang sogar der einzige Freund des neuen Reiches' gewesen. Deschner schreibt dazu: ‚Dabei war der Heilige Vater auch mit der eventuellen Mißachtung völkerrechtlicher Verträge durch Hitler einverstanden, denn er traf mit ihm schon damals, in einem geheimen Zusatzprotokoll, eine Abmachung für den Fall einer allgemeinen Wehrpflicht. Die Kurie wollte die Wiederbewaffnung Deutschlands.'

Horst Herrmann, der sich ebenfalls ausführlich mit den dunklen Geldgeschäften dieser Kirche beschäftigt hat, zitiert das Buchprogramm ‚Reich und Kirche', das ‚dem Aufbau des Dritten Reiches aus den geeinten Kräften des nationalsozialistischen Staates und des katholischen Christentums dienen soll. Ganz deutsch und ganz katholisch.' Und das katholische ‚Publik-Forum' habe festgestellt, die Nazis hätten ‚bei der propagandistischen Vorbereitung ihres Judenboykotts die bischöflichen Argumente bis in die Formulierungen hinein' übernehmen können.

Richter, *ich* komme zu einem anderen Fall, mit dem sich der Angeklagte der Fälschung, des Betrugs, der Unterstützung einer terroristischen Vereinigung und der Verbreitung gefährlichen Schrifttums mitschuldig gemacht hat. Er sprach nämlich Don Bosco, den *ich* beim Angeklagten Nummer 39 erwähnte, ‚heilig‘. Es war dies eine von 33 Heiligsprechungen und 500 ‚Seligsprechungen‘, die Achille Ratti in diesen Schreckens-Zeiten vorgenommen hat.

Voraussetzung für die Heiligsprechung waren ‚heroische Tugendhaftigkeit‘ und mindestens ‚zwei Wunder, die auf seine Anrufung hin nach seinem Tode geschehen‘ sind. Ihr wißt, daß diese Kirche auch noch im 20. Jahrhundert am Wunderglauben festhält. Damit treibt sie gefährlichsten Unglauben und Mißbrauch von Abhängigen.

Gertrude und Thomas Sartory schreiben in ihrem Buch ‚In der Hölle brennt kein Feuer‘, Don Bosco habe seine Träume für ‚Kommentare der Heiligen Schrift‘ ausgegeben und Millionen von Kindern grausam-sadistisch mit der Hölle bedroht, die überhaupt nicht glaubhaft sei. Don Bosco, der unzählige Kinder auf der ganzen Welt verängstigt und krank gemacht, sie in schreckliche Not gebracht hat und den *ich* des Gewissensmordes anklage, dieser Un-Mensch wird von Achille Ratti ‚heilig‘ gesprochen. *Ich* hoffe, ihr werdet diese gotteslästerliche Schandtat strengstens bestrafen.

Ich komme zum Jahr 1935, als die vom Angeklagten unterstützte faschistische Partei einen widerrechtlichen, völkerrechtsbrechenden Angriffskrieg gegen den Staat Abessinien führte und dort im Oktober mit zwei Armeen einmarschierte. *Ich* beschuldige den Angeklagten Ratti der Unterstützung und Vorbereitung eines Angriffskrieges und des versuchten Völkermords, denn er duldete diesen vom Völkerbund verurteilten Krieg nicht nur, er verbot sogar Diskussionen darüber. Der römische Klerus habe den Führer Italiens ‚wunderbarer Duce, der das Kreuz Christi in alle Welt‘ trage, genannt, berichtet Deschner.

Und er zitiert den österreichischen Moraltheologen Udet, der diese Vorgänge aufs heftigste kritisierte: ‚Die christlichen Kirchen und Staaten aber sehen dieser scheußlichen Menschenschlächterei und diesem schamlosen, offenkundigen Raubzug zu und schweigen. Auch Rom schweigt. Die Verantwortlichen haben nicht den Mut, im Namen Christi diesem sa-

tanischen Treiben in Abessinien ein ‚non licet' entgegenzuru-
fen. So rächt sich die zwiespältige Haltung zwischen Lehre
und Tun. Die Kirche aber wird zum Gespött und zu einem
schweren Ärgernis in den Augen vieler.'

Das Presseorgan des Vatikans, der ‚Osservatore Romano',
wertete den Raubüberfall als ‚Werk großer, großartiger
menschlicher Solidarität' und nannte diesen Einfall in ein
fremdes Land einen ‚Verteidigungskrieg aus dem Grunde der
Expansion'. Ihr wißt, wie frevelhaft jeder Angriffskrieg ist,
wie sehr *ich* das Schwert verdamme. Und der Vatikan hat in
diesen Jahren erneut Waffen geweiht! Fluch über ihn!"

Melchisedek hat sich einige Notizen gemacht und bedeutet
Jesus mit einer stummen Geste, ihm das Wort zu überlassen:
„Ankläger, viel gerühmt und oft erwähnt wird Rattis Enzyklika, die am Palmsonntag, dem 21. März 1937, in deutscher
Sprache auf den Kanzeln verlesen wurde und in der der Angeklagte seiner ‚brennenden Sorge' und seinem ‚steigenden Be-
fremden' Ausdruck verleiht, mit dem er ‚seit geraumer Zeit
den Leidensweg der Kirche' beobachte. Er schreibt darin, wer
die Rasse, das Volk, den Staat, die Staatsform, die Träger der
Staatsgewalt oder andere Grundwerte menschlicher Gemein-
schaftsgestaltung aus ihrer irdischen Wertskala herauslöse, sie
zur höchsten Norm aller, auch der religiösen Werte mache und
sie zum Götzenkult vergöttere, der verkehre und fälsche die
gottgeschaffene und gottbefohlene Ordnung der Dinge. Wie
bewertest du das?"

„Hohes Gericht", antwortet Jesus und verbirgt seine Verärgerung über diese Frage nicht, „ihr könnt euch vorstellen, wie
ich eine Enzyklika bewerte, in der *ich* kein Wort von den
längst bekannten Konzentrationslagern, kein Wort von der
Verfolgung der Juden finden konnte. Reicht euch dieser Kommentar vorläufig? Dann komme *ich* zum nächsten Komplex.

Seit dem 30. Januar 1938 ist Spanien der dritte klerikal-
faschistische Staat, mit dem Achille Ratti ein Bündnis eingeht.
Es handelte sich um die Diktatur des Generals Franco."

Bei diesem Namen sehe ich zwei Bilder vor mir. Ich sehe
eine von den vielen tausend Kirchenruinen, die Anarchisten

aus Haß gegen die jahrelange Unterdrückung durch die Kirche und die Reichen zerstört und geplündert haben. Ich sehe auf Altären aufgetürmte Schädel, zerbrochene Kruzifixe und Marienfiguren.

Und ich sehe ein anderes Bild, das ich nie vergessen werde: Schwerleibige Pfaffen mit erhobenem rechtem Arm und daneben Offiziere des Diktators. Und allen voran der feiste Erzbischof von Santiago de Compostela. Jenem Ort, wo der „Apostel Jakobus der Ältere" mit Kreuzesfahne in der Linken und Lanze in der Rechten die Heere der „Christen" zum Sieg über die Mohammedaner geführt haben und später dort begraben worden sein soll. Zehntausende wandern jedes Jahr am 25. Juli den „Jakobsweg" zu seinen Gebeinen. Noch so ein Reliquien-Betrug, auf den seit Jahrhunderten Pilger hereingefallen sind. Sein Grab liegt nämlich in Jerusalem, und darüber wurde von der ersten Gemeinde eine Kapelle errichtet. Dieser Jakobus war ein Bruder von Johannes und wurde laut Apostelgeschichte 12,2 von Herodes Agrippa mit dem Schwert erschlagen. Der Tag ist nicht bekannt, als Todesjahr gilt 44 u. Z. Da Mohammed aber erst 500 Jahre später geboren wurde, kann Jakobus schwerlich einen Kreuzzug gegen dessen Anhänger geführt haben.

Weiter höre ich Jesus wüten. Weder der römische noch der spanische Klerus habe gegen diesen ‚Kreuzzug gegen die Rote Revolution' in Spanien protestiert. In Spanien habe es zu dieser Zeit nur wenige tausend Kommunisten gegeben. Und Jesus zitiert aus einem Telegramm, in dem der Angeklagte über Franco gesagt habe, in ihm ‚pulsiere der Geist des katholischen Spanien'. Einer der vermeintlichen Antifaschisten, der Vorsitzende der Fuldaer Bischofskonferenz, Kardinal Bertram, habe ein Huldigungstelegramm nach Berlin geschickt, in dem er schrieb, die ‚Großtat der Sicherung des Völkerfriedens' gebe dem deutschen Episkopat Anlaß, dem ‚Führer und Reichskanzler Glückwunsch und Dank namens der Diözesanen aller Diözesen Deutschlands ehrerbietigst auszusprechen und feierlich Glockengeläute' am Sonntag anzuordnen. Denn den Nazis habe Franco den Sieg zu verdanken. Ich glaube, daß Jesus hier Ernst Klee zitiert, aus seinem Buch „Die SA Jesu Christi".

„Kaum einen Monat später", fährt Jesus bitter fort, „in der Nacht vom 9. auf den 10. November 1938, wurden mit der sogenannten ‚Reichskristallnacht' die Judenpogrome eröffnet. Von den katholischen Kirchenfürsten wurden sie mit Schweigen übergangen."

Mit zwei Thesen wird Jesus nun von Richter Melchisedek konfrontiert: Die eine, daß der Naziführer die Massen-Vernichtung der Juden erst beschlossen habe, als sich die Kriegswende in Rußland abzeichnete. Das habe man im Sommer 1993 in einer Buchbesprechung im Wochenblatt „Die Zeit" nachlesen können. Er fragt ihn, wie er darüber denke, daß möglicherweise sechs Millionen Juden hätten gerettet werden können, wenn Achille Ratti mit einer so dringend gewünschten antifaschistischen Enzyklika an die Öffentlichkeit getreten wäre. Was er von der Äußerung halte, die Ratti zwar nicht öffentlich, aber bei einer Privat-Audienz ausgesprochen habe: „Wie kann überhaupt ein Christ Judengegner sein? Kein Christ darf irgendwie eine Beziehung zum Antisemitismus haben, denn wir sind doch alle im geistigen Sinne Semiten."

„Richter", sagt Jesus, „dazu stelle *ich* folgendes fest und überlasse es dem Verteidiger, darauf näher einzugehen: Wer die Schriften des deutschen Naziführers gelesen hat, weiß, daß es frevelhafter Unfug ist zu behaupten, er habe den Tod der Juden erst 1942 beschlossen. Sein Buch ‚Mein Kampf' – 800 Seiten lang eine einzige Raserei mit unversöhnlichen Haßtiraden gegen Juden, Pazifisten, Demokraten –, die Bücherverbrennung von 1933, die Rassengesetze von 1935, die Pogromnacht von 1938. Von all dem scheint derjenige, der solchen historischen Unsinn verbreitet, nichts zu wissen.

Was die Enzyklika betrifft, so wäre es Rattis moralische Pflicht gewesen, entschieden zur Rettung der Juden einzuschreiten. *Ich* werfe ihm vor, die Ausbreitung der Schreckensherrschaft feige und schweigend geduldet zu haben! Wer die Wahrheit kennt und sich weigert, sie zu sagen, macht sich schuldig.

Der italienische Journalist Nino Lo Bello schreibt, daß die geplante Enzyklika ‚Humani generis unitas', abgefaßt von dem amerikanischen Jesuitenpater La Farche zu einem Zeitpunkt, als Ratti bereits kränkelte, unterdrückt worden sei mit dem Argument, eine Veröffentlichung sei ‚in dieser Weltlage zu heikel'. Und wie verlogen die Haltung dieser ‚heiligen Kirche' war, sei euch durch einige Sätze aus dieser vom Vatikan nie veröffentlichten Enzyklika verdeutlicht. Darin heißt es: ‚Die katholische Kirche betet seit jeher für das jüdische Volk, das bis zur Ankunft Christi Träger der göttlichen Offenbarung gewesen ist. Gerührt von ihrer Liebe, hat der Apostolische Stuhl diese Menschen gegen ungerechte Unterdrückung in Schutz genommen, so wie jegliche Art von Neid und Eifersucht unter den Nationen zu mißbilligen ist, so auch ganz besonders jener Haß, der allgemein als Antisemitismus bezeichnet wird. Der Antisemitismus ist ein unter dem Vorwand des Schutzes der Gesellschaft erfolgender Angriff, ein Aufruf zu grenzenlosem Haß, ein Freibrief für jegliche Form der Gewalt, Raubgier und Unordnung sowie ein Zugpferd gegen die Religion schlechthin. Und so erkennen wir, daß der Antisemitismus zu einem Vorwand wird für Angriffe auf die heilige Gestalt des Erlösers selbst, der als Sohn einer jüdischen Jungfrau menschliche Gestalt angenommen hat. Er wird zu einem Krieg gegen das Christentum sowie dessen Lehren, Sitten und Institutionen.'

Hohes Gericht, hätte sich diese hier und heute angeklagte Kirche an diesen hehren Vorsatz gehalten, wieviel Elend wäre *meinen* Brüdern und Schwestern erspart geblieben! *Ich* werte dieses Dokument als eindeutig betrügerische Falschaussage und arglistige Täuschung. Wäre es doch veröffentlicht worden, würde *ich* es gar als eine Art Verbreitung gefährlichen Schrifttums einstufen, weil es irreführend ist. Verflucht sei der Angeklagte wegen dieser gotteslästerlichen Lügen, war es doch seine Organisation, die das auserwählte Volk zwei Jahrtausende lang verunglimpft, verfolgt und gemordet hat!"

Nachsichtig fordert Melchisedek den Ankläger auf, sich zu beruhigen, und fragt ihn dann: „Hast du Kenntnis davon, daß

der Angeklagte am 11. Februar 1939 in einem Sonderkonkla-
ve der italienischen Bischöfe den Faschismus angreifen wollte
und daß dies möglicherweise nur durch seine Ermordung verhindert werden konnte?"

Jesus schüttelt ein wenig unwillig den Kopf und erwidert:
„*Ich* weiß es, Nino Lo Bello will das recherchiert haben. Diese
These ist bis heute zwar unwidersprochen geblieben, aber wie
sollte der Vatikan auch darauf reagieren? Tatsache ist, daß der
Redetext für dieses Konklave nie gefunden worden ist. Lo Bello
bezieht seine Verdachtsgründe aus dem Tagebuch des französischen Kardinals Eugène Tisserant. Aus diesem soll hervorgehen,
daß Mussolini selbst die Ermordung angeordnet habe, um eine
Verurteilung des Faschismus und seine eigene Schwächung gegenüber Nazi-Deutschland zu verhindern. Tatsache ist auch, daß
der Angeklagte in der Woche vor dem Konklave zwei Herzanfäl-
le und sogar einen Kollaps hatte. Daraufhin bekam Ratti von dem
Mediziner Professor Francesco Petacci, dem Vater von Mussoli-
nis Geliebter Claretta, eine Injektion und verstarb am frühen Mor-
gen des 11. Februar. Von einer Obduktion weiß *ich* nichts, ebensowenig von einer Anklage gegen Petacci.

Für *mich* steht fest, daß dieser Angeklagte eine besonders
wankelmütige und zwiespältige Figur in einer nicht nur für die
Kirche wichtigen Zeit abgegeben hat. Richter, *ich* möchte
euch bitten, diesen Mann an zwei Sätzen zu messen. Der erste
lautet: 'Tue nie etwas noch sage irgendein Wort, das nicht
auch Christus tun oder sagen würde, wenn er in deinem Stand
lebte, dein Alter oder deine Gesundheit hätte.' Könnt ihr euch
vorstellen, daß *ich* auch nur irgend etwas von dem, was dieser
Mann getan hat, gedacht oder gesagt hätte? Zum Wohle der
Kirche würde er selbst mit dem Teufel einen Pakt schließen,
auch das hat Achille Ratti versichert. Gibt es etwas Teuflische-
res, als auf Seiten der faschistischen Kriegstreiber zu stehen?
Gutes und Böses liegen immer beieinander. Hier hat wie so oft
in dieser Organisation das Böse gesiegt. Mehr habe *ich* im Augenblick nicht zu sagen."

44. Pius XII.

Eugenio Pacelli

Richter Simson leitet die Verhandlung gegen den Angeklagten Nummer 44 und beginnt, die persönlichen Daten vorzulesen. Wir hören, daß er am 2. März 1876 geboren und 1899 zum Priester geweiht wurde. Nach dem Studium der Theologie war er Lehrer an der „Accademia dei Nobili" in Rom. Seit 1901 arbeitete er im päpstlichen Staatssekretariat. 1917 wurde er zum Nuntius in München, 1920 zum Nuntius in Berlin, 1929 zum Kardinal und 1930 zum Kardinalstaatssekretär ernannt.

Mit ernstem Gesicht tritt Jesus vor die Richter: „Hohes Gericht, *ich* beschuldige Pacelli des Amtsmißbrauchs, weil er unmittelbar nach seiner Wahl im März 1939 drei Nepoten zu Fürsten erheben läßt. *Meine* wichtigsten und schwersten Anklagen gegen diesen Mann betreffen die Zeit des Zweiten Weltkrieges, der durch die Nazis angezettelt worden ist. *Ich* beschuldige Eugenio Pacelli der Duldung und Billigung der diversen Faschistenregimes in Europa, *ich* beschuldige ihn in diesem Zusammenhang der unterlassenen Hilfeleistung, der Unterstützung von kriminellen Vereinigungen, von organisiertem Verbrechen, von terroristischen Vereinigungen und der Unterstützung von Kriegsverbrechern."

Simson fordert Jesus auf, dafür Beweise zu liefern, was dieser mit einem Achselzucken übergeht und erklärt: „*Ich* habe schon von dem in Spanien tobenden Bürgerkrieg gesprochen. Eine der ersten Amtshandlungen des Angeklagten war, dem Diktator Franco für den ‚von der katholischen Kirche so ersehnten Sieg' zu danken. Kein Wort von den 600 000 Toten! Ein weiteres Glückwunschtelegramm ging an den deutschen Naziführer, dem er ‚mit besten Wünschen den Schutz des Himmels und den Segen des allmächtigen Gottes' übermittelte. Wie wir wissen, war Eugenio Pacelli maßgeblich dafür verantwortlich, daß der Vatikanstaat 1933 als erster die deutsche

Nazidiktatur anerkannt hat. Sehr flexibel hat Pacelli sich an die Verhältnisse angepaßt, hat Augen und Ohren verschlossen vor dem Unrecht, der Gesetzlosigkeit, dem Morden, das sich in Deutschland ausbreitete.

Es muß ihm bekannt gewesen sein, daß Adolf Hitler bereits am 30. Januar 1933 mit der Vernichtung der jüdischen Rasse in Europa gedroht hatte, falls es dem ‚internationalen Finanzjudentum‘ gelingen sollte, ‚die Völker in einen weiteren Weltkrieg zu stürzen‘. Der Historiker Paul Ricoeur ist zu Recht erbost, daß Pacelli zu Kriegsbeginn nicht etwa die faschistischen Diktaturen in Spanien, Portugal und Deutschland, sondern die ‚Irrtümer und Übel der Zeit‘ geißelt. Scheidung und die moderne Kleidung der Frauen sind diesem Mann Dornen im Auge, nicht die Verfolgung und Ermordung Unschuldiger.

Als England und Frankreich ihn aufforderten, die Deutschen zum Angreifer und Anstifter des Zweiten Weltkrieges zu erklären, lehnte der Angeklagte ab. Er kannte die Wahrheit und schwieg. Der hier schon erwähnte französische Kardinal Tisserant schrieb zu Beginn des ersten Kriegsjahres 1940: ‚Unsere Oberen wollen die Natur des wahren Konflikts nicht begreifen. Ich fürchte, die Geschichte wird dem Heiligen Stuhl vorzuwerfen haben, er habe eine Politik der Bequemlichkeit zugunsten seiner selbst verfolgt und nicht viel mehr. Das ist äußerst traurig, das ist eine Schande.‘

Von der Kurie wurde offiziell verbreitet, der Angeklagte habe es vermieden, gegen die verbrecherische Politik der Nazis vorzugehen, um die Katholiken und die Juden nicht zu gefährden. Proteste seien nicht nur sinnlos, sondern sogar schädlich.

Hohes Gericht, *ich* möchte folgende Frage in den Raum stellen: Was wäre passiert, wenn dieser Angeklagte, der gegen Theologen und Priester, die das Lehramt kritisierten, mit strengsten Maßnahmen vorging, was wäre passiert, hätte er die gesamte katholische Nazi-Führung exkommuniziert? Es wäre ein mutiger Schritt gewesen, den die Welt zu Recht von ihm erwarten konnte. Aber es fehlte ihm sowohl der Mut als auch die Moral. Er war ein wissender, schweigender Feigling.

Er hätte ein Zeichen setzen und diese Verbrecherbande vor der ganzen Welt bloßstellen können."

Simson meldet sich und sagt nachsichtig: „Das ist eine Hypothese, Jesus. Deine Frage wird nie beantwortet werden." Jesus senkt den Kopf und hebt dann erneut an: „*Mir* liegt ein weiteres Zeugnis aus diesen ersten Kriegsjahren vor. Der SS-Mann Schellenberg hat geäußert, daß es dem römischen Bischof klargewesen sei und er mit der Naziführung darin übereingestimmt habe, daß das Ziel des Krieges die Zerstörung Rußlands sein müsse, des Kommunismus, der für die katholische Kirche den leibhaftigen Teufel darstellte."

Jesus nimmt sich eine Mappe von seinem Tisch und gibt sie dem Gerichtsschreiber: „In diesen Unterlagen findet ihr Zeugnisse aus den Jahren 1941, 1942 und 1943, die belegen, wie führende deutsche Kirchenfürsten die Politik des Angriffskrieges und des Völkermordes unterstützten und sie zum ‚heiligen Willen Gottes‘ erklärten. Fluch und Schande über diese todsündige Gotteslästerung!

Diese Bischöfe schämen sich nicht, den Juden frevlerisch und fälschlich noch im dritten Kriegsjahr ‚im Namen der göttlichen Lehre Gottesmord‘ vorzuwerfen. Kein Wort über den Holocaust. Statt dessen macht sich der Vorsitzende der Fuldaer Bischofskonferenz, Kardinal Adolf Bertram, in seinen Predigten Sorgen um die ‚sittliche Verwilderung‘ der von den Naziverbrechern verschleppten polnischen Zwangsarbeiter.

In das Jahr 1942 fällt auch die Gründung der Vatikanbank, ein Unternehmen, das besonders verwerflich ist, zumal doch zwei Jahrtausende lang Juden Zinsgeschäfte und Wucher vorgeworfen worden waren. *Ich* werde auf dieses kriminelle Institut und seine verbrecherischen Machenschaften bei den Angeklagten Nummer 45 und 46 näher eingehen.

Hohes Gericht, am 8. November 1942, als ganz Europa von den Nazi-Schlächtern bedroht war, bringt es dieser Angeklagte fertig, den ‚katholischen Erdkreis‘ an die 25. Wiederkehr des ‚Wunders von Fatima‘ zu erinnern. Für ihn ist die Erde – 300 Jahre nach dem Tod Galileis – also immer noch eine Scheibe. Er vollzieht die ‚Weltweihe an das Herz Mariens‘, die ‚Königin des Rosenkranzes', und fordert zu einem ‚machtvollen Kreuzzug des Gebets' auf. Er weihte diesen Tag dem ‚Unbefleckten Herzen Mariens', was immer er mit dieser unsinnigen Bezeichnung gemeint haben kann."

Sie treiben es wirklich immer toller, denke ich unwillkürlich. Nach dem „unbefleckten" Geschlechtsorgan nun auch noch ein „unbeflecktes" Herz! Indessen erläutert Jesus:

„Diese ‚Erscheinung', die ‚Unsere Liebe Frau von Fatima' genannt wurde, ereignete sich zum ersten Mal <u>am 13. Mai 1917</u>. Wie bei den anderen schon erwähnten ‚Visionen' waren es Kinder, die vermeinten, am Himmel das Bild einer schönen Frau, einer Madonna mit dem Rosenkranz, erkannt zu haben. Kinder im Alter zwischen sieben und zehn Jahren, die weder lesen noch schreiben konnten.

Richter, mit Fatima war ein weiterer gotteslästerlicher Wallfahrtsort erschaffen worden, an dem diese ‚heilige Kirche' ihren abergläubischen Götzendienst pflegen konnte. *Ich* wähle diesen Ausdruck bewußt, denn Millionen von Pilgern spendeten dort, auf Wunder hoffend, alljährlich Geld, und der Reliquienschwindel blühte. <u>Verbrecherische Bereicherung</u> in unvorstellbarem Ausmaß betrieb diese Kirche, die an uralte heidnische Kulte erinnert. Kulte, die sie selbst ausgerottet hat.

Die 25jährige Wiederkehr wäre der 8. November 1942 gewesen. Die Kinder hatten insgesamt sechs Marienerscheinungen, und sie erfolgten immer am 13. des Monats von Mai bis Oktober – mit Ausnahme des 13. August. Dieses ‚Fest' aber wurde am 22. August gefeiert. Fragt *mich* nicht nach Logik, fragt *mich* nicht nach gesundem Menschenverstand, denn hier ist erschreckender Aberglaube am Werk, dem mit Vernunft nicht beizukommen ist."

Simson bittet Jesus um eine Erklärung dafür, was der Angeklagte und seine Kirche mit diesem Fest bezweckten. Jesus antwortet: „In einer Zeit, in der immer weniger Menschen im Glauben Zuflucht suchten, baute er auf die Popularität Marias. Sie sollte seiner angeschlagenen, unglaubwürdigen Organisation wieder Auftrieb geben. Für *mich* ist diese an Wahn grenzende Marien-Vergötzung eine Mischung aus <u>arglistiger Täu-</u>

schung, Falschaussage, vorsätzlicher Irreführung und Mißbrauch von Abhängigen.

Doch zurück zu den politischen Ereignissen dieser Jahre: Im September 1943 hatten deutsche Truppen Rom besetzt. Nach einem Attentat auf eine SS-Truppe erschießen die Nazis als Vergeltungsmaßnahme 335 Männer, darunter auch Juden. In seinem Buch ‚Tod in Rom' schreibt Robert Katz: ‚Es hätte keines Wunders bedurft, um diese Männer zu retten. Hätte der Mann im Vatikan den Mund aufgemacht, er hätte das Massaker verhindern können. Aber der Mann im Vatikan schwieg.' Ein Pole, der am Aufstand im Warschauer Ghetto beteiligt war, erhebt denselben Vorwurf: ‚Die Welt schweigt, die Welt weiß es, es ist unmöglich, daß sie es nicht weiß. Die Welt schweigt. Gottes Stellvertreter im Vatikan schweigt.'

In dieser Zeit des Mordens und Brennens wird *mein* Volk von den Kirchen-Männern weiterhin beleidigt und verunglimpft." Gideon hebt die Hand und sagt: „In meinen Unterlagen habe ich aber gelesen, daß Tausende von Flüchtlingen, darunter viele Juden, im Vatikan Zuflucht gefunden hätten. Das hast du uns verschwiegen, Ankläger!"

„Simson, *ich* habe euch nichts verschwiegen. Diese ständig wiederholte und in der internationalen Presse oft zitierte Behauptung ist falsch! Dieses Verdienst kommt dem Angeklagten nicht zu. Es ist ein schändlicher Propagandatrick des Vatikans. Der italienische Journalist Nino Lo Bello hat herausgefunden, daß es elf Juden waren, die vier Monate lang im Vatikan versteckt wurden. Eine Zahl, die auch von dem Vatikan-Experten Peter de Rosa bestätigt wird."

Simson hakt nach: „Wie aus einem Dankschreiben des ‚American Jewish Welfare Board' vom Juli 1944 hervorgeht, soll der Vatikan aber während der Besatzung fast 5000 Juden Asyl und Zuflucht gegeben haben."

„Aus Unwissenheit und auf Falschinformationen bauend", antwortet Jesus barsch, „sind all diese Danksagungen entstanden. Es ist da auch oft die Rede von einer Sammlung von Gold, das als Lösegeld dienen sollte, um Juden zu retten. Dieses Gold wurde aber von Juden und italienischen Bürgern aufgebracht. Das Gold des Vatikans wurde nicht angetastet. Acht-zig Millionen Mark an Privatvermögen hat der Angeklagte bei seinem Tod hinterlassen, wie *ich* aus verschiedenen Quellen zuverlässig weiß. Achtzig Millionen, woher hatte er dieses Geld? Wie viele barmherzige Werke hätte dieser Mann damit tun können?"

„Ankläger, ich möchte von dir wissen: Was, glaubst du, war der Grund für das Schweigen des Angeklagten?"

Jesus seufzt etwas verdrießlich und antwortet: „Pacelli hatte allein im Kriegsjahr 1943 450 Millionen Mark Steuereinnah-men durch deutsche Katholiken. *Ich* verdächtige ihn, bis *ich* vom Gegenteil überzeugt werde: Fast eine halbe Milliarde Mark waren der Grund für sein feiges Schweigen, für seine Duldung der Kriegsverbrechen. Und als ob es in dieser Zeit nichts Wichtigeres gegeben hätte, wiederholt der Angeklagte am 1. April 1944 in einem Dekret, der Hauptzweck der Ehe sei nach göttlichem Willen die Zeugung. Über solche Dinge, die durch nichts in der Schrift zu belegen sind, machen sich die Kirchenmänner Gedanken. Währenddessen billigen und unterstützen sie die verbrecherischsten Regimes, die Europa je gesehen hat, und machen sich damit zumindest der unterlasse-nen Hilfeleistung schuldig. Der Münchner Kardinal Faulhaber geht sogar so weit, das Attentat auf Adolf Hitler vom 20. Juli 1944 als ‚einen solchen Wahnsinn, der unser Volk in das furchtbarste Chaos gestürzt und den Bolschewismus in der ra-dikalsten Form zum Siege geführt hätte', zu verurteilen. Und nach Hitlers Selbstmord läßt der Vorsitzende der Fuldaer Bi-schofskonferenz, Kardinal Bertram, am 1. Mai 1945 ein feier-liches Requiem ‚zum Gedenken an den Führer' feiern!"

Jesus ist vor Zorn rot angelaufen. Er bittet um eine kurze Unterbrechung und setzt sich auf seinen Stuhl, während Sim-son zum nächsten Anklagekomplex überleitet: „Jesus, ich bitte dich, nun zu den Vorgängen im von den Nazis besetzten Jugo-slawien und zu der sich dort etablierenden Ustascha-Bewe-gung zu kommen."

Jesus hat sich beruhigt, geht zu den Bücherstapeln, die vor seinem Tisch aufgetürmt sind, und ergreift ein weißes Buch mit dem Titel „Jasenovac – das jugoslawische Auschwitz und der Vatikan".

„Daß dieses düstere Kapitel aufgedeckt wurde, haben wir im wesentlichen dem jugoslawischen Historiker Vladimir Dedijer, der auch ein Kampfgefährte Titos war, und den beiden Journalisten Mark Aarons und John Loftus zu verdanken. Was auf dem Balkan geschah, in welch erschreckendem Maß sich der Vatikan hier schuldig gemacht hat, ist weitgehend unbekannt und konnte durch die hier angeklagte ,heilige' Kirche bis heute unter einem großen Mantel des Schweigens verhüllt werden.

In diesem Fall klage ich auf Amtsmißbrauch, Freiheitsberaubung, gefährliche Körperverletzung, Landfriedensbruch, Mord, Schändung, Störung des öffentlichen Friedens, Unterstützung von kriminellen Vereinigungen, von Kriegsverbrechern, Verschwörung und Vorbereitung von Angriffskriegen, Unterstützung von organisiertem Verbrechen, Unterstützung terroristischer Vereinigungen und Strafvereitelung, Verletzung der Grund- und Menschenrechte, Verstoß gegen das Völkerrecht und gegen die Zehn Gebote, schließlich Verunglimpfung, Volksverhetzung und Völkermord."

Simson fordert Jesus auf, Beweise für diese ungeheuerliche Menge von Anklagen vorzulegen. „Hohes Gericht, ich berufe mich auf Geheimpapiere des amerikanischen Geheimdienstes CIA sowie auf authentisches Dokumentationsmaterial, Zeitungen, Zeitschriften, Tagebücher, Augenzeugenberichte und Fotos, die Vladimir Dedijer und sein Herausgeber Gottfried Niemietz gesammelt haben."

Jesus erzählt nun die Geschichte des Dr. Ante Pavelić und seiner Verbindung zum Vatikan. „Begonnen hat alles am 7. Januar 1929. An diesem Tag gründete Pavelić die Ustascha-Partei, die Partei der Aufständischen. 1934 ist er an einem Doppelmord in Marseille beteiligt und wird in Abwesenheit zum Tode verurteilt. Am 10. April 1941 überfallen deutsche Truppen Jugoslawien. Nach dem Einmarsch ruft Pavelić seinen ,Unabhängigen Staat Kroatien' aus. Der Proklamationstext lautete: ,Gottes Vorsehung und der Wille unseres großen Verbündeten haben es gefügt, daß heute, vor der Auferstehung des Gottessohnes, auch unser Unabhängiger Staat Kroatien aufersteht. Gott mit den Kroaten!'

In einem Brief an den Angeklagten schreibt Pavelić: ,Heiliger Vater! Da also göttliche Vorsehung es ermöglichte, daß ich das Steuer meines Volkes und meiner Heimat übernehme, bin ich fest entschlossen und wünsche es inbrünstig, daß das Kroatische Volk, treu seiner ruhmreichen Vergangenheit, auch in Zukunft dem heiligen Apostel Petrus und seinen Nachfolgern treu bleibt und unsere Heimat, vom Gesetz des Evangeliums durchdrungen, Christi Königreich wird. Bei diesem wirklich großen Werk bitte ich lebhaft um die Hilfe Eurer Heiligkeit. Als eine solche Hilfe betrachte ich zuerst, daß Eure Heiligkeit mit Eurem obersten apostolischen Ansehen unseren Staat anerkennen, dann daß Ihr Euch herablaßt, so schnell wie möglich Euren Vertreter zu schicken, der mir helfen wird mit Euren väterlichen Ratschlägen, und schließlich, daß er mir und meinem Volk den apostolischen Segen erteilt. Zu den Füßen Eurer Heiligkeit niederkniend küsse ich die geheiligte Rechte als der gehorsamste Sohn Eurer Heiligkeit.'

Im Mai 1941 verkündet das Organ des Zagreber Erzbistums auf dem Titel, daß der Ustascha-Führer in Rom von Eugenio Pacelli zu einer dreißigminütigen Privataudienz empfangen wurde. Am 3. August dieses Jahres war der neue Staat de facto vom Vatikan anerkannt worden. Ein weiterer faschistischer Staat also, hohes Gericht, mit dem diese ,heilige' Kirche einen Pakt schließt! Mit Wissen und Duldung des Vatikans, des römischen Legaten Josip Ramira Marcone und des Zagreber Erzbischofs Stepinac, der seit 1942 Militärvikar für die Armee der Ustaschen war, begann in Kroatien die Zwangsbekehrung der orthodoxen serbischen Bevölkerung. Von katholischer Seite wird dies gotteslästerlich und frevlerisch als ein ,Werk Gottes' bezeichnet.

Seit 1941 tauschen Pavelić und der Angeklagte regelmäßig Grußbotschaften aus. Beamte des britischen Außenministeriums, die auch auf die sich häufenden Besuchskontakte zwischen Zagreb und Rom aufmerksam wurden, waren darüber

453

empört, daß der Angeklagte als höchster katholischer Bischof mit einem berüchtigten Terroristen und Mörder verkehrte, und bezeichneten ihn als ‚den größten moralischen Feigling unserer Zeit‘.

Im Mai 1943 bat Pavelić um eine weitere Audienz, und ihm wurde beschieden, dem Besuch beim ‚Heiligen Vater‘ stehe nichts entgegen, er könne jedoch nicht als Staatsoberhaupt, sondern nur als Privatmann empfangen werden, um weitere Verwirrung bei den westlichen Alliierten zu vermeiden. Pacelli versicherte den faschistischen Mörder erneut seines persönlichen Segens. Nach Schätzungen einer US-Geheimdienstakte waren zu dieser Zeit bereits 150 000 orthodoxe Serben der kroatischen Schreckensherrschaft zum Opfer gefallen. Auch mit der deutschen Naziführung stand der Kroate in engem Kontakt. Bei einer Begegnung in Berlin brüstete er sich, die ‚Judenfrage‘ in seinem Land schon vollständig gelöst zu haben. Wie grauenerregend dessen Schergen wüteten, mußte ein italienischer Kriegsberichterstatter erfahren, dem Pavelić eine große Schüssel präsentierte, die auf den ersten Blick aussah, als wäre sie mit Austern gefüllt. Auf Nachfrage des Italieners erklärte der Kroate, es handle sich um ein Geschenk seiner ergebenen Ustaschen: 40 Pfund serbische Augen.“

Unbeschreiblich ist in dieser Sekunde das aus der Stille herausbrechende Wutgeschrei der Jünger. Maria ist aufgesprungen und läuft zur Tür. Judith folgt ihr und wirft diese heftig hinter sich zu. Mit geschlossenen Augen wartet Jesus, bis sich die Empörung wieder legt. Er fährt dann fort: „Einer Meldung vom 5. September 1943 im Zentralorgan der Ustaschen, ‚Hrvatski Narod‘, ist zu entnehmen, daß der Angeklagte in einer Sonderaudienz 110 kroatische Militärpolizisten, die sich zu Ausbildungszwecken in Italien aufhielten, empfangen habe. Zum Abschied sei allen Besuchern ein angemessenes Geschenk überreicht und jedem einzelnen der Segen erteilt worden.

Und als kroatische Faschisten 1945 Rom besuchten, versicherte Pacelli ihnen, er werde seine ganze Autorität einsetzen, um eine Gefangennahme oder Auslieferung Pavelićs zu verhindern, weil er ihn als ‚guten Menschen und guten Katholiken schätze‘. Und von Andrija Artuković, Pavelićs Innenminister, ist der Satz verbürgt: ‚Ich wurde von den Moralprinzipien der katholischen Kirche geleitet.‘

Hohes Gericht, *ich* werde euch nun Zahlen nennen, die durch Professor Dedijer (†1990) und andere Quellen abgesichert sind. Den Kaderbanden des Ante Pavelić fielen, *ich* wage es nicht auszusprechen, 750 000 Serben, 60 000 Juden und 26 000 Sinti und Roma zum Opfer.“ Jetzt schlägt Jesus das Buch an einer anderen Stelle auf und berichtet. „Richter, für alles, was *ich* euch jetzt an Mordmethoden nenne, gibt es Belege: nämlich Zeugenaussagen, Tagebücher und eine fast 9000 Fotos umfassende Dokumentation.

Mit Bomben zersprengten die Ustaschen und ihre geistlichen Helfer vor allem Kinder, die sie zuvor lebendig in ausgehobene Massengräber geworfen hatten. Sie benutzten Karabiner und Maschinengewehre für die Massenerschießungen, wobei sie ihre Opfer schändlich quälten, denn sie schossen zunächst in die Beine, dann in die Bäuche, schließlich in die Oberkörper. Als weiteres Mordwerkzeug dienten Schlachtmesser, mit denen die Hälse der unschuldigen Opfer, die sich nicht zum ‚katholischen Glauben‘ zwangsmissionieren lassen wollten, durchschnitten wurden. Mit Beilen gingen die Mönche und Soldaten gegen Zigeuner vor. Ihnen spalteten sie Köpfe, Bäuche und Brustkörbe. Zum Abschlachten gab es, um nicht so viel Lärm zu machen und Aufsehen zu vermeiden, auch Zimmermannsäxte, mit denen den Opfern Hälse, Wirbelsäulen und Arterien durchschlagen wurden. Bei Massenliquidierungen wurden zudem auch Holzhämmer benutzt, mit denen auf die Wehrlosen eingeschlagen wurde, bis sie tot waren. Die ‚stillen Hinrichtungen‘ waren bei den Mörderbanden, so versichern Augenzeugen, sehr beliebt. Zum Morden von Kindern und Frauen verwendeten sie oft Eisenstangen, die nur für diesen Zweck in einer Metallfabrik hergestellt wurden. Blindlings prügelten sie auf Köpfe und Leiber ein. Kranke und alte Menschen, so wird uns versichert, wurden auch mit Eisenhämmern zu Tode gefoltert.

Einer unter ihnen, der Franziskanermönch Filipović, genannt ‚der Satan‘, hat mit großer Leidenschaft kleine Kinder und Kranke mit einer Hacke totgeschlagen. Eine der schrecklichsten Mordmethoden, mit denen das Sterben qualvoll verlängert werden konnte, war das Zertreten der Opfer, das Tanzen auf den Bäuchen, bis Leber und Milz herausplatzten. Auch mit Lederpeitschen prügelten diese fanatischen und blutrünstigen Schergen der ‚heiligen katholischen Kirche‘ ‚ungläubige‘ Kinder, Frauen und Männer zu Tode. Der ‚gnädigste‘ Tod war noch der des Erhängens.

Richter, *ich* kann es euch nicht ersparen. Diese Verbrecherbanden haben Menschen oft bei lebendigem Leibe geröstet und verbrannt, sie haben sie an Türen genagelt, haben ihnen bei lebendigem Leibe die Augen ausgestochen, die Brüste und die Zungen herausgeschnitten.“

Schweigendes Entsetzen sehe ich auf allen Gesichtern. Tränen fließen, und ich versuche, das Würgen und den Brechreiz zu unterdrücken. Ich möchte mir die Ohren zuhalten, hinauslaufen, bin aber dazu nicht fähig. Wann hat das ein Ende? Mit gnadenlos schneidender Stimme ruft Jesus:

„Hohes Gericht, Vladimir Dedijer, der sich während des Befreiungskrieges gegen die Besatzungstruppen im Hauptquartier der von Tito geführten Partisanenarmee aufhielt, hat seinem Jasenovac-Buch ein Register angefügt, in dem fünf Erzbischöfe, 17 Bischöfe, acht Kardinäle, 119 katholische Priester und 22 Franziskanerpatres namentlich erwähnt werden. Außerdem beteiligten sich daran Theologieprofessoren, Religionslehrer, Domherren, Äbte und Prälaten. Sechs Seiten füllt die Liste mit römisch-katholischen Verbrechern, die für ihre ‚Verdienste um den Ustascha-Staat‘ mit Orden ausgezeichnet worden sind.

Das Wohlwollen des ‚Heiligen Stuhls‘ gegenüber den Massenmördern hat auch das Kriegsende überdauert. Einer der wenigen, die vor ein Gericht kamen, der Zagreber Erzbischof Stepinac zum Beispiel, wurde, wie der ‚Jasenovac‘-Herausgeber Niemietz berichtet, zu 16 Jahren Zwangsarbeit verurteilt. Daraufhin protestierte der Vatikan, mit Erfolg, denn Stepinac erlangte nach fünf Jahren bereits die Freiheit und wurde sogar noch zum Kardinal erhoben. Keiner der beteiligten ‚geistlichen Seelsorger' ist von Rom zur Verantwortung gezogen oder gar exkommuniziert worden. Weder Frater Filipović, einer der Kommandanten des Konzentrationslagers Jasenovac, noch der Pavelić-Getreue Draganović, ein kroatischer Theologieprofessor. Wie groß der Einfluß dieser römischen Kirche ist, mögt ihr an der Tatsache ermessen, daß dieser Völkermord bis heute praktisch totgeschwiegen werden konnte.

Nach Kriegsende war es ebendieser Draganović, der unter dem Schutz des Substituten im Sekretariat des Angeklagten die Flüchtlingshilfekommission des Vatikans, die ‚Commissione Pontificia d'Assistenza', mit aufbaute. Aber nicht nur die kroatischen Mörderbanden, die von den Alliierten gesucht wurden, sondern auch Kriegsverbrecher aus Nazi-Deutschland konnten mit Hilfe dieser Organisation untertauchen. Über ausgeklügelte Fluchtlinien, die von den Autoren Aarons und Loftus als ‚Ratlines', also Rattenlinien, bezeichnet werden, entkam auch Pavelić den Händen der Justiz.

Das Menschenschmuggelnetz führte von Österreich bzw. Jugoslawien über die Stationen Triest und Venedig nach Rom in das Kloster St. Girolamo in der Via Tomacelli 132. Dort war die zentrale Schaltstelle, von der aus Draganović und der Substitut im Sekretariat des Angeklagten Pacelli die Fäden zogen."

„Ankläger, mir scheint, daß sich dieser Sekretär ebenso der Unterstützung von Kriegsverbrechern und des schweren Delikts der Strafvereitelung schuldig gemacht hat. Nenne uns seinen Namen."

„Richter, *ich* werde das zu einem späteren Zeitpunkt tun. Bleiben wir zunächst bei dem Angeklagten Nummer 44. Zehntausende, so versichern Aarons und Loftus unter Berufung auf Zeugenaussagen, sollen mit Hilfe des Vatikans auf diesem Weg nach Südamerika, Nordamerika und Australien entkommen sein.

Der amerikanische und der britische Geheimdienst spürten dem Massenmörder Ante Pavelić erfolglos nach. Die Ermittlungsergebnisse lesen sich folgendermaßen: Im Januar 1946 verläßt er, vermutlich als Mönch verkleidet, ein Kloster in Klagenfurt. Auf dem Weg über Österreich also findet er schließlich Zuflucht in einem römischen Kolleg in der Via Giacomo Belli. Im Mai 1946, so eine vertrauliche Quelle, hält er sich meist in exterritorialen Besitzungen des Vatikans, etwa in Castelgandolfo, auf, wo er häufig mit dem Substituten des Angeklagten zusammentrifft. Beim Verlassen des Hoheitsgebiets benutzt Pavelić Fahrzeuge vatikanischer Beamter mit Nummernschildern des Diplomatischen Corps, so daß er für die Geheimdienstleute nicht angreifbar ist. Als das Staatssekretariat dann aus London, Paris und Washington Informationen erhält, daß die Verhaftung Pavelićs unmittelbar bevorstehe, schaltet sich nach einer Geheimdienstquelle wiederum der Substitut ein, und die Festnahme wird vereitelt. Am 13. September 1947 verläßt Pavelić unter dem Namen Pablo Aranyos Italien, und sein Schiff erreicht Buenos Aires am 6. November.

Als Pavelić 1959 in Madrid im Sterben liegt, wird ihm, so versichert ein Augenzeuge, ein Rosenkranz in die Hand gegeben, den Eugenio Pacelli ihm bei seinem ersten Besuch geschenkt hatte. Auf dem Sterbebett empfängt der Kriegsverbrecher vom Nachfolger dieses Angeklagten, Giuseppe Roncalli, den Segen der katholischen Kirche.‟

Schweigend verfolgen Simson und die anderen Richter, wie Jesus aufgeregt den Saal durchquert, dann hastig einen Schluck Wasser trinkt und mit ein wenig heiserer Stimme sagt: „Hohes Gericht, als mit dem Zusammenbruch Nazi-Deutschlands und den Atombombenabwürfen in Japan der Zweite Weltkrieg sein schreckliches Ende fand, erwartete die Welt, daß Pacelli eine Ächtung des Krieges, eine Ächtung der ABC-Waffen aussprechen würde. Daß er die Produzenten dieser Waffen mit Exkommunikation bestrafen würde – nichts davon ist geschehen. Er hüllte sich in Schweigen. Es war ein menschenunwürdiges, seines Amtes unwürdiges, schuldhaftes Schweigen und Nichthandeln! Schlimmer noch: Einer der wichtigsten Ratgeber des Angeklagten, der Jesuit Gundlach, resümierte 1959: ‚Die Anwendung des atomaren Krieges ist nicht absolut unsittlich.'

Daß der Angeklagte in einer Traditionslinie mit dem Kirchenlehrer Chrysostomos steht, der mit seiner Schrift ‚Homilia adversus judaios' den Antijudaismus in dieser Kirche begründet hat, verrät die Tatsache, daß er sich wie seine Vorgänger gegen die Gründung des Staates Israel am 14. Mai 1948 heftig sträubte.

Unmittelbar danach predigte er: ‚Laßt uns für treulose Juden beten'. Erneut eine Verunglimpfung *meines* Volkes, die *meiner* Meinung nach der Volksverhetzung nahekommt. Bezeichnend für diesen Mann und seine Nachfolger, die ständig von Frieden und Menschenwürde reden: Die allgemeine Deklaration der Menschenrechte vom 10. Dezember desselben Jahres wurde, wie schon erwähnt, vom Vatikan bis zum heutigen Tag nicht unterzeichnet.

Richter, *ich* komme zu einer weiteren betrügerischen, arglistigen Schandtat des Angeklagten. Er behauptete doch tatsächlich, am 30. Oktober 1950 um 16 Uhr am Himmel das ‚Wunder von Fatima' gesehen zu haben. Das Wunder der Erscheinung Mariens, von dem die drei unmündigen Kinder erzählt hatten. Und am 1. November verkündet Pacelli die Dogmatische Bulle ‚Munificentissimus Deus'. *Ich* zitiere daraus:

‚Nachdem Wir nun immer wieder inständig zu Gott gefleht und den Geist der Wahrheit angerufen haben, verkünden, erklären und definieren Wir zur Verherrlichung des allmächtigen Gottes, dessen ganz besonderes Wohlwollen über der Jungfrau Maria gewaltet hat, zu Ehren seines Sohnes, des unsterblichen Königs der Ewigkeit, des Siegers über Sünde und Tod, zur Mehrung der Herrlichkeit der erhabenen Gottesmutter, zur Freude und zum Jubel der ganzen Kirche, und kraft der Vollmacht unseres Herrn Jesus Christus, der heiligen Apostel Petrus und Paulus und Unserer eigenen Vollmacht: Es ist eine von Gott geoffenbarte Glaubenswahrheit, daß die unbefleckte, immer jungfräuliche Gottesmutter Maria nach Vollendung ihres irdischen Lebenslaufes mit Leib und Seele zur himmlischen Herrlichkeit aufgenommen ist.' "

Das Gelächter, das nun im Saal losbricht, ist so laut, daß Judith und Maria verdutzt die Köpfe hereinstecken. Auf einen Wink von Simson treten sie ein und gehen zu ihren Plätzen. Jesus wartet, bis sie sich gesetzt haben, und sagt dann: „Die ‚leibliche Himmelfahrt' hat dieser Mann verkündet. Das ist absurd! Wo ist dieser Himmel? frage *ich* die katholische Kirche. Wie ist Maria dorthin gekommen? frage *ich*. Hat diese Kirche schon etwas von Naturgesetzen gehört? Sie kann nichts über das Verbleiben Marias wissen. Hatte Nietzsche nicht recht mit seinem Satz: ‚Ich gehe durch die Irrenhaus-Welt ganzer Jahrtausende, heiße sie nun Christentum, christlicher Glaube, christliche Kirche.'

Hört auch die Hymne, die aus Anlaß dieser Proklamation gesungen wurde: ‚Vor dir, Königin des Universums, verneigt sich der Himmel. In ihrem Glanz jubelt die Blüte, in Blüte steht die Erde. Es zittert die Hölle vor Neid. Mutter Christi, Fleisch gewordenes Wort, zu dir seufzt die Menschheit, die nun erlöst ist von ihrer Sünde, weil du gesagt hast, es werde Liebe. Unbefleckte göttliche Mutter, sogar uns ganz Elenden bist du noch Mutter. Wie wohl es tut, dich, Mutter und Königin, unsere Königin Mutter der Liebe zu nennen. Dein mächtiges Königtum möge mit Christus die feindlichen Kräfte besiegen, und ewig wirst du mit Gott, dem Schöpfer herrschen, dessen Mutter, Tochter und Gemahlin du bist. Dein unfehlbares, dein ruhmreiches, dein allererhabenstes Königtum'.

Hier wird eine Frau, die in der Neuen Schrift nur wenige Male erwähnt wird, entmenschlicht, entleibt, zu einem übermenschlichen Wesen gemacht. Eine Frau, die *mich* bis zum Tod nicht verstanden hat, *mich* für ‚von Sinnen' hielt, wenn *ich* predigte. Sie soll *mir* Mutter, Tochter und Gemahlin gewesen sein? Jemand, der so etwas behauptet, ist ein gefährlicher Geisteskranker. Eine Königin war sie? Nicht begraben und verwest wie jeder normale Sterbliche? Lüge und Unfug!"

Mit diesem Dogma macht sich Pacelli der Nötigung und Erpressung seiner ‚Gläubigen', des schweren Betrugs und der Verbreitung von Aberglauben schuldig. Ein neuerlicher Wallfahrtsboom von Tschenstochau in Polen bis hin nach Guadelupe war die Folge dieser vermeintlichen ‚Himmelfahrt‘. Visionen, Halluzinationen – mit solchem Unglauben stärkt sich diese ‚heilige‘ Kirche, betreibt nach 5. Mose 27,15 verfluchte Bilderverehrung und Götzendienst und hat nicht einmal Angst davor, sich lächerlich zu machen. Hohes Gericht, <u>hiermit hat</u> <u>sich Rom endgültig von der Frohen Botschaft abgekehrt und</u> <u>dem gotteslästerlichen Aberglauben zugewandt.</u> Es zwingt per Dogma Abermillionen von Katholiken, beständig gegen die beiden ersten Gebote der Alten Schrift zu verstoßen. Hier zeigt sich die vollkommene Ent-Menschlichung dieser Kirche!‘"

Wieder geht Jesus zu seinem Tisch und trinkt aus seinem Glas. Währenddessen fordert ihn Simson auf, zum Abschluß zu kommen. „Richter, *ich* muß euch noch auf die Enzyklika ‚Humani generis‘ aus dem Jahr 1950 aufmerksam machen, in der Pacelli vor Irrtümern warnt, die die Lehre seiner Kirche verfälschen. Seine Gläubigen nötigend, mißbrauchend, ihre Intimsphäre und die Menschenrechte verletzend, verkündet er: ‚Unschuldiges menschliches Leben, gleich in welchen Umständen es ist, muß vom ersten Augenblick seiner Existenz vor jedem direkten, willentlichen Angriff geschützt werden. Dies ist ein Grundrecht der menschlichen Person, von allgemeinem Wert im christlichen Verständnis des Lebens.‘

Vor der ‚Katholischen Frauenjugend‘ predigt er kurz darauf, vor- und außerehelicher Geschlechtsverkehr seien von Gott verboten. Er gebietet, keine Grenzen der Scham kennend, den Frauen, nur an unfruchtbaren Tagen Geschlechtsverkehr zu haben und nennt dies ein ‚Mittel der zulässigen Geburtenkontrolle‘. Hohes Gericht, warum sorgt sich diese Organisation beständig um ungeborenes Leben? Was tut sie für die vielen Millionen Menschen, die ein menschenunwürdiges Dasein fristen müssen? Wie viele unzählige Millionen von Menschen verhungern und werden krank wegen dieser unsinnigen, gotteslästerlichen Gebote und Dogmen? Woher kommt diese Schamlosigkeit, diese Anmaßung, dieses Richten? Hat das noch etwas zu tun mit Seelsorge und Froher Botschaft?

Laßt *mich* noch auf ein weiteres Ereignis während Pacellis

Amtszeit eingehen. Wie wir wissen, berichtet Paulus von seiner Begegnung mit Petrus in Jerusalem, wo dieser als Leiter der Gemeinde wirkte. Die römische Kirche brauchte für ihre Legitimation den Aufenthalt des Petrus in Rom und nahm wider besseres Wissen die beiden ‚Petrusbriefe‘ in den Kanon der Heiligen Schrift auf, obwohl Petrus sie nicht geschrieben haben kann. Sie entstanden erst viele Jahrzehnte nach seinem Tod. An einer Stelle schreibt der unbekannte Verfasser, sein Aufenthaltsort sei ‚Babylon‘. Daraus konstruiert diese Kirche ihr Fundament und sagt, damit sei Rom gemeint. Hätte Petrus die Stadt aber tatsächlich als ‚Babylon‘ bezeichnet, hätte er sich zum Staatsfeind der Römer gemacht und wäre wahrscheinlich hingerichtet worden. *Ich* denke, es bedarf keiner weiteren Einlassungen, um dies als absurd ad acta zu legen! Dennoch hat die Kirche zwei Jahrtausende lang daran festgehalten, und im Februar 1939 wurde auf Veranlassung des Angeklagten begonnen, unterhalb des ‚Petersdoms‘ nach den Gebeinen dieses Jüngers zu suchen. 1952 werden dann zwei Foliobände mit den Ergebnissen dieser Ausgrabungen veröffentlicht. Sie wurden von Eugenio Pacelli folgendermaßen kommentiert: ‚Es ist für Uns eine ganz besondere neue Freude, euch, geliebte Söhne, den Ruf hören zu lassen, der sich aus dem das Grab des heiligen Petrus umgebenden Dunkel loslöst und gleichsam als Appell an die Christenheit der Gegenwart gerichtet ist.‘

Hohes Gericht, nach zweitausend Jahren wollen diese Besitzer der ‚Heiligkeit‘ und der ‚Wahrheit‘ unter Millionen von Knochen die des Petrus gefunden haben? Doch nicht genug damit. In einer Nachuntersuchung durch die Professorin Margherita Guarducci wird das Datum seines Todes auf den Tag genau festgelegt, nämlich auf den 13. Oktober des Jahres 64. *Ich* klage also an wegen arglistiger Täuschung, Betrugs und Falschaussage wider besseres Wissen. Auch hier geht es, wie bei dem verabscheuungswürdigen Marienkult, um Macht und verbrecherische Bereicherung, um die vermeintliche Legitimation durch einen Mann, der diese katholische Kirche nicht wollte und nie in Rom war.

Da der Angeklagte in den folgenden Jahren wiederholt von ‚Jesus- und Marienerscheinungen' am Himmel spricht, beantrage *ich* auch in diesem Fall, seine Zurechnungsfähigkeit durch einen psychiatrischen Gutachter prüfen zu lassen. *Ich* bin am Ende mit diesem Mann. Er hat große Schuld auf sich geladen, indem er die größten überhaupt denkbaren Verbrechen, die des Völkermordes und gegen die Menschlichkeit, nicht nur schweigend hingenommen, sondern sogar gefördert hat. *Ich* hoffe, daß all das den Katholiken einmal schonungslos offenbart wird. Auf daß sie Zweifel bekommen an dieser ‚heiligen' Kirche, an ihrem ‚Glauben'. Ich hoffe, ihr werdet Pacelli aufs strengste verurteilen. Amen, *ich* habe gesprochen."

45. Paul VI.

Giovanni Battista Montini

Richter Melchisedek leitet das Verfahren gegen den Angeklagten Montini, und während er in Stichworten die Daten verliest, sehe ich Jesus sehr erregt auf und ab gehen. „Geboren am 26. September 1897 in Concesio bei Breschia, Studium der Theologie und Jurisprudenz, 1920 Priesterweihe und Promotion zum Dr. jur. can. in Mailand, seit 1924 im Staatssekretariat tätig und seit 1937 Substitut. 1954 wurde er Erzbischof von Mailand, 1958 Kardinal und am 21. Juni 1963 mit der Tiara gekrönt. Jesus, laß mich vorweg einige Beurteilungen über diesen Mann vortragen, auf daß du dich mit deinem Plädoyer entsprechend mäßigst. So schreibt zum Beispiel der Kirchenhistoriker Georg Schwaiger, daß Giovanni Montini seine Kirche ‚mit großer Umsicht geleitet' habe und daß sich ‚sein Bild allmählich zum respektvollen Verstehen seiner Persönlichkeit und seines Handelns' verkläre. Er nennt die Amtsführung dieses Mannes ‚gewissenhaft'. Er habe ‚absolut verläßlich die Geschäfte geführt' und sei ‚von strenger Redlichkeit' gewesen."

Jesus kann sich nicht länger beherrschen. „Richter, halt ein! *Ich* werde euch beweisen, daß dieser Mann ein Erzreaktionär war, der den Neozentralismus und Neoabsolutismus wieder eingeführt hat. *Meine* erste Anklage lautet auf Amtsmißbrauch, arglistige Täuschung, Unterstützung von organisiertem Verbrechen und von Kriegsverbrechern sowie auf Billigung von Völkermord."

„Einspruch, Ankläger, willst du diese ungeheuerlichen Beschuldigungen auch Montini vorhalten, genau wie dem Angeklagten Nummer 44?" Jesus geht zu seinem Tisch und kommt mit einigen Schriftstücken in der Hand zurück. „Folgt man den Berichten des US-Geheimdienstes, so entpuppt sich die Zeit, in der dieser Mann im Staatssekretariat arbeitete, als das ‚dunkelste Kapitel vatikanischer Verbrecherprotektion'."

„Ankläger, was kannst du konkret gegen den Angeklagten vorbringen?"

„Hohes Gericht, ihr habt mich bei dem Angeklagten Nummer 44 nach dem Namen des Substituten gefragt, der in dem Kloster San Girolamo gemeinsam mit Pavelics Vertrauten Draganović die kroatische Sektion der Vatikanischen Flüchtlingshilfe aufbaute. Wollt ihr den Namen wissen? Er lautet Giovanni Battista Montini!"

Die Nachricht verfehlt ihre Wirkung nicht. Helle Aufregung herrscht plötzlich im Gerichtssaal. Melchisedek schlägt mit der flachen Hand energisch auf den Tisch. „Beweise, Jesus, ich fordere Beweise!"

„Warte ab! Mit Billigung Montinis gelangen nicht nur Pavelić, sondern fast sein gesamtes ehemaliges Kabinett, ausgestattet mit Geld und Pässen des Vatikans bzw. des Internationalen Roten Kreuzes, nach Südamerika. Nach Informationen der Autoren Aarons und Loftus, denen der CIA Unterlagen zur Verfügung gestellt hat, sollen bis in die fünfziger Jahre hinein 30 000 Flüchtlinge, darunter viele international gesuchte hochkarätige Kriegsverbrecher, auf diesem Weg aus Europa geschleust worden sein. Nutznießer katholischer oder vatikanischer ‚Flüchtlingshilfe' waren unter anderem Eichmann, Mengele und der Kommandant der Vernichtungslager Sobibor und Treblinka, Franz Stangl. Und für die vatikanische Flüchtlingshilfe, ich wiederhole es, war Giovanni Battista Montini zuständig. Er hat sich damit wie sein Vorgänger also auch aufs schwerste der Strafvereitelung und der Begünstigung von Kriegsverbrechern schuldig gemacht. Wann endlich nimmt die Welt diese schändlichen Machenschaften zur Kenntnis?

Ich komme nun zum Jahr 1964, in dem es ein wichtiges Ereignis zu verzeichnen gibt: die Veröffentlichung der Enzyklika ‚Ecclesiam suam' vom 6. August, in der der Angeklagte Maria als die ‚Mutter der Kirche' bezeichnet. Ich frage: Wo findet sich eine Stelle in der Schrift als Beweis dafür, und klage ihn der Verunglimpfung und der arglistigen Täuschung an. Die Behauptung ist so absurd, daß ich mich weigere, auch nur den Versuch zu machen, das zu widerlegen!

465

1965 ging das Zweite Vatikanische Konzil zu Ende. *Ich möchte euch drei Zitate aus dem Dekret über den Ökumenismus ,Unitatis redintegratio' verlesen, das am 21. November 1964 von den Versammelten beschlossen wurde. Im Vorwort heißt es: ,Der Herr der Geschichte aber, der seinen Gnadenplan mit uns Sündern in Weisheit und Langmut verfolgt, hat in jüngster Zeit begonnen, über die gespaltene Christenheit ernste Reue und Sehnsucht nach Einheit reichlicher auszugießen.'

Dies, Richter, ist eine sündige und frevelhafte <u>Falschaussage</u>. Nichts ist *mir* fremder als diese Kirche! Unter Berufung auf den ersten Korintherbrief (11,18) und den Galaterbrief (1,6f.) heißt es weiter: ,In dieser einen und einzigen Kirche Gottes sind schon von den ersten Zeiten an Spaltungen entstanden, die der Apostel aufs schwerste tadelt und verurteilt. In den späteren Jahrhunderten aber sind ausgedehntere Verfeindungen entstanden, und es kam zur Trennung recht großer Gemeinschaften von der vollen Gemeinschaft der katholischen Kirche, oft nicht ohne Schuld der Menschen auf beiden Seiten.'

Das ist gleich in mehrfacher Hinsicht falsch. Weder ist diese Kirche die einzige Kirche, noch war Paulus ein Apostel. Er hat sich vielmehr selbst dazu ernannt. Was schließlich die Verfeindungen betrifft, die entstanden sein sollen, so haben wir über knapp zwei Jahrtausende die Kriminalgeschichte dieser Organisation kennengelernt. Die Anfeindungen sind immer von ihr ausgegangen.

Die dritte <u>Falschbehauptung</u>, mit der sich für *mich* zudem der Anklagepunkt des <u>Betrugs</u> erfüllt, lautet: ,Denn nur durch die katholische Kirche Christi, die das allgemeine Hilfsmittel des Heiles ist, kann man Zutritt zu der ganzen Fülle der Heilsmittel haben.' Sie ist nicht das Heil- und Hilfsmittel. Sie war es nie und wird es nie sein!

Eine weitere Lüge und <u>Falschbehauptung</u> des Konzils ist die Erklärung ,Nostra aetate' vom 28. Oktober 1965 über das Verhältnis der Kirche zu den nichtchristlichen Religionen. Darin heißt es unter anderem: ,Die Kirche hat auch stets die

Worte des Apostels Paulus vor Augen, der von seinen Stamm-
verwandten sagt, daß ihnen die Annahme an Sohnes Statt und
die Herrlichkeit, der Bund und das Gesetz, der Gottesdienst
und die Verheißungen gehören wie auch die Väter und daß aus
ihnen Christus dem Fleische nach stammt, der Sohn der Jungfrau Maria. Auch hält sie sich gegenwärtig, daß aus dem jüdischen Volk die Apostel stammen, die Grundfesten und Säulen
der Kirche, sowie die meisten jener ersten Jünger, die das
Evangelium Christi der Welt verkündet haben.'

Hätte sich diese Kirche doch nur an die Schrift gehalten,
dann wäre Millionen *meiner* Brüder und Schwestern viel Un-
heil erspart geblieben. 2000 Jahre lang hat diese Organisation
die Juden, das auserwählte Volk Gottes, verfolgt. Warum, frage *ich* euch, weigert sie sich auch unter diesem Angeklagten
hartnäckig, den Staat Israel anzuerkennen, wenn sie Juden
doch als ‚Säulen der Kirche' bezeichnet?

In grenzenlosem, kaltherzigem Zynismus hat Montini im
Jahr 1965, als die Weltbevölkerung weiter rapide wuchs, was
Hunger, Not und Tod zur Folge hatte, vor der Vollversamm-
lung der Vereinten Nationen erklärt, man müsse ‚danach streben, Brot zu vermehren, damit es für die Tische der Menschheit' ausreiche, statt eine ‚künstliche und unvernünftige Geburtenkontrolle' zu fördern, um ‚die Zahl der Gäste beim
Gastmahl des Lebens zu verringern'. Eine bolivianische Jour-
nalistin hat daraufhin sehr richtig gefragt: ‚Will Gott, daß wir
uns mehren und die Erde mit Not erfüllt ist? Ist dieser Papst
Analphabet, daß er nichts über mein Land liest, oder ist er unmoralisch, daß er kein Mitgefühl mit uns hat?' Ja, *ich* sage
euch, dieser Mann ist menschenverachtend und unmoralisch.“

Melchisedek klopft auf den Tisch und droht: „Mäßige dich,
Ankläger, mäßige dich.“

„Richter, Karl Rahner, der als der größte katholische Theologe im 20. Jahrhundert gilt, beurteilte die Moraltheologie des
Vatikan wie folgt: ‚Aber es gehört eben doch auch zu der tra-
gischen und nicht aufhellbaren Geschichtlichkeit der Kirche,
daß sie in Praxis und Theorie mit schlechten Argumenten moralische Maximen verteidigte, aus problematischen geschicht-

lich bedingten Vorüberzeugungen, Vorurteilen heraus. Die dunkle Tragik der kirchlichen Geistesgeschichte ist darum so lastend, weil es sich dabei immer oder oft um Fragen handelt, die tief in das konkrete Leben der Menschen eingreifen, weil solche falschen Maximen, die objektiv nie gültig waren, den Menschen Lasten auferlegen, die von der Freiheit des Evangeliums her gar nicht legitim waren.'

Um Macht, Macht und nichts als Macht ging es auch diesem Mann, hohes Gericht. *Ich* habe mit seiner Kirche nichts zu schaffen, weil Macht und Unmenschlichkeit *mir* fremd sind. In der sogenannten Entwicklungsenzyklika ‚Populorum progressio' vom 26. März 1967 spricht Montini zynisch von der wachsenden Not in den Entwicklungsländern und betont die Dringlichkeit der Entwicklungshilfe. Ausgerechnet dieser Mann, der immer wieder von der ‚heiligen Armut' seiner Kirche sprach und gleichzeitig über Aktien und Kapital in Höhe von mehr als 50 Milliarden DM verfügte, wie der Religionssoziologe Horst Herrmann nachgewiesen hat, ausgerechnet dieser Mann wagt es, von ‚wachsender Not' zu sprechen.

Mit der Enzyklika ‚Sacerdotalis coelibatus' vom 24. Juni desselben Jahres nötigt Montini seine Priester, den ersten Timotheusbrief falsch auslegend, zur Ehelosigkeit. *Meine* Anklagen: Mißbrauch von Abhängigen und schwere Verletzung der Menschenrechte und der Intimsphäre. Allein während seiner Amtszeit sind deswegen weltweit 32 000 Priester zurückgetreten. Sie wollten sich diesen Eingriff in ihre Grundrechte nicht länger gefallen lassen. *Ich* denke, es ist nur gut so, denn damit wird sich die katholische Kirche eines Tages endlich selbst auslöschen!"

„Jesus, halte an dich!" ruft Melchisedek in scharfem Ton und fordert ihn auf, nun zur Enzyklika „Humanae vitae" zu kommen.

Das kann ja spannend werden, denke ich mir, bevor Jesus anhebt: „Hohes Gericht! Dieses verruchte und verfluchte Rundschreiben vom 25. Juli 1968 hat unter den Katholiken weltweit Empörung ausgelöst. Der Angeklagte hatte gehofft, daß das Schreiben ‚dank seiner menschlichen Wahrheit gewissermaßen aus eigener Kraft gute Aufnahme finden' würde. Er, der Unfehlbare, hat sich gewaltig geirrt."

Melchisedek fährt dazwischen: „Ankläger, mache uns erst mit dem Inhalt der Enzyklika bekannt, bevor du weitere Urteile ausprichst."

„Richter, der Geist des unseligen Augustinus wirkt noch 1500 Jahre nach seinem Tod. Hört, was in der allgemein als ‚Pillenenzyklika' bekannten Erklärung steht." Und er beginnt zu lesen:

„ ‚Die Beherrschung des Trieblebens durch die Vernunft und den freien Willen verlangt zweifelsohne eine gewisse Askese, damit sich die Bekundung ehelicher Liebe bei den Gatten in der rechten Ordnung vollzieht, besonders bei Einhaltung der periodischen Enthaltsamkeit. Diese zur ehelichen Keuschheit gehörende Zucht und Ordnung tut der ehelichen Liebe in keiner Weise Abbruch, sondern verleiht ihr vielmehr einen höheren menschlichen Wert. Sie verlangt zwar ständige Anstrengung, aber dank ihres segensreichen Einflusses entfalten die Eheleute ihre Persönlichkeit voll und ganz, indem sie an geistigen Werten reicher werden. Als Früchte bringt sie in das Leben der Familie Frieden und Glück und erleichtert die Lösung der übrigen Probleme. Sie fördert die Aufmerksamkeit gegenüber dem Ehepartner, hilft den Eheleuten, die Selbstsucht, die Feindin wahrer Liebe, zu überwinden und vertieft das Gefühl der Verantwortung. Die Eltern werden durch sie fähig, einen noch tieferen und wirksameren Einfluß auf die Erziehung der Kinder zu nehmen.'

Abermillionen von Katholiken protestierten gegen diesen Eingriff in die Intimsphäre, die Verletzung der Menschenrechte, den Verstoß gegen die freie Entfaltung der Persönlichkeit, gegen diesen schweren Akt der Nötigung. Wenn ihr *mich* fragt, warum nicht viele von ihnen spätestens zu diesem Zeitpunkt einer Kirche, die ihnen Gebote, Verbote und strengsten Gehorsam aufzwingt, den Rücken kehrten – *ich* weiß es nicht."

Der Richter unterbricht Jesus: „Nach meinen Informationen wurde der Angeklagte in der Kurie überstimmt. Außerdem beruft er sich auf das Naturrecht und die ‚Erleuchtung durch den Heiligen Geist‘."

„Richter, wäre er vom sogenannten Heiligen Geist – was immer das sein mag – erleuchtet gewesen, hätte er diese Enzyklika nicht geschrieben und der Welt viel Elend erspart. Er ist dadurch mitschuldig am Tod ungezählter Millionen. Er ist mitverantwortlich für Hunderttausende von Abtreibungen und für den Tod von Tausenden von Frauen, die dabei starben. Und mit dem Naturrecht ist dieses Verbot wohl kaum zu begründen! Mit seiner Enzyklika steht der Angeklagte nicht nur im Widerspruch zur Schrift, sondern auch zur gemäßigteren Sichtweise des Zweiten Vatikanischen Konzils und zum Mehrheitsbericht der aus Bischöfen und Laien bestehenden ‚Kommission für Geburtenregelung‘. Darin heißt es:

‚Die Regelung der Empfängnis erscheint vielen Ehepaaren notwendig, die unter den heutigen Verhältnissen eine verantwortungsbewußte, bejahende und vernünftige Elternschaft erreichen wollen. Wenn sie alle wesentlichen Werte der Ehe beachten und pflegen sollten, dann bedürfen Eheleute eines würdigen und menschlichen Mittels zur Regelung der Empfängnis. Durch die Entfaltung ihrer Verbundenheit und Intimität mit all ihren Aspekten werden die Eheleute instand gesetzt, jenen Zustand der Liebe, des gegenseitigen Vertrauens und der demütigen Hinnahme zu schaffen, der die notwendige Voraussetzung einer echten menschlichen Entfaltung und Reife ist.‘

Währenddessen vertrat die Minderheit der reaktionären, verbohrten alten Männer der Kommission die Auffassung, die Empfängnisverhütung sei etwas, das ‚niemals, durch keinerlei Gründe und keinerlei Umstände gerechtfertigt‘ werden könne, und sei ‚an sich von Übel‘. Es sei ‚nicht von Übel, weil verboten, sondern verboten, weil es von Übel‘ sei.

Und, Richter, diese Asketen, die schamlos in die Intimsphäre ihrer Gläubigen eingreifen, behaupten auch noch, *ich* zitiere: ‚Hätte die Kirche bei ihrer schweren seelsorgerischen Aufgabe so schwer geirrt, dann käme dies der Annahme gleich, es hätte ihr am Beistand des Heiligen Geistes gemangelt.‘

Genau dieser Beistand des ‚Heiligen Geistes‘ hat den Kirchenmännern gefehlt. Und *ich* bin ganz der Meinung der beiden Kirchenkritiker Karlheinz Deschner und Anton Antweiler, die feststellten, daß es über die Ehe weder ein Gebot Gottes noch Christi gebe. Die ‚Moraltheologie‘ dieser Kirche und ihres höchsten Bischofs habe keinerlei Bezug zur Wirklichkeit, zur modernen Psychologie, Soziologie, Genetik und Medizin. Sie orientiere sich vielmehr an veralteten scholastischen Anschauungen. *Ich* zitiere: ‚Die Enzyklika ist weder sachkundig noch menschenkundig, dafür aber hart und grausam. Ohne Lösung des Problems, ohne Hilfe für Frau, Familie und Gesellschaft.‘

Und *ich* stimme mit den beiden Kritikern überein, daß die Enzyklika, dieser Aufruf zu Opfer und Idealismus dem oder der Bedrängten als reiner Hohn erscheinen muß. Deschner führt auch noch einen Protestbrief einer Gruppe von Nobelpreisträgern an, in dem diese erklären, ‚daß wir uns nicht länger von Aufrufen zum Weltfrieden und Mitgefühl für die Armen seitens eines Mannes beeindrucken lassen werden, dessen Taten dazu beitragen, den Krieg zu begünstigen und die Armut unvermeidlich zu machen‘.

Ich komme zum Jahr 1969 und beschuldige Montini erneut einer Falschaussage und des Verstoßes gegen die Zehn Gebote, weil er in der Kirche ‚Maria Maggiore‘ mit den Worten zu Maria betete: ‚Lehre uns das, was wir schon kennen und demütig und gläubig bekennen, rein zu sein, wie du bist.‘ Noch einer dieser doppelzüngigen Marien-Anbeter! Weiß er nicht, welches Gebet *ich meinen* Jüngern befahl? Er hätte es bei Matthäus (6,9–13) nachlesen können. Maria hat nie gelehrt. Was hätte sie lehren sollen, diese vermeintliche ‚Mutter der Kirche‘? frage *ich* euch. Daß *ich* im Tempel mit den Gelehrten sprach, verstand sie genausowenig wie später, als *ich* den Jüngern predigte. Im Lukasevangelium ist das mehrfach erwähnt: 2,50; 9,45.

Als betrügerische Falschaussage und Nötigung werte *ich* die Tatsache, daß der Angeklagte seinen ‚Gläubigen‘ den mittelalterlichen, unsinnigen Teufelsglauben aufzwingt, dem so viele Millionen Frauen zum Opfer gefallen sind. Wer gehofft hatte, dieser Aberglauben sei endgültig überwunden, wurde im November 1972 eines anderen belehrt. Montini verkündete: ‚Das Böse in der Welt ist das Vorhandensein und Wirken eines dunklen Feindes, des Teufels in uns und in unserer Gesellschaft. Das Böse ist nicht allein ein Mangel, sondern ein lebendiges, geistiges und pervertiertes und pervertierendes Wesen. Furchtbare Realität, geheimnisvoll und erschreckend. Wer sich weigert, seine Existenz anzuerkennen, stellt sich außerhalb von Bibel und Kirche.‘ *Ich* verfluche dich, Montini, das steht nicht in der Schrift!"

„Ankläger, bitte!" ruft Simson zur Ordnung. Aber Jesus spricht schon weiter: „Also noch einmal, ‚wer sich weigert, seine Existenz anzuerkennen, stellt sich außerhalb von Bibel und Kirche. Auch wer ihn zu einem Prinzip an sich erhebt, das seinen Ursprung nicht, wie jede Schöpfung, in Gott hat, oder wer ihn zur Pseudorealität erklärt, zu einem personifizierten Phantasiegebilde, der unbekannten Ursache unserer Übel. Der Teufel ist der Feind Nummer eins, der Versucher schlechthin.‘

Wenn es einen Teufel gibt, ihr Richter, dann möchte *ich* Beweise dafür. *Ich* möchte ihn sehen! Wenn es einen Teufel gibt, dann ist es dieser Mann, der vom Bösen in der Welt spricht und den Krieg in Vietnam als eine ‚gerechte Sache Gottes‘ bezeichnet. Der Diktaturen in Südamerika und Afrika nicht nur toleriert, sondern gutgeheißen hat. Der die so wichtige Sexualerziehung von Kindern als schmutzig und obszön diffamierte.

Jetzt zu einer weiteren betrügerischen Falschaussage, mit der Montini seine Gläubigen nötigt und erpreßt und mit der er auch gegen die Menschenrechte verstößt. *Ich* denke da an seine ‚Erklärung zu einigen Fragen der Sexualethik‘ von 1975. Darin behauptet er: ‚Manche fordern heute das Recht zum vorehelichen Verkehr, wenigstens in den Fällen, wo eine ernste Heiratsabsicht und eine in gewisser Weise schon eheliche Zuneigung in den Herzen der beiden Partner diese Erfüllung fordern, die sie als naturgemäß erachten. Dies vor allem dann, wenn die Feier der Hochzeit durch äußere Umstände verhindert wird.‘

Montini verunglimpft voreheliches Liebesleben als ‚Unzucht', Richter! Kennt er das Bibelwort nicht? Demnach können sich Mann und Frau erst im Akt der Liebe ‚erkennen', im Geschlechtsakt. Wie sollen sie in den Ehestand treten, ohne sich erkannt zu haben, also im Tiefsten zu wissen, ob sie füreinander geschaffen sind? Liebe und Sexualität sind das Natürlichste auf der Welt und werden dennoch als ‚gotteslästerlich' und ‚sündig' diffamiert.

Habe *ich* nicht zur ‚Sünderin', die fälschlich mit Maria Magdalena gleichgesetzt wurde, gesagt, ihr sei viel zu verzeihen, weil sie viel geliebt habe (Lk 7,47)? Und was macht diese Organisation daraus? Sie verfälscht den Satz, indem sie sagt, ihr sei viel zu verzeihen, weil sie *mir* viel Liebe erwiesen habe. Unfug, sage *ich*, Fälschung der Heiligen Schrift! Die Ehe konnte *ich* nur aus *meiner* Zeit heraus begreifen, und zu vor- oder außerehelichem Geschlechtsverkehr habe *ich mich* überhaupt nicht geäußert. Heute, nach 2000 Jahren, gibt es sowieso andere Voraussetzungen. Der Angeklagte beruft sich frevlerisch lügend auf das ‚Gesetz Christi'. *Ich* aber sage euch: Es gibt in diesem Zusammenhang kein ‚Gesetz Christi'.

Ich sprach bereits von dem verbrecherischen Bankwesen des Vatikans. Am 26. April 1973, so berichtet Karlheinz Deschner in seinem Buch ‚Opus Diaboli', erschien der Leiter der Abteilung für Organisiertes Verbrechen und Korruption beim amerikanischen Justizministerium, Lynch, begleitet von Polizei- und FBI-Beamten, im päpstlichen Staatssekretariat und präsentierte das Originalschreiben, in dem der Vatikan bei der New Yorker Mafia gefälschte Wertpapiere im fiktiven Gegenwert von nahezu einer Milliarde Dollar bestellt hat. Eine der größten Betrügereien aller Zeiten."

„Einspruch", ertönt es vom Richtertisch, „ich möchte Beweise dafür!"

„*Ich* berufe *mich* auf den bekannten Autor David A. Yallop, denn auf ihn wiederum nimmt Karlheinz Deschner bezug. Die Finanzskandale der Vatikanischen Bank in Verbindung mit dem Bankrott der Banco Ambrosiano ergeben als weiteren Anklagepunkt Unterstützung von kriminellen Vereinigungen und organisiertem Verbrechen sowie verbrecherische Bereicherung. Hätte die Bank mit diesem Bankrott nichts zu tun gehabt – es ging um 1,4 Milliarden Dollar! –, warum hat sie dann freiwilig 240 Millionen Entschädigung gezahlt? frage *ich* euch. Auf die dubiosen Schmiergeldaffären und Geldwaschgeschäfte werde *ich* noch ausführlich bei dem Angeklagten Nummer 46 eingehen.

Laßt *mich* zum Abschluß kommen mit der Feststellung, daß auch Montini, der stets die Worte ‚Frieden' und ‚Menschenwürde' im Mund führte, die Unabhängigkeitserklärung von 1776, die Menschenrechte von 1789 und die Menschenrechts-Konvention der Vereinten Nationen von 1948 allesamt nicht anerkannt hat.“

Der Richter fragt: „Jesus, bist du am Ende?“ Jesus nickt und will zu seinem Tisch zurückgehen, als Melchisedek erklärt: „Am 6. August 1978 ist Giovanni Battista Montini gestorben. An dem Tag, an dem das ‚Fest der Verklärung Christi' gefeiert wird.“

Abrupt wendet sich Jesus um. „Einspruch, Richter, was versteht man unter dem Begriff ‚Verklärung'? *Ich* habe, *ich* sage es zum wiederholten Mal, nichts mit solchen Festen zu tun. ‚Verklärung Christi'? *Ich* heiße Jesus!“

46. Johannes Paul II.

Karol Wojtyla

Wie aus weiter Ferne vernehme ich den markanten Tonfall von Richter Gideon. Ein wenig müde klingt er, als er sagt: „Wir kommen nun zum letzten Hauptangeklagten. Für den weiteren Prozeßverlauf schlage ich vor, daß wir nach dem Plädoyer des Anklägers eine kurze Pause machen, bevor die Verteidiger das Wort haben. Im Anschluß daran gehen wir dann zu den Strafverfahren gegen die Nebenangeklagten über. Hat jemand Einwände?" Mit fragendem Blick schaut sich Gideon um. Aber alle scheinen sehr dankbar für die angekündigte Verhandlungspause zu sein.

Der Richter schildert nun die wichtigsten Stationen in der Laufbahn des Angeklagten: „Karol Wojtyla, geboren am 18. Mai 1920 in Wadowice. Die gymnasiale Ausbildung und das theologische Studium mußte er während der deutschen Besatzung absolvieren. Nach seiner Priesterweihe 1946 war er zunächst in der Seelsorge tätig, 1953 habilitierte er sich an der Universität in Krakau, wurde dort 1964 Erzbischof und 1967 vom Angeklagten Nummer 45 zum Kardinal ernannt. Am 16. Oktober 1978 trat er sein Pontifikat an, in dem er sich nach eigenen Worten vornehmlich als Seelsorger sieht. Ankläger, wir haben Karol Wojtyla die Möglichkeit gegeben, hier vor Gericht als Zeuge in eigener Sache zu erscheinen, mußten aber aus seinem Sekretariat erfahren, daß er sich nach den anstrengenden Zeremonien der Karwoche und der Ostertage zu einem kurzen Erholungsaufenthalt auf seinen Sommersitz Castelgandolfo zurückgezogen habe. Sein Pressesprecher Joaquin Navarro Valls teilte außerdem mit, der Heilige Vater werde niemals vor einem Gericht erscheinen."

Jesus ist aufgesprungen und ruft: „ ‚Heiliger Vater' läßt sich dieser Angeklagte nennen! Kennt er das 23. Kapitel des Matthäusevangeliums nicht? ‚Auch mit Vater sollt ihr niemanden von euch anreden auf Erden, denn einer ist euer Vater im

Himmel und heilig.' Hohes Gericht, wer hat diesen Mann ‚heilig'-gesprochen? Hoffart! Sein ganzes Leben ist gotteslästerliche Hoffart, eine anmaßende Selbsterhöhung. Doch vernehmt zunächst *meine* Anklagepunkte.

Ich klage ihn an der Amtsanmaßung, des Amtsmißbrauchs, der Verunglimpfung, des Betrugs, der Einmischung in innere Angelegenheiten, der Falschaussage, der Fälschung, des Mißbrauchs von Abhängigen, der Nötigung, der Störung des öffentlichen Friedens, der unterlassenen Hilfeleistung, des Verrats, des Verdachts der Unterstützung von kriminellen Vereinigungen, des Verdachts der Unterstützung von Kriegsverbrechern im Zusammenhang mit Beihilfe zur Strafvereitelung sowie des Verdachts der Unterstützung von organisiertem Verbrechen. *Ich* beschuldige ihn außerdem des Verstoßes gegen das Recht auf freie Entfaltung der Persönlichkeit, auf freie Meinungsäußerung, der Verletzung der Gewohnheitsrechte, der Grundrechte, der schweren Verletzung der Intimsphäre, der Menschenrechte, des Verstoßes wider die guten Sitten und des Verstoßes gegen die Zehn Gebote. *Ich* werfe ihm ferner Beihilfe zur verbrecherischen Bereicherung vor, die Verbreitung gefährlichen Schrifttums im Zusammenhang mit der Aufforderung, gegen staatliche Gesetzgebung zu verstoßen. Zum Schluß zeihe *ich* Wojtyla, mitverantwortlich zu sein für die Vernichtung der natürlichen Lebensgrundlagen, insbesondere in der Dritten Welt."

Gideon unterbricht Jesus. „Ankläger, wir verlangen stichhaltige Beweise für all die schweren Beschuldigungen."

Jesus knapp: „Habt Geduld! *Ich* werde bei diesem Angeklagten in der Chronologie seiner Un-Taten im Jahr 1994 beginnen, dann folgen die Jahre 1993, 1992 und so fort. Da ist zunächst ein Interview, veröffentlicht in der ‚Frankfurter Allgemeinen Zeitung' am 5. April 1994. Karol Wojtyla hat dabei die Fragen des polnischen Journalisten Tad Szulc schriftlich beantwortet. Das ‚Gespräch' wurde unter dem Titel ‚Alle aus der einen Wahrheit' abgedruckt. ‚Wahrheit' und ‚Unfehlbarkeit', das sind die beiden Wörter, die immer wieder aus dem Mund dieses Wojtyla zu hören sind.

Über die Haltung seiner Kirche zum Volk Gottes des Alten Testaments, zu den Juden befragt, äußert sich Karol Wojtyla folgendermaßen: ,Man muß begreifen, daß die Juden, die während 2000 Jahren in aller Welt verstreut lebten, beschlossen hatten, in das Land ihrer Vorväter zurückzukehren. Das ist ihr Recht. Und dieses Recht wird selbst von denen anerkannt, die der israelischen Nation wenig Sympathie entgegenbringen. Auch der Heilige Stuhl hat dieses Recht von Anfang an respektiert, und die Aufnahme diplomatischer Beziehungen mit Israel ist nur eine internationale Bekräftigung dieser Haltung.'

Richter, Wojtyla lügt! Seit 1904 versuchen seine Vorgänger und die katholische Kirche, die Gründung dieses Staates zu verhindern. Erst am 30. Dezember 1993 wurde Israel vom Vatikan offiziell anerkannt, beschämend lang hat das gedauert. Der bedeutendste jüdisch-orthodoxe Gelehrte Israels, Rabbi Adi Steinsaltz, sagte dazu in einem Interview mit dem deutschen Nachrichtenmagazin ,Der Spiegel', Wojtyla wolle und dulde niemanden, der irgendwie als Repräsentant der jüdischen Religion betrachtet werden könne. Mit diesem Schritt sei durch den Vatikan zwar der Staat, nicht aber die Religion anerkannt worden. Die römischen Missionare, so Steinsaltz, gäben den Juden noch immer das Gefühl, daß ihnen etwas fehle, daß sie erzogen und zur Wahrheit geführt werden müßten, was die Juden natürlich als beleidigend empfänden. Der Rabbi erklärte des weiteren, die katholische Kirche habe für die Juden sehr viele heidnische Züge, zum Beispiel wegen ihrer Heiligenverehrung und der Dreifaltigkeit. Gerade die Heiligenverehrung, die Verehrung Mariens und die angemaßte Gottesstellvertretung erleben unter diesem Angeklagten einen neuen Höhepunkt.

Warum die vermeintliche Annäherung an die Juden? Steinsaltz sagt es deutlich. Der Vatikan wolle seine Interessen als Organisation in Israel wahren und festigen. Es gehe um Geld, um Grundstücke und Steuern. Richter, das ist die Wahrheit und nicht das, was Wojtyla von sich gibt.

Durch die Recherchen der deutschen Journalisten Egmont

R. Koch und Oliver Schröm ist einiges über den ‚Ritterorden vom Heiligen Grab zu Jerusalem‘ ans Licht gehoben worden, der sich schon während der Nazizeit dunkler Machenschaften und der Kollaboration mit Kriegsverbrechern schuldig gemacht hat, ohne zur Verantwortung gezogen worden zu sein. Der Großprior dieses Ordens, der Kölner Weihbischof Wilhelm Cleven, der in den sechziger Jahren das alleinige Sagen hatte, war überdies ein Hauptakteur der ‚Stillen Hilfe für Kriegsgefangene und Internierte‘, die nach dem Zweiten Weltkrieg ehemalige Nazis vor Strafverfolgung zu schützen und zu entlasten suchte.

Ein Blick in die Geheimlisten des Ordens ergebe, so die beiden Journalisten, daß die Spuren der großen Finanzskandale und politischen Machenschaften der vergangenen 25 Jahre in diesem Ritterorden zusammenlaufen. 18 000 Mitglieder stark ist diese katholische Bruderschaft. Die meisten von ihnen kommen aus ultrakonservativen oder reaktionären Bank-, Politik- oder Wirtschaftskreisen.

Den Namen Gottes lästernd, lautet ihr Leitspruch ‚Deus lo vult – Gott will es‘. Dieses Motto, unter dem der Angeklagte Nummer 16, Odo de Lagery, auf der Synode von Clermont-Ferrand am 25. November 1095 zum ersten Kreuzzug aufrief, stellt die Grabesritter in eine Tradition, die von übelsten Schlächtereien und Grausamkeiten gekennzeichnet ist und an deren Ende 20 bis 22 Millionen Tote zu beklagen waren. ‚Gott will es‘ – dieser Aufruf schmerzt *meine* Ohren noch heute. Gott wollte diese vielen Toten? Gott wollte das, Karol Wojtyla? Und du läßt es zu, daß sie *mich* in ihren Gebetbüchern *meinen* Namen verunglimpfend als ‚Krieger Christi‘ bezeichnen? Bei ihrer Investitur werden die Kandidaten mit Schwertschlägen auf Kopf und Schultern ‚im Namen des Vaters, des Sohnes und des Heiligen Geistes‘ zu Rittern erkoren.

Gideon unterbricht mit der Frage: „Ankläger, willst du damit behaupten, daß der unselige Kreuzzugsgedanke noch immer fortlebt?“

„Ja, das behaupte *ich*. Auch die fünf roten Kreuze auf dem Weißen Mantel beweisen das. Zu den erklärten Zielen dieser

Organisation gehört es, ‚falsche politische Systeme zu unterlaufen‘, so der Großprior der deutschen Ritter, Bischof Anton Schlembach in einem im März 1994 veröffentlichten Interview. Gemeint hat er damit unter anderem Israel. Seit Anfang der fünfziger Jahre hat sich diese als ‚Stoßtrupp des Vatikan‘ bezeichnete Bruderschaft dem ‚Kampf gegen Unchristen im Osten‘ verschrieben, hat Militärdiktaturen, vor allem in Mittel- und Südamerika, hofiert. Ein Statut gebietet, katholische Palästinenser im Kampf gegen die Juden finanziell zu unterstützen. Will Gott das, Wojtyla?

Ihr seht also, wieviel von der ‚Wahrheit‘ dieses Angeklagten zu halten ist. Das versteht die katholische Kirche unter ‚Nächstenliebe‘ oder ‚Verwirklichung christlicher Lebensziele‘. Nicht den Zehn Geboten der Bibel folgen die ‚Ritter‘, sondern dem Willen Wojtylas und seiner Vorgänger, den Machtinteressen des Vatikans.

Mit welchem Recht trägt der Orden seinen Titel? Welche Rechte hat der Vatikan in Israel? *Ich* sage euch: Genauso viele, wie Israel etwa in Rom besitzt – nämlich keine!

Ich bezichtige die ‚Ritter vom heiligen Grab‘, die dem Angeklagten direkt unterstellt sind, auch krimineller Machenschaften, und zwar im Zusammenhang mit der Freimaurerloge ‚P2 – Propaganda Due‘. Dort hatte ein Faschist, der Logenmeister Licio Gelli, Wirtschaftsbosse, Militärs, Politiker und Kardinäle um sich versammelt, um gemeinsam einen ‚unblutigen Staatsstreich mit Hilfe der Kirche‘ vorzunehmen. Nach dem Verbot der Loge im Jahr 1981 sind die führenden Mitglieder nun in der ‚Bruderschaft‘ organisiert.

Die führenden Ordensritter wiederum kontrollieren die Vatikanbank, auf die *ich* noch näher eingehen werde. Und über den 1986 in seiner Gefängniszelle vergifteten Michele Sindona ist auch die Verbindung der ‚heiligen Kirche‘ mit der Mafia offenkundig geworden. Sindona war gleichzeitig Berater der Bank und Geldgeber der Mafia, die von Karol Wojtyla immer als ‚Teufelswerk‘ bezeichnet wird. Das ist die Wahrheit, das zeigt die Doppelmoral der Kirchenmänner.

Noch liegt vieles im Dunkeln, aber die ‚Seilschaften‘ der

organisierten Kriminalität werden von der Polizei verfolgt und hoffentlich bald bekanntgemacht. Damit möchte *ich* diesen Komplex zunächst abschließen, um euch nun von den höchst fragwürdigen Finanzgeschäften des Vatikan zu berichten.

In der ‚Banque de Paris et des Pays-bas' in Genf sitzt ein Mann, der vergeblich versucht, die Auftraggeber für einen Fünf-Milliarden-Fonds ausfindig zu machen. Dies konnte *ich* Presseberichten der vergangenen Tage entnehmen. Der Mann heißt Alberto James-Berti und verwaltet dieses höchstwahrscheinlich schmutzige Geld. Als einzigen Anhaltspunkt nannte er den einflußreichen spanischen Geldgeber José Maria Ruiz-Mateos. Mit veruntreuten Millionenbeträgen, so der Bericht der ‚Münchner Abendzeitung', auf die *ich mich* hier berufe, habe er die katholischen Fundamentalisten des ‚Opus Dei' unterstützt, diese ‚Kampftruppe zur Selbstheilung'..."

„Einspruch, Ankläger..."

„Richter, *ich* zitiere nur Presseberichte. In dieser Unterorganisation sind weltweit 2000 Priester und 80 000 Laien tätig. In Spanien wird ‚Opus Dei' zu Recht als ‚Heilige Mafia' bezeichnet. Anderen Berichten zufolge ist es ein ‚religiöses Irrenhaus', ein ‚Folterinstitut'. Das bestätigen *mir* Frauen, die dem Geheimbund entkommen konnten.

Wenn Menschen die Politik und Moral dieser Kirche angreifen, müssen sie damit rechnen, wegen ‚Blasphemie' angeklagt zu werden. ‚Opus Dei' mißbraucht und lästert den Namen Gottes. Ist es das, was dieser Wojtyla unter ‚Seel-Sorge' versteht? Den Gründer dieser unseligen Vereinigung, Escrivá de Balaguer, hat er im Mai 1992 wegen seiner ‚heroischen Tugendhaftigkeit' ,selig'-gesprochen. Einen Seelen-Schinder sprichst du anmaßend selig! Wollte Gott das, Wojtyla?

Die scheinheilige Doppelmoral des Vatikans tritt ganz besonders bei seinem Bankunternehmen hervor, dem ‚Istituto per le Opere di Religione', kurz IOR. Statt ‚religiöse Werke' zu verrichten, werden dort seit Jahren die dunkelsten Geschäfte abgewickelt, wird Geld gewaschen..."

„Ankläger, erkläre uns diesen Vorgang!"

„Schwarzes oder vom Standpunkt der italienischen Gesetz-

gebung illegales Geld wird über diese Bank ins Ausland geschleust und ist danach wieder ‚sauber'. Zwar beteuert die zu-
ständige Kardinalskommission stets ihre Unschuld, versteckt
sich hinter angeblicher Unwissenheit, aber die Staatsanwaltschaft weiß, daß auch Bestechungsgelder in Millionenhöhe
über die Konten der IOR geflossen sind. Der Angeklagte Wojtyla muß wissen, wie eng seine Bank mit höchsten italienischen Politikerkreisen und dadurch wiederum mit der Mafia
verbunden ist. Dies zumal die IOR, die gemeinhin als Bank
des Vatikans bezeichnet wird, in Wirklichkeit die Bank des jeweils amtierenden römischen Bischofs ist. Die Skandale ziehen immer weitere Kreise. Der Staatsanwaltschaft aber sind
die Hände gebunden, da sie keinerlei Einblick in Statistiken
und Bilanzen der IOR hat. Und oft genug hat die ‚heilige' Kirche polizeilich gesuchte Verbrecher gedeckt und ihnen Schutz
gewährt..."

„Beweise, Ankläger, ich verlange Beweise!"

„*Ich* nenne euch einige Beispiele. Im Februar 1987 wurde
ein Haftbefehl gegen die IOR-Manager Menini und de Stro-
bel, zwei weitere Grabesritter, erlassen. Sie verlegten ihre
Wohnsitze in das Hoheitsgebiet des Vatikans und waren damit
für Staatsanwaltschaft und Polizei unantastbar.

Oder nehmen wir den Fall Marcinkus. Er war bereits unter
dem Angeklagten Nummer 45 Bischof und Geschäftsführer
der IOR. Seit dreizehn Jahren bereits ziehen sich die Untersuchungen hin. Immer noch gibt es keine Klarheit über den
Bankrott der Banco Ambrosiano und den Tod des Roberto
Calvi, der mit Hilfe des Vatikans Geldanleger um 1,4 Milliarden Dollar geprellt hatte. Im Zusammenhang mit diesem
Bankrott geriet Paul Marcinkus in die Schlagzeilen. Auch er
konnte von der Polizei weder befragt noch vor Gericht geladen werden, da er sich hinter die Mauern des Vatikans zurückgezogen hatte. Damit ist für *mich* zumindest der Verdacht der
Strafvereitelung gegeben.

Wäre der Angeklagte Wojtyla hier, würde *ich* von ihm Rechenschaft verlangen für diese Vorgänge. *Ich* behaupte, er als
oberster Bischof muß davon Kenntnis gehabt haben.

Erst kürzlich konnte die Schweizer Polizei eine Frau verhaften, die gefälschte Wertpapiere verkaufen wollte, mit denen auf dem Balkan Casinos und Banken erworben werden sollten. Als Hintermänner nannte sie den Justizminister Martelli und den Kardinal Poletti, den Karol Wojtyla oftmals seines ‚vollen Vertrauens‘ versicherte, obwohl bereits 1973 ein Untersuchungsverfahren wegen des Verdachts der Beihilfe zum Steuerbetrug gegen ihn angestrengt wurde. Karol Wojtyla, nennst du so etwas ‚religiöse Werke‘? Will Gott das alles?

Hohes Gericht, der Angeklagte und sein Vorgänger Montini verbieten seit Jahrzehnten vehement jede Art von ‚künstlicher‘ Empfängnisverhütung. Wollen sie *mir* glaubhaft versichern, keine Kenntnis davon gehabt zu haben, daß die IOR in schwerste Wirtschaftskriminalität verwickelt war und Anteile der Firma Serono besaß? Einer Firma, die unter anderem Anti-Baby-Pillen produzierte?

Der katholische Geistliche Giuliano Ferrari beschimpfte den Vatikan als ‚das größte und schmutzigste Geschäftsunternehmen der Welt‘. Er sagte dies, bevor er nach mehreren Mordversuchen am 3. Juli 1980 tot in einem Zug aufgefunden wurde.“

Der Richter unterbricht erneut: „Beschuldigst du den Angeklagten Wojtyla auch des Mordes?“

„Nein, Gideon. Dafür habe *ich* keinerlei Beweise. Entschuldige diesen Vorgriff auf Ereignisse, über die wir erst später sprechen werden. In Karlheinz Deschners Buch mit dem treffenden Titel ‚Opus Diaboli‘ könnt ihr das nachlesen. Laßt *mich* diesen schmutzigen und sündigen Komplex zunächst abschließen mit dem Hinweis auf die schon zitierte ‚Münchner Abendzeitung‘ vom 17. Mai 1993. Unter der Überschrift ‚Seilschaft zwischen Himmel und Hölle‘ wird dort unter anderem behauptet, daß ‚am Geld des Vatikans Blut klebt‘.

Jetzt aber zu *meinem* weiteren Verdacht der Beihilfe zur Strafvereitelung. Es handelt sich um den französischen Nazi-Kollaborateur Paul Touvier. Er stand im Frühjahr 1994 in Frankreich vor Gericht, angeklagt, weil er den Befehl zur Erschießung von sieben Juden gegeben hatte, und wegen Verbrechen gegen die Menschlichkeit. Wo hatte er sich jahrzehntelang versteckt? Er sagte aus, die katholische Kirche habe ihm Asyl gewährt. Beim Erzbischof von Lyon fand dieser Verbrecher gegen die Menschlichkeit Zuflucht! Auch das Kloster Chartreuse schützte ihn vor dem Zugriff der Polizei. *Ich* frage *mich:* Mußte Karol Wojtyla nicht zumindest informiert darüber sein, was seit dem erneuten Untertauchen Touviers 1972 bis zu seiner Festnahme 1989 in einer Klosterzelle unweit von Nizza mit ihm geschah? Fand es gar seine Billigung?

Hohes Gericht, *ich* komme zu einer weiteren Anklage. Und zwar wegen unterlassener Hilfeleistung und Verstoßes gegen die Menschenrechte. Die UNO plant, im September in Kairo eine Konferenz über Bevölkerung und Entwicklung einzuberufen, um der drohenden Vernichtung des Globus und der Umwelt zuvorzukommen. Schändlich bezeichnet der Angeklagte das als ‚Projekt zur Zerstörung der Familie‘. Für ihn steht damit sogar die Zukunft der Menschheit auf dem Spiel. Genau das Gegenteil aber ist wahr.

Ich zitiere euch eine Erklärung von 1 600 Wissenschaftlern, darunter sind 96 Nobelpreisträger. ‚Ein Umschwung im Umgang mit der Erde und dem Leben auf ihr ist überfällig, damit gewaltiges menschliches Elend vermieden und dieser Planet nicht unwiderruflich verstümmelt wird.‘

Hohes Gericht, Wojtyla setzt den Weg seines Vorvorgängers, der im Volksmund auch ‚Pillen-Paul‘ genannt wird, fort und verbietet jegliche ‚künstliche‘ Empfängnisverhütung. Wäre er hier, *ich* würde ihn fragen: Wie viele Menschen verträgt diese Welt, Wojtyla? Fünfeinhalb Milliarden Menschen leben bereits jetzt, in 20 Jahren werden es fast acht Milliarden sein. Pro Stunde kommen 10 000 Kinder hinzu. Wie viele sind zuviel? 20 Prozent der Erdbevölkerung, das sind 800 Millionen Menschen, hungern. 1,8 Milliarden leben in absoluter Armut. Dreizehn Millionen Kinder sterben jedes Jahr, ein Drittel davon in Afrika. Wie viele sind zuviel? Warum verhinderst du es nicht, Wojtyla? Wie vielen mutest du zu, auf dieser Welt zu verhungern oder zu verdursten, Wojtyla? Ist das ein menschenwürdiges Dasein?“

Jesus geht zu seinem Tisch und tritt mit zwei Zeitungsfotos vor die Richter. Ich kann sie nur für Sekundenbruchteile sehen, habe sie aber sofort wiedererkannt, zumal sie fest in meinem Gedächtnis sind: Da ist das kleine somalische Mädchen, das sterbend den Kopf in den Sand drückt. Ein paar Meter entfernt wartet im Hintergrund ein Geier auf das Ende. Und dann die Kopie der „Peterskirche" an der Elfenbeinküste. Mit fast sich überschlagender Stimme fragt Jesus:

„Ist das moralisch, Gideon? In einem Erdteil, in dem viele Kinder nicht älter als fünf Jahre werden, eine Kathedrale für 250 Millionen Mark zu errichten? Ist das Moral, Menschenliebe, Frohe Botschaft?" Zornig knallt er die Fotos auf den Richtertisch. „Wäre er hier, der Angeklagte Wojtyla, *ich* möchte in seine blauen Augen sehen beim Anblick dieses Kindes. *Ich* möchte sehen, ob eine menschliche Regung darin erkennbar ist!

In einer Rede vor der Welternährungsorganisation FAO hat der Wissenschaftler Otto König den Angeklagten mit einem Staatsmann verglichen, der die Neutronenbombe zuläßt. Vernehmt, in welchen Teufelskreis Wojtyla seine ‚Gläubigen' wirft: Nur ein Drittel der Menschen in der Dritten Welt benutzen Verhütungsmittel. 250 000 Frauen, darunter auch viele Katholikinnen, sterben pro Jahr während der Abtreibung, und auch dafür mache *ich* diesen Mann mitverantwortlich.

1993, zum 25jährigen ‚Jubiläum' der Enzyklika ‚Humanae vitae', verkündet Wojtyla, daß dies allein die Moral sei, die die Kirche zu vertreten habe. Die US-Journalistin Brenda Maddox, die die Pillen-Enzyklika mit Recht als ‚teuflische Doktrin' bezeichnet hat, kommentierte:

‚Die katholische Doktrin verursacht mehr Unglück als die Politik der Apartheid, weil sie Hunderte von Millionen Frauen verunsichert, Leiden, Grauen und Seelenqualen schafft.',Seel-Sorger' nennt sich dieser Mann, hohes Gericht. Ein kaltes Herz hat er. Bis heute keine Einsicht in die Schuld. Keine Aufarbeitung, kein Bekenntnis, keine Buße, keine Reue. Nichts!

Wie viele Menschen sind zuviel? Vierzehn Millionen Erwachsene und eine Million Kinder haben heute AIDS. Und du, Karol Wojtyla, behauptest wider besseres Wissen, Keuschheit sei der einzige Weg, um die Ausbreitung von AIDS zu verhindern. Kondome seien das ‚Werkzeug des Satans‘. Wie viele Millionen unheilbar Kranke sind zuviel, Wojtyla? Einer Studie des US-Handelsministeriums konnte *ich* entnehmen, daß in den meisten Ländern südlich der Sahara die Säuglingssterblichkeit durch AIDS erschreckende Ausmaße angenommen hat. Sie ist in den letzten zehn Jahren zum Teil um 15 Prozent gestiegen. In Sambia ist jede fünfte Frau AIDS-infiziert. Wie viele Kranke und Tote hast du auf dem Gewissen? Kannst du noch ruhig schlafen, Wojtyla?

Wo immer er hinkommt, fordert dieser Mann die Einhaltung seiner ‚Moral‘-Vorstellungen. Er mahnt, droht, erpreßt, nötigt, unterdrückt. Mensch-Sein ist verboten. Und ist sein Zynismus noch zu überbieten, wenn er erklärt, daß die AIDS-Opfer ‚ihren besonderen Platz in seiner Kirche‘ hätten? Gibt es dafür noch Worte, Richter?

Nun zu einem anderen Komplex. Die katholische Kirche behauptet unter Vorspiegelung falscher Tatsachen, sie würde das meiste Geld für karitative Arbeit ausgegeben. 650 Millionen Mark, so schreibt die ‚Münchner Abendzeitung‘, investiere sie pro Jahr weltweit in Entwicklungshilfeprojekte. Aber, hohes Gericht, diese Ausgaben sind selten selbstlos. Es geht dieser Kirche um ihren Missionswahn, um die Indoktrinierung gerade in diesem Fall besonders wehrloser Menschen.

Die katholische Kirche hat allein in Deutschland im Jahr 1992 18,8 Milliarden Mark eingenommen. Aber nur 20 Prozent der Aufwendungen für kirchliche soziale Einrichtungen, Kindergärten und Caritasverbände werden von evangelischer und katholischer Kirche zusammen finanziert. Mit seiner Bettelaktion ‚Peterspfennig‘ sammelt der Vatikan Jahr für Jahr zusätzlich über 50 Millionen Dollar ein. Und da sprechen Priester immer noch von der ‚armen Kirche‘! Der Gesamtetat von Caritas und Diakonischem Werk in Deutschland beträgt vierzig Milliarden Mark. Nur rund ein bis zwei Milliarden davon kommen aus den beiden Kirchenkassen. Was macht die ‚arme heilige Kirche‘ mit ihrem Geld?

Auf allen Reisen, sechzig waren es bisher, hält Wojtyla den Hirtenstab mit dem Leib eines Toten am gebogenen Kreuz. Das Kreuz, mit dem er den Ärmsten droht und den Anschein erweckt, als spräche er in *meinem* Namen. Stets wiederholt er seine wichtigste Botschaft: Die Geburtenkontrolle sei eine falsche Moral und strafwürdig. Dieser Mann ist sogar für die Jesuitenzeitschrift ‚Civiltà Cattolica‘ ein Ärgernis. Sie spricht von ‚höfischem Byzantinismus‘ und von ‚Papstvergötzung‘. In seiner Hoffart schreckt dieser Weißgewandete nicht einmal davor zurück, sich auf Kaffeetassen, Postkarten und T-Shirts mit seinem Konterfei verewigen zu lassen. Er verkauft die Lizenz allein in Amerika für eine Million Dollar. Eine frevlerische Vermarktung der eigenen Person also. Will Gott das?

Laßt mich noch einmal auf den Zölibat zu sprechen kommen. Ständig erklärt Wojtyla in *meinem* Namen die Ehelosigkeit für Priester als das Ideal. Das ist eine verleumderische Lüge.

Und seine Mißachtung der Frauen, sein Verbot der Frauenpriesterschaft. Woher bezieht er das? Aus dem fälschlich Paulus zugeschriebenen 1. Timotheusbrief (2,12f.). Dort heißt es: ‚Einem Weibe gestatte ich nicht, daß sie lehre.‘ Und wie begründet der Verfasser dieses Schreibens das? ‚Denn Adam ist am ersten gemacht, danach Eva.‘ Wojtyla, dieser ‚Paulus‘ beachtet 1. Moses 1,27 nicht, den Vers, nach dem Mann und Frau in der Schöpfungsordnung gleichgestellt sind - und auf ihn baust du in deiner ‚Unfehlbarkeit‘? Auf solcher Mißachtung baust du dein Lehramt? Heißt es nicht im Römerbrief (16,1): ‚Ich befehle euch aber unsere Schwester Phöbe, welche ist im Dienste der Gemeinde zu Kenchreä.‘ Wie erklärst du diesen Widerspruch mit deiner Theo-Logik, Wojtyla?

Hohes Gericht, dieser Angeklagte trägt in seinem Starrsinn die Verantwortung dafür, daß ein Drittel seiner Priester sich heimlich Frauen zu Geliebten nehmen müssen. Ein menschenunwürdiges Dasein für alle Betroffenen. Zehntausende von Priestern sind wegen des Zölibats in psychiatrischer Behandlung. In Denver äußerte Wojtyla zu dem Umstand, daß zur Zeit in Amerika gegen katholische Priester 400 Prozesse wegen Mißbrauchs von Kindern laufen, der vorrangige Weg für diese Männer sei das Gebet. Von Strafmaßnahmen sprach er nicht, genausowenig von Schuld. Das ist die Doppelmoral des Karol Wojtyla! *Ich* mache ihn mitverantwortlich für die Vergehen seiner Priester, denn er verlangt Unmenschliches von ihnen."

Ein mahnender Wink von Gideon, und Jesus hält einen Moment inne. „Richter, wir alle kennen die Bilder, wenn er auf seinen ‚Missions'-Reisen in fremde Länder dem Flugzeug entsteigt und zuerst den Boden küßt. Aber das ist nicht Ausdruck von Hochachtung vor den einheimischen Religionen oder Kulturen, es ist frevlerische Hoffart, denn er will sie ja alle zum ‚einzig wahren Glauben' bekehren. In Jamaika fand er kein Wort der Entschuldigung für die jahrzehntelange brutale Christianisierung. Statt dessen sagte er: ‚Laßt uns beten, daß die Wunden der Vergangenheit endlich heilen.'

Karol Wojtyla verfolgt Tausende von Theologen, die seinen abergläubischen Unfug nicht tolerieren und die Bibel im Licht der sozialen Mißstände selbst auslegen wollen. Den mexikanischen Bischof Garcia, der die ‚Theologie der Befreiung' betreibt und sich für die Indios einsetzt, hat er zum Austritt aufgefordert."

Jesus geht wieder zu seinem Tisch und kommt mit einem kleinen Buch zurück, zeigt es den Richtern, und ich erkenne flüchtig das Papstsignum mit der Tiara und den beiden Schlüsseln. „Dies ist die Enzyklika ‚Veritatis splendor' – ‚Glanz der Wahrheit'. Sie ist an alle Bischöfe gerichtet und behandelt einige grundlegende Fragen der kirchlichen Morallehre. ‚Gegeben zu Rom bei St. Peter, am 6. August, dem Fest der Verklärung des Herrn, des Jahres 1993, dem 15. meines Pontifikats.'

Diese ‚Moralenzyklika' ist eine einzige Anmaßung. Wojtyla verlangt die Lehrautorität in allen ethischen Fragen, ohne auch nur einen einzigen Nachweis dafür aus der Bibel erbringen zu können. Er beharrt auf der mittelalterlichen Moral eines Thomas und der Scholastiker. Er entmündigt seine Gläubigen. Er erteilt ihnen Denkverbot. Wieso, Wojtyla, berufst du dich ständig auf den ‚Heiligen Geist‘, um deine persönliche Überzeugung durchsetzen zu können? Unfehlbar? Was für ein lächerlicher Anachronismus!

Hört, wie der Angeklagte die Unfehlbarkeit des Lehramts aus der Entwicklung des Menschen erklärt hat. ‚Gerade weil der Mensch fehlbar ist, konnte Christus, wenn er die Kirche in der Wahrheit bewahren wollte, ihre Oberhirten und Bischöfe und vor allem Petrus und seine Nachfolger nicht ohne jenes Geschenk lassen, wodurch er die Unfehlbarkeit in der Lehre der Glaubenswahrheit und der wahren, sittlichen Grundsätze gewährleistet. Obgleich die Wahrheit von der Unfehlbarkeit in der Kirche zu Recht als eine Wahrheit von weniger zentralem und niedrigem Stellenwert in der Rangordnung der von Gott geoffenbarten und von der Kirche bekannten Wahrheiten erscheinen kann, so ist sie dennoch in gewisser Weise der Schlüssel zu jener Gewißheit, mit der der Glaube bekannt und verkündet wird, wie auch im Leben und Verhalten der Gläubigen. Wenn man nämlich diese wesentliche Grundlage erschüttert oder zerstört, beginnen sich sogleich auch die elementaren Wahrheiten unseres Glaubens aufzulösen.‘

Ich werde sie erschüttern, Wojtyla, *ich* werde es tun. *Ich* habe keinem Menschen die Unfehlbarkeit und Wahrheit vermittelt. *Ich* selbst habe geirrt wie jeder Mensch. Warum berufst du dich immer noch auf *mich* und Petrus, Wojtyla?

Richter! Sechs Jahre hat die Glaubenskongregation benötigt, um dieses Papier abzufassen. Nicht nur kritische Theologen und Publizisten, sondern auch Katholiken in aller Welt befürchteten einen erneuten autoritär-reaktionären Schlag. Sie haben leider recht behalten. Denn die Enzyklika enthält eine klare Absage an jede Form von Freiheit und Liberalismus. Rom zwingt die ‚Gläubigen‘ per Dogmen und Katechismen zum Unglauben.

Vorweg wird in der Enzyklika gewarnt, jeder Dissens vom kirchlichen Lehramt stehe ‚im Widerspruch zur kirchlichen Gemeinschaft und zum richtigen Verständnis der hierarchischen Verfassung des Volkes Gottes‘, und dies sei ‚unvereinbar mit der christlichen Wahrheit‘. Das sind Warnungen an jene Theologen, die eigene, andere Vorstellungen einer ‚autonomen Moral' haben. Das menschliche Gewissen ist für Karol Wojtyla zwar ‚die letzte maßgebliche Norm der persönlichen Sittlichkeit', aber ‚keine autonome und ausschließliche Instanz, um zu entscheiden, was Gut und Böse ist'. Das ist falsch, denn im ‚Kategorischen Imperativ' von Kant, den er doch kennen wird, ist treffend zum Ausdruck gebracht, daß ein Mensch sehr wohl zu entscheiden vermag, was Gut und was Böse ist.

Im ‚Glanz der Wahrheit' beklagt Wojtyla auch den ‚Verfall der privaten und öffentlichen Moral' und verurteilt Empfängnisverhütung, Sterilisierung, Selbstbefriedigung, voreheliche und homosexuelle Beziehungen sowie künstliche Befruchtung aufs schärfste. Die Sexuallehre dieses Greises, hohes Gericht, ist in vielen Ländern mit den Grundgesetzen nicht vereinbar, da sie eindeutig gegen Menschenrechte, gegen Menschenwürde und gegen die freie Entfaltung der Persönlichkeit verstößt.

Doch weiter. Karol Wojtyla beruft sich in seiner ‚Moralenzyklika' wiederholt auf Paulus, den selbsternannten Apostel. Der habe ‚Unzüchtige, Götzendiener, Ehebrecher, Lustknaben, Knabenschänder, Diebe, Habgierige, Trinker, Lästerer und Räuber' für ausgeschlossen vom Gottesreich erklärt. Des weiteren verlangt er ‚moralisches Handeln in Politik und Gesellschaft' und warnt vor einer ‚Bindung zwischen Demokratie und ethischem Relativismus'. Er behauptet, eine ‚Demokratie ohne Werte' verwandele sich, wie die Geschichte beweise, leicht in einen ‚offenen oder hinterhältigen Totalitarismus'. Der Führer einer Organisation, die seit fast 2000 Jahren totalitär regiert und fortlaufend die freiheitliche Grundordnung und die Menschenwürde mißachtet hat, maßt sich an, solche Behauptungen in die Welt zu setzen!

Seine anderen Forderungen: ‚Wahrhaftigkeit zwischen Regierenden und Regierten', ‚Transparenz und Unparteilichkeit der Behörden', ‚Achtung der Rechte der politischen Gegner', die ‚gewissenhafte Verwendung öffentlicher Gelder'. Mit Blick auf den Zerfall der meisten kommunistischen Systeme heißt es, in diesen Ländern seien auch die ‚Grundrechte in Gefahr'. Mit der ,Entchristlichung ganzer Völker' käme der ,Verfall sittlicher Empfindungen'.

Auch in solchen diffamierenden Äußerungen leben der Kommunistenhaß des Wojtyla und sein Missionswahn fort. Schließlich verlangt er von den 900 Millionen Katholiken, die ,Gebote der Kirche gewissenhaft' und als ,sittlich verpflichtend' zu beachten. Die Gebote der Kirche, hohes Gericht, nicht die Gebote der Schrift! Jedes Wort verrät *mir* die Unmenschlichkeit und das Fehlen von Liebe, die *ich* gepredigt habe. Wojtyla, dein autoritäres Wesen verstößt gegen die Grundregel, die du bei Matthäus 23, Vers 8 nachlesen solltest: ,Einer ist euer Lehrer, ihr alle aber seid Brüder.'

Wer hat dir, Wojtyla, die Mittlerrolle zwischen Gott und den Menschen verliehen? Sie wurde *mir* übertragen. Wieso maßt sich deine Kirche an, das ,geschriebene und überlieferte Wort Gottes verbindlich' zu erklären? Wie kommt ihr, du und deine ,Glaubenskongregation', dazu zu behaupten, daß jeder Dissens mit deinem selbstverliehenen Lehramt im Widerspruch zur kirchlichen Gemeinschaft stehe? Warum, Karol Wojtyla, hält sich deine Kirche nicht selbst an die Forderungen nach Wahrhaftigkeit, Achtung der Gegner, Transparenz, Gewissenhaftigkeit – zum Beispiel bei der Verwendung von Geldern?

Wer hat dich ermächtigt, von deinen Bischöfen zu verlangen: ,Verkünde das Wort, ob man es hören will oder nicht?' Wo steht geschrieben, daß *ich* so etwas gesagt habe? Wenn du Paulus zitierst, warum führst du dann nicht auch den Galaterbrief (5,19f.) an? Dort spricht Paulus von ,Ehebruch, Hurerei, Unreinigkeit, Unzucht, Abgötterei, Zauberei, Feindschaft, Hader, Neid, Zorn, Zank, Zwietracht, Rotten, Haß, Mord, Saufen, Fressen'. Was betreibst du für eine frevelhafte Abgötterei tagaus, tagein? Wieviel Feindschaft, Zwietracht, Haß und Mord hat deine ,heilige Kirche' gesät?

Und warum schließt du die Sünder aus dem Reich Gottes aus, wo du doch wissen mußt, daß *ich mich* ihrer im Namen Gottes in besonderer Weise angenommen habe?

Dagegen vermisse *ich* ein klares Wort von dir zur Schändung von Frauen! *Ich* denke zum Beispiel an den seit zwei Jahren andauernden Krieg in Jugoslawien. Zehntausende von Frauen wurden dort vergewaltigt. Hast du die Bilder der verzweifelten und weinenden Frauen, die unter dem Trauma der Verbrechen leiden, nicht gesehen? Hast du ‚Seel-Sorger' keinerlei Mitgefühl für diese auf immer vergewaltigten Seelen? Was für eine Menschenverachtung, Karol Wojtyla! Wie seelenlos mußt du sein, wenn du diesen Frauen eine Abtreibung verbietest und von ihnen verlangst, den ‚Akt der Gewalt' in einen ‚Akt der Liebe' zu verwandeln, du Un-Mensch? Wann endlich höre *ich* ein Wort von dir, das diese Kriegsverbrechen und Verbrechen gegen die Menschlichkeit öffentlich verdammt? *Ich* bin sehr gespannt, Wojtyla, was deine Verteidiger vorzubringen haben!"

Während ich diese unaufhörliche Kette von Anklagen vernehme, sehe ich Fernsehbilder. Der „Heilige Vater", die Massen auf dem Platz vor dem Petersdom segnend, die Massen, die ihn überall auf der Welt via Satellit oder live begleiten und verehren, die beten, wenn dem „Stellvertreter Gottes" irgend etwas Menschliches, eine Krankheit, ein Unfall, zustößt. Warum, frage ich mich, schleppt er ständig diesen abstoßenden Kruzifixus an seinem „Hirtenstab" mit sich herum, wenn er doch auf der anderen Seite immer wieder betont, so zum Beispiel bei einer Wallfahrt nach Turin, das „Grabtuch" sei „eine mysteriöse Reliquie, ein ganz einmaliges und überraschendes Zeugnis des Todes und der Auferstehung Jesu"? Ist das nicht die absolute Schizophrenie? Ohne die „Auferstehung" hat die katholische Kirche kein Fundament. Ist das Grabtuch aber echt, ist Jesus nicht auferstanden, sondern hat die Kreuzigung überlebt, da Tote ja bekanntlich nicht bluten. Ich kann diese Widersprüche nicht weiter verfolgen, denn ich sehe, wie Jesus ein umfangreiches Buch aus einem Stapel zieht, der vor seinem Tisch aufgetürmt ist.

„Hohes Gericht, mit diesem ‚Weltkatechismus', einer doktrinären Schrift, wendet sich der Angeklagte auf 816 Seiten und in 2 865 Paragraphen an die Katholiken in der ganzen Welt. *Ich* verdamme dieses schmähliche und heuchlerische

Machwerk, das den Gläubigen wie eine neue Bibel aufgezwungen wird. Er macht sich damit unter anderem der Strafandrohung und der <u>Nötigung</u> schuldig. Dieses von Geboten und Verboten strotzende Buch verherrlicht zudem Maria in unerträglichem Ausmaß.

<u>Die vermeintlich ‚heilige‘ Kirche verlangt weiterhin absoluten Gehorsam gegenüber ihren Oberen, erlaubt aber in Paragraph 2242 den ‚zivilen Ungehorsam‘.</u> Die Katholiken werden darin aufgefordert, ‚die Vorschriften der staatlichen Autoritäten nicht zu befolgen‘, wenn diese etwa den ‚Weisungen des Evangeliums widersprechen‘. <u>Wann, Richter, wird die katholische Kirche allein wegen dieses ungeheuerlichen Paragraphen vor dem ‚Internationalen Gerichtshof‘ wegen Anleitung zum Gesetzesbruch angeklagt?</u>

Ein Widerspruch zu dem von dieser Kirche geforderten Glaubensgehorsam scheint in den Paragraphen 1745 und 1747 zu bestehen. Dort heißt es: ‚Die Freiheit kennzeichnet die eigentlich menschlichen Handlungen. Sie macht den Menschen für willentlich gesetzte Taten verantwortlich. Seine willentlichen Handlungen sind ihm zu eigen. Das Recht, seine Freiheit auszuüben, ist eine von der Menschenwürde untrennbare Forderung, besonders in religiösen und sittlichen Belangen.‘

Das klingt edel, aber wann, Wojtyla, gibst du deinen Gläubigen endlich diese Freiheit? Freiheit zu erleben, zu erforschen, zu empfinden, ohne Verbote, ohne Angst vor ewiger Verdammnis? Wie oft habt ihr euch dieses Wort ‚Freiheit‘ zurechtgebogen, Wojtyla? Hohes Gericht, *ich* werde euch einige wenige Paragraphen aus dem Schandwerk vorlesen. Schamlos und die Menschenwürde verletzend beschäftigt es sich ausführlich mit dem Sexualleben. <u>Im Paragraphen 2353 wird wieder einmal von ‚Unzucht‘ gesprochen, wenn Mann und Frau nicht miteinander verheiratet sind, aber dennoch Geschlechtsverkehr haben.</u>“

Im ‚Katechismus‘ werden die Gläubigen auch genötigt, an den ‚Heiligen Geist‘ zu glauben und zu ihm zu beten. Wo ist er, dieser Heilige Geist? Wer ist dieser Heilige Geist? Kannst du ihn *mir* zeigen, Wojtyla? Hohes Gericht, die ‚heilige‘ Kirche verlangt von ihren Gläubigen Gebete, die sie selbst geschaffen hat. *Mein* ‚Vaterunser' reicht ihr nicht. Sie nötigt des weiteren zum Bekenntnis ‚Ich glaube an die eine, heilige, katholische Kirche.' Wir wissen, wie viele Religionen es gibt. Diese Kirche ist alles andere als ‚heilig', und ‚die eine' wohl nur, was die Millionen Menschenleben anbelangt, die auf ihr Konto gehen. Auch der Begriff katholisch, das heißt weltweit, zeugt von maßloser Selbstüberschätzung.

Der Katechismus zwingt die Menschen, an ‚Maria, die Mutter der Kirche', zu glauben. Er verlangt den Teufelsglauben, den Glauben an Hölle und Himmel. Sollte man nicht auch bei diesem Angeklagten einen Psychiater heranziehen? Hat er doch 1982 nach dem postumen Bekenntnis des französischen Kardinals Jacques Martin versucht, eine Teufelsaustreibung bei einer ‚besessenen' Frau vorzunehmen. Ist das noch denkbar am Ende des 20. Jahrhunderts?

Im Paragraphen 2418 steht das Gebot, Tiere nicht ‚nutzlos leiden zu lassen und zu töten'. Wann endlich, Karol Wojtyla, verbietest du deinen spanischen Gläubigen, an katholischen Feiertagen Tiere zu Tode zu quälen? Wann verbietest du deinen italienischen Katholiken, Vögel zu fangen und zu morden? Jedes Jahr sind es 300 Millionen. Dein Schweigen dazu ist unmoralisch, macht dich mitschuldig.

Richter, *ich* möchte *mich* nun auf die Paragraphen 105 und 107 konzentrieren, aus denen *ich* euch zitiere: ‚Gott ist der Urheber (Autor) der Heiligen Schrift. Das von Gott Geoffenbarte, das in der Heiligen Schrift schriftlich enthalten ist und vorliegt, ist unter dem Anhauch des Heiligen Geistes aufgezeichnet worden. Denn die heilige Mutter Kirche hält aufgrund apostolischen Glaubens die Bücher sowohl des Alten wie des Neuen Testaments in ihrer Ganzheit mit allen ihren Teilen für heilig und kanonisch, weil sie, auf Eingebung des Heiligen Geistes geschrieben, Gott zum Urheber (Autor) haben und als solche der Kirche übergeben sind.

Die inspirierten Bücher lehren die Wahrheit. Da also all das, was die inspirierten Verfasser oder Hagiographen aussagen, als vom Heiligen Geist ausgesagt gelten muß, ist von den Büchern der Schrift zu bekennen, daß sie sicher, getreu und ohne Irrtum die Wahrheit lehren, die Gott um unseres Heiles Willen in heiligen Schriften aufgezeichnet haben wollte.'

In diesem Zusammenhang verweise *ich* auf die vielen Fehler aus naturwissenschaftlicher Sicht – ob es sich nun um die Erschaffung der Welt in sieben Tagen handelt oder die Vorstellung von der Erde als Scheibe, über die die Sonne jeden Tag ihren Bogen macht – und die unzähligen Widersprüche in den Evangelien, was *mein* Leben und *meine* Person betrifft. *Ich* habe in *meiner* Anklage schon einige Male gesagt, daß sich die Verfasser der Evangelien nicht einmal einig sind über *meinen* Geburtsort. Bethlehem oder Nazareth? Das ist die Frage. Der unbekannte Autor des Lukasevangeliums, angeblich vom ,Heiligen Geist' inspiriert, spricht von einer ,allgemeinen Schätzung', die Maria und Josef zu ihrer Wanderung nach Bethlehem rief. Kein Historiker der römischen Geschichte erwähnt jedoch eine allgemeine Schätzung zur Zeit des Kaisers Augustus. Lediglich Flavius Josephus spricht in seinen ,Jüdischen Altertümern' im 18. Buch, 1. Kapitel von einer ,Schätzung des Vermögens' in Judäa durch den römischen Senator Quirius im Jahre sechs der neuen Zeit.

Im Matthäusevangelium werde *ich* während der Regierung des Königs Herodes geboren. Dieser befiehlt angeblich den Kindermord, Maria und Josef fliehen nach Ägypten, damit das Wort des Propheten Hosea (11,1) erfüllt werde. Herodes aber starb bereits im Jahre vier der alten Zeitrechnung. Der Mord ist historisch nicht nachweisbar. Es gab ihn ebensowenig wie die Flucht nach Ägypten. Auch die Prophezeiung, daß Marias Sohn als ,Messias' auf dem Thron Davids sitzen werde, traf nicht ein. Irrtum über Irrtum!

Die sogenannte Bergpredigt findet ihr nur bei Matthäus, aber wenn ihr auf die vielen Verweise achtet, so ist offenkundig, daß *ich* diese ,Bergpredigt' nie gehalten habe, daß sie vielmehr eine Sammlung verschiedener Predigtworte aus der Zeit *meines* Wirkens ist.

Auf wie vielen Eseln ritt Jesus bei seinem Einzug in Jerusalem, auf einem oder zwei? Wer gibt das Verhör durch Pilatus der Wahrheit gemäß wieder? Im ältesten, dem Markusevangelium, steht geschrieben: ‚Jesus antwortete nichts mehr ...‘ (Mk 27,5). Bei Matthäus (27,14) spricht Jesus ‚nicht ein Wort‘. Johannes, der behauptet, sein Zeugnis sei wahrhaftig, erfindet dagegen einen Dialog zwischen Pilatus und Jesus (18,34). Wie oft krähte der Hahn, bevor Petrus seinen Herrn verleugnete? Einmal, zweimal oder dreimal? Was waren die letzten Worte am Kreuz?

Dann die ‚Auferstehung‘: Wer kam zum Grab? Bei Matthäus sind es Magdalena und ‚die andere Maria‘, bei Markus Maria, die Mutter des Jakobus, Magdalena und Salome, bei Lukas Maria, die Mutter des Jakobus, Magdalena und Johanna; im Johannesevangelium dagegen ist es Magdalena allein. Ist das die nie irrende Schrift? Ist das die Wahrheit?

Ein weiteres Beispiel: Nehmt Judas, auf dessen vermeintlichen Verrat die Kirche ihren Antijudaismus mitbegründete. Judas wird in Paragraph 597 des ‚Weltkatechismus‘ immer noch als einer der Hauptbeteiligten am Prozeß Jesus verantwortlich gemacht. 2000 Jahre lang haben Katholiken die Juden deswegen verfolgt. Jetzt, 1993, also ‚nur‘ noch Judas und der Hohe Rat. Für 30 Silberlinge, diesen sogenannten Judaslohn, soll er *mich* verraten haben. Silberlinge, eine Währung, die bereits 300 Jahre zuvor aus dem Umlauf genommen worden war. Bei Sacharja (11,12f.) hat ‚Matthäus‘ das gelesen und ‚geborgt‘, um einen seiner sogenannten Schriftbeweise zu führen.

Aus welchem Grund hätte *mich* Judas ‚verraten‘ sollen? Das Wort allein ist bereits eine tendenziöse Übersetzung des griechischen ‚paradidonai‘ im Urtext, das zunächst einmal ‚dahingehen‘, ‚überliefern‘ heißt. Aus welchem Grund hätte er es tun sollen, da *mich* doch jeder kannte? Und auf welche Art und Weise starb Judas? Es gibt auch hier einander völlig widersprechende Berichte. Bei Matthäus (27,5) ‚erhängt‘ sich der ‚Verräter‘, in der ‚Apostelgeschichte‘ (1,18) dagegen stirbt Judas durch ‚Entzweibersten‘. Wie aber ist es zu erklären, daß Paulus, der älteste Kronzeuge, nichts von einem ‚Verräter‘ zu wissen scheint? Daß er im ersten Korintherbrief (15,5) berich-

tet, am Ostersonntag sei der Auferstandene Petrus und später
allen Jüngern erschienen? Judas war also gar nicht tot?

Wojtyla, was antwortest du auf *meine* Fragen zur ‚nie irrenden Schrift'? Die Wahrheit, vom ‚Heiligen Geist' inspiriert,
werde in den Evangelien verkündet? Fast nichts ist wahr, fast
alles ist Legende!

Hohes Gericht, laßt *mich* noch einmal auf die gotteslästerli-
che Marienverehrung zurückkommen. Im ersten Kapitel des
Lukasevangeliums wird Maria schon vor der Geburt ihres
Sohnes als die ‚Mutter des Herrn' bejubelt. *Ich* spreche vom
Besuch Marias bei Elisabeth. Und, Wunder über Wunder,
Spuk und Trug. Was passierte? Ein sechs Monate alter Fötus
im Leib der Elisabeth ‚erkannte' durch den Bauch seiner Mut-
ter und durch den Mariens hindurch *mich* als Embryo.

Für die katholische Kirche sind die Verse 46 bis 55 ein fun-
damentaler Glaubensschatz. Der sechzehnjährigen Maria werden diese Sätze in den Mund gelegt, Maria bricht in Lobgesang aus, weil sie ‚endlich' ein Kind empfangen hat. Der Verfasser des Lukasevangeliums hat als literarische Vorlage unter
anderem 1. Samuel 2,10f. benutzt. Dort aber preist eine ähnlich alte Frau wie Elisabeth den Herrn für die Gnade der späten Schwangerschaft. Aus dem Munde Marias ist das vollkommen unverständlich. Maria, die weder lesen noch schreiben kann, kennt Samuel, Moses, die Psalmen, kennt die Verse
auswendig?"

Mit einem hilflosen Achselzucken reagiert Gideon, während ich plötzlich aus der Ferne eine Frauenstimme vernehme:
„Schau, da vorn sitzt er." Es sind weder Maria noch Judith,
die gesprochen haben. Aber außer diesen beiden sehe ich keine Frau im Raum. Dennoch, mir kommt der Klang der Worte
irgendwie sehr vertraut vor. Bevor ich weiter darüber nach-
denken kann, erklärt Jesus:

„Wenn ihr in der Handschrift des Kirchenvaters Irenäus
(†202) nachschlagt, so werdet ihr überrascht sein, denn dieses
sogenannte Magnifikat, das in der katholischen Liturgie so
große Bedeutung hat, spricht nicht Maria, sondern ..."

„Mein Gott, er ist eingeschlafen!" Wieder dieses melodisch-weiche Timbre, diesmal ganz dicht hinter mir. Ich sehe, wie Jesus weiterspricht, aber ich kann ihn nun nicht mehr verstehen. Was ist los? Ist das nicht die geliebte Stimme aus Bern, die eindringlich ruft: „Uli, erwache, es pressiert!" Irgend jemand rüttelt an meinen Schultern. Bin ich, der Zeuge dieses Tribunals, die unsichtbare Kirchenmaus, doch noch entdeckt worden?

IV. Epilog

Uli, Uli, so erwache! Wir sind's!" Wo bin ich? Immer noch spüre ich Hände, die schwer auf meinen Schulten liegen. Benommen drehe ich mich um und schaue in die schönen, lachenden Augen von Stefanie. Dann sehe ich auch Claudia, die ungeduldig den Kopf schüttelt.

„Was macht ihr denn hier?"

„Wir haben dich gesucht! Hast du den Zug vergessen, ha?"

„Müßt ihr mich gerade in diesem Moment stören? Ich hatte ein unheimliches Erlebnis. Ein ständiges Auf und Ab zwischen Himmel und Hölle. Jesus pflückte gerade die Bibel auseinander..." Ich habe das Gefühl, die beiden hören mir gar nicht zu. Sie schleppen mich in einem irrsinnigen Tempo Richtung Ausgang. Die Fresken fliegen links und rechts an mir vorbei. Nur kurz kann ich einen letzten Blick auf die Altarwand werfen. Jesus steht wieder dort oben, zornig, mit drohend erhobenem Arm. „In diesem Moment wurde es gerade so richtig spannend, und ihr reißt mich da heraus!" brummele ich vor mich hin.

„Spannend ist nur, ob wir's auf den Zug schaffen", erwidert Stefanie trocken. Aus den Augenwinkeln nehme ich einen Kirchendiener wahr, der mit einem riesigen Schlüsselbund an der Tür steht und fragt: „Avete trovato il vostro amico?"

„Si, grazie ... tutto aposto!"

„Warum bedankst du dich bei ihm, Claudia?" frage ich verwirrt. „Er war unsere Rettung. Ohne diesen Mann wären wir nicht mehr hereingekommen. Der letzte Einlaß ist längst vorbei. Wir haben ihm gesagt, daß dir etwas passiert sein muß."

Ganz recht, denke ich mir im stillen, so kann man das nennen. Dann stehen wir auf der Viale Vaticano. Stefanie und Claudia halten Ausschau nach einem Taxi. Langsam begreife ich. Meine Gehirnzellen beginnen, einigermaßen normal zu arbeiten. „Wann fährt der Zug?"

„In einer halben Stunde. Sagte ich nicht, daß es pressiert, ha?"

Jetzt erst bemerke ich, daß mein Magen knurrt. „Ich habe Hunger", sage ich, bekomme aber nur Claudias knappe Vertröstung: „Ja, ja, später im Zug. Wir haben Brot, Käse, Salami und Vino besorgt."

„Es hat auch gute Pralinés, magst du?" Ich greife in die Tüte, die Stefanie mir reicht. Dann hält auch schon ein Taxi direkt vor uns. Stefanie und Claudia schieben mich auf den Beifahrersitz und steigen in den Fond.

„Dove andate?" möchte der Fahrer wissen. Ich bin jetzt wieder ganz präsent und erkläre ihm, daß wir zum Bahnhof wollen, unser Gepäck noch aus dem Hotel holen müssen und es sehr eilig haben. Und weil's so knapp wird mit der Zeit, rast er durch das Verkehrschaos.

„Ich hab's dir gleich gesagt, sechs Kathedralen an einem Tag sind zuviel. Ich wäre da auch eingeschlafen", frotzelt Stefanie, während das Taxi vor der Pension anhält. Wir springen heraus, holen das bereitstehende Gepäck, werfen es ins Taxi, und weiter geht's zum Bahnhof. Dort drücke ich dem Fahrer einige Zehntausend-Lire-Scheine in die Hand, dann laufen wir durch die Halle zu den Gleisen. Unmittelbar nachdem wir unsere reservierten Plätze gefunden haben, fährt der Zug auch schon ab. Streß, immer dieser Streß an Bahnhöfen und Flugplätzen!

Wir haben die Koffer verstaut, sitzen allein im Abteil, alle noch außer Atem. Während ich eine Flasche entkorke und drei Becher vollschenke, fragt Stefanie sehr frech: „Was hast du denn erlebt, während du auf der harten Kirchenbank saßest und schliefst, ha?"

„Schlafen ist nicht der richtige Ausdruck. Eigentlich war ich ganz wach."

„Du hast etwas von Himmel, Hölle, Jesus gefaselt", sagt Claudia. Ihr Tonfall genauso keck wie der von Stefanie.

„Ja, außerdem jede Menge Päpste."

„Wieder so eine typische Weyland-Unterwegs-Geschichte. Halluzinationen am hellichten Tag!" stichelt Claudia.

„Mir schwant etwas", prustet Stefanie nach einer Pause plötzlich los, „du hast zuviel Weihrauch erwischt."

„Wie bitte?"

„Ja, sicher, im Weihrauch ist ein ganz ähnlicher Stoff wie im Haschisch enthalten, Tetrahydro-Irgendwas. Der bewirkt Halluzinationen. Das hab ich neulich daheim in Bern in der Zeitung gelesen."

Jetzt dämmert's auch mir: Hatte Ignaz von Döllinger in seinem Urteil über Pius IX. nicht geschrieben, daß intensiver Weihrauch-Konsum den festesten Charakter ins Wanken zu bringen vermöge?

„Weyland im Weihrauch-Rausch", kichert Claudia, „man darf den Kerl einfach nicht allein lassen."

„Es war ein richtiger Trip. Wie damals, 1969. Bei Freunden von mir auf dem Land hörten wir die Beatles und löffelten eine wunderbare, aber irgendwie merkwürdig schmeckende Mousse au Chocolat..."

„Ich versteh dich nicht?"

„Oh I get high with a little help from my friends ... Die hatten mir Hasch in die Schokolade gemischt. Mein erster und zugleich schönster Haschischtrip. Menschengroße Hühner, die fliegende Lucy mit den Diamanten in den Augen ..."

„Und heute? War's wieder so schön, ha?"

„Nein, es war eher ein Alptraum ..."

Wie aus einem Mund kommt die Aufforderung: „Nun fang schon an!"

„Also gut. Ich sitze in der Sixtinischen Kapelle ..."

Bibliographie

Ohne daß ich es bemerkte, hatte Claudia meine Erzählung während der Zugfahrt auf Tonband aufgenommen. Gemeinsam haben wir diesen Trip in der Sixtinischen Kapelle dann entwirrt und geordnet. Thomas May hat mir anschließend geholfen, alle Namen, Daten, Fakten und Dokumente, die nach meiner Erinnerung in dem Prozeß vorgebracht wurden, auf ihre historische Wahrheit hin zu überprüfen. Die wörtlichen Zitate konnten wir, wenn nicht bereits im Text erwähnt, in quellengeschichtlichen Büchern wiederfinden. Diese haben wir aufgeteilt in eine allgemeine sowie eine den einzelnen Kapiteln zugeordnete Bibliographie.

Wir bedanken uns bei den Autoren und Verlagen folgender Quellenliteratur:

Achterberg, H.: Zeugen des Evangeliums, Moers 1987
Ambrosini, M.: Die Geheimarchive des Vatikan, München 1974
Barth, K.: Kirchliche Dogmatik, Zürich 1957
Bartsch, A.: Christus ohne Mythos, Stuttgart 1953
Bibliothek der Kirchenväter, Kempten 1910 ff.
Bibliothek der Kirchenväter (2. Reihe), München 1932 f.
Bihlmeyer, K. / Tüchle, H.: Kirchengeschichte, Paderborn 1966 u. 1987
Bultmann, R.: Jesus, Tübingen 1958
Burchart, J.: Diarium, Paris 1883
Burkhardt, J.: Die Kultur der Renaissance in Italien, Stuttgart 1960
Chamberlin, E.R.: Unheilige Päpste, Tübingen 1971
Codex Iuris Canonici, Kevelaer 1989
Cole, W.: Liebe und Sexus in der Bibel, Hamburg 1961
Colpe, C.: Das Böse, Frankfurt 1993
Dahl, E. (Hrsg.): Die Lehre des Unheils. Fundamentalkritik am Christentum, Hamburg 1993
Denzler, G.: Päpste und Papsttum, Stuttgart 1973
ders.: Die verbotene Lust, München 1981
ders.: Die Geschichte des Zölibats, Freiburg 1993

Denzler, G./Andresen, C.: Wörterbuch der Kirchengeschichte, München 1982

Deschner, K. (Hrsg.): Das Christentum im Urteil seiner Gegner, Berlin 1990

Deschner, K.: Das Kreuz mit der Kirche, München 1973

ders.: Kriminalgeschichte des Christentums, Hamburg 1990 ff.

Deschner, K./Hermann, H.: Der Antikatechismus, München 1993

Dickmann, F.: Geschichte in Quellen, München 1966

dtv-Atlas zur Weltgeschichte (2 Bde), München 1991

dtv-Brockhaus-Lexikon in 20 Bänden, München 1989

Endres, E.: Die gelbe Farbe, München 1989

Fischer Weltalmanach 1994, Frankfurt a.M. 1993

Fischer-Wollpert, R.: Lexikon der Päpste, Regensburg 1985

Flavius Josephus: Jüdische Altertümer, Wiesbaden o.J.

Frank, I.W.: Kirchengeschichte des Mittelalters, Düsseldorf 1990

Franzen, A.: Kleine Kirchengeschichte, Freiburg/Basel/Wien 1965

Franzen, A./Bäumer R.: Papstgeschichte. Aktualisierte Neuausgabe, Freiburg/Basel/Wien 1988

Friedenau, R.F.: Wer schrieb die Bibel?, Wien 1989

Guicciardini, F.: Storia de'Italia, Bari 1929

Gregorovius, F.: Geschichte der Stadt Rom im Mittelalter, München 1978

Grigulevic, J.R.: Ketzer - Hexen - Inquisitoren (2 Bde), Berlin 1987

Guggenmühl, G.: Quellen zur allgemeinen Geschichte, Zürich 1953

Haller, J.: Das Papsttum, 1984

Herrmann, H.: Die sieben Todsünden der Kirche. Ein Plädoyer gegen die Menschenverachtung, München 1993

Iber, G.: Das Neue Testament, München 1984

Katechismus der katholischen Kirche, München 1993

Kühner, H.: Lexikon der Päpste, Wiesbaden 1977

ders.: Tabus der Kirchengeschichte, Zürich 1964

Küng, H.: Denkwege, München 1992

ders.: Unfehlbar?, München 1989

Lacanau, E./Luca, P.: Die sündigen Päpste, Bergisch Gladbach 1990

Läpple, A.: Das Hausbuch der Heiligen, München 1984

ders.: Kirchengeschichte in Dokumenten, Düsseldorf o.J.

Lohse, E.: Die Entstehung des Neuen Testaments, Stuttgart/Berlin/Köln 1991

Luther, M.: Die Bibel oder die ganze Heilige Schrift, Stuttgart 1912

ders.: Die Bibel (Ohne Apokryphen), Stuttgart 1985

Mallet, C.: Am Anfang war nicht Adam, München 1990

Mayer, A.: Der zensierte Jesus, Olten 1983

Mollenkott, V.: Gott – eine Frau, München 1990

Mörsdorf, K./Eichmann, E.: Lehrbuch des Kirchenrechts auf Grund des Codex Juris Canonici, Paderborn 1961 u. 1964

Mynarek, H.: Denkverbot, München 1992
Nestle, E./Aland, K.: Novum Testamentum Graece, Stuttgart 1963
Paczensky, G.v.: Teurer Segen. Christliche Mission und Kolonialismus, München 1991
Pagels, E.: Adam, Eva und die Schlange, Hamburg 1991
Pastor, L.v.: Geschichte der Päpste, Freiburg 1923 f.
Pfabigan, A.: Die Andere Bibel, Frankfurt 1991
Praktisches Bibelhandbuch/Wortkonkordanz, Stuttgart 1968
Quellenbuch zur Kirchengeschichte, Frankfurt 1971
Rahner, K./Vorgrimler, H.: Kleines Konzilskompendium. Sämtliche Texte des Zweiten Vatikanums mit Einführungen und ausführlichem Sachregister. Freiburg/Basel/Wien 1974
Ranke, L.v.: Die Päpste in den letzten vier Jahrhunderten, Leipzig 1874
Rice, D.: Kirche ohne Priester, München 1991
Ronner, W.: Die Kirche und der Keuschheitswahn, München 1971
Rosa, P.d.: Gottes Erste Diener, München, 1991
Rienecker, F.: Lexikon zur Kirchengeschichte, Wuppertal 1960
Schatz, K.: Kirchengeschichte der Neuzeit II, Düsseldorf 1989
Schillebeeckx, E.: Jesus, Freiburg 1992
Schütte, H.: Glaube im ökumenischen Verständnis, Paderborn 1993
Schweitzer, A.: Geschichte der Leben-Jesu-Forschung, 1951
Seppelt, F.X.: Geschichte der Päpste, München 1954 f.
Soldan, W.G./Heppe, H.: Geschichte der Hexenprozesse, Essen 1990
Spaemann, R.: Moralische Grundbegriffe, München 1982
Stemberger, G. (Hrsg.): 2000 Jahre Christentum, Erlangen 1990
Stier, R.: Biblia polyglotta, 1858
Strauß, D.F.: Das Leben Jesu, München 1835
Texte der Kirchenväter, Kempten 1963
Toynbee, A.: Studie zur Weltgeschichte, Hamburg 1959
Vermes, G.: Jesus der Jude. Ein Historiker liest die Evangelien, Neukirchen-Vluyn 1993
Wilson, A.N.: Der geteilte Jesus. Gotteskind oder Menschensohn?, München 1993
Wollschläger, H.: Die bewaffneten Wallfahrten gen Jerusalem. Geschichte der Kreuzzüge, Zürich 1973
Woodward, K.L.: Die Helfer Gottes. Wie die katholische Kirche ihre Heiligen macht, München 1991

1. Klemens I.

Deschner, K.: Kriminalgeschichte... a.a.O.,
ders.: Abermals krähte der Hahn, München 1962
Lanczkowski, J.: Die Heiligen, Stuttgart 1990

Weidinger, E.: Apokryphe Bibel, Augsburg 1991

2. Calixtus I.

Deschner, K.: Der gefälschte Glaube, München 1988

3. Damasus

Deschner, K.: Glaube... a.a.O.
ders.: Kriminalgeschichte... a.a.O.
Endres, E.: a.a.O.
Gontard, F.: Die Päpste, Wien 1959
Krämer-Badoni, R.: Judenmord, Frauenmord, heilige Kirche, Frankfurt 1992
Lanczkowski, J.: a.a.O.
Schnitzer, J.: Hat Jesus das Papsttum gestiftet?, München 1910

4. Siricius

Deschner, K.: Kriminalgeschichte... a.a.O.
Gontard, F.: a.a.O.
Ranke-Heinemann, U.: Widerworte, München 1989

5. Leo I.

Bibliothek der Kirchenväter... a.a.O.
Deschner, K.: Kriminalgeschichte... a.a.O.
Dickmann, F.: a.a.O.
Krämer-Badoni, R.: a.a.O.
Läpple, A.: Kirchengeschichte... a.a.O.
Stemberger, G.: a.a.O.
Texte der Kirchenväter, a.a.O.

6. Symmachus

Deschner, K.: Kreuz... a.a.O.
ders.: Kriminalgeschichte... a.a.O.
Fischer-Wollpert, R.: a.a.O.
Kühner, H.: Päpste... a.a.O.

7. Gregor I.

Bibliothek der Kirchenväter, a.a.O.
Deschner, K.: Glaube... a.a.O.
ders.: Kreuz... a.a.O.
ders.: Kriminalgeschichte... a.a.O.
Läpple, A.: Kirchengeschichte... a.a.O.
Stemberger, G.: a.a.O.

8. Stephan II.

Deschner, K.: Opus diaboli, Hamburg 1987
Kühner, H.: a.a.O.
Stemberger, G.: a.a.O.

9. Stephan VII.

Chamberlin, E.R.: a.a.O.
Fischer-Wollpert, R.: a.a.O.
Kühner, H.: a.a.O.
Lacanau, E.: a.a.O.

10. Sergius III.

Chamberlin, E.R.: a.a.O.
Deschner, K.: Kriminalgeschichte... a.a.O.
Krämer-Badoni, R.: a.a.O.
Rosa, P.d.: a.a.O.

11. Johannes X.

Lacanau, E.: a.a.O.
Rosa, P.d.: a.a.O.

12. Johannes XII.

Deschner, K.: Kreuz... a.a.O.
Krämer-Badoni, R.: a.a.O.
Rosa, P.d.: a.a.O.

13. Benedikt IX.

Gontard, F.: a.a.O.
Lacanau, E.: a.a.O.
Rosa, P.d.: a.a.O.

14. Leo IX.

Deschner, K.: Kreuz... a.a.O.
Gontard, F.: a.a.O.
Stemberger, G.: a.a.O.

15. Gregor VII.

Deschner, K.: Kreuz... a.a.O.
ders.: Opus... a.a.O.
Deschner, K./Herrmann, H.: a.a.O.
Frank, I.W.: a.a.O.
Gontard, F.: a.a.O.
Krämer-Badoni, R.: a.a.O.
Kühner, H.: a.a.O.
Lacanau, E.: a.a.O.
Paczensky, G.v.: a.a.O.
Rosa, P.d.: a.a.O.
Stemberger, G.: a.a.O.
Zöllner, W.: Geschichte der Kreuzzüge, Berlin 1977

16. Urban II.

Deschner, K.: Kreuz... a.a.O.
ders.: Opus... a.a.O.
Deschner, K./Herrmann, H.: a.a.O.
Gontard, F.: a.a.O.
Paczensky, G.v.: a.a.O.
Rosa, P.d.: a.a.O.
Stemberger, G.: a.a.O.
Wollschläger, H.: a.a.O.

17. Innozenz III.

Denzler, G.: a.a.O.
Deschner, K.: Hahn... a.a.O.
ders.: Glaube... a.a.O.
ders.: Opus... a.a.O.
Fischer-Wollpert, R.: a.a.O.
Stemberger, G.: a.a.O.
Zöllner, W.: a.a.O.

18. Gregor IX.

Dedijer, V.: Jasenovac, Freiburg 1993
Denzler, G./Andresen, C.: a.a.O.
Deschner, K.: Opus... a.a.O.
Kantorowicz, E.: Kaiser Friedrich der Zweite, Berlin 1928
Lea, H.C.: The Inquisition in the Middle Ages, New York 1975
ders.: Die Inquisition, Nördlingen 1985
Piutsovius, J.: Zur Hölle mit den Hexen, Berlin 1991
Rosa, P.d.: a.a.O.
Roskoff, G.: Geschichte des Teufels, Leipzig 1869
Stemberger, G.: a.a.O.
Stern, H.: Mann aus Apulien, München 1988
Zöllner, W.: a.a.O.

19. Innozenz IV.

Berling, P.: Die Kinder des Gral, Bergisch Gladbach 1991
Borst, A.: Die Katharer, Freiburg 1991
Deschner, K.: Glaube... a.a.O.
Endres, E.: a.a.O.
Fischer-Wollpert, R.: a.a.O.
Gontard, F.: a.a.O.
Gregorovius, F.: Geschichte... a.a.O.
ders.: Römische Tagebücher, 1892
Krämer-Badoni, R.: a.a.O.
Kühner, H.: a.a.O.
Lacanau, E.: a.a.O.
Lea, H.C.: Die Inquisition... a.a.O.
Rosa, P.d.: a.a.O.

20. Bonifatius VIII.

Chamberlin, E.R.: a.a.O.
Denzler, G. u.a. (Hrsg.): Enzyklopädie der Religionen, Augsburg 1990
Fischer-Wollpert, R.: a.a.O.
Frank, I.W.: a.a.O.
Gontard, F.: a.a.O.
Krämer-Badoni, R.: a.a.O.
Kühner, H.: a.a.O.
Lacanau, E.: a.a.O.
Lea, H.C.: Inquisition... a.a.O.
Rosa, P.d.: a.a.O.
Stemberger, G.: a.a.O.

21. Klemens V.

Dante Alighieri: Die göttliche Komödie, Freiburg/Rom 1956
Barber, M.: The Trial of the Templars, Cambridge 1978
Beck, A.: Der Untergang der Templer, Freiburg 1992
Carrière, V.: Hypothèses et faits nouveaux en faveur des templiers, Paris 1912
Charpentier, L.: Die Geheimnisse der Kathedrale von Chartres, Köln 1972
Demurges, A.: Die Templer, München 1991
Krämer-Badoni, R.: a.a.O.
Lacanau, E.: a.a.O.
Michelet, M.: Procès de templiers, Paris 1841 f.
Nicolai, F.: Der Templerorden und dessen Geheimnisse, Berlin 1782
Prutz, H.: Geheimlehre und Geheimstatuten des Templerordens, Berlin 1879
Rosa, P.d.: a.a.O.
Schattmöller, K.: Der Untergang des Templerordens, Berlin 1887
Schuster, G.: Geheime Gesellschaften, o.O. 1905
Soldan, W.G.: Über den Prozeß der Templer, Leipzig 1845
Stemberger, G.: a.a.O.

22. Urban VI.

Chamberlin, E.R.: a.a.O.
Gontard, F.: a.a.O.
Lacanau, E.: a.a.O.
Rosa, P.d.: a.a.O.
Stemberger, G.: a.a.O.

23. Gregor XII.
Alexander V.
Johannes XXIII.
Benedikt XIII.

Fischer-Wollpert, R.: a.a.O.
Flake, O.: Ulrich von Hutten, Berlin 1929
Franzen, A.: Kleine Kirchengeschichte, a.a.O.
Gontard, F.: a.a.O.
Koch, T.: Geschichte der Henker, Heidelberg 1988
Kühner, H.: a.a.O.
Kurtz, I.: Italienische Novellen, München 1925
Lauff, J.v.: Lux aeterna, Berlin 1911
Lea, H.C.: Inquisition... a.a.O.
Ohler, M.: Sterben und Tod im Mittelalter, München 1990
Rosa, P.d.: a.a.O.
Ruffier, J.: Leben und Sterben, Hamburg 1990
Stemberger, G.: a.a.O.

24. Eugen IV.

Nette, H.: Jeanne d'Arc, Reinbeck 1977
Nigg, W.: Große Heilige, Zürich 1947
Ohler, M.: a.a.O.
Quicherats, J.: Procès de condamnation et réhabilitation de Jeanne d'Arc,
    Paris 1841 f.
Ranke-Heinemann, U.: Nein und Amen, Hamburg 1992
Ruffier, J.: a.a.O.

25. Sixtus IV.

Bieritz, K.: Das Kirchenjahr, Berlin 1986
Claigh, J.: Die Medici, München 1977
Deschner, K.: Opus... a.a.O.
Fish, F.: A Supplication for the Beggars, 1529
Hoffmann, S.: Geschichte der Inquisition, Bonn 1877
Lorente, G.: Geschichte der spanischen Inquisition, Gmünd 1820 f.
Penilus, N.: Geschichte des Ablasses, Paderborn 1922
Rosa, P.d.: a.a.O.
Stemberger, G.: a.a.O.
Tuchman, B.: Die Torheit der Regierenden. Von Troja bis Vietnam, Frankfurt a.M. 1993

26. Innozenz VIII.

Behringer, W.: Hexen und Hexenprozesse, München 1993
Bitter, W.: Massenwahn in Geschichte und Gegenwart, Stuttgart 1965
Denzler, G.: a.a.O.
Deschner, K.: Das Kreuz... a.a.O.
Grigulevic, J.R.: Ketzer – Hexen – Inquisitoren I, a.a.O.
Hansen, J.: Quellen und Untersuchungen zur Geschichte des Hexenwahns 1901
ders.: Zauberwahn, Inquisition, Hexen, 1900
Krämer-Badoni, R.: a.a.O.
Lacenau, E.: a.a.O.
Ohler, N.: a.a.O.
Piutschovius, J.: a.a.O.
Ranke-Heinemann, U.: Eunuchen für das Himmelreich, Hamburg 1989
dies.: Widerworte, a.a.O.
Rosa, P.d.: a.a.O.
Rosskoff, R.: a.a.O.
Schubart, W.: Religion und Eros, München 1966
Schmidt, J.W. (Hrsg.): Malleus maleficarum – der Hexenhammer von J. Sprenger und H. Institoris, Berlin 1922/23
Schütz, H.J.: Verbotene Bücher, München 1990
Tuchman, B.: a.a.O.

27 Alexander VI.

Ali, T.: Im Schatten des Granatapfelbaumes, München 1993
Benrath, G.A.: Wegbereiter der Reformation, Bremen 1967
Chamberlin, E.R.: a.a.O.
Cyran, E.: Die Borgia, Heilbronn 1988
Dickmann, F. (Hrsg.): Geschichte... a.a.O.
Flake, O.: a.a.O.
Gontard, F.: a.a.O.
Hengge, P.: Es steht in der Bibel, 1993
Kurtz, I.: a.a.O.
Lacenau, E.: a.a.O.
Lauff, J.v.: a.a.O.
Rosa, P.d.: a.a.O.
Schuller, P.: Borgia, 1963
Stemberger, G.: a.a.O.
Tuchman, B.: a.a.O.

28. Julius II.

Fischer-Wollpert, R.: a.a.O.
Flake, O.: a.a.O.
Obermann, H.A.: Luther, Berlin 1982
Ranke-Heinemann, U.: Nein und Amen, Hamburg 1992
Rosa, P.d.: a.a.O.
Stemberger, G.: a.a.O.
Tuchman, B.: a.a.O.

29. Leo X.

Bihlmeyer, K./Tüchle, H.: Kirchengeschichte III., a.a.O.
Chamberlin, E.R.: a.a.O.
Deschner, K./Herrmann, H.: a.a.O.
Dickman, F.: a.a.O.
Flake, O.: a.a.O.
Franzen, A.: Kleine Kirchengeschichte, a.a.O.
Gontard, F.: a.a.O.
Lauff, J.v.: a.a.O.
Obermann, H.A.: a.a.O.
Stemberger, G.: a.a.O.
Tuchman, B.: a.a.O.

30. Klemens VII.

Chamberlin, E.R.: a.a.O.
Häring, H./Kuschel, K. (Hrsg.): Gegenentwürfe, München 1988
Heydecker, J.: Die Schwestern der Venus, München 1991
Quellenbuch zur Kirchengeschichte, Frankfurt 1971
Rosa, P.d.: a.a.O.
Stemberger, G.: a.a.O.
Tuchman, B.: a.a.O.

31. Paul IV.

Denzler, G.: a.a.O.
Deschner, K./Herrmann, H.: a.a.O.
Gontard, F.: a.a.O.
Greschat, M.: a.a.O.
Grigulevic, J.R.: Ketzer – Hexen – Inquisitoren II, a.a.O.

Lacanau, E.: a.a.O.
Rosa, P.d.: a.a.O.
Schütz, H.J.: a.a.O.
Stemberger, G.: a.a.O.

32. Pius V.

Beeching, J.: Don Juan d'Austria, München 1983
Behringer, W.: a.a.O.
Coloma, P.: Jeromin, Regensburg o.J.
Denzler, G.: a.a.O.
Deschner, K.: Kreuz... a.a.O.
ders.: Opus... a.a.O.
Grigulevic, J.R.: Ketzer – Hexen – Inquisitoren II, a.a.O.
Krämer-Badoni, R.: a.a.O.
Rengstorf, K.H./Kortzfleisch, S.v.: Kirche und Synagoge, Stuttgart 1968
Sartory, G. u. S.: In der Hölle brennt kein Feuer, München 1967

33. Gregor XIII.

Beeching, J.:
Behringer, W.: a.a.O.
Bihlmeyer, K./Tüchle, H.: Kirchengeschichte III., a.a.O.
Deschner, K.: Opus... a.a.O.
Heydecker, J.: a.a.O.
Krämer-Badoni, R.: a.a.O.
Rosa, P.d.: a.a.O.

34. Klemens VIII.

Deschner, K. (Hrsg.): Das Christentum im Urteil seiner Gegner, München 1986
Drewermann, E.: Giordano Bruno, München 1992
Gontard, F.: a.a.O.
Lacanau, E.: a.a.O.
Rosa, P.d.: a.a.O.

35. Urban VIII.

Behringer, W.: a.a.O.

Bihlmeyer, K./Tüchle, H.: Kirchengeschichte III., a.a.O.
Deschner, K./Herrmann, H.: a.a.O.
Fischer Weltalmanach: a.a.O.
Galilei, G.: Dialoge, Leipzig 1891
ders.: Unterredungen, Leipzig 1890
Gontard, F.: a.a.O.
Grigulevic, J.R.: Ketzer – Hexen – Inquisitoren I u. II, a.a.O.
Lohmeyer, W.: Die Hexe, München 1986
Malkowski, R. (Hrsg.): Von Tugenden und Lastern, München 1987
Nigg, W.: Friedrich von Spee, Paderborn 1991
Ranke-Heinemann, U.: Widerworte, a.a.O.
Ronner, W.: Die Kirche und der Keuschheitswahn, München 1971
Rosa, P.d.: a.a.O.
Ruhbach, G./Sudbrack, J.: Christliche Mystik, München 1989
Stemberger, G.: a.a.O.
Woodward, K.: Die Helfer Gottes, München 1991

36. Innozenz X.

Dickmann, F.: a.a.O.
Huch, R.: Der Dreißigjährige Krieg, Leipzig 1942
Kaczerowski, K.: Flugschriften des Bauernkrieges, Reinbek 1970
Stemberger, G.: a.a.O.

37. Pius VI.

Deschner, K.: Das Christentum... a.a.O.
Fischer-Wollpert, R.: a.a.O.
Mendelssohn, M.: Schriften, Breslau 1892 f.
Merkens, H.: Ausgewählte Werke Friedrich des Großen, Würzburg 1873 f.
Renksdorf, K.H.: a.a.O.
Rosa, P.d.: a.a.O.
Stemberger, G.: a.a.O.

38. Gregor XVI.

Denzler, G.: a.a.O.
Deschner, K.: Opus... a.a.O.
Feuerbach, L.: Das Wesen des Christentums, Leipzig 1841
ders.: Das Wesen der Religion, Leipzig 1845
Gontard, F.: a.a.O.

Kühner, H.: a.a.O.
Ranke-Heinemann, U.: Eunuchen... a.a.O.
Ronner, W.: a.a.O.
Rosa, P.d.: a.a.O.
Schopenhauer, A.: Sämtliche Werke, Wiesbaden 1946
Schubart, W.: a.a.O.
Stemberger, G.: a.a.O.

39. Pius IX.

Barthel, N.: Was wirklich in der Bibel steht, Düsseldorf 1987
Beinert, W./Petri, H.: Handbuch der Marienkunde, Regensburg 1984
Bieritz, K.: Das Kirchenjahr, München 1987
Bihlmeyer, K./Tüchle, H.: Kirchengeschichte III, a.a.O.
Brown, R./u.a.: Maria im Neuen Testament, Stuttgart 1981
Deschner, K./Herrmann, H.: a.a.O.
Deschner, K.: Opus... a.a.O.
ders.: Glaube... a.a.O.
ders.: Kreuz... a.a.O.
ders.: Kriminalgeschichte... a.a.O.
Dickmann, F.: a.a.O.
Döllinger, I.v.: Der Papst und das Konzil, Leipzig 1869/1890
Drews, A.: Die Marienmythe, Jena 1928
Fischer-Wollpert, R.: a.a.O.
Fries, H.: Glaube und Kirche auf dem Prüfstand. Versuche einer Orientierung, München/Freiburg 1970
Küng, H.: Unfehlbar?, München 1989
Lucka, E.: Inbrunst und Düsternis, Berlin 1927
Magli, I.: Die Madonna, München 1990
Newman, J.H.: Ausgewählte Werke, Mainz 1983
Ranke-Heinemann, U.: Eunuchen... a.a.O.
Ronner, W.: a.a.O.
Rosa, P.d.: a.a.O.
Schatz, K.: a.a.O.
Stemberger, G.: a.a.O.
Werfel, F.: Das Lied von Bernadette, Frankfurt 1975
Woodward, K.: a.a.O.
Zola, E.: Lourdes, Leipzig 1991

40. Leo XIII.

Dedijer, V.: a.a.O.

Denzler, G.: a.a.O.
Deschner, K.: Das Kreuz... a.a.O.
ders.: Opus... a.a.O.
Gontard, F.: a.a.O.
Häring, H./Kuschel, K.J.: a.a.O.
Krämer-Badoni, R.: a.a.O.
Nietzsche, F.: Werke in drei Bänden, München 1954/55
Panizza, O.: Die Unbefleckte Empfängnis der Päpste, Zürich 1893
ders.: Das Liebeskonzil, Neuwied/Berlin 1964
Rosa, P.d.: a.a.O.
Schütz, H.J.: a.a.O.
Stemberger, G.: a.a.O.

41. Pius X.

Bihlmeyer, K./Tüchle, H.: Kirchengeschichte III, a.a.O.
Dedijer, V.: a.a.O.
Denzler, G.: a.a.O.
Deschner, K.: Opus... a.a.O.
Gontard, F.: a.a.O.
Herzl, T.: Tagebücher, Berlin 1922
Krämer-Badoni, R.: a.a.O.
Kühner, H.: a.a.O.
Rosa, P.d.: a.a.O.
Stemberger, G.: a.a.O.
Woodward, K.: a.a.O.

42. Benedikt XV.

Bello, N.L.: Vatikan im Zwielicht, München 1983
Codex Iuris Canonici: a.a.O.
Dedijer, V.: a.a.O.
Deschner, K.: Opus... a.a.O.
Gontard, F.: a.a.O.
Grigulevic, J.R.: Ketzer – Hexen – Inquisitoren I, a.a.O.
Mörsdorf, K./Eichmann, E.: a.a.O.
Scheuermann, A.: Zum Strafrecht des CIC/1983, in: Aymans, W./Egler, A./Listl, J. (Hrsg.): Fides et ins. Festschrift für G. May zum 65. Geburtstag, Regensburg 1991
Stemberger, G.: a.a.O.

43. Pius XI.

Bello, N.L.: a.a.O.
Dedijer, V.: a.a.O.
Deschner, K.: Opus... a.a.O.
Deschner, K./Herrmann, H.: a.a.O.
Gontard, F.: a.a.O.
Heer, F.: Gottes erste Liebe, München/Berlin 1981
Herrmann, H.: Die Kirche und unser Geld, Hamburg 1990
Jaenecke, H.: Es lebe der Tod, Hamburg 1980
Klee, E.: Die SA Jesu Christi, Frankfurt 1989
Krämer-Badoni, R.: a.a.O.
Müller, H.: Die katholische Kirche und der Nationalsozialismus, München 1963
Ranke-Heinemann, U.: Eunuchen... a.a.O.
dies.: Nein... a.a.O.
Stemberger, G.: a.a.O.
Tillmann, F.: Die katholische Sittenlehre, Düsseldorf 1934 f.
Tucholsky, K.: Gesammelte Werke, Reinbek 1960

44. Pius XII.

Aarons, M./Loftus, J.: Ratlines, London 1991
Barthel, M.: a.a.O.
Beinert, W./Petri, H.: a.a.O.
Bello, N.L.: a.a.O.
Bieritz, K.: a.a.O.
Dedijer, V.: a.a.O.
Delius, W.: Geschichte der Marienverehrung, München 1963
Denzler, G.: Leserbrief in SZ vom 26./27.3.1994, Seite VII
Deschner, K.: Opus... a.a.O.
Falconi, C.: Das Schweigen des Papstes, München 1966
Gontard, F.: a.a.O.
Herrmann, H.: Die sieben Todsünden der Kirche, a.a.O.
Klee, E.: Die SA Jesu Christi, a.a.O.
Klee, E.: Persilscheine und falsche Pässe. Wie die Kirchen den Nazis halfen, Frankfurt a.M. 1992
Krämer-Badoni, R.: a.a.O.
Kuckertz, B. (Hrsg.): Kreuz - Feuer, München 1991
Magli, I.: a.a.O.
Ranke-Heinemann, U.: Eunuchen... a.a.O.
Riceur, P.: Sexualität, Wunder, Abwege, Rätsel, 1967
Rosa, P.d.: a.a.O.

Schmaus, M.: Katholische Dogmatik, München 1953
Schütz, H.J.: a.a.O.
Stemberger, G.: a.a.O.
Süddeutsche Zeitung, 3. März 1994

45. Paul VI.

Aarons, M./Loftus, J.: a.a.O.
Antweiler, A.: Ehe und Geburtenregelung, Münster/München 1969
Bello, N.L.: a.a.O.
Dedijer, V.: a.a.O.
Denzler, G.: a.a.O.
Deschner, K.: Opus... a.a.O.
Deschner, K./Herrmann, H.: a.a.O.
Dörrzapf, R.: Seilschaft zwischen Himmel und Hölle – Der Papst, Andreotti und die Mafia, in: Münchner Abendzeitung, 17.-20. Mai 1993
Häring, B.: Das Gesetz Christi, München/Freiburg 1967
Herrmann, H.: Die Kirche und unser Geld, a.a.O.
Klee, E.: Persilscheine und falsche Pässe, a.a.O.
Kuckertz, B.: a.a.O.
Rahner, K.: Theologie der Gegenwart, 1977
ders.: Schriften zur Theologie, 1978
Rahner, K./Vorgrimler, H.: a.a.O.
Ranke-Heinemann, U.: Eunuchen... a.a.O.
Rosa, P.d.: a.a.O.
Stemberger, G.: a.a.O.
Yallop, D.A.: In Gottes Namen, München 1984

46. Johannes Paul II.

Blinzler, J.: Der Prozeß Jesu, Regensburg 1969
Berna, K.: Jesus – nicht am Kreuz gestorben, Stuttgart 1962
Brown, R./u.a.: Maria im Neuen Testament –Eine ökumenische Untersuchung, Stuttgart 1981
Dederichs, M.R.: Familienplanung geht jeden an, in: Der Stern 16/1994
Deschner, K.: Opus... a.a.O.
Dörrzapf, R.: a.a.O.
Enzyklika „Veritatis Splendor", Rom 1993
Fischer-Weltalmanach: a.a.O.
Haenchen, E.: Der Weg Jesu, Berlin 1968
Herbst, K.: Kriminalfall Golgata, Düsseldorf 1992
Herrmann, Horst: Kirchenfürsten. Zwischen Hirtenwort und Schäfer-

stündchen, Hamburg 1992

Katechismus der katholischen Kirche, München 1993

Kirchensteuer – wie ein Messerstich, in: Der Spiegel 2/1994

Koch, E.R./Schröm, O.: Die Blutsbrüder, in: Münchner Abendzeitung, 25.3.1994

dies.: Das Geheimnis der Grabesritter, in: Süddeutsche Zeitung, 24. März 1994

dies.: Dunkle Ritter im weißen Gewand, in: Die Zeit, 25. März 1994

Lapide, P.: Der Jude Jesus, Zürich 1980

ders.: Ein Brief an Judas Iskariot, in: MUT 3/1993

ders.: War Eva an allem schuld?, Mainz 1984

Magli, I.: a.a.O.

Müller, M.: Selig ist der Folterpriester, in: Spiegel Spezial, 2/1994

Nola, A.d.: Der Teufel, München 1993

Ponger, A.: Juden als Staatsvolk anerkannt, in: Süddeutsche Zeitung 2.1.1994

Rahner, K./Vorgrimler, H.: a.a.O.

Ranke-Heinemann, U.: Eunuchen... a.a.O.

dies.: Widerworte... a.a.O.

Remesiana, N. v.: –(ab) Iren IV, 7,1

Simons, S./Wild, D.: Eine Pein für die Kirche. Spiegel-Gespräch, in: Der Spiegel 14/1994

Szul, T.: Alle aus der einen Wahrheit, in: Frankfurter Allgemeine Zeitung, 5. April 1994

Vatikanbank IOR, in: Süddeutsche Zeitung, 29.12.1993

Register

Ein Wunsch wird Wirklichkeit:
400 Jahre jung! Traum oder Alptraum?

JOHANNES v. BUTTLAR

Die Methusalem-formel Der Schlüssel zur ewigen Jugend

bettendorf

256 Seiten.
DM 39,80

Erstmals in der Menschheitsgeschichte rückt ein entscheidender Durchbruch in der Lebensverlängerung in greifbare Nähe. Genforscher sprechen schon von einer Lebenserwartung von mehreren hundert Jahren! Johannes von Buttlar schreibt über »Unsterblichkeitshormone«, über »Ewigkeitsgene« und neuentdeckte Substanzen, die uns länger leben und nicht mehr altern lassen.